Bonaventura – Lehrer der Weisheit

Auswahl aus seinen Werken

hrsg. von Marianne Schlosser

Bonaventura – Lehrer der Weisheit

Auswahl aus seinen Werken

hrsg. von Marianne Schlosser
mit Beiträgen von
Johannes Schneider OFM, Florian Mair OFM
und Florian Kolbinger

eos

Umschlagbild: Initiale „L“ vom Beginn des Matthäus-Evangeliums, sog. Bibel des hl. Bonaventura oder *Codex balneoregiensis*, 13. Jh., Photographie: Dr. Raphaela Pallin

1. Auflage 2017
Deutsche Erstausgabe

mail@eos-verlag.de
www.eos-verlag.de

ISBN 978-3-8306-7867-0

Bibliografische Information der Deutschen Bibliothek
Die Deutsche Bibliothek verzeichnet diese Publikation in der Deutschen Nationalbibliografie; detaillierte bibliografische Angaben sind im Internet unter http://dnb.ddb.de abrufbar.

Pustet Druckerei Regensburg
Printed in Germany

Vorwort

> „Unter allen Lehrern empfehle ich besonders Bonaventura. Man ist bei ihm in besten Händen, wenn man Erleuchtung des Geistes und Feuer des Herzens sucht."
> (Jean Gerson)

In diesem Jahr wird des 800. Geburtstages dieses großen Theologen gedacht, und die hier vorgelegte Sammlung von Texten in deutscher Übersetzung möchte ihn gewissermaßen zu Wort kommen lassen. Ich danke von Herzen den Mitübersetzern, die zu diesem Band beigesteuert haben: P. Dr. Johannes Schneider OFM, Br. Dr. Florian Mair OFM und Dr. Florian Kolbinger. Ein großer Dank gebührt auch den beiden studentischen Hilfskräften, Frau Margaretha Wohlfarth und Herrn Elias Haslwanter: Ohne ihre Unterstützung wäre das Manuskript noch lange nicht fertig!

Je länger man sich mit Bonaventuras Werk beschäftigt, desto schwerer fällt die Auswahl. Wir haben – mit einer Ausnahme – darauf verzichtet, Passagen aus Werken aufzunehmen, von denen eine vollständige deutsche Übersetzung greifbar ist. Daher wird man berühmte Werke wie das *Itinerarium* oder *De triplici via*, das *Breviloquium* oder *Hexaemeron* vermissen, die Bonaventuras Ruhm hauptsächlich begründet haben. Stattdessen wurde weniger Bekanntes ausgewählt: Passagen aus dem monumentalen Sentenzenkommentar, den Martin Grabmann „den bedeutendsten der Hochscholastik" nannte, aus den universitären Disputationen oder den Schriftkommentaren. Die Auswahl erhebt keineswegs den Anspruch, einen inhaltlichen „Durchblick" durch das Werk des Seraphischen Lehrers zu geben; dafür wäre das *Breviloquium* zu empfehlen. Doch sollten verschiedene Gattungen vertreten sein, die etwas von der geistigen Weite Bonaventuras ahnen lassen: von der akademischen Diskussion bis zur Predigt, von der philosophisch-theologischen Argumentation bis zur geistlichen Dichtung.

Die Auswahl ist, um ein Bild Bonaventuras zu gebrauchen, nur ein „Blumenstrauß“ im Verhältnis zu einem „Wonnegarten“. Ich hoffe dennoch, dass etwas von dem Duft jener „sapientia“, die das innere Zentrum aller Denkbemühungen Bonaventuras war, herüberweht.

Am Fest Kreuzerhöhung 2017
Marianne Schlosser

Inhaltsverzeichnis

Leben und Werk des „Seraphischen Lehrers“

Bonaventura wurde vermutlich im Jahr 1217 in Bagnoregio, einer Bischofsstadt, zwischen Orvieto und Viterbo gelegen, geboren. Das Geburtsjahr, ebenso wie die Datierung weiterer Ereignisse seiner Biographie, wird durch Rückschluss aus dem ersten gesicherten Datum im Leben Bonaventuras abgeleitet: seiner Wahl zum 7. Nachfolger des hl. Franziskus als Generalminister des Ordens am 2. Februar 1257. Um dieses Amt zu übernehmen, musste man in der Regel mindestens 40 Jahre alt sein.

Aus dem Heiligsprechungsprozess[1] erfahren wir den Taufnamen: Johannes, oder Johannes-Petrus. Sein Vater, der Arzt gewesen sein soll, hieß Johannes Fidanza, seine Mutter Ritella. Von der frühen Kindheit und Jugend haben wir leider wenige Nachrichten, mit Ausnahme einer autobiographischen Notiz in der *Franziskus-Vita:*[2] Bonaventura berichtet, dass er als Kind lebensgefährlich erkrankt war, auf die Fürsprache des hl. Franziskus aber gesund geworden sei. Die Erzählung lässt keinen direkten Schluss zu, ob Franziskus zu dieser Zeit noch am Leben gewesen, das heißt: eine persönliche Begegnung stattgefunden hat, oder ob er bereits heiliggesprochen war (1228). Legendarische Erinnerungen an Bonaventura verlegten diese Begebenheit in die Lebenszeit des Franziskus und führen den Namen „Bonaventura“ auf einen Ausspruch des Poverello über das Kind zurück: „das Gute, das kommen wird!“ Auf alle Fälle scheint eine Beziehung der Familie zu dem Heiligen aus Assisi bzw. den Minderbrüdern bestanden zu haben, die in Bagnoregio auch eine Niederlassung hatten.

---

1 *Acta Sanctorum,* Juli III, Antwerpen 1723, 811-860, hier 811.

2 Vgl. in der *Leg. Min.* VII, 8 und in der *Leg. Mai.* Prol. 3 (VIII 579, 505; FQ 843, 692).

Studium und Lehrtätigkeit in Paris

Im Jahr 1235 begann Bonaventura das Studium in Paris, das seit dem 12. Jahrhundert aufgrund seiner Schulen, die von profilierten Lehrern geführt wurden, als „Hochburg des katholischen Glaubens“ (*arx catholicae fidei*) galt. Um 1200 hatte sich aus diesen Schulen die „Universität“ entwickelt, eine Korporation von Lehrenden und Studierenden verschiedener Herkunft und Nationalität.[3]

Bonaventura begann mit dem Studium der *Artes liberales,* das in der Regel 6 Jahre dauerte, und dem sich ein bis zwei Jahre Tätigkeit als *Baccalaureus* anschlossen. Die „sieben freien Künste“ (Grammatik, Rhetorik, Dialektik bzw. Logik, Arithmetik, Geometrie, Astronomie und Musiktheorie) – „frei“ hießen sie, weil sie „eines freien Mannes würdige Tätigkeiten“ waren – waren die Grundlage der allgemeinen Bildung in der Antike und im Mittelalter gewesen. Zu Bonaventuras Zeit hatte sich der Unterricht in diesen Fächern jedoch bereits zu einem regelrechten Philosophiestudium entwickelt, mit den Zweigen Naturphilosophie, Ethik und Metaphysik. Es war üblich, diese Studien beendet zu haben, bevor man in einen Orden eintrat. Bonaventura könnte etwa im Jahr 1243 in den Orden der Minderen Brüder eingetreten

3 Die an einer Universität erworbenen Grade waren überall gültig. Die Erlaubnis, nach dem Abschluss „überall zu lehren“, war ein Privileg, das Papst Gregor IX. zum ersten Mal verliehen hat (1231): in der Magna Charta der Universität Paris „Parens scientiarum“. *Chartularium Universitatis Parisiensis,* edd. H. Denifle – Ae. Chatelain, Paris 1889, vol. I, n.79 (136-139). Im Folgenden abgekürzt: *Chart.* – Die meisten der „Hohen Schulen“ besaßen eine päpstliche Stiftungsurkunde oder wurden durch den Papst als *studium generale* bestätigt und mit dem Promotionsrecht ausgestattet. Daran zeigt sich die universalkirchliche Bedeutung, die dieser Institution beigemessen wurde. Vor diesem Hintergrund erklärt sich zum einen die Anziehungskraft, welche die Universität auf die Bettelorden ausübte; denn sie waren von ihrer Sendung her nicht lokal, ortskirchlich begrenzt, tätig. Zum andern wird auch das entschlossene Engagement der Päpste in Fragen der Universität verständlich, etwa während des sogenannten Bettelordensstreites.

sein. Danach widmete er sich einem fünfjährigen Studium der Theologie, der *Sacra doctrina.*

Das Studium sowohl der *Artes* wie der *Sacra doctrina,* wie auch der anderen Wissenschaften, basierte auf der Lektüre und Interpretation grundlegender Autoren bzw. Texte (*auctoritates*). In der Theologie bildete die Grundlage selbstverständlich die Heilige Schrift (*sacra scriptura, sacra pagina*); daher lautete die offizielle Bezeichnung des Theologieprofessors: *Magister in sacra pagina.* Der Text der Heiligen Schrift lag kommentiert durch die „Glossa" vor. Diese fortlaufende Erklärung biblischer Bücher, Vers für Vers, durch die entsprechenden Stellen aus den Kirchenvätern und frühmittelalterlicher Autoren war eine Leistung des 12. Jahrhunderts, vor allem der Schule von Laon und des Petrus Lombardus (für die Psalmen und die Paulusbriefe). Die *Glossa* kam an Rang und Autorität gleich nach dem Text der Heiligen Schrift selbst.[4] Eine erste Einführung erhielten die Studenten durch die kursorische Lektüre und Kommentierung biblischer Bücher, die der *Baccalaureus* zu halten hatte. Die Vorlesung des *Magisters* dagegen ging tiefer und widmete sich den im engeren Sinn theologischen Fragen. In Bonaventuras eigenen Kommentaren aus der Magisterzeit ist dies deutlich sichtbar: In die fortlaufende Kommentierung der Verse schieben sich *quaestiones*: mit Pro- und Contra-Argumenten, der Lösung der Frage und der Antwort auf die gegnerischen Einwände.

Am Ende seines Lebens wird Bonaventura im *Hexaemeron* kurz und bündig vier Stufen von *auctoritates* nennen: Der erste Platz gebührt der Heiligen Schrift, dann deren Erklärung durch die Kirchenväter. Da aber die Kirchenväter nicht immer leicht zu verstehen sind, müssen sie ihrerseits durch neuere Theologen-Texte erhellt werden. Weil aber die

---

4 J. G. Bougerol, *Introduction à Saint Bonaventure,* Paris 1988, 165f. Im Folgenden abgekürzt: Bougerol, *Introduction* 1988. Die Bibel, die Bonaventura zur Verfügung hatte, war offenbar die „Biblia de littera et apparatu Parisiensi" (1226). In Bagnoregio, Chiesa San Nicola, wird eine Bibel des 13. Jahrhunderts aufbewahrt, die als „Bibel des hl. Bonaventura" bezeichnet wird.

Theologen sich oftmals philosophischer Ausdrucksweise bedienen, muss man auch die Philosophie kennen.[5]

Welche Autoren las Bonaventura im Theologiestudium? Welche Lehrer hatte er? Vor allem die Forschungen von Jacques Guy Bougerol haben hier vieles geklärt.[6] Die unmittelbaren Lehrer aus dem Minderbrüderorden waren Alexander von Hales († August 1245) und Johannes de la Rochelle († Febr. 1245), Odo Rigaldi (1245-1248) und Wilhelm von Melitona († vor Mai 1260).

Anhand einer Liste aus dem Jahr 1286, die vorschrieb, welche Bücher zu welchem Preis ein Buchhändler vorrätig haben musste, kann man zurückschließen, welche Texte in Paris als grundlegend galten: Man las offenkundig nicht nur Florilegien, sondern ganze Werke. Zum Kanon gehörten fast alle Werke Augustins (*Enchiridion, De Trinitate, Confessiones, De doctrina christiana, De Genesi ad litteram, De libero arbitrio,* Antipelagianische Schriften, moraltheologisch-aszetische Werke, Briefe, Predigten etc.), Dionysius Areopagita in einer kommentierten Ausgabe, Gregor der Große (*Moralia in Job, Homiliae*), Isidor von Sevilla, Anselm von Canterbury und Bernhard von Clairvaux mit zahlreichen, einzeln genannten Werken, ebenso Hugo und Richard von St. Victor. Dazu kommen Predigtsammlungen, die *Historia scholastica* des Petrus Comestor (Manducator), und die *Legenda Aurea* des Jacobus

5 *Hex.* XIX, 10-13 (V, 421b-422a). Freilich bedeutet jeder Grad des Abstiegs eine Zunahme an Gefahr, die volle Wahrheit aus dem Blick zu verlieren.

6 Bougerol, *Introduction* 1988, 43-120; Ders., *Saint Bonaventure et le Pseudo-Denys l'Aréopagite,* in: EtFr Suppl. 1968, 33-123; Ders., *Saint Bonaventure et saint Bernard,* in: Anton. 46 (1971), 3-79; Ders., *Saint Bonaventure et Guillaume de Saint-Thierry,* ibid., 298-321; Ders., *Saint Bonaventure et saint Anselme,* Anton. 47 (1972), 333-361. Einzeluntersuchungen zu Bonaventuras Kirchenväter-Rezeption in: *San Bonaventura Maestro di vita francesana e di sapienza cristiana. Atti del Congresso internazionale per il VII centenario di San Bonaventura da Bagnoregio,* Roma 19-26 settembre 1974, a cura di A. Pompei, vol. I-III, Roma 1976, und *S. Bonaventura 1274–1974. Volumen Commemorativum,* cura et studio Commissionis Internationalis Bonaventurianae, vol. I-V, Grottaferrata 1974

da Voragine.[7] Bonaventura kennt und zitiert selbstverständlich noch weitere Kirchenväter, z.B. Ambrosius, Hieronymus, und Johannes Damascenus, aber auch Autoritäten der jüngeren Vergangenheit. In dem kleinen Werk *De reductione artium ad theologiam*[8] werden sieben besonders gewichtige Theologen genannt: Für die systematische Theologie sei unter den Kirchenvätern Augustinus herausragend, ihm entspreche unter den Theologen der jüngeren Vergangenheit Anselm von Canterbury; für die Predigt bzw. Unterweisung im christlichen Leben stehen als Protagonisten Gregor der Große und Bernhard von Clairvaux; für die mystische Theologie Dionysius Areopagita und Richard von St. Victor. Ein in allen Bereichen der Theologie umfassend gebildeter Lehrer sei Hugo von St. Victor.[9] Dass Bonaventura die theologische Diskussion seiner Zeit aufgeschlossen mitverfolgte, ist selbstverständlich.[10] Doch wie bei scholastischen Autoren

---

7 *Chart.* I n. 530, p. 644-650. Die Liste führt auch antike Aristoteles-Kommentare auf, sowie die für das Rechts-Studium grundlegenden Texte. Besonders interessant sind die Werke zeitgenössischer Theologen, die vorrätig waren: Bartholomäus Anglicus, Alexander Neckam, Robert Kilwardby, Wilhelm von Melitona und andere jeweils mit Einzel-Werken; Petrus von Tarantasia mit Sentenzenkommentar und biblischen Kommentaren, Thomas von Aquin mit nicht weniger als 16 Titeln, darunter die *Summa theologica* und die *Summa contra Gentiles*, die *Quaestiones disputatae* und *Quodlibeta*, einige Schriftkommentare und der Traktat *De perfectione vitae spiritualis.*

8 Frei übersetzt: „Das menschliche Können und Wissen im Licht der Glaubenswissenschaft betrachtet" (V 317a-325b). Das Werk war bislang unumstritten als authentisch anerkannt. Vor einigen Jahren hat D. Hattrup Zweifel angemeldet: *Bonaventura zwischen Mystik und Mystifikation. Wer ist der Autor von De reductione?* In: ThGl 87 (1997) 541-562. Doch selbst wenn *Red. art.* nicht von Bonaventura stammte, so entsprechen doch die genannten theologischen Autoritäten der tatsächlichen Verwendung in Bonaventuras Werk.

9 Hugo von St. Victors Hauptwerk *De sacramentis christianae fidei* (PL 176,183-618) zeigt eine gewisse heilsgeschichtliche Dynamik in der Darstellung der Glaubensentwicklung, die als „verwandt zu Bonaventura" interpretiert wurde: Bougerol, *Introduction* 1988, 105.

10 Bougerol wies darauf hin, dass er als Baccalaureus bei der Abfassung seines Sentenzenkommentars eine Nachschrift der Sentenzenkom-

üblich, nennt er die noch lebenden Theologen kaum je mit Namen: Sie werden als „quidam“, oder als „alia opinio“ gekennzeichnet.[11] An wenigen Stellen macht er eine Ausnahme – etwa, wenn er bemerkt, dass er in einigen Punkten von der Lehrmeinung des Petrus Lombardus, wie auch von der Position des Alexander von Hales abweiche.[12]

1248-1250 war Bonaventura als *Baccalaureus biblicus* tätig; das heißt, er hatte die Studenten kursorisch mit biblischen Büchern vertraut zu machen. Bonaventura wählte die Kommentierung des *Lukas-Evangeliums.* Dies ist gewiss kein Zufall, denn in diesem Evangelium wird Jesus Christus ganz besonders als der Heiland der Armen, aber auch als der Lehrer des Gebetes gezeichnet. Als Bonaventura zum Magister promoviert worden war, überarbeitete er diesen Kommentar noch einmal. Er nimmt in den Opera Omnia den gesamten VII. Band ein. Das Proömium (s. unten S. 294-305) geht auf zentrale theologische Fragen ein: die göttliche und menschliche Urheberschaft des Evangeliums, die Zielsetzung der Botschaft: die Kundgabe der Wahrheit, Heilung und ewiges Leben für die, welche hören, und die rechte Disposition der „Lehrer“ und „Hörer“ des Evangeliums.

Sentenzenkommentar

In den beiden folgenden Jahren 1250-1252 hatte Bonaventura dem Ausbildungsplan zufolge als *Baccalaureus sententiarius* die *Vier Bücher der Sentenzen* zu kommentieren. Dabei handelt es sich um eine systematisch geordnete Sammlung hauptsächlich von Augustinus-Stellen, aber auch anderer Kirchenväter und neuerer Theologen, die in der Mitte des 12. Jahrhunderts von Petrus Lombardus – der bald nur noch

---

mentierung Alberts d. Gr. vor sich hatte, Bougerol, *Introduction* 1988, 115.

11 Eine Ausnahme ist die Nennung Wilhelms von Auvergne, der später Bischof wurde.

12 F. Delorme, *Collationes in Hexaemeron et Bonaventuriana quaedam selecta,* Quaracchi 1934, 357-362; oder *II Sent.* 44 dub 3 (II 1016).

„der Magister" genannt wurde – zusammengestellt worden war und zum Lehrbuch ganzer Theologengenerationen werden sollte. Die vier Bücher, unterteilt in *distinctiones* und *capitula,* behandeln die Gotteslehre, Gotteserkenntnis und Trinität (I), Schöpfungslehre und Anthropologie (II), Christologie, Gnadenlehre, Tugenden, Geistesgaben (III), Sakramente und Eschatologie (IV). Der Grundlagentext der *Sentenzen* bot einem jungen Theologen die Gelegenheit, seine Fähigkeiten zu erweisen, indem er Gliederung und Sinn des Textes erläuterte, die Terminologie erklärte, vor allem aber auch neue systematische Fragen auf dem Hintergrund des Textes stellte und einer Lösung zuführte. Die literarische Form des Kommentars ist daher eine Reihenfolge von *quaestiones*: Jeder Abschnitt (*distinctio*) des zugrundeliegenden Textes wird in einzelne Fragestellungen unterteilt. Zuerst werden die Pro- und Contra-Argumente vorgestellt, danach gibt der Lehrer die Lösung der Frage (*Respondeo dicendum*) und geht anschließend nochmals auf die gegnerischen Argumente ein (*Ad primum, ad secundum* etc.).[13] Als *Baccalaureus formatus,* kurz vor der Promotion, nahm Bonaventura 1252/53 die Niederschrift vor. Sein *Sentenzenkommentar* gehört zu den bedeutendsten und theologisch reifsten Werken dieser Gattung.[14] Besonders beeindruckend und aufschlussreich für sein Selbstverständnis als Theologe ist Bonaventuras Vorrede, das *Prooemium* und die daran anschließenden vertiefenden Fragen,[15] wo die Eigenart der theologischen Wissenschaft als *sapientia* herausgearbeitet wird: ihr spezifischer Inhalt, ihr Ziel und ihre Methode.

---

13 Bonaventura kommentierte die Bücher des Petrus Lombardus in der Reihenfolge: I – IV – II – III (so I. Brady, *The Edition of the ,Opera Omnia' of St. Bonaventure,* in: AFH 70 (1977), 352-376; diesem schließt sich auch Bougerol an); oder I – II –IV – III (so B. Distelbrink, *De ordine chronologico IV Librorum Commentarii in Sententias' S. Bonaventurae,* CFr 41 (1971) 288-314.

14 M. Grabmann, *Die Geschichte der Theologie seit Ausgang der Väterzeit,* Freiburg 1933 (repr. Darmstadt 1980), 67.

15 *Sent. Prooem.* (I 6-13; s. unten S. 79-95).

Die erste Phase des Bettelordensstreites

Allem Anschein nach erhielt Bonaventura 1252/53 die Zulassung zum Promotionsverfahren und wurde 1253/54[16] ordnungsgemäß zum *Magister in sacra pagina* promoviert. Jedoch wurde er offensichtlich nicht vor 1257 – und auch das nicht ohne massive Intervention des Apostolischen Stuhles – in die Gemeinschaft der Universitätslehrer, das *Consortium Magistrorum,* aufgenommen.[17] Denn die Lage zwischen den Mendikantenorden und ihren Professoren einerseits und den weltgeistlichen Professoren der Universität Paris andererseits war in diesen Jahren äußerst gespannt.[18]

Als die ersten Fratres Praedicatores (1217) und bald danach die Fratres Minores (1219) nach Paris gekommen waren, scheinen sie zunächst freundliche Aufnahme gefunden zu haben. Im studentischen Milieu gewannen die neuen Orden sehr bald zahlreichen Nachwuchs. Ein weltgeistlicher Magister, Johannes von St. Giles, war bereit, im Dominikanerkonvent Vorlesungen zu halten. Für die Minderbrüder haben diese Aufgabe offenbar Haymo von Faversham (Ordenseintritt 1224) und dann Alexander von Hales, der

16 Nach Brady fand das Promotionsverfahren erst im September 1255 statt; Bonaventura habe zu diesem Anlass *Perf. ev.* q2 als „inceptio" gehalten. Zur Chronologie: I. Brady, *The Opera Omnia of St. Bonaventure Revisited,* in: *Proceedings of the American Catholic Philosophical Association, vol. 48: Thomas and Bonaventure,* Washington 1974, 295-304; ders., *The Edition of the „Opera Omnia" of St. Bonaventure,* in: AFH 70 (1977) 352-376.

17 Eine andere Hypothese vertritt J. F. Quinn, *Chronology of St. Bonaventure 1217-1257,* in: Franciscan Studies 32 (1972) 168-186, hier 184: Die Auseinandersetzung habe 1254/55 in erster Linie die Dominikaner betroffen; Bonaventura sei zunächst nach seiner Promotion in das Consortium aufgenommen und erst 1256 – als sich die Lage auch gegen die Minderbrüder verschärfte – ausgeschlossen worden.

18 Y. Congar, *Aspects ecclésiologiques de la querelle entre mendiants et séculiers dans la seconde moitié du XIIIe siècle et le début du XIVe siècle,* in: AHDLMA 28 (1961), 35-151; M.-M. Dufeil, *Guillaume de Saint-Amour et la polèmique universitaire parisienne 1250-1259,* Paris 1972; U. Horst, *Evangelische Armut und Kirche. Thomas von Aquin und die Armutskontroversen des 13. und beginnenden 14. Jahrhunderts,* Berlin 1992.

später Bonaventuras Lehrer werden sollte, übernommen. Dass sich jedoch die Bettelorden, die das Feld apostolischer und pastoraler Tätigkeit im Milieu der Stadt suchten, und deren gesamtkirchlicher Sendung die überregionale, „universitäre" Ausbildung entsprach, dennoch nicht bruchlos in die bestehende Institution der Universität einfügen ließen, trat bald zutage. Im Mai 1229 hatte sich Roland von Cremona, Magister in Bologna und theologischer Lektor in verschiedenen Dominikaner-Konventen, als Magister in Paris qualifiziert. Dieses Ereignis überschnitt sich mit einem der Streiks, den die Universität als Körperschaft durchführte, um die städtischen Behörden wirtschaftlich unter Druck zu setzen; von 1229 bis 1231 verließen Professoren und Studenten die Stadt; viele gingen beispielsweise nach Toulouse. Im Dominikaner-Konvent Saint Jacques wurden jedoch die Vorlesungen anscheinend fortgesetzt, mehr noch: Johannes von St. Giles trat 1230 selbst in den Predigerorden ein. Damit hatte der Orden zwei Lehrstühle gewonnen, und dies, während die Universität im Streik war. Als 1236 Alexander von Hales sich dem Minderbrüderorden anschloss, ging dies bereits nicht mehr ohne Widerstand der weltgeistlichen Professoren hin.[19] Im Februar 1252 jedenfalls hatte die Mehrheit der Professoren ein Statut erlassen, dass von den 12 Lehrstühlen – das heißt, von den 12 Schulen, denen ein Magister vorstand – jeweils nur einer von einem Ordensangehörigen besetzt sein dürfe. Das richtete sich offenkundig zunächst gegen die Dominikaner, betraf aber darüber hinaus grundsätzlich die Anwesenheit der beiden neuen Orden an der Universität. Das Misstrauen der weltgeistlichen Professoren wuchs mit dem Erfolg der Mendikanten, die zudem daran interessiert waren, möglichst viele Studenten für einen gesamtkirchlichen Einsatz zu qualifizieren („licentia ubique docendi"), während Streiks nicht in ihrem Interesse lagen.

---

19 Ob auch die Minderbrüder eine Zeitlang zwei reguläre Professoren hatten, nämlich Alexander und Johannes de la Rochelle (1238-1245), scheint nicht ganz klar, ist aber auch nicht auszuschließen: BOUGEROL, *Introduction*, 37.

Daran entzündete sich der Konflikt: Als Sanktion für einen nicht mitgemachten Streik verhängten im April 1253 die weltgeistlichen Professoren gegen einen Franziskaner – damals Wilhelm von Melitona – und zwei Dominikaner den Ausschluss aus dem *Consortium Magistrorum*. Sie sollten erst wiederaufgenommen werden, wenn sie sich unter Eid auf die Statuten der Universität verpflichtet hätten. Auch dürfe kein *Baccalaureus* promoviert werden, wenn er nicht ebenfalls diesen Eid leiste. Trotz des Einspruchs Papst Innozenz' IV. (1. Juli 1253) hielten die Professoren an ihrem Beschluss fest und bekräftigten ihn zu Beginn des neuen Studienjahres noch einmal (3. Sept. 1253). Bonaventura befand sich damals unmittelbar vor der Promotion, er war *Baccalaureus formatus*.

Ein Streik scheint freilich ein geringer Anlass zu sein, doch er ließ deutlich werden, dass die päpstlich privilegierten, überregional wirksamen Mendikantenorden die kirchliche Landschaft veränderten. In dieser Auseinandersetzung ging es nicht nur um finanzielle Konkurrenz. Vielmehr stieß die neuartige Lebensweise von Ordensleuten, die keine Mönche sind und sich auch von den apostolisch tätigen Chorherren unterscheiden, auf Misstrauen und Unverständnis. Die Kernpunkte der Auseinandersetzung bildeten die Lehrtätigkeit an der Universität und die pastorale Tätigkeit der Mendikanten, vor allem deren Beicht-Seelsorge und Predigt. Die Mendikantengegner, besonders deren Protagonist Wilhelm von St. Amour,[20] führten dagegen ein Argument aus der traditionellen Ekklesiologie an, unter anderem mit Berufung auf *De ecclesiastica hierarchia* des Dionysius-Areopagita: Andere zu lehren bedeute, ihnen aktiv zu größerer

20 *The Opuscula of William of Saint Amour. The Minor Works of 1255-56*, ed. A. G. Traver (BGPhMA NF 23), Münster 2003; S. Clasen, *Die Kampfpredigten des Wilhelm von St. Amour gegen die Mendikantenorden*, in: Kirchengeschichtliche Studien. Festschrift M. Bihl, Kolmar 1941, 80-95; *William of Saint Amour's Two Disputed Questions* De quantitate eleemosynae *and* De valido mendicante, ed. A. G. Traver, AHDLMA 62 (1995) 295-342.

Vollkommenheit zu verhelfen. Solches Tun komme in der Kirche nicht den „Mönchen" zu, sondern den Bischöfen als Nachfolger der Apostel und den Pfarrern als Nachfolgern der Zweiundsiebzig Jünger. Die Aufgabe der Mönche dagegen sei Gebet und Buße. Indem Wilhelm dieses Modell auf die Mendikanten-Orden anwandte, ließ er freilich zwei entscheidende Punkte außer Acht: Die studierenden, lehrenden und seelsorglich tätigen Fratres waren – anders als die meisten Mönche der Antike – zum einen keine Laienmönche, und zum zweiten: ihre überregionale, überdiözesane Wirksamkeit war durch die Autorität des Papstes legitimiert. Diese Auseinandersetzung um die akademische und pastorale Aufgabe der neuen Orden bildet den Hintergrund für Verteidigungsschriften, die Bonaventura und Thomas von Aquin in diesen Monaten verfassten, Bonaventura mit eine Reihe *Disputationen über die Vollkommenheit, wie sie das Evangelium lehrt* (*Quaestiones disputatae de perfectione evangelica*), das heißt, über die evangelischen Räte, Thomas von Aquin mit einem Traktat *Gegen diejenigen, welche die rechte Verehrung Gottes und das gottgeweihte Leben angreifen* (*Contra impugnantes Dei cultum et religionem*).

Joachim von Fiore und seine Gefolgschaft

Ein weiteres Ereignis ließ die Situation eskalieren. Im Jahr 1254 hatte der Franziskaner Gerhard von Borgo San Donnino eine Zusammenstellung der Hauptwerke Joachims von Fiore (†1202) veröffentlicht. Dieser Ausgabe stellte er eine ausführliche Einleitung voran, die den Titel trug: *Liber introductorius in Evangelium aeternum.* [21] Während Joachim selbst unter dem „ewigen Evangelium" das tiefere geistige

21 Der Text des *Introductorius* ist nicht mehr erhalten, man kann ihn aber erschließen aus den von den Pariser Professoren exzerpierten Sätzen: *Chart.* I n.243 (S. 272-276), und aus dem Protokoll der päpstlichen Untersuchungskommission zu Anagni: P. Zahner, *Die Fülle des Heils in der Endlichkeit der Geschichte. Bonaventuras Theologie als Antwort auf die franziskanischen Joachiten*, Werl 1999, 207-315, lat. Text: H. Denif-

Verständnis der Schriften des Alten und des Neuen Testaments verstanden hatte, behauptete der *Introductorius*, das Neue Testament werde durch das „ewige Evangelium" abgelöst, und gab für die Zeitenwende das Jahr 1260 an. Die Kirche werde sich zur Geist-Kirche wandeln; das heißt, es werde eine vollere Heilszeit innerhalb der irdischen Geschichte geben. Der Minderbrüder-Orden sei der Vorbote dieser Vervollkommnung.

Der *Introductorius* ist in gewisser Weise die Zusammenfassung joachitischer Gedanken, die sich seit den 40er Jahren verbreitet hatten, und zwar nicht nur im Minderbrüder-Orden.[22] Besonders die Prophezeiungen ps.-joachimischer Schriften ließen sich ohne Mühe auf die beiden Bettelorden anwenden. Die beiden Ordensgründer Dominikus und Franziskus waren bald nach dem Tod Joachims ans Licht der Öffentlichkeit getreten. Es war somit nicht verwunderlich, dass die von ihnen gegründeten Gemeinschaften, welche je auf ihre Weise ein intensives geistliches Leben mit apostolischer Predigt verbinden wollten, als Erfüllung der Ankündigungen des kalabrischen Abtes erschienen. Denn die „Männer des Geistes", von denen in unmittelbarer Zukunft die Erneuerung der Kirche und ihre Vorbereitung auf die letzte Zeit erwartet wurde, sollten Prediger und kontemplative Beter sein.[23]

LE, *Das Evangelium aeternum und die Commission zu Anagni*, in: ALKGMA 1 (1885), 49-142.

22 E. R. DANIEL, *A Re-Examination of the Origins of Franciscan Joachitism*, in: Spec 43 (1968), 671-676. Zur Rezeption ps.-joachimischer Werke in Dominikanerkreisen: M. REEVES, *The Influence of Prophecy in the Later Middle Ages. A Study in Joachimism*, Notre Dame 1993, 161-174; Zum prophetischen Selbstverständnis der Bettelorden: M. SCHLOSSER, *Lucerna in caliginoso loco. Aspekte des Prophetie-Begriffes in der scholastischen Theologie*, Paderborn 2000, 236-251.

23 M. REEVES, *Prophecy*, 139-145; Zur Konzeption des Ordenslebens in den Hauptwerken Joachims: E. PASZTOR, *Ideale del monachesimo ed età dello Spirito come realtà spirituale e forma d'utopia*, in: *L'età dello Spirito e la fine dei tempi in Gioacchino da Fiore e nel Gioacchimismo medievale*, Atti del II Congresso internazionale di Studi Gioacchimiti 6-9 settembre 1984, a cura di A. CROCCO, San Giovanni in Fiore 1986, 57-122.

Beide Orden waren sich dieser Herausforderung ihrer geschichtlichen Stunde bewusst, wie ein gemeinsamer Brief der beiden Generaloberen aus dem Jahr 1255 zeigt.[24] In den Prophezeiungen Joachims bzw. der ihm zugeschriebenen Werke eine zusätzliche Legitimation des eigenen Ordens zu sehen, war nicht ungewöhnlich. Gefährlicher schon war die Spekulation über die Nähe der Endzeit. Alarmierend aber waren die Ausführungen über diese letzte Zeit der Kirche vor dem Endgericht; denn die Texte boten zumindest Anlass, sich diese Zeit ohne kirchliche Ämter, ohne Sakramente oder sichtbare Heilszeichen vorzustellen. Das aber bedeutet eine Überbetonung der Wirksamkeit des Heiligen Geistes in einzelnen Gläubigen, auf Kosten der sakramentalen, an das Heilswerk Christi zurückgebundenen Dimension des christlichen Lebens, mit anderen Worten, ein Ungleichgewicht zwischen der Pneumatologie und der Christologie.

Die Veröffentlichung des *Introductorius* inmitten der angespannten Lage löste einen Skandal aus. Wilhelm von St. Amour und seine Partei sahen darin den Beweis für die mangelnde Rechtgläubigkeit und Kirchlichkeit der Bettelorden. Im Juli 1254 schickten sie das Buch an den Papst. Ohne das päpstliche Urteil abzuwarten, verurteilten die Pariser Professoren 31 Sätze aus dem *Introductorius* und dem im Anschluss edierten Werk Joachims *Concordia Veteris et Novi Testamenti*. Papst Innozenz IV. hatte sich bereits durchgerungen, angesichts der massiven Beschwerden die Privilegien der Mendikantenorden einzuschränken; doch er starb im Dezember 1254. Sein Nachfolger Alexander IV. (1254-1261) war zuvor Kardinalprotektor des Minderbrüderordens gewesen und wurde nun ein kluger und entschiedener Förderer der Mendikanten. Nachdem die päpstliche Kommission im Oktober 1255 ihre Untersuchung des *Introductorius* abgeschlossen hatte, wozu auch die Originalwerke Joachims zum Vergleich herangezogen worden waren, schrieb der Papst an

---

24 Humbert von Romans und Johannes von Parma: *B. Humberti de Romanis Opera de Vita regulari*, ed. J. J. Berthier, vol. II, Rome 1889, 494-500.

den Bischof von Paris, er solle das Buch aus dem Verkehr ziehen, aber darauf achten, dass der Ruf des Franziskanerordens nicht geschädigt werde. Zugleich drängte er beharrlich darauf, dass die ausgeschlossenen Professoren wieder in das Consortium aufgenommen werden müssten.

Das päpstliche Engagement zugunsten der Mendikanten forderte die Gegner zu einer erbitterten Reaktion heraus: Wilhelm von St. Amour verfasste im Frühjahr 1256 eine Streitschrift mit dem Titel: *De periculis novissimorum temporum – Über die Gefahren der letzten Zeiten,* die in mehreren Auflagen verbreitet wurde.[25] Der Titel spielt auf die eschatologische Erwartung der joachitisch inspirierten Mendikanten an, denen Wilhelm entgegenhält: Die Bettelorden seien selbst die eschatologische Gefährdung der Kirche; sie seien Pseudo-Apostel, Pseudo-Propheten mit erschreckenden sittlichen Mängeln – Ungehorsam, Hochmut, Habgier – , und sie seien nicht frei von Häresie. Im Sommer wurde diese Streitschrift durch König Ludwig IX. an den Papst geschickt, der sie im Oktober verurteilte. Doch dauerte es noch fast ein Jahr, bis endlich zwei Vertreter der Mendikantengegner öffentlich erklärten, sie wollten „die Predigerbrüder und die Minderbrüder, Lehrer wie Hörer, und namentlich den Bruder Thomas von Aquino von den Predigerbrüdern und Bonaventura von den Minderbrüdern, beide Doktoren der Theologie, in die Gemeinschaft der Universität aufnehmen" (12. August 1257).[26]

Auf Bonaventura waren zu dieser Zeit freilich schon andere Herausforderungen zugekommen: seit 2. Februar 1257 hatte er die Aufgabe des Generaloberen der Minderbrüder

25 Wilhelm von St. Amour, *Tractatus brevis de periculis novissimorum temporum,* in: M. Bierbaum, *Bettelorden und Weltgeistlichkeit an der Universität Paris. Texte und Untersuchungen zum literarischen Armuts- und Exemtionsstreit des 13. Jahrhunderts (1255-1272)*, Münster 1920, 1-36. Wilhelm von St. Amour, *Annotationes zu Bonaventuras Quaestio reportata de mendicitate,* in: F. Delorme (ed.), *Collationes [...] et Bonaventuriana quaedam selecta,* Quaracchi 1934, 332-356; E. Faral, *Les ‚Responsiones' de Guillaume des Saint-Amour,* in: AHDLMA 18 (1950) 337-394.

26 *Chart.* I, n.317 (366).

übernommen. Doch er war in der Zeit vorher keineswegs müßig gewesen, sondern ging, ob mit Lehrkanzel oder ohne, den Aufgaben eines *Magisters in sacra pagina* nach. Dazu gehörten vor allem die *Kommentierung der Hl. Schrift*, die Abhaltung von *Disputationen* (*quaestiones disputatae*) und die *Predigt*.[27]

Schriftkommentare

Der Professor der Theologie hatte – wie der übliche Titel „Lehrer in der Hl. Schrift" es ausdrückt – hauptsächlich Vorlesungen über die Bibel zu halten. Wir besitzen von Bonaventura neben dem bereits erwähnten *Lukaskommentar* einen Kommentar zu *Kohelet: Commentarius in Ecclesiasten* und zum *Johannesevangelium: Commentarius in Ioannem* (beide in: Opera Omnia VI). Ob er noch weitere biblische Bücher kommentiert hat, lässt sich nicht mit Sicherheit sagen; neben Kommentaren, die fälschlich unter Bonaventuras Namen überliefert wurden, wie z.B. eine Auslegung der Klagelieder,[28] könnte es aber auch weitere authentische, heute verschollene, Kommentare gegeben haben.[29]

Die drei genannten Kommentare sind „magistrale" Auslegungen: In die fortlaufende Textauslegung sind immer wieder *quaestiones* eingestreut. Die Prologe sind außerordentlich aufschlussreich, nicht nur für die Hermeneutik der

27 Vgl. *Dizionario Bonaventuriano. Filosofia, teologia, spiritualità*, a cura di E. Caroli, Padova 2008, 89-136.

28 Der *Kommentar zum Buch der Weisheit: In librum Sapientiae* (Opera Omnia VI) wurde in seiner Echtheit seit längerem in Frage gestellt und gilt heute nicht mehr als authentisches Werk Bonaventuras: D. V. Monti, *A Reconsideration of the Authorship of the Commentary of the Book of Wisdom attributed to St. Bonaventure*, in: AFH 79 (1986), 359-391.

29 Zumindest nennt die oben erwähnte Buchhändler-Liste noch weitere Titel: Bonaventura hätte demnach auch das *Hohelied* (zweimal) und das Buch der *Sprichwörter* kommentiert; neben der Kommentierung des *Weisheitsbuches* wird auch ein Kommentar zur *Apokalypse* und zu den *katholischen Briefen* erwähnt.

Schriftauslegung, sondern auch hinsichtlich theologischer Einzelaspekte. Das Proömium zum Ecclesiastes erhellt den schwer übersetzbaren Begriff *vanitas* – „Nichtigkeit", „Eitelkeit" – in seiner ontologischen, erkenntnistheoretischen und ethischen Dimension; das Proömium zum Johannes-Kommentar arbeitet die Besonderheit dieses Evangeliums und seines Verfassers heraus.[30]

Quaestiones Disputatae

Die *quaestio disputata* ist eine von der Textlektüre unabhängige Form der Diskussion, mit dem Ziel, die Begründbarkeit einer These zu untersuchen. Für die Abhaltung galten feste Regeln: Der Termin der Disputation wurde im Universitätskalender vermerkt und öffentlich angekündigt. An dem Tag, an dem ein Magister disputierte, fielen andere Veranstaltungen aus, damit Kollegen und Studenten teilnehmen konnten. Der Magister eröffnete die Diskussion mit einer Frage, zum Beispiel: Ob es ein Weg der Heiligkeit sei, um Christi willen von Almosen zu leben. Die eigentliche Diskussion führten die *Baccalaurei;* sie brachten die Argumente Pro und Contra bei und antworteten auf die Argumente anderer. Mindestens fünfmal musste ein Assistent an einer solchen Disputation teilgenommen haben, bevor er zur Promotion zugelassen wurde. Die Aufgabe des Magisters war es dann, am nächstmöglichen Vorlesungstag die vorgebrachten Argumente in eine Ordnung zu bringen, die Beantwortung der Frage zu präsentieren und auf diejenigen Argumente gesondert zu antworten, welche seiner eigenen Lösung entgegenstanden.[31]

---

30 Vgl. unten S. 267ff., 305ff.

31 Zur universitären Methodik: J. WEISHEIPL, *Thomas von Aquin. Sein Leben und seine Theologie*, Graz 1980; M.-D. CHENU, *Das Werk des hl. Thomas von Aquin*, Graz ²1982. – Neben der regulären Form der *Quaestiones Disputatae* gab es auch *Quaestiones de quolibet* (*Quodlibeta*), die in der Advents- und Fastenzeit gehalten werden konnten; bei den *Quod-*

Von Bonaventura sind drei Reihen *Quaestiones Disputatae* (QD), das heißt, deren nachträgliche schriftliche Ausarbeitung, erhalten: *De perfectione evangelica, De scientia Christi* und *De mysterio Trinitatis*. In der Forschung besteht Übereinstimmung über den Zeitraum der Entstehung: 1254 bis 1257; zur genaueren Datierung wurden verschiedene Vorschläge gemacht.[32] Ob neben diesen, als unzweifelhaft authentisch in die *Opera Omnia* aufgenommenen Disputationen noch weitere QD den Anspruch erheben dürfen, von Bonaventura zu stammen, ist umstritten.[33] Die Zuschreibung der QD *De theologia*[34], sowie *De caritate* und *De novissimis*[35] an Bonaventura stieß jedenfalls auf Widerspruch bei H.-F. Dondaine und I. Brady.[36]

---

libeta stellte nicht der Magister die Themafrage, sondern die Teilnehmer konnten beliebige Fragen vorbringen.

32 *Perf. evang.*: Bougerol datiert auf 1254/55, Brady vermutet in *Perf. evang.* q2 die *inceptio* Bonaventuras, also einen Teil des Promotionsverfahrens, und datiert dies auf September 1255; Quinn sieht in *Perf. evang.* die Antwort auf Wilhelm von St. Amours *De periculis*, so dass das Werk von 1256 stammen würde. Quinn vermutet seinerseits *Sc. Chr.* qq1-4 die „inceptio" und datiert sie auf 1254, Brady auf 1256. Sicher ist, dass *Myst. Trin.* nach *Sc. Chr.* gehalten worden ist.

33 B. Distelbrink, *Bonaventurae Scripta authentica, dubia vel spuria, critice recensita,* Roma 1975, 12, nennt noch zwei weitere QD: *De productione rerum* und *De imagine Dei et anima humana*. Da sie mit den entsprechenden Passagen aus *II Sent.* übereinstimmen, dürfe man annehmen, dass sie authentisch sind. Weitere QD in einer Vatikanischen Hs. (*De ieiunio, De oratione, De restitutione, De elemosyna et mendicitate*), die bislang noch nicht ediert sind, aber in die *Summa Halensis* eingingen, seien „vermutlich" von Bonaventura (13f.). *De productione rerum* (*Quaestio est, utrum mundus productus fuerit ab aeterno?*) wurde ediert: A. van de Sande, *Une „quaestio disputata" attribuée à Bonaventure, et commentaire,* in: *Bonaventuriana* II, 507-533.

34 G. Tavard, *St. Bonaventure's Disputed Questions „De theologia",* in: RThAM 17 (1950), 187-236.

35 P. Glorieux, *Sancti Bonaventurae Quaestiones disputatae de caritate, de novissimis,* Paris 1950.

36 H.-F. Dondaine, *De l'attribution à S. Bonaventure des questions du MS. d'Arras 873,* in: AFP 19 (1949) 313-378; RThAM 19 (1952), 244-270; I. Brady, *Opera omnia revisited,* 302.

In den *QD De perfectione evangelica* (Über die Vollkommenheit gemäß dem Evangelium; V 117-198) geht es um die drei evangelischen Räte, wobei der *mendicitas* (Bettelarmut) besonders breiter Raum gegeben wird. Darüber hinaus wird die Lebensweise der Bettelorden – Armut, Seelsorge und Wissenschaft – gegen die Vorwürfe weltgeistlicher Professoren verteidigt. Bonaventura will nachweisen, dass es sich nicht um eine „unerhörte Neuerung" oder „häretische Übertreibung" (*superstitio*) handelt, wenn eine Ordensgemeinschaft nicht von Grundbesitz oder festen Einkünften lebt. Ein wichtiges Argument ist für ihn die Tatsache, dass die Gesamtkirche durch die Heiligsprechung von Franziskus und Dominikus diese Lebensweise bestätigt hat. Andernfalls hätte die Kirche eine Lebensform zur Nachahmung empfohlen, die moralisch nicht einwandfrei sei. Wer dies behauptet, unterstelle also dem Papst und der Gesamtkirche einen Irrtum in entscheidenden Fragen.[37] Auf das Argument der Gegner, die Bettelorden hätten keine „Sendung", da sie sich als Seelsorger nicht auf die Sukzession der Apostel oder der 72 Jünger stützen könnten, antwortet Bonaventura mit der universalkirchlichen Sendung durch den Papst, und macht geltend, dass die Brüder eine sehr notwendige Hilfe für den Klerus der Ortskirche bedeuten. Dass die Brüder von Almosen leben, statt von der für „Mönche" üblichen Handarbeit, habe seinen Grund in ihrer seelsorglichen Aufgabe: Wer das Evangelium verkündigt, darf von dem leben, was die Leute ihm geben.

Die *QD De scientia Christi* (Über das Wissen Christi; V 3-43) befassen sich in sieben Einzelfragen zunächst mit der Erkenntnis, die Gott vom Geschaffenen hat, das heißt: mit der Bedeutung der Ideen in Gott (qq1-3); dann werden die Erkenntnisarten erläutert, die Christus als der Menschgewordene besitzt (qq4-7). Diese Ausführungen sind außeror-

37 Zu den ekklesiologischen Implikationen siehe J. RATZINGER, *Der Einfluss des Bettelordensstreites auf die Entwicklung der Lehre vom päpstlichen Universalprimat, unter besonderer Berücksichtigung des heiligen Bonaventura*, JRGS 2, 663-692.

dentlich bedeutsam sowohl für Bonaventuras Anthropologie und Erkenntnistheorie, wie auch für die Gnadenlehre. Berühmt geworden ist vor allem *Quaestio 4*, in der die „Gewissheitserkenntnis" (*cognitio certitudinalis*), die dem Menschen von seiner Natur aus, aufgrund der Gegenwart der Wahrheit in seinem Geist, zu eigen ist, äußerst differenziert entfaltet wird. Diese Quaestio enthält eine genaue und ausführliche Darlegung der von Bonaventura umgestalteten und präzisierten Illuminationslehre.[38] Nicht weniger interessant sind die folgenden Fragen, welche die gnadenhafte Erkenntnis, auch das Wesen der mystischen *unio amoris*, thematisieren.

Möglicherweise hat Bonaventura die *Quaestio 4* gewissermaßen als Probe-Disputation (*inceptio*) anlässlich seiner Promotion gehalten.[39] In diesem Fall liegt es nahe, als seine „Antrittspredigt" den *Sermo theologicus IV: Unus est magister vester, Christus*[40]/ *Unus omnium magister Christus*; V 567-574) zu vermuten; denn diese Predigt lässt große thematische Nähe zu q4 erkennen.[41] Bonaventura entfaltet in der umfangreichen, mustergültig gegliederten Predigt drei Arten der Gotteserkenntnis: durch Glauben, Vernunfteinsicht, Kontemplation (*fides-ratio-contemplatio*). Außerdem ist diese Predigt ein schönes Zeugnis seines Selbstverständnisses als akademischer Lehrer der Theologie.[42]

Die *QD De mysterio Trinitatis* (Über das Geheimnis der Dreifaltigkeit; V 45-115), die nach des Autors eigenen Angaben zeitlich später als die *QD De scientia Christi* gehalten wurden, bringen jeweils die Eigenschaften des Wesens Got-

38 S. unten S. 131-162; vollständige Übertragung: BONAVENTURA, *Quaestiones disputatae de scientia Christi*. Übers., kommentiert u. mit Einl. hrsg. von A. SPEER, Hamburg 1992 (Philosophische Bibliothek 446).

39 So BOUGEROL, *Introduction* 1988, 5.

40 So der Titel in der Edition von R. RUSSO, *La metologia del sapere nel sermone di S. Bonaventura „Unus est magister vester, Christus"*, Grottaferrata 1982.

41 B. DISTELBRINK, *Bonaventuriana Scripta*, 79, hält unter Berufung auf weitere Forscher ein früheres Datum: 1250, für wahrscheinlich.

42 Deutsche Übersetzung von M. SCHLOSSER, in: Ch. SCHALLER (Hg.), *Brich mir das Brot des Wortes*, Regensburg 2017, 37-60.

tes: Einheit, Einfachheit, Ewigkeit etc. mit der Dreipersönlichkeit in Verbindung. Hier kommen zentrale metaphysische und fundamentaltheologische Fragen zur Sprache: Wie verhält sich die Erkenntnis aufgrund von metaphysischer Einsicht zur Erkenntnis aufgrund von Offenbarung? In q1 a1 findet sich etwa Bonaventuras ausführlichste Darlegung verschiedener Gottesbeweise, ihrer Möglichkeiten und Grenzen. In q1 a2 geht es um das Verhältnis von Offenbarung und Glauben: für den Glauben an die Dreifaltigkeit geben die Schöpfung und die Hl. Schrift ein jeweils doppeltes Zeugnis. Ausschlaggebend aber ist das „Zeugnis", das sich in der Einsicht des Menschen selbst zeigt: Wenn die natürliche, eingeborene Kenntnis von Gott als eines überaus erhabenen, überaus gütigen Wesens (*lumen naturale: altissme et piissime de Deo sentiendum*) sich verbindet mit der aus der Offenbarung kommenden Erkenntnis der drei Personen (*lumen supernaturale*), dann erkennt der Mensch in der Botschaft der Offenbarung, dass sie die Erfüllung seiner Ahnung und Sehnsucht ist.

Die *QD De mysterio Trinitatis* geben einen Einblick in die denkerische Kraft Bonaventuras, sein metaphysisches Interesse und seine außerordentliche Subtilität.[43]

Predigten

Neben Vorlesungen über die Hl. Schrift und Disputationen gehörte auch die Predigttätigkeit zu den Verpflichtungen eines Magisters.[44] Von Bonaventura besitzen wir einen Zyklus von 50 Predigten zu den Sonntagen des Kirchenjahres, die er zu Anfang oder in der Mitte der fünfziger Jahre gehalten und 1267/68 als Sammlung selbst herausgegeben hat (*Sermones dominicales*).[45] Dazu kommen die ausgesprochen *theo-*

---

43 S. unten ab S. 179.

44 Bougerol, *Introduction* 1988, 7-9; J. B. Schneyer, *Geschichte der katholischen Predigt*, Freiburg 1969.

45 *Sancti Bonaventurae Sermones Dominicales*, ed. J. G. Bougerol, Grottaferrata 1977 (Bibliotheca Franciscana Medii Aevi XXVII).

logischen Predigten von größerem Umfang (V 535-579) und *Predigten* aus verschiedenen Jahren, die zu verschiedenen Anlässen, an verschiedenen Orten, vor unterschiedlichem Publikum gehalten wurden; letztere sind zum größten Teil im Band IX der Opera Omnia ediert.[46] Aufgrund der Datums- und Ortsangaben sind die Predigten Bonaventuras nicht unwichtig für die Erstellung der Chronologie bzw. für die Verfolgung der Reisen des späteren Generalministers.[47] Zuweilen handelt es sich lediglich um Predigt-Skizzen, die nur das „Thema" (das thematische Schriftwort, über das die Predigt geht) und das „Prothema" (ein weiteres Schrift-Wort, welches die Einleitung der Predigt prägt), sowie zwei oder drei Gliederungspunkte enthalten.

Eine besondere Art von Predigt sind die sogenannten *collationes*. Der Begriff „collatio" wird im 12. und 13. Jahrhundert in vier verschiedenen Bedeutungen gebraucht:[48] 1) als geistlicher Vortrag oder Austausch im monastischen Leben (vgl. die *Collationes Patrum* Johannes Cassians), 2) als Übung von Studenten, die der Wiederholung des Gelernten dienen sollte und nach bestimmten Regeln ablief, 3) als kurze Vesper-Predigt an Sonn- und Feiertagen, wo die Thematik der Predigt vom Morgen nochmals aufgenommen wurde, 4) und als ausgedehnte Predigten an den Samstagen der Fastenzeit – in diesem Zusammenhang wird stets im Plural von *collationes* gesprochen –, zu einem bestimmten Thema. Von

46 Einige Predigten wurden einzeln oder in anderen Sammlungen ediert: B. Distelbrink, *Bonaventuriana Scripta* 79-87. Von J. G. Bougerol wurden zwei weitere Predigtsammlungen kritisch ediert: *Saint Bonaventure Sermons de diversis.* Nouvelle édition critique par J. G. Bougerol, Vol. I. II, Paris 1993; *Saint Bonaventure Sermons de Tempore. Reportation du Manuscrit Milano Ambrosienne A 11 sup.*, Nouvelle édition critique par J. G. Bougerol, Paris 1990.

47 Eine hilfreiche Aufstellung bietet J. F. Quinn, *Chronology of St. Bonaventure's Sermons,* in: AFH 67 (1974) 145-184.

48 J. Hamesse, *„Collatio" et „reportatio": deux vocables specifiques de la vie intellectuelle au moyen âge,* in: O. Weijers (ed.) *Actes du Colloque Terminologie de la vie intellectuelle au moyen âge,* Leyde-La Haye 20-21 septembre 1985, Turnholt 1988, 78-87.

Bonaventura sind drei solche Predigtreihen aus den Jahren 1267, 1268 und 1273 erhalten,[49] auf die gleich noch zurückzukommen ist.

Breviloquium

Als Meisterwerk Bonaventuras aus der Magisterzeit darf man das *Breviloquium* bezeichnen. Es ist eine kleine „Summa" der Theologie, die von späteren Autoren häufig benützt und exzerpiert wurde. Wie der Titel sagt, handelt es sich um ein „Kurzes Wort", einen Leitfaden oder Grundkurs theologischen Wissens.[50] Ähnlich wie Thomas von Aquin das *Compendium theologiae*, das unvollendet blieb, schrieb Bonaventura das *Breviloquium* für studierende Mitbrüder, die ihm geklagt hatten, der Stoff werde vielfach so unsystematisch dargeboten, dass ihnen „das Theologiestudium wie ein finsterer, undurchdringlicher Wald" vorkomme. Im Prolog erläutert Bonaventura zunächst fundamentaltheologische Fragestellungen: Das Verhältnis von Heiliger Schrift und Offenbarung Gottes, die ihre Mitte im menschgewordenen Wort hat. Hinter der Heiligen Schrift als Grundlage der theologischen Wissenschaft steht der Glaube an Jesus Christus. Mit andern Worten: die Autorität (*auctoritas*) des glaubwürdigen Zeugnisses der Hl. Schrift wurzelt im Glauben der Apostel, der im Apostolischen Bekenntnis formuliert ist. Darum

---

49 Die sogenannten *Collationes in Ioannem* sind anscheinend Aufzeichnungen, die vielleicht für Predigten verwendet werden sollten. Sie werden in ihrer Echtheit angezweifelt. L. Bataillon hält sie für nicht authentisch, vgl. F. Iozzelli, *Le edizioni scientifiche del collegio San Bonaventura di Quaracchi-Grottaferrata,* in: *Editori di Quaracchi 100 anni dopo. Bilancio e prospettive.* Atti del Colloquio Internazionale, Roma 29-30 Maggio 1995, a cura di A. Cacciotti e B. Faes de Mottoni, Roma 1997, hier 27.

50 Deutsche Übersetzung: Bonaventura, *Breviloquium,* übers. von M. Schlosser, Einsiedeln ³2017. Zu Bonaventuras hermeneutischem Konzept: Dies., *Bonaventura: Breviloquium,* in: O. Wischmeyer – Th. Prügl et. al., *Handbuch der Bibelhermeneutik,* Berlin – Boston 2016, S. 177-189.

kann für Bonaventura die Schrift nur verstanden werden, wenn sie im Glauben der lebendigen Kirche gelesen wird, im Glauben an den lebendigen Herrn der Kirche.[51] Erläutert werden daher die Bedeutung des Glaubensaktes für das tiefere Verstehen, die literarische Eigenart der biblischen Quellen und die wichtigsten Auslegungsprinzipien. In den folgenden sieben Hauptteilen mit insgesamt 72 Kapiteln – die bewusst an die 72 zur Verkündigung gesandten Jünger, wie auch an die 72 Übersetzer der Septuaginta erinnern – will Bonaventura in systematischer Ordnung das theologische Grundwissen vorlegen, das man als Voraussetzung einer fruchtbaren Schriftauslegung braucht. Denn ohne ein Fundament an Glaubenswissen ist schöpferisches theologisches Denken nicht möglich. In sieben Schritten werden daher die klassischen Traktate der Dogmatik präsentiert: Gotteslehre – Trinitätstheologie, Schöpfungslehre – Anthropologie, Christologie – Soteriologie, Gnaden- und Tugendlehre, Sakramententheologie und Eschatologie. Da nach Bonaventuras Überzeugung weder die Heilige Schrift noch die Theologie lediglich das Wissen über Gott vermehren wollen, sondern darauf hinzielen, „dass der Mensch gut werde", das heißt: einen heiligen Willen habe, sind Glaubenslehre und Sittenlehre nicht zu trennen.[52] Innerhalb der Schöpfungslehre und der Gnadenlehre werden daher auch grundlegende moraltheologische Themen behandelt, ebenso wie innerhalb der Sakramentenlehre liturgische und kirchenrechtliche Aspekte zur Sprache kommen.

Das Breviloquium fasziniert durch seine Klarheit – Bonaventura ist ein hervorragender Stilist –, die Stringenz der Durchführung, die meisterliche Begrenzung des Stoffes auf das Wesentliche. Bonaventura führt seine Theologie-Definition in jedem der 72 Kapitel durch: Da Theologie *per ad-*

51 Vgl. dazu vor allem J. Ratzinger, *Offenbarung – Schrift – Überlieferung, in: Offenbarungsverständnis und Geschichtstheologie Bonaventuras*: Habilitationsschrift und Bonaventura-Studien, JRGS 2, Freiburg – Basel – Wien 2009, 53-659.

52 Vgl. dazu auch *Sent. Prooem* q3, s. unten S. 93-95.

ditionem rationis ad credibilia, „durch das Hinzutreten der Vernunft zu den Glaubensgegenständen", geschieht, wird zunächst sehr kurz der jeweilige Glaubensinhalt präsentiert, dann folgen in einem längeren Abschnitt die „Gründe, wie man dies auch verstehen bzw. einsehen kann" (*ratio ad praedictorum intelligentiam*). Das zu Glaubende (*credibile*) soll auch als etwas „Einsichtiges" (*intelligibile*) erfasst werden.[53]

Bonaventuras Sprache

An dieser Stelle muss ein Wort zu Bonaventuras Stil gesagt werden. Der Seraphische Lehrer sieht die Wahrheit als Kosmos, als geordnetes Ganzes. Jede einzelne Erkenntnis steht in Zusammenhang mit anderen; und dieser Zusammenhang kann und soll in der sprachlichen Darstellung sichtbar werden. Ob theologischer Traktat, ob Predigt oder geistliche Betrachtung: Die sprachliche Gestaltung spiegelt diese Ordnung. Daher werden die Gedanken oft in Dreier-, Vierer- oder Siebener-Reihen vorgelegt, die sich zuweilen noch mehrfach verästeln. Selbstverständlich spielen die in der Heiligen Schrift genannten Zahlen eine besondere Rolle: „Drei" steht für die Wirklichkeit des dreifaltig-einen Gottes und für alles, was mit dem Himmel direkt zu tun hat, wie die theologischen Tugenden, welche die Seele des Menschen mit Gott verbinden. „Vier" steht für die irdische Wirklichkeit mit den vier Elementen und den vier Himmelsrichtungen, auf die sich aber auch die vier Enden des Kreuzes erstrecken. Die Siebenzahl hat ihre erste Wurzel in den Tagen der Schöpfung, denen als „achter" Tag die endgültige Vollendung der Auferstehung folgen wird. Dazu kommen weitere symbolträchtige Zahlen: zwölf, vierzig, zweiundsiebzig etc.

Diese Ordnung, die sämtliche Werke Bonaventuras durchgestaltet, ist weit mehr als ein geschicktes sprachliches Kunstwerk. Sie ist kein Selbstzweck, sondern soll die inne-

53 Vgl. dazu *Sent. Prooem.* q1.2 (s. unten ab S. 80-92), sowie die Durchführung in jedem einzelnen Kapitel des *Breviloquium*.

re Ordnung und Schönheit, die Intelligibilität des Inhalts, sichtbar machen: In der sprachlichen Gestalt spiegelt sich der Gehalt. Zugleich dient sie der pädagogischen Vermittlung; die Gliederung erleichtert es dem Hörer oder Leser, sich den Inhalt einzuprägen und sich daran aktiv zu erinnern.

Bonaventuras sprachliche Meisterschaft – eine Herausforderung für alle Übersetzer – bezieht sich aber nicht nur auf den architektonischen Bau der Abschnitte. Seine Sprache ist ebenso schwungvoll in den einzelnen Sätzen, er beherrscht die lateinischen Satzschlüsse; die Wortwahl ist farbig, lebhaft und zuweilen bilderreich, jedoch niemals rhetorisch manieriert, sondern stets auf Klarheit und Durchsichtigkeit bedacht.

Im Dienst des Minderbrüderordens

Als Bonaventura im Herbst 1257 offiziell in das *Consortium Magistrorum* aufgenommen wurde, hatte in seinen Lebensumständen bereits ein Einschnitt stattgefunden. Am 2. Februar 1257 war er vom Generalkapitel des Ordens, das in Ara Coeli tagte, zum Generalminister gewählt worden.

Er übernahm die Leitung des Ordens in einer kritischen Lage: Sein unmittelbarer Vorgänger Johannes von Parma, der im Orden durchaus persönliche Hochschätzung genoss, war als Oberer nicht mehr tragbar, da er als Anhänger Joachims von Fiore bekannt war.[54] Sein Name war sogar als Verfasser des *Liber Introductorius in Evangelium Aeternum* genannt worden, was in der aufgeheizten Stimmung dieser Jahre den gesamten Orden in ein schiefes Licht rücken musste. Johannes selbst hatte Bonaventura als Nachfolger

54 *Giovanni da Parma e la grande speranza*, Atti del III Convegno storico di Greccio, 3-4 dicembre 2004, a cura di A. Cacciotti e M. Melli, Milano 2008.

vorgeschlagen; Papst Alexander IV. war mit der Wahl sehr zufrieden.[55]

Manche Bonaventura-Interpreten deuten das Jahr 1257 als einen tiefen Einschnitt, sozusagen als seine eigentliche franziskanische Bekehrung. Hat er es bedauert, die universitäre Lehrtätigkeit aufgeben zu müssen? Im ersten Brief des frisch gewählten Oberen an alle Provinziäle liest man, dass er die neue Aufgabe als gewaltige Last empfand, die zu übernehmen er wenig Neigung fühlte, sich vielmehr ungeeignet vorkam.[56] Dennoch: er übernahm die Aufgabe mit klarem Blick und entschlossenem Einsatz – und vorbereitet durch sein theologisches Wissen.

Seine „Schulschriften" waren unter dem Vorzeichen gestanden, dass die Wissenschaft dem geistlichen Leben dienen muss, wie er in einer Predigt aus diesen Jahren sagt: „Das Wort der Lehre ohne das Zeugnis des Lebens ist hohl. Das Leben ohne Bezeugung durch die Lehre ist zu wenig. Beides zusammen ist vollkommen."[57]. Als Magister musste er sich nicht nur den antimendikantischen Argumenten stellen, sondern auch den Vorbehalten im eigenen Orden: der Furcht, das ursprüngliche Charisma der Armut, Demut und schlichter Nachfolge des Evangeliums werde preisgegeben für ein Studium, das einen Titel verleiht und über andere erhebt.[58] Bereits im *Prooemium* des *Sentenzenkommentars* ist Bonaventuras Absicht erkennbar, die wissenschaftliche Theologie nicht nur als erlaubt, sondern als einen Dienst an den Mitmenschen (Stärkung des Glaubens) und als Weg zur Heiligkeit zu erweisen. Auch wenn es viel „Spreu" und Überflüssiges beim Studium geben könne, so werde doch der „Atem der Begeisterung für Gott" (*flatus devotionis*) Wei-

---

55 Bulle: *Dilecto filio Fratri Bonaventurae … Ut ministerium tibi,* in: BF II n. 374 (S. 253).

56 S. unten S. 443-447.

57 *Sermones dominicales,* serm. 26, n.7 (Bougerol 317).

58 Vgl. die Frage, ob man sich – entgegen dem Evangelium Mt 23,8.10 – „Magister" nennen lassen dürfe: *Ep. trib. qq.* (VIII 331-336), s. unten S. 96-100; und *Sermo theol. IV Chr. mag.* (V 567-574).

zen und Spreu leicht trennen.[59] Die große Bedeutung, die Minderbruder-Professor der mendikantischen Armut beimisst, hatte sich vor allem in den *QD De perfectione evangelica* gezeigt.

Es ist sicher kein Zufall, dass Bonaventura in seiner Lebensbeschreibung des Ordensgründers (1263) auch folgendes berichtet: Als man Franziskus einmal die Frage stellt, ob es gebildeten Brüdern erlaubt sei, das Studium weiter zu betreiben, antwortete er: „Ja, es gefällt mir, wenn sie nur gemäß dem Beispiel Christi, der mehr gebetet als gelesen hat, den Eifer im Gebet nicht unterlassen; wenn sie nicht nur studieren, um zu wissen, wie man reden muss, sondern um das Gehörte auch zu erfüllen; und wenn sie es erfüllt haben, auch andere dazu hinführen. Ich will, dass meine Brüder Schüler des Evangeliums seien, und dass ihr Fortschreiten in der Wahrheit zugleich ein Fortschreiten in der Reinheit eines schlichten Herzens sei."[60] Bonaventura übernahm dies sozusagen als Programm für sich. Noch im *Hexaemeron* vermerkt der Reportator: „Und er [d.i.: Bonaventura] fügte hinzu, der heilige Franziskus habe gesagt, er wolle, dass seine Brüder studierten – solange sie zuvor verwirklichten, was sie lehrten. Vieles zu wissen, aber geistlich nichts zu verkosten, was nützt das?"[61]

Umgekehrt ist in jedem seiner späteren geistlichen Werke der Theologe präsent. Die literarischen Gattungen freilich ändern sich, was Auswirkungen auf den Stil der Argumentation hat; denn in einer Predigt spricht man anders als in einer Disputation. Doch bliebe beispielsweise das *Itinerarium*, das als klassisches Werk franziskanischer Mystik gilt, weitgehend dem Verstehen verschlossen, bezieht man nicht den philosophisch-theologischen Hintergrund mit ein. Ebenso ist die *Legenda maior* von einem theologischen Programm

---

59 *Ep. Trib. qq.* n.12 (VIII 335a). Dazu: M. SCHLOSSER, *Cognitio et amor. Zum kognitiven und voluntativen Grund der Gotteserfahrung bei Bonaventura*, Paderborn 1990, 173-186.

60 *Leg. Mai.* XI 1 (VIII 535b).

61 *Hex.* XXII, 21 (V 440b).

geformt. Und selbst die streitbaren *Predigten über das Sechstagewerk* (*Collationes in Hexaemeron*) von 1273 wären wohl kaum so gehalten worden, wäre der Prediger nicht vorher Professor an der Universität Paris gewesen.

Ordensgesetzgebung und Franziskus-Vita

Es war Bonaventura bewusst, dass er mit der Leitung des Ordens, der mittlerweile mehr als 30 000 Brüder in 32 Provinzen zählte, eine schwere Last übernahm. Er wusste auch, dass die Vorwürfe der Mendikantengegner nicht alle aus der Luft gegriffen waren, und dass jedes Versagen der Brüder unbarmherzig gegen sie ausgelegt werden würde. Das starke Wachstum hatte gerade bei den noch lebenden Gefährten des Poverello tiefe Besorgnis um das Ordensideal hervorgerufen. Dem religiösen Ernst vieler stand eine eher lockere Auffassung anderer gegenüber. Es stellten sich neue Aufgaben, die in Treue zur eigenen Tradition gelöst werden sollten. Manche Brüder trauerten der Einfachheit der ersten Generation nach und hielten es für verfehlt, das schlichte Leben nach dem Evangelium für ein Universitätsstudium aufs Spiel zu setzen. Bonaventura kannte nicht nur die Argumente der weltgeistlichen Professoren gegen die Mendikanten, sondern auch die Vorbehalte im eigenen Orden oder dessen Umfeld – wie der *Brief an einen ungenannten Magister* erkennen lässt.[62]

Das *erste Schreiben* des neuen Generalministers an die Provinzialminister (23. April 1257) spiegelt die Situation wider:[63] Bonaventura konstatiert, es seien Missstände eingerissen. Der Orden habe viele Aufgaben, die auch finanzielle Mittel erfordern; dass aber das Geld oft unbescheiden eingefordert und ohne Umsicht und Verantwortung damit umgegangen werde, sei eine Schande für die franziskanische Armut. Er

62 *Ep. Trib. qq*, könnte an Roger Bacon (F. Delorme) oder John Peckam (E. Longpré) gerichtet sein. Deutsche Übersetzung (Auswahl): vgl. unten S. 95-100.

63 *Ep. 1 ad omnes Ministros provinciales et Custodes Ordinis Fratrum Minorum* (VIII 468f.); s. unten S. 443-447.

beklagt, dass manche Brüder weder kontemplativ noch apostolisch lebten, sondern Müßiggänger seien, die sich von den Leuten ernähren ließen. Aufwendige Bauten und viele Beziehungen mit Welt-Leuten seien ausgesprochen schädlich für den Ruf des Ordens. Ein anderes gravierendes Übel sieht der General darin, dass Brüder mit Aufgaben betraut würden, denen die nötige Reife dazu fehle. Und er mahnt besonders zu Sorgfalt in der Aufnahme und Ausbildung der Novizen.

Es ging ihm um eine Reform des Ordens an Haupt und Gliedern, und er kündigte an, er werde sich durch Visitationsreisen von der Durchführung überzeugen. In der Tat unternahm er von dem kleinen Konvent Mantes – zwischen Rouen und Paris – zahlreiche Reisen: innerhalb Frankreichs, nach England, Spanien, Deutschland, und sechzehn Reisen nach Italien.

Der Konsolidierung des Ordens zu einer Gemeinschaft diente zunächst die Zusammenstellung der bisherigen Ordensgesetzgebung, die auf dem Generalkapitel von Narbonne (1260) unter dem Titel *Constitutiones Narbonnenses* verabschiedet wurden. Auf dem Kapitel 1266 zu Paris wurden diese noch einmal erläutert.[64] Da aber Gesetzgebung allein nicht ausreicht, um das Feuer des Anfangs wieder zu entfachen, und Vorbilder mehr bewirken als Belehrungen und Gebote, erhielt Bonaventura auf demselben Generalkapitel den Auftrag, eine offizielle Vita des hl. Franziskus zu verfassen. Das Ergebnis sind die *Legenda Maior*, die als Tisch-Lesung gedacht war, und die *Legenda Minor* für Lesungen beim Stundengebet.[65] Bonaventura sammelte und ordnete

64 *Explanationes Constitutionum Generalium Narbonensium* (VIII 450-455); erneut ediert von F. Delorme in: AFH 18 (1925), 511-524. Die sogenannten „Definitiones" des Kapitels von Narbonne wurden ediert von F. Delorme: *Definitiones Capituli Generalis Narbonensis 1260*, in: AFH 3 (1910), 491-504; und A. Little, *Definitiones capitulorum generalium ordinis fratrum minorum 1260-1282*, in: AFH 7 (1914) 676-682.

65 Die *Legenda Minor* umfasst sieben mal neun kurze Kapitel, die für die nächtlichen Lesungen am Franziskusfest und in der folgenden Oktav gedacht sind. Deutsche Übersetzung von *Legenda Maior* und *Legenda Minor* sowie der Franziskuspredigten Bonaventuras in: Franziska-

das bislang in verschiedenen Quellen verstreute Material, straffte und kürzte. Vor allem aber schuf er eine theologisch durchformte Lebensbeschreibung des Ordensgründers. Das Generalkapitel in Paris 1266 erklärte Bonaventuras *Legenda Maior* als die maßgebliche Vita des Ordensvaters und fasste den Beschluss, dass alle anderen Legenden aus dem Verkehr zu ziehen seien.

Viele Autoren, ältere wie neuere, haben ihr Unverständnis über diesen Beschluss zum Ausdruck gebracht. Man sollte jedoch in Betracht ziehen, dass sich durch den Bettelordensstreit und das Joachitismus-Problem im Orden die Lage seit den 30er und 40er Jahren einschneidend verändert hatte. Vor diesem Hintergrund kann es einsichtig werden, warum bestimmte Erzählungen von Bonaventura nicht in die *Legenda Maior* aufgenommen wurden, oder nur in abschwächender Interpretation. Er wollte vermeiden, den Mendikantengegnern Waffen für weitere Angriffe in die Hand zu geben. Zudem ist zu bedenken, dass eine *legenda* nicht einfach eine Biographie mit historischer Genauigkeit bieten will; sie vermittelt vielmehr ein bestimmtes Bild, oder den Ausschnitt eines Bildes. Gerade für die Ausbildung der Novizen, mit der es nicht zum Besten stand, war es von großer Wichtigkeit, mit welchem Bild des Ordensgründers sie vertraut gemacht würden.

In Bonaventuras *Legenda Maior* ist Franziskus' Leben ganz von der Kreuzesnachfolge geformt.[66] Er ist der „Engel des sechsten Siegels" weil er die Wundmale trägt, die „das Zeichen des lebendigen Gottes" sind. Das Kreuz bleibt das Zeichen über dieser Welt bis zuletzt. Es ist zum einen das Zeichen für die Gebrochenheit der menschlichen, irdischen Wirklichkeit durch die Sünde, zum andern das Zeichen des Sieges. Franziskus wurde in die innigste Verbundenheit mit Christus gerade durch dieses Zeichen hineingezogen. Nicht

---

nische Quellenschriften, hg. von D. Berg und L. Lehmann, Kevelaer 2009.

66 Dazu S. Clasen, *Franziskus – Engel des sechsten Siegels. Sein Leben nach den Schriften des hl. Bonaventura*, Werl 1962, Einleitung.

eine neue heilsgeschichtliche Zeit beginnt mit Franziskus, sondern eine neue Erinnerung an das Zentrum der Heilsgeschichte: der Entäußerung Christi bis zum Tod am Kreuz, damit die Menschheit den Frieden mit Gott finde. Franziskus wünscht mit dem „Tau"-Zeichen „Frieden und Heil"; das ist der Gruß, den ihm „der Herr selbst offenbart" hat.[67] Er ist auch der Bote und „Vorläufer", der „dem Herrn den Weg bereitet", indem er in den Herzen der Gläubigen die erkaltete Liebe wieder entfacht.

In diesem Sinn ist Franziskus auch ein „zweiter Elias". Bekanntlich hatte Joachim von Fiore großes Interesse an der Gestalt des Elija; denn nur von diesem Propheten ist ausdrücklich in der Schrift gesagt, dass er noch einmal kommen werde, bevor Christus als Weltenherrscher wiederkehrt. „Die Prediger des III. Status", und das kann nur heißen: wenn der Übergang vom II. zum III. vollzogen ist, werden ihren Prototyp in Elija haben, der als „Mensch wie Feuer" den Hl. Geist repräsentiert.[68] Nicht nur Franziskus, sondern auch Dominikus und andere berühmte Prediger wurden gerne in Verbindung mit diesem Propheten, dem Vorläufer der Zweiten Ankunft Christi, gebracht. Auch Bonaventura zieht eine ausdrückliche Parallelen zwischen Franziskus – der ja auf den Namen Johannes des Täufers getauft war! – und Elija. Man würde zuerst vermuten, Elija als Vorbild der absoluten Armut und des Vertrauens in die Vorsehung dargestellt zu finden.[69] Aber für Bonaventura steht vor allem die

67 Franziskus, *Testament* 23 (FQ 61).

68 Joachim, *Expositio in Apocalipsin,* Venedig 1527, (repr. Frankfurt/Main 1964), 148ra: „quia tertius iste status saeculi, qui futurus est in fine mundi, non in Henoch aut in Moyse, sed tantum in Helya designatur." Vgl. S.-L. Zimdars-Swartz, *The Third Status in De vita Sancti Benedicti and Other Minor Writings Attributed to Joachim of Fiore,* in: L'età dello Spirito, 347-355. B. McGinn, *Joachim of Fiore's Tertius Status: Some Theological Appraisals,* in: L'età dello Spirito, 219-236. E. R. Daniel, *The double procession of the Holy Spirit in Joachim of Fiore's Understanding of History,* in: Spec 22 (1980) 469-483.

69 So in *Perf. evang.* q2 a2 (V 130a); als Vorbild des Fastens: *Apol. Paup.* VI, 18 (VIII 271).

„innere Glut“ und die „feurige Rede“ dieses Propheten im Zentrum.[70] Wegen dieser Eigenschaften sei Jesus auf Erden von den Menschen für Elija gehalten worden.[71] Aus dem gleichen Grund wird Franziskus mit Elija verglichen: Die Glut Christi habe in ihm Feuer-Eifer für das Heil der Mitmenschen bewirkt.[72] In der *Legenda Maior* vergleicht Bonaventura Franziskus nicht nur mit dem „vom Osten her aufsteigenden Engel [des sechsten Siegels], der das Zeichen des lebendigen Gottes trägt“ – nämlich die Stigmata –, sondern bezeichnet ihn auch als einen Mann vom Geiste des Elija. Die Erscheinung des Ordensgründers „auf einem feurigen Wagen“ habe den Brüdern gezeigt, „dass sie wie wahre Israeliten dem nachfolgen sollten, der, wie ein zweiter Elija, von Gott zum Wagen und Wagenlenker der geisterfüllten Menschen gemacht worden war.“[73] Dadurch seien den Brüdern die Augen aufgegangen, wie damals dem Elischa, und sie hätten erkannt, dass die Lehre (*doctrina*) und das Lebensvorbild (*vita*) des Franziskus auch für sie ein sicherer Weg zum Heil seien. Der „feurige Wagen“ bedeute die Erfüllung mit prophetischem Geist, die Bestimmung zum Dienst eines Boten (bzw. „Engels“) und die gänzliche Entflammung mit der Glut der Seraphim.[74] Der Vergleich mit Elija drückt eschatologischen Ernst aus, ist aber nicht im Sinne der joachitischen Geschichtstheologie zu verstehen. In Bonaventuras Auffassung beginnt mit Franziskus (und Dominikus) ein neuer Aufbruch in der Kirchengeschichte, aber es ist nicht so sehr der Heilige Geist als vielmehr der gekreuzigte Christus, der Franziskus zu seinem Bild umgestaltet.[75]

---

70 *In Ioann.* 10, n.57 q4 ad1 (VI 394b); *In Luc.* 1,17, n.28 (VII 17ab); 9,33, n.61 (236a).

71 *In Luc.* 12,49, n.70 (VII 331a).

72 *Coll. zu Serm. II de b. Francisco* (IX 581a).

73 *Leg. Mai.* IV, 4 (VIII 513b-514a).

74 *Leg. Mai.* Prol., n.1 (VIII 504b): „prophetali quoque repletus spiritu necnon et angelico deputatus officio incendioque seraphico totus ignitus“.

75 Vgl. *In Luc.* 9,30, n.54 (VII 234a): Bei der Verklärung Christi auf Tabor erschienen Mose und Elija „et dicebant excessum eius“ – „sie

Itinerarium mentis in Deum

Bevor Bonaventura zum Generalkapitel nach Narbonne reiste, suchte er die franziskanischen Stätten im Rieti-Tal auf und sprach mit den noch lebenden Brüdern der ersten Generation. Im Herbst 1259 zog er sich auf den Berg La Verna zurück, wo Franziskus die Stigmata empfangen hatte. Hier, in der Abgeschiedenheit seiner persönlichen Exerzitien, wurde sein wohl berühmtestes Werk geboren, der *Pilgerweg des Menschen zu Gott – Itinerarium mentis in Deum.*

Die Gattung „Itinerarium" bezeichnet seit der Spätantike eine Reisebeschreibung, zumeist die Pilgerreise ins Heilige Land: *in terram sanctam.* Das Itinerarium Bonaventuras aber beschreibt den Weg *in Deum*; es ist eine Wegweisung für den geistigen Pilgerweg des Menschen. Ziel ist Gott, der im Menschen wie in einem geistigen Jerusalem wohnen will. Diese Reise wird nicht mit den Füßen unternommen, sondern mit dem Geist (*mens*), d.h., der Seele, insofern sie Gottes fähig ist. Nicht eine Ortsveränderung wird vollzogen, sondern eine innere Verwandlung (*transformatio, transitus*). Die Ortsveränderung des Herzens geschieht durch Annäherung an die geliebte Person, und das heißt: durch Verähnlichung.

Das Mittel, um sich der Gegenwart Gottes zu stellen und sie wahrzunehmen, ist die Betrachtung (*speculatio*).[76] Sechs

---

sprachen über sein Ende". Bonaventura legt dies aus: Sie sprachen von dem „Übermaß (*excessus*) an Demut, Armut, Schmerz und Liebe" Christi. Gerade davon hat auch Franziskus wie kein Zweiter in Wort und Leben Zeugnis gegeben. Auch darum gleicht er Elija. Vgl. J. Ratzinger, *Offenbarungsverständnis und Geschichtstheologie Bonaventuras,* JRGS 2. Auch I. Delio, *From Prophecy to Mysticism: Bonaventure's Eschatology in Light of Joachim of Fiore,* in: Trad. 52 (1997), 153-159.169.175 sieht den entscheidenden Unterschied zwischen Joachim und Bonaventura in der Bedeutung des *gekreuzigten* Christus, der bei Bonaventura im Mittelpunkt stehe. – Zur Bedeutung der Elija-Typologie bei Joachim und Bonaventura: M. Schlosser, *Princeps noster Elias,* in: Edith-Stein-Jahrbuch Vol. 8, Würzburg 2002, 48-64, bes. 58-61.63f.

76 Lat. *speculatio* kann von *speculum*: Spiegel abgeleitet sein, oder von *specula*: Ausguck. Beide Erklärungen haben ihren Sinn, wobei die

solcher *speculationes,* drei Paare, stellt das *Itinerarium* vor: Die Betrachtung beginnt mit der unmittelbar sich zeigenden Wirklichkeit, die mit den Sinnen wahrgenommen werden kann. Der Betrachtende soll realisieren, dass es diese Wirklichkeit nicht gäbe, wenn Gott nicht ihr Ursprung wäre und sie im Sein hielte. Dann soll der Mensch sich selbst als geistbegabtes Wesen betrachten, und begreifen, dass er nicht diese – erkennende, betrachtende, sehnsuchtsvolle – Person wäre, wenn er nicht in Erkenntnis und Streben auf die höchste Wahrheit und Liebe bezogen wäre. Und schließlich wird Gott selbst betrachtet: sein vollkommenes Sein, das der Mensch gewissermaßen durch den rechten Gebrauch seiner Einsicht ertasten kann, und das dreifaltige Wesen, das man nur aufgrund der Selbsterschließung Gottes in Christus wissen kann. Alles Wissen von der Schöpfung, auch naturphilosophische Betrachtungen, alles Wissen des Menschen und über den Menschen, und alle Erkenntnis von Gott, philosophisch und geoffenbart, wird im Itinerarium zur Anleitung, Gottes Gegenwärtigkeit „zu schauen".

Die Betrachtungen, die Zeit beanspruchen (Prol. 4), erheben jedoch nur dann zum „Verkosten" der *pax ecstatica,* wenn sie von der Liebe zu Christus getragen sind. Dies bezeichnet das Bild des gekreuzigten Seraph, den Franziskus auf La Verna sah, und das Bonaventura plötzlich als Inspiration für das Itinerarium begriff:

> „Als ich auf La Verna im Geist einige geistige Aufstiege zu Gott durchging, trat mir jenes Wunder vor Augen, das eben an diesem Ort dem seligen Vater Franziskus geschah: die Vision des geflügelten Seraph nach dem Bild des Gekreuzigten. Bei dieser Betrachtung zeigte sich mir sogleich, was die-

zweite besser die „Sehnsucht" zum Ausdruck bringt, welche die besondere Eigenschaft des Pilgers ist: Er hält Ausschau nach dem Ziel. Vgl. BONAVENTURA, *Itineraium mentis in Deum – Der Pilgerweg des Menschen zu Gott,* übers. und erläutert von M. SCHLOSSER, mit einer Hinführung von P. ZAHNER, St. Ottilien 2010.

se Vision bedeuten soll: die Erhebung unseres Vaters in der Beschauung und den Weg, auf dem man zu ihr gelangt."[77]

Wenngleich in dieses Werk vielfältige Anregungen aus der geistlichen Tradition eingegangen sind (Augustinus, Bernhard, vor allem Richard von St. Victor), so ist das bestimmende Gliederungsprinzip und Zentrum die Seraphvision des Franziskus. Das Ziel der kontemplativen Erhebung – mittels der sechs Betrachtungen oder sechs „Flügel" – ist die Angleichung an den Gekreuzigten, durch Liebe (Prol. 3.4). Ohne die innere Bindung an Christus führen keine noch so feinen Betrachtungen zum „Frieden, der alles Begreifen übersteigt". Sie bleiben nur ein Denkvollzug, der die Seele nicht umgestaltet.

Triplex via

Ein weiteres kleines Werk erlangte ähnliche Berühmtheit; es gehörte zu den bekanntesten Werken der mystischen Theologie im Mittelalter, wurde in mehrere Volkssprachen übersetzt, mit zahlreichen anderen Titeln versehen, gekürzt, erweitert, paraphrasiert und bearbeitet. Noch heute sind über 300 lateinischen Handschriften aus der Zeit des 13.-15. Jahrhunderts erhalten: *De triplici via – Über den dreifachen Weg.*[78] Anders als im *Itinerarium* sind hier keine autobiographischen Notizen zu entdecken. Beim Kanonisationsprozess Bonaventuras jedoch (1482) wurden ausdrücklich *Triplex via* und *Itinerarium* als diejenigen Werke genannt, welche die Heiligkeit des seraphischen Lehrers durchscheinen lassen. Die weite Verbreitung und Wertschätzung gewann das kleine Werk als Kompendium der mystisch-aszetischen Theologie: Hier wird eine Zusammenfassung der jahrhunderte-

77 *Itin.* Prol., n.2 (V 295).

78 Lat. Edition in: *Doctoris seraphici S. Bonaventurae opera omnia*, edita studio et cura PP. Collegii a S. Bonaventura, Bd. VIII, Quaracchi 1898, 3-18; Prolegomena 9; deutsche Übersetzung: Bonaventura, *De triplici via – Über den dreifachen Weg*, übers. und eingel. von M. Schlosser, Freiburg i. Br. 1993 (FC 14).

langen geistlichen Tradition geboten, in einer eigenständigen Synthese, die eingefügt ist in einen Gesamtentwurf von Theologie als *sapientia,* inspiriert von der franziskanischen Geistigkeit. Die befruchtende Wirkung auf die Geschichte der Spiritualität, weit über die franziskanische Theologie und Mystik hinaus, ist wohl auf die glückliche Verbindung dieser Komponenten zurückzuführen.

Die Bezeichnung als „Summa der mystischen Theologie" charakterisiert das kleine Büchlein zutreffend: 1) Wie es für ein Lehrbuch angemessen ist, wird der Stoff in logischer Ordnung und in äußerst differenzierten Untergliederungen dargelegt. Diese Fein-Gliederung spiegelt die innere Ordnung des Stoffes wider. Der Text erweist sich auch literarisch als Meisterwerk, bis hinein in die Wortwahl. Daraus darf man schließen, dass es sich nicht um ein Frühwerk handelt, auch wenn eine genaue Datierung nicht möglich ist; plausibel scheint der Zeitraum zwischen 1260 und 1269. 2) Möglichst alles, was zum Gebiet der mystisch-aszetischen Theologie gehört, sollte seinen Platz bekommen, so dass der innere Zusammenhang der einzelnen Elemente deutlich wird und der Blick auf das Ganze geöffnet bleibt. 3) Traditionen werden aufgenommen und zu einer Synthese gefügt. Die Grundstruktur *meditatio-oratio-contemplatio* greift eine monastische Tradition auf, die bis in die Zeit der Wüstenväter zurückreicht, aber vor allem in der mystischen Theologie des 12. Jahrhunderts präsent war.[79] Mit dieser Trias geistlicher Vollzüge kombiniert Bonaventura zwei weitere Triaden: Gregors[80] Einteilung der pilgernden Gläubigen als Anfänger (*incipientes*), Fortgeschrittene (*proficientes*) und Vollkommene (*perfecti*), und die mit dem Namen des Dionysius Ps.-Areopagita verbundene Trias: Reinigung (*purgatio*), Erleuchtung (*illuminatio*) und Vollendung oder Einung

79 Z.B. Guigo II, *Scala claustralium* cap.12.14 (SC 163,106f.112-116); Hugo von St. Victor, *Didascalicon* III, cap. 10 (FC 27,244-246), V, cap. 9 (FC 27,348-353).

80 Gregor der Grosse, *Mor.* XXIV, cap.11, n.28 (CCSL 143B,1207f.); *Hom. in Ez.* II, hom. 3, nn.3-5 (CCSL 142,238-240).

(*perfectio/unio*), die bereits lange Allgemeingut der Theologie geworden war.[81] Bonaventura verfügte über ausgezeichnete Kenntnisse der mystischen Literatur des 12. Jahrhunderts (Hugo und Richard von St. Victor, Bernhard von Clairvaux, Wilhelm von St. Thierry), doch zitiert er in *Tripex via* kaum einen Namen. Das von anderen Autoren rezipierte Gedankengut ist in seine eigene Konzeption eingeflossen und damit verschmolzen. Dies zeigt sich auch beim Gebrauch der Heiligen Schrift: Schrift-Worte sind nicht schmückende Zitate, sondern Teil des Gedankengangs und fügen sich in den sprachlichen Duktus ein.

Als „Kompendium" stellt *Triplex Via* bestimmte Anforderungen an den Leser. Es ist kein Betrachtungsbuch mit ausgearbeiteten Meditationen, sondern gleicht eher einer Landkarte, die dazu auffordert, den Weg selbst zu gehen. Die Stufengliederung ist nicht als die Beschreibung der mystischen Erhebung zu verstehen, sondern als eine systematische Darlegung von Ratschlägen, wie man sich vorbereiten kann, worauf man achten, welche Einstellung man einüben soll. Bonaventuras Interesse gilt dabei nicht einem theoretischen Lehrgebäude, sondern der Mystagogie: Die *Triplex via* will Weisungen bieten, wie der Mensch sein Ziel erreichen kann: bereits auf Erden „gottförmig" (*deiformis*) zu werden. Die Kontemplation schenkt nicht nur eine „Erfahrung der Süße Gottes", sondern bewirkt oder fördert eine Verwandlung des Menschen.

Das Ziel, nämlich Gott immer ähnlicher zu werden (*deiformitas gratiae*) durch Heiligkeit, Erkenntnis Gottes und Liebe zu Gott, wird auf einem „dreifachen Weg" angestrebt: mit Hilfe der bekannten monastischen Tätigkeiten: Betrachtung (*meditatio*) (I), Gebet (*oratio*) (II) und Beschauung (*contemplatio*) (III). Gottförmig wird der Mensch, indem er an den Eigenschaften Gottes Anteil erhält. Dies geschieht durch die Gnade, durch die der Mensch in das Verhältnis der Kindschaft, Freundschaft, ja Brautschaft zu Gott aufgenommen

81 Vgl. FRANZISKUS, *Ord.* 51 (FQ 119).

wird, und die im Menschen selbst eine Gesundung und Vollendung seiner geistigen Kräfte wirkt. Die Vollendung der Gottförmigkeit wird erst in der himmlischen Heimat eintreten: im unverlierbaren Besitz Gottes (*tentio, pax*), der seligen Schau (*visio*) und der vollkommenen Liebe (*dilectio, fruitio*). Auf Erden wird die *deiformitas* grundgelegt durch Hoffnung, Glaube und Liebe; durch diese gnadenhaften Tugenden hat der Mensch teil an Gottes Treue, Wahrheit und Gutheit.

Durch die geistlichen Übungen der *meditatio, oratio, contemplatio* wird diese Angleichung schrittweise vertieft. Jede der drei Übungen fördert auf ihre eigene Weise die Heiligkeit (bzw. Reinheit), die Erkenntnis und die Liebe im Menschen. Es handelt sich nicht um „drei Wege“, sondern um einen einzigen Weg, der in allen Etappen diese drei Aspekte umfasst: Reinigung, Erleuchtung und Einung; denn Gott ist immer der unveränderlich Heilige, die vollkommene Wahrheit und selige Liebe. *Triplex via* zeigt einen „Weg“, der nicht durch aufeinander folgende, abgeschlossene Phasen gekennzeichnet ist, sondern durch Grundelemente des inneren Lebens, die in Abwandlung auf jeder Stufe wiederkehren. Dazu gehören Erfahrungen von Reue und Sehnsucht, die in der Selbsterkenntnis wurzeln (*purgatio*), Erfahrungen der Weitung des Geistes und des Herzens durch Dankbarkeit und Staunen, wenn die Werke Gottes des Schöpfers und die Liebe des Erlösers erkannt werden (*illuminatio*), und Erfahrungen von Geborgenheit, Hingabe und Freude in Gott (*perfectio/unio*).

Weitere Werke der mystischen Theologie

Neben diesen trotz ihres geringen Umfangs herausragenden Werken der mystischen Theologie birgt Bonaventuras Hinterlassenschaft noch eine Anzahl weiterer Perlen. Die Entstehungszeit ist oft nur hypothetisch anzugeben.

Als Generaloberer der Minderbrüder hatte Bonaventura auch für den Orden der Klarissen eine gewisse Verantwortung, der damals etwa 400 Konvente umfasste. Persönlich pflegte er Kontakt mit verschiedenen Klöstern. Auch ist die

Nähe seiner Spiritualität zu derjenigen der hl. Klara unübersehbar. Von La Verna aus, als er das *Itinerarium* konzipierte, schrieb er im gleichen Geist einen *Brief an die Schwestern der hl. Klara in Assisi,* einen Brief der geistlichen Ermutigung und Freude.[82] Am 3. Oktober 1260 weilte er in Assisi und nahm an der Translation der Reliquien der hl. Klara teil.[83] Mit der Schrift: *De perfectione vitae ad sorores* (VIII 102-127)[84] bekam die *Triplex via* gewissermaßen eine Ergänzung oder Adaptation. Unter verschiedenen Titeln überliefert,[85] ist *De perfectione vitae* ein beachtliches Zeugnis der geistlichen Unterweisung aus einer Zeit, in der sich die Schwestern-Seelsorge gewissermaßen noch im Anfangsstadium befand. [86] Bonaventura verfasste den Traktat für Isabell, Schwester König Ludwigs des Hl., die in Longchamp bei Paris ein Kloster „Von der Demut Mariens" gegründet hatte. Ziel des Briefes ist eine Anleitung zur *devotio,* das heißt: einer Haltung der Ehrfurcht, Hingabe und vertrauensvoller Liebe gegenüber Gott, in der besonders diejenigen wachsen müssen, die sich

---

82 *Epist. VII.* (VIII 473f.), eingeleitet und übersetzt von M. Schlosser, in: *Zeugnisse des 13. und 14. Jahrhunderts zur Franziskanischen Bewegung.* 2: Klara Quellen. Die Schriften der heiligen Klara, Zeugnisse zur ihrem Leben und ihrer Wirkungsgeschichte, hrsg. von J. Schneider und P. Zahner, Kevelaer 2013, S. 768-770.

83 Bougerol, *Introduction* 1988, 7.

84 I. Brady weist nach, dass neben *Tripl. via, Lig. Vit.* und *Brev.* auch mehrere Predigten Bonaventuras in *De Perf.* vit. sor. eingeflossen sind: *The Authenticity of Two Sermons of St. Bonaventure,* in: Franciscan Studies 28 (1968) 4-26.

85 B. Distelbrink, *Bonaventuriana Scripta,* 20 n.14: *De forma perfectionis religiosorum; De profectus vitae religiosae; De sui ipsius cognitione; Tractatus ad sorores de humilitate,* etc. Zur Echtheit vgl. die Begründung bei I. Brady, *The Authenticity of Two Sermons,* in: Franciscan Studies 28 (1963), 4-26.

86 *Const. Narb.* Rubrica VI (VIII 456a); vgl. Additamentum (467b), das sicher später zu datieren ist (evtl. 1274). Vgl. *Exp. Reg.* 11.11 (VIII 435a); *Epist. ad Fr. Laurentium* (VIII 471b-472a), 23. Sept. 1263; *Epist. an den Provinzial von Aragon,* 27. Sept. 1263, in: Estudis Franciscans 37 (1926), 112ff.; *Epist. an den Provinzial von Pisa,* 16. Mai 1272 (VIII 471ab). Eine Handschrift dieses Briefes, die in Pisa aufbewahrt wird, gilt als Autograph Bonaventuras.

ganz Gott überlassen (*homo Deo devotus*). Die Gliederung beruht nicht auf den evangelischen Räten – wie *QD De perfectione evangelica* –, sondern die einzelnen Kapitel stellen bestimmte Tugenden vor, die besonders für das gottgeweihte Leben unverzichtbar sind: Selbsterkenntnis und Demut (I, II), ein unverkennbarer Akzent liegt auf der Armut (III); dann wird der Sinn und die Notwendigkeit des Schweigens erläutert (IV), das auf das Sprechen mit Gott im Gebet hingeordnet ist (V). Über die Betrachtung des Leidens Christi (VI) soll die vollkommene Liebe erlangt werden (VII), die ausharrt bis ans Ende (VIII).[87]

Das *Soliloquium*[88] ist ein Dialog des Menschen mit sich selbst: des „inneren Menschen“ (*homo interior*), der schon manches über den rechten Weg weiß und zu bedenken gibt, und der „Seele“ (*anima*), die sich einfach nach Gott sehnt. Die Schrift richtet sich an „einfache Menschen“, die Lektüre setzt keine fachtheologischen Kenntnisse voraus. Doch werden zahlreiche Kirchenväter und Theologen zitiert; verschiedene Traditionen fließen ein: Vor allem Hugo von St. Victor, der selbst ein *Soliloquium de arrha animae* verfasst hatte, und Augustinus, dessen *Soliloquia* berühmt wurden, Bernhard von Clairvaux: *De consideratione V*, und der ps.-augustinische *Liber de spiritu et anima*, Hieronymus, Gregor und viele andere. Das *Soliloquium* beginnt wie das *Breviloquium* mit Eph 3,14-19: Das Schriftwort von der „Länge, Breite, Höhe und Tiefe (...)“ gibt sozusagen die Grundlage für die folgenden vier Betrachtungen (*quattuor mentalia exercitia*): Der geistige Blick richtet sich zuerst auf das Innere (*interiora*) des Menschen und betrachtet die Würde der Gottebenbildlichkeit (*anima creata ad imaginem Dei*), die Entstellung des Bildes durch die Sünde (*imago deformata per culpam*), die Erlösung und Neuschöpfung durch Christus (*imago reformata per gratiam*). Die zweite Betrachtung wendet sich der äußeren Welt

---

87 Deutsche Übersetzung ab S. 396.

88 Bonaventura, *Soliloquium de quatuor mentalibus exencitiis – Alleingespräch über die vier geistlichen Übungen*, hrsg. und übers. von J. Hosse, München 1958.

zu, deren Pracht vergänglich ist (*mundus instabilis, mutabilis, miserabilis*). Als Drittes wird vor Augen gestellt, dass das Leben begrenzt ist, der Mensch im Tod Rechenschaft für sein Leben geben muss (*inferiora*). Die vierte Betrachtung richtet den Blick zum Himmel (*superiora*), auf die verheißene Freude des Paradieses.

Das *Soliloquium* endet auch mit den gleichen Worten wie das *Breviloquium* und *De Perfectione vitae ad sorores:* mit einem Zitat aus Anselms *Proslogion*, das Bonaventura sich offenbar zu eigen machte:

> „Ich bitte dich o Gott, dass ich dich erkennen und lieben möge, damit ich auch meine Freude an dir habe. Und wenn ich das in ganzer Fülle in diesem Leben nicht vermag, so gewähre mir, dass ich wenigstens darin fortschreite von Tag zu Tag, bis die Fülle kommt. Möge meine Erkenntnis von dir hier auf Erden fortschreiten, und dort vollkommen sein. Möge meine Liebe zu dir hier wachsen, und dort vollkommen sein. Auf dass meine Freude schon hier groß sei in der Hoffnung, und dort in der vollen Wirklichkeit vollendet."[89]

Lignum vitae,[90] der *„Lebensbaum"*, schließlich gehört wiederum einer anderen Gattung zu; es enthält Betrachtungen zu den christologischen Geheimnissen. Der Titel spielt ganz offenkundig auf die Parallele an zwischen dem „Holz des Lebens", welches das Kreuz ist, und dem „Lebensbaum" des Paradieses. Jeder dieser beiden Bäume ist nach Bonaventuras Verständnis ein Symbol für Christus, der allein dem Menschen Leben spendet. Das Werk enthält 48 relativ kurze Betrachtun-

---

89 Hier zitiert nach *Brev.* VII, 7 (V 291b): „Oro, Deus, cognoscam te, amem te, ut gaudeam de te; et si non possum ad plenum in hac vita, vel proficiam in dies, usque dum veniat illud ad plenum; proficiat hic in me notitia tui et ibi fiat plena; crescat hic amor tuus, et ibi sit plenus; ut hic gaudium meum sit in spe magnum et ibi sit in re plenum."

90 Lat. Edition in: *Doctoris seraphici S. Bonaventurae opera omnia*, edita studio et cura PP. Collegii a S. Bonaventura, Bd. VIII, Quaracchi 1898, S. 68-87; deutsche Übersetzung: BONAVENTURA, *Der Lebensbaum*, hg. von M. SCHLOSSER, St. Ottilien 2012.

gen der christologischen Geheimnisse (mysteria) und will verstanden sein als eine Kurzfassung des Evangeliums von Jesus Christus. Die Betrachtungen beginnen mit der „Zeugung aus dem Vater vor aller Zeit“ und enden mit der Herrlichkeit des wiederkommenden Richters und Bräutigams der Kirche, wie er in der Offenbarung des Johannes beschrieben wird. Dazwischen werden die Ereignisse des irdischen Lebens Jesu betrachtet, die Stationen seines Kreuzweges (der Kreuzweg war ja damals noch nicht auf die heute bekannten 14 Stationen festgelegt) seine Auferstehung und seine erhöhte Existenz als Haupt der Kirche. Unter den betrachteten „Mysterien“ werden heilsbedeutsame Geschehnisse verstanden, die mit dem Mysterium schlechthin: dem menschgewordenen Sohn Gottes und seiner gott-menschlichen Existenz, in Zusammenhang stehen. In der Betrachtung der einzelnen „Geheimnisse“ soll der Gläubige der Person des Erlösers selbst begegnen. Jede einzelne Betrachtung ist daher zweigeteilt: Es wird kurz das Ereignis (z.B. der Verrat durch Judas) bzw. die geglaubte Wahrheit (z.B. Jesus als wiederkommender Richter) vor Augen gestellt, darauf die innere Antwort – oft in Form eines Gebetes – formuliert (Umgestaltung des Affekts, des Strebens, Wollens, des Gefühles: z.B. zu Mitleid, Reue, Hoffnung). Das kleine Werk wurde sehr populär; es wurde in die Volkssprachen übersetzt und teilweise auch erweitert. Ubertin von Casale stützt sich auf Lignum vitae in seinem Werk Arbor vitae crucifixae Iesu. Aufgrund der handschriftlichen Tradition und aufgrund der zitierten Passage darf man davon ausgehen, dass Bonaventura zu diesem Betrachtungstext auch das Bild eines Baumes mit dem Gekreuzigten beigegeben hat. Die Äste und Blätter bilden optisch die verschiedenen Betrachtungen des Lebens Jesu ab, die Früchte versinnbilden die durch die Betrachtung gewonnenen 12 Haltungen oder Affekte. Jedenfalls scheint das Lignum vitae von Anfang an mit einem Bild-Blatt überliefert worden zu sein.[91] Es wurde offensichtlich auch

91 „Ich habe mir Mühe gegeben, aus dem Wald des hl. Evangeliums, in dem vom Leben, dem Leiden und der Verherrlichung Jesu ausführlich berichtet wird, nun dieses ‚Myrrhenbüschel‘ (Hld 1,13) zu pflü-

nicht nur „gelesen". Bereits Bonaventura selbst hatte die Überschriften der 48 Betrachtungen in vierzeilige Strophen zusammengefasst, also eine Art Litanei zusammengestellt. Diese Kurzfassung sollte es erleichtern, die einzelnen Heilsgeheimnisse im Gedächtnis zu behalten und sie auch ohne Buch der Reihe nach zu meditieren. Diese „Litanei" wurde später separat überliefert und bearbeitet. Die handschriftliche Überlieferung zeigt, dass die Strophen, nach denen jeweils ein Kehrvers folgt, sehr früh zum Singen eingerichtet waren, so etwa in einer Handschrift aus Darmstadt (13. Jh.) und aus Berlin (14. Jh.). Es ist nicht auszuschließen, dass die musikalische Fassung auf Bonaventura zurückgeht.

Verwandt mit den christologischen Betrachtungen des *Lebensbaumes* sind die Meditationen *De quinque festivitatibus pueri Jesu* – Über fünf Feste der Kindheit Jesu.[92]

Geistliche Dichtung

Dass Bonaventura sprachlich hochbegabt und daher wohl auch musikalisch nicht unbegabt war, zeigen sowohl die Prosawerke wie auch die Dichtungen. Das *Officium passionis*

---

cken: zur Entflammung des Herzens in liebevollem Empfinden, zur Formung des Denkens und zur Einprägung in das Gedächtnis. [...] Ich dachte bei der Formulierung auch an einfache, ganz gewöhnliche Menschen, die keine höhere Bildung haben. [...] Weil die Vorstellungskraft die Einsicht unterstützt, habe ich das Wenige, was ich aus Vielem zusammengetragen habe, an einem Baum angeordnet, den man sich vorstellen soll: Unten, wo er sich zu verzweigen beginnt, soll der Ursprung des Erlösers und sein Leben beschrieben werden, an den Zweigen in der Mitte sein Leiden, an den obersten Zweigen seine Verherrlichung. An der ersten Reihe der Zweige hängen alphabetisch geordnet vier kurze Strophen, ebenso an der mittleren und obersten Reihe. Und aus jeder erwächst eine Frucht, so dass es gleichsam zwölf Zweige sind, die zwölf Früchte bringen, wie es dem Geheimnis des Lebensbaumes (Offb 22,1ff.) entspricht." (*Lignum vitae* Prol. 2).

92 Lat. Edition in: *Doctoris seraphici S. Bonaventurae opera omnia*, edita studio et cura PP. Collegii a S. Bonaventura, Bd. VIII, Quaracchi 1898, S. 88-98; s. unten S. 458-467.

(VIII 152-158) ist möglicherweise sehr früh, auf Bitten König Ludwigs IX., entstanden.[93] Es enthält drei längere Hymnen zu Matutin, Laudes und Vesper, sowie fünf kürzere zu den kleinen Horen und der Komplet. Der *Laudismus de sancta cruce* (667-669) ist ein mit hoher Wahrscheinlichkeit echtes Werk Bonaventuras.[94] Die Strophen zeigen inhaltlich wie auch im Metrum Parallelen zum *Stabat mater.* Diese berühmte Sequenz – eine Betrachtung des Leidens der Gottesmutter Maria mit ihrem gekreuzigten Sohn, die im Beter das Mit-Empfinden und Mit-Leiden erwecken will – war lange mit dem Namen des Jacopone da Todi verbunden. In den letzten Jahren ist die Forschung geneigt, Bonaventura als Autor anzunehmen. Ein weiteres kleines Werk: *Corona beatae Mariae virginis* (677-678) betrachtet die „Freuden Mariens“ (Empfängnis, Geburt, Auferstehung und Himmelfahrt Christi, Aufnahme Mariens in den Himmel). Es handelt sich um ein marianisches Zusatz-Officium (*Officium parvum*) mit folgenden Elementen: Jeweils (sehr kurzer) Hymnus, Antiphon (den marianischen Antiphonen nachgebildet) zu einem Psalm bzw. Canticum, kurzes betrachtendes Gebet, „Ave Maria“ und Schlussoration.

Zweifelhafte, nicht authentische Werke

Zahlreiche Werke, darunter gerade mystisch-spirituelle Werke, wurden später Bonaventura zugeschrieben. Auch in der Ausgabe der Opera Omnia sind einige Opuscula aufgenommen, deren Echtheit heute zumindest umstritten ist. Dazu gehört eine Schrift mit dem Titel *De sex alis seraphim* (VIII, 131-151). I. Brady vermutet,[95] dass dieser Titel irrtümlich in das Werk-Verzeichnis des Bartholomäus von Pisa aufgenommen wurde, anstelle des *Itinerariums,* das dort eigenartigerweise fehlt. Er verweist außerdem auf die schwache Textba-

---

93 B. Distelbrink und Bougerol vermuten die Jahre 1242-1247.

94 Zu einer deutschen Übertragung s. unten S. 449f.

95 I. Brady, *The Writings of St. Bonaventure Regarding the Franciscan Order,* in: San Bonaventura Maestro, vol. I, (1976) 89-112.

sis von nur 5 Codices, die alle aus der Zeit nach der Heiligsprechung Bonaventuras (1482) stammen. Auch konstatiert er zu Recht, dass das Latein vom Stil Bonaventuras abweicht. Wegen schwacher Textbasis, sowie wegen stilistischer und inhaltlicher Verschiedenheit von den authentischen Schriften hält Brady auch die folgenden Werke für nicht authentisch:

Determinationes quaestionum circa regulam Fratrum Minorum (VIII 337-374) – Zweifel an deren Echtheit hatte bereits Sophronius Clasen angemeldet[96] –, *Quare fratres minores praedicent* (375-385), *Sermo super Regulam* (438-448), *Epistola de imitatione Christi* (499-503), *Expositio super regulam* (391-437). Die lange Diskussion um diese Schrift scheint noch nicht abgeschlossen: Die Echtheit wurde von E. Longpré verteidigt, von F. Delorme bezweifelt. Für die Authentizität sprachen sich in jüngerer Zeit S. Clasen und E. Randolph Daniel aus,[97] I. Brady und C. Harkins halten Bonaventura nicht für den Autor.[98] Die *Epistola de sandalis apostolorum* (VIII 386-390) könnte von John Peckam stammen,[99] die *Epistola continens XXV memorialia* (VIII 491-498) wird von Brady zisterziensischen Kreisen zugeordnet.

De Praeparatione ad missam (VIII 99-106) wird von Bougerol unter den authentischen Werken geführt, während Brady gute Gründe anführt, warum die Verfasserschaft Bonaventuras eher unwahrscheinlich ist.[100] Auch *Vitis mystica*

96 S. Clasen, *Der hl. Bonaventura und das Mendikantentum*, Werl 1940, 26-28.

97 S. Clasen, *Bonaventuras Expositio super Regulam fratrum minorum*, in: San Bonaventura Maestro, Vol. II, (1976) 531-570; E. R. Daniel, *The Desire for Martyrdom: A Leitmotiv of St. Bonaventure*, in: Franciscan Studies 32 (1972) 86f.

98 C. Harkins, *The Authorship of a Commentary on the Franciscan Rule Published among the Works of St. Bonaventure*, in: Franciscan Studies 29 (1969) 157-248; er kommt jedoch zu dem versöhnlichen Schluss, das Werk sei „according to the mind of Bonaventure, though not from his pen“ (247).

99 I. Brady, *The Edition of the „Opera omnia“ of St. Bonaventure*, 374; Bougerol, *Introduction* 1988, 264.

100 Bougerol, *Introduction* 1988, 252; I. Brady, *The Edition*, 372.

dürfte als ganzes nicht von Bonaventuras Hand stammen. Diese Meditationen gehen vermutlich auf eine Predigt über Joh 15,1 zurück: „Ich bin der wahre Weinstock“ *(Ego sum vitis vera)*, die später stark erweitert wurde.

Auseinandersetzungen der letzten Jahre (1266–1273)

Am 24. November 1265 erhielt Bonaventura, der sich gerade im Konvent von Mantes aufhielt, ein Schreiben von Papst Clemens IV., in dem ihm die Ernennung zum Erzbischof von York mitgeteilt wurde. Bonaventura kannte Land und Leute von einer Visitationsreise. Doch er bat den Papst dringend – er reiste trotz der Jahreszeit sofort nach Rom –, ihn in der momentanen Situation dem Orden nicht zu entziehen, worauf Clemens ihm gestattete, allerdings nicht leichten Herzens, „in seiner jetzigen Aufgabe alt zu werden“.[101] Die Lage des Ordens war noch nicht konsolidiert, und Bonaventura wusste, dass schwere Gewitter am Horizont standen.

Die wichtigsten in diesen Jahren entstandenen Werke sind die *Apologia pauperum* (VIII 230-330), verfasst im Herbst 1269, nach dem Generalkapitel von Assisi (Mai 1269), und drei Reihen *Collationes*, die leider nur als „Reportationes“ (Nachschriften) überliefert sind: *Collationes de decem praeceptis* (V 507-529), gehalten in der Fastenzeit 1267 (6. März – 17. April 1267), *Collationes de septem donis Spiritus Sancti* (V, 457-498), in der Fastenzeit des folgenden Jahres (25. Febr. – 7. April 1268), und *Collationes in Hexaemeron* (V 329-454). Nach der Datierung von Bougerol wurden diese insgesamt 23 Predigten vom 9. April bis 28. Mai 1273 gehalten – also nicht während der Fastenzeit, sondern in der Osterzeit.[102]

101 Das Schreiben an Bonaventura findet sich abgedruckt in BF III (Neudruck Assisi 1984), 60f.

102 Bougerol, *Introduction* 1988, 237f.; P. Glorieux, *La date des „collationes“ de S. Bonaventure*, in: AFH 22 (1929), 257-272; J. Hamesse, *La deuxième reportation des „Collationes de septem donis Spiritus sancti“ de saint Bonaventure*, in: BPhM 19 (1977), 59-64.

Ein halbes Jahr später, an Pfingsten 1266, nach dem Generalkapitel zu Paris, schrieb er einen Brief an alle Provinziäle.[103] Bitter beklagt er, dass auch die Verantwortlichen im Orden das eigentliche Ziel aus den Augen verloren hätten: „Sie reiben sich auf für Geringes, nämlich irdische Güter; und die kostbarsten Güter, die Heiligkeit der Seelen, lassen sie verkommen!" Bonaventura bezieht sich auf Erfahrungen seiner zahlreichen Reisen: Nur allzu gern übernähmen die Minderbrüder Seelsorgeaufgaben, die eigentlich dem Pfarrklerus zustehen; dadurch zögen sie den Hass des Klerus auf sich. Der Papst habe ihn, Bonaventura, bereits gebeten, dieser Entwicklung gegenzusteuern. Ja, manche Brüder geben zu schwerem Ärgernis Anlass, weil sie sich herausnehmen, in ihren Predigten Bischöfe und Amtsträger öffentlich zu schelten. Bonaventura verweist hier auf das Beispiel des hl. Franziskus, der selbst nie so gehandelt habe, sondern Priester im Verborgenen ermahnt hatte. Nicht nur das Verhalten, auch das Kirchen-Verständnis mancher Brüder hatte sich offenbar von dem des Ordensvaters entfernt.

Die Feindseligkeit zwischen Pfarrklerus und Mendikanten, von der Bonaventura schreibt, hatte gewiss ihren Grund in der Konkurrenzsituation bezüglich der Einkünfte. Aber die Lage war weit ernster. Der Bettelordensstreit hatte nur eine Weile geruht, und war neu aufgeflammt. Es sollte nun ein genereller Angriff auf die Existenzberechtigung der Bettelorden geführt werden. Der Wortführer hieß diesmal Gerhard von Abbeville; er machte ausgiebig Gebrauch von den Argumenten, die Wilhelm von St. Amour in den Jahren seines Exils gesammelt hatte.[104] Die Situation war günstig für einen erneuten Vorstoß, denn der päpstliche Stuhl war gerade vakant, und die Sedisvakanz sollte zwei Jahre dauern.[105]

---

103 *Epistola officialis II* (VIII 470 f.)

104 Nachdem Wilhelm im Jahr 1257 keine Einsicht oder Versöhnungsbereitschaft gezeigt hatte, war er verbannt worden.

105 Später erzählt Bartholomäus von Pisa, *Liber conformitatum* VIII p. 2, AF IV 345, dass die zur Wahl versammelten Kardinäle, die sich nicht einigen konnten, Bonaventura um Rat gebeten hätten. Dieser

Es ging diesmal vor allem um die Frage nach der „Vollkommenheit" (*perfectio*), zu der das Evangelium aufruft. Gehört dazu wesentlich die Armut, wie sie die Mendikanten predigen? Und werden damit nicht die Bischöfe abgewertet, da sie Besitz haben – obschon sie nach der klassischen Ekklesiologie „im Stand der Vollkommenheit" sind? Die Bischöfe und Pfarrer, so argumentierten die Gegner der Bettelorden, könnten ihre Sukzession auf Christus selbst zurückführen, der die Apostel und die Zweiundsiebzig erwählt habe. Die Ordensleute dagegen seien in der Kirchengeschichte erst später aufgetreten. Bereits 1267 hatte Gerhard von Abbeville in einer öffentlichen Disputation diejenigen angegriffen, die junge Leute zum Ordenseintritt ermutigten.[106]

Während Thomas von Aquin, der nach den Jahren in Italien nun wieder nach Paris geholt worden war – es ist nicht unwahrscheinlich, wegen der extremen Gefährdung der Orden –, mit einer öffentlichen Disputation (*Quodlibet*) und den beiden Werken *Contra retrahentes* und *De perfectione vitae spiritualis* antwortete, wählte Bonaventura zunächst die Form der *Collationes*, längerer Abendpredigten. Vor allem in den *Collationes de septem donis Spiritus sancti*, greift er die Argumente der Mendikantengegner auf: Die „Gabe der Wissenschaft" (*donum scientiae*) befähigt dazu, „Gutes und Böses zu wissen" und „die Geister zu unterscheiden" – nicht aus Eigenmächtigkeit wie einst Adam und Eva, sondern belehrt durch das Evangelium und die dort überlieferte Lebensweise Christi. Die „Gabe des Rates" (*donum consilii*) befähigt den Menschen, dem „guten Ratgeber" auch selber zu folgen. Ohne dass Bonaventura den Namen der Gegner

habe dann den Mann vorgeschlagen, der unter dem Namen Gregor X. Papst wurde.

106 A. Teetaert (ed.), *Quatres questions inédites de Gérard de Abbeville pur la défense de la supériorité deu clergé séculier*, AISP 1 (1951), 85-178; S. Clasen, *Die „duplex quaestio" des Gerhard von Abbeville über den Ordenseintritt Jugendlicher*, in: Anton. 22 (1947), 177-200; *Le Quodlibet XIV de Gérard d'Abbeville*, ed. Ph. Grand, in: AHDLMA 39 (1946), 207-269; L.-J. Bataillon, *Fragments de sermons de Gérard d'Abbeville, Eudes de Rosny, et Thomas d'Aquin*, in: AHDLMA 51 (1984), 257-268.

nennen musste, war wohl den Zuhörern deutlich, wer der schlechte Ratgeber ist, den Bonaventura beschreibt: Er verdreht die Werte, rät ab vom Großen und Guten und sät Zweifel. Der gute Ratgeber dagegen ist in erster Linie Christus selbst; die – Apostel, Heilige – sind es in dem Maß, wie sie selbst die Ratschläge Christi befolgt haben. Neben der Auseinandersetzung mit den Mendikanten-Gegnern enthalten die Predigten über die Geistesgaben auch sehr ansprechende mariologische Ausführungen.[107]

Apologia pauperum

Ein Jahr später sah sich Bonaventura genötigt, ausdrücklich auf die Argumente Gerhards von Abbeville zu antworten, die dieser seinerseits als Angriff gegen eine Schrift des Franziskaners Thomas von York (*Manus qui contra Omnipotentem*) vorgebracht hatte. Gerhard unterstellte bereits im Titel: *Contra adversarium perfectionis christianae et praelatorum et facultatum ecclesiae,*[108] dass man die vollkommene Armut nicht empfehlen oder loben könne, ohne zugleich Christus und die Praxis der Kirche anzugreifen. Gegen diese These richtet sich Bonaventuras *Verteidigung der Armen gegen den, der sie schmäht und verleumdet* (*Apologia pauperum contra calumniatorem*; Opera Omnia VIII, 233-330). In 12 Kapiteln greift Bonaventura die Argumente einzeln auf. Er verweist zuerst auf die Kenosis Christi. Dann zeigt er, dass Gerhards rein negative Definition von *perfectio* (als „Abwesenheit von Sünde") zu falschen Schlussfolgerungen für die Unterscheidung zwischen *perfectio* und *imperfectio* führt. Die Vollkom-

---

107 *De don.* V (V 479-483) und VI (V 483-489): Maria als *mulier fortis* und *mater pia.*

108 Edition in M. Bierbaum, *Bettelorden und Weltgeistlichkeit an der Universität Paris,* Münster 1920, 37-168; *Tractatus Gerardi de Abbatisvilla „Contra adversarium perfectionis christianae"*, ed. S. Clasen, in: AFH 31 (1938), 276-329; 32 (1939), 89-200.

menheit des christlichen Lebens besteht in der *caritas,*[109] die verschiedene Grade entfalten kann. Die *Apologia pauperum* ist nicht nur eine Verteidigung der Bettel-Armut, sondern enthält eine Theologie der Evangelischen Räte; auch geht Bonaventura auf das Martyrium ein, das zu ersehnen an sich „vollkommen" ist. Ein besonderes Gewicht liegt natürlich auf der Frage der freiwilligen Armut: Die „frei gewählte und entbehrungsreiche Armut ist das Fundament der evangelischen Vollkommenheit".[110] Dabei betont Bonaventura, dass jemand – vor allem wenn er z.B. als Bischof die Aufgabe der Armenfürsorge hat – durchaus Besitz haben kann, ohne dass dies seine Vollkommenheit behindert. Die Behauptung Gerhards jedoch, dass Besitz zur Vollkommenheit führe, sei absurd und widerspreche klar dem Evangelium und dem Rat Jesu.[111]

Die mendikantenfeindliche Stimmung hielt auch die folgenden Jahre an. Auf dem Konzil von Lyon 1274 bestürmten einige Teilnehmer die Kurie mit Anträgen, die Bettelorden ganz zu verbieten. Ein Grund dafür war sicherlich, dass es inzwischen unüberschaubar viele und darunter auch zweifelhafte Gruppierungen gab. Das Dekret *Religionum diversitatem* bekräftigte die Bestimmung des IV. Laterankonzils, keine neuen Gründungen mit neuer Regel zuzulassen, und hob alle seither entstandenen Gemeinschaften auf, die keine päpstliche Approbation erhalten hatten. Und selbst diesen wurden deutliche Beschränkungen auferlegt. Ausgenommen waren ausdrücklich die Dominikaner und Franziskaner, da ihr Nutzen für die Kirche erwiesen sei. Man darf mit guten Gründen vermuten, dass es gerade die Persönlichkeit

---

109 *Apol. paup.* cap.3, n.2 (VIII 244b): „Radix, forma, finis, complementum et vinculum perfectionis caritas est, ad quam magister omnium Christus Legem et Prophetas et per consequens universa Dei documenta reducit."

110 *Apol. paup.* cap.7, n.9 (VIII 272-286).

111 *Apol. paup.* cap.8, n.9 (VIII 289): „Verum est quidem quod ecclesiastica praedia sine detrimento perfectionis haberi possunt; quod autem sint ad perfectionis cumulum, sentire vel dicere [...] absurdum est (...)." Dazu U. HORST, *Evangelische Armut und Kirche,* Berlin 1992, bes. 156-167; DERS., *Bischöfe und Ordensleute,* Berlin 1999.

Bonaventuras war, die diesen Erfolg für die Zukunft der Prediger- und der Minderbrüder errungen hat.[112]

Heterodoxer Aristotelismus[113]

Die Auseinandersetzung mit den Gegnern der Bettelorden bildete nur eine Front, an der Bonaventura sich einsetzen musste. Die andere entstand von Seiten einer philosophischen Richtung, die als „heterodoxer Aristotelismus" bezeichnet wird. „Theologen greifen die Lebensweise Christi an, Philosophen seine Lehre", heißt es pointiert im *Hexaemeron* I, 9: An der theologischen Fakultät wurde die Armut Christi bestritten, an der philosophischen Fakultät machten sich Lehrmeinungen breit, die mit dem christlichen Glauben unvereinbar waren.

Die Rezeption weiter Teile des aristotelischen Corpus gehört zu den Komponenten, welche die Scholastik entstehen ließen. Im frühen Mittelalter war Aristoteles hauptsächlich als Logiker geschätzt, doch das schrittweise Bekanntwerden der naturphilosophischen und metaphysischen Werke förderte die Entstehung einer eigentlichen Philosophie. Aristoteles avancierte zu „dem Philosophen", wie Paulus „der Apostel" und Petrus Lombardus „der Magister" schlechthin genannt wurden. Die Rezeption ging nicht ohne Schwierigkeiten vonstatten. Zum einen liefen unter dem Namen des Aristoteles auch pseudo-aristotelische Schriften neuplatonischer Herkunft. Zum andern lag der Text oft nicht in einer direkten Übertragung aus dem Griechischen vor, sondern war aus dem Arabischen ins Lateinische übersetzt worden, begleitet von Kommentaren, wie denen des Avicenna (980-1037) und vor allem Averroes (1126-1198), der als „der Kommentator" schlechthin bezeichnet wurde. Während man zu Beginn des 13. Jahrhunderts den naturphilosophischen Schriften des Aristoteles mit einer gewissen Skepsis begeg-

112 B. Roberg, *Das Zweite Konzil von Lyon*, Paderborn 1990, 342.

113 Vgl. Bougerol, *Introduction* 1988, 47-53: *Aristote et saint Bonaventure.*

nete, hatte sich in den 40er Jahren bereits ein Kanon von Schriften für das Studium etabliert.[114] Ab 1252 gehörte auch die *Metaphysik* zu den Lehrbüchern der Artes-Fakultät.

Dass Bonaventura keinen Kommentar zu Aristoteles verfasst hat, liegt nicht nur an der kurzen Magister-Periode, sondern war im Franziskanerorden bis zum Ende des 13. Jahrhunderts nicht üblich. Er hatte in Anbetracht der Rezeptionslage dieser Jahre eine gute Kenntnis der aristotelischen Werke, man kann auch feststellen, dass er in späteren Jahren besser zitiert als im *Sentenzenkommentar*.[115] In der Universitätspredigt *Christus unus omnium magister*[116] schreibt er Aristoteles unter den Philosophen „das Wort der Wissenschaft" zu, wie Plato „das Wort der Weisheit" (vgl. 1 Kor 12,8). Bonaventura vertritt dort die Ansicht, Plato müsse durch Aristoteles ergänzt werden; denn wenn man alle Erkenntnis aus den Ideen ziehen wolle und das sinnenhaft Gegebene verachte, gerate man in Gefahr, ins Gegenteil zu verfallen und in einer generellen Skepsis – wie die platonischen Akademiker – zu enden. Dementsprechend verbindet Bonaventura in der Erkenntnistheorie die Abstraktionslehre des Aristoteles mit der augustinischen Lehre von der Illumination. Nach Bonaventuras Überzeugung haben weder Aristoteles noch Platon – so viele richtige Einsichten sie auch erreichten – die Fülle der Wahrheit erlangt; sie blieben zurück hinter der Wahrheit der Offenbarung, die das Heil der Menschen betrifft. Das ist ihnen nicht vorzuwerfen. Vorwürfe allerdings verdienen Philosophen, die bereits Christen sind, und dennoch Thesen vertreten oder in Erwägung ziehen, die dem Glauben diametral widersprechen.

Es handelte sich vor allem um drei miteinander verknüpfte Fragestellungen, an denen sich die Diskrepanz zwischen

114 M. Grabmann, *Mittelalterliches Geistesleben II*, Hildesheim u.a. 1936, 182-199.

115 Bougerol, *Introduction* 47-53; F. Van Steenberghen, *Die Philosophie im 13. Jahrhundert*, München – Wien u.a. 1977, 212-231 (frz. Original: *La philosophie au XIIIe siècle*, Louvain 1966).

116 *Chr. mag.* n.18 (V, 572a).

einer bestimmten Form der Aristoteles-Rezeption und dem christlichen Glauben immer deutlicher manifestierte: die Auffassung des Aristoteles, die Welt sei ewig, es gebe keine Vorsehung für das Einzelwesen, und die menschliche Seele sei nicht individuell unsterblich. Alle drei Fragen tangieren die Auffassung von der menschlichen Person, ihrer Erkenntniskraft, ihrer Freiheit und Verantwortung, und ihrer ewigen Seligkeit.[117] Nach Bonaventura entspringen die irrtümlichen Thesen alle aus einer Wurzel: Das Verhältnis von Gott und Welt – das heißt: Gottes Exemplarursächlichkeit – werde nicht richtig gedacht.[118]

Angesichts der allzu begeisterten, im Überschwang zu wenig kritischen Rezeption „des Philosophen" und seines „Kommentators" in den 60er Jahren, hielt es Bonaventura für unumgänglich, vor der „verwerflichen Selbstüberschätzung des philosophischen Forschens" zu warnen.[119] Angeprangert wird, dass sich eine begrenzte Wissenschaft absolut setzt. Bonaventura erinnert daran, dass Aristoteles selbst in der *Metaphysik* die Begrenztheit des menschlichen Erkennens festgestellt habe: „Wie das Auge des Nachtvogels zur Sonne, so verhält sich unser Intellekt zu den Offenkundigsten Dingen im Sein." Er plädiert dafür, Aristoteles auch in dieser Selbstbeschränkung ernst zu nehmen, statt das übernatürliche Licht der Offenbarung geringzuschätzen. Auch wenn Philosophie und Theologie unterschieden sind, so ist für Bonaventura dennoch die Philosophie auf die Theologie hingeordnet: Um tatsächlich zu ihrer ganzen Wahrheit zu gelangen, darf sich die philosophische Erkenntnis nicht in sich selbst verschließen. Wenn der Philosoph nicht offen bleibt für Antworten, die er sich selbst nicht geben kann,

---

117 Die Leugnung der Individualität der Person, ihres Geistes und Willens, ist „der schlimmste Irrtum von allen": dazu *De Don.* VIII, 16-19 (V 497b-498b).

118 *Hex.* VI, 1-6 (V, 360a-361b).

119 *De decem praeceptis* II, 24 (V 514b): „(...) improbo auso investigationis philosophicae."

fällt er in Irrtum.[120] Oder umgekehrt: Die Unterscheidung darf nicht zur Trennung werden, so dass zwei einander ausschließende Weltdeutungen ohne Beziehung nebeneinander existieren könnten, und das dem Menschen Denk-Mögliche mit dem Glauben nichts mehr zu tun hätte.

In der Sicht Bonaventuras hat die menschliche Vernunft große Reichweite – was sich gerade an der Behandlung der Frage nach der Ewigkeit der Welt zeigt. Nachdem er eine Reihe von Argumenten angeführt hat, dass die Ewigkeit der Welt nicht beweisbar sei, will er auch zeigen, dass das Gegenteil beweisbar sei. Darin unterscheidet er sich von Thomas von Aquin, der sich ebenfalls mit dem heterodoxen Aristotelismus auseinandersetzt. Alle christlichen Theologen waren sich selbstverständlich einig, dass die Welt einen von Gott gesetzten Anfang hat.[121] Unterschiedlicher Ansicht jedoch waren sie in der Frage, ob diese Überzeugung einfach ein Glaubenssatz sei, oder ob er rational beweisbar sei. Thomas von Aquin war der Auffassung, dass weder der Anfang der Welt noch das Gegenteil bewiesen werden könnten, dass man also philosophisch – nicht als Christ – jede der beiden Ansichten vertreten könne. Für Bonaventura gehört die Nicht-Ewigkeit der Welt zu jenen Erkenntnissen, die dem Menschen *de facto* zuerst durch die Offenbarung (Gen 1,1) bekannt werden, die aber *an sich* dem menschlichen Geist zugänglich sind; denn die Einsicht in die radikale Kontingenz alles Seienden ist auch vor dem Glauben an die Schöpfung möglich.[122]

Collationes über das Sechstagewerk

Die *Collationes in Hexaemeron* sind gewissermaßen nochmals ein Plädoyer dafür, dass die Vernunft die Offenbarung

---

120 *De Don.* IV, 12 (V 475b-476a).

121 Quellen in: *Bonaventura, Thomas von Aquin, Boethius von Dacien:* Über die Ewigkeit der Welt, eingel. von R. SCHÖNBERGER, Frankfurt a. M. 2000.

122 Vgl. *Myst. Trin.* q1 a1 (V 49ab); *Itin.* III (V 303a-306a).

braucht, um ihre eigene Würde ganz zu erkennen. Bonaventura wollte „sieben Erleuchtungen der Kirche (*illuminationes ecclesiae*)" – so lautet der Untertitel – in Parallele zu den sieben Tagen der Schöpfung entfalten.

Voraus geht ein Prolog,[123] der zunächst (col. I) die notwendige Disposition für das Hören des Gotteswortes darlegt und erläutert, wie „Christus die Mitte aller Wissenschaften" ist. Dann wird das Verhältnis von Einsicht und Weisheit (*intellectus – sapientia*) thematisiert, eine Fragestellung, die Bonaventura bereits in Im Sentenzenkommentar (*III Sent.* d35 qq1.3) ausführlich beschäftigt hatte. *Intellectus* bezeichnet die gnadenhafte Einsicht, für die aber auch die Anstrengung des Menschen erforderlich ist; *sapientia* das rein gnadenhafte Verkosten. Während der Erwerb von „Einsicht" mit dem Backen von Brot verglichen wird (Gott nährt *pane intellectus*), gleicht die „Weisheit" dem schlichten Trinken ohne Mühe (Gott stillt den Durst des Menschen *aqua sapientiae*). Doch ist der „Schlüssel" zur *sapientia* der *intellectus* (*clavis contemplationis*; *Hex.* III).

Der erste Tag ist dem „natürlichen Verstandeslicht" gewidmet (*visio intelligentiae per naturam inditae*). Der zweite Tag wird dem „Licht des Glaubens" parallel gesetzt; denn der Glaube wird dem „Firmament" verglichen. Hier geht es vor allem um das Verhältnis des Schöpfers zum Erschaffenen. Der dritte Schöpfungstag, an dem „die Erde alle Art Pflanzen hervorbringt und Fruchtbäume", hat seine Entsprechung in den vielfältigen Erkenntnissen, die von der Hl. Schrift bereitgehalten werden. Der vierte Schöpfungstag, an dem die Gestirne erschaffen wurden, entspricht der kontemplativen Erkenntnis; denn durch die Kontemplation wird die Kirche und die einzelne Seele geziert wie die Braut des Hohenliedes (Hld 6,9)[124] und die apokalyptische Frau (Offb 12). Der fünfte Tag sollte die prophetische Erleuchtung, der sechste Tag die

123 P. Maranesi, *Verbum inspiratum. Chiave ermeneutica dell' Hexaemeron di San Bonaventura,* Rom 1996.

124 Ebenso *Itin.* IV, n.3 (V 306b-307a).

Erkenntnis in der Entrückung des *Raptus*[125], und der siebte die selige Schau der Glorie behandeln. Doch enden die Collationes mit dem vierten Tag (coll. XXIII).

Bonaventura war am 23. Mai zum Kardinalbischof von Albano ernannt und mit der Vorbereitung des Konzils betraut worden,[126] das 1274 zu Lyon stattfinden sollte. Das *Hexaemeron* blieb somit ein Fragment. Dies ist um so bedauerlicher, weil man auch im übrigen Werk Bonaventuras eine Darlegung zum Charisma der „Prophetie" vergeblich sucht, obwohl dieses Themenfeld damals von den Theologen intensiv diskutiert wurde.[127] Das *Hexaemeron* stellt den Interpreten vor manche Schwierigkeiten, nicht nur weil es unvollendet ist, sondern weil es in zwei recht unterschiedlichen Mitschriften überliefert ist. Für jede Interpretation ist es unumgänglich, die beiden „Reportationes" zu berücksichtigen.[128]

---

125 Lat. *raptus* bezeichnet die Entrückung des Apostels Paulus „in den dritten Himmel". Bonaventura betont (wie auch andere Scholastiker), dass es sich dabei nicht um eine gewöhnliche Ekstase (*ecstasis, excessus mentis*) handelt, sondern um eine sehr seltene Erfahrung der gewaltsamen, dem Tod ähnlichen Entrückung, bei der das Band zwischen Leib und Seele fast gelöst wird. *Raptus* ist ein Grenzzustand zwischen Leben und Tod. Im *raptus* erhält der Mensch die Glorienschau als aktuellen Vollzug, nicht aber den *habitus gloriae*. Er ist nur für einen Moment aus den Bedingungen des gegenwärtigen Standes herausgehoben. Vom *raptus* zu unterscheiden ist die *ecstasis* oder der *excessus mentis*, d. h. die höchste Stufe der Beschauung (*contemplatio*), welche innerhalb des heilsgeschichtlichen Bewährungsstandes bleibt, also keine Schau gewährt. Vgl. dazu: *Hex.* III, 30 (V 348a); *II Sent.* d23 a2 q3 (II 544b). Bonaventura schreibt nur Paulus und evtl. Mose, vielleicht auch Franziskus diese Erfahrung zu.

126 Päpstliche Schreiben in: BF III, 197f., 205f.

127 Es sei denn, die anonym überlieferte *QD De prophetia*, Ms. Assisi 186, wäre den authentischen Werken Bonaventuras zuzurechnen; M. SCHLOSSER, *Lucerna in caliginoso loco. Aspekte des Prophetie-Begriffes in der scholastischen Theologie*, Paderborn 2000.

128 Die Opera Omnia Bd. V 329-449 enthalten die sogenannte Redactio B; Redactio A wurde ediert von F. DELORME, *Collationes in Hexaemeron et Bonaventuriana quaedam selecta*, Quaracchi 1934. Große Hoffnungen, ein dem Ursprung möglichst nahes Text-Zeugnis gefunden zu

Das *Hexaemeron* hat als „Spätwerk" Bonaventuras das Interesse der jüngeren Forschung auf sich gezogen. Die Frage, wie es sich zu den früher entstandenen Werken Bonaventuras verhält, scheint noch nicht erschöpfend beantwortet. Es ist nicht nur ein Werk der mystischen oder symbolischen Theologie – die hier in Meisterschaft entfaltet wird -, sondern spiegelt die großen theologischen Herausforderungen dieser Jahre: einerseits die joachitischen Tendenzen innerhalb des Ordens, denen Bonaventura mit einer christozentrischen Geschichtstheologie begegnen wollte, andererseits die Entfremdung der universitären Philosophie von der Theologie, die eine Reflexion auf die verschiedenen und doch aufeinander bezogenen Weisen der Erkenntnis notwendig machte. Im Hintergrund ist auch die Feindseligkeit aus den Reihen theologischer Gegner spürbar, die ihren Scharfsinn dazu verwendeten, die Nachfolge Christi in den Spuren des heiligen Franziskus zu diskreditieren. Für Bonaventura, der mit dem Auftreten von Franziskus und Dominikus eine Zeit neuer Lebendigkeit des Evangeliums heraufziehen sah, stellte dies eine Perversion des Denkens dar, die geradezu apokalyptisch anmutet. Vielleicht ist von daher nachvollziehbar, dass er an einer Stelle bemerkt: man müsse mit einer Zeit rechnen, in der der Glaube nur mehr von der *auctoritas* der Hl. Schrift gestützt werde.[129]

Lyon

Bonaventura begab sich von Paris, wo er das päpstliche Schreiben erhalten hatte, nach Italien und traf im September mit Gregor X. zusammen. Zusammen reisten sie nach Lyon; die erste Amtshandlung des Papstes war die Bischofsweihe Bonaventuras am 12. November 1273. Über Bonaven-

---

haben, weckte die Entdeckung eines Manuskripts in Leningrad, das aus dem Sacro Convento Assisi stammt. Die Unterschiede zur Quaracchi-Edition scheinen jedoch nicht sehr groß zu sein: P. Maranesi, *Bonaventura da Bagnoregio: Edizione critica della III Collatio dell' Hexaemeron*, in: Editori di Quaracchi 100 anni dopo, Rom 1997, 149-152.

129 *Hex.* XVII 28 (V 414).

turas Wirken auf dem Konzil fehlen genauere Berichte. Die wichtigsten Vorhaben des Konzils waren die Hilfe für das Heilige Land – Ludwig IX. war 1270 dort gestorben –, die Union mit den Griechen und die Reform der Kirche, insbesondere des Ordenslebens. Zweihundert Jahre später nennt Sixtus IV. Bonaventura „praesidens", d.h. „Leiter der Konzilssitzungen". Mit großer Wahrscheinlichkeit führte er die vorbereitenden Gespräche zwischen den Sitzungen. Aus den Akten des Konzils geht hervor, dass er zweimal predigte: einmal bei der gemeldeten Ankunft der griechischen Delegation, und das zweite Mal bei dem Gottesdienst am 29. Juni, bei dem Lateiner und Griechen vereint waren. Am 6. Juli nahm er noch an der 4. Konzilssitzung teil. In den Morgenstunden des 15. Juli, einem Sonntag, wurde er heimgerufen. In den Konzilsakten heißt es:

> „Er war ein Mann von hervorragender Wissenschaft, ausgezeichneter Redegabe, vor allem aber von herausragender Heiligkeit [...] Er war gütig, menschenfreundlich, fromm, barmherzig, reich an Tugenden, geliebt von Gott und den Menschen. [...] Bei seiner Bestattung gab es viele Tränen und großes Wehklagen; denn der Herr hatte ihm die Gnade verliehen, dass alle, die ihm begegneten, von tiefer Zuneigung zu ihm ergriffen wurden."[130]

Rezeption[131]

Die Heiligsprechung dieses Mannes, von dem bereits sein Lehrer Alexander von Hales gesagt haben soll: „In ihm scheint Adam nicht gesündigt zu haben", ließ mehr als 200 Jahre auf sich warten.[132] Im Unterschied zu Thomas von

130 Akten in: MANSI XXIV, 67 BC.

131 I. VANDERHEYDEN (Hg.), *Bonaventura. Studien zu seiner Wirkungsgeschichte,* Werl 1976

132 L. DI FONZO, *Il processo di canonizzazione di San Bonaventura da Bagnoregio (1474-1482),* in: San Bonaventura Maestro I (1976) 227-289; St. DA CAMPAGNOLA, *Fonti e cronache francesane nei processi di canonizzazione di San Bonaventura,* ebd. 291-304.

Aquin sind kaum zeitgenössische Erinnerungen, auch keine frühe Lebensbeschreibung erhalten. Dies ist zum einen vielleicht darauf zurückzuführen, dass das Leben Bonaventuras keine spektakulären Ereignisse aufweist – vergleicht man etwa die Biographie von Antonius von Padua oder Elisabeth von Thüringen. Zum andern wurde Bonaventura nicht nur als Einzelperson betrachtet, sondern als Ordensoberer. Die inneren und äußeren Auseinandersetzungen im Orden zu Beginn des 14. Jahrhunderts kosteten den Orden zu viel Kraft, um sich der Kanonisation Bonaventuras zu widmen. Die Spiritualen, welche die Ideale des franziskanischen Anfangs, wie sie sie verstanden, auch unter veränderten Umständen aufrechterhalten wollten, konnten in Bonaventura nicht den idealen Nachfolger des Poverello sehen.

Und schließlich ist noch ein dritter Umstand zu nennen: Anders als bei Thomas von Aquin, der nach anfänglich heftigen Kontroversen doch als maßgeblicher Lehrer in seinem Orden geehrt wurde, führte keine eigentliche „Schule“ Bonaventuras Theologie auf lange Sicht weiter.[133] Zwar hatte er

---

133 Sieht man von der sogenannten „mittleren Franziskanerschule“ ab, die M. Grabmann, *Die Geschichte Theologie,* 68f., so beschreibt: „In dieser Bonaventuraschule, die man auch als mittlere Franziskanerschule bezeichnen kann, zeigt sich auch mit zunehmender Schärfe der Gegensatz zwischen dem franziskanischen Augustinismus und dem von Albert und noch mehr von Thomas begründeten Aristotelismus. Der Gegensatz berührt in erster Linie philosophische Fragen (Illuminationstheorie, Einheit oder Mehrheit der substantialen Form, Zusammengesetztheit der Engel und Menschenseele aus Materie und Form, rationes seminales usw.), greift aber auch auf dogmatische Fragen über, da die Theorie des Augustinismus vom Vorrang des Willens vor dem Intellekt, die Bestreitung des realen Unterschiedes zwischen Seelensubstanz und Seelenkräften usw. auch Konsequenzen auf dem Gebiete der Gnaden- und Tugendlehre nach sich ziehen. In Handschriften des 13. Jahrhunderts sind dann auch die ‚loca, in quibus dissentiunt frater Bonaventura et frater Thomas’ zusammengestellt. Die Kodifikation dieser Gegensätze ist das um 1278 verfaßte ‚Correctorium fratris Thomae’ des Bonaventuraschülers Wilhelm de la Mare (gest. 1298), in welchem gegen 118 Lehrsätze des Aquinaten, namentlich {S. 69} aus seiner theologischen Summa, angekämpft wird.“

treue Schüler,[134] aber die Franziskanertheologie und -philosophie ging doch mit Johannes Duns Scotus und der sich auf ihn gründenden Tradition andere Wege, auch wenn es Versuche gab, Bonaventura und Scotus zu harmonisieren.[135]

Was von Bonaventura rezipiert wurde, und zwar auch außerhalb des franziskanischen Raumes, waren offenbar die geistlichen Werke, welche der seelsorglichen Praxis dienten. Unter diesem Gesichtspunkt zählt Bonaventura mit Bernhard von Clairvaux zu den einflussreichsten Autoren.[136] Dies zeigen nicht nur zahlreiche lateinische Handschriften, sondern auch volkssprachliche Übersetzungen. Besonders auffällig ist die Rezeption bonaventurianischer Werke im deutschen und niederländischen Sprachraum, hier „am schönsten [...] zu beobachten [...] im Bereich der Devotio moderna".[137] Vom *Soliloquium* existieren nicht weniger als 11 mittelhochdeutsche Übertragungen und zwei Bearbeitungen. Übersetzt wurden *Lignum vitae, De perfectione vitae ad sorores, Itinerarium,*[138] *De quinque festivitatibus pueri Iesu*, Teile aus der *Apologia pauperum*, einige heute in ihrer Echtheit umstrittene Werke, wie *Regula novitiorum* und *Epist. continens XXV memorialia*, und zahlreiche Spuria. Mit Ausnahme einer Übertragung der *Legenda maior* aus dem Jahr 1280, datieren die meisten dieser Übersetzungen ab 1400, so dass Kurt Ruh von einer Bonaventura-Renaissance des 15. Jahr-

134 Ebd., S. 69, nennt Grabmann als unmittelbare Bonaventuraschüler: Walter von Brügge (1307 gest., Bf. von Poitiers), Kard. Matthäus ab Aquasparta (gest. 1302): „Seine Werke [...] sind der reinste und beste Ausdruck der philosophisch-theologischen Gedankenwelt der Bonaventuraschule."

135 St. Swieżanski, *Influence de Saint Bonaventure sur la pensée du XVe siècle*, in: San Bonaventura 1274-1974, 707-723, hier 712-715.

136 B. McGinn, *The Flowering of Mysticism* (= The Presence of God vol. III), New York 1998, 87: „Bernard of Clairvaux and Bonaventure [...] may be justly described as the two premier mystical teachers of the medieval West."

137 K. Ruh, *Bonaventura*, in: Verfasserlexikon, I, 937-947, hier 945.

138 Bonaventura, *Itinerarium mentis in Deum. Nach zwei Fragmenten aus Tegernsee in altbairischer Übertragung* hrsg. von W. Höver, Teil I: Einleitung und Text, Teil II: Apparattext und Glossare, München 1970.

hunderts sprechen konnte, die möglicherweise auch den Boden für die Kanonisation 1482 bereitet hat. Eine wichtige Rolle in der Vermittlung bonaventurianischer Spiritualität kam den Kartäusern zu (z.B. Nikolaus Kempf).

Auch in Spanien und Portugal gab es Zentren, wo vor allem die geistlichen Werke Bonaventuras anscheinend intensiv rezipiert wurden.[139]

Im Bereich der systematisch-wissenschaftlichen Theologie allerdings scheint die Lage etwas anders.[140] Jean Gerson (1363-1429), Kanzler der Universität Paris, bedauerte zutiefst, dass Bonaventura so wenig von den Studenten gelesen werde. Besonders empfiehlt Gerson das *Breviloquium* und das *Itinerarium*.

> „Wenn du mich fragst, ich meine, man müsste an erster Stelle unter den zu empfehlenden Lehrern der Theologie Bonaventura nennen. In meinen Augen ist er – die anderen mögen es mir nicht übel nehmen – ein einmalig geeigneter Lehrer; man ist bei ihm in besten Händen, wenn man Erleuchtung des Verstandes und Entflammung des Herzens sucht."[141]

---

139 I. V. Janeiro, *Libros e lectores de S. Buenaventura en España y Portugal durante la Edad Media y el Renacimiento*, in: *Bonaventuriana. Miscellanea in onore di Jacques Guy Bougerol ofm*, a cura di Francesco de Asís Chavero Blanco, Vol. I, Roma 1988, 135-175. Besonders reich an Bonaventura-Werken war die Bibliothek des Abtes von Montserrat, Garcia de Cisneros (1493-1510), sowie im 16. Jh. das Hieronimiten-Kloster von Guadalupe. S. auch: I. V. Janeiro, *Influsso bonaventuriano nella bibliografia spirituale spagnola*, in: *Contributi di spiritualitá bonaventuriana*, Padua 15-18 sept. 1974, vol. II, 219-242. Ders., *San Bonaventura nella storia della spiritualitá spagnola*, in: San Bonaventura maestro, vol. III, (1976) 439-459.

140 G. Steer, *Die Rezeption des theologischen Bonaventura-Schrifttums im deutschen Spätmittelalter*, in: I. Vanderheyden (Hg.), *Wirkungsgeschichte*, 146-156.

141 J. Gerson, *De libris legendis a monacho* n.5f. (Brief vom 9. Mai 1426), in: J. Gerson, *Oeuvres complètes*, ed. P. Glorieux, Vol. IX, Paris 1973, 612f.; ähnlich äußert sich Gerson an weiteren Stellen seines Werkes: Brief vom 7. Dez. 1426 (vol. II, 276-280); *Contra curiositatem studentium* (III, 231-249).

Allerdings verlief die Rezeption des *Breviloquium* offenbar nicht ganz so kläglich: 227 Handschriften vom 13. bis zum 15. Jahrhundert werden in der Ausgabe der Opera omnia aufgelistet. 138 Manuskripte bieten den Text des *Itinerariums*, davon stammen 5 aus dem 13. Jahrhundert, 40 aus dem 14., 91 aus dem 15. und 2 aus dem 16. Jahrhundert. Das Zentrum dieser Rezeption scheint Bayern und Österreich gewesen zu sein.[142] Unter allen Werken Bonaventuras wurden *Breviloquium* und *Itinerarium* am häufigsten ediert, das *Breviloquium* zum ersten Mal in Nürnberg 1472. Die „indirekte Rezeption", durch namentliche oder anonyme Zitation, ist dabei nicht zu vergessen. Im 15. Jahrhundert galt Bonaventura als eine der Autoritäten der via antiqua.[143]

Eine Bonaventura-Renaissance, getragen hauptsächlich von den Kapuzinern, lässt sich im 17. Jahrhundert feststellen.[144] 1588 hatte Sixtus V. Bonaventura zum Kirchenlehrer erhoben. In der Bulle *Triumphantis Hierusalem* hatte er Thomas von Aquin und Bonaventura als „die beiden Ölbäume und die beiden Leuchter im Haus des Herrn" bezeichnet.[145] Eine Ausgabe der Werke des neuen Kirchenlehrers erschien in Rom 1588-1599. Die Kapuziner, die sich selbst als eine Erneuerungsbewegung aus den Ursprüngen verstanden, wählten Bonaventura als Ideal für ihr Ordensstudium, aufgrund seiner zeitlichen und geistlichen Nähe zu Franziskus und den Ursprüngen seines Ordens, sicher auch, um sich dadurch vom älteren Zweig des Franziskanerordens zu unterscheiden, der sich auf die Lehre des Johannes Duns Scotus

---

142 J. G. Bougerol, *L'aspect original de l'Itinerarium mentis in Deum et son influence sur la spiritualité de son temps*, in: Anton. 52 (1977), 309-325, hier 321.

143 St. Swiezanski, *Influence*, 709.

144 E. Smeets, *Bonaventure (saint)*, DThC II/1, 982-986; M. Grabmann, *Geschichte der Theologie*, 72: Zwar waren offiziell Alexander und Bonaventura als Väter der Franziskanertheologie anerkannt, „obgleich sie später praktisch durch Scotus in den Hintergrund gedrängt wurden, bis die Kapuziner sie wieder auf den Schild erhoben."

145 n.13, Text in: *Acta Sanctorum* Juli III, 836.

festgelegt hatte. So erschienen im 17. Jahrhundert mehrere Lehrbücher „ad mentem Sancti Bonaventurae".[146]

Neuen Schwung erhielt die Beschäftigung mit Bonaventura gegen Ende des 19. Jahrhunderts. Unmittelbar vor und nach dem Jubiläumsjahr 1874 erschienen eine Reihe von Untersuchungen zu Einzelfragen der Theologie Bonaventuras. Bereits hundert Jahre früher hatten sich Benoit Bonelli und Hyacinth Sbaralea mit der Sichtung der Opera Bonaventuras befaßt. Bonellis „Prodromus" bedeutete einen wichtigen Schritt, unechte und authentische Werke zu scheiden; in früheren Editionen, angefangen mit der Edition Strasburg 1495, waren einerseits einige *spuria* aufgenommen worden, andererseits aber auch authentische Werke Bonaventura abgesprochen worden.[147] Die größte Leistung des 19. und beginnenden 20. Jahrhunderts war die Edition der *Opera omnia* in den Jahren 1882-1902. Hier ist vor allem der Name P. Fidelis a Fanna (1838-1881) zu nennen.[148]

Die neue Edition sowie die Empfehlung Leos XIII., der seine persönliche Wertschätzung für Bonaventura nicht verbarg,[149] beflügelte auch die inhaltliche Erschließung. Beson-

146 *Cursus theologicus super IV libros Sententiarum ad mentem seraphici doctoris S. Bonaventurae,* Lyon 1687. *Summa totius philosophiae ad mentem S. Bonaventurae,* Roma 1634-36, etc.: DThC II/1 985. K. Braun, *Die Philosophie des Valerian Magnis OFMCap (1586-1661) und die Bonaventura-Tradition des Kapuzinerordens im 17. Jahrhundert,* Rheinisch-Westfälische Kapuzinerprovinz: Familiennachrichten 52 Jahrgang, Beilage zu 2 /1970.

147 Vgl. P. Maranesi, *L'edizione critica Bonaventuriana di Quaracchi,* in: *Doct Ser* 49 (2002), 13-67, fasst die Entwicklung von der handschriftlichen Tradition über die Editio Vaticana von 1588 und die Diskussionen des 17. und 18. Jh. bis zu den Opera Omnia der Quaracchi-Edition zusammen.

148 F. a Fanna, *Ratio novae collectionis operum omnium sive editorum sive anecdotorum Seraphici ecclesiae doctoris S. Bonaventurae,* Turin 1874. J. Hamesse, Évaluation critique des éditions de Quaracchi-Grottaferrata. À propos des Opera omnia de saint Bonaventrue, in: *Editori di Quaracchi 100 anni dopo,* 1997, 41-58. – S. dazu Kap. II des Companion.

149 Leo XIII.: „Is postquam maxime arduas speculationis summitates conscendit, de mystica theologia tanta perfectione disseruit, ut de ea communi hominum peritissimorum suffragio habeatur facile prin-

deres Interesse galt zunächst Fragen, die im Hinblick auf die Lehre des Thomas von Aquin bereits gut erforscht waren. Da Thomas als *doctor communis* für die theologischen Studien galt, waren die Herausgeber von Quaracchi in den Scholien freilich bemüht, die Konvergenzen zwischen seiner und Bonaventuras Position hervorzuheben. Dass gerade die Unterschiedlichkeit theologischer Lösungen zu fruchtbarer Ergänzung beiträgt, konstatierte Martin Grabmann, indem er Bezug nahm auf das von Sixtus V. verwendete Bild:

> „Bonaventura ist neben Thomas von Aquin der größte Theologe der Scholastik; er ist ein Meister der Sprache und der beste Stilist der Hochscholastik; er ist in erster Linie Theologe, aber auch ein tiefsinniger Philosoph. ‚In Bonaventura und Thomas treten uns die zwei universellsten Interpretationen des Christentums entgegen, die sich gegenseitig ergänzen, die einander nicht ausschließen, aber auch nicht miteinander zusammenfallen' (duae olivae et duo candelabra in domo Dei lucentia)."[150]

Bahnbrechend war die Arbeit von Étienne Gilson, *La philosophie de saint Bonaventure,* 1923. Der Titel ist ein wenig irreführend; denn es handelt sich nicht nur um die philosophischen Positionen, sondern um eine Darstellung des gesamten Denk-Gebäudes des seraphischen Lehrers. Gilsons Darstellung ist immer noch ein klassisches Lehrbuch, gerade weil er Bonaventuras Eigenart aus der Kenntnis der verschiedenen Denktraditionen des Mittelalters zu würdigen weiß. Seine Einordnung der „Philosophie" Bonaventuras

---

ceps. Frequens libensque Nos Doctorem hunc legimus; ex qua lectione incredibili anmi voluptate percellimur et fere aera levamur; ipse enim manuducit ad Deum (X, 34)." Enz. *Aeterni Patris.* Vgl. dazu F. Kard. Ehrle, *Zur Enzyklika „Aeterni Patris" – Text und Kommentar,* zum 75-jährigen Jubliäum der Enzyklika neu hrsg. von F. Pelster S.J., Rom 1954.

150 M. Grabmann, *Die Geschichte der Theologie,* 68; Grabmann zitiert hier E. Gilson, *La philosophie de Saint Bonaventure* (1923).

fand später freilich auch Widerspruch, etwa bei Fernand van Steenberghen.[151]

Zu Beginn des 20. Jahrhunderts bewegten Fragen im philosophisch-theologischen Grenzgebiet die Forschung: das Thema der Gotteserkenntnis (die Bonaventura zufolge in einer bestimmten Dimension angeboren ist), die Möglichkeit und Reichweite von Gottesbeweisen, die spezifische Gestalt der Illuminationslehre Bonaventuras (die aristotelische Elemente einbezieht) in Abgrenzung vom Ontologismus.[152] Um die gleiche Zeit erschienen auch Forschungsarbeiten zu theologischen Einzel-Fragen. Um nur einige wenige zu nennen: 1921 veröffentlichte Romano Guardini seine Dissertation über die Erlösungslehre Bonaventuras.[153] In der Habilitationsarbeit (1924) beschäftigte sich Guardini erneut mit Bonaventura, doch blieb die Habilitation unveröffentlicht bis zum Jahr 1964, als Werner Dettloff, selbst Bonaventura- und Scotus-Forscher, Guardinis Arbeit unter dem Titel: *Systembildende Elemente in der Theologie Bonaventuras. Die Lehren vom Lumen mentis, von der Gradatio entium und der Influentia sensus et motus,* der Öffentlichkeit zugänglich machte. Fast zeitgleich befassten sich zwei Forscher mit dem großen Thema der Ekklesiologie bei Bonaventura.[154]

Ebenfalls zu Beginn der 20er Jahre entdeckte man die Mystik des seraphischen Lehrers. Eine ausgezeichnete, kla-

151 F. van Steenberghen, *Die Philosophie im 13. Jahrhundert,* Paderborn 1977. Van Steenberghen beschreibt Bonaventuras philosophische Position als einen „sehr eklektischen neuplatonischen Aristotelismus". Dass Bonaventuras Denkgebäude auch in philosophischer Hinsicht eine eigenständige Synthese darstellt, vertritt J. F. Quinn, *The Historical Constitution of St. Bonaventure's Philosophy,* Toronto 1973.

152 Z.B. B. Rosenmöller, *Religiöse Erkenntnis nach Bonaventura,* Münster 1925 (BGPhThMA XXV 3.4).

153 R. Guardini, *Die Lehre des hl. Bonaventura von der Erlösung,* Düsseldorf 1921.

154 H. Berresheim, *Christus als Haupt der Kirche nach dem hl. Bonaventura,* Bonn 1939; R. Silić, *Christus und die Kirche. Ihr Verhältnis nach dem hl. Bonaventura,* Breslau 1938.

re Darstellung verfaßte Ephrem Longpré (1921),[155] von dem auch der Artikel „Bonaventure" im *Dictionnaire de Spiritualité* stammt.[156] Die *Franziskanische Mystik unter besonderer Berücksichtigung des hl. Bonaventura*, untersuchte einige Jahre später Stefan Grünewald (1932). Grünewald trat mit Karl Rahner, der sich in einem Aufsatz der bekannten „Zeitschrift für Aszese und Mystik" ebenfalls mit Fragen der Mystik bei Bonaventura befasst hatte, in einen kritischen Dialog.[157]

Nach dem II. Weltkrieg rückte Bonaventura als heilsgeschichtlicher Denker ins Licht der Forschung. Als einer der ersten beleuchtete Joseph Ratzinger Bonaventuras Stellung zu Joachim von Fiore in seiner Untersuchung der Geschichtstheologie des seraphischen Lehrers.[158] Diese Arbeit war ursprünglich nur ein Teil einer Studie gewesen, die den Offenbarungsbegriff Bonaventuras zum Thema hatte und 1955 abgeschlossen worden war. Der vollständige Text wurde 2009 veröffentlicht.[159] Über den theologiegeschichtlichen Aspekt hinaus ging der Autor die Frage vor allem mit fundamentaltheologischem Interesse und in ökumenischer Perspektive an. Bonaventura ist nicht nur ein Denker der Vergangenheit. Er ist ein Gesprächspartner für Fragen, die auch „unsere Fragen sind".

Im Jahr 1961 wurde Jacques Guy Bougerols *Introduction à l'étude de St. Bonaventure* publiziert. Zahlreiche Einzelbeiträge dieses Forschers zur Frage der Quellen, aber auch zur Interpretation des bonaventurianischen Denkens folgten.

---

155 E. Longpré, *La théologie mystique de Saint Bonaventure*, in: AFH 14 (1921), 36-108.

156 DSp I, 1768-1843.

157 K. Rahner, *Der Begriff der ecstasis bei Bonaventura*, in: ZAM 9 (1934), 1-19; dieser Aufsatz, ebenso wie: *Die Lehre von den geistlichen Sinnen im Mittelalter*, ist jetzt in den SzTh XII aufgenommen. St. Grünewald, *Zur Mystik des hl. Bonaventura*, ebda. 124-142; 219-232.

158 J. Ratzinger, *Die Geschichtstheologie des hl. Bonaventura*, München 1959.

159 J. Ratzinger – Benedikt XVI., *Offenbarungsverständnis und Geschichtstheologie Bonaventuras. Habilitationsschrift und Bonaventura-Studien*, Freiburg 2009 (JRGS 2), 53-659. Zur Rezeption: F.-X. Heibl – M. Schlosser, *Gegenwart der Offenbarung*, Regensburg 2011 (RaSt 2).

1988 erschien die völlig neu bearbeitete *Introduction à Saint Bonaventure*. Unermüdlich bemühte sich Bougerol um verbesserte Ausgaben vor allem der Predigten Bonaventuras.

Das Jubiläumsjahr 1974 brachte einen Höhepunkt an Publikationen: Mehrere „Festschriften“ widmeten sich der Erhellung der verschiedenen Aspekte von Bonaventuras Werk und Denken, seinen Quellen und seiner Nachwirkung.[160]

In verschiedenen Ländern startete man Projekte zur Übersetzung der Werke Bonaventuras, wenn nicht der Opera Omnia, so doch der wichtigsten Schriften. So liegen fünf stattliche Bände in spanischer Sprache vor, die italienische Ausgabe der Opera ist weit gediehen, in englischer Sprache sind sogar zwei Reihen entstanden. Der Plan der Deutschen Bonaventura-Gesellschaft, eine Übersetzung des Gesamtwerks zu ermöglichen, ließ sich nicht verwirklichen; es blieb bei einer Reihe Einzelübersetzungen.

Vielleicht jedoch ist der nun vorliegende Band eine Ermutigung, das ein oder andere Werk neu zu studieren oder eine gesamte Übersetzung zu unternehmen.

---

160 *San Bonaventura Maestro di vita francescana e di sapienza cristiana*. Atti del Congresso internazionale per il VII centenario di san Bonaventura da Bagnoregio, Roma 19-26 settembre 1974, a cura di A. Pompei, vol. I-III, Roma 1976; *S. Bonaventura 1274-1974. Volumen Commemorativum*, cura et studio Commissionis internationalis Bonaventurianae, vol. I-V, Grottaferrata 1974. Band V bietet eine umfangreiche Bibliographie; *Thomas and Bonaventure. A Septicentenary Commemoration*, ed. by G. F. McLean, Washington 1974 (Proceedings of the American Catholic Philosophical Association, vol. 48); *Contributi di spiritualità bonaventuriana*. Atti del simposio internazionale, Padua 15-18 sett. 1974, ed. G. Zopetti – D.N. Montagna, vol.1-3, Padua 1974-1976.

Vorbemerkung zur Übersetzung

Die Zitate aus der Heiligen Schrift wurden weitgehend wörtlich übersetzt und nur selten an den Text der Einheitsübersetzung angeglichen. Die Zählung der Psalmen folgt der Vulgata.

Die Quellen-Angaben in den Fußnoten wurden zumeist aus der lateinischen Ausgabe der *Opera omnia* übernommen, die entsprechenden Editionen hinzugefügt.

Die Passagen *I Sent.* d3 qq1-3, d8 p1 a1 qq1.2, *Sc. Chr.* q4; *Myst. Trin.* q1 a1 sind ursprünglich in einer zweisprachigen Ausgabe erschienen: Bonaventura – Über den Grund der Gewissheit, hrsg. von M. Schlosser, Weinheim 1991 (Acta humaniora). Da dieser Band seit langem vergriffen ist, wird die Übersetzung hier aufgenommen.

Was ist Theologie?

Prooemium zum Sentenzenkommentar
I Sent. Prooem. qq1-3[1]

Einleitung

Ebenso wie in den Vorworten zur Kommentierung biblischer Bücher,[2] stellt Bonaventura auch im Proömium zu seinem Sentenzenkommentar die klassischen Fragen nach Inhalt, Methode, Zielsetzung und Autorschaft des zu kommentierenden Buches.[3] Da die Sentenzensammlung des Petrus Lombardus als Grundlagentext zur systematischen Darlegung der Theologie diente, betreffen die Fragen nicht nur das Textbuch als solches (*liber iste*), sondern die Charakteristica der damit vermittelten Lehre (*haec doctrina, haec scientia*). Betreffend die Frage nach dem Inhalt (*materia*) ist zu beachten, dass Bonaventura nicht den Begriff „obiectum" gebraucht, sondern von „subiectum" spricht. Der Akzent liegt auf dem Gesamt-Gehalt, auf den die Theologie bezogen ist und der ihr die Berechtigung gibt, während „obiectum" eher der bereits geformte Gegenstand der Wissenschaft ist. Für die Umschreibung des Inhalts lagen verschiedene Definitionen vor, etwa „die Werke der Schöpfung und der Wiederherstellung" (Hugo von St. Victor, *De sacramentis*), „Zeichen und Dinge" (Augustinus, *De doctrina christiana*). Bonaventura bietet eine Synthese dieser Definitionen.

---

1 Übersetzung nach dem lat. Text aus: *Doctoris seraphici S. Bonaventurae opera omnia*, edita studio et cura PP. Collegii a S. Bonaventura, Bd. I, Quaracchi 1882, S. 6-13. Wenn nicht anders angegeben, stammt die Übersetzung von Marianne Schlosser.

2 S. unten ab S. 267.

3 Die letzte Frage wurde nicht in die Übersetzung aufgenommen.

Die Frage nach der Vorgehensweise bezieht sich auf die der Offenbarung Gottes angemessene Aneignung. Entspricht „Erforschung" dem „Glauben"? Wozu kann sie hilfreich sein – oder hinderlich? Bonaventura stellt sich dieser Frage auch in der *Epistola de tribus quaestionibus,* wie auch im *Sermo theologicus IV „Unus est magister vester Christus"* und an anderen Stellen seines Werkes. Welche Art von Rationalität dem christlichen Glauben entspricht, ist eine bleibend aktuelle Frage, die sich durch die Jahrhunderte zieht und sich etwa auch in neuzeitlichen Abgrenzungen des biblischen Glaubens vom metaphysischen Denken spiegelt.

Besonders deutlich zeigt sich die Eigenart des Bonaventuranischen Theologie-Verständnisses in der Frage nach dem Ziel der Theologie. Geht es in der Hauptsache um Erkenntnis – *contemplatio* bedeutet hier das Schauen der Wahrheit mit einem ruhigen Blick, das griechische *theorein* –, oder geht es darum, „damit wir gut werden", also ausdrücklich um eine Formung des Herzens. Die Antwort Bonaventuras ist bezeichnend: Theologie ist nicht eine Art übernatürlicher Ethik. Sie ist aber auch nicht einfach Erkenntnis um der Erkenntnis willen. Sie ist Erkenntnis, die das Herz bewegt: *intellectus extensus ad affectum,* und ergreift von da aus auch das Handeln. Gut sein ist die Wurzel des guten Handelns. Die Wurzel des Gut-Seins aber ist die Erkenntnis der überströmenden Liebe Gottes in Christus. In diesem Sinn ist die Wissenschaft ein Weg zur Heiligkeit.

Text

Frage 1: Was ist der Gegenstand dieser Wissenschaft bzw. ihr Inhalt?

Offensichtlich ist ihr Inhalt (*subiectum*) Gott.
DAFÜR sprechen folgende Gründe:

1. Der Inhalt einer Wissenschaft ist dasjenige, womit und mit dessen Eigenschaften sich diese Wissenschaft als ganze beschäftigt. In diesem Buch geht es um Gott und

seine Werke, nämlich die Schöpfung und die Wiederherstellung.

2. Anscheinend besteht der Inhalt dieses Buches in „Dingen und Zeichen“ (*res et signa*). Der Inhalt einer Wissenschaft ist doch das, was auch die Unterteilung dieser Wissenschaft bestimmt; denn die Wissenschaften werden unterteilt in Sachgebiete, das heißt, sie werden entsprechend dem jeweiligen Inhalt eingeteilt. Dieser Inhalt ist ganz offenkundig Ding und Zeichen.
3. Anscheinend ist das, was zu glauben ist (*credibile*), der Inhalt dieses Buches. Denn der Inhalt ist doch das, worauf sich des Autors Absicht und die Durchführung bezieht. Der Glaubensgegenstand ist von dieser Art; denn der Magister sagt im Prolog, sein Vorhaben sei es, „unseren Glauben mit den Schilden des Turmes Davids zu befestigen“, das heißt: vernünftige Gründe beizubringen, um den Glauben als wahr zu erweisen – und ich füge hinzu: das bezieht sich nicht auf die Tugend des Glaubens, sondern auf den Glaubensinhalt.

DAGEGEN wird eingewandt:

1. Der Inhalt einer Wissenschaft muss all das umfassen, was in dieser Wissenschaft behandelt bzw. einer Lösung zugeführt wird. Aber in diesem Buch werden nicht nur Fragen über Gott gelöst, sondern auch solche, welche die Geschöpfe betreffen. Also kann man nicht sagen, Gott sei der Inhalt des gesamten Werkes, sondern nur des Ersten Buches der Sentenzen.
2. In die gleiche Richtung geht ein anderes Argument: Mag auch sein, dass drei Ursachen [von den vier] zusammenfallen,[4] so fällt doch die Materialursache mit der Zielursache nicht zusammen. Denn „materia“ besagt etwas Unvollständiges, „Ziel“ aber die Vollendung des gesamten Werkes. Gott ist das Ziel dieses Werkes, da er das Ziel der

4 Vgl. ARISTOTELES, *II Physica* text 70.

Theologie als ganzer ist; und daher ist er nicht ihr Gegenstand (*materia*) oder Inhalt (*subiectum*).

3. Auch lässt sich argumentieren, dass „Dinge und Zeichen“ nicht der Inhalt dieses Buches sind: Jede Wissenschaft hat es mit Dingen oder Zeichen zu tun. Wenn darin also der Inhalt dieses Buches bestünde, dann bezöge es sich ganz allgemein auf alle Wissenschaften. Insofern in diesem Buch aber eine spezifische Wissenschaft und Lehre weitergegeben wird, ist klar, dass „Dinge und Zeichen“ nicht als der sie bestimmende Inhalt benannt werden können.
4. Auch steht fest, dass sich eine Wissenschaft, die sich mit Zeichen befasst, unterscheidet von einer, die sich mit Sachen befasst; denn die Sprachphilosophie unterscheidet sich von der Physik und der Metaphysik.[5] Demgemäß wäre die theologische Wissenschaft entweder nicht innerlich einheitlich, oder sie hat es nicht mit „Dingen und Zeichen“ zu tun.
5. Dass das zu Glaubende nicht der Inhalt sein kann, ergibt sich offensichtlich aus dem Unterschied zwischen Wissenschaft und Tugend: Das sind zwei verschiedene Habitus, die auch verschiedene Gegenstände *(obiecta)* haben müssen. Wenn also das zu Glaubende als solches der Gegenstand der Tugend des Glaubens ist, dann wird es nicht unter der gleichen Hinsicht auch Gegenstand der Wissenschaft sein können.
6. Dieses Buch legt nicht nur Gedanken zum Glauben vor, sondern auch zu Hoffnung und Liebe. Wenn also das zu Hoffende bzw. das zu Liebende nicht Inhalt dieses Buches sind, dann auch nicht das zu Glaubende.

ANTWORT:

Den Inhalt einer Wissenschaft (*scientia*) oder Lehre (*doctrina*) kann man in dreifacher Weise näher bestimmen. Der Inhalt ist erstens das, worauf sich alles [worum es im Ein-

---

5 Lat. *differt sermocinalis scientia a naturali*. Die „Natur“-Philosophie ist für Bonaventura die Beschäftigung mit Dingen und ihren Gründen.

zelnen geht] wie auf ein Wurzel-Prinzip (*principium radicale*) zurückführen lässt, zweitens das, worauf sich alles wie auf ein vollständiges Prinzip (*principium integrale*) zurückführen lässt, drittens das, worauf sich alles wie auf ein umfassendes Ganzes (*totum universale*) zurückführen lässt.

Ein Beispiel aus der Grammatik: „Subiectum" im ersten Sinn, worauf sich alles wie auf ein elementares Prinzip zurückführen lässt, ist der Buchstabe, wie Priscian sagt;[6] dieser ist „elementar", weil er die kleinste Einheit ist, auf die der Grammatiker zurückgehen kann. „Subiectum" im zweiten Sinn, worauf sich alles wie auf sein „vollständiges Prinzip" zurückführen lässt, ist die gut und vollständig ausformulierte Rede. Das „umfassende Ganze", das den Inhalt der Grammatik im dritten Sinn bildet, ist die Sprache, geschrieben oder gesprochen, mit dem Ziel, etwas zu bezeichnen.

So kann man im Bereich des Quadriviums Unterscheidungen vornehmen. Innerhalb der Geometrie ist das Prinzip, auf das alles andere rückführbar ist, der Punkt. Das Prinzip im Sinn der Vollständigkeit ist der Körper, der alle Dimensionen enthält. Der Inhalt im Sinn des umfassenden Ganzen ist die Eigenschaft der Ausdehnung, die zusammenhängende, unbewegliche Quantität (*quantitas continua, immobilis*).

Auf diese Weise können wir auch den Inhalt der Theologie dreifach betrachten.

Der Inhalt, das „subiectum", auf das alles rückführbar ist, ist Gott selbst.

Der Inhalt, auf den alles zurückgeführt wird, weil es das vollständige Ganze ist (*totum integrum*), ist Christus: Er eint in sich die göttliche und die menschliche Natur, das geschaffene und ungeschaffene Sein; davon handeln die ersten beiden Bücher der Sentenzen.[7] Der ganze Christus ist „Haupt und Glieder",[8] und davon handeln die beiden weiteren Bücher. – Ich gebrauche den Ausdruck „vollständiges Ganzes"

6 Priscian, *Liber Gramm.* I, cap.2.
7 Von Gott (I) und vom Geschaffenen (II).
8 Das heißt, die Bücher III und IV behandeln nicht nur die Inkarnation, sondern auch das Einwirken Christi auf die Kirche, die Tugenden,

in einem weiteren Sinn; denn vieles vereint Christus in sich nicht aufgrund von Zusammensetzung, sondern aufgrund von hypostatischer Vereinigung und aufgrund von Zuordnung.[9]

Den Inhalt im umfassenden Sinn können wir mittels einer Umschreibung oder einer Unterscheidung benennen: „Dinge und Zeichen", wobei „Zeichen" hier „Heilszeichen", *sacramentum,* bedeutet. Wir können den Inhalt aber auch mit einem einzigen Wort bezeichnen: das zu Glaubende, insofern es den Sinn von „einsehbar" hat; und daran, dass das zu Glaubende einsehbar wird, wirkt die Vernunft mit.[10] In diesem Sinn ist das zu Glaubende spezifischer Inhalt dieses Buches.

Daher ist den Gründen beizustimmen, welche dafür argumentieren, dass „Gott", „Dinge und Zeichen" und „das zu Glaubende" der Inhalt dieses Buches seien – und zwar, wie wir gezeigt haben, in jeweils zu differenzierendem Sinn.

Antwort auf die Einwände:

Ad 1: Auf den ersten Einwand, dass es in diesem Buch ja nicht nur um Gott allein gehe, lautet die Antwort: Obwohl es nicht nur um Gott selbst geht, so doch entweder um Gott selbst oder um seine Werke. Und so ist Gott für sich genommen nicht der „ganze" Inhalt dieses Buches, sondern er ist als Ursprung (*ut principium*) der Inhalt.

Ad 2: Der zweite Einwand argumentierte, dass der Stoff (*materia*) mit dem Ziel nicht zusammenfalle. Hierzu ist zu sagen, dass man von Stoff unter dreierlei Hinsicht sprechen kann: *materia, ex qua* – Stoff, aus dem [etwas besteht], *materia in qua* – Stoff, in dem [etwas besteht], und *materia circa quam* – Stoff, um den es geht. In diesem letzten Sinn bedeu-

---

die Gaben des Heiligen Geistes, die Sakramente und die eschatologische Vollendung.

9 Die *Patres editores* fügen in der Fußnote hinzu, dass „totum integrum" im strengen Sinn eine Zusammensetzung aus Teilen bezeichne. Da dies bei Christus nicht der Fall ist, setzt Bonaventura die Einschränkung hinzu: „accipio large".

10 Lat. *credibile, prout tamen credibile transit in rationem intelligibilis, et hoc per additionem rationis.*

tet „Stoff" eher soviel wie „Gegenstand" (*obiectum*) als „Materie". Wenn man also sagt, der Stoff falle nicht mit dem Ziel zusammen, so stimmt das für den Stoff, *aus dem* etwas ist; denn hier wird von Stoff in engerer Bedeutung [d.h. als Material-Prinzip] gesprochen. Aber was die *materia circa quam* betrifft, die im eigentlichen Sinn „Gegenstand" ist, stimmt der Einwand nicht; denn ein und dieselbe Sache kann Gegenstand eines Habitus sein *und* Ziel. Auf diese Weise ist der „Stoff" einer Wissenschaft das „Objekt" der habituell geformten Erkenntniskraft.

Ad 3.4: Dann wurde eingewandt: Dinge und Zeichen seien der Inhalt aller Wissenschaften. Antwort: Wenn man „Ding" und „Zeichen" ganz allgemein [als Allgemeinbegriffe] auffasst, dann gehören sie nicht zu einer spezifischen Wissenschaft, und nicht nur zu diesem Buch des Magisters noch zu der damit verbundenen Wissenschaft. Man kann „Zeichen und Dinge" aber auch unter der speziellen Hinsicht des „Glaubbaren" bzw. des Glaubensgegenstandes auffassen. Wie es nur eine einzige Tugend gibt, einen einzigen Habitus, der sich auf alles Glaubbare bezieht, ob es sich nun um Zeichen oder Dinge handelt, nämlich die Tugend des Glaubens (*fides*), so gibt es auch nur eine spezifische Wissenschaft von all diesen Gegenständen, seien sie nun Dinge oder Zeichen.

Auch eine andere Antwort ist möglich. Denn man kann von Dingen und Zeichen entweder so sprechen, dass man sie für sich genommen betrachtet, oder in Relation zum Ziel der beseligenden Freude *(fruitio)*, bzw. dem, worin diese besteht. Im ersten Sinn gehören Dinge und Zeichen spezifischen, unterschiedlichen Wissenschaften zu, im zweiten Sinn aber nur einer einzigen Wissenschaft bzw. Lehre. Denn die Wissenschaft von allen Seienden, unter der Hinsicht, dass sie auf das Erste Seiende zurückgeführt werden können, ist eine einzige Wissenschaft. Und ebenso ist die Wissenschaft von allen Dingen und Zeichen, insofern sie sich auf Eines zurückführen lassen: nämlich das Alpha und Omega, eine einzige Wissenschaft.

Ad 5.6: Es wurde eingewandt, das zu Glaubende sei Gegenstand der Tugend. Darauf ist zu antworten: Es ist auf jeweils andere Weise Gegenstand der Tugend als es Gegenstand der Wissenschaft ist. Insofern das zu Glaubende den Zusammenhang mit der Ersten Wahrheit (*prima veritas*) bedeutet, welcher der Glaube (*fides*) um ihrer selbst willen und über alles andere hinaus seine Zustimmung gibt, gehört das zu Glaubende zum Habitus des Glaubens. Wenn zum Bedeutungsgehalt der Wahrheit die Bedeutung der Autorität hinzutritt (*auctoritas*),[11] dann gehört das zu Glaubende zur Lehre der Heiligen Schrift. Darüber sagt Augustinus in *De Genesi ad litteram*, die Autorität der Heiligen Schrift sei größer als der Scharfsinn menschlicher Geisteskraft.[12] Wenn nun über den Bedeutungsgehalt der Wahrheit und der Autorität hinaus noch die Bedeutung der Glaubwürdigkeit oder Einsichtigkeit aufgrund von Gründen (*probabilitas*) hinzukommt, dann gehört das zu Glaubende zu der in diesem Buch vorgelegten Wissenschaft: denn hier werden Argumente vorgelegt, welche die Wahrheit unseres Glaubens aufweisen. Somit ist nun deutlich geworden, dass die Tugend des Glaubens, die Bücher der kanonischen Heiligen Schrift und das hier vorliegende Buch des Magisters in verschiedener Weise auf das zu Glaubende bezogen sind. – Der letzte Einwand hat deswegen keine Gültigkeit, weil das vorliegende Buch nicht in der gleichen Weise auf die Verteidigung von Hoffnung und Liebe ausgerichtet ist, wie auf die des Glaubens.

Frage 2: Welche Darstellungsweise oder Methode entspricht diesem Buch bzw. der theologischen Wissenschaft?

Es wurde bereits gesagt, dass die Methode die Erforschung von Geheimnissen sei (*modus perscrutativus et inquisitivus secretorum*).

11 Vgl. zu *auctoritas* S. 103 Anm.2

12 Augustinus, *Gen. Litt.* II, n.5 (CSEL 28/1,39).

GEGENARGUMENTE:

1. Im Buch Jesaja steht: „Gott macht die Erforscher der Geheimnisse gleichsam zu einem Nichts" (Jes 40,23).
2. Im Buch der Sprichwörter liest man: „Wer die Herrlichkeit durchforschen will, wird vom Glanz zu Boden gedrückt" (Spr 25,27).
3. Jesus Sirach sagt: „Suche nicht nach dem, was höher ist als du, erforsche nicht, was stärker ist als du" (Sir 3,22). Wenn also das, was der Magister hier durchforschen will, „geheim" ist, dann ist es „groß", erhaben und stark, und der Magister tut nicht recht, wenn er so vorgeht.
4. Das lässt sich auch mit Vernunftgründen zeigen. Die Methode einer Wissenschaft soll einheitlich sein in jedem ihrer Bereiche. Die Darstellungsweise der Heiligen Schrift jedoch arbeitet mit Allegorien bzw. Vorausbildern,[13] der Stil ist die Erzählung (*narratio*), nicht die fragende Erforschung. Wenn also dieses Buch bzw. diese Wissenschaft sich auf die Heilige Schrift bezieht, dann ist diese Methode unangebracht.
5. Die Methode muss auch dem Inhalt angemessen sein, wie man zu Beginn der *Früheren Ethik*[14] lesen kann: „Die Wortwahl muss sich nach dem Inhalt richten". Wenn nun der Inhalt dieser Lehre das zu Glaubende ist, dieses aber die Vernunft überragt, dann ist eine Methode, die vernünftige Gründe benützt, nicht angebracht.
6. Die Methode muss auch dem Ziel entsprechen, auf das die entsprechende Wissenschaft ausgerichtet ist. Wie der Magister im Text schreibt, zielt sein Werk auf die Förderung des Glaubens. Vernunftgründe aber fördern den Glauben nicht, sondern machen ihn überflüssig. Darum schreibt Gregor: „Der Glaube hat kein Verdienst mehr,

---

13 Lat. *modus procedendi est typicus;* d.h. der Bezug zwischen AT und NT wird mittels der heilsgeschichtlichen Bedeutung von Personen oder Ereignissen erhellt.

14 Gemeint sei, so die *Patres editores* in der Anmerkung zur Stelle, eine frühe Übersetzung der *Ethik*, II cap.2.

wo menschliche Vernunft Beweisgründe beibringt."[15] Folglich widerspricht diese Methode dem Ziel und ist somit unangemessen. Deshalb schreibt auch Ambrosius: „Lass die Argumente beiseite, wenn es um den Glauben geht. Man glaubt Fischern, nicht Dialektikern".[16] Damit erscheint also diese Methode als eitel und unnütz.

DAFÜR aber spricht:

7. Im Ersten Petrusbrief: „Bereit, jedem, der danach fragt, den Grund für den Glauben und die Hoffnung anzugeben" (1 Petr 3,15).[17] Da es viele sind, die unseren Glauben angreifen, und nicht nur nach Gründen fragen, scheint es nützlich und angebracht, ihn durch Vernunftgründe zu befestigen und auf fragende und schlussfolgernde Weise vorzugehen.
8. Richard von St. Victor schreibt im Buch *De Trinitate*: „Denn ich bin völlig überzeugt, dass es zur Erhellung aller Dinge, die Seinsnotwendigkeit haben, nicht nur wahrscheinliche, sondern notwendige Begründungen geben muss, auch wenn sie einstweilen unserer suchenden Vernunft noch verborgen bleiben."[18] Wenn wir also Inhalte glauben, die notwendig (*necessaria*) sind und notwendige, wenngleich verborgene Gründe haben, und diese Gründe der Erforschung bedürfen, damit sie klar hervortreten, so ergibt sich offenkundig, dass die Methode der Erforschung dieser Wissenschaft ganz ausgezeichnet entspricht.
9. Die Wahrheit unseres Glaubens ist in keiner schlechteren Lage als andere Wahrheiten; für diese aber gilt: was mit Vernunftargumenten angegriffen werden kann, kann und muss auch durch Vernunftargumente vertei-

15 GREGOR DER GROSSE, *Hom. in Ev.* 26, n.1 (FC 28/II,472).
16 AMBROSIUS, *De fide* I, cap.13, n.84 (FC 47/1,206).
17 Lat. *parati omni poscenti reddere rationem de ea quae in vobis est fide et spe.*
18 RICHARD VON ST. VICTOR, *Trin.* I, cap.4 (TPMÂ 6,89; dt. Balthasar 1980, 35f.).

digt werden. Das gleiche sollte auch für die Wahrheit unseres Glaubens gelten.

10. Auch ist unser Glaube in keiner schlechteren Lage als an seinem Beginn: Zu Beginn wurde er angegriffen durch die falschen Wunder von Magiern, er wurde verteidigt durch die wahren Wunder der Heiligen. Wenn er also jetzt durch die falschen Argumente von Häretikern angegriffen wird, dann muss man ihn auch mit Hilfe der wahren Argumente der Lehrer *(doctorum)* verteidigen.

ANTWORT:

Die Methode der Erforschung entspricht dieser Lehre bzw. diesem Buch; denn das Ziel gibt die Mittel vor, mit denen es zu erreichen ist – sagt doch der Philosoph: „Die Säge hat Zähne, damit sie schneiden kann."[19] Weil es hier um die Förderung [oder: Fortentwicklung, *promotio fidei*] des Glaubens geht, darum wird die Methode der Frage und Erforschung angewandt. Denn die vernünftig-schlussfolgernde Methode hilft zur Förderung des Glaubens unter dreierlei Hinsicht, entsprechend dreier Arten von Menschen: Die einen sind Gegner des Glaubens, die anderen sind noch schwach im Glauben, und wieder andere sind vollkommen im Glauben.

Die argumentative Methode vermag also zuerst, die Gegner zuschanden zu machen. Daher schreibt Augustinus im ersten Buch *De Trinitate*, dass man gegen Schwätzer und Argumentationskünstler, die mehr aufgeblasen seien als fähig, rechtgläubige Begründungen (*catholicae rationes*) und passende Vergleiche gebrauchen muss, um den Glauben zu verteidigen und seine Wahrheit zu bekräftigen.[20]

Zweitens hilft die argumentative Methode der Schwäche der Glaubenden auf. Wie Gott die noch schwache Liebe mancher Menschen durch zeitliche Wohltaten wärmt, wird auch der schwache Glaube durch plausible Argumente gewärmt. Wenn nämlich die im Glauben Schwachen sähen, dass die Argumente für dessen Wahrscheinlichkeit fehlten, die Ar-

19 ARISTOTELES, II *Physica* text 92.; *De part. animal.* I, 5.
20 Vgl. AUGUSTINUS, *Trin.* I, cap.2, n.4 (CCSL 50,31).

gumente für das Gegenteil überaus zahlreich sind, würde niemand durchhalten.

Drittens trägt diese Methode zur Freude für die im Glauben Vollkommenen bei. Denn auf wundersame Weise freut sich die Seele, wenn sie einsieht, was sie bereits in vollendetem Glauben umfängt. Daher sagt Bernhard: „Nichts sehen wir mit mehr Freude ein als das, was wir im Glauben aufgenommen haben".[21]

Ad 1.2.3: Diese drei Gegenargumente beziehen sich auf die ehrfurchtslose Durchforschung (*perscrutatio curiosa*),[22] nicht auf die hingebungsvolle Erforschung (*studiosa*). Es sagt doch der Herr selbst zu den Juden, im Johannesevangelium: „Durchforscht die Schriften!" (Joh 5,39).[23]

Ad 4: Auf den Einwand, diese Methode passe nicht zur Heiligen Schrift, ist zu antworten: Dieses Buch bzw. diese Wissenschaft lässt sich auf die Heilige Schrift zurückführen in der Weise der Unterordnung [Ableitung], nicht als ein Hauptteil. Das gleiche gilt für die Bücher der Lehrer, welche der Glaubensverteidigung dienen. Das erklärt sich so: Nicht *jede* nähere Bestimmung bewirkt, dass eine Wissenschaft einer anderen untergeordnet bzw. von dieser abgeleitet ist. Dies ist nur der Fall, wenn die nähere Bestimmung eine Unterscheidung setzt (*determinatio distrahens*). Die Wissenschaft von der geraden Linie nennt man nicht „der Geometrie untergeordnet", sondern die Wissenschaft von der sichtbaren Linie;[24] denn diese Bestimmung führt gewissermaßen zu weiteren Prinzipien.

---

21 Bernhard von Clairvaux, *De consideratione* V, cap.3, n.5 (I,782).

22 *Curiositas:* Bonaventura versteht darunter „geistige Habsucht", taktloses Viel-Wissenwollen, eine Art intellektuelle Gefräßigkeit, die dem zu erkennenden Gegenstand nicht gerecht wird. Curiositas ist die Pervertierung der rationalen Kraft, der Haltung des Staunens (admiratio) entgegengesetzt, und darum ein ernstes Hindernis für jede Art der *Contemplatio*.

23 Lat. *Scrutamini scripturas!*

24 D.h. die Optik ist der Geometrie untergeordnet – *scientia subalternata* –, während die „Wissenschaft von der Geraden" eben nur ein Teilbereich der Geometrie selbst ist.

Die Heilige Schrift hat das Glaubbare als Glaubbares (*credibile ut credibile*) zum Inhalt, diese unsere Wissenschaft bzw. das Buch des Magisters aber das Glaubbare unter der Hinsicht, dass es einsehbar ist (*credibile ut intelligibile*), und eben diese nähere Bestimmung setzt eine Unterscheidung: „denn was wir glauben, verdanken wir der Autorität (*auctoritas*), was wir einsehen, der Vernunft".[25] Wie man daher eine andere Art von Gewissheit in der übergeordneten Wissenschaft als in der untergeordneten, abgeleiteten, findet, so finden wir in unserem Fall eine andere Art von Gewissheit in der Heiligen Schrift als im theologischen Buch, und dementsprechend eine andere Art des Vorgehens. Und dort, wo die untergeordnete Wissenschaft versagt, kehrt sie zurück zur Gewissheit der größeren, von der sie abhängt. Wo also die Gewissheit der Vernunft zu schwach ist, da kehrt der Magister zurück zur Gewissheit der Autorität, die er in der Heiligen Schrift findet – einer Gewissheit, die alle Gewissheit der Vernunft überragt.

Ad 5: Wenn jemand sagt, dass die Methode dem Inhalt entsprechen müsse, dann lautet die Antwort, dass dies der Fall ist. Und wenn er weiter sagt, der Glaubensgegenstand überrage die Vernunft, so ist das wahr – allerdings nur, wenn man damit das von der Vernunft erworbene Wissen meint. Es stimmt nicht im Hinblick auf diejenige Vernunft, die durch den Glauben und durch die Geistesgaben der Einsicht und des Wissens erhoben ist. Denn der Glaube erhebt zur Zustimmung, die Gabe des Wissens und der Einsicht erheben dazu, das Geglaubte auch einzusehen.

Ad 6: Auf den Einwand, die Methode passe nicht zum Ziel und mache den Glauben überflüssig, ist zu antworten: Wenn die Zustimmung des Glaubens einzig wegen der rationalen Begründung geschieht, hat der Glaube keinen Platz mehr; denn in der Seele des Menschen dominiert dann die Rücksichtslosigkeit der Vernunft (*violentia rationis*). Aber wenn der Glaube nicht wegen der Vernunftgründe zustimmt, sondern aus Liebe zu dem, dem er zustimmt, dann

---

25 Augustinus, *Util. cred.* cap.25 (FC 9,152).

verlangt er auch sehnsüchtig nach Gründen – und in diesem Fall nimmt die Vernunft dem Glauben nicht etwa das Verdienst, sondern vermehrt den Trost. – Auf die erste Weise versteht es Hieronymus [oder Ambrosius]: man solle nicht dialektische Begründungen heranziehen, auf die sich der Mensch dann hauptsächlich stützen solle; denn mehr als auf die Vernunft und ihre Argumente (*ratio*) muss man sich auf das glaubwürdige Zeugnis (*auctoritas*) stützen.

Frage 3: Ob das Ziel dieses Buches bzw. der Theologie in der Schau der Wahrheit liegt oder darin, dass wir gut werden – ob die Theologie eine spekulative oder eine praktische Wissenschaft ist?

Nun geht es um die Zielsetzung. Es wurde gesagt, dieses Buch habe zum Ziel, Verborgenes zu enthüllen. Da stellt sich die Frage, ob dieses Werk also um der Schau der Wahrheit willen verfasst wurde, oder damit wir gut werden. Und es scheint: damit wir gut werden.

ARGUMENTE DAFÜR:

1. Jede Lehre, die sich auf Inhalte bezieht, die man kennen muss, um ein rechtes Leben zu führen, hat zum Ziel, dass wir gut werden. Aber dieses Buch hat zum Ziel die Erkenntnis des wahren Glaubens, ohne den es unmöglich ist, Gott zu gefallen, noch recht zu leben – wie sich aus dem Hebräerbrief Kapitel 11 ergibt.
2. Wenn eine Lehre ihren Gegenstand gemeinsam hat mit einer Tugend, dann hat diese Lehre das Ziel, dass wir gut werden. Das liegt auf der Hand. Diese Wissenschaft nun hat einen Gegenstand, den sie mit dem Glauben (*fides*) gemeinsam hat; denn sie hat als Gegenstand das zu Glaubende (*credibilia*), worauf sich eben auch der Glaube bezieht bzw. worin er besteht.
3. Der Teilbereich einer Lehre oder Wissenschaft verfolgt das gleiche Ziel wie die jeweilige Wissenschaft als ganze. Das Ziel der Heiligen Schrift als ganzer besteht nicht nur

darin, dass wir gut werden, sondern dass wir selig werden (*beati fiamus*). Die Seligkeit ist das Allerbeste (*optimum*); darum ist das Ziel dieser Wissenschaft, dass wir gut seien.

DAGEGEN lässt sich sagen:

1. Der Magister schreibt im Text, sein Ziel, seine Absicht bestehe darin, „das Verborgene der theologischen Fragestellungen offenzulegen“. Das bezieht sich auf eine Wissenschaft, deren Ziel die Erkenntnis (*speculatio*) ist.
2. Die Wissenschaft mit dem Ziel, dass wir gut werden, bezieht sich auf das sittliche Verhalten (*mores*). Die Theologie hat es mit dem Glauben und den Sitten zu tun, dieses Buch aber bezieht sich auf den Glauben, nicht auf die Sitten.[26] Darum ist sein Ziel auch nicht, dass wir gut werden.
3. Jede Wissenschaft, deren Ziel darin besteht, dass wir gut werden, ist eine praktische Wissenschaft. Derlei Wissenschaften haben es mit unseren Werken zu tun. Aber die Theologie handelt nicht von unseren Werken, sondern von Gottes Werken – also hat sie die Erkenntnis zum Ziel, und nicht, dass wir gut werden.

ANTWORT:

Um das eben Ausgeführte zu verstehen, muss man beachten, dass dasjenige, was von einer Wissenschaft vervollkommnet werden kann und soll, unser Erkenntnisvermögen (*intellectus*) ist. Dieses Vermögen können wir aber unter drei Aspekten betrachten: für sich genommen, mit Ausdehnung auf das Strebevermögen (*affectus*), und mit Ausdehnung auf das Wirken (*opus*). Der Intellekt „dehnt sich aus“ auf andere Fähigkeiten, indem er etwas befiehlt oder leitet. Weil das Erkenntnisvermögen irren kann,[27] gibt es für jede der drei

26 Die *Patres editores* bemerken hierzu, dass die Stelle unklar sei; „theologia“ werde hier in einem weiteren Sinn verwendet.

27 Da die Potenzen des Menschen nicht, z.B. durch Instinkt, „fixiert“ sind, bedarf es einer Stabilisierung im Guten bzw. Wahren, die „Hab-

Dimensionen jeweils einen Habitus, der ihm die richtige Richtung verleiht.

Betrachten wir das Erkenntnisvermögen für sich genommen, dann ist es im eigentlichen Sinn „theoretisch" (*intellectus speculativus*) und wird vollendet durch einen Habitus, der die Schau der Wahrheit zum Ziel hat; dieser Habitus heißt „theoretische (spekulative) Wissenschaft".

Wenn wir das Erkenntnisvermögen betrachten in seiner Beziehung zum Handeln, dann wird es vervollkommnet durch einen Habitus, der unser Gut-Werden zum Ziel hat; man nennt diesen Habitus „praktische oder moralische Wissenschaft".

Wenn wir das Erkenntnisvermögen auf die dritte Weise – gewissermaßen eine dazwischen liegende – betrachten, in seiner Ausdehnung auf das Strebevermögen, dann wird es vervollkommnet durch einen Habitus, der in der Mitte steht zwischen theoretischem und praktischem Wissen, und der beide in sich vereint. Dieser Habitus heißt „Weisheit" *(sapientia);* sie besagt sowohl Erkennen wie liebendes Streben. „Die Weisheit der Lehre ist wie ihr Name", sagt Jesus Sirach (6,23). Und daher hat die Weisheit sowohl die Schau der Wahrheit zum Ziel wie auch, dass wir gut werden, und dies sogar in erster Linie.

Von dieser Art ist die Erkenntnis, die in diesem Buch weitergegeben wird. Denn diese Erkenntnis stärkt den Glauben; und der Glaube hat seinen Ort im Erkenntnisvermögen, und zwar unter der Hinsicht, dass es das liebende Streben (*affectus*) bewegen will. Das ist klar: Die Erkenntnis, dass Christus für uns gestorben ist, und ähnliche Erkenntnisse, bewegen zur Liebe – außer wenn ein Mensch ein ganz verhärteter Sünder wäre. Aber die Erkenntnis: Kathete und Hypotenuse eines Dreiecks haben kein gemeinsames Maß, hat nicht diese Wirkung.

---

itus". Vgl. die Erläuterung bei J. Pieper, *Von den Tugenden des menschlichen Herzens,* 2017, 48.61f.

Es ist also zuzugeben, dass die Theologie das Ziel hat, dass wir gut werden.

Ad 1: Auf den Einwand, es gehe um die Enthüllung bzw. Offenbarung (*revelatio*) von Verborgenem, ist zu sagen: das ist nicht das Endziel; denn jene Offenbarung soll Liebe wecken (*ordinat ad affectum*).

Ad 2.3: Die Antwort auf den Einwand, es gehe in der Theologie nicht um die Moral oder um unsere Werke, ist im Grunde schon gegeben; denn der Einwand bezieht sich nur auf die im eigentlichen Sinn praktisch-moralische Wissenschaft.

Aus einem Brief über Armut, Handarbeit und Lehrtätigkeit im Minderbrüderorden

Epistola de tribus quaestionibus ad magistrum innominatum[28]

An einen ungenannten Magister: Ich wünsche Euch den Geist der Einsicht und der Wahrheit!

Du hast mir drei Fragen vorgelegt, betreffend die Regel der Minderbrüder, Fragen, die in dir, wie du schreibst, aus mehreren Gründen Zweifel aufkommen lassen: Es geht um die Armut, die Handarbeit und das Studium der Professoren und Studenten.

Da die Regel festlegt: „Ich gebiete den Brüdern streng, auf keine Weise Münzen oder Geld anzunehmen, weder selbst noch durch eine Mittelsperson“,[29] und „die Brüder sollen sich nichts aneignen, weder Haus noch Ort noch sonst eine Sache“,[30] scheinen dir die Brüder offenbar gegen die Regel zu verstoßen, weil sie Geld durch Mittelspersonen anneh-

28 Übersetzung nach dem lat. Text aus: *Doctoris seraphici S. Bonaventurae opera omnia*, edita studio et cura PP. Collegii a S. Bonaventura, Bd. VIII, Quaracchi 1898, S. 331-336.

29 BR 4 (FQ 97).

30 BR 6 (FQ 98).

men, Bücher haben und Häuser, obwohl sie nicht als Herren dessen gelten, was sie haben.

Da ihnen, wie du meinst, verpflichtend die Handarbeit aufgetragen ist, sind sie in deinen Augen zu tadeln, weil weder die Laienbrüder rein mechanische Arbeit verrichten noch die Kleriker mit eigener Hand Bücher schreiben, im Gegenteil, diese um viel Geld von anderen Leuten schreiben lassen, gerade so als hätten sie eine Münzpräge im Haus.

Schließlich verurteilst du das Studium und die Lehrtätigkeit der Brüder; denn die Regel sagt: „Und die von Wissenschaften keine Kenntnis haben, sollen sich nicht sorgen, Wissenschaften zu lernen (...).“[31] Trotzdem kommt es vor, dass Kleriker und Magister, die in der Welt fast gar keine oder überhaupt keine Philosophie gehört hatten, nun studieren, Vorlesungen halten, Schriften verfassen, ja mehr noch: zerreißen, verteilen und aufbauen. Personen, welche ein solches Maß an Demut gelobt haben [wie die Minderbrüder], kann deiner Meinung nach der Titel „Magister“ nicht zukommen; denn der Herr hat ihn seinen Jüngern offenbar untersagt, und von uns heißt es ja, wir seien deren Nachahmer, weil wir unsere Profess auf das Evangelium Jesu Christi ablegen.

Das alles, so schreibst du, bewirke in deinem Herzen Zweifel und beunruhige dein Gewissen.

Nachdem die Fragen zur Praxis der Armut [nn.2-8] und der Handarbeit [n.9] beantwortet sind, geht Bonaventura auf das universitäre Studium und die Tätigkeit als Professor ein:

10. Was sollen wir nun sagen über diejenigen, welche die Lehrkanzel besteigen – da doch die Regel sagt: „Wer nicht lesen kann, soll nicht darum sorgen, es zu lernen“, und das Evangelium uns vorschreibt: „Wollet nicht Magister genannt werden!“ (vgl. Mt 23,8).

---

31 BR 10 (FQ 101).

Ich antworte: die Regel untersagt das Studium nicht denen, die gebildet sind, sondern den Ungebildeten und den Laien. [Franziskus] will das, was Paulus schreibt: ein jeder soll in dem Stand bleiben, in dem er berufen worden ist (1 Kor 7,20). [...] Du sollst erfahren, wie sehr ihm das Studium der Hl. Schrift gefiel: Ich hörte von einem Bruder, der noch lebt, dass Franziskus einmal ein Neues Testament bekam; weil aber nicht mehrere gleichzeitig das Buch benützen konnten, zerteilte er es nach Seiten und gab den Einzelnen jeweils etwas, damit alle studieren konnten und keiner den anderen behinderte. Die Kleriker, die er selbst in den Orden aufgenommen hat, behandelte er mit größter Ehrerbietung und auf dem Totenbett trug er den Brüdern auf, die Lehrer der Heiligen Schrift (i.e. Theologie) hoch zu ehren; denn von ihnen empfange man die Worte des Lebens. Wenn Franziskus also dem Titel „Lehrer" Ehre erwies, dann doch deswegen, weil er verstand, dass das Evangelium diesen Titel nicht verboten hat. Andernfalls würde Paulus dem Evangelium widersprechen, weil er ja in 2 Tim 1,11 sich selbst als Lehrer der Völker bezeichnet – was ja eine noch größere Unverschämtheit wäre, als wenn er von andern so bezeichnet würde.

11. Ich sage also: Das Wort des Evangeliums verurteilt den Ehrgeiz, den Aufwand im Auftreten, der mit diesem Namen verbunden ist: dies darf keinesfalls angestrebt werden. Vielmehr ist die Lehre als Dienst anzunehmen. Welchen Leuten kommt es nun am ehesten zu, das Evangelium zu lehren, wenn nicht denen, die das Evangelium in der Profess annehmen und es halten? Das Evangelium sagt: Wer es getan und gelehrt hat, der wird groß heißen im Himmelreich (vgl. Mt 5,19). Also – wer von gesundem Verstand würde sagen wollen, dass der Professor Frater Alexander [von Hales], als er noch reich war, predigen und lehren sollte: Selig die Armen im Geist, und mit der Predigt hätte aufhören sollen, sobald er selbst arm geworden war? Wenn doch die Brüder sicherlich hinzulernen und wie „reine Tiere" die heiligen Worte wiederkauen sollen, und wenn sie genügend Lehrer in den eigenen Reihen haben – wer wäre so töricht, zu behaupten,

sie sollten die Lehre (*doctrina*), die sie sowohl im Leben verwirklichen wie lehren, von anderen erbetteln, die sie ihrerseits nicht im Leben verwirklichen?

Mit dir zusammen verurteile ich das stolze Auftreten, aber ich empfehle und lobe den Dienst. Aufgeblasenes Gehabe von Minderbrüdern verurteile ich, ich sage: So jemand ist des Lehramtes gänzlich unwürdig. Aber ich empfehle den eifrigen Magister (*studiosum magistrum*), der mit Hingabe arbeitet; ich glaube, niemandem kommt die Autorität, das Evangelium Christi zu lehren, mit mehr Recht zu als einem solchen.

12. Jetzt muss ich noch etwas anmerken, was die Philosophietreibenden betrifft, mein lieber Freund. Ich wünschte, wir wären in allen übrigen Punkten so sehr einer Meinung wie in diesem! Dir missfällt dieses vielwisserische Gehabe; ich gestehe: mir auch. Es missfällt allen guten Brüdern, es missfällt Gott und seinen Engeln. Ich verteidige auch nicht diejenigen, die ihre Zeit mit kindischen Fragen verbringen, ich verabscheue das, wie du. Doch dir, wie mir, möchte ich raten, dass wir uns um „Eifer entsprechend dem Verständnis“ bemühen. Wir wollen nicht größeren Abscheu haben als angebracht ist; wir wollen auch nicht etwas verwerfen, was die Verwerfung nicht verdient. Vielleicht müsste man das sogar zu den lässlichen Sünden zählen. Kaum jemals nämlich gelingt es, Körner ohne Spreu zu sammeln, und die Worte Gottes ohne Menschenworte. Das alles aber wird voneinander geschieden durch den Eifer der Zerknirschung und den Hauch der Hingabe (*per flatum devotionis*): dieser bewirkt, dass der Weizen der Wahrheit sich von der Spreu der Worte sondert. Und vielleicht scheinen manche nur dem Vielwissen ergeben, sind aber in Wirklichkeit von echtem Eifer beseelt. Wenn nämlich jemand in den Aussagen der Irrlehrer forscht mit dem Ziel, ihre Meinungen zu widerlegen und dadurch die Wahrheit tiefer zu verstehen, so wäre er weder dem Laster der *curiositas* verfallen, noch wäre er ein Häretiker, sondern ein rechtgläubiger Lehrer.

Da die Worte der Philosophen in manchen Fällen ziemlich wirkungsvoll sind, um die Wahrheit verstehen zu lassen und Irrtümer zurückzuweisen, bedeutet es keine Abweichung von der Reinheit, zuweilen in ihnen zu studieren, vor allem weil es viele Glaubensfragen gibt, die ohne sie nicht entschieden werden können. Wenn wir also zu streng urteilen wollten, dann würden wir vielleicht auch die Heiligen Väter der *curiositas* bezichtigen – was lästerlich wäre. Denn niemand hat besser das Wesen der Zeit und der Materie beschrieben als Augustinus, danach fragend und forschend in den *Confessiones.* Niemand hat besser das Hervortreten der Formen und die Hervorbringung der Dinge beschrieben als Augustinus in *De Genesi ad litteram;* niemand besser die Fragen dargelegt, die Gott und die Seele betreffen, wie er es in *De Trinitate* tat; niemand das Wesen der geschaffenen Welt besser erklärt als wiederum er, in *De civitate Dei.* Um es kurz zu sagen: Die Magistri haben wenig oder nichts in ihren Werken niedergelegt, was man nicht in den Schriften Augustins finden könnte. Lies Augustinus in *De doctrina christiana,* wo er zeigt, dass die Hl. Schrift ohne die Kenntnis anderer Wissenschaften nicht verstanden werden kann. Er zeigt auch, dass die Kinder Israels die Gefäße aus Ägypten mitnahmen – wie auch die Theologen die Lehre der Philosophen sich zunutze machen. Daher lernen wir vieles, was wir nicht selber von den Philosophen und ihren Lehren gelernt haben, mittels der Heiligen. Wundere Dich also nicht, wenn Brüder, die beim Eintritt noch kein solides Wissen hatten, im Orden an Wissen zunehmen.

13. Aber selbst wenn diese Dinge zu tadeln und der Besserung bedürftig wären, sollst du dich nicht deswegen vom Orden zurückziehen; denn niemand wird dazu verpflichtet, im Gegenteil: wer solches verachtet, wird mehr geliebt. Auch schreiben die Oberen diese Dinge nicht vor, vielmehr bestrafen sie den missbräuchlichen Umgang damit. Du sollst nicht wegen drei oder vier Brüdern, die derartige Fehler haben, die vielen anderen verachten, die schuldlos sind. Und wenn einige auf Zeit Bücher im Überfluss haben, so haben

sie damit die Möglichkeit, den vielen anderen etwas zukommen zu lassen, da viel mehr Brüder daran Mangel leiden als Überfluss haben. Auch soll dich nicht beunruhigen, dass die Brüder in den Anfängen des Ordens einfach und ungebildet waren; im Gegenteil, dies soll dein Vertrauen in diesen Orden noch stärken! Ich bekenne vor Gott, dass dies der Grund ist, der mich veranlasste, die Lebensweise des seligen Franziskus so überaus hoch zu schätzen und lieb zu gewinnen: die große Ähnlichkeit mit dem Beginn und der Vollendung der Kirche. Die Kirche begann mit einfachen Fischern, und schritt fort bis zu hochberühmten, erfahrenen Lehrern (*doctores*). Dasselbe kannst du am Orden des seligen Franziskus sehen; denn Gott wollte vor Augen führen, dass dieser nicht von menschlicher Klugheit erdacht ist, sondern durch Christus kam. Und da die Werke Christi nicht kraftlos werden oder schwinden (*non deficiunt*), sondern Fortschritte machen (*proficiunt*), lässt sich aus der Entwicklung erkennen, dass dies ein Werk Gottes war, da selbst Weise sich nicht zu gut waren, zu einer Gemeinschaft von Einfachen herabzusteigen, und dabei das Wort des Apostels beherzigten: „Wenn einer von euch weise ist, werde er töricht, um weise zu sein" (1 Kor 3,18). Ich bitte dich also, mein Lieber, sei nicht allzu überzeugt von deiner eigenen Einschätzung (vgl. Röm 14,5), und halte dich nicht für klüger oder besser als alle, die der Herr zu diesem Lebensstand gerufen hat. Und wenn er dich gerufen hat, dann weigere dich nicht.

Lebe wohl im Herrn.

Amen.

„Gottes fähig" – theologische Anthropologie

Die Erkennbarkeit Gottes
I Sent. d3 qq1-3[1]

Einleitung

Der Kommentar zur Distinctio 3 des 1. Sentenzenbuches ist der klassische Ort für einen scholastischen Autor, sich zu den Möglichkeiten und Grenzen der menschlichen Gotteserkenntnis zu äußern: Inwieweit kann ein geschaffener Geist Erkenntnis vom ungeschaffenen Schöpfer haben? Welche „Ähnlichkeit" zwischen Erkennendem und Erkanntem kann es hier geben? Eine zweite Frage bezieht sich auf die Vermittlung der Erkenntnis durch das Geschaffene, bzw. auf die Bildung der Begriffe, die doch aus der Welt des Geschaffenen genommen sind. Etwas ungewöhnlich für unser Empfinden mag eine weitere Frage klingen: Ob die Begrenzungen unserer Gotteserkenntnis von Anfang der Schöpfung an so waren – ob also im Paradies dieselben Erschwernisse bestanden – und worin sich die Erkenntnis im vollendeten Zustand, „in patria", vom irdischen Zustand unterscheidet. Auch diese Frage ist aufschlussreich für Bonaventuras Sicht auf den hohen Rang und die Würde menschlicher Gotteserkenntnis.

Einer der tragenden Begriffe in diesem Abschnitt ist *similitudo* – Ähnlichkeit. Das Wort wird von Bonaventura in unterschiedlichen Bedeutungen verwendet:

1. *similitudo/similitudines*: Ähnlichkeit, ähnliche Bilder, als *Mittel der Erkenntnis*. Hinsichtlich des Erkenntnismittels

---

1 Übersetzung nach dem lat. Text aus: *Doctoris seraphici S. Bonaventurae opera omnia*, edita studio et cura PP. Collegii a S. Bonaventura, Bd. I, Quaracchi 1882, S. 67-75.

(*medium*) unterscheidet Bonaventura Erkenntnis „per essentiam" (so erkennt die Seele sich selbst und was in ihr ist, z.B. Furcht oder Liebe), „per speciem", d.i. durch ein abstrahiertes Erkenntnisbild, und „per rem aliam", d.i. durch etwas anderes. Letztere, „analoge", Erkenntnis gründet in irgendeiner „Ähnlichkeit" oder in einem ursächlichen Zusammenhang (*ratione similis, ratione effectus*) zwischen Erkenntnismittel und dem zu Erkennenden: *III Sent.* d23 dub4 (III 504b f.).

2. Als abstrakter *Oberbegriff* bezeichnet *similitudo* zunächst ganz allgemein „rerum differentium eadem qualitas" – dieselbe Qualität bei verschiedenen Seienden (*Sc. Chr.* q2; V 8bf.). Dabei muss *similitudo* nicht die Partizipation an einem übergeordneten Dritten bedeuten (*participatio secundum formam*), sondern kann auch die Ähnlichkeit der Seinsanalogie zwischen Schöpfer und Geschöpf meinen, bei Bonaventura oft *convenientia* oder *analogia* genannt, sie ist *participatio secundum influentiam* – „Teilhabe aufgrund von Teilgabe, aufgrund des einfließenden, mitteilenden Wirkens" –, wie sie das Verhältnis von Ursache und Wirkung kennzeichnet.
3. *Similitudo* kann auch das *konkret Ähnliche* bezeichnen: So hat jedes Geschöpf zum Schöpfer eine gewisse „similitudo" und ist zugleich „similitudo". *Similitudo longinqua* oder *vestigium* – entferntes Ähnlichkeitsbild bzw. „Spur des Schöpfers" – ist jedes Geschöpf, *similitudo propinqua/expressa* oder *imago Dei* – ausdrückliches Bild bzw. Abbild – ist nur das geistbegabte Geschöpf.
4. Ein Sonderfall ist die Bezeichnung der Seinsstufe des *begnadeten Geschöpfes* als *similitudo* (auch *imago recreata*: neugeschaffenes Ebenbild). Bonaventura nennt meist drei Grade von Ähnlichkeit des Geschöpfes zum Schöpfer (z.B. *Chr. mag.* n.16) *vestigium, imago, similitudo*. In diesem Zusammenhang ist *similitudo* als höhere, übernatürlich-gnadenhafte Stufe der Gottebenbildlichkeit zu verstehen, wodurch das geistbegabte Geschöpf an der

Heiligkeit des Schöpfers durch Glaube, Hoffnung und Liebe teilhat: z. B. *Brev.* II, 12 (V 230).

5. Im Bereich der Erkenntnistheorie kann *similitudo* auch so viel wie *species* heißen, „Ähnlichkeitsbild" des erkannten Dinges im erkennenden Geist.

Text

Um zu verstehen, worum es im ersten Teil der jetzt zu behandelnden Distinctio geht, sollen vier Fragen erörtert werden. Erstens, ob Gott vom Geschöpf erkannt werden kann. Zweitens, ob Gott mittels des Geschaffenen erkannt werden kann. Drittens, ob die Weise, mittels des Geschaffenen zu erkennen, eine dem Menschen in jedem heilsgeschichtlichen Status angemessene Erkenntnisweise ist – also im Stand der paradiesischen Unschuld, der gefallenen Natur und der verherrlichten Natur. [Viertens, was mittels des Geschaffenen von Gott erkannt werden kann.]

Frage 1: Kann Gott von einem Geschöpf erkannt werden?

Was diese erste Frage angeht, so werden folgende Beweisgründe dafür angeführt, dass Gott vom Geschöpf nicht erkannt werden könne:

1. Man beruft sich auf die „Autorität"[2] des Dionysius in *De Divinis Nominibus*: „Von Gott kann man weder Aussagen machen noch Einsicht (*intelligere*) haben."[3]

---

2 Lat. *auctoritas*: ein Autor, eine Quelle bzw. ein Argument aus der Tradition, die für sich Autorität, Glaubwürdigkeit, beanspruchen können. Dem Rang nach sind die einzelnen Quellen von unterschiedlicher „auctoritas": zuerst die Hl. Schrift, dann die Kirchenväter, dann die Theologen, schließlich die Philosophen, s. *Hex.* XIX, 7–12 (V 421a–422a). *Auctoritas* und *ratio*, Tradition und eigenes Denken, sind die beiden Prinzipien, auf denen die „scholastische Methode" beruht. Vgl. auch *Chr. mag.* 2 (V 568).

3 Dionysius Ps.-Areopagita, *Div. nom.* I, 1.4 u.ö. (CD 1,107-121).

2. Auch mit einem Vernunft-Argument lässt sich dies erweisen: Die Erkenntnis geschieht notwendigerweise stets unter vier [kennzeichnenden] Bedingungen: Verhältnismäßigkeit, Vereinigung bzw. Aufnahme [des Gegenstands], Urteil [über den Gegenstand] und das Empfangen einer Formung [durch den Gegenstand]. Denn das Erkenntnisvermögen (*intellectus*) erkennt nur das, was in irgendeinem Verhältnis zu ihm stehen kann, mit dem es sich irgendwie vereinen, über das es urteilen und von dem die Spitze der Erkenntniskraft (*acies intelligentiae*) geformt werden kann.
   Bezüglich der ersten Voraussetzung argumentiert man folgendermaßen: Es ist notwendig, dass der Erkennende zum Erkennbaren in einem Verhältnis steht;[4] es gibt aber keine Verhältnismäßigkeit zwischen Gott und dem [menschlichen] Erkenntnisvermögen, weil Gott unendlich, der erkennende Geist aber endlich ist. Die Folge ist klar.
   Und selbst wenn es eine Verhältnismäßigkeit gäbe, so schiene sie nicht ausreichend; denn die ungeschaffene Wahrheit hat zum menschlichen Erkenntnisvermögen einen größeren Abstand als jedes geistig erkennbare Geschaffene zum Sinnesvermögen: Das Sinnesvermögen nun, das nur sinnlich erfassbare Gegenstände aufnimmt, erhebt sich niemals zur Erkenntnis von etwas, das nur geistig erfassbar ist, selbst wenn es sich jeweils um Geschaffenes handelt. Also wird sich das geistige Erkennen auch niemals zur Erkenntnis eines ungeschaffenen Erkenntnisgegenstandes aufschwingen.
3. Hinsichtlich der zweiten Voraussetzung lässt sich argumentieren: Es muss notwendigerweise eine Vereinigung zwischen Erkennbarem und Erkennendem zustande kommen, so dass das eine im anderen ist,[5] wobei nicht

4 Aristoteles, *Ethic.* VI, cap. 1.
5 Das Argument bezieht sich auf Aristoteles, *Met.* IX, text. 16 (VIII, 8): Erkenntnis als *actio immanens*, und *De an.* III text. 37–39 (cap.4.8).

der Erkennende im Erkennbaren ist, sondern umgekehrt. Das Unendliche jedoch ist dem Fassungsvermögen des Endlichen entzogen: Also kann es unmöglich in ihm sein, und daher kann Gott, als unendlich, nicht im Erkenntnisvermögen sein.

4. Hinsichtlich der dritten Voraussetzung gilt: Zur Erkenntnis gehört notwendigerweise ein Urteil des Erkennenden über das Erkannte. Jeder Urteilende aber vermag [sozusagen] etwas über das Beurteilte. Etwas Endliches jedoch vermag nichts über das Unendliche, also hat es auch kein Urteil darüber. Zur Erkenntnis ist aber ein Urteil erforderlich: Folglich erkennt das endliche Erkenntnisvermögen den unendlichen Gott nicht, über den es ja nichts vermag.
5. Die vierte Voraussetzung wird so dargelegt: Bei der Erkenntnis wird das Erkenntnisvermögen vom Erkannten geformt. Alles derart Formgebende tut dies durch sein Wesen (*essentia*) oder durch ein Ähnlichkeitsbild (*similitudo*); Gott aber formt das Erkennen nicht durch seine Wesenheit, weil er sich mit nichts so vereint, dass er dessen Form würde; er formt aber auch nicht durch ein abstrahiertes Abbild, denn ein solches ist in höherem Maß geistig als der Träger, von dem es abgezogen ist. Etwas, was geistiger wäre als Gott, gibt es nicht und kann es nicht geben. Folglich usw.

GEGENARGUMENTE:

1. Die vernunftbegabte Seele ist nach dem Bilde Gottes geschaffen.[6] Augustinus sagt im dritten Buch von *De Trini-*

6 Die Formulierung des Genesis-Textes: „ad imaginem et similitudinem" ist nicht nur Grundlage für die Aussage der Gottebenbildlichkeit (*anima est imago Dei* – die Seele ist Bild Gottes –, wobei die „Geistseele" als *pars pro toto homine* steht), sondern impliziert sowohl die im Verhältnis zum Sohn Gottes als dem „ungeschaffenen Bild" (*imago increata*) unvollkommene Abbildhaftigkeit des Menschen, wie auch eine dynamische Komponente: das geschaffene Bild ist der weiteren Vervollkommnung fähig in der Verähnlichung mit dem Sohne Gottes. Bonaventura betont darüber hinaus die christologische Kompo-

tate – das Zitat findet sich auch im Text der vorliegenden Distinctio bei Petrus Lombardus –: „Dadurch ist der Geist Ebenbild Gottes, dass er Gott (er-)fassen (*capax est*) und seiner teilhaft werden kann.“ Das „Fassen“ (*capere*) kann sich nicht auf das Sein (*substantia*) bzw. Wesen beziehen, denn in solcher Weise ist Gott in allen Geschöpfen [gegenwärtig], sondern geschieht auf die Weise von Erkenntnis und Liebe. Also kann Gott vom Geschöpf erkannt werden.

2. Mit Vernunftgründen lässt sich so argumentieren: Jede geistige Erkenntnis geschieht unter Einfluss von Licht, und zwar des ungeschaffenen Lichtes, wie Augustinus in den *Soliloquien* sagt;[7] das Licht ist das am meisten Erkennbare, Gott aber ist das höchste Licht. Also ist er für die Seele auch in höchstem Maße erkennbar.
3. Wenn manche Dinge durch ihre Gegenwärtigkeit, andere durch ein Abbild erkannt werden, wird das, was durch Gegenwärtigkeit erkannt wird, mit mehr Wahrheit erkannt – wie Augustinus sagt.[8] Gott aber ist durch seine Gegenwart mit der Seele vereint: also wird er mit mehr Wahrheit erkannt als die anderen Dinge, welche durch ein Abbild erkannt werden.
4. Wie sich die höchste Gutheit[9] zur Liebe verhält, so auch die höchste Wahrheit zur Erkenntnis; die höchste Gut-

---

nente der Ebenbildlichkeit: der Mensch ist nicht nur als Bild der Dreifaltigkeit erschaffen, sondern in besonderer Weise nach dem Bild der zweiten Person.

7 Augustinus, *Solil.* I, cap.8, n.15 (PL 32,877).

8 Der Anmerkung der Quaracchi-Ausgabe zufolge könnte dies auf *Trin.* X, cap.8 –11 (CCSL 50,324-331) Bezug nehmen, wo dargetan wird, dass die Seele von sich selbst eine gewissere Kenntnis hat als von den Dingen der Außenwelt, weil sie sich selbst gegenwärtig ist. Vgl. auch VIII, cap.8, n.12 (CCSL 50,286): „Gott kann bekannter (*notior*) sein als der Mitmensch, bekannter, weil gegenwärtiger (*praesentior*), bekannter, weil innerlicher (*interior*), bekannter, weil gewisser (*certior*).“ Vgl. dazu *I Sent.* d17 p1 dub2 (I 304b).

9 Lat. *bonitas*: Gutheit. Hier wäre auch möglich zu sagen: das höchste Gut (*summum bonum*), ebenso wie für die „höchste Wahrheit“ auch

heit ist das, was vom Strebevermögen am meisten geliebt werden kann, also ist die höchste Wahrheit auch das, was vom Erkenntnisvermögen in höchstem Maße erkannt werden kann.

5. Jegliches Ding hat größere Wirksamkeit in Bezug auf das, worauf es von Natur aus hingeordnet ist;[10] unser Erkenntnisvermögen ist aber von Natur aus auf die Erkenntnis des höchsten Lichtes hingeordnet, also ist dieses ihm in höchstem Maße erkennbar.

ANTWORT:

Die Antwort lautet, dass Gott in sich, als das höchste Licht, in höchstem Maße erkennbar ist. Wie Licht, das unser Erkennen in höchstem Maße erfüllt, wäre er, soweit es an ihm liegt, auch für uns höchst erkennbar, läge da nicht ein Mangel auf Seiten der Erkenntniskraft, der erst durch die Gottförmigkeit der Glorie vollständig behoben wird. Gültigkeit haben also die Argumente, welche zeigen, dass Gott vom Geschöpf erkannt werden kann und sogar das am klarsten Erkennbare ist, was ihn selbst angeht, wenn da nicht eine Art Hindernis oder Mangel auf der Seite der Erkenntniskraft vorläge, wie sich später noch zeigen soll.

Ad 1. Auf die Gegenargumente ist zu antworten, dass es eine Erkenntnis durch [vollständiges] „Begreifen" und eine durch „Erfassen" gibt.[11] „Erfassend" erkennen heißt, dass

---

das „höchst Wahre" übersetzt werden kann. Obwohl die dt. Übersetzung schwerfällig klingt, soll „Gutheit" beibehalten werden. Die Konvertibilität von „Wahrheit" (*veritas*) und „Wahres" (*verum*) weist darauf hin, dass Gott zugleich „konkret etwas Wahres" wie auch der Maßstab, die „Wahrheit" selbst ist. Das Gleiche gilt für ihn unter der Hinsicht des höchsten Gutes: er ist das am meisten Erstrebenswerte und zugleich das Maß alles Guten. Man muss den Doppelaspekt bei jeder Formulierung, sei sie „konkret" oder „abstrakt", mithören.

10 Vgl. BOETHIUS, *Consol.* III, prosa 11 (CCSL 94,56-59).

11 Lat. *comprehensi – apprehensio*: „Begreifen" – „Erfassen", eine wichtige Gegenüberstellung. Die dt. Übersetzung „erfassen" soll den approximativen Charakter des „ad-prehendere" wiedergeben, während „begreifen" im strengen Sinn ein vollständiges Durchschauen des Erkannten meint (*totaliter cognoscere*), für das eine seinsmäßige Gleichrangigkeit

einem die Wahrheit der erkannten Sache klar wird. „Begreifend“ erkennen heißt, den Gegenstand völlig und gänzlich umschließen zu können. Zur ersten Erkenntnis ist nur das Verhältnis analoger Ähnlichkeit erforderlich. Eine solche Ähnlichkeit hat die Seele zu Gott, denn „die Seele ist in gewisser Weise alles“[12] – nämlich durch Angleichung (*assimilatio*) an alles –, da sie von Natur aus geeignet ist, alles zu erkennen. Am meisten ist sie, durch Angleichung, Gottes fähig, denn sie ist ja Bild und Ähnlichkeit (*similitudo*) Gottes.

Zur „begreifenden“ Erkenntnis bedarf es eines Verhältnisses von Gleichheit und Gleichrangigkeit. Solches besteht zwischen der Seele und Gott nicht; denn die Seele ist begrenzt, Gott aber unbegrenzt. Daher gibt es keine solche Verhältnismäßigkeit – gerade sie hat aber Dionysius im Sinn und auf sie bezieht sich der Einwand, nicht auf die andere Verhältnismäßigkeit.

Ad 2. Auf den Einwand hinsichtlich des Abstandes zwischen dem geistig Erkennbaren und dem durch die Sinne Erfassbaren ist zu antworten: Es gibt einen Abstand in der

---

von Erkennendem und Erkanntem erforderlich wäre: „proportio aequalitatis seu aequiparantiae“: *II Sent.* d16 a1 q1 (II 394b); *III Sent.* d14 a1 q3 ad3.4 (III 305a). Auf diese Weise kann nur Gott selbst sich erkennen. Um Gott zu „begreifen“, müsste das Geschöpf ein „inneres Wort“ (*verbum interius*) bilden, welches Gott vollständig ausdrückte; dies könnte nur das göttliche *Wort* sein, der gleichwesentliche Sohn: *Sc. Chr.* q6 (V 35a). Vgl. ad17.18 (37ab) und q7 (43ab): die mystische, „exzedierende“, Erkenntnis ist kein solches Begreifen.

Comprehensio wird allerdings auch in zwei anderen Bedeutungen verwendet, vgl. *III Sent.* d14 a1 q2 ad7 (III 302b), *I Sent.* d23 a1 q2 ad5 (I 770b), *IV Sent.* d49 p1 q5 (IV 1009ab):

- als *cognitio gloriae*: Schau Gottes von Angesicht zu Angesicht in der Glorie (*visio beatifica*). Insofern die Seligen Gottes Wesen schauen und ihm in vollkommener Hingabe anhangen, „umfangen“ sie ihn und werden zugleich von Gott „umfangen“; sie sind *comprehensores*, weil ihr Verlangen vollständig gestillt wird – im Unterschied zu diesem Leben, in dem man auf dem Weg ist (*viatores*).
- *comprehensio* als „liebendes Anhangen“ (*caritate adhaerere*), das auch *in via* schon möglich ist. Lit.: L. Obertello, *„Apprehensio“ e „comprehensio“*. In: Doct. Ser. 34 (1987), S. 5–18.

12 Aristoteles, *De an.* III, text. 37 (cap.8).

Ordnung des Seins und einen in der Ordnung des Erkennens. Auf die erste Art ist ein größerer Unterschied [zwischen Gott und dem geschaffenen Verstand als zwischen dem geschaffenen Verstand und dem geschaffenen Sinnesvermögen]; auf die zweite Weise aber nicht: denn beide, Gott und die Seele, sind geistig.[13] Anders verhält es sich zwischen Erkenntnisvermögen und Sinnesvermögen; denn das Sinnesvermögen ist eine beschränkte Fähigkeit, das geistige Erkenntnisvermögen aber nicht.

Ad 3. Auf die These, dass das Unendliche nicht vom Endlichen fassbar sei, antworten manche, man könne das „(Er-)Fassen des Unendlichen" zweifach verstehen: nämlich seiner Wesenheit nach – und so werde es erfasst – oder seiner Mächtigkeit (*virtus*) nach – und auf diese Weise werde es nicht erfasst –, so wie ein Punkt von einer Linie zwar dem Sein nach als ganzer berührt werde, nicht aber seiner Mächtigkeit nach vollständig eingeschlossen werden könne. Diese Lösung ist jedoch eine Scheinlösung, denn bei Gott sind Wesen und Mächtigkeit gleich, und beide sind unendlich.

Deswegen muss die Antwort lauten, dass es „Unendliches" in zweifachem Sinne gibt: Eines steht in Gegensatz zum Einfachen, wie das der Masse nach Unendliche, und dergleichen kann von einem Endlichen nicht erfasst werden. Das andere besitzt Unendlichkeit zugleich mit Einfachheit, wie es bei Gott ist. Ein solches Unendliches ist, weil es einfach ist, überall ganz, und weil es unendlich ist, ist es in keinem so, dass es nicht auch außerhalb seiner wäre. So muss man sich die Gotteserkenntnis denken. Wenngleich Gott als *ganzer* erkannt wird, so folgt daraus doch keineswegs, dass er „begriffen" würde; denn das Erkenntnisvermögen kann

13 Lat. *cognoscibilis*: in einer ersten Bedeutung „erkennbar"; hier aber auch so viel wie „der Erkenntnis fähig", „in der Ordnung des Geistigen"; vgl. *II Sent.* d24 p1 a2 q1 opp5 (II 558b). Ähnlich kann auch *delectabile* „das, was Entzücken empfinden kann" bedeuten. Vgl. *Sermo* 39, 1 [*Sermonces Dominicales*, J. G. Bougerol (ed.) 397]: *sensibiles homines* – „dem Sinnenhaften verfallene Menschen".

ihn nicht *gänzlich* umschließen, genausowenig wie ein Geschöpf die Unendlichkeit je umschließen kann.[14]

Ad 4. Auf den Einwand, der Urteilende vermöge gewissermaßen etwas über das Beurteilte, ist zu sagen, dass man auf zweifache Weise über etwas urteilen kann: Erstens, indem man entscheidet, ob etwas ist oder nicht ist; auf diese Weise ist jedem erkennenden Intellekt das Urteil über jeden Gegenstand zugänglich. Zweitens, indem man billigt oder missbilligt, dass etwas so oder so sein solle; auf diese Weise urteilt man nicht über die Wahrheit selbst, sondern man urteilt mit ihr als Maßstab über die anderen Dinge, wie Augustinus in *De Vera Religione* sagt: „Der Richter urteilt nicht über das Gesetz, sondern dem Gesetz gemäß über andere Gegenstände.“[15] Auf diese Weise ist auch wahr, was ebenfalls Augustinus sagt, dass „niemand über die Wahrheit urteilt, aber auch niemand ohne sie“. Auf die zweite Weise verstanden, ist dem Einwand recht zu geben, dass der Urteilende gewissermaßen etwas über das Beurteilte vermag; auf die erste Weise verstanden, stimmt es nicht, dass er etwas über das Objekt vermöchte, jedoch vermag er auf es als Objekt hingelenkt zu werden, wobei es ihm selbst zu Hilfe kommt.

Ad 5. Auf den letzten Einwand bezüglich der Formung [der Erkenntnis] ist zu antworten, dass Gott der Seele und jedem erkennenden Geist gegenwärtig ist durch die Wahrheit. Deswegen braucht man kein Erkenntnisbild von ihm abstrahieren. Dennoch wird das Erkenntnisvermögen bei der Gotteserkenntnis sozusagen von einem „Wissen“ (*notitia*) geformt, das eine Art Erkenntnisbild vertritt; dieses wird aber nicht abstrahiert, sondern ist eingeprägt, ist ontologisch

14 Lat. *totum, non totaliter*: „ganz, nicht gänzlich“, *Sc. Chr.* q6 ad10 (V 36a): „Ihn als ganzen berühren“ bezieht sich auf die Beschaffenheit des Gegenstandes (*dispositio obiecti secundum se*), denn bei Gott kann man unmöglich einzelne Teile nacheinander erfassen (*secundum partem et partem*). „Ihn gänzlich zu erfassen“ bedeutet die Qualität des Erkenntnisaktes (*adverbium, dispositio verbi*), nämlich: „vollendete Erkenntnis“, welche ein endliches Subjekt nicht haben kann. Vgl. auch *Myst. Trin.* q4 a1 ad14 (V 83b), sowie q5, unten ab S. 223.

15 Augustinus, *Vera rel.* cap.31, n.58 (CCSL 32,225).

niedriger als Gott, weil es in einem niedriger stehenden Wesen ist, aber höher als die Seele, denn es macht sie „besser" [erhebt sie]. Das spricht Augustinus im neunten Buch von *De Trinitate* im elften Kapitel aus: „Wenn wir durch die körperlichen Sinne Körper kennenlernen, so entsteht eine gewisse Abbildung [„Ähnlichkeit"] von ihnen in unserem Geist. Genauso entsteht ein Ähnlichkeitsbild von Gott, wenn wir Gott erkennen; jenes Wissen ist aber niedriger [als er selbst], weil es in einem niedriger gestellten Wesen ist."[16]

Frage 2: Kann Gott mittels des Geschaffenen erkannt werden?

Die zweite Frage lautet, ob Gott mittels geschaffener Dinge erkannt werden kann. Anscheinend nicht, denn:

1. Ein Weg des Irrtums kann kein Weg der Erkenntnis sein; die Erkenntnis mittels des Geschaffenen ist aber ein Weg des Irrtums. Folglich ... Aufweis des Untersatzes: Im 14. Kapitel des Buches der Weisheit heißt es: „Die Geschöpfe Gottes sind zur Täuschung, zum Abscheu und zum Fallstrick den Füßen der Toren" (Weish 14,11). Außerdem sagt Augustinus in *De Libero Arbitrio* über Leute, die in der Beschäftigung mit dem Geschaffenen aufgehen: „Sie wenden Dir den Rücken zu, sie haften am körperlichen Tun wie an ihrem Schatten."[17]
2. Das Dunkel oder etwas Dunkles ist kein Weg, um etwas Lichtes oder das Licht zu erkennen.[18] Das Geschaffene ist Dunkelheit, Gott aber Licht: Also kann Gott mittels des Geschaffenen nicht erkannt werden.
3. Der Mittelbegriff, wodurch etwas vom Eckbegriff [des Syllogismus] erkannt oder bewiesen wird, muss in irgendeinem Punkt mit dem zu Erkennenden übereinkommen;[19]

16 Augustinus, *Trin.* IX, cap.11, n.16 (CCSL 50,307).
17 Augustinus, *Lib. arb.* II, cap.16, n.43 (CCSL 29,266f.).
18 Aristoteles, *Post.* I, 21 (25); *De an.* III text. 25 (cap. 6).
19 Aristoteles, *Post.* I, 7; *Met.* X, text. 22 (IX, cap.7); *De Part. Animal.* III cap.1.

Gott und das Geschaffene haben aber nichts gemeinsam: Also wird Gott nicht mittels des Geschaffenen erkannt.

4. Jeder mittlere Punkt [zwischen Anfang und Ende], durch den man zum Ende gelangt, hat nur einen Abstand endlich vieler Schritte von diesem. Jedes Geschöpf aber, und sei es noch so vollkommen, hat von Gott einen Abstand unendlich vieler Grade; denn wie oft man auch [seine Vollkommenheit] verdoppelt, es erreicht niemals die Vollkommenheit Gottes. Also kann man mittels des Geschaffenen nicht zur Erkenntnis Gottes aufsteigen.

GEGENARGUMENTE:

1. Weish 13,5: „Aus der Größe der sichtbaren Schöpfung kann man ihren Schöpfer erkennend schauen." Daher sagt auch Isidor, *De summo bono*: „An der Schönheit der begrenzten Schöpfung lässt Gott seine Schönheit, die nicht eingegrenzt werden kann, erkennen."[20]
2. Das erweist auch die Vernunftargumentation: Man kann nicht nur die Wirkung aufgrund der Ursache erkennen, sondern auch die Ursache aufgrund der Wirkung.[21] Wenn also Gott als Ursache seiner Seinsvollkommenheit gemäß wirkt und das Geschaffene seine Wirkung ist, so kann Gott durch das Geschaffene erkannt werden.
3. Das sinnlich Erfassbare ist Weg zur Erkenntnis des Geistigen;[22] das Geschaffene ist sinnlich erfassbar, Gott aber geistig: also kann man vom Geschaffenen zur Erkenntnis des Schöpfers gelangen.
4. Etwas kann durch ihm Ähnliches erkannt werden.[23] Jede Kreatur ist aber Gott ähnlich, entweder wie eine „Spur" oder wie ein „Bild". Daher kann man durch jedes Geschöpf Gott erkennen.

20 ISIDOR VON SEVILLA, *Sent.* I, cap.4 (CCSL 111,12).
21 ARISTOTELES, *Post.* I, cap.10 (cap.13); *Post.* II cap.17 (cap.14).
22 Vgl. ARISTOTELES, *De an.* III, text. 39 (cap.8).
23 ARISTOTELES, *Topic.* VI, cap.1 (cap.2).

Hier hat also die Frage nach dem Unterschied von „Spur" und „Bild" ihren Ort. Es fragt sich, da doch in jedem Geschöpf eine Spur Gottes liegt, warum nicht auch in gleicher Weise in jedem ein Bild; und schließlich, auf welche Eigenschaften sich das Spur-Sein bezieht.

ANTWORT:

Weil die Ursache in ihrer Wirkung widerscheint und die Weisheit des Künstlers sich im Werk offenbart, deswegen wird Gott, der Künstler und die Ursache der Schöpfung, durch sie erkannt.

Dafür gibt es einen zweifachen Grund: einmal aufgrund von Entsprechung,[24] zum zweiten aufgrund von Bedürftigkeit. Aufgrund von Entsprechung, weil jedes Geschöpf mehr auf Gott hinweist als auf irgendetwas anderes. Aufgrund von Bedürftigkeit, weil Gott, als das zuhöchst geistige Licht, von einem Erkenntnisvermögen, das quasi stofflich ist, nicht in seiner Geistigkeit erkannt werden kann und die Seele deswegen einer durch die Schöpfung vermittelten Erkenntnis bedarf.

Ad 1. Auf den Einwand, die Erkenntnis mittels des Geschaffenen führe in den Irrtum, ist zu antworten: Auf zweierlei Weise gibt es „Erkenntnis der Geschöpfe", hinsichtlich der spezifischen Eigenschaften bzw. der Eigenschaften, die nicht [reine] Vollkommenheiten sind, oder hinsichtlich allgemeiner Seinsbestimmungen, die Vollkommenheit besa-

24 Lat. *convenientia*: „Entsprechung", „Verwandtschaft", „Ähnlichkeit", nicht bloß eine seinsmäßige Ähnlichkeit, sondern zugleich eine Zielbestimmtheit (relationale Bestimmtheit). Bonaventuras Analogieverständnis ist nicht nur vom Gedanken der *causa efficiens* und *exemplaris* bestimmt, sondern v. a. von der *causa finalis*. „Ähnlichkeit im Sein" schließt sogleich „Hinordnung" auf das Urbild ein. Daher verwendet Bonaventura oft den Ausdruck: *convenientia ordinis* für die Seinsanalogie zwischen Schöpfer und Geschöpf. Jedes Geschöpf strebt gemäß seiner Ähnlichkeitsstufe auf seinen Ursprung und sein Ziel zu, das geistige Geschöpf auf die Weise der Erkenntnis und Liebe, durch die es sich mit Gott auf der Ebene des Geistes vereinen kann (*convenit*).

gen.[25] Was die Eigenschaften angeht, welche auf die Spezies beschränkt sind und nicht [schlechthin] Vollkommenheit bedeuten, so kann man sie Gott entweder zuschreiben oder absprechen. Das erste ist ein Irrweg, das zweite ein Weg der Erkenntnis; hier wird Gott auf die Weise der Verneinung erkannt.

Auch die Erkenntnis hinsichtlich der [transkategorialen] Vollkommenheiten kann zweifach geschehen, wie man auch ein Gemälde auf zwei Weisen ansehen kann: entweder einfach als Gemälde oder aber als Bild [von etwas]. Entweder bleibt man bei der Schönheit des Geschöpfes stehen oder man richtet den Blick durch es hindurch auf etwas anderes. Die erste Weise bringt Abirrung, wie Augustinus im Buch *De Libero Arbitrio* feststellt: „Weh denen, die Deine Winke an Deiner Statt lieben, in Spuren von Dir herumirren, Dich selbst als den Führer aber verlassen.“[26] Die zweite Weise, als Weg zu einem andern, begründet die „Erkenntnis durch Steigerung der Vollkommenheiten“.[27] Jede edle [vornehme, vollkommene] Eigenschaft am Geschöpf muss ja Gott in höchstem Maße zugeschrieben werden. Damit dürfte die Sache klar sein.

Ad 2. Auf den Einwand, durch Vermittlung des Dunklen gelange man nicht zur Erkenntnis des Lichts, ist zu erwidern: Es gibt das klare [gesunde] Auge und das tränende Auge. Was das klare Auge angeht, so hat der Einwand recht, nicht aber hinsichtlich des tränenden: für dieses ist eine

---

25 Lat. *conditiones generales*: bei Bonaventura „die Genera überschreitende“ („transzendentale“) Eigenschaften, in diesem Fall „reine Vollkommenheiten“, wie Einheit, Wahrheit, Gutheit, vgl. *Myst. Trin.* q6 a1 ad2 (V 100ab), aber auch „Liebe“ (*caritas*) etc.: *I Sent.* d17 p1 dub5 (I 305b f.). Diese sind in Gott nicht bloß *causaliter*, so dass er ihre Ursache ist, sondern auch *essentialiter*, sodass sie sein Wesen sind, während sie im Geschöpf durch Teilhabe sind.

26 Augustinus, *Lib. arb.* II, cap.16, n.43 (CCSL 29,266).

27 Lat. *via superexcellentiae/supereminentiae*. Zum dreifachen Weg der Gotteserkenntnis (*via negationis, affirmationis sive causalitatis, supereminentiae*) bei Dionysius Ps.-Areopagita, *Div. nom.* cap.6 (CD 1,190-193; vgl. *I Sent.* d3 p1 dub1 (I 77a-78a).

verhüllende Wolke oder die Erde, welche die Klarheit des Lichtes aufnimmt, das Mittel, um die Sonne zu sehen. So ist es auch bei unserer Erkenntniskraft, die sich zum Allereinleuchtendsten wie das Auge des Nachtvogels verhält.[28]

Ad 3. Auf den Einwand, dass etwas [für Gott und das Geschöpf] Gemeinsames fehle, heißt die Antwort: Es gibt „Gemeinsames" als „univok Gemeinsames", aber auch als „analog Gemeinsames". Letzteres meint entweder ein Verhältnis von Zweien zu Zweien, wie im Beispiel des Schiffers und des Lehrers,[29] oder von Einem zu ebenfalls Einem, wie des Urbildes zum Abbild.

Ad 4. Auf den Einwand, es handle sich stets um unendlich viele Schritte [im Abstand zwischen Schöpfer und Geschöpf], ist zu antworten, dass man den Aufstieg zu Gott auf zwei Weisen unternehmen kann: entweder indem man seine Gegenwärtigkeit[30] betrachtet – auf diese Weise eignet sich jedes Geschöpf dazu, zu Gott zu führen, und es gibt keineswegs unendlich viele Schritte – oder indem man für beide ein gleiches, gemeinsames Maß annimmt – so verstanden gibt es tatsächlich unendlich viele Schritte, denn das geschaffene Gut, so oft es auch verdoppelt wird, erreicht niemals die gleiche Ebene wie das Ungeschaffene.

Beim Aufstieg im Hinblick auf die Gegenwärtigkeit Gottes besteht der erste Schritt in der Betrachtung der sichtba-

---

28 Vgl. Aristoteles, *Met.* II, text. 1 (cap.1).

29 Ausgeschlossen wird dadurch die Partizipation *secundum formam*, wie sie zwischen Genus und Spezies besteht, nicht aber die *participatio secundum influentiam*, wie sie das Verhältnis von Ursache und Wirkung prägt: *Myst. Trin.* q3 a1 ad 11 (V 73a). Ausführlicher äußert sich Bonaventura zur Analogielehre in *III Sent.* d14 a1 q3 ad3.4 (III 305a): Für die „Verhältnisanalogie" bringt er dort das Beispiel von Kapitän und Wagenlenker: Wie sich der erste zum Schiff verhält, so der zweite zum Wagen. Aufgrund der vergleichbaren Verhältnisse sind auch die Personen vergleichbar. Vgl. unten S. 123-130: *II Sent.* d16 a1 q1 (II 394b); *I Sent.* d1 a3 q1 ad1 (I 38b–39a).

30 Lat. *praesentia*: Gegenwärtig-sein; mit jeder Art der Gegenwärtigkeit ist eine bestimmte *cooperatio* –Mitwirkung Gottes mit dem Geschöpf – verbunden. Der *praesentia* entspricht auf der Seite des Geschaffenen die *re-praesentatio* – Abbildung und Vergegenwärtigung.

ren Dinge, der zweite in der der unsichtbaren, etwa der Seele oder einer anderen geistigen Substanz;[31] der dritte Schritt geschieht von der Seele zu Gott, weil „das Ebenbild [Gottes] von der Wahrheit selbst geformt wird und [dadurch] Gott unmittelbar verbunden ist“.[32]

Den Unterschied zwischen „Spur“ und „Bild“, nach dem am Schluss gefragt wird, bestimmen manche so, dass die „Spur“ in den sinnlich wahrnehmbaren, das „Bild“ in den geistigen Dingen sei. Diese Unterscheidung bzw. diese Annahme hat aber keine Geltung, denn die „Spur“ ist auch im geistigen Geschöpf gegeben. Einheit, Wahrheit, Gutheit nämlich, worin das Spur-Sein besteht, sind die allgemeinsten und einsichtigsten Seinsbestimmungen.

Andere sagen, man spreche von „Spur“, insofern sie nur einen Teil abbilde, das „Bild“ jedoch das Ganze. Aber auch diese Unterscheidung hat keine Geltung; da Gott nämlich einfach ist, gibt es von ihm kein Bild, das ihn nur zu einem Teil abbildet. Da er zudem unendlich ist, kann er überhaupt von keinem Geschöpf, ja nicht einmal von der ganzen Welt in seiner Ganzheit abgebildet werden.

Daher muss man es so verstehen: Weil das Geschaffene in der Art des „schattenhaften Abbildes“, der „Spur“ und des „Ebenbildes“ zur Erkenntnis Gottes führt, lässt sich ein recht einleuchtender Unterschied – wie er sich in den Namen zeigt – aufgrund der unterschiedlichen Vergegenwärtigung bestimmen. Man spricht ja von „Schatten“, insofern er etwas gewissermaßen in Entfernung und unscharf abbildet, von „Spur“, insofern sie in Entfernung, aber klar Umrisse

---

31 Gemeint sind die Engel, die als geistbegabte Wesen dieselbe Struktur wie der Geist des Menschen besitzen (*memoria, intelligentia, voluntas*); Mensch und Engel sind, was die Wesensbestimmung angeht, in gleichem Maß Bild Gottes – auch aufgrund der unmittelbaren Hinordnung auf Gott als Erkenntnisgegenstand und letztes Ziel.

32 Augustinus, *Div. qq. 83*, q51, n.2 (CCSL 44A,80). Das heißt: die unveränderliche Wahrheit, welche Gott ist, begleitet als Maßstab den geschaffenen Geist bei jeder Erkenntnis; *Chr. mag.* 16–18 (V 571b-572a); *Sc. Chr.* q4 (V 17a-27b; s. unten S. 131-162.

abbildet, von „Bild" aber, insofern es in Nähe und Klarheit abbildet.

Dieses Unterscheidungskriterium führt zu einem zweiten, nämlich gemäß den Eigenschaften, auf die sich diese [Abbildungsstufen] beziehen. Die Geschöpfe heißen „Schatten" hinsichtlich der Eigenschaften, die irgendwie unter dem Gesichtspunkt der Ursächlichkeit auf Gott zurückweisen, ohne dass deren Art schon genau bestimmt wäre. „Spur" heißen sie hinsichtlich der Eigenschaft[en] die sich auf Gott als die dreifache Ursache, nämlich die Wirk-, Exemplar-[33] und Zielursache, beziehen, etwa „eines", „wahr" und „gut" [zu sein]. „Bild" aber heißen sie hinsichtlich der Eigenschaften, die sich auf Gott nicht bloß unter dem Gesichtspunkt der Ursächlichkeit beziehen, sondern auch unter dem Gesichtspunkt, dass er Gegenstand werden kann; und das sind Bewusstsein (*memoria*[34]), Erkenntnisvermögen und Wille.

---

33 Lat. *formalis* ist nicht als inneres Seinsprinzip, sondern als urbildliche Form-Ursache zu verstehen (*I Sent.* d8 p1 a1 q1 ad4; I 231b; s. unten Seite 169f).

34 Für lat. *memoria* gibt es kein adäquates deutsches Wort, das alle Aspekte wiedergäbe. Gemeint ist der Habitus der Selbstgegenwart und des Selbst-Bewusstseins des geistigen Wesens. Ein wichtiger Text dazu findet sich im *Itin.* III, 2 (V 303bf.): „Die Tätigkeit des ‚Gedächtnisses' aber besteht darin, nicht nur Gegenwärtiges, Körperliches und Zeitliches, sondern auch Aufeinanderfolgendes, Einfaches und Immerwährendes in sich zu halten (*tenere/retinere*: festhalten, als Besitz haben) und zu vergegenwärtigen. –Das ‚Gedächtnis' hält in sich Vergangenes, indem es sich erinnert, Gegenwärtiges, indem es dieses in sich aufnimmt, Zukünftiges, indem es vorausschauen kann. Es hält in sich Einfaches, wie die Prinzipien der quantitativen Ausdehnung und Unterscheidung, wie Punkt, Augenblick und Einheit, ohne die man unmöglich dasjenige sich vergegenwärtigen oder denken kann, für das diese Prinzipien Grundlage sind. Es hält in sich auch die immer gültigen Prinzipien und Axiome für die Wissenschaften, und zwar hat es diese in dauerndem Besitz; denn man kann sie, solange man den Vernunftgebrauch hat, niemals derart vergessen, dass man sie nicht, wenn man sie hört, akzeptiert und ihnen zustimmt, wobei man sie nicht sozusagen ganz neu erfährt, sondern sie gleichsam als angeboren und vertraut wiedererkennt. Das zeigt sich, wenn jemandem der Satz vorgelegt wird: ‚Von ein und demselben gibt es nur entweder Bejahung oder Verneinung', oder ‚Jedes Ganze ist größer

Daraus lassen sich zwei weitere Unterscheidungskriterien erschließen: erstens hinsichtlich der Eigenschaften [Gottes], zu denen sie jeweils führen; denn als Schatten führt das Geschaffene zur Erkenntnis gemeinsamer Eigenschaften als gemeinsamer, die Spur führt zu gemeinsamen Eigenschaften unter der Hinsicht, dass sie den göttlichen Personen zugeschrieben sind, das Ebenbild führt zur Erkenntnis der eigentümlichen Eigenschaften, insofern sie den Personen eigen sind.[35]

Das andere Unterscheidungskriterium gründet in den Eigenschaften der Geschöpfe selbst, in denen sich diese Ähnlichkeitsstufen finden. Da nämlich jedes Geschöpf sowohl hinsichtlich der Ursächlichkeit wie der dreifachen Ursächlichkeit in einem solchen Verhältnis zu Gott steht, ist jedes „Schatten" bzw. „Spur". Da aber allein die geistbegabte Kreatur in einem solchen Verhältnis zu Gott steht, dass

als sein Teil', oder irgendein anderes Axiom, dem man wegen seiner inneren Sinnhaftigkeit nicht widersprechen kann. Weil also das „Gedächtnis" zunächst aktuell alles Zeitliche, nämlich das Vergangene, Gegenwärtige und Zukünftige, in sich hält, ist es Abbild der Ewigkeit, bei der sich unteilbare Gegenwärtigkeit auf alle Zeiten erstreckt. Aus der zweiten Tätigkeit des ‚Gedächtnisses' erhellt, dass es nicht nur von außen durch Vorstellungsbilder geformt wird, sondern auch, indem es von oben einfache Formen erhält und in sich hat, welche nicht durch das Tor der Sinne und sinnenhafter Vorstellung in die Seele gelangen. Aus der dritten Tätigkeit geht hervor, dass es ein unwandelbares Licht gegenwärtig hat, in dem es sich unveränderliche Wahrheiten vergegenwärtigen kann. So wird aus den Tätigkeiten des ‚Gedächtnisses' klar, dass die Seele selbst Bild und Ähnlichkeitsbild Gottes ist, dass sie so sehr bei ihm ist und ihn gegenwärtig hat, dass sie ihn tatsächlich erfasst und der Möglichkeit nach ‚seiner fähig ist und teilhaft werden kann'."

35 Lat. *communia ut communia*: Eigenschaften des göttlichen Wesens, die allen drei göttlichen Personen in gleicher Weise eigen sind, wie Sein, Leben, Erkennen; *communia ut appropriata*: Eigenschaften des Wesens, die wir besonders und in erster Linie mit einer der Personen in Verbindung bringen, wie: die Allmacht mit dem Vater, die Weisheit dem Sohn, die Liebe mit dem Hl. Geist; lat. *propria*: Eigenschaften der Personen, durch die sie sich voneinander unterscheiden, aufgrund der verschiedenen Ursprungsbeziehung: Vaterschaft, Sohnschaft und Gehauchtsein.

er für sie Objekt sein kann, weil sie allein durch Erkenntnis und Liebe Gottes fähig ist, deswegen ist auch sie allein sein „Bild".

Frage 3: Erkennt der Mensch in jedem heilsgeschichtlichen Stand Gott mittels des Geschaffenen?

Drittens ist zu fragen, ob die durch Geschöpfe vermittelte Gotteserkenntnis dem Menschen in jedem heilsgeschichtlichen Stand zukommt. Dass sie dem Menschen im Urstand zukam, lässt sich folgendermaßen aufweisen:

1. Der Mensch im Stande der paradiesischen Schuldlosigkeit[36] erkannte Gott nicht von Angesicht zu Angesicht; wenn er also Gott erkannte, erkannte er ihn mittels seiner Wirkung, also durch seine Spur, und folglich durch das Geschaffene.
2. Für den Menschen im Stand der Schuldlosigkeit bildete die sinnenhafte Erkenntnis kein Hindernis für die geistige, sondern war ihr behilflich. Die geistige Erkenntnis aber, um derentwillen der Mensch geschaffen wurde, ist die Erkenntnis Gottes; also war beim ersten Menschen auch jede sinnenhafte Erkenntnis auf sie [die Gotteserkenntnis] bezogen. Erkenntnis mit Hilfe der sinnlich erfassbaren Dinge ist aber Erkenntnis mittels der Geschöpfe.

Auch sieht es so aus, dass sie dem Menschen im Stand der Seligkeit ebenfalls zukommen wird:

1. Die Seligen erkennen ja das Geschaffene, bleiben aber nicht dabeistehen, sondern beziehen es auf Gott zurück: Also erkennen sie Gott mittels des Geschaffenen.

36 Lat. *innocentia* ist nicht bloß Verneinung von „Schuld", sondern schließt positiv eine *rectitudo* – „Rechtheit" – des Geschöpfes ein: d.h. ein richtiges Stehen im Ordo des Geschaffenen, rechte Relation zu Gott und Harmonie mit sich selbst.

2. Die Seligen loben Gott durch die Geschöpfe.[37] Gott durch die Geschöpfe loben, heißt, ihn durch die Geschöpfe erkennen.

GEGENARGUMENTE:

Es lässt sich erweisen, dass solche Gotteserkenntnis dem Menschen, wie er anfänglich erschaffen war, nicht zukam:

1. Erkenntnis durch die „Spur“ ist Erkenntnis durch ein Mittel. Augustinus sagt aber, dass „der Geist unmittelbar von der Wahrheit selbst geformt wird“. Also ist eine solche Erkenntnisweise dem Menschen unangemessen, nicht nur was jenen Stand angeht, sondern auch jeden anderen.
2. Die rechte Ordnung wird nicht eingehalten, wenn etwas dem Ziel Näheres zu ihm hingeführt wird unter Vermittlung von etwas weiter Entferntem. Der Mensch im Urstand war doch Gott näher als alle anderen Geschöpfe; also wäre es nicht angemessen, dass er zur Erkenntnis Gottes über die anderen Geschöpfe gelangte.

Des Weiteren kommt anscheinend eine solche Erkenntnisweise dem Menschen im Stand der Seligkeit nicht zu:

1. Erkenntnis durch die Spur ist Erkenntnis mittels „Führung“;[38] das ist aber keine vollkommene Erkenntnis, und somit nur Teil-Erkenntnis. Diese hört bei den Seligen auf; denn bei ihnen wird alles Unvollständige überflüssig.
2. Die Spur bzw. das Geschaffene gleicht einer Leiter, um zu Gott aufzusteigen, oder einem Weg, um zu ihm zu gelangen. Wenn man am Ziel angelangt ist, braucht man den Weg nicht mehr. In ähnlicher Weise braucht der Mensch, wenn er oben angelangt ist, keine Leiter mehr. Die Er-

---

37 Lat. *per*: „durch“ und „wegen“; vgl. auch den Sonnengesang: „Laudato sì, mi Signore, per (...).“

38 Lat. *manuductio*: eigentlich „an der Hand führen“, Erkenntnis Schritt für Schritt, durch Anderes vermittelte Erkenntnis.

kenntnis der Seligen aber bezieht sich unmittelbar auf Gott, sie geschieht also nicht mittels der Geschöpfe.

ANTWORT:

Zum Verständnis des Vorhergehenden ist zu beachten, dass es etwas anderes ist, Gott in den Geschöpfen oder durch die Geschöpfe zu erkennen.[39] Gott *in* den Geschöpfen zu erkennen heißt, seine Gegenwärtigkeit und sein einfließendes Wirken im Geschaffenen zu erkennen. Dies kommt den Menschen im Pilgerstand nur unvollständig, in der Gottesschau aber in vollkommener Weise zu. Daher sagt Augustinus am Schluss von *De Civitate Dei*, dass Gott dann ausdrücklich geschaut werde, wenn er alles in allem sein wird.[40] Gott *durch* die Geschöpfe erkennen heißt, sich von der Erkenntnis des Geschaffenen zur Erkenntnis Gottes gleichsam mittels einer Leiter zu erheben. Dies ist allein den Menschen im Pilgerstand eigen, wie Bernhard an Papst Eugen schreibt.[41]

Auf jeweils andere Art kommt diese Erkenntnis jedoch dem Menschen im Stand der ursprünglich erschaffenen Natur und im Stand der gefallenen Natur zu: Im Urstand erkannte er Gott durch die Geschöpfe gleichsam wie durch einen klaren Spiegel; nach dem Fall aber erkannte er ihn wie „im Spiegel und Rätsel", nach den Worten des Apostels Paulus (1 Kor 13,12); denn der erkennende Geist verfinsterte sich und die Dinge verloren an Gutheit.

Auf den Einwand bezüglich des Standes der Seligkeit lautet die Antwort also: Die Seligen erkennen wie gesagt nicht durch die Geschöpfe, sondern eher in den Geschöpfen. Die Argumente, welche das Gegenteil zu beweisen scheinen, sind eben dafür keine Beweise, sondern eher dafür, dass Gott von den Seligen in den Geschöpfen erkannt wird.

Ad 1. Auf den Einwand bezüglich des Standes der Schuldlosigkeit, dass dort der Geist „unmittelbar" Formung emp-

39 Vgl. dazu besonders die einander paarweise zugeordneten Betrachtungen des Itinerariums.

40 AUGUSTINUS, *Civ. Dei* XXII, cap.30, n.4 (CCSL 48,865).

41 BERNHARD VON CLAIRVAUX, *De consideratione* V, cap.1, n.1 (I,774).

fing etc., muss man antworten, dass es zweierlei „Mittel“ gibt, eines, das bewirkt, und eines, das befähigt. Der Ausspruch Augustins muss vom ersten verstanden werden, nicht vom zweiten. Denn Gott ist für den Geist „wirkendes Erkenntnismedium“ und Gegenstand zugleich.[42] Jenes Wort richtet Augustinus gegen die Philosophen, welche der Meinung waren, die Geistseele vereinige sich mit dem Ersten nicht unmittelbar, sondern unter Vermittlung irgendeines Geistwesens (*intelligentia*).

Ad 2. Auf den Einwand, das sei nicht die rechte Ordnung, ist zu sagen, dass man den Menschen unter zweierlei Hinsicht betrachten kann: als Seiendes in sich oder [in seinen Beziehungen] nach außen. Auf die erste Weise verstanden, gibt es keinen durch die Geschöpfe vermittelten Überschritt von ihm zu Gott, aber als „Seiendes mit Beziehungen nach außen“ kehrt er dadurch, dass er Erkenntnis von den Geschöpfen sammelt, in sich zurück und erhebt sich über sich.

Man könnte auch sagen, dass die anderen Geschöpfe als „Dinge“ oder als „Zeichen“ betrachtet werden können. Auf die erste Weise stehen sie unter dem Menschen, auf die zweite Weise sind sie Mittel, um voranzukommen, Mittel auf dem Weg, nicht jedoch am Ziel; denn sie selbst gelangen nicht dorthin, vielmehr gelangt der Mensch durch sie zu Gott, sie selbst aber lässt er zurück.

42 Vgl. den Ausdruck: Gott als Wahrheit sei *ratio motiva/obiectum motivum*; vgl. *Sc. Chr.* q4 (V 17a-27b; vgl. unten S. 154). Lit.: C. Bérubé, *De la théologie de l'image à la philosophie de l'objet de l'intelligence chez saint Bonaventure*, in: San Bonaventura 3 (1973) S. 161–200.

Gottes Ebenbild
II Sent. d16 q1[43]

Frage 1: Ist der Mensch wahrhaft (*vere*) Gottes Abbild (*imago*)?

ARGUMENTE DAFÜR:

1. Im ersten Kapitel des Buches Genesis steht: „Lasst uns den Menschen machen zum Bild (*ad imaginem*) (…)" (Gen 1,26). Das ist aber nichts anderes als ein Wort der Dreifaltigkeit selbst.
2. Im Buch Sirach heißt es: „Gott schuf den Menschen aus der Erde, er machte ihn gemäß seinem Abbild (*secundum imaginem*)" (Sir 17,1). Wenn der Mensch also „gemäß seinem Abbild" erschaffen ist, dann ist er das Bild Gottes.
3. Was darauf angelegt ist, sich mit einem anderen zu vereinen, ist auch in höchstem Maß darauf angelegt, diesem gleichgestaltet zu werden; denn von der Liebe, welche vereinigt, wird ja gesagt, sie forme den Liebenden in den Geliebten um, wie man bei Hugo von St. Victor liest.[44] Nun ist aber das vernunftbegabte Geschöpf, wie der Mensch, von seiner Bestimmung her vor allem angelegt, sich mit Gott zu vereinen, und sein Streben in Liebe auf ihn hin auszurichten. Also ist er auch dazu bestimmt, Gott ähnlich und gleichförmig zu werden. Wenn daher Bild bedeutet: ausdrückliche Ähnlichkeit, dann liegt die Konsequenz auf der Hand.
4. Wenn eines ein anderes abbildet (*repraesentat*) gerade im Hinblick auf dessen edelsten Vollzug (*nobilissimus actus*), und außerdem hinsichtlich Differenzierung (*distinctio*) und Ordnung (*ordo*), dann ist es wahrhaft dessen Abbild. Der Mensch aber bildet Gott gemäß seinem edelsten Vollzug ab: dem Erkennen – denn er bildet Gott nicht nur

---

43 Übersetzung nach dem lat. Text aus: *Doctoris seraphici S. Bonaventurae opera omnia*, edita studio et cura PP. Collegii a S. Bonaventura, Bd. II., Quaracchi 1885, S. 393-396.

44 HUGO VON ST. VICTOR, *Arrha animae* (PL 176,954b).

ab als seiend und lebendig, sondern als erkennend; und er bildet auch die Unterschiedenheit und Ordnung der Personen in Gott ab, nämlich in seinen Fähigkeiten des Bewusstseins (*memoria*), der Erkenntnis und des Willens. Also ist der Mensch wahrhaft Gottes Bild.

DAGEGEN spricht:

1. Dieses „ad" – worauf hin etwas erschaffen wird – ist nichts; denn nichts wird „auf sich selbst hin". Da es nun in Genesis heißt: „auf das Bild Gottes hin" sei der Mensch geschaffen, *ist* er eben nicht Bild.
2. Wo ein „Bild" gegeben ist, da ist auch Ähnlichkeit (*similitudo*) gegeben, wo Ähnlichkeit besteht, da besteht auch irgendeine Gleichheit (*identitas*); wo es Gleichheit gibt, da gibt es auch ein Übereinkommen (*convenientia*) in einem Dritten.[45] Wenn es nun aber so ist, dass Gott und das Geschaffene in keinem Dritten übereinkommen, kann das Geschöpf auch nicht Ähnlichkeit Gottes sein, und daher auch nicht Bild.
3. Nicht jede Ähnlichkeit ist ein „Bild", sondern nur die ausdrückliche Ähnlichkeit (*expressa similitudo*). Aber kein Ding kann „ausdrückliche Ähnlichkeit" von etwas anderem sein, wenn seine Nicht-Übereinstimmung mit dem Abgebildeten größer ist als seine Übereinstimmung. Nun ist aber jedes Geschöpf Gott in höherem Maß unähnlich als es ihm ähnlich ist, wie Augustinus im fünfzehnten Buch von *De Trinitate* sagt.[46] Also kann kein Geschöpf „ausdrückliche Ähnlichkeit" Gottes sein, und somit auch nicht sein „Bild".
4. Wo ein „Bild" gegeben ist, da ist auch Ähnlichkeit in der Gestalt (*configuratio*); denn „Bild" bezieht sich auf „Ge-

45 ARISTOTELES, *Topic* VI, cap.2; *Met.* V text.16: *similitudo* = „rerum diversarum eadem qualitas"; *identitas* = „unitas quaedam plurium in essentia."

46 AUGUSTINUS, *Trin.* XV, cap.11, n.20 (CCSL 50A,487).

stalt".[47] Gottes Wesen aber ist in keiner Weise gestalthaft (*figurabilis*), und kann daher auch nicht abgebildet werden.

5. Man unterscheidet „Spur" von „Bild", da die „Spur" nur teilweise, das „Bild" aber ganz (*secundum totum*) abbilde. Nun kann aber etwas Endliches keineswegs etwas Unendliches zur Gänze abbilden. Gott ist unendlich, alles Geschaffene aber endlich. Daraus folgt, dass kein Geschöpf Bild Gottes sein kann.
6. Jedes Geschöpf hat von Gott einen unendlichen Abstand, denn Gott überragt alles unendlich. Wenn es also keinen größeren Abstand gibt als den unendlichen, dann hat das eine Geschöpf von ihm keinen größeren Abstand als das andere, also steht ihm auch nicht das eine näher als das andere. Daraus ergibt sich, dass entweder jedes Geschöpf Bild Gottes ist oder keines. Da aber nicht jedes Geschöpf Bild ist, ist eben keines sein Bild.

ANTWORT:

Um den Sinn des Gesagten zu verstehen, ist zunächst zu beachten, dass „Bild" eine ausdrückliche Ähnlichkeit besagt. Alles Geschaffene muss auf irgendeine Weise Ähnlichkeit zu Gott haben; auch muss es ein Geschöpf geben, das zur Vollendung des Universums Gott in ausdrücklicher Weise ähnlich ist. Darum besitzt jedes Geschöpf die Bedeutung der Spur (*vestigium*), einige Geschöpfe aber besitzen die Bedeutung des Bildes (*imago*), nämlich diejenigen, welche ihm ausdrücklich ähnlich sind. Das sind die vernunftbegabten Geschöpfe, wie der Mensch. Und daher ist zu sagen, dass der Mensch Bild Gottes ist, weil er zu Gott „ausdrückliche Ähnlichkeit" ist.

Um nun tiefere Einsicht zu gewinnen, ist weiter zu beachten, dass es verschiedene Arten von Ähnlichkeit (*similitudo*) gibt: erstens, Übereinkunft in jeglicher Hinsicht, so dass

47 HUGO VON ST. VICTOR, *Sacr.* I, p.6 cap.2: „Imago pertinet ad figuram" (PL 176,954b).

das Wesen bzw. die Natur gemeinsam ist (*omnimoda convenientia in natura*), wie in der Dreifaltigkeit eine Person der anderen gleich ist; zweitens, durch Teilhabe an einer übergreifenden, allgemeinen Natur (*per participationem alicuius universalis naturae*), wie ein Mensch und ein Esel einander ähnlich sind, weil sie beide Sinneswesen sind; drittens, eine Ähnlichkeit in dem jeweiligen Verhältnis (*secundum proportionalitatem*), wie ein Kapitän und ein Wagenlenker einander ähnlich sind, weil sie jeweils ihr Fahrzeug lenken; viertens, eine Ähnlichkeit aufgrund von Hinordnung (*convenientia ordinis*), wie das Abbild (*exemplatum*) dem Urbild (*exemplar*) ähnlich ist. – Auf die ersten beiden Weisen kann kein Geschöpf Gott ähnlich sein. Auf die beiden letzten aber ist jedes Geschöpf Gott ähnlich; doch gibt es einen Unterschied zwischen demjenigen, das ihn mehr aus der Entfernung abbildet – dieses hat die Bedeutung der „Spur“ –, und demjenigen, das ihn aus der Nähe abbildet, und dieses hat die Bedeutung des „Bildes“. Das ist das vernunftbegabte Geschöpf, wie der Mensch.

Das lässt sich folgendermaßen verdeutlichen: zuerst hinsichtlich der Ähnlichkeit aufgrund von Hinordnung. „Gott hat alles um seiner selbst willen geschaffen“ (Spr 16,4); das heißt, weil er die höchste Machtfülle und Majestät ist, schuf er alles, dass es sein Lob künde; weil er das höchste Licht ist, schuf er alles, dass es ihn offenbaren solle; weil er die höchste Güte ist, schuf er alles, um sich mitzuteilen [d. h.: um an sich Anteil zu geben: *communicatio*].

Nun ist aber das Lob nicht vollendet, wenn nicht jemand da ist, diesen Lobpreis zu würdigen; auch ist die Offenbarung nicht vollendet, wenn nicht jemand da ist, der sie versteht; und schließlich ist auch die Mitteilung von Gütern nicht vollendet, wenn nicht jemand da ist, der sie gebrauchen kann. Den Lobpreis der Geschöpfe würdigen, die Wahrheit erkennen, Geschenke zum Gebrauch annehmen können: das kann nur ein Geschöpf mit Vernunft. Die Geschöpfe ohne Vernunft sind nicht unmittelbar auf Gott bezogen, sondern durch Vermittlung des vernunftbegabten Geschöpfes. Dieses ist von seinem Wesen her dazu bestimmt, zu loben, zu erkennen und andere Dinge mit seinem freien Willen zu gebrauchen, und deswegen ist es auf Gott unmittelbar bezogen.[48]

Je unmittelbarer etwas auf ein anderes hingeordnet ist, desto mehr hat es zu ihm eben die Ähnlichkeit der Hinordnung (*convenientia ordinis*). Die vernunftbegabte Seele, jedes vernunftbegabte Geschöpf, hat eine unmittelbare Hinordnung zu Gott dadurch, dass es „Gottes fähig ist und seiner teilhaft werden kann“,[49] und darum besteht hier ganz besonders eine Ähnlichkeit der Hinordnung. Dem Grad der *convenientia* aber entspricht der Grad der Ausdrücklichkeit, und darum ist das vernunftbegabte Geschöpf hinsichtlich dieser Art von Ähnlichkeit ein ausdrückliches Abbild. – Eben das sagt Augustinus im vierzehnten Buch von *De Trinitate* [...]. Das geistige Geschöpf ist Gottes ausdrückliches, deutliches Bild, weil es unmittelbar auf ihn hingeordnet ist und deswegen Gottes fähig ist [bzw. ihn aufnehmen kann]. Und umgekehrt: Weil es Gottes fähig ist, ist es auch seine Bestimmung, Gott gleichgestaltet zu sein (*configurari*). Und darum trägt es von Anfang an „das Licht des göttlichen Angesichtes“ (Ps 4,7) im Inneren. Unter dem Gesichtspunkt der Ähnlichkeit aufgrund der Hinordnung wird der Mensch also mit vollem Recht Gottes Abbild genannt (*perfecte dicitur imago Dei*), da er ihm hierin ausdrücklich ähnlich ist (*expresse assimilatur*).

Auch was die Verhältnis-Ähnlichkeit betrifft, ist das vernunftbegabte Geschöpf Gott ausdrücklich ähnlich und heißt zu Recht sein Abbild. Aufweis: Die Verhältnis-Ähnlichkeit bezieht sich darauf, dass sich die beiden ähnlich verhalten. Das kann auf zwei Weisen der Fall sein: hinsichtlich eines Verhaltens nach außen, oder eines nach innen. Eine ausdrückliche Ähnlichkeit ist dann gegeben, wenn nicht nur das Verhalten nach außen ähnlich ist, sondern auch das in-

48 Vgl. Augustinus, *Vera rel.* cap.44, n.82 (CCSL 32,241f.).

49 Augustinus, *Trin.* XIV, cap.8, n.11 (CCSL 50A,439).

nerliche. Man kann nun das Wesen Gottes in Bezug sehen zu den Geschöpfen, oder man kann eine Person in Gott zu einer anderen in Bezug sehen. Alle Geschöpfe haben in ihrem [äußeren] Verhalten eine irgendwie geartete Ähnlichkeit zu ihm, der die Ursache alles Geschaffenen ist, d.h. insofern er in Bezug auf das von ihm Geschaffene gesehen wird: Wie Gott etwas wirkt, so auch das Geschöpf als geschaffene Ursache – freilich nicht in gleicher Weise. Das vernunftbegabte Geschöpf aber hat nicht nur hierin eine Ähnlichkeit zu Gott, sondern auch in seinen inneren Fähigkeiten, in deren Ursprung, gegenseitiger Bezogenheit und Unterschiedenheit. Und darin hat das geistbegabte Geschöpf eine Ähnlichkeit mit jener Unterschiedenheit und gegenseitiger Bezogenheit, die zur Innenseite des Wesens Gottes gehört, zu den drei Personen. – Das erweist Augustinus in *De Trinitate*[50] – Wir haben das bereits im Ersten Buch des Sentenzenkommentars erklärt: Dass in der Geistseele (*anima rationalis*) Einheit des Wesens zusammenbesteht mit der Dreiheit der Fähigkeiten (*potentiae*), die aufeinander bezogen sind und sich gleichsam ähnlich verhalten wie die drei Personen in Gott.

Also besteht auch unter dieser Hinsicht (*similitudo proportionis*) eine ausdrückliche Ähnlichkeit. Das geistbegabte Geschöpf, der Mensch, ist Gottes Bild.

Ausgehend davon ergibt sich die Antwort auf die Einwände.

Ad 1: Dieses Argument ist nicht schlüssig; denn in der Formulierung „ad imaginem“ wird „imago“ als abstrakter Begriff [im Sinn von Abbildhaftigkeit] verwendet; in der Formulierung „imago Dei“ aber ist „imago“ das konkrete Geschöpf, das „Bild“ *ist,* weil es *durch* das Bild Gottes geprägt ist. So kann man auch eine Tafel, auf der ein Bild gemalt ist, selbst ein Bild nennen.

Ad 2: Im zweiten Einwand wurde gesagt, dass es zwischen Gott und dem Geschöpf keine Gleichheit (*identitas*)

50 Vgl. AUGUSTINUS, *Trin.* I, cap.6, n.9-13 (CCSL 50,37-44); IX, cap.5, n.8 (50,300f.); X, cap.11, n.18 (50,330f.); X, cap.12, n.19 (50,332).

und daher auch keine Ähnlichkeit (*similitudo*) geben könne. Darauf ist zu antworten, dass die Ähnlichkeit, welche das Bild-Sein begründet, nicht auf Gleichheit oder Teilhabe an ein und derselben Natur beruht, sondern auf einer Ähnlichkeit (*convenientia*) aufgrund von Hinordnung [des Bildes auf das Urbild] und jeweiligem Verhalten (*convenientia proportionis*). Diese Art von Ähnlichkeit erfordert nicht, dass die beiden in einem Dritten Gemeinsamkeit haben; denn in der Ähnlichkeit der Hinordnung ist das eine das Bild des anderen, in der Ähnlichkeit aufgrund von Verhalten [oder Verhältnis-Ähnlichkeit] besteht die Ähnlichkeit nicht in *einer* [Eigenschaft], sondern in zwei vergleichbaren Verhältnissen.

Ad 3: Auf den dritten Einwand ist die Antwort im Grund schon gegeben: Wenngleich eine große Unähnlichkeit zwischen Gott und dem Geschöpf besteht, wenn man die jeweiligen Eigenschaften für sich nimmt (*absolute*), so ist doch auch die Ähnlichkeit aufgrund unmittelbarer Hinordnung und aufgrund der vergleichbaren Verhältnisse noch viel größer;[51] und genau darin besteht die ausdrückliche Ähnlichkeit, welche bewirkt, dass das Geschöpf „Bild" ist.

Ad 4: Auf das Argument der nötigen Gleichgestaltung (*configuratio*) ist zu antworten: Ein körperliches Abbild erfordert eine körperliche Gleichgestaltung, für ein geistiges Bild aber genügt eine geistige Gleichgestaltung. Diese besteht nicht im Ausmaß der Masse, sondern dem Grad der Wirkmächtigkeit (*virtus*), das heißt: in den Fähigkeiten [der Geistseele]. Ein Beispiel: In einem Dreieck haben wir drei Eckpunkte und drei verbindende Linien; im geistigen Bild entsprechen die Fähigkeiten (*potentiae*) den drei Eckpunkten, und der Hervorgang der einen aus der anderen in ihrer Tätigkeit entspricht gleichsam den verbindenden Linien.

Ad 5: Auf den Einwand, ein Bild vergegenwärtige das Abgebildete als Ganzes [und in jeder Hinsicht], ist zu antworten: Das stimmt für jenes Bild, das ganz und gar vollkommen ist – auf diese Weise ist einzig der Sohn Gottes das Abbild des

51 Lat. *multum tamen magna*.

Vaters.[52] Es ist nicht wahr im Hinblick auf das [geschaffene] Bild, dass es *schlechthin* den Abgebildeten ganz und in jeglicher Hinsicht (*secundum totum simpliciter*) vergegenwärtigt bzw. abbildet, jedoch trotzdem in einer gewissen Totalität (*quantum ad aliquam totalitatem*). Da nämlich „das vernunftbegabte Geschöpf bzw. die Verstandes-Kraft (*intellectus*) gewissermaßen alles ist",[53] und alle Dinge so sind, dass sie dort eingeschrieben und ihre Abbilder dort gemalt werden können, so bildet das vernunftbegabte Geschöpf Gott in einer gewissen geistigen Totalität ab, wie das gesamte Universum Gott in einer gewissen körperlichen Totalität abbildet. Jedes nicht-vernünftige Geschöpf aber bildet Gott nur partikulär ab (*in parte*), da es nur für sich [in sich geschlossen] existiert und nicht darauf angelegt ist, im eigenen Inneren geistig anderes zu beherbergen. Das geistige Geschöpf aber ist darauf hin angelegt, so dass es nichts gibt, was es nicht potentiell erkennen kann. Letzteres habe ich gesagt im Hinblick auf die Sinnen-Seele [der Tiere], die zwar einiges erkennen kann, aber nicht darauf angelegt ist, alles zu erkennen.

Ad 6: Der letzte Einwand hatte die unendliche Distanz zwischen Schöpfer und Geschaffenem ins Feld geführt. Es ist wahr, dass eine unendliche Distanz besteht, wenn man als deren Gegenteil die Partizipation [an einem gemeinsamen Dritten] oder die Gleichheit (*adaequatio*) annähme. Da Gott unendlich ist, kann nichts ihm gleichkommen; da er einfach ist, kann er nicht zusammen mit dem Geschaffenen an einer dritten Natur partizipieren. Aber die Abbildhaftigkeit des Menschen hat in keiner Weise diesen Sinn, sie bezieht sich vielmehr auf die Hinordnung und auf ein ähnliches Verhalten (*consimilis habitudo*): Hier ist der Abstand zum Schöpfer nicht unendlich, sondern das Geschöpf steht ihm sehr nahe.

52 Vgl. *I Sent.* d31 p2 a1 q1.2, dub4 (I 539a-543b).

53 Aristoteles, *De an.* III text. 37, text. 14.

Über die Erkenntnis Christi
De scientia Christi q4[54]

Frage 4: Wird all das, was von uns mit Gewissheit erkannt wird, in den ewigen Gründen (*rationes aeternae*) selber erkannt?

Vorausgesetzt, dass die ewigen Gründe im Plan oder der Erkenntnis Gottes nicht real unterschieden sind, stellt sich die Frage, ob sie jeweils der Erkenntnisgrund in jeder Gewissheitserkenntnis sind. Anders gefragt: ob alles, was von uns mit Gewissheit erkannt wird, in eben diesen ewigen Gründen erkannt wird. Dass dem so ist, lässt sich mit vielen Argumenten aus der Tradition zeigen.

1. Augustinus in *De Magistro*: „Über alles, was wir einsehen, fragen wir nicht jemanden, der mit äußerlich vernehmbaren Worten spricht, sondern die Wahrheit, die im Innern des Geistes wohnt. Jener aber, der gefragt wird, belehrt, er, von dem man sagt, er wohne im inneren Menschen, Christus, die unwandelbare Kraft und ewige Weisheit Gottes, die jede vernunftbegabte Seele um Rat angeht."[55]
2. Ebenso, in *De Vera Religione*: „Es zeigt sich, dass über unserm Geist ein Gesetz ist, das Wahrheit heißt; auch ist nicht daran zu zweifeln, dass ein unwandelbares Wesen, das über dem menschlichen Geist ist, Gott ist. Dies ist jene unwandelbare Wahrheit, welche zu Recht als Gesetz für alle Künste (*artes*) und als Kunst des allmächtigen Künstlers bezeichnet wird."[56]

---

54 Übersetzung nach dem lat. Text aus *Doctoris seraphici S. Bonaventurae opera omnia*, edita studio et cura PP. Collegii a S. Bonaventura, Bd. V, Quaracchi 1891, S. 17-27; zur Einführung s. oben S. 28f.

55 AUGUSTINUS, *Mag.* cap.11, n.38 (CCSL 29,195f.).

56 AUGUSTINUS, *Vera rel.* cap.30, n.56–cap.31, n.57 (CCSL 32,223f.); lat. *ars divina*: der göttliche Schöpfungsplan, die göttlichen Ideen insgesamt, welche der Ursprung und der Urgrund – im Sinne der Exemplarursächlichkeit – für das Geschaffene sind. Die zweite Person der Trinität (*Logos*) ist die *ars*, ebenso wie sie das *verbum* ist.

3. Wiederum Augustinus im zweiten Buch *De Libero Arbitrio*: „Jene Schönheit der Weisheit und Wahrheit verzehrt sich nicht mit der Zeit, wandert nicht von Ort zu Ort, setzt nicht aus bei Nacht, wird von einem Schatten nicht abgehalten und ist den Körpersinnen nicht zugänglich. Auf der ganzen Welt ist sie all denen ganz nahe, die sich ihr zukehren,[57] die sie lieben, sie ist für alle ewig, ist an keinem Ort und fehlt doch nirgends, sie mahnt von außen und lehrt im Innern. Niemand kann über sie urteilen, keiner ohne sie richtig urteilen. Offenkundig und zweifellos ist also sie, durch die jeder einzelne Geist weise wird – wobei sie selber eine einzige bleibt –, und über die der Geist nicht urteilt, vielmehr mit ihrer Hilfe das Übrige beurteilt, machtvoller als unser Geist.“[58] – Sollte einer einwenden, dass daraus nicht folge, dass wir in der Wahrheit bzw. in den [ewigen] Gründen Einsicht haben, sondern nur von diesen her, so steht dagegen der Satz des Augustinus im zwölften Buch der *Confessiones*: „Wenn wir beide sehen, dass wahr ist, was du sagst, und wir beide auch sehen, dass wahr ist, was ich sage, wo, bitte, sehen wir das? Weder ich in dir, noch du in mir, sondern wir sehen es beide in der unwandelbaren Wahrheit über unserem Geiste.“[59]
4. Ebenso sagt er im achten Buch *De Civitate Dei*, wo es um die Philosophen geht: „Diese, welche wir zu Recht allen andern vorziehen, lehrten, dass das Licht zur Erkenntnis

57 Lat. *converti – conversio*: sich einer Sache zu wenden, speziell erkenntnistheoretisch: sich mit einem Erkenntnisgegenstand befassen (*conversio ad/super*), wobei der Akzent auf dem aktiven Vollzug des Erkenntnisaktes liegt. Im religiösen Sinn kann *conversio* die „Bekehrung“ bedeuten, nämlich „sich Gott zukehren“ im Gegensatz zur *aversio*: „ihm den Rücken kehren“. Lit.: H. Schulte, *Gotteserkenntnis und „Conversio“ bei Bonaventura*, ThPh 49 (1974), S. 181-198.

58 Augustinus, *Lib. arb.* II, cap.14, n.38 (CCSL 29,263).

59 Augustinus, *Conf.* XII, cap.25, n.35 (CCSL 27,235).

aller Dinge derselbe Gott sei, von dem alle Dinge geschaffen sind[60].“[61]

5. Ebenso, im achten Buch *De Trinitate,* im dritten Kapitel: „Wenn wir Gefallen haben am Geist, sodass wir ihn jedem körperlichen Licht vorziehen,[62] dann haben wir dieses Gefallen an ihm nicht, insofern wir ihn in sich betrachten, sondern in jenem Plan (*ars*), in dem er erschaffen ist. Um ihn als geschaffenen zu schätzen, muss man ihn im Urgrund seiner Erschaffung sehen: das ist die Wahrheit und das schlechthin Gute.“[63]
6. Ebenso in *De Trinitate,* neuntes Buch, sechstes Kapitel: „Nach völlig anderen, über unserm Geist unwandelbar bleibenden Gesetzen urteilen wir unweigerlich, wenn wir etwas zu Recht billigen oder missbilligen.“[64]
7. Ebenda im siebten Kapitel: „In jener ewigen Wahrheit, von der alles Zeitliche geschaffen ist, sehen wir mit dem Blick des Geistes die Form, nach der wir *sind* und nach der wir innere oder äußere Akte wahr und richtig vollziehen.“[65]
8. Ebenso: „Wenn Sünder[66] jene Richtlinien sehen, nach denen ein jeder leben müsste, wo sehen sie diese? Nicht in ihrer Natur, da ihr Geist selbstverständlich wandelbar ist, diese Richtlinien aber unwandelbar. Auch nicht in einer

---

60 Lat. *facere* kann wie *creare* übersetzt werden; vgl. im Credo: „Factorem coeli et terrae“ oder den Psalmvers: „Qui fecit coelum et terram.“
61 Augustinus, *Civ. Dei* VIII, cap.7.9 (CCSL 47, 224.225f.).
62 Anspielung auf Weish 7,10: „Ich zog ihren Besitz dem Lichte vor.“
63 Augustinus, *Trin.* VIII, cap.3, n.5 (CCSL 50,273f.).
64 Ebd. IX, cap.6, n.10 (CCSL 50,301f.).
65 Ebd. IX, cap.7, n.12 (CCSL 50,303f.).
66 Lat. *impius* könnte man hier auch mit „gottfern“, „gottlos“ übersetzen; denn es kommt Augustinus/Bonaventura darauf an, dass auch ein Mensch, der nicht in der Gnade und Liebe zu Gott steht, nicht dieser Erleuchtung Gottes ermangelt. Daher kann für *impius* auch *peccator* – Sünder – stehen; gemeint ist der nicht-gerechtfertigte Mensch, der in schuldhafter Abwendung von Gott verharrt.

Haltung[67] ihres Geistes, da es sich um Regeln der Gerechtigkeit handelt. Wo sieht er, dass man haben müsste, was er selbst nicht hat? Wo also stehen diese Gesetze geschrieben, wenn nicht in jenem Buch des Lichtes, das ‚Wahrheit‘ heißt, wo jedes gerechte Gesetz aufgeschrieben ist.“[68] – Solltest du einwenden, dass er diese Frage noch einmal behandelt hat, so steht dagegen: „Es ist durchaus glaubhaft, dass in manchen Wissensgebieten auch Leute, die der entsprechenden Wissenschaft unkundig sind, wahre Antworten geben können, wenn sie nur das ewige Licht für die Vernunft erfassen können, wo sie das unwandelbare Wahre erblicken, nicht freilich, weil sie vorher Wissen gehabt und es später vergessen hätten, wie Platon meinte.“[69] Und ebenda: „Das geistbegabte Wesen ist nicht nur mit den erkennbaren Dingen verbunden, sondern auch mit den unwandelbaren. Es ist in solcher Ordnung erschaffen, dass es dann, wenn es sich diesen zuwendet, mit denen es verbunden ist, oder sich selbst, insofern es sie schaut, auch insoweit die Wahrheit darüber wiedergibt.“[70]

Diese Zitate aus Augustinus zeigen klar, dass alles in den ewigen Gründen erkannt wird.[71]

9. Auch sagt Ambrosius: „Von mir selbst aus sehe ich nur Trügerisches (*vana*), mit der Zeit Verrinnendes, Hinfälliges“[72] Wenn ich also etwas mit Gewissheit sehe, dann nur durch etwas, was mich überragt.

---

67 Lat. *habitus*: Disposition einer Fähigkeit (*potentia*); dazu zählen auch die Tugenden als Vervollkommnungen der seelischen Fähigkeiten, beispielsweise die Gerechtigkeit.

68 Augustinus, *Trin.* XIV, cap.15, n.21 (CCSL 50A,450f.).

69 Augustinus, *Retr.* I, cap.4, n.4 (CSSL 57,15).

70 Ebd. I, cap.8, n.2 (CCSL 57,22).

71 Wörtl.: *gewusst wird*: d.i. ein sicheres unwandelbares Wissen erreicht wird.

72 Nicht Ambrosius, sondern im Augustinus zugeschriebenen *Soliloquiorum caput postremum* (PL 47,1158C).

10. Ebenso sagt Gregor über jene Stelle „Er wird euch alles lehren“ (Joh 14,26): „Wenn nicht derselbe Geist dem Herzen des Hörers beisteht, ist die Predigt des Lehrers unnütz. Niemand nämlich rechnet dem Lehrenden an, was er durch dessen Worte verstanden hat; denn wenn nicht jemand im Inneren lehrt, müht sich die Zunge des Lehrers mit äußeren Worten vergeblich.“[73]
11. An der gleichen Stelle sagt er auch: „Seht, ihr alle hört in gleicher Weise die Stimme[74] von jemandem, der spricht, trotzdem versteht ihr den Sinn der gehörten Worte nicht alle gleich. Wenn die Stimme bzw. die Worte gleich sind, warum könnt ihr sie im Innern auf unterschiedliche Weise verstehen? Doch nur, weil der innere Lehrmeister durch die allgemeinen Ermahnungen des mit Worten Sprechenden manche im Verständnis der Worte noch besonders unterweist.“ Wenn unser Intellekt allein aufgrund des geschaffenen Lichtes hinreichende Erkenntnis erwerben könnte, bräuchte er nicht einen Lehrer von oben. Da er aber einen solchen braucht, liegt die Konsequenz auf der Hand.
12. Anselm: „Wie gewaltig ist das Licht, in dem alles Wahre glänzt, das dem vernünftigen Geiste leuchtet! Wie umfassend ist jene Wahrheit, in der alles ist, was wahr ist, und außerhalb deren nur das Nichts und das Nicht-Wahre ist.“[75] Wenn also das Wahre nur dort gesehen wird, wo es ist, wird alles in der ewigen Wahrheit gesehen.
13. So auch Origenes: „Die menschliche Natur wäre, auch wenn sie nicht in Sünde gefallen wäre, aus eigenen Kräften nicht im Stande licht zu sein.“[76] Einsehen ist aber eine Art Licht-Sein. Also würden die Menschen, auch

---

73 Gregor der Grosse, *II Hom. in Ev.* 30, n.3 (FC 28/II,556).

74 Lat. *vox*: sowohl die „Stimme“ wie das „gesprochene Wort“ als Klang.

75 Anselm von Canterbury, *Prosl.* 14 (Schmitt,109).

76 Anm. der Quaracchi-Ausgabe: Die Origenes zugeschriebenen Homilien, aus denen das Zitat entnommen ist, finden sich bei Migne in der *Patrologia Latina* unter dem Namen des Johannes Scotus Eriugena (PL 122, 283 ff., hier 290 C).

wenn sie nicht in Sünde gefallen wären, aus eigener Kraft nicht verstehen; es bedarf vielmehr eines Wirkenden von oben.

14. Auch sagt die *Glossa* (*ordinaria*) über den Psalmvers „Deine Hände haben mich gemacht und gebildet, gib mir Einsicht“ (Ps 118,73): „Allein Gott gibt Einsicht; Gott nämlich, der Licht ist, erleuchtet durch sich selbst den Geist der Frommen.“

15. Isaac [von Stella] schreibt über den Psalmvers „In Deinem Licht schauen wir das Licht“ (Ps 35,10): „Wie von der Sonne etwas ausgeht, wodurch wir die Sonne sehen können, und dieses, das die Sonne sichtbar macht, sie doch nicht verlässt; so gibt es in Gott ein Licht, das von ihm ausgeht und den Geist erleuchtet, sodass dieser eher den Glanz selbst, ohne den er gar nicht sähe, sieht, und in ihm das übrige.“[77] Demgemäß wird alles im göttlichen Licht gesehen.

16. Auch Aristoteles schreibt – wir verwenden eine neue Übersetzung: „Wir alle halten dafür, dass das, was wir wissen, sich nicht anders verhalten kann. Von dem, was so oder anders sein kann, haben wir, wenn wir es nicht augenscheinlich prüfen können, keine Kenntnis, ob es ist oder nicht. Mit Notwendigkeit wissbar ist also nur das Ewige. Alles Ewige ist schlechthin notwendig-seiend. Das Ewige ist ungeworden und unvergänglich.“[78] Also kann es keine Gewissheitserkenntnis geben, ohne dass die ewige Wahrheit als Grund beteiligt wäre. Das geschieht aber nur in den ewigen Gründen.

Das gleiche lässt sich auch mit Vernunftargumenten zeigen, wobei diese zunächst aus den Worten Augustins genommen sind, dann auch aus anderen Überlegungen. Augustinus bietet solche Gedanken im zweiten Buch *De libero*

---

77 Isaac von Stella, *De anima* (PL 194,1888).
78 Aristoteles, *Ethic.* VI, 3.

arbitrio, De vera religione, De magistro, im sechsten Buch *De musica* und im achten Buch *De Trinitate.*[79]

17. Alles Unwandelbare steht höher als das Wandelbare; dasjenige aber, was mit Gewissheit erkannt wird, ist unwandelbar; denn es ist notwendig wahr. Unser Geist jedoch ist wandelbar: also steht das, wodurch wir erkennen, höher als unser Geist. Was über unserem Geist steht, kann nur Gott und die ewige Wahrheit sein. Also ist das Erkenntnismittel die göttliche Wahrheit und die ewige Vernunft.
18. Alles, was dem Urteil entzogen ist, steht höher als das, was dem Urteil unterworfen ist. Das Gesetz, durch das wir urteilen, ist selbst unserem Urteil nicht unterworfen, unser Geist aber wohl. Also steht das, wodurch wir erkennen und urteilen, über unserem Geist. Das trifft aber nur für die ewige Wahrheit und die ewige Vernunft zu.
19. Alles, was keiner Täuschung unterliegen kann, steht höher als das, was getäuscht werden kann. Das Licht und die Wahrheit, wodurch wir mit Gewissheit erkennen, können keiner Täuschung unterliegen, wohl aber unser Geist. Also stehen jenes Licht und jene Wahrheit über unserem Geist. Dabei aber handelt es sich um das ewige Licht und die ewige Wahrheit.
20. Jedes Gewissheit spendende Licht kann keinerlei Begrenzung unterliegen, weil es sich allen zeigt und das Erkennbare unter ein und derselben Gewissheit präsentiert. Ein solches unbegrenzbares Licht kann keinesfalls ein geschaffenes Licht sein, sondern nur das ungeschaffene; denn alles Geschaffene ist begrenzt und endlich und vervielfältigt sich in Verschiedenem. Daher muss ein solches Licht ungeschaffen sein. Durch dieses Licht erkennen wir mit Gewissheit.

---

79 AUGUSTINUS, *Lib. arb. II* cap.9-15, nn.25-39 (CCSL 29,253-264); *Vera rel.* cap.30-31, nn.54-59 (CCSL 32,222-226); *Mag.* cap.11ff. (CCSL 29,194ff.); *Mus.* VI, cap.12, nn.35.36 (PL 32,1182f.); *Trin.* VIII, cap.3, nn.4.5 (CCSL 50,271-274); cap.6, n.9 (50,279f-284).

21. Alles Notwendige kann nicht weiter bestimmt werden, denn es kann unmöglich anders sein [als es ist], weder jetzt noch in Zukunft. Der Grund unserer Gewissheitserkenntnis aber ist das Notwendig-Wahre, also etwas, was keine Bestimmung mehr erhalten kann. Etwas Derartiges steht über dem Geschaffenen, denn alles Geschaffene tritt aus dem Nicht-Sein ins Sein, und soweit es auf es selbst ankommt [i.e.: was seine Natur angeht], kann es auch wieder ins Nicht-Sein fallen. Daher muss das, wodurch wir erkennen, alles geschaffene Wahre übersteigen, folglich handelt es sich um die ungeschaffene Wahrheit.
22. Alles Geschaffene kann, jedenfalls seiner Natur nach, begriffen werden (*comprehendi*). Aber die Gesetze der Arithmetik, Geometrie und der Logik, die sich Aristoteles zufolge ins Unendliche vermehren lassen, können vom menschlichen Intellekt nicht vollkommen begriffen werden.[80] Werden also solche Gesetze vom menschlichen Verstand geschaut, so kann dies nur in einem Licht geschehen, welches alles Geschaffene überschreitet. Von solcher Art sind nur Gott und die ewigen Gründe.
23. Wenn ein schlechter Mensch die Gerechtigkeit erkennt, so erkennt er sie entweder aufgrund ihrer Gegenwärtigkeit [in ihm] oder aufgrund eines von außen gewonnenen Erkenntnisbildes, oder durch irgendetwas Höheres. Gegenwärtigkeit scheidet aus, da die Gerechtigkeit ihm nicht gegenwärtig ist, ebenso auch ein von außen gewonnenes Erkenntnisbild, da man von der Gerechtigkeit mittels der Sinne keine Species abstrahieren kann. Also muss er sie durch irgendetwas anderes, was über seinem Intellekt steht, erkennen. Das gleiche gilt für andere geistige Erkenntnisse. Wenn also schon ein gottloser Mensch

80 Vgl. *Physica* I text. 35 (cap.4); III text. 68 (cap.7). *De sensu et sens.* cap.4; *De sophisticis elenchis* I cap.8 (cap.9). Augustinus, *Lib. arb.* II, cap.8, n.20ff. (CCSL 29,250-252); *Vera rel.* cap.30 n.56 (CCSL 32,223f.); *Trin.* XI cap.8 n.12ff. (CCSL 50A,349ff.).

in den ewigen Gründen erkennt, wieviel mehr dann andere. – Solltest du sagen, dass er die Gerechtigkeit aufgrund ihrer Wirkung erkenne, kann man dagegenhalten: Wenn man etwas überhaupt nicht kennt, dann weiß man auch nicht, was von ihm bewirkt wird. Wenn ich nämlich vom Wesen des Menschen überhaupt nichts weiß, weiß ich auch niemals, was von ihm gewirkt wird. Wenn man also nicht vorher eine Kenntnis[81] von der Gerechtigkeit hat, dann wird man auch nie wissen, dass dies oder jenes durch sie geschieht. Es bleibt nur, dass sie in der ewigen Vernunft erkannt wird. – Ähnliches ließe sich für jede geistig erkennbare Wesensform zeigen, und daher für den gesamten Bereich der Gewissheitserkenntnis.

24. Wie Gott die Ursache des Seins ist, so auch der Grund des Erkennens und die Richtschnur [Ordnung] des Lebens.[82] Nun ist er aber in solcher Weise Ursache des Seins, dass von keiner andern Ursache irgendetwas bewirkt wird, ohne dass er selbst mit seiner ewigen Kraft den Wirkenden bewegt. Also kann auch nichts erkannt werden, ohne dass er selbst durch seine ewige Wahrheit den Erkennenden unmittelbar erleuchtet.

25. Alles, was aus sich selbst mangelhaft-seiend ist, wird nur mittels eines Vollkommen-Seienden erkannt. Alles geschaffene Wahre ist aus sich selbst Dunkelheit und Mangel. Also dringt nichts in unser Verstehen, außer mittels des höchsten Wahren.

26. Nichts wird richtig und mit Gewissheit erkannt, außer es wird an einem unfehlbaren Gesetz gemessen. Dieses

81 Lat. *notitia*: oft in der Bedeutung: implizite, unspezifische Erkenntnis (*cognitio in universali/cognitio generalis et confusa*), im Unterschied zu *scientia*: Erkenntnis, die bereits auf den Begriff gebracht ist (*in particulari/specialis et distincta*), bzw. die ein abstrahiertes Erkenntnisbild voraussetzt: *II Sent.* d39 a1 q2 (II 904ab). Zur angeborenen unspezifischen Kenntnis und ebensolchem Streben nach der Glückseligkeit (*beatitudo*) vgl.: *IV Sent.* d49 p1 q2 ad 1.2.3 (IV 1004 ab); *II Sent.* d38 dub1 (II 894a); ebd. a1 q1 ad1 (II 882ab).

82 Vgl. AUGUSTINUS, *Civ. Dei* VIII, cap.4.8 (CCSL 47,220.224f.).

Gesetz kann nur die wesenhafte Richtigkeit [Rechtheit] selbst sein, also die ewige Wahrheit und Vernunft. Also wird nichts mit Gewissheit erkannt, wenn es nicht gemessen wird am ewigen Gesetz.

27. Es gibt zwei Bereiche der Seele,[83] den höheren und den niedrigeren, wobei der niedrigere vom höheren seinen Ursprung hat und nicht umgekehrt. Man spricht von der höheren Vernunft, insofern sie sich mit den ewigen Gesetzen befasst, von der niedrigeren, insofern sie sich mit dem Zeitlichen abgibt. Also ist der Seele von Natur aus und früher als die Erkenntnis des Zeitlichen die Erkenntnis des Ewigen inne. Daher kann sie unmöglich etwas mit Gewissheit erkennen ohne Unterstützung durch die ewigen Gründe.

All diese bisher aufgeführten Argumente lassen sich in verschiedenen Werken Augustins finden. Aber auch andere Argumente können dies zeigen.

28. Verschiedene Personen können nur aufgrund von irgendetwas Gemeinsamem alle zugleich Erkenntnis von ein und demselben sinnenhaft erfassbaren Gegenstand haben. Ebenso verhält es sich mit der Erkenntnis ein und desselben geistig erfassbaren Gegenstandes. Ein einziger wahrer Gehalt kann aber ohne irgendeine Vervielfältigung von verschiedenen Leuten erkannt und ausgespro-

83 Lat. *portio animae*: nicht „Teile", sondern eher „Ausblicke", „Blickrichtungen" (auch *facies/aspectus animae*). Es gibt nur eine einzige *anima rationalis*, doch das Erkenntnisvermögen hat verschiedene Gegenstandsbereiche, nach denen „Bereiche" der Seele unterschieden werden. Befasst sich die *ratio* mit Gott und dem Ewigen, so heißt sie *ratio superior*, befasst sie sich mit dem Untergeistig-Seienden, so heißt sie *ratio inferior*. Der Unterschied wird in erster Linie durch die verschiedene Ausrichtung (*per comparationem ad*) konstituiert. Das jeweils verschiedene Objekt hat zur Folge, dass die Seele durch den Erkenntnisakt ihrem Wesen jeweils tiefer oder weniger tief entspricht. Vgl. *Brev.* II, 9 (V 227b); *II Sent.* d24 p1 a2 q2 ad2 (II 564ab); III S d16 a2 q2 ad6 (III 357b). Lit.: R. W. MULLIGAN, *Portio Superior and Portio Inferior Rationis in the Writings of St. Bonaventure*, Franciscan Studies 15 (1955), S. 332-349.

chen werden. Also geschieht die Erkenntnis durch etwas, was eines ist und sich keineswegs vervielfacht. Ein solches Eines in Verschiedenen, ohne Vervielfältigung, kann nur Gott sein: also ist der Erkenntnisgrund für jeden einzelnen Gegenstand die Wahrheit selbst, die Gott ist.

29. Wie das Strebevermögen zum Guten, so verhält sich das Erkenntnisvermögen zum Wahren; und wie jedes Gute von der höchsten Gutheit stammt, so jedes Wahre von der höchsten Wahrheit. Unmöglich aber kann unser Streben sich direkt auf Gutes richten, ohne dass es die höchste Gutheit irgendwie berührt; also kann auch unser Erkennen unmöglich etwas Wahres mit Gewissheit erkennen, ohne irgendwie die höchste Wahrheit zu berühren.[84]

30. Das Wahre wird nur durch die Wahrheit [als seine Form] erkannt, und zwar nicht durch irgendeine, sondern durch eine bekannte, und am meisten durch diejenige Wahrheit, die am allerbekanntesten ist. Das aber ist die Wahrheit, von der man nicht denken kann, sie sei nicht. Und das ist keine geschaffene, sondern die ungeschaffene Wahrheit. Also wird alles, was mit Gewissheit erkannt wird, in der ewigen Wahrheit und Vernunft erkannt.

31. Die Seele hat von Natur aus die Fähigkeit, sich Erkenntnisgegenständen außer ihr, in ihr und über ihr zuzuwenden (*converti*). Die Hinwendung zu einem Erkennbaren außerhalb ihrer selbst hat den geringsten Grad der Einfachheit, zu dem, was in ihr ist, schon einen höheren Grad, den höchsten aber hat die Hinwendung zu dem, was über ihr ist, denn dieses ist ihr auch innerlicher als sie selbst. Je einfacher aber etwas ist, desto früher ist es auch.[85] Also ist die Zuwendung der Seele zur Wahrheit selbst, die ihr ja das Innerlichste ist, früher als die Zuwendung zu sich selbst oder zum Wahren außer ihr. Also ist es für sie unmöglich, etwas zu erkennen, wenn sie nicht vorher die höchste Wahrheit erkannt hat.

---

84 Vgl. AUGUSTINUS, *Trin.* VIII, cap.3, n.4f. (CCSL 50,271ff).

85 Vgl. ARISTOTELES, *Met.* IX cap.1.

32. Jedes Seiende in Potenz wird in Akt übergeführt durch etwas, was in dieser Gattung bereits aktual ist.[86] Nun ist unser Erkenntnisvermögen aber in Potenz, wie bei einem Kind; dass es also wirklich die Erkenntnis vollziehe, muss notwendigerweise durch den bewirkt werden, der aktual allwissend ist. Das kann nur die ewige Weisheit sein. – Solltest du sagen, dies sei der tätige Intellekt selbst, so frage ich dagegen: Entweder hat der tätige Intellekt aktual erkannt, was jener dazulernt, oder nicht. Wenn nein, dann konnte durch ihn kein aktual Erkennender hervorgebracht werden. Wenn ja, dann ist entweder der dazulernende Intellekt als ein und derselbe zu gleicher Zeit erkennend und nicht erkennend, oder aber der *intellectus agens* gehört nicht zur Seele, sondern steht über ihr. Es bleibt also nur zu sagen, dass die Seele alles, was sie erfasst, durch etwas über ihr Stehendes erfasst. Über der Seele aber steht nur Gott. – Wenn du sagst, der *intellectus agens* heiße nicht deswegen so, weil er aktual erkenne, sondern weil er das Erkennen bewirke, halte ich dagegen: Alles Erkennende ist von höherem Rang und höherer Vollkommenheit als das Nicht-Erkennende; wenn also der *intellectus agens* selbst nicht erkennend ist, dann kann er niemals sich selbst oder etwas anderes in Stand setzen, aktual zu erkennen, denn er kann nicht etwas vollkommener oder besser machen, als er selbst ist. Wenn er also aktual erkennend ist, ist er es notwendigerweise durch etwas, was über ihm steht. Das heißt nichts anderes, als die ewige Vernunft und Wahrheit zuzugeben.[87]

33. Angenommen, alle Geschöpfe hörten auf zu sein und allein das vernunftbegabte Geschöpf bliebe übrig, so bliebe ihm die Kenntnis mancher Wissenschaften erhalten, wie

86 Vgl. Aristoteles, *Met.* IX text.13 (VIII cap.8), vgl. II text.4 (l.brevior cap.1).

87 Bonaventura behandelt die Frage nach dem Verhältnis von *intellectus agens* und *possibilis* ausführlich *II Sent.* d24 p1 a2 q4 (II 567a-571b), wo er verschiedene Lösungsmodelle diskutiert.

die Wissenschaft von den Zahlen und Figuren [Arithmetik und Geometrie], und zwar nicht aufgrund des Wahr-Seins, das sie in ihm selbst oder im Universum besitzen, sondern notwendigerweise aufgrund des Seins, das sie beim höchsten „Künstler" haben.

34. Allen heiligen Kirchenvätern zufolge ist Gott „Lehrer aller Wissenschaft [allen Wissens]". Dies könnte entweder im Hinblick auf eine allgemeine Mitwirkung mit jedem Intellekt gesagt sein – so wie er auch anderen Geschöpfen eine allgemeine Mitwirkung gewährt –, oder im Hinblick auf die Eingießung eines Gnadengeschenks, oder im Hinblick darauf, dass der Intellekt beim Erkennen Gott selbst berührt. Versteht man es als allgemeine Mitwirkung, so hieße das, dass Gott das geistige Erkennen ebenso belehrte wie das sinnenhafte, was abwegig ist. Versteht man es als Eingießung der Gnade, so folgt, dass alle Erkenntnis gnadenhaft bzw. eingegossen wäre, keine aber erworben oder angeboren, was im höchsten Grad abwegig ist. Es bleibt also nur übrig, dass dies [d.h. Lehrer allen Wissens zu sein] unter der Hinsicht gesagt wird, dass unser Intellekt an Gott selber, gleichsam als das Licht für alle geistbegabten Wesen und den Erkenntnisgrund für alles Wahre, rührt.

GEGENGRÜNDE:

Dagegen werden Traditions- und Vernunftgründe geltend gemacht.

1. Im letzten Kapitel des Ersten Briefes an Timotheus wird über Gott gesagt: „(...) der allein die Unsterblichkeit besitzt und im unzugänglichen Lichte wohnt, den kein Mensch gesehen hat, noch sehen kann" (1 Tim 6,16). All das aber, wodurch oder in dem wir erkennen, ist dem Erkennenden zugänglich. Also kann dasjenige, wodurch oder in dem wir erkennen, nicht das Licht der ewigen Vernunft oder Wahrheit sein.

2. Augustinus: „Der Blick des menschlichen Geistes ist nicht scharf genug, sich an ein so überragendes Licht

heften zu können, es sei denn, er wird durch die Glaubensgerechtigkeit gereinigt.“[88] Wenn also das Licht der ewigen Wahrheit Erkenntnisgrund für alles Wahre ist, dann könnte nur eine gereinigte und heilige Seele das Wahre erkennen. Das ist falsch, folglich auch die Voraussetzung.

3. Ebenso: „Wie der Geist die Kenntnis körperlicher Dinge durch die Sinne des Körpers erwirbt, so die Kenntnis der unkörperlichen Dinge durch sich selbst.“[89] Es scheint also für die Erkenntnis nicht notwendig, dass alles, was erkannt wird, durch die ewigen Gründe erkannt wird.
4. Wiederum Augustinus: „Man muss annehmen, dass das geistbegabte Wesen so geschaffen ist, dass es [in seiner Erkenntnis], nach der Ordnung der Natur, wie sie der Schöpfer eingerichtet hat, von geistig erkennbaren Dingen abhängt und sie in einem unkörperlichen Licht eigener Art schaut, genauso wie das leibliche Auge dasjenige schaut, was unter dem körperlichen Licht sich darbietet.“[90] Wie zur Erkenntnis der sinnenhaft erfassbaren Dinge das geschaffene körperliche Licht genügt, so genügt anscheinend für die geistig erkennbaren ebenso ein geschaffenes geistiges Licht, von derselben Art wie die Erkenntnisfähigkeit selbst.
5. Gregor der Große: „Auch wenn der Mensch in der Beschauung erhoben wird, so ist doch all das, was er vollkommen erkennen kann, nicht Gott.“[91] Man erblickt aber den Grund der Erkenntnis im Fall der Gewissheitserkenntnis vollkommen. Also ist der Grund für solche Erkenntnis nicht Gott oder irgendetwas in Gott.
6. Dionysius im Brief an Gaius: „Wenn jemand, der Gott schaut, versteht, was er schaut, dann schaut er nicht ihn

88 Augustinus, *Trin.* I, cap.2, n.4 (CCSL 50,31).
89 Ebd. IX, cap.3, n.3 (CCSL 50,296).
90 Ebd. XII, cap.15, n.24 (CCSL 50,378).
91 Gregor der Grosse, *Mor.* V, cap.36, n.66 (CCSL 143,265) oder cap.26, n.48 (143,251).

selbst, sondern etwas, was unter das ‚Sein' und ‚Erkennen' fällt. Er selbst ist über dem Erkennen und der Substanz."[92] Also berührt im Erkenntnisvorgang unser Geist in diesem Leben die ungeschaffene Wahrheit nicht.

7. Aristoteles schreibt, dass „unser Erkennen sich in zeitlichem Nacheinander vollziehe";[93] während doch jene ewigen Gründe ganz und gar überzeitlich sind. Also berührt unser Intellekt im Erkennen keineswegs diese ewigen Gründe.

8. Auch sagt er ebenda: „Wie es in jeder Wesensform etwas gibt, wodurch alles Wirken geschieht, und etwas, wodurch alles Werden geschieht, so muss man es auch für den Intellekt verstehen, welcher ‚tätiger' und ‚möglicher' Intellekt ist."[94] Diese genügen doch zur vollendeten Erkenntnis; man braucht also keine Hilfe durch die ewige Vernunft.

9. Die Erfahrung lehrt, dass „aus vielen Sinneswahrnehmungen eine bestimmte Erinnerung [als Inhalt] wächst, aus vielen solchen Erinnerungen eine Erfahrung [als Erfahrungsschatz], aus vielen solchen ‚Erfahrungen' ein Allgemeines, welches die Grundlage [Ursprung] des habituellen Könnens und Wissens ist".[95] Wenn wir nämlich einen Sinn verlieren, verlieren wir auch das Wissen von dem, was Gegenstandsbereich dieses Sinnes ist. Also stammt die Gewissheitserkenntnis in diesem Leben von unten, während doch die Erkenntnis in den ewigen Gründen von oben stammt. Somit kommt uns, solange wir uns im Pilgerstand befinden, die Erkenntnis durch das Licht der ewigen Gründe nicht zu.

10. Die Erkenntnis, die wir durch die Vorstellungskraft haben, bedarf keines höheren Lichtes, vielmehr reicht

---

92 Dionysius Ps.-Areopagita, *Ep.* 1 (CD 2,156f.).

93 Aristoteles, *De an.* III text. 22-24 (cap.6), deutlicher in *De memoria et reminiscentia* cap.1.

94 Ebd. text. 17 (cap.5).

95 Aristoteles, *Post.* II cap.18 (cap.15); Met. I cap.1.

die Vorstellungskraft ganz alleine dazu aus, sich etwas bildhaft zu vergegenwärtigen. Wenn also die geistige Erkenntniskraft mächtiger ist als die Vorstellungskraft, dann reicht sie erst recht zur gewissen Erkenntnis eines Gegenstandes hin ohne ein höheres Licht.

11. Gewissheitserkenntnis gibt es auch im Sinnesvermögen, ohne dass die Gewissheit eines ewigen Grundes dazu käme. Wenn also die geistige Erkenntniskraft machtvoller ist als das Sinnesvermögen, dann kann sie erst recht auch ohne jenes Licht etwas mit Gewissheit erkennen und einsehen.
12. Zur Vollständigkeit der Erkenntnis ist nicht mehr erforderlich als der Erkennende, das zu Erkennende im Zustand der Abstraktion, und dass der Erkennende sich diesem zuwendet (*conversio*). Dies kann unser Intellekt ganz aus eigener Mächtigkeit ohne die ewige Vernunft.
13. Wozu eine Potenz aus freien Stücken fähig ist, dazu braucht sie keine fremde Hilfe. „Wir erkennen aber, wann wir wollen.“[96] Daher brauchen wir zur gewissen Erkenntnis das Licht der ewigen Gründe nicht.
14. Die Prinzipien des Seins sind die gleichen wie die der Erkenntnis.[97] Wenn also die ureigenen und innerlichen Seinsprinzipien der Geschöpfe lediglich geschaffene sind, dann wird alles, was erkannt wird, durch geschaffene Gründe erkannt, also nicht durch ewige Gründe und Erleuchtungen.
15. Jedem Erkennbaren entspricht ein eigener Erkenntnisgrund, durch den es mit Gewissheit erkannt werden kann. Jene Erkenntnisgründe aber werden von keinem Intellekt in diesem Leben als klar unterschiedene erfasst. Daher kann in ihnen nichts jeweils eigentlich und klar bestimmt erkannt werden.

---

96 Aristoteles, *De an.* II text. 60 (cap.5).
97 Vgl. Aristoteles, *II Metaph* text. 4.

16. Wenn alles, was mit Gewissheit erkannt wird, in der ewigen Vernunft erkannt wird, [und gilt,] dass der Grund „wodurch etwas erkannt wird, mit noch höherer Gewissheit erkannt wird",[98] dann wären uns jene Gründe klarer bekannt [als die Gegenstände selbst] – was offenkundig falsch ist, da sie uns im höchsten Maß verborgen sind.
17. Unmöglich kann man etwas in einem Spiegel sehen, ohne dass man zugleich auch den Spiegel sieht. Wenn also alles mit Gewissheit Erkannte in jenen ewigen Gründen gesehen wird, sieht man notwendigerweise auch das Erste Licht und die ewige Vernunft selbst. Dies ist falsch und abwegig, also auch die erste Annahme.
18. Wenn alles mit Gewissheit Erkannte in den ewigen Gründen erkannt wird, jene Gründe aber den gleichen Grad der Gewissheit haben, ob es sich um Zufälliges oder Notwendiges, Zukünftiges oder Gegenwärtiges handelt, so hätten wir die gleiche Gewissheitserkenntnis vom Zufälligen wie vom Notwendigen, vom Zukünftigen wie vom Gegenwärtigen. Das ist falsch, also auch die erste Annahme.
19. Wenn wir in den ewigen Gründen erkennen, diese aber zugleich die höchsten Ursachen sind und die „Weisheit die Erkenntnis von den höchsten Ursachen ist",[99] so wäre jeder, der eine Gewissheitserkenntnis hat, weise. Das ist aber falsch.
20. Wenn die Erkenntnis in der himmlischen Heimat Erkenntnis mittels der ewigen Gründe ist, in denen die Seligen alles schauen, was sie schauen, so folgt aus der Annahme, jede Gewissheitserkenntnis geschehe in den ewigen Gründen, dass alle, die in solcher Weise erkennen, bereits Selige wären und umgekehrt dass nur die Seligen mit Gewissheit erkennen. Das ist falsch.
21. Wenn jede Erkenntnis in den ewigen Gründen geschähe, dieser Spiegel der ewigen Gründe aber freien Wil-

98 Aristoteles, *Post.* I, cap.2.
99 Aristoteles, *Met.* I, cap.1.

lens[100] ist, und alles, was durch einen derartigen Spiegel erkannt wird, aufgrund von Offenbarung erkannt wird, so würde alles Erkannte auf die Weise der prophetischen Erleuchtung oder der Offenbarung erkannt.

22. Angenommen, es wird alles in den ewigen Gründen erkannt, so geschieht das entweder verhüllt oder unverhüllt. Wenn verhüllt, so wird nichts mit Klarheit erkannt; wenn unverhüllt, dann schauen alle Gott bzw. das ewige Urbild ohne jedes „Rätsel“.[101] Für den jetzigen Zustand des Menschen trifft das nicht zu.

Gegen die Argumente Augustins werden folgende Einwände erhoben:

23. Wenn jede unwandelbare Wahrheit über der Seele steht, deswegen ewig und Gott selber ist, zugleich aber jedes Beweisprinzip eine solche unwandelbare Wahrheit ist,[102] dann wäre eine jede solche Wahrheit Gott. Damit gäbe es keinen Gegenstand des Wissens außer Gott selbst.

24. Wenn jede unwandelbare Wahrheit zur Wahrheit des göttlichen Schöpferplanes gehört, der nur ein einziger ist, dann kann die unwandelbare Wahrheit nur eine ein-

---

100 Lat. *speculum voluntarium*: „Spiegel“ ist etwas, das ein Bild aufnehmen, festhalten und wiedergeben kann (*suscipit, retinet, repraesentat speciem*: *II Sent.* d10 a3 q1 opp.3, ad3/II 268a, 269b). Der körperliche Spiegel ist teilweise durchscheinend (*transparens*), teilweise fest (*terminatum*). Unter der Hinsicht, dass auch im erkennenden Geist (Seele, Engel, Gott) ein Erkenntnisbild gewissermaßen aufgenommen, festgehalten und wiedergegeben wird, kann er „Spiegel“ (*speculum spirituale*) genannt werden, *I Sent.* d9 dub4 (I 189b), jedoch erfolgt die „Wiedergabe“, als Mitteilung des im Spiegel Enthaltenen, nicht naturhaft, sondern nach dem Willen des „Spiegels“, der sich zeigen muss, um etwas erkennen zu lassen: *II Sent.* d8 p2 q6 ad5 (II 234a), *II Sent.* d11 dub2 (II 290b): Der „ewige Spiegel ist ein Spiegel mit freiem Willen, [...] wenn jemand in ihn schaut, sieht er nichts außer dem, was er selbst offenbaren will.“ Vgl. auch *III Sent.* d14 a2 q3 (II 316b).

101 Anspielung auf 1 Kor 13,12, wo über die Glaubenserkenntnis als die dem jetzigen heilsgeschichtlichen Zustand entsprechende Gotteserkenntnis gesagt wird: „Nun schauen wir im Spiegel und Rätsel.“

102 Vgl. Aristoteles, *Post.* I cap.4.

zige sein. Es lässt sich jedoch in Bezug auf jedes Seiende irgendetwas unwandelbar Wahres entdecken. – Ein Beispiel zeigt dies; es ist nämlich unwandelbar wahr: Wenn Sokrates läuft, bewegt er sich. – Demgemäß wären alle solchen Seienden eins.

25. Wenn alles, was Gott ist, mit Anbetung geehrt werden muss und jede Wahrheit eines unwandelbaren Prinzips Gott ist, dann muss jede solche Wahrheit angebetet werden – also auch die Wahrheit des Satzes: Zwei und drei sind fünf.

26. Wenn jede unwandelbare Wahrheit Gott ist, dann schaut jeder, der irgendeine unwandelbare Wahrheit mit Klarheit schaut, auch Gott mit Klarheit. Die Teufel und die Verdammten schauen aber manche unwandelbaren Wahrheiten ganz klar. Also schauen sie auch Gott in Klarheit. Das aber bedeutet: selig zu sein. Folglich sind die Verdammten selig: Es gibt nichts, was absurder wäre. Also ist es auch in höchstem Grad absurd, anzunehmen, dass alles mit Gewissheit Erkannte in den ewigen Gründen erkannt werde.

ANTWORT:

Zum Verständnis des vorher Gesagten ist zu beachten, dass die Aussage: „Alles, was mit Gewissheit erkannt wird, wird im Licht der ewigen Gründe erkannt“ auf dreifache Weise verstanden werden kann:

Im ersten Sinn so, dass zur Gewissheitserkenntnis das göttliche Licht in seiner Klarheit mitwirken muss, als ganzer und alleiniger Erkenntnisgrund. Dieses Verständnis geht ziemlich fehl, denn in diesem Fall gäbe es überhaupt keine Erkenntnis außer die im *Wort*.[103] Dann unterschiede

---

103 Lat. *cognitio in Verbo sive in Arte*: Erkenntnis im Wort Gottes bzw. im Logos: die geschaffenen Dinge werden nicht so betrachtet, wie sie konkret verwirklicht sind (*in proprio genere* – in ihrer eigenen Gattung), sondern so, wie sie in Gottes Gedanken sind. Da dort ihr Wesen klarer Ausdruck findet (*exprimitur*) als in ihrem eigenen Sein, ist diese Erkenntnis höher: *Sc. Chr.* q2 ad9 (V 10a). Solche Art der Er-

sich die Erkenntnis des Pilgerstandes nicht von der im Vaterland noch die Erkenntnis im *Wort* von der in der jeweiligen Gattung, noch die Erkenntnis der Wissenschaft von der der Weisheit, noch die natürliche Erkenntnis von der gnadenhaften, noch die Erkenntnis durch eigene Vernunft von der durch Offenbarung. Weil das alles falsch ist, ist dieser Weg unhaltbar.[104] – Aus jener Lehrmeinung einiger, dass nichts mit Gewissheit erkannt werden könne außer in einer urbildlichen, intelligiblen Welt – wie es die frühen Akademiker lehrten –, wurde der Irrtum geboren, wie Augustinus im zweiten Buch *Contra Academicos* schreibt, dass man überhaupt nichts mit Sicherheit erkennen könne, wie es die jüngere Akademie vertrat, weil eben jene intelligible Welt dem menschlichen Geiste verborgen ist.[105] So fielen sie, weil sie die erstgenannte Lehrmeinung halten wollten, in offenkundigen Irrtum; denn „ein kleiner Irrtum am Anfang wird am Ende zu einem großen“.[106]

Zweitens kann die Aussage so verstanden werden, dass zur Gewissheitserkenntnis notwendigerweise die ewige Vernunft mitwirkt, und zwar in der Weise des „Einfließens“,[107]

---

kenntnis von den Geschöpfen ist den Engeln eigen (sogenannte *cognitio matutina*), für den Menschen erst in der Glorie, wo nicht nur Gott von Angesicht zu Angesicht (*visio beatifica*), sondern auch die Geschöpfe in Gott wie auch Gott in den Geschöpfen (*cognitio vespertina*) erkannt wird. Vgl. *III Sent.* d14 a3 q1 (III 319b), d31 a2 q1 ad5 (682ab); *Brev.* II, 12 (V 230b), IV, 6 (246b-247a). Vgl. *I Sent.* d36 a2 q2 (625b-626a); *Brev.* Prol.3 (205a): „esse in materia, in anima, in Arte divina.“

104 Vgl. *II Sent.* d28 a2 q3 (II 690a); *IV Sent.* d5 a3 q1 ad3 (IV 128b); *II Sent.* d24 p1 a2 q4 (II 568b f.); p2 a1 q1 (574bf.); *In Ioann* 1, 4, n.12.13 (VI 249a).

105 Augustinus, *Contra Acad.* II, cap.5.6, nn.11ff. (CCSL 29,24-26); vgl. III, cap.17.18 nn.37ff. (24,57-60), *Trin.* XV, cap.12, n.21 (CCSL 50A,490-493).

106 Anspielung auf Aristoteles, *I De caelo et mundo* text. 33 (cap.5).

107 Lat. *influentia*: „einfließendes Wirken“ bezeichnet bei Bonaventura eine *geschaffene* Wirkung, die folglich nicht Unwandelbarkeit verbürgen kann. Als solcher „Einfluss“ wird etwa die gnadenhafte Umgestaltung des Menschen verstanden (*habitus gratuitus, gratia creata*).

sodass der Erkennende beim Erkenntnisvollzug nicht die ewige Vernunft selbst, sondern nur ihren Einfluss berührt. – Diese Auslegung ist den Worten des hl. Augustinus zufolge unzureichend, der ganz klar sagt und mit Vernunftgründen zeigt, dass der Geist bei der Gewissheitserkenntnis durch unwandelbare und ewige Regeln Lenkung empfängt, nicht gleichsam durch eine Disposition (*Habitus*) des Geistes selbst, sondern durch diese Regeln, insofern sie in der ewigen Wahrheit sind und daher höher stehen als der Geist. Zu sagen also, dass unser Geist sich im Erkennen nicht über den bloßen „Einfluss" des ungeschaffenen Lichtes hinaus zu erstrecken vermag, heißt behaupten, dass Augustinus sich getäuscht habe, da es nicht leicht wäre, die maßgeblichen Stellen aus seinem Werk in dieser Richtung umzuinterpretieren. Es ist aber ganz abwegig, dies von einem solchen Kirchenvater und Lehrer zu sagen, dem unter allen Theologen am meisten Glaubwürdigkeit zukommt.

Außerdem wäre ein solcher Lichteinfluss entweder ein allgemeiner Einfluss, so wie Gott in alle Geschöpfe „einfließt", oder ein besonderer, wie es der Einfluss der Gnade ist. Wenn es sich um einen allgemeinen Einfluss handelt, dann kann man von Gott nicht mit mehr Recht sagen, er sei der Spender der Weisheit, als: er schenke der Erde Fruchtbarkeit; auch könnte man mit demselben Recht sagen, dass das Wissen genauso von ihm gegeben werde wie das Geld. Wenn es sich um einen besonderen Einfluss handelt, wie es die Eingießung der Gnade ist, so wäre jede Erkenntnis eingegossen, keine erworben oder angeboren – was alles abwegig ist.

Daher gibt es eine dritte Weise, die Aussage zu verstehen, welche gleichsam zwischen den beiden anderen die Mitte hält: dass nämlich zur Gewissheitserkenntnis notwendig die ewige Vernunft als Richtschnur und Beweggrund[108]

Lit.: J. G. Bougerol, *Le rôle de l'influentia dans la théologie de la grâce chez saint Bonaventure,* RTL 5 (1974), S. 273-300.

108 Lat. *ratio motiva*. Vgl. zu diesem Ausdruck C. Bérubé, *De la theologie de l'image a la philosophie de l'objet de l'intelligence chez saint Bonaventure,* in: San Bonaventura 3 (1973), S. 161-200, bes. 169 ff.

erforderlich ist, allerdings [wirkt sie] nicht als alleiniger Grund und nicht in all ihrer Klarheit, sondern zusammen mit dem geschaffenen Erkenntnisgrund, und sie wird dabei von uns nur zum Teil mit-geschaut, wie es dem Pilgerstand entspricht.

Das will Augustinus sagen: „Der Gottferne wird daran erinnert, sich zum Herrn zu kehren als dem Licht, von dem er in gewisser Weise auch dann berührt wurde, wenn er sich abwandte. Denn von diesem Licht her können auch gottferne Menschen die Ewigkeit denken und vieles, was die menschlichen Sitten angeht, zu Recht tadeln oder loben."[109] Dort fügt er auch hinzu, sie könnten dies durch die Gesetze, welche „im Buch jenes Lichtes geschrieben sind, das Wahrheit heißt." Dass aber unser Geist in der Gewissheitserkenntnis in bestimmter Weise jene Regeln und unwandelbaren Gründe berührt, erfordern notwendig der hohe Rang der Erkenntnis und die Würde des Erkennenden.[110]

Der hohe Rang der Erkenntnis, so möchte ich betonen, weil es keine Gewissheitserkenntnis geben kann, ohne dass von Seiten des Wissbaren Unwandelbarkeit, von Seiten des Wissenden aber Unfehlbarkeit gegeben ist.[111] Die geschaffene Wahrheit aber ist nicht schlechthin unwandelbar, sondern nur bedingt; ebenso ist auch das geschaffene [Verstandes-] Licht aus eigener Kraft nicht schlechthin unfehlbar. Beides nämlich ist geschaffen und trat vom Nicht-Sein ins Sein. Wenn man also, um vollkommen zu erkennen, auf eine gänzlich unwandelbare und sichere Wahrheit und auf ein untrügliches Licht zurückgreifen muss, so bedeutet das notwendigerweise, dass man zu dieser Erkenntnis auf den göttlichen Plan als das [entsprechende] Licht und die Wahrheit zurückgreifen muss: auf dieses Licht, sage ich, weil es dem

---

109 AUGUSTINUS, *Trin.* XIV, cap.15, n.21 (CCSL 50A,450).

110 Vgl. *1. Sermo* zum 22. Sonntag nach Pfingsten (ed. BOUGEROL, *Sermones dominicales*, Grottaferrata 1977, bes. 467ff.).

111 Lat. *cognoscere/intelligere*: „erkennen/einsehen" bezeichnen den Akt des „Erkennens als Vollzug"; *scire*: „wissen" das „Erkenntnis haben" als Besitz (*Habitus scientiae*).

Wissenden Untrüglichkeit verleiht, auf diese Wahrheit, weil sie dem Wissbaren Unwandelbarkeit verleiht. Da die Dinge sowohl im erkennenden Geist Sein haben, wie auch in ihrer jeweiligen Gattung, wie auch im ewigen Plan, reicht zur Gewissheitserkenntnis für die Seele die Wahrheit der Dinge, insofern sie in ihr selbst Sein haben oder in der jeweiligen Gattung, nicht hin; denn hier sind sie jeweils veränderlich. Vielmehr muss sie diese auch unter der Hinsicht berühren, dass sie im ewigen Plan „sind".

Dies erfordert auch die Würde des Erkennenden. Die Vernunft des geistbegabten Wesens hat nämlich einen höheren und einen niederen Zuständigkeitsbereich. Wie zu einem vollendeten Entscheidungsurteil der praktischen Vernunft der niedere Bereich ohne den höheren nicht hinreicht, so auch nicht zu einem vollendeten Urteil der theoretischen Vernunft. Der höhere Bereich ist der, in welchem die Seele [in eigentlichem Sinn] das Ebenbild Gottes ist, wo sie mit den ewigen Regeln Verbindung hat und durch diese alles, was definiert wird, mit Gewissheit beurteilt und definiert. Und das kommt ihr zu, insofern sie Gottes Ebenbild ist.

Das Geschöpf kann nämlich auf dreifache Weise in Beziehung zu Gott stehen: als Spur, als Ebenbild und als Ähnlichkeitsbild. Als Spur steht es in einem Verhältnis zu Gott, insofern er [für es] Ursprung ist, als Ebenbild, insofern er Gegenstand ist, als Ähnlichkeitsbild, insofern er eingegossenes Gnadengeschenk ist. Daher ist jedes Geschöpf, das von Gott ist, seine Spur, jedes, das ihn erkennt, sein Ebenbild, jedes und nur dasjenige, in welchem Gott wohnt, sein Ähnlichkeitsbild. Diesen drei Stufen des Verhältnisses zu Gott entsprechen auch drei Stufen göttlicher Mitwirkung.

Bei einem Wirken, das vom Geschöpf unter der Hinsicht seines Spur-Seins ausgeht, wirkt Gott unter der Hinsicht mit, dass er erschaffender Ursprung ist; bei einem Wirken des Geschöpfes unter der Hinsicht, dass es Ähnlichkeitsbild ist – bei einem Gott wohlgefälligen Werk nämlich, das als Verdienst angerechnet wird –, wirkt Gott auf die Weise mit, dass er eingegossenes Gnadengeschenk ist;[112] bei einem Wirken des Geschöpfes unter der Hinsicht, dass es Ebenbild ist, wirkt Gott in der Weise des bewegenden Grundes (*ratio*) mit: ein solches Wirken ist die Gewissheitserkenntnis, welche selbstverständlich von der niederen *ratio* nicht ohne die höhere geleistet wird.[113]

Weil also die Gewissheitserkenntnis dem geistbegabten Geschöpf zukommt, insofern es Ebenbild Gottes ist, deswegen berührt es in dieser Erkenntnis die ewigen Gründe. Weil es aber im Pilgerstand noch nicht vollkommen gottförmig [i.e. nach der Weise des Geschöpfes Gott ähnlich gestaltet] ist, berührt es diese Gründe nicht klar, vollständig und spe-

112 Lat. *donum infusum*: Als „Verdienst" des Geschöpfes kann vor Gott nur ein Akt gelten, der aus der *caritas* gewirkt ist, d. h. aus dem Habitus der „eingegossenen", „geschenkten" Liebe, aufgrund deren „Gott über alles und um seiner selbst willen, alles andere aber im Hinblick auf Gott geliebt wird". Dazu ist das Geschöpf nicht aus sich fähig, sondern bedarf der vorgängigen Liebe Gottes, der Gnade, welche den geschöpflichen freien Willen dazu instand setzt.

113 Hier kommt sehr deutlich die Vielschichtigkeit des *ratio*-Begriffes zum Ausdruck: *ratio inferior* kann einerseits die „niedere Vernunft" des Menschen bedeuten, also den Bereich der Erkenntnis von Dingen, die ontologisch niedriger stehen als das geistbegabte Geschöpf, ebenso wie *ratio superior* den Bereich bezeichnet, durch den sich die menschliche Vernunft auf ontologisch Gleichrangiges (Geistiges) und Höherstehendes beziehen kann. Andererseits kann *ratio superior* auch den „höheren Erkenntnisgrund" meinen, mit dem die *ratio superior* (als Potenz) in Verbindung steht und durch den sie überhaupt die Dinge „quae sunt supra" erkennen kann. Dieser höhere Erkenntnisgrund, der als „Ferment" (*ratio movens*) zur Gewissheitserkenntnis beiträgt, ist die *similitudo exemplativa* des Geschaffenen „in der Vernunft Gottes" (*ratio aeterna, ars/veritas aeterna*).
Daher ist die geschaffene *ratio* als Ebenbild der ungeschaffenen *ratio* mit ihr stets verbunden, wobei die Verbindung manifest wird, wenn bestimmte Akte der Erkenntnis, nämlich die *conversio ad superiora/aeterna*, vollzogen wird. Gottebenbildlichkeit besagt eine Seinsstufe des Geschöpfes, eine daraus folgende Relation zu Gott unter bestimmter Hinsicht und, ebenfalls darin wurzelnd, eine Befähigung zu bestimmten Tätigkeiten. Durch Unterlassung dieser Akte kann das Band geschwächt, die Empfänglichkeit für das Licht auch herabgesetzt, wenngleich niemals zerstört werden: ad22.

zifisch; vielmehr berührt es sie mehr oder weniger, je nachdem es sich mehr oder weniger der Gottförmigkeit nähert, immer aber in irgendeinem Grad, weil die Eigenschaft des Ebenbild-Seins von ihm nicht abgetrennt werden kann. Weil also im Stand der Schuldlosigkeit des Paradieses das Ebenbild noch nicht durch Schuld missgestaltet war, berührte es die ewigen Gründe teilweise, aber nicht „im Rätsel“ [verhüllt]. Im Stand der gefallenen Natur entbehrt es der Gottförmigkeit und ist missförmig, daher berührt es sie teilweise und zugleich im Rätsel. Im Stand der Herrlichkeit aber gibt es keine Missförmigkeit mehr, sondern die volle Gottförmigkeit; daher berührt es sie dann in Fülle und Klarheit.

Weil außerdem die Seele aus sich selbst nicht ganz und gar Ebenbild ist,[114] berührt sie mit den ewigen Gründen auch die von den Phantasmata abstrahierten Erkenntnisbilder der Dinge als eigentümlichen und spezifischen Erkenntnisgrund. Solange sie sich im Pilgerstand befindet, reicht ihr ohne diese das Licht der ewigen Vernunft nicht hin – außer sie überschritte diesen heilsgeschichtlichen Zustand aufgrund einer besonderen Offenbarung, wie es denen geschieht, welche den Raptus erleiden,[115] und bei den Offenbarungen mancher Propheten.

Man kann also sagen – wie die angeführten Gründe zeigen und die Belegstellen aus Augustinus ausdrücklich behaupten –, dass in jeder Gewissheitserkenntnis jene Gründe vom Erkennenden berührt werden, freilich von jemandem im Pilgerstand anders als in der Glorie, anders vom „Wissenden“ als vom „Weisen“, anders vom prophetisch Redenden als von einem, der auf gewöhnliche Weise erkennt. Dies dürfte ja schon klar geworden sein und wird noch klarer werden in den Antworten auf die Einwände.

Ad 1. Auf den ersten Einwand, dass Gott in unzugänglichem Lichte wohnt, heißt die Antwort: Hier ist der Zugang zu jenem Licht in seiner ganzen Klarheit und vollem Glanz

114 D. h. sie hat nicht nur den „höheren Aufgabenbereich“ (*portio superior*).

115 S. oben S. 66.

angesprochen. Dieser Zugang liegt nicht in der Macht des Geschöpfes, sondern geschieht durch die Gottförmigkeit der Glorie.

Ad 2. Auf den Einwand, der menschliche Geist sei zu schwach und könne sich an ein Licht von so außerordentlicher Qualität nicht heften, ist zu antworten: Zur Erkenntnis mittels der ewigen Gründe ist nicht erforderlich, dass man den Blick an sie heften kann, außer bei der weisheitlichen Erkenntnis.[116] Der Weise berührt nämlich jene Gründe anders als der Wissende. Der Wissende berührt sie unter der Hinsicht, dass sie [ihn] „bewegen",[117] der Weise aber unter der Hinsicht, dass sie ihn ruhen lassen. Zu dieser Weisheit aber gelangt niemand, „wenn er nicht zuerst durch die Glaubensgerechtigkeit gereinigt wird".

Ad 3. Auf den Einwand, dass der Geist durch sich selbst Kenntnis von den unkörperlichen Dingen habe, ist zu sagen, dass der ungeschaffene Erkenntnisgrund aus dem geschaffenen Erkenntnisgrund genauso wenig ausgeschlossen ist wie die Mitwirkung des Schöpfers beim Wirken des Geschöpfes, viel eher ist er darin eingeschlossen.

Ad 4. Auf den Einwand, er sehe in einem Licht eigener Art, kann man sagen: Im weiteren Sinn bezeichnet „Licht eigener Art" jedes unkörperliche Licht, ob geschaffen oder ungeschaffen. Sollte man es vom geschaffenen Licht verstehen, so wird dadurch das ungeschaffene nicht ausgeschlossen. Die Folge ist nicht, dass wir nicht in der ewigen Wahrheit erkennen, sondern dass wir nicht in ihr allein erkennen, vielmehr auch im Licht der geschaffenen Wahrheit. Dies ist wahr und steht der vorgetragenen Lehrmeinung in keiner Weise entgegen.

Ad 5.6. Auf die Einwände aus Gregor und Dionysius ist zu antworten, dass keiner von beiden leugnen will, dass jenes wahre Licht, das jeden Menschen erleuchtet, der in diese Welt

116 Lat. *sapientia* wird hier im Sinne der gnadenhaften kontemplativen (mystischen) Erfahrungserkenntnis von Gott gebraucht. Zur *sapientia* vgl. v. a. *III Sent.* d35 q1, s. unten S. 383-388.

117 D. h. seine Erkenntnis wie ein Co-principium befördern.

kommt (vgl. Joh 1,9), von unserem Geist berührt wird, sondern dass es in diesem Leben bereits in Fülle geschaut werde.

Ad 7.8.9. Auf die Einwände aus Aristoteles bezüglich des zeitlichen Nacheinanders unserer Erkenntnis, des möglichen und tätigen Verstandes und der Erkenntnis durch Erfahrung lautet die Antwort: Dadurch wird nur behauptet, dass zu unserer Erkenntnis ein geschaffenes Wahrheitslicht bzw. Erkenntnisgrund beitragen müssen; es werden jedoch das ewige Wahrheitslicht bzw. der ewige Erkenntisgrund nicht ausgeschlossen, wie im Vorhergehenden gesagt wurde; denn es ist möglich, dass die Seele mit ihrem niedrigeren Bereich das berührt, was unter ihr ist, mit dem höheren aber das, was über ihr ist.

Ad 10. Auf den Einwand bezüglich der Erkenntnis durch die Vorstellungskraft muss man sagen, dass sich dies gar nicht vergleichen lässt; denn jene Erkenntnis hat keine Gewissheit und kann sich deswegen auch nicht auf Unwandelbares beziehen.

Ad 11. Auf den Einwand bezüglich der Sinneserkenntnis ist zu sagen: Die Gewissheit der Sinne und der geistigen Erkenntnis sind einander nicht ähnlich. Die Gewissheit der sinnlichen Erkenntnis kommt daher, dass die wirkende Fähigkeit in diesem Fall naturhaft[118] an einen Gegenstand gebunden und auf ihn beschränkt ist. Die Gewissheit der geistigen Erkenntnis kann nicht von daher stammen, da es sich um eine Fähigkeit handelt, die frei ist, alles zu erkennen.[119] Die Gewissheit muss also durch etwas kommen, was nicht gebunden ist, sondern frei, und zwar ohne den Mangel der Wandelbarkeit und der Täuschbarkeit. Dies gilt vom ewigen Licht und Wahrheitsgrund. Daher wendet sich der Intellekt auf dieses zurück, gleichsam als die Quelle aller Gewissheit.

Ad 12. Auf den Einwand, dass zur Erkenntnis nur der Erkennende, das Erkennbare und die Zuwendung zu diesem erforderlich seien, ist zu antworten, dass diese „Zuwen-

---

118 Lat. *per modum naturae* wird hier verstanden als Gegensatz zu *per modum voluntatis*, d.h. „frei".

119 Aristoteles, *Met.* IX text.3.10 (VIII, cap.2.5); *De an.* III text.3ff. (cap.4).

dung“ ein Urteil einschließt. Ein sicheres Urteil aber gibt es nur aufgrund eines sicheren, keinem weiteren Urteil mehr unterliegenden Gesetzes; denn, wie Augustinus in den Schriften *De vera religione* und *De libero arbitrio* sagt, „urteilt niemand über die Wahrheit, noch urteilt jemand ohne sie richtig“. Daher ist hier die ewige Vernunft und Wahrheit eingeschlossen.

Ad 13. Auf den Einwand, dass wir erkennen, wann wir wollen, und daher keine fremde Hilfe brauchen, ist zu sagen, dass „fremde Hilfe“ in zweifacher Hinsicht verstanden werden kann: erstens als eine Hilfe, die immer gegenwärtig ist, zweitens als eine, die abwesend und entfernt ist. Was die erste Bedeutung angeht, ist das Argument nicht schlüssig, sondern nur nach der zweiten – wie sich klar ergibt: Wenn nämlich das körperliche Licht ebenso ständig im Auge gegenwärtig wäre wie das geistige Licht im Geist, dann könnten wir sehen, wann immer wir wollten, ebenso wie wir erkennen, wann wir wollen.

Ad 14. Auf den Einwand, die Prinzipien des Seins seien die gleichen wie die des Erkennens, ist zu antworten: Wie die inneren Seinsprinzipien zum Sein nicht hinreichen ohne das äußere Erste Prinzip, das Gott ist, so reichen sie auch nicht zum vollen Erkennen. Wenngleich jene inneren Prinzipien in gewisser Weise Erkenntnisgrund sind, so schließen sie dennoch jenen ersten Erkenntnisgrund aus unserer Erkenntnis nicht aus, wie sie auch im Seinsakt den Schöpfungsakt nicht ausschließen.

Ad 15. Auf den Einwand, dass jedem Erkennbaren ein eigener Erkenntnisgrund entspricht, ist zu sagen: Weil wir jene Gründe nicht völlig klar in sich schauen, leisten sie nicht den ganzen Grund unserer Erkenntnis, sondern es bedarf zusätzlich des geschaffenen Lichtes der Prinzipienerkenntnis und der von den Dingen abstrahierten Erkenntnisbilder, aus denen man den für jedes Erkannte eigenen Erkenntnisgrund gewinnt.

Ad 16. Auf den Einwand: „wodurch ein jedes Ding [erkannt wird], aber umso mehr“, ist zu antworten: Wie schon geklärt wurde, bewegt die ewige Vernunft nicht allein zur Erkenntnis, sondern zusammen mit der Wahrheit der Prinzipien [-erkenntnis], auch nicht in distinkter Weise, sondern im Pilgerstand nur allgemein. Also folgt daraus nicht, dass sie selbst und an sich uns bekannt wäre, sondern nur, insofern sie in den [in ihr wurzelnden] Prinzipien widerleuchtet, und lediglich in ihrer Allgemeinheit. So ist sie uns gewissermaßen das Allersicherste, da unser Intellekt auf keine Weise denken kann, sie sei nicht – was man von keiner geschaffenen Wahrheit sagen kann.

Ad 17. Auf das Gegenargument des „Spiegels" ist zu sagen, dass es zutrifft, wenn „Spiegel" eine eigene und klar abgegrenzte Wiedergabe [eines Bildes] bedeutet und mit dieser „Wiedergabe" auch die Bedeutung der „Beendigung" verbunden ist. Das zeigt sich an einem materiellen Spiegel, der ein sichtbares Bild klar unterschieden und in eigener Gestalt wiedergibt und dem Gesichtssinn einen Zielpunkt bietet. Diese Bedingungen erfüllt der ewige Spiegel nur für die bereits der Gottesschau Teilhaftigen, wie sich aus dem schon früher Gesagten ergibt.

Ad 18. Auf den Einwand, jene Gründe gewährten den gleichen Gewissheitsgrad bezüglich des Zufälligen wie des Notwendigen, ist zu sagen: Der Schluss wäre richtig, wenn jene Gründe der ganze Grund unseres Erkennens wären und wenn die Schau in ihnen vollständig geschähe. Dem ist aber nun einmal im gegenwärtigen Leben nicht so; denn wir brauchen zusammen mit ihnen die jeweils eigenen Erkenntnisbilder und die jeweils in bestimmter Weise erfassten Prinzipien der Dinge, die sich freilich im Zufälligen nicht finden lassen, sondern nur im Notwendigen.

Ad 19. Auf den Einwand, im Falle unserer Erkenntnis in jenen Gründen wäre jeder Erkennende ein „Weiser", ist zu antworten, dass dies nicht die Folge ist, weil die Berührung jener Gründe nicht weise macht, außer jemand „ruht" in ihnen und weiß, dass er sie berührt. Das ist dem „Weisen" eigen. Vom Erkennen des „Wissenden" werden diese nämlich als „führende" [leitende] Gründe berührt, vom Erkennen des

Weisen als „zurückführende“ und Ruhe gewährende. Weil es nur wenige gibt, die sie in dieser Art berühren, gibt es nur wenig Weise, obwohl es viele Wissende gibt. Wenige nämlich gibt es, die wissen, dass sie diese Gründe berühren; ja, es gibt sogar nur wenige, die das glauben wollen; denn ein schwieriger Gedanke scheint es dem Erkennen, das noch nicht zur Betrachtung des Ewigen erhoben ist, dass es Gott so gegenwärtig und nahe hat – obwohl doch Paulus in der Apostelgeschichte sagt: „keinem von uns ist er fern“ (Apg 17,27).

Ad 20. Auf den Einwand bezüglich der Erkenntnis in der himmlischen Heimat ist die Antwort schon klar: Ein großer Unterschied besteht ja zwischen einer Erkenntnis, die nur partiell und im Spiegel geschieht, und der Erkenntnis in Vollendung und Klarheit, wie oben schon gesagt wurde.

Ad 21. Auf den Einwand, der Spiegel der ewigen Gründe sei freien Willens, ist zu antworten: Wie der Apostel an die Römer schreibt, ist auch ihnen [den Heiden] dasjenige von Gott unbezweifelbar klar, was von ihm [natürlicherweise] bekannt ist (Röm 1,19). Mag Gott selbst also einfach und ein-förmig sein, so bringt doch jenes ewige Licht oder Urbild manches gleichsam eher nach außen und offen zum Ausdruck, anderes eher auf tiefe und verborgene Weise. Ersteres ist das, was der göttliche Schöpferplan als notwendig bestimmt, letzteres sind Dinge, welche der verborgene göttliche Wille anordnet. Wenn man von einem Spiegel freien Willens spricht, sind nicht die Dinge gemeint, welche auf die erste Weise in ihm ihr Urbild haben, sondern auf die zweite. Daher werden in den ewigen Gründen die natürlichen Dinge durch das natürliche Urteilsvermögen der Vernunft erkannt, die übernatürlichen und die zukünftigen aber nur durch Offenbarung von oben. Somit widerspricht dieses Argument nicht der oben vorgetragenen Position.

Ad 22. Auf den Einwand, dass alles, was in ihnen erkannt wird, entweder verhüllt oder unverhüllt erkannt wird, ist zu antworten, dass die Erkenntnis in den ewigen Gründen, solange der Pilgerstand währt, nicht ohne Schleier und Rätsel geschieht, weil das Ebenbild Gottes verdunkelt ist.[120] Daraus folgt aber nicht, dass überhaupt nichts sicher und klar erkannt werden könne; denn die geschaffenen Prinzipien, die irgendwie auch Erkenntnismittel sind – wenngleich nicht ohne jene Gründe –, kann unser Geist klar und ohne Schleier schauen.

Wenn jemand jedoch sagen wollte, dass in diesem Leben nichts vollkommen gewusst werde, so wäre das nicht völlig unzutreffend.

Ad 23.24.25.26. Auf die Argumente gegen Augustinus, [welche besagen,] falls die unwandelbare Wahrheit Gott wäre, wäre auch die Wahrheit eines Beweisprinzips Gott, es wären alle Wahrheiten eins, sie müssten angebetet werden und die Teufel würden Gott schauen, auf all dies lautet die Antwort, dass man von „unwandelbarer Wahrheit" in zweierlei Hinsicht spricht, entweder schlechthin oder unter einer bestimmten Voraussetzung. Wenn man sagt, die unwandelbare Wahrheit stehe über dem Menschengeist und sei Gott, so ist damit die schlechthin unwandelbare Wahrheit gemeint. Redet man aber von der Wahrheit eines Beweisprinzips, das unwandelbar ist, so steht fest, wenn diese Wahrheit etwas Geschaffenes bezeichnet, dass sie nicht schlechthin unwandelbar ist, sondern nur bedingt, weil jedes Geschöpf seinen Anfang aus dem Nicht-Sein und eine Neigung zum Nicht-Sein hat. – Wendet man ein, dass eine solche Wahrheit der Seele durch sich selbst schlechthin gewiss ist, so ist zu sagen, dass das Beweisprinzip zwar etwas Zusammengesetztes bezeichnet und dementsprechend etwas Geschaffenes ist; die durch es bezeichnete Wahrheit jedoch kann bezeichnet werden unter der Hinsicht, dass sie konkret verwirklicht (*in materia*) ist oder dass sie in der Seele ist oder dass sie im göttlichen Schöpferplan ist, selbstverständlich auch unter allen drei Hinsichten zugleich. Die Wahrheit in einem äußeren Zeichen ist nämlich Ausdruck derjenigen Wahrheit,

120 Vgl. *II Sent.* d23 a2 q3 (II 544bf.); Die Gottebenbildlichkeit des Menschen ist durch die Sünde verdunkelt, daher sein geistiges Auge zu schwach, um das Licht unverhüllt aufzunehmen.

welche in der Seele ist, denn „Worte sind Bekanntgabe der Leidenschaften, die in der Seele sind“.[121] Die Seele aber hat durch das, was in ihr das Höchste ist, eine Beziehung [einen Blick: *respectus*] zu dem, was höher ist [als sie], durch dasjenige, was in ihr niedriger ist, einen Blick auf dieses Niedrigere [= Irdische]; denn sie ist die Mitte [und das Vermittelnde] zwischen den geschaffenen Dingen und Gott. Daher hat die „Wahrheit in der Seele“ einen Bezug zu jener zwiefältigen Wahrheit, genauso wie das Mittlere zu beiden Enden, sodass sie vom Niedrigeren eine bedingte Gewissheit, vom Höheren aber eine Gewissheit schlechthin empfängt. Daher steht die Wahrheit solcher Art, nämlich als schlechthin unwandelbar, höher als die Seele, wie Augustins Argumente zeigen. Die Gegenargumente aber gehen von der nur bedingt unwandelbaren Wahrheit aus, die der eigentliche Gegenstand des Logikers ist; sie kann vielfältig und in Verschiedenem sein, sie ist kein Gegenstand der Anbetung und kann auch von Teufeln und Verdammten geschaut werden. Denn jene schlechthin unwandelbare Wahrheit kann in ihrer Klarheit nur von denen geschaut werden, die in das innerste Schweigen des Geistes eintreten, wohin kein Sünder gelangt, sondern nur derjenige, welcher die Ewigkeit zutiefst liebt.

121 Aristoteles, *Perih.* I cap.1.

Gotteslehre

Gottes Sein
I Sent. d8 p1 a1 qq1.2[1]

Einleitung

Die Distinctio 8 des 1. Sentenzenbuches steht im größeren Zusammenhang der Lehre von den Eigenschaften Gottes, des Einen und Dreifaltigen. Als erstes werden diejenigen Eigenschaften betrachtet, die dem göttlichen Wesen als solchem eigen sind, später die Eigenschaften, die sich auf die göttlichen Personen beziehen, wie das Gezeugt-Sein des Sohnes, und schließlich solche, die sich sowohl auf das Wesen wie auf die Personen beziehen, wie die Gleichheit der Personen in ihrer Ewigkeit und Wirkmacht. Die erste Frage ist die nach der „Wahrheit" des göttlichen Seins, seiner Unwandelbarkeit und Einfachheit. *Veritas* meint hier nicht die logische Wahrheit, sondern Wahr-heit als Eigenschaft eines Seienden (die Nachsilbe „-heit" muss in eigentlicher Bedeutung genommen werden), wodurch es „wahr-ist", das Wahr-Sein als Seinsweise, parallel zur „Gut-heit" als Eigenschaft des „Gut-Seienden". Allein Gott ist selbst „wahr" (*verum*) und zugleich „die Wahrheit", wodurch alles Wahre wahr ist (f7).[2] *Verum* ist nicht nur der Gegensatz zu *falsum*, sondern auch zu *vanum*: dem „Mangel an Sein und Sinn", wie Bonaventura ausführt.[3] Die Frage nach der „Qualität" des Wahr-Seins

---

1 Text nach dem lat. Text aus: *Doctoris seraphici S. Bonaventurae opera omnia*, edita studio et cura PP. Collegii a S. Bonaventura, Bd. I, Quaracchi 1882, S. 150-155.

2 Vgl. I *Sent.* d3 p1 q1; auch *Sc. Chr.* q2 ad9 (V 10a); *Hex.* III, 8 (344b); *Itin.* V (V 308-310).

3 Vgl. dazu auch *Prol. in Eccl.* (s. unten ab S. 267).

Gottes führt dann zu der Frage, ob sein Nicht-Sein gedacht werden könne, also nach der Gültigkeit des anselmischen Arguments (q2).

Text

Was die Wahrheit angeht, stellen wir zwei Fragen:

1. Ist Wahrheit eine Eigenschaft des göttlichen Seins? [q1]
2. Ist sie im höchsten Maß Eigenschaft des göttlichen Seins, sodass dieses nicht als nicht-seiend gedacht werden kann? [q2]

Frage 1: Ist „Wahrheit“ eine Eigenschaft des göttlichen Seins?[4]

Dass Wahrheit eine Eigenschaft des göttlichen Seins ist, lässt sich mit Argumenten aus der Tradition und mit Vernunftargumenten zeigen.

1. Zuerst die Argumente aus der Tradition: Hieronymus schreibt an Marcella – das wird auch im Text des Petrus Lombardus zitiert: „Nur Gott allein ist wahrhaft; im Vergleich mit seinem Wesen (*essentia*) ist unser Sein nicht.“ Was jemandem ganz allein zukommt, ist ihm eigen: also ist Wahrheit dem göttlichen Sein eigen.
2. Augustinus schreibt: „Das Nicht-wahr-Sein (*falsitas*) ist auf die Dinge zurückzuführen, welche jenes Eine nur nachahmen, wodurch alles, was ist, ‚eines-ist‘, ohne es aber erreichen zu können.“[5] Wenn also kein Geschöpf die Fülle des höchsten Einen erreicht, so ist die Wahrheit [selbst] in keinem Geschöpf, sondern in allen die Falschheit.

---

4 Lat. *proprietas*: „Eigenschaft“, wird mehrdeutig verwendet: im Sinn von „etwas Eigenes“, ein bestimmtes Wesen Kennzeichnendes, und im Sinn von „Eigenschaft“ als zusätzliche, akzidentelle, Bestimmung, s. unten ad4.

5 AUGUSTINUS, *Vera rel.* cap.36, n.66 (CCSL 32,230).

3. Ebenfalls Augustinus ist es, der in den *Soliloquien* und *De vera religione* davon spricht, dass das ungeschaffene Licht Grund der Erkenntnis seiner selbst und alles Erkennbaren sei. Wenn also die Wahrheit [als Eigenschaft] Erkenntnisgrund ist und allein das ungeschaffene Licht Wahrheit ist, so ist Wahrheit allein Gottes Eigenschaft.
4. Anselm schreibt, dass alle Dinge wahr sind aufgrund der ersten Wahrheit.[6] Entweder versteht er das wirkursächlich oder exemplarursächlich; wirkursächlich kann es nicht gemeint sein, sonst könnte man genauso gut sagen, alles sei wahr aufgrund des ersten Gutes (*bonitas*). Also muss es von der Exemplarursache her verstanden werden: es gibt daher keine andere Wahrheit als die ungeschaffene. Wenn diese in Gott ist und selbst Gott ist, dann ist Wahrheit allein Gottes Eigenschaft.
5. Nun die Beweise aus der Vernunft: Wahr-Sein und „Nichtig-Sein"[7] sind Gegensätze. Jedes Geschöpf ist aber irgendwie „nichtig", vermischt mit Nicht-Sein, da es aus dem Nichts ist. Gott allein ist davon gänzlich frei. Also ist Wahrheit allein in Gott.
6. Wahrheit ist Gegensatz zum Schatten. Was nur Schatten einer Sache ist, hat keine Wahrheit;[8] die Geschöpfe sind aber nur Schatten des höchsten Seins. Also haben sie die Wahrheit nicht in ihrem Sein.

---

6 Anselm von Canterbury, *Ver.* 13. (PhB 535,66-76).

7 Lat. *vanitas, vanum esse* (Anspielung auf Röm 8,20: Die Schöpfung ist der *vanitas* unterworfen): Das geschaffene Seiende, das aus Nichts ist und zum Nicht-Sein tendiert (*tendit ad non-esse*), leidet unter einem Mangel an Sein und Sinn: es kann sich selbst nicht befriedigend erklären, kann sich selbst nie Ziel sein, schwebt ohne die Relation zur Sinnfülle sozusagen im leeren Raum: es ist „leer", „hohl" oder eben „eitel". Da es seinen Grund nicht in sich hat, ist es stets ein Rätsel und widerstrebt schlechthinniger Intelligibilität: es „ist nicht wahr". Vgl. das Proömium zum Ecclesiastes-Kommentar, bes. q2, s. unten S. 287-290; sowie im Kommentar selbst: I, vv8–11 (VI 15bf.).

8 Aristoteles, *Met.* V, text. 34 (IV cap. 29).

7. „Wahrheit" ist [die Eigenschaft], wodurch etwas wahr ist. Die Wahrheit selbst ist wahr, da sie erkennbar ist; und zwar ist sie nicht durch etwas von ihr Verschiedenes wahr – sonst würde man ins Unendliche fortschreiten müssen. Was aber durch sich selbst wahr ist, ist von seinem Wesen her wahr. Nur die ungeschaffene Wahrheit ist von ihrem Wesen her wahr: Also ist die Wahrheit eine Eigenschaft Gottes allein.

GEGENARGUMENTE:

1. Angenommen, „Wahrheit" ist Gottes Eigenschaft, so gibt es zwei Möglichkeiten: es könnte sich entweder um eine „zusammengesetzte Wahrheit" handeln oder um eine „einfache".[9] Um eine Wahrheit, die mehreres enthält, kann es sich aber nicht handeln; denn das besagt Zusammensetzung, was es bei Gott in keiner Weise gibt. Es

---

9 Lat. *veritas complexa*, soviel wie *veritas composita*: Im Gegensatz zum reinen Intellekt eines Engels (*II Sent.* d1 p2 a3 q1 ad2.3 [II 48b]) arbeitet der menschliche Intellekt, zumindest im jetzigen heilsgeschichtlichen Zustand, in der Regel *per modum complexionis*, d. h. er teilt und fügt zusammen, wenn er im Urteil (Zweiter Akt des Erkennens) dem Subjekt ein Prädikat zuschreibt. Jeder Satz ist eine *veritas complexa* (vgl. *Myst. Trin.* q2 a2 ad15). Diese Vorgehensweise des Erkenntnisvermögens entspricht dem Sein der geschaffenen Dinge, die tatsächlich zusammengesetzt sind.
Eine schlechthin einfache Wahrheit würde durch *simplex aspectus* = „den einfachen Blick" (Erster Akt des Erkennens) adäquat erfasst. Wenn Gott auf die Weise der *complexio* (*compositio, divisio*) erkannt und über ihn Aussagen gemacht werden (beispielsweise im Glaubensbekenntnis, das mehrere einzelne Wahrheiten zusammenfasst, wobei die 12 „Artikel" ein zusammenhängendes „strukturiertes" Ganzes bilden: *III Sent.* d24 a3 q1 ad1, ad2.3 [III 526ab]), so ist die Erkenntnis trotzdem richtig, weil der Intellekt zugleich begreift, dass und warum seine Vorgehensweise dem „Objekt" nicht angemessen ist. Gott auf die Weise des *simplex aspectus* zu erfassen, ist dem Stand der Glorie eigen, jedoch können bestimmte Gegenstände auch jetzt schon *per simplicem contuitum* verstanden werden, z.B. warum Gottes Unendlich-Sein (*infinitum*) notwendigerweise einfache (*simplex*) Unendlichkeit besagt (*Sc. Chr.* q1 opp3, ad3; V 4a,5b). Sobald aber Sätze – auch innere Sätze – gebildet werden, wird die inkomplexe Ebene verlassen: *I Sent.* d34 q2 (I 590ab).

kann aber auch nicht die einfache Wahrheit sein, denn diese ist mit dem „Seienden“ konvertibel.[10] Wenn also die „Seiendheit“ (*entitas*) keine Eigenschaft Gottes ist, dann auch nicht die „Wahrheit“.

2. Das „Wahre“ ist im gleichen Maße allgemein wie das „Gute“, ja gewissermaßen in noch höherem Maße.[11] Nun ist die „Gutheit“ nicht Eigenschaft Gottes, ebensowenig also die „Wahrheit“.
3. Gerade die „Wahrheit“ ist der Grund, durch den der Schöpfer vom Geschöpf und jedes Geschöpf vom anderen unterschieden wird.[12] Was aber die Unterscheidung begründet, ist eben das Verschiedene in den verschiedenen Dingen. Also ist die „Wahrheit“ in Gott eine andere als die im Geschöpf, und in jedem Geschöpf ist seine Wahrheit unterschieden von der eines anderen Geschöpfs. Also ist Wahrheit nicht nur Gott eigen.
4. Augustinus sagt in den *Soliloquien*: „Wahr ist das, was ist“;[13] also fällt Wahrheit mit der „Seiendheit“ zusammen. Folglich ist sie keine Eigenschaft der Wesenheit (*essentia*); denn wäre sie es, so könnte man in gleicher Weise sagen: Wahrheit ist Eigenschaft des Wesens, wie umgekehrt, wenn sie ja ganz und gar das gleiche sind.

ANTWORT:

Man muss zur Antwort geben, dass die „Wahrheit“ in dreierlei Hinsicht ausgesagt wird. Sie kann in Beziehung zu dem

---

10 Vgl. ARISTOTELES *Met.* II text. 4 (l. brevior, cap.1).

11 Anm. der Quaracchi-Ausgabe: „Der Grund, den man gewöhnlich dafür angibt, ist, dass das ‚Wahre‘ dem ‚Seienden‘ näher und in sich betrachtet abstrakter ist.“

12 AUGUSTINUS, *Vera rel.* cap.7, n.13 (CCSL 32,196f.): „Omnis enim res vel substantia vel essentia vel natura, vel si quo alio verbo melius enuntiatur, simul habet haec tria: ut et unum aliquod sit et specie propria discernatur a ceteris et rerum ordinem non excedat.“ – „Jedes Ding, Substanz, Wesenheit oder Natur, wie man es auch am besten nennen mag, hat diese drei Eigenschaften zugleich: Es ist ‚eines‘, hat eine eigene Gestalt und ist der Ordnung aller Dinge eingefügt.“

13 AUGUSTINUS, *Solil.* II, cap.5, n.8 (PL 32,888f.).

Träger gesetzt werden, den sie formt, in Beziehung zu dem Ursprung, den sie abbildet, und zu dem Erkenntnisvermögen, das sie anspricht.

Hinsichtlich des Trägers der Wahrheit bezeichnet sie das Ungeteiltsein von Wirklichkeit und Möglichkeit.[14] Hinsichtlich des Ursprungs meint sie die Vergegenwärtigung und Nachahmung des höchsten, ersten Einen.[15] Bezogen auf das Erkenntnisvermögen meint sie den Grund des Unterscheidens.[16]

Unter jeder einzelnen Hinsicht kann man die Wahrheit zweifach auffassen: einmal, insofern sie von der einfachen Nicht-Wahrheit (*Falschheit*) unterschieden ist, zweitens, insofern sie auch von Vermischtheit unterschieden ist, denn das „Wahre" nennt man auch „rein" und „unvermischt".

Insofern die „Wahrheit" sich von der Nicht-Wahrheit abgrenzt, welche Beraubung hinsichtlich des Ungeteiltseins, der Nachahmung und des Selbst-Ausdrucks ist, so haben wir Wahrheit nicht nur im Schöpfer, sondern auch im Geschaffenen, da man auch bei ihm gewissermaßen Ungeteiltsein, Nachahmung und Selbst-Ausdruck findet. So verstanden handelt es sich nicht um eine alleinige Eigenschaft Gottes.

Insofern sich aber, auf die zweite Weise verstanden, Wahrheit gegenüber Vermischung oder Unreinheit abgrenzt, ist sie nur in Gott. Denn nur in Gott gibt es reines Ungeteiltsein ohne Vermischung mit Verschiedenheit; nur in Gott gibt es

14 Anm. der Quaracchi-Ausgabe: Wahrheit ist Eigenschaft des Seienden, das „ist" und insofern es ist. Vgl. AVICENNA, *In XI Met.* cap.2: Wahrheit einer Sache ist Eigenschaft ihres Seins [...] bzw.: Wahrheit ist dasjenige, das wirklich ist (*veritas est illa res, quae est in actu*); und unter dieser Hinsicht wird sie definiert als Ungeteiltsein von Sein und Etwas-Sein (*esse – quod est*).

15 Vgl. AUGUSTINUS, *Vera rel.* cap.36, n.66 (CCSL 32,230f.).

16 Die Dinge drücken sich aufgrund der „Eigenschaft" der Wahrheit dem Erkenntnisvermögen aus (*exprimere*), ihr Wahr-sein vermag den erkennenden Geist „anzusprechen". Alles „Wahre" ist zugleich „Ausdruck", „Mitteilung" seiner selbst. Vgl. *I Sent.* d3 p1 dub4 (I 79bf.): zur „logischen" und „ontologischen" Wahrheit; *I Sent.* d46 a1 q4 (I 828b): zur Wahrheit des Zeichens (*veritas signi*).

reine Nachahmung und Ähnlichkeit ohne Vermischung mit Unähnlichkeit; nur in Gott gibt es den Ausdruck von Licht ohne Vermischung mit Dunkelheit. Beim Geschaffenen aber gibt es Ungeteiltsein zugleich mit der Unterschiedenheit von Wirklichkeit und Möglichkeit, Nachahmung vermischt mit Unähnlichkeit und schließlich ausdrückende Ähnlichkeit verbunden mit Verschattung. Auf diese Weise verstanden ist also Wahrsein Eigenschaft des göttlichen Seins allein; so verstehen es der Magister, Augustinus und Hieronymus. „Wahr" nennen sie das, was keinerlei Möglichkeit in sich hat, keinerlei Nichtigkeit, keinerlei Nicht-Sein. So gibt es in Gott keine Vergangenheit noch Zukunft, denn diese sind gewissermaßen nicht-seiend.

Ad 1.2.5.6. Auf diese Weise argumentieren die beiden ersten Zitate und Vernunftgründe.

Ad 3. Auf den Einwand, es gebe keine andere als nur die ewige Wahrheit, weil sie allein Erkenntnis wirkt, ist zu antworten: Wie die Farbe Gegenstand des Gesichtssinnes ist und ihn bewegt – freilich nicht ohne Wirkung des Lichtes –, doch vom Licht selber unterschieden ist, so ist auch die geschaffene Wahrheit, obwohl sie ohne die ungeschaffene Wahrheit das Erkenntnisvermögen nicht bewegen kann, doch Beweggrund eigener Art und von jener Wahrheit unterschieden.

Ad 4. und 7. Auf den Einwand aus Anselm, alles sei wahr durch die erste Wahrheit, muss man antworten: „Wahr" besagt also [seiner ursprünglichen Bedeutung nach] eine Beziehung zur Exemplarursache, genauso wie „gut" zur Zielursache. Wie man nämlich vom „Guten" in Hinblick auf die Ordnung spricht,[17] so vom „Wahren" im Hinblick auf den Ausdruck. „Ausdruck zu sein" schlechthin kommt nur dem Urbild zu. Wenn man nun vom geschaffenen Guten sagt, es sei gut durch die ungeschaffene Gutheit (*bonitate increata*), so bezeichnet diese „Gutheit" im Ablativ das Ziel, nicht

17 Lat. *ordo*: der Seinsordnung entspricht die Wertordnung (*ordo amoris*). In dem Maße, wie etwas Sein hat, ist es auch „gut", ist es folglich auch zu lieben.

die Form; denn Gottes Gutheit ist für nichts Geschaffenes dessen Form. Ganz ähnlich bezeichnet in der Aussage: Alles ist wahr durch die ungeschaffene Wahrheit, der Ablativ die formgebende Exemplarursache. Alles nämlich ist wahr und wesentlich dazu bestimmt, sich „auszudrücken" durch den Ausdruck jenes höchsten Lichtes; wenn dessen Einfließen aufhörte, würde alles Übrige aufhören, wahr zu sein. Und somit ist keine geschaffene Wahrheit von ihrem Wesen her wahr, sondern durch Teilhabe. Damit dürfte auch das zuletzt genannte Argument klar sein.

Was nun das Gegenteil angeht, nämlich, dass „Wahrheit" keine Eigenschaft Gottes sei, so liegt die Antwort schon auf der Hand: Der Einwand betrifft diejenige Wahrheit, welche Gegenteil zum Falsch-sein, dem Fehlen [des Wahrseins], ist, nicht insofern Wahrheit das Gegenteil von Vermischung mit Möglichkeit besagt. Auf die erstgenannte Weise kommt das Wahrsein nicht nur dem Schöpfer, sondern auch dem Geschaffenen zu.

Ad 4. Auf den Einwand, die Wahrheit Gottes sei das gleiche wie die Wesenheit Gottes, ist zu antworten, dass es im geschöpflichen Bereich drei Bedeutungen von „Eigenschaft" gibt: erstens, insofern etwas einem [Seienden] *allein* zukommt, zweitens als *Erkenntnisgrund*, drittens, insofern ein *Unterschied besteht zwischen der Eigenschaft und ihrem Träger.* Die ersten beiden Aspekte stehen der Vollkommenheit nicht im Wege, der letzte aber schon, weil er die Einfachheit ausschließt. So heißt Wahrheit „Eigenschaft" der göttlichen Wesenheit, nicht weil sie von dieser unterschieden wäre oder ihr anhaften würde wie ein Akzidens der Substanz, sondern aufgrund dessen, dass sie einzig und allein dieser Wesenheit zukommt und der Grund ihrer Erkennbarkeit ist. Darum ist umgekehrt „Wesenheit" nicht Eigenschaft der Wahrheit, weil sie nicht Erkenntnisgrund für sie ist, wie im umgekehrten Fall.

Wenn du nun fragst, warum eines der Erkenntnisgrund für das andere sei, nicht aber umgekehrt, obwohl doch Wesenheit und Wahrheit dasselbe bezeichnen, so haben manche darauf zur Antwort gegeben: Obgleich Wesenheit und Wahrheit das gleiche bezeichneten, so sei doch das eine, nämlich die Wahrheit, in höherem Maße Erkenntnisgrund wegen des durch sie Mit-Bezeichneten. Aber das kann nicht gelten, denn „Wahrheit" hat keine weitere Konnotation. Man muss daher als Grund die Art und Weise, wie wir etwas benennen und verstehen, angeben.

Beachte, dass man auf zweierlei Weise von diesen Namen sprechen kann: einmal im Hinblick auf das, was sie benennen oder bezeichnen, zweitens im Hinblick auf den Träger, von dem ihr Begriffsinhalt ausgesagt wird. Daher ist es ein Unterschied, ob man vom „Sinnesvermögen" oder vom „Sinnesvermögen des Menschen" spricht. Im ersten Fall wird etwas bezeichnet, was für das Sinnesvermögen des Menschen und des unvernünftigen Tieres allgemein gilt, im zweiten Fall wird etwas dem Menschen Eigenes bezeichnet. Wenn wir also solche Bezeichnungen *an sich* nehmen, so haben „Wesenheit" und „Wahrheit" einen anderen Inhalt (*ratio*); denn „Wesenheit" meint „etwas" (*quid*), „Wahrheit" aber eine Bestimmung des Seienden (*conditio entis*).

Wenn wir aber „Wesenheit" und „Wahrheit" auf Gott anwenden, so wird – obwohl sie zusammenfallen – dennoch eines als Eigenschaft des anderen genommen aufgrund ihrer Bedeutung auf der Ebene des Allgemeinbegriffs (*ratione generalium significatorum*). Hier besteht nämlich keine Bedeutungsgleichheit, und die Worte sind keineswegs synonym. Die Bedeutung von Träger [=Wesenheit] und Eigenschaft [=Wahrsein] bleibt vielmehr in der Weise, wie wir über etwas eine Aussage machen, erhalten, ebenso wie auch in der Weise des Erkennens. Wir erkennen mittels der „Wesenheit" im Bereich der Schöpfung, was „Wesenheit" beim Schöpfer ist, und mittels der Wahrheit des Geschöpfes erkennen wir die ungeschaffene Wahrheit. Wie die geschaffene Wahrheit Eigenschaft und Erkenntnisgrund für die geschaffene Wesenheit ist, so ist die ungeschaffene Wahrheit – in der Weise von Aussage und Erkenntnis – Erkenntnis- und Verstehensgrund für die ungeschaffene Wesenheit.

Frage 2: Ist das göttliche Sein in solchem Maße wahr, dass man es als nicht-seiend nicht denken kann?

Zweitens wird die Frage behandelt, ob diese Eigenschaft Gott in höchstem Maße zukommt, das heißt, ob das Sein Gottes in solcher Qualität „wahr“ ist, man nicht denken kann, es sei nicht.

1. Anselm zufolge scheint dies so zu sein, denn er sagt, Gott sei nach dem gemeinsamen „Begriff“ im [menschlichen] Geiste dasjenige, über das hinaus man nichts Größeres denken könne. Wovon man das Nicht-Sein nicht denken kann, ist größer als dasjenige, von dem man es denken kann: Da also nichts Größeres als Gott gedacht werden kann, ist das Sein Gottes so beschaffen, dass man es als nicht-seiend nicht denken kann.[18]
2. Auch Damascenus sagt, die Erkenntnis vom Sein Gottes sei uns von Natur aus eingeprägt. Was aber von Natur eingeprägt ist, lässt keinen Raum für das Gegenteil und passt sich nicht daran an. Das Wahrsein Gottes, das dem menschlichen Geist eingeprägt ist, ist daher untrennbar von ihm [=dem Geist] und kann deshalb als nicht-seiend nicht gedacht werden.[19]
3. Es liegt mehr Wahrheit im göttlichen Sein als in irgendeinem durch sich selbst verständlichen Satz.[20] Jeder derartige Satz ist auf eine Weise wahr, dass man ihm im Herzen nicht widersprechen kann – beispielsweise: jedes Ganze ist größer als sein Teil, und ähnliche Sätze. Daher kann man solches nicht als nicht-seiend denken, und noch weit sicherer trifft das für die Erste Wahrheit zu.
4. Unser Erkenntnisvermögen erkennt alles mittels des Ersten Lichtes bzw. der Ersten Wahrheit; also geschieht

18 Anselm von Canterbury, *Prosl.* cap.2-4 (Schmitt,84-88).

19 Johannes Damascenus, *Fide orthod.* I, cap.1 (SC 535,136-138) und 3 (SC 535,142-148).

20 Lat. *dignitas* (*axioma*): ein Satz, dessen Inhalt notwendig wahr ist und der mit Gewissheit erkannt wird, sobald man die Termini kennt.

jeder Erkenntnisakt, in dem man etwas als nicht-seiend denkt, mittels des Ersten Lichtes. Man kann aber mittels des Ersten Lichtes nicht denken, dass dieses Erste Licht oder Wahrheit nicht sei. Also kann man auf keine Weise denken, dass die Erste Wahrheit nicht sei.

5. Was man denken kann, kann man auch aussprechen. Man kann aber nicht aussprechen, dass die Erste Wahrheit nicht sei: Also kann man es auch nicht denken. Beweis des Untersatzes: Jede Aussage behauptet ihre eigene Wahrheit. Wenn man sagt, dass der Mensch ein Esel ist, dann folgt: es ist wahr, dass der Mensch ein Esel ist. Jede Setzung einer Wahrheit setzt zugleich die Erste Wahrheit, weil jede Wahrheit diese mit sich bringt.[21] Folglich behauptet jeder Satz, dass es die Erste Wahrheit gibt.
6. Jede Aussage ist bejahend oder verneinend. Die Bejahung behauptet, dass Dieses von Jenem gilt. Daraus folgt: Wenn es ein Seiendes gibt, das „Dieses" ist, gibt es auch eines, das nicht „Dieses" ist, denn wenn ich von „diesem Seienden" spreche, spreche ich von einem begrenzten, endlichen und eingeschränkten Seienden. Mit der Annahme eines solchen Seienden nimmt man zugleich das höchste Seiende an; jede bejahende Aussage über ein Geschaffenes schließt also Gott ein.
7. Ähnliches gilt für die verneinende Aussage: Keine Aussage ist nämlich negativer als diese: Es ist keine Wahrheit. Jedoch beweist Augustinus in den *Soliloquien*, dass eben dieser Satz behauptet, dass es eine Wahrheit gebe; wenn es nämlich „keine Wahrheit gibt", dann ist es wahr, dass es keine Wahrheit gibt. Und wenn das wahr ist, dann ist eben irgendetwas wahr; und wenn irgendetwas wahr ist, dann gibt es auch irgendeine Wahrheit.[22]

---

21 Lat. *inferre*: einführen, nach sich ziehen, zu einem Schluss führen; daher *illatio* = „Konklusion".

22 Augustinus, *Solil.* II, cap.2, n.2 (PL 32,885); cap.15, n.28 (PL 32,898).

Gegenargumente:

1. Damascenus: „So weit brachte es die verderbenbringende Schlechtigkeit der Menschen, dass man sogar sagte, Gott sei nicht, wie es in dem Psalm [13, 1] heißt: Der Tor spricht etc.“[23]
2. Der Verehrer eines Götzen behauptet, es gebe keinen anderen Gott als seinen Götzen, er glaubt das und denkt das. Nun steht es aber fest, dass ein Götze nicht Gott ist. Folglich kann er als nicht-seiend gedacht werden.
3. All das kann als nicht-seiend gedacht werden, dessen Nicht-Sein man verstehen und trotzdem noch irgendetwas erkennen kann. Nun sagt Boethius in *De hebdomadibus*, selbst wenn man denken wollte, das höchste Gut sei nicht – was unmöglich ist –, so könne man deswegen immer noch etwas Rundes und Weißes verstehen. Das Gleiche kann auch für die höchste Wahrheit gelten, also kann sie als nicht-seiend gedacht werden.
4. Was uns am tiefsten verborgen ist, kann leicht als nicht-seiend gedacht werden; von solcher Art aber ist die Wahrheit vom Sein Gottes, denn Gott wohnt in unzugänglichem Licht (vgl. 1 Tim 6,16). Folglich (...).
5. Außerdem, so frage ich, was soll der Satz überhaupt heißen, Gott könne als nicht-seiend nicht gedacht werden? Entweder, dass er auf keine Weise gedacht werden kann, weder mit Wahrheit noch ohne, dann ist die Behauptung offenkundig falsch. Oder, weil er nur nicht in Wahrheit gedacht werden kann; dann gilt das aber auch von der Seele und dem Himmel oder dergleichen.
6. Was man [sprachlich] ausdrücken kann, kann man auch denken. Man kann aber ausdrücken, das göttliche Sein sei nicht; also kann man es auch denken. Dass das tatsächlich geht, zeigt sich, wenn man im Besonderen sagt: Gott ist nicht, und im Allgemeinen: nichts ist. Dass keiner der beiden Sätze zu dem Gedanken führt, Gott sei,

23 Johannes Damascenus, *Fide orthod.* cap.3 (SC 535,142-148).

ist klar, weil „nichts“ nicht zu seinem eigenen Gegenteil führt, und weil ein Gedanke, der nichts setzt, auch zu nichts weiterführt. Jeder dieser Sätze aber setzt nichts.

ANTWORT:

Die Antwort muss heißen, dass man „etwas als nicht-seiend denken“ zweifach verstehen kann. Entweder in der Weise, dass man es als *unwahr* denkt, wie ich etwa dies denke: der Mensch ist ein Esel. Dieses „Denken“ bedeutet nichts anderes, als den Inhalt der Worte zu verstehen. Auf diese Weise kann man denken, dass die Wahrheit des göttlichen Seins nicht sei.

Eine andere Weise zu denken ist das *Denken mit Zustimmung*, wenn ich denke, dass etwas nicht ist, und auch glaube, dass es nicht ist. Dass man auf diese Weise etwas, das ist, „als nicht-seiend denkt“, kann von einem *Mangel im Erkennenden* oder im *Erkenntnisgegenstand* kommen.

Mangel im Erkennenden ist Blindheit oder Unwissenheit, aufgrund deren jemand eine Sache als nicht-seiend denkt, weil er sie nicht kennt. Der Gedanke kann sich jedoch unter zweierlei Hinsicht auf ein Seiendes beziehen, nämlich auf sein [Da-] Sein und auf sein Wesen.[24]

Wenn es um das Denken der Wahrheit „Gott“ geht, versagt[25] unser Erkenntnisvermögen zwar hinsichtlich der Erkenntnis seines Wesens, nicht aber seines [Da-]Seins. Daher schreibt Hugo: „Gott gab dem Menschen von Anbeginn für die Erkenntnis seiner [i.e. Gottes] dieses Maß: Sowenig sein Wesen jemals begriffen werden kann, sowenig kann die Tatsache seines Seins jemals der Erkenntnis entgehen.“[26] Weil also unser Erkenntnisvermögen, was die Erkenntnis des Seins Gottes angeht, niemals versagt, so kann es ihm auch nicht entgehen, dass er „schlechthin-ist“, und es kann ihn als nicht-seiend nicht denken.

---

24 ARISTOTELES, *Post.* II cap.1.

25 Lat. *deficere, defectus*: versagen, zurückbleiben, mangelhaft sein.

26 HUGO VON ST. VICTOR, *Sacr.* I, p.3, cap.1 (PL 176,217).

Weil aber der Intellekt bei der Erkenntnis des Wesens „versagt“, denkt er häufig, Gott sei etwas, was er gar nicht ist, zum Beispiel ein Götzenbild, oder er denkt, dass er etwas nicht sei, was er doch ist, zum Beispiel „gerecht“. Und weil jemand, der Gottes Sein nicht so denkt, wie es ist, z.B. als gerecht, sein Sein selbst folglich nicht denkt, so ist es aufgrund mangelhafter Erkenntnis möglich, zu denken, Gott bzw. die höchste Wahrheit sei nicht. Diesen Gedanken kann man aber nicht schlechthin oder allgemein haben, sondern nur als Folge: wenn zum Beispiel jemand leugnet, dass in Gott die Glückseligkeit sei, leugnet er auch sein Sein selbst.

Darauf wollen die Argumente hinaus, welche zeigen, irgendein Erkennender denke oder könne denken, das Sein Gottes gebe es nicht.

Auf die andere Weise kann etwas als nicht-seiend gedacht werden aufgrund eines Mangels von Seiten des Erkenntnisgegenstandes. Dabei kann es sich um zwei Mängel handeln: Mangel an Gegenwärtigkeit oder Mangel an Einsichtigkeit. Mangel an Gegenwärtigkeit [ist darauf zurückzuführen], dass etwas nicht immer, nicht überall oder nicht überall ganz ist. Was nicht immer ist, ist wohl zu einer Zeit, zu einer anderen nicht. Deswegen kann es zu einer Zeit in Wahrheit als nicht-seiend gedacht werden. Ähnliches gilt für das, was nicht überall ist, denn mit demselben Grund, warum man denken kann, es sei nicht hier, kann man auch denken, es sei auch nicht woanders. Ähnlich verhält es sich mit dem, was nur zu einem Teil da ist, zu einem anderen Teil aber abwesend.

Gott aber ist immer und überall und als ganzer immer und überall: daher kann er nicht als nicht-seiend gedacht werden. Dieses Argument bringt Anselm im Buch gegen den Toren. Nicht nur aufgrund des Mangels an Gegenwärtig-Sein kann etwas als nicht-seiend gedacht werden, sondern auch aufgrund mangelnder Einsichtigkeit, weil es weder in sich noch durch einen Beweis einsichtig ist. Die Wahrheit des göttlichen Seins ist jedoch sowohl in sich wie im Beweisgang einsichtig. Es ist in sich einsichtig, weil es sich in diesem Fall genauso verhält wie im Fall der Erkenntnis „erster Sätze“, die wir erkennen, insoweit wir ihre Termini erkennen; solche Sätze sind durch sich selbst einleuchtend, weil die Begründung für die Satzaussage im Subjekt liegt. Denn Gott bzw. die höchste Wahrheit ist das Sein selbst, über das hinaus nichts Besseres gedacht werden kann; es kann daher nicht nicht-sein und auch nicht als nicht-seiend gedacht werden. Das Prädikat nämlich ist im Subjekt eingeschlossen.

Es ist jedoch nicht nur aus sich selbst einsichtig, sondern auch aus dem Vollzug eines Beweisganges: Das Sein der Wahrheit Gottes lässt sich an jeder Wahrheit und jedem geschaffenen Wesen aufweisen und erschließen. Wenn es nämlich etwas durch Teilhabe und von einem anderen her Seiendes gibt, dann auch etwas, das von seinem Wesen her und nicht von einem anderen her seiend ist. Diese Wahrheit kann auch jede rechte [d.h. richtig arbeitende] Vernunft aufzeigen und erschließen, weil jeder Seele die Kenntnis von ihr eingeprägt ist und jede Erkenntnis durch sie geschieht. Des Weiteren lässt sie sich aus jedem affirmativen Satz erweisen und erschließen; denn jeder solche Satz setzt etwas; und indem er das tut, wird Wahres gesetzt. Damit aber wird Wahrheit gesetzt, welche die Ursache alles Wahren ist. Ein negativer Satz aber beweist sie, wie man sagt, nur aufgrund eines Trugschlusses. Aus dem Satz: „Nichts ist“ oder: „Es gibt keine Wahrheit“ kann man nicht schließen, dass es Wahrheit gebe. Der Satz „Nichts ist“ zerstört jede Wahrheit. Deswegen kann aus ihm keine Bejahung folgen; und somit ist es falsch zu sagen: wenn nichts ist, dann ist es wahr, dass nichts ist.[27] Und wenn man sagt, dass jeder Satz irgendetwas sagt, so ist das wahr; aber wenn nichts ist, dann ist auch kein Satz oder sonst irgendetwas. Augustinus aber verwendet dieses Argument nicht zum Beweis, sondern nur zur Untersuchung der Frage.[28]

27 D.h. nur der Sprecher des Satzes widerspricht sich.

28 Vgl. die differenzierte Behandlung dieser Frage: *Myst. Trin.* q1 a1 ad5 (s. unten S. 195f.).

Es ist also zuzugeben, dass die Wahrheit des göttlichen Seins so groß ist, dass sie, will man „mit Zustimmung denken“, nicht als nicht-seiend gedacht werden kann – außer aufgrund der Unwissenheit dessen, der das denkt, wenn er den Inhalt des Wortes Gott nicht kennt. Die Gründe dafür kann man also zugeben, auch wenn einige nicht wirklich schlüssig sind.

Ad 1. Auf das Gegenargument, „So stark war die Bosheit (…)“, ist zu antworten, dass Damascenus von einem Denken spricht, das aus Verblendung stammt; das sieht man daran, dass er das Wort „Bosheit“ gebraucht.

Ad 2. Ähnlich muss die Antwort auf den Einwand mit dem Götzenbild lauten: Er irrt, weil er den Wortinhalt verkennt; daher behauptet er nicht schlechthin, dass Gott nicht sei.

Ad 3. Auf den Einwand, auch wenn man denke, dass Gott nicht sei, könne man andere Dinge noch verstehen, ist zu sagen, dass Boethius von einem Denken spricht, durch das wir etwas, was wir als unmöglich erkennen, denken, allerdings ohne Zustimmung.

Ad 4. Auf den Einwand, dass er uns am meisten verborgen ist, liegt die Antwort auf der Hand: Zwar ist uns am meisten verborgen, was er ist, doch am meisten offenbar, dass er ist.

Ad 5. Auf die Frage nach dem Sinn des Satzes: die göttliche Wahrheit könne als nicht-seiend nicht gedacht werden, ist zu antworten: Das bedeutet, dass keiner glauben kann, Gott sei nicht, solange er nur den Vernunftgebrauch hat. Für das Sein der Geschöpfe gilt das nicht; gewiss kann ein einziges Geschöpf einem einzigen Erkennenden gegenwärtig sein, aber nicht allen; denn es hat keine solche Kraft, sich unterschiedslos allen zu zeigen, wie die Erste Wahrheit.

Ad 6. Auf den Einwand, was man sprachlich ausdrücken könne, könne man auch denken, ist zu antworten: „Denken“ kann man ganz allgemein verstehen als einen Akt des Geistes, gleichgültig, ob dieser irrt oder nicht, ob er zustimmt oder nicht; und in diesem Verständnis ist der Einwand richtig. Versteht man es aber als ein Denken mit Zustimmung, dann ist er falsch. Man kann nämlich den an sich einsichtigen Sätzen nur äußerlich widersprechen, nicht aber innerlich, wie Aristoteles sagt.[29]

Einleuchtende Wahrheit
De mysterio Trinitatis q1 a1[30]

Frage 1: Über die Gewissheit, mit der die Existenz Gottes erkannt wird, und den Glauben an Gottes Dreifaltigkeit

Artikel 1: Ist es eine unbezweifelbare Wahrheit, dass Gott ist?

Als erstes soll untersucht werden, ob Gottes Sein eine unbezweifelbare Wahrheit ist. Dass dem in der Tat so sei, lässt sich auf drei Argumentationswegen zeigen. Der erste beruht darauf, dass jede Wahrheit, die einem jeden Geist eingeprägt ist, unbezweifelbar wahr ist; der zweite, dass jede Wahrheit, welche eine jede Kreatur verkündet, unbezweifelbar wahr ist; der dritte, dass jede in sich ganz sichere und einleuchtende Wahrheit unbezweifelbar ist.

Auf dem ersten Weg geht man so vor, dass man sowohl aufgrund anerkannter Autoren der Tradition wie auch durch Vernunftargumente zeigt, dass allen geistbegabten Wesen die Tatsache eingeprägt ist, dass Gott ist.

1. Johannes Damascenus: „Die Erkenntnis, dass Gott existiert, ist uns von Natur aus ins Herz gelegt."[31]
2. Ebenso Hugo: „Gott hat, was die Erkenntnis von ihm betrifft, dem Menschen das Maß bestimmt, niemals ganz begreifen zu können, *was* er sei, ebenso wenig wie jemals

29 Aristoteles, *Post.* I, 8.

30 Übersetzung nach dem lat. Text aus: *Doctoris seraphici S. Bonaventurae opera omnia*, edita studio et cura PP. Collegii a S. Bonaventura, Bd. V, Quaracchi 1891, S. 45-51.

31 Johannes Damascenus, *Fide orthod.* I, cap.3 (SC 535,142-148).

in gänzlicher Unwissenheit darüber sein zu können, dass er sei.“[32]

3. Ebenso Boethius: „Dem Geist des Menschen ist das Verlangen nach dem Wahren und Guten eingesenkt.“[33] Das Streben nach dem wahren Gut aber setzt eine Kenntnis desselben voraus:[34] also ist dem Geist des Menschen die Kenntnis des wahren Gutes und das Verlangen nach dem zuhöchst Begehrenswerten eingeprägt. Dieses Gut aber ist Gott.
4. Augustinus spricht an mehreren Stellen in *De Trinitate* davon, dass die Gottebenbildlichkeit in Geist, Erkennen und Lieben bestehe und dass das Wesentliche der Abbildhaftigkeit der Seele in der Hinordnung zu Gott gesehen werden müsse:[35] wenn also der Seele eingeprägt ist, von Natur aus Bild Gottes zu sein, dann besitzt sie auch eine von Natur eingepflanzte Kenntnis Gottes. Was man zuallererst von Gott erkennen kann, ist die Tatsache, dass er ist: Also ist diese Erkenntnis dem Menschen natürlicherweise eingepflanzt.
5. Auch Aristoteles sagt: „Es wäre nicht angemessen, wenn wir edle Habitus hätten und nichts davon wüssten“:[36] Wenn also Gott die edelste und uns gegenwärtigste Wahrheit ist, wäre es unpassend, wenn diese Wahrheit der menschlichen Vernunft verborgen wäre.
6. Dem menschlichen Geist ist das Verlangen nach Weisheit eingepflanzt; denn Aristoteles sagt: „Alle Menschen wollen von Natur aus wissen.“[37] Die am meisten erstrebenswerte Weisheit aber ist die ewige Weisheit. Also ist gerade das Streben nach ihr dem Menschen am tiefsten einge-

---

32 Hugo von St. Victor, *Sacr.* I, p.3, cap.1 (PL 176,217).
33 Boethius, *Consolat.* III, prosa 2, n.4 (CCSL 94,38).
34 Vgl. Augustinus, *Trin.* X cap.1, n.1–cap.2, n.4 (CCSL 50,311-316).
35 Ebd. IX, cap.2, n.2ff. (CCSL 50,294ff.); XII, cap.4, n.4ff. (50,358ff.); XIV, cap.8, n.11ff. (50A,435ff.).
36 Aristoteles, *Post.* II, 18/15.
37 Aristoteles, *Met.* I, cap.1.

pflanzt. Nun gibt es aber nur Liebe zu etwas, wie oben festgestellt, das bereits irgendwie erkannt ist; also muss eine wie auch immer geartete Kenntnis jener höchsten Weisheit dem menschlichen Geist eingepflanzt sein. Und das bedeutet in erster Linie, zu wissen, dass Gott bzw. die Weisheit ist.

7. Das Streben nach Glückseligkeit ist uns dermaßen eingepflanzt, dass keiner darüber in Zweifel sein kann, dass auch der Mitmensch glücklich sein will, wie Augustinus an mehreren Stellen sagt;[38] die Seligkeit aber besteht im höchsten Gut, das heißt: in Gott. Wenn ein solches Streben nicht ohne irgendeine Kenntnis sein kann, muss notwendigerweise das Wissen von der Existenz des höchsten Gutes bzw. Gottes der Seele eingepflanzt sein.
8. Der Seele ist auch das Streben nach Frieden eingesenkt, und zwar so tief, dass sie ihn sogar mittels des Gegenteils sucht; ja dass dieses Streben nicht einmal von den Verdammten und den bösen Engeln genommen werden kann, wie sich aus dem vierzehnten Buch *De Civitate Dei* erweisen lässt.[39] Wenn nun der Friede für das geistbegabte Wesen allein in einem unwandelbar und ewig Seienden bestehen kann und das Streben danach irgendeine gedankliche Vorstellung oder Wissen davon voraussetzt, so ist das Wissen von einem unwandelbaren und ewigen Seienden dem vernunftbegabten Wesen eingepflanzt.
9. Auch der Hass gegenüber dem Unwahren ist der Seele eingegeben. Jeder Hass hat aber seine Wurzel in einer Liebe: also ist der Seele noch viel tiefer die Liebe zum Wahren eingepflanzt, zumal zu jener Wahrheit, auf die hin sie geschaffen ist. Wenn das die Erste Wahrheit ist, folgt mit Notwendigkeit, dass die Kenntnis der Ersten Wahrheit dem Geistwesen eingepflanzt ist. – Dass aber

38 Augustinus, *Trin.* XIII, cap.3, n.6 (CCSL 50A,387-389); cap.4, n.7f. (50A,389-391); cap.20, n.25 (50A,417f.).

39 Augustinus, *Civ. Dei* XIV, cap.13, n.1.2 (CCSL 48,443f.); cap.11.12 (48,430f.).

der Abscheu vor dem Unwahren dem menschlichen Geist eingesenkt ist, ergibt sich daraus, dass niemand getäuscht werden will, wie Augustinus im zehnten Buch der *Confessiones* schreibt.[40] – Dass Abscheu in Liebe seine Ursache hat, zeigt ebenfalls Augustinus, im vierzehnten Buch *De Civitate Dei*;[41] niemand nämlich hasst etwas, ohne dass er das Gegenteil liebt.

10. Der geistbegabten Seele ist die Erkenntnis ihrer selbst eingepflanzt, dadurch dass sie sich selbst gegenwärtig und durch sich selbst erkennbar ist;[42] Gott aber ist der Seele am allergegenwärtigsten und ist durch sich selbst erkennbar; also ist der Seele auch ein Wissen von ihrem Gott eingepflanzt. Wenn du nun einwendest, das könne man nicht vergleichen, denn die Seele sei zwar für sich selbst ein angemessener Gegenstand, Gott aber überschreite dieses Maß [eines Gegenstandes], so ist zu erwidern: das ist kein Gegenargument; denn wenn für die Erkenntnis notwendigerweise ein gemeinsames Maß [i.e. „Vergleichbarkeit" von Subjekt und Objekt] erfordert wäre, so käme die Seele überhaupt nie zu einer Gotteserkenntnis, weil sie ihm nicht gleichkommen kann, weder durch die Natur, noch durch die Gnade, noch durch die Glorie.

Diese Argumente wollen also erweisen, dass für den menschlichen Geist das Sein Gottes eine unbezweifelbare, gleichsam von Natur eingepflanzte Erkenntnis ist; man zweifelt ja nur an dem, worüber man keine sichere Kenntnis hat.

Das gleiche will auch der zweite Argumentationsweg zeigen: jede Wahrheit, die von jedem Geschöpf verkündet wird, ist unbezweifelbar; dass Gott ist, verkündet aber jedes Geschöpf. Also (...). – Dass aber tatsächlich jedes Geschöpf

---

40 AUGUSTINUS, *Conf.* X, cap.23, n.33f. (CCSL 27,172-174).
41 AUGUSTINUS, *Civ. Dei* XIV, cap.7, n.2 (CCSL 48,422f.).
42 AUGUSTINUS, *Trin.* IX, cap.3, n.3ff. (CCSL 50,295-297); X, cap.3, n.5 (50,317f.).

das Sein Gottes verkündet, erweist sich an zehn Grundbestimmungen des Seins, die von selbst einleuchten:[43]

11. Erstens: Wenn es ein Später-Seiendes gibt, dann auch ein Früheres, denn das Spätere kann nur vom Früheren her stammen;[44] wenn es also eine Gesamtheit der Später-Seienden gibt, dann auch ein Erstes Seiendes. Wenn man also notwendig ein Früheres und Späteres innerhalb der Geschöpfe annehmen muss, so kann man mit Notwendigkeit und ganz klar aus der Gesamtheit der Geschöpfe auf ein erstes Prinzip schließen.

12. Wenn es ein Seiendes gibt, das von einem anderen Seienden her ist, dann gibt es auch ein Seiendes, das nicht von einem anderen her ist. Nichts bringt sich selbst vom Nicht-Sein ins Sein hervor.[45] Es muss also einen ersten Grund für das Hervorbringen geben, der im Ersten Seienden liegt, das von keinem hervorgebracht wird. Wenn das „von einem anderen her Seiende" „geschaffenes Seiendes" genannt wird und das „nicht von einem anderen her Seiende" „ungeschaffenes Seiendes", das heißt Gott, so führen alle Unterschiede im Sein[46] zu dem Schluss, dass Gott ist.

13. Wenn es ein mögliches Seiendes gibt, dann auch ein notwendiges. „Möglich" bezeichnet nämlich Indifferenz zu Sein und Nicht-Sein. Alles, was sich zum Sein und zum

---

43 Vgl. dazu oben S. 163-179: *I Sent.* d8 p1 a1 q1.2: Mit der Annahme eines begrenzten, endlichen, kontingenten Seienden nimmt man zugleich das vollkommene, notwendige etc. Seiende an. Vgl. auch *Hex.* III, 3 (V 343b), V, 28–33 (V 358bff.), X, 12–18 (V 378b– 379b), XII, 12.13 (V 386ab); *Itin.* V, 3 (V 308b).

44 Aristoteles, *Physica* text.7 (cap.1); *Met.* II text.10 (l. brevior cap.2); V text. 16 (IV cap.11).

45 Aristoteles, *De an.* II text. 47 (cap.4).

46 D. h.: in der Seinsweise der beiden „Seienden", deren Seinsqualitäten unter schiedlich sind. Gemeint sind die disjunktiven Transzendentalien [Scotus: *passiones entis disiunctivae,* welche wie die mit dem Seienden konvertiblen Transzendentalien (*passiones entis convertibiles*) und die schlechthin einfachen Vollkommenheiten (*perfectiones simpliciter simplices*) die ersten Seinsbestimmungen sind].

Nicht-Sein indifferent verhält, kann nur durch etwas sein, das schlechthin zum Sein bestimmt ist.[47] Wenn es also nur ein einziges Notwendig-Seiendes gibt, das nichts von der Möglichkeit zum Nicht-Sein in sich hat, nämlich Gott, jedes andere Seiende aber irgendetwas von [dieser] Möglichkeit in sich hat, so führt jede Unterscheidung im Sein zu dem Schluss, dass Gott ist.

14. Wenn es ein Seiendes gibt, das auf Anderes bezogen ist, dann auch ein absolutes. Ein bezogenes Seiendes findet nämlich seinen letzten Bezugspunkt nur in einem absoluten. Absolut seiend, von nichts abhängend, kann nur etwas sein, das nichts von woanders her empfängt; das aber ist das Erste Seiende, während jedes andere Seiende irgendetwas von Abhängigkeit an sich hat. Alle Unterschiede im Sein führen somit notwendig zu dem Schluss, dass Gott ist.

15. Wenn es ein eingeschränkt oder kategorial Seiendes gibt, so gibt es auch ein schlechthin Seiendes. Ein kategorial Seiendes kann nämlich weder sein, noch überhaupt denkend erfasst werden, außer mittels des schlechthin Seienden, ebenso ein eingeschränkt Seiendes nur mittels des vollkommen Seienden – wie eine Beraubung nur mittels des [entsprechenden positiven] Habitus erfasst werden kann. Wenn also jedes geschaffene Seiende nur einen Teil des Seins verwirklichen kann und nur das ungeschaffene Seiende schlechthin und vollkommen seiend ist, folgt notwendig aus den Unterschieden im Sein, dass Gott ist.

16. Wenn es ein Seiendes um eines anderen Seienden willen gibt, dann auch ein Seiendes um seiner selbst willen; andernfalls gäbe es überhaupt nichts Gutes.[48] Das Seiende um seiner selbst willen aber kann nur dasjenige sein, im Vergleich zu dem nichts besser ist, und das freilich ist Gott. Wenn also die Gesamtheit der Seienden auf dieses

47 Avicenna, *Met.* tr. 1 cap. 7.

48 Aristoteles, *Met.* XII text. 52 (XI cap. 10).

Seiende hingeordnet ist, so führt eben die Gesamtheit der Seienden zu dem Schluss, dass Gott ist und dass er erkannt wird.

17. Wenn es ein durch Teilhabe Seiendes gibt, dann auch ein von Wesen her Seiendes: denn von Teilhabe spricht man nur im Hinblick auf etwas, was in einem anderen wesenhafter Besitz ist, da alles Akzidentelle auf das Wesenhafte zurückgeführt wird. Jedes Seiende aber, welches nicht das Erste Seiende, also Gott ist, hat das Sein durch Teilhabe; jenes hat also allein das Sein aus seinem Wesen.

18. Wenn es ein Seiendes im Zustand der Möglichkeit [i.e. in Potenz] gibt, dann auch eines in Wirklichkeit [in Akt]; denn eine Möglichkeit kann nicht in Wirklichkeit übergeführt werden außer durch ein bereits Wirklich-Seiendes;[49] und es wäre keine Potenz, wenn sie nicht in Wirklichkeit übergeführt werden könnte: Wenn es also nur ein Seiendes gibt, das reine Wirklichkeit ist und nichts von Möglichkeit in sich hat, nämlich Gott, so muss man notwendigerweise aus jedem vom Ersten Seienden unterschiedenen Seienden schließen, dass Gott ist.

19. Wenn es ein zusammengesetztes Seiendes gibt, dann auch ein einfaches; denn das zusammengesetzte hat sein Sein nicht aus sich, folglich muss es seinen Ursprung von einem einfach Seienden her haben. Nur das Erste Seiende aber ist gänzlich einfach und hat keinerlei Zusammensetzung. Jedes andere Seiende lässt also auf Gottes Sein schließen.

20. Wenn es ein wandelbares Seiendes gibt, dann auch ein unwandelbares; wie Aristoteles nämlich beweist, geschieht Bewegung von einem ruhenden Seienden her und um eines ruhenden willen.[50] Wenn es also außer

---

49 Vgl. Aristoteles, *Met.* IX text. 13 (VIII, cap. 8). Lat. *reducere* kann hinsichtlich des Grundes (*ad principium*) und auch des Zieles (*ad terminum*) gebraucht werden.

50 Aristoteles, *Physica* VIII text. 33 ff. (cap.5); *Met.* XII text. 35 ff. (XI 7); *Liber de Causis* prop. 18.

dem Ersten Seienden, Gott, kein ganz und gar unwandelbares gibt, alles übrige Geschaffene eben als Geschaffenes wandelbar ist, so führt jeder Unterschied im Sein zum Schluss, Gott sei.

Aus diesen zehn notwendigen und klaren Voraussetzungen ergibt sich, dass alle Einteilungen des Seins zu dem Schluss führen, ja laut hinausrufen, dass Gott ist. Wenn alles auf diese Weise Wahre unbezweifelbar wahr ist, dann ist Gottes Sein notwendigerweise eine unbezweifelbare Wahrheit.

Dies lässt sich schließlich auf dem dritten Wege ebenfalls zeigen. Jede Wahrheit nämlich, die in einem Maß gewiss ist, dass sie als nicht-seiend nicht gedacht werden kann, ist eine unbezweifelbare Wahrheit. Dass Gott ist, ist eine solche Wahrheit. Folglich (...).

Der Obersatz ist evident, der Untersatz lässt sich vielfach erweisen.

21. Anselm im *Proslogion*: „Guter Herr, Dank sei Dir, dass ich das, was ich durch Deine Gnade zuerst geglaubt habe, nun durch Deine Erleuchtung so einsehe, dass ich, selbst wenn ich Dein Dasein nicht glauben wollte, nicht umhin könnte, es einzusehen.“[51]

22. Das gleiche beweist Anselm auch folgendermaßen:[52] Gott ist das, worüber hinaus nichts Größeres gedacht werden kann; was aber von solcher Art ist, dass es nicht als nicht-seiend gedacht werden kann, ist in höherem Grade wahr als etwas, was als nicht-seiend gedacht werden kann; wenn also Gott das ist, worüber hinaus nichts Größeres gedacht werden kann, kann man ihn nicht als nicht-seiend denken.

23. Außerdem ist ein Seiendes, worüber hinaus nichts Größeres gedacht werden kann, von solcher Art, dass es nicht gedacht werden kann, ohne dass es in Wirklich-

51 Anselm von Canterbury, *Prosl.* cap.4 (Schmitt, 88).

52 Ebd. cap.3.4.15 (Schmitt, 86.88.110); vgl. auch *Contr. Insipientem* cap.1.

keit sei; wenn es nämlich nur im Gedanken wäre, ist es schon kein Seiendes mehr, über das hinaus nichts Größeres gedacht werden kann. Wenn also ein solches Seiendes als seiend gedacht wird, ist es notwendigerweise in Wirklichkeit, so dass es als nicht-seiend nicht gedacht werden kann.

24. Weiter sagt Anselm: „Du allein bist all das, dessen Sein besser ist als das Nicht-Sein.“[53] Jede unbezweifelbare Wahrheit aber ist besser als jede bezweifelbare. Daher muss man Gott eher ein unbezweifelbares Sein zuschreiben als ein bezweifelbares.

25. Augustinus sagt in den *Soliloquien*, man könne keine Wahrheit sehen außer mittels der ersten Wahrheit.[54] Die Wahrheit aber, wodurch jede andere Wahrheit gesehen wird, ist im höchsten Grad unbezweifelbar. Gottes Sein ist also nicht bloß eine unbezweifelbare Wahrheit, sondern das, worüber hinaus sich nichts Unbezweifelbareres denken lässt. Somit handelt es sich um eine Wahrheit, die als nicht-seiend nicht gedacht werden kann.

26. Er beweist dies erneut:[55] Was man denken kann, kann man auch aussagen; man kann aber unmöglich die Aussage treffen: Gott ist nicht, ohne zugleich zu sagen: Gott ist. Dies erklärt sich so: Wenn es keine Wahrheit gibt, so ist es wahr, dass es keine Wahrheit gibt; und wenn das wahr ist, dann gibt es irgendetwas Wahres; wenn es aber irgendetwas Wahres gibt, dann auch die Erste Wahrheit: wenn man also die Aussage nicht machen kann: Gott ist nicht, dann kann man dies auch nicht denken.

27. Je früher [im ontologischen Sinn: grundlegender] und umfassender eine Wahrheit ist, desto bekannter ist sie.[56] Die Wahrheit aber, mit der dem Ersten Seienden das Sein

---

53 Ebd. cap.5.11 (Schmitt, 90.102f.).

54 Augustinus, *Solil.* I, cap.8, n.15 (PL 32,877).

55 Ebd. I, cap.15, nn.27.28 (PL 32,883f.); II, cap.2, n.2 (32,885f.); cap.15, n.28 (32,898).

56 Aristoteles, *Post.* I cap.2, *Physica* I text. 2 ff.

zugesprochen wird, ist die allererste Wahrheit, der Sache und der Erkenntnisweise nach. Es handelt sich also notwendigerweise um die allergewisseste und einleuchtendste Wahrheit. Die Wahrheit der an sich einleuchtenden Sätze bzw. der allgemeinsten Begriffe ist wegen ihres grundlegenden Charakters so offensichtlich, dass sie nicht als nicht-seiend gedacht werden kann. Also kann auch keine Vernunft die Erste Wahrheit als nicht-seiend denken oder über sie im Zweifel sein.

28. „Kein Satz ist wahrer als der, in dem etwas [als Prädikat] von sich selbst [als Subjekt] ausgesagt wird."[57] Wenn ich sage: Gott ist, dann ist das Sein, welches von Gott ausgesagt wird, dasselbe wie Gott, weil Gott sein Sein selber ist. Also ist kein Satz wahrer und einleuchtender als der, in dem Gottes Sein ausgesagt wird. Somit kann keiner denken, der Satz sei falsch, oder ihn bezweifeln.

29. Niemandem kann die Erkenntnis fehlen, der Satz: das Beste ist das Beste, sei wahr; niemand kann denken, er sei falsch. Das Beste aber ist das Seiende in vollkommener Fülle; jedes Vollkommen-Seiende ist eben dadurch auch Wirklich-Seiendes: Wenn also das Beste das Beste ist, dann *ist* das Beste. – Ähnlich kann man schließen: Wenn Gott Gott ist, dann *ist* Gott. Der erste Gedanke nun besitzt einen solchen Grad an Wahrheit, dass er nicht als nicht-seiend gedacht werden kann; also ist auch das Sein Gottes unbezweifelbar wahr.

GEGENGRÜNDE:

Dagegen jedoch wird eingewandt, dass Gottes Sein als nicht-seiend gedacht werden könne und dass es sich um eine bezweifelbare Wahrheit handle. Dass er als nicht-seiend gedacht werden könne, wird folgendermaßen gezeigt:

1. Im Psalm: „Der Tor sprach in seinem Herzen: Es gibt keinen Gott" (Ps 13,1). „Im Herzen sprechen" meint „den-

57 BOETHIUS, *In Perih.* 4, cap.14.

ken"; also kann, zumindest von einem Toren, gedacht werden, dass Gott nicht sei.

2. Johannes Damascenus: „So viel vermochte die verderbenbringende Bosheit in der menschlichen Natur, dass sie manche in den Abgrund der Vernunftlosigkeit, den allerärgsten Schlund des Verderbens führte, so dass sie behaupten, es gebe Gott nicht."[58] Also kann wenigstens von schlechten Menschen gedacht werden, Gott sei nicht.
3. „Ein Götzenbild ist nichts", heißt es in 1 Kor 8,4. Gott als Götzen zu denken ist also das gleiche, wie ihn als nicht-seiend zu denken. Man kann nun aber Gott als Götzen denken, und zuweilen wird er auch so gedacht; also ist es möglich, Gott als „nichts" zu denken.
4. Was man in Worten ausdrücken kann, kann man auch denken. Man kann aber in Worten ausdrücken, dass Gott nicht ist, etwa durch die Aussage: Gott ist nicht. Also kann man das auch denken.
5. Gegen das Argument Augustins, mit dem er zeigt, dass der Satz: Es gibt keine Wahrheit, zu dem Schluss führt, dass es doch irgendeine Wahrheit gibt, wird folgendes eingewandt: Wenn dieser Satz: Es gibt irgendeine Wahrheit, wahr ist, so hat er einen Gegensatz.[59] Kein [negierender] Satz aber setzt sein eigenes Gegenteil, er behauptet vielmehr, dass dieses nicht der Fall sei. Also lässt sich von dem Satz, es gebe keine Wahrheit, nicht darauf schließen, es gebe irgendeine Wahrheit.
6. Auch gegen das Argument Anselms, das Gottes Sein dadurch beweist, dass dasjenige, worüber hinaus nichts Größeres gedacht werden kann, im Denken ist, wird ein Einwand erhoben: Aus dem gleichen Grund könnte man annehmen, wenn sich jemand eine Insel dächte, im Vergleich zu der nichts Größeres gedacht werden könnte, so

58 Johannes Damascenus, *Fide orth.* I, cap.3 (SC 535,142-148).

59 D. h.: Der Satz „Es gibt eine Wahrheit" ist das genaue Gegenteil des Satzes: „Es gibt keine Wahrheit", aus dem er geschlossen wurde.

wäre diese Insel auch Wirklichkeit. Wenn dieser Beweisgang nichtig ist, dann auch derjenige Anselms.

7. Auch wird die Frage gestellt: Inwieweit kann man sagen, Gottes Sein könne nicht als nicht-seiend gedacht werden?

   Wenn damit gemeint ist, dass dieser Gedanke auf keine Weise gedacht werden kann, so ist das offensichtlich falsch. Versteht man aber darunter, dass er nicht wirklich gedacht werden kann, so wäre mit gleichem Recht alles notwendig Wahre[60] auf solche Weise wahr.

   Es ließe sich auch zeigen, dass Gottes Sein eine bezweifelbare Wahrheit sei.

8. Richard von St. Victor: „Im Vergleich zu dem, was wir im Glauben erfassen, können wir keine gewissere Erkenntnis besitzen."[61] Bezüglich dessen, was man im Glauben erfasst, kann es aber Zweifel geben; also noch viel mehr bezüglich jedes anderen Erkenntnisinhalts.

9. Das am meisten Verborgene lässt auch am meisten Zweifel zu. Gott aber ist zutiefst verborgen, da er im unzugänglichen Lichte wohnt (vgl. 1 Tim 6,16); also kann man über ihn und das, was ihn betrifft, am meisten zweifeln. Wenn man daher über die Existenz anderer Dinge im Zweifel sein kann, dann noch viel mehr über die Existenz Gottes.

10. Man kann Zweifel haben über Dinge, die niedriger als die Seele stehen oder mit ihr auf gleicher Ebene; und doch sind diese Dinge der Seele eher zugänglich als das, was über ihr ist. Wenn es sich beim Sein Gottes um eine Wahrheit handelt, welche die menschliche Erkenntniskraft übersteigt, so kann man anscheinend darüber am meisten in Zweifel sein.

---

60 D. h. alle Axiome bzw. aus sich selbst verständlichen Sätze (*propositiones per se notae*).

61 Richard von St. Victor, *Trin.* I, cap.2 (TPMÂ 6,87).

11. Für Gott ist „sein“ und „gerecht sein“ dasselbe. Man kann aber zweifeln, ob Gott gerecht sei, aus dem gleichen Grund also auch daran, ob er ist.
12. Es ist vergebliche Liebesmüh, beweisen zu wollen, worüber es keinen Zweifel geben kann.[62] Wenn Gottes Sein von niemandem bezweifelt werden kann, dann bemüht man sich umsonst, es aufzuweisen. Wenn sich also die heiligen Väter und Theologen, welche diesen Aufweis doch führten, nicht umsonst gemüht haben sollen, so steht fest, dass man über Gottes Existenz zweifeln kann.
13. Niemand versteht dieses Axiom: jedes Ganze ist größer als sein Teil, außer er erkennt, was „ein Ganzes“ ist.[63] Also versteht auch niemand, dass Gott ist, außer er weiß, was Gott ist. Wenn man zweifeln kann, was er ist, dann auch, ob er ist.
14. Wenn bezüglich der Wahrheit, dass Gott ist, kein Zweifel möglich wäre, dann bestünde auch kein Verdienst darin, dies zu glauben. Im Glauben an Gottes Existenz liegt jedoch die Quelle allen Verdienstes, wie der Hebräerbrief sagt: „Wer [zu Gott] hinzutritt, muss glauben, dass er ist“ etc. (Heb 11,6). Wenn dies unter das Verdienst fallen kann, dann kann es auch dem Zweifel unterliegen.

Antwort:

Zum Verständnis des soeben Gesagten ist zu beachten, dass „unbezweifelbar“ im Sinne der Verneinung des „Bezweifelbaren“ gebraucht wird; „bezweifelbar“ aber kann zweifach verwendet werden: in Bezug auf das schließende Vorgehen der Vernunft[64] oder in Bezug auf ihr Versagen. Im ersten Sinn gebraucht, wird etwas über das Erkennbare und den

---

62 Aristoteles, *Post.* I cap.3, mit Bezug auf die ersten Prinzipien.

63 Ebd.

64 Lat. *per rationis decursum = discursum*: d. h. *inquisitione et quadam successiva ratiocinatione et collatione* (*IV Sent.* d49 p1 q1; IV 1000b–1001a. Vgl. *III Sent.* d31 a2 q3, III 687a): ein erforschendes (Gegensatz: „einfach schauendes“), Schritt für Schritt vorgehendes Urteilen und Schließen.

Erkennenden gesagt, im zweiten Sinn nur etwas über den Erkennenden. Im ersten Sinn „bezweifelbar" heißt eine Wahrheit dann, wenn ihr der Grund der Evidenz mangelt, sei es in sich, oder in Hinsicht auf das Beweismittel, oder auf den erfassenden Intellekt. Auf keine dieser Weisen fehlt jener Wahrheit vom Sein Gottes die Gewissheit.

Sie ist für das *erfassende Subjekt* selbst gewiss; denn die Erkenntnis dieser Wahrheit ist dem geistbegabten Wesen eingeboren, insofern es die Gottebenbildlichkeit an sich trägt. Dadurch nämlich sind ihm von Natur aus Streben, Kenntnis und geistiges Besitzen[65] desjenigen gegeben, auf dessen Bild hin es geschaffen ist, zu dem es von Natur aus hinstrebt, um in ihm die Seligkeit zu finden.

Noch gewisser ist [die Wahrheit vom Sein Gottes] in Hinsicht auf den *Beweisgrund*. Alle Geschöpfe, ob man sie nun nach den Eigenschaften der Vollkommenheit oder des Mangels betrachtet, rufen mit lauter, klarer Stimme das Sein Gottes aus, dessen sie wegen ihres mangelnden Seins bedürfen und von dem sie ihre Vollkommenheit empfangen. Je nach ihrer größeren oder geringeren Vollkommenheitsstufe rufen manche von ihnen laut, manche noch lauter und manche schreien geradezu hinaus, dass Gott ist.

Am allergewissesten ist jene Wahrheit *in sich selbst*, weil es sich um das erste und unmittelbar Wahre handelt, in dem nicht nur die Ursache des Prädikats im Subjekt selbst beschlossen liegt, sondern das „Sein", das im Prädikat ausgesagt wird, und das zugrundeliegende Subjekt ein und dasselbe sind. Wie die Verbindung von Dingen, die den größten Abstand voneinander haben, unserer Vernunft ganz und gar widerstreitet – denn keine Vernunft kann denken, dass etwas zugleich sei und nicht sei –, so widerstreitet ihr auch ganz und gar die Aufspaltung eines gänzlich Einen, das keine Teile hat; wie der Satz, dass dasselbe ist und nicht ist, oder auch: dass etwas in höchster Weise und zugleich auf keine Weise sei, ganz offenkundig falsch ist, so ist ganz offenkun-

65 Lat. *memoria* – s. oben S. 117 Anm. 34 zu *I Sent.* d3 p1 q2 ad4.

dig wahr, dass das erste und höchste Seiende ist. – Wenn daher „unbezweifelbar“ als Verneinung des Zweifels in Bezug auf das schrittweise Vorgehen der Vernunft gebraucht wird, so ist das Sein Gottes unbezweifelbar wahr; denn ob die Vernunft in sich selbst eintritt, ob sie sich der Außenwelt zuwendet oder ob sie über sich nach oben blickt: sie erkennt gewiss und unbezweifelbar, dass Gott ist.

Wenn man „unbezweifelbar“ jedoch auf die zweite Art versteht, als Verneinung des Zweifels aufgrund eines Mangels der Vernunft, so kann man zugeben, dass aufgrund der Mangelhaftigkeit des Menschen jemand zweifeln kann, ob es Gott gebe, und zwar aufgrund eines dreifachen Mangels in der Erkenntnis: in Bezug auf den Akt des Erfassens [des Wesensbegriffs], den des Schließens und den des „Auflösens“.[66] Beim Akt des begrifflichen Erfassens kann ein Zweifel aufkommen, wenn jemand nicht die rechte und vollständige Bedeutung des Wortes „Gott“ erfasst, sondern nur unter einer bestimmten Hinsicht. Die Heiden etwa dachten sich Gott als etwas, das über dem Menschen stehe und etwas Zukünftiges vorhersehen könne; daher glaubten sie, die Götzenbilder seien Götter, und beteten sie wie Götter an, weil sie einige wahre Antworten über die Zukunft gaben. – Beim Akt des Schließens kommt es zu einem Zweifel, wenn man aus einer Teilerkenntnis einen Schluss zieht; wenn etwa der Tor sieht, dass am Gottlosen nicht handgreiflich Gerechtigkeit geschieht, so schließt er daraus, es gebe keine Lenkung

---

66 Lat. *resolvere, resolutio*: etwas bis zu seinen Prinzipien (*essentialia rei*) auflösen, „analysieren“, die Grundlagen aufdecken, „einer Sache auf den Grund gehen“. Der *intellectus plene resolvens* (es gibt auch eine unvollständige Auflösung: *semiplene et deficienter*) ist ein zentraler Begriff im *Itin.* V: Die Tatsache, dass der Geist das „Seiende“ stets vor dem Hintergrund des absolut vollkommenen Seins (*ipsum esse*, nicht zu verwechseln mit dem *esse analogum*) denkt, wird erst dann bewusst, wenn der Intellekt auf die letzten Grundlagen seiner Erkenntnis reflektiert. – Im Unterschied dazu kann der *intellectus apprehendens* etwas nicht getrennt von seinem Erkenntnisgrund denken (z. B. den „Menschen“ nicht ohne die „Menschheit“), wohl aber kann er eine Wirkung ohne ihre Ursache denken: vgl. *I Sent.* d28 dub1 (I 504a).

im Weltall, und daraus dann, es gebe auch keinen ersten und höchsten Lenker, nämlich den erhabenen Gott voll Herrlichkeit. – Ähnlich kann es beim Akt des Auflösens zu einem Zweifel kommen, wenn ein an Geistiges nicht gewöhnter [„fleischlicher“] Intellekt nicht weiter zurückzudenken versteht als bis zu den Dingen, die den Sinnen zugänglich sind, wie die körperlichen Dinge. Aus diesem Grund hielten einige diese unsere sichtbare Sonne, die den vornehmsten Platz unter den körperlichen Geschöpfen einnimmt, für Gott, da sie nicht bis zu einer unkörperlichen Substanz und zu den ersten Gründen der Dinge zurückzudenken wussten. – Und auf diese Weise kann über die Tatsache, dass Gott ist, ein Zweifel aufkommen, aufgrund eines Mangels im Erkenntnisvermögen beim Erfassen, Schließen oder „Auflösen“. So verstanden, kann jemandes Verstand denken, Gott sei nicht, weil er die Bedeutung des Wortes „Gott“ nicht hinreichend vollständig erfasst. Aber ein Erkennen, das vollständig die Bedeutung des Gottesnamens erfasst – indem es nämlich denkt, Gott sei das, worüber hinaus Größeres nicht gedacht werden könne –, kann nicht nur nicht zweifeln, ob Gott sei, sondern ist auch außerstande zu denken, Gott sei nicht.

Den Argumenten, welche dies beweisen, kann man also zustimmen.

Ad 1.2.3. Die Antwort auf den ersten Einwand, die Zitate aus dem Psalm und aus Damascenus, ist bereits klar: der Einwand geht von demjenigen Zweifel aus, der aus der Defizienz des Erkenntnisvermögens stammt; solche Defizienz ist im Erkennen eines Toren gegeben, der in seiner Verblendung weder hinreichend tief denkt, noch richtig schließt, noch vollständig die Bedeutung des Gottesnamens erfasst. Das Erkenntnisvermögen hat nämlich in sich selbst, so wie es geschaffen ist, ein Licht, das ausreicht, jenen Zweifel weit von sich zu weisen und sich so der Torheit zu entreißen. Deswegen versagt in einem solch mangelhaften Denkvorgang beim Toren das Erkenntnisvermögen eher freiwillig als zwangsweise, nicht aus einem Mangel von Seiten des erkannten Objekts, sondern von Seiten der Erkenntnis selbst.

Daraus ergibt sich auch die Antwort auf den Einwand bezüglich des Götzenbildes. Der Heide glaubt nämlich deswegen, Gott sei ein Götzenbild, weil seine Auffassung von Gott mangelhaft ist; er erfasst ihn nicht als das Höchste und Beste, sondern als einen, der irgendetwas kann, was der Mensch nicht kann. So entstehen in ihm der Irrtum der Täuschung und das zweifelnde Schwanken, wobei er sich in diesen Irrtum durch seine eigene Verstocktheit selber stürzt, so dass er geradezu unentschuldbar wird (vgl. Röm 1,20). Dennoch ist auch er der Erkenntnis Gottes nicht gänzlich beraubt, denn wie sehr er auch in seiner verdrehten Gesinnung den Götzen verehren will, so hat er doch einen natürlichen Antrieb, Gott zu verehren, gegen den er ankämpft, indem er sich freiwillig in Irrtum stürzt.

Ad 4. Auf den Einwand, der lautet: was man bezeichnen könne, das könne man auch denken, ist zu sagen, dass man etwas auf zweifache Weise denken kann: durch reines Denken und durch Denken mit Zustimmung. „Rein denkend" kann das Falsche ebenso wie das Wahre gedacht werden, das handgreiflich Falsche ebenso wie das handgreiflich Wahre. Durch „Denken mit Zustimmung" kann nur Wahres oder etwas dem Wahren Ähnliches gedacht werden. Die erste Weise zu denken erstreckt sich auf alles, worauf sich die Sprache erstrecken kann;[67] die zweite Weise aber umfasst einen weniger weiten Bereich. Diese Art zu denken haben Anselm wie Augustinus im Sinn, und auf sie bezogen heißt es, Gott könne nicht als nicht-seiend gedacht werden.

Ad 5. Der Einwand gegen das Argument Augustins, dass ein verneinender Satz nicht direkt auf sein Gegenteil schließen lässt, hat recht, insofern es sich nur um Gegensätze handelt; man muss jedoch verstehen, dass ein bejahender Satz eine zweifache Bejahung birgt: eine, mit der er das Prädikat vom Subjekt behauptet, eine zweite, mit der er behauptet, er selbst sei wahr. Unter der ersten Hinsicht unterscheidet

67 D. h.: Man kann im Satz beliebig Subjekt und Prädikat kombinieren, ohne dass man zugleich denkt, der gebildete Satz sei wahr.

er sich vom verneinenden Satz, der das Prädikat dem Subjekt abspricht; unter der zweiten Hinsicht trifft er sich mit diesem, weil sowohl der affirmative wie der negative Satz behaupten, sie seien wahr. Unter der ersten Hinsicht kann es zu einem Satz einen Gegensatz geben, nicht aber unter der zweiten. Wenn gesagt wird: Es gibt keine Wahrheit, so lässt dieser Satz, insofern er das Prädikat vom Subjekt verneint, nicht den Schluss auf sein Gegenteil zu, das da lauten würde: Es gibt eine Wahrheit. Insofern er aber behauptet, wahr zu sein, schließt er ein, dass es eine Wahrheit gibt. Das ist kein Wunder, denn wie jedes Übel ein Gut voraussetzt, so impliziert das Falsche die Wahrheit. Deswegen schließt dieser falsche Satz, es gebe keine Wahrheit, zwei sich widersprechende Behauptungen ein: denn durch die Verneinung des Prädikats vom Subjekt zerstört er jede Wahrheit, durch die Behauptung seiner eigenen Wahrheit aber setzt er eine Wahrheit; so kann man beides aus ihm schließen, dass er in sich falsch ist und für den richtig denkenden Intellekt nicht einsehbar. Und eben das wollte Augustinus sagen.

Ad 6. Auf den Einwand, der gegen Anselms Argument die Insel ins Feld führt, über die hinaus keine größere oder schönere gedacht werden könne, ist zu antworten, dass sich beides nicht vergleichen lässt; wenn ich nämlich von einem Seienden spreche, über das hinaus nichts Größeres gedacht werden kann, so liegt zwischen dem Subjekt und der mit gedachten Bestimmung keinerlei Widerspruch. Es kann also vernünftig gedacht werden. Wenn ich aber von einer Insel spreche, über die hinaus keine bessere gedacht werden könne, so besteht ein Widerspruch zwischen dem Subjekt und der darin eingeschlossenen Bestimmung. „Insel" besagt nämlich ein defizientes Seiendes, die eingeschlossene Bestimmung aber betrifft ein vollkommenes Seiendes. Weil es sich also um einen „Gegensatz in der Beifügung"[68] handelt, kann man dies nicht vernunftgemäß denken – der Verstand widerspricht sich bei diesem Gedanken selbst. So ist es kein

68 Vgl. ARISTOTELES, *Perih.* II cap.2 (cap.11).

Wunder, wenn man nicht den Schluss ziehen kann, dass das Gedachte auch in der Wirklichkeit besteht. Anders ist das beim Seienden bzw. bei Gott, dem eine solche innere Bestimmung nicht widerspricht.

Ad 7. Auf die Frage, inwieweit man sagen könne, Gott könne nicht als nicht-seiend gedacht werden, ist die Antwort schon gegeben: Dies gilt nicht deswegen, weil man die Wortdefinition[69] bzw. die Bedeutung der Aussage: Gott ist nicht, nicht denken könnte; sondern weil das Gegenteil in sich derart einleuchtend und dem erkennenden Subjekt derart gewiss ist; – vorausgesetzt, man will es recht bedenken –, dass man durch nichts von dieser Wahrheit abgebracht werden kann. Diese Wahrheit ist vollkommen einleuchtend und ganz gegenwärtig, fehlt an keinem Ort und zu keinem Augenblick, keinem Ding und keinem Gedanken: und das gilt für keine geschaffene Wahrheit sonst.

Ad 8. Auf den Einwand, dass man nichts mit größerer Sicherheit besitzen kann, als was man im Glauben ergreift, lautet die Antwort: dies stimmt für die Gewissheit, mit der man [jemandem] anhangt, nicht für die Gewissheit der Einsicht, wie sich bei näherer Überlegung klar zeigt.

Ad 9. Auf den Einwand, es handle sich um eine verborgene Wahrheit und daher um eine in höchstem Maße bezweifelbare, ist zu sagen: Wenngleich Gott einfach und in sich ein-förmig ist, so ist er doch einerseits gewissermaßen verborgen und andererseits gewissermaßen bekannt – Paulus deutet dies in Röm 1 an: „Was an Gott bekannt ist, ist ihnen offenkundig" (Röm 1,19). Manchen nämlich ist die Dreiheit der [den Personen] besonders zugeschriebenen Eigenschaften bekannt,[70] denen die Dreiheit der Personen selbst nicht bekannt ist. Manchem ist die Einheit des Wesens bekannt, dem die drei Eigenschaften nicht bekannt sind. Einem anderen ist die Dreifaltigkeit Gottes bekannt, die Einheit des Wesens aber nicht. In unserem Fall jedoch

---

69 Vgl. Aristoteles, *Post.* II cap.7.10 (cap.9).

70 Lat. *appropriatio* – s. oben S. 118 Anm. 35 zu *I Sent.* d3 p1 q2 ad4.

handelt es sich um das, was zuallererst von Gott bekannt ist, nämlich die Eigenschaft des Seins, und in dieser Hinsicht ist er nicht verborgen, sondern offenbar; also ist dieses Sein nicht bezweifelbar, sondern unbezweifelbar.

Ad 10. Der Einwand, dass die Seele ja sogar über Gegenstände Zweifel haben könne, die unter ihr oder auf gleicher Ebene liegen etc., hat keine Geltung. Wenngleich Gottes Sein seiner Natur nach [d. h. an sich betrachtet] über der Seele ist, so findet es sich doch innerhalb der Seele auf die Weise der Erkenntnis und schließlich außerhalb ihrer; denn jedes Geschöpf vergegenwärtigt und kündet der Seele das Sein Gottes. Diese Wahrheit ist ja in jeder Wahrheit enthalten und wird in jeder Wahrheit verstanden.

Ad 11. Bei dem Einwand, für Gott sei es dasselbe, zu sein und gerecht zu sein, stimmt die Folgerung nicht. Wenngleich in sich und an sich betrachtet beides zusammenfällt, so fällt es doch weder für die erfassende Vernunft zusammen noch hinsichtlich der [diese beiden „Eigenschaften"] abbildenden [geschaffenen] Wirkungen; deswegen kann sehr wohl die eine Eigenschaft bekannt sein, während die andere verborgen ist.

Ad 12. Auf den Einwand, es wäre vergeblich, etwas beweisen zu wollen, worüber niemand zweifelt, ist zu erwidern: Wie sich ja schon ergeben hat, bedarf diese Wahrheit nicht deswegen eines Beweises, weil ihr etwa von sich aus die klare Einsichtigkeit mangelte, sondern weil sie von uns her nur unzureichend gedacht werden kann. Deswegen sind solche Vernunftgründe eher Übungen der Erkenntniskraft als Gründe, die tatsächlich Einsichtigkeit verleihen bzw. diese Wahrheit als bewiesen dartun könnten.

Ad 13. Der Einwand, niemand erkenne [den Sinn eines] Axioms, ohne dessen Termini zu kennen, ist richtig. Die Kenntnis mancher Termini ist jedoch verborgen, anderer offenkundig. Außerdem kann man bezüglich der Bedeutung eines Terminus unterschiedlich vollkommene Kenntnis haben. Man begreife also, dass es vom Wesen [Was-Sein] Gottes zum einen ein vollkommenes, umfassendes und begreifendes Wissen gibt – und auf diese Weise erkennt nur Gott selbst sich selbst. Es gibt zum zweiten die klare und offene Erkenntnis: die der Seligen. Es gibt schließlich eine Erkenntnis, die nur teilweise erfasst und im Rätsel geschieht – und auf diese Weise wird Gott als erster und höchster Ursprung der ganzen Welt erkannt; und das, in sich betrachtet, kann allen Menschen offenkundig sein. Denn wenn jemand weiß, dass er selber nicht immer war, weiß er auch, dass er einen Anfang genommen hat; ebenso weiß er das auch von den anderen Dingen. Weil sich diese Erkenntnis allen darbietet und weil mit dieser Erkenntnis auch gewusst wird, dass Gott ist, so ist dies, was die Sache an sich angeht, für niemanden bezweifelbar.

Ad 14. Auf den Einwand, dem Glauben an etwas Unbezweifelbares komme kein Verdienst zu, könnte man antworten: Zu glauben, dass Gott ist, ist für sich genommen nicht verdienstvoll, sondern nur insofern dies Grundlage für den Glauben an die Dreifaltigkeit oder für die anderen Artikel des Glaubensbekenntnisses ist, die eben auf dem Sein Gottes aufbauen; im Hinblick darauf kann es verdienstvoll sein. Würde man nämlich nur sein Sein glauben, so wäre das kein Verdienst. Paulus spricht vom Sein Gottes als der Grundlage aller anderen Glaubensinhalte; und diese Grundlage ist dem Menschen von Natur aus eingepflanzt, damit nicht der menschliche Verstand, wenn er von sich selbst her gar nichts von Gott wüsste, sich mit seiner Unkenntnis entschuldigen könnte. Das will Hugo sagen: „Deswegen wollte Gott von Anbeginn der Schöpfung dem menschlichen Gewissen weder ganz offenbar noch ganz verborgen sein, damit nicht der Glaube des Verdienstes ermangle, wenn Gott ganz offenbar wäre, noch Unglaube ganz ausgeschlossen sei; denn der Unglaube würde durch das Offenbare übermannt, und der Glaube an das Verborgene könnte sich nicht betätigen. Wäre er aber ganz verborgen, dann könnte das Wissen dem Glauben nicht zu Hilfe kommen, und der Unglaube könnte sich mit der Unwissenheit entschuldigen. So war es angemessen, dass Gott sich, den verborgenen, offenbart, damit wir nicht, bliebe er gänzlich verhüllt, überhaupt nichts von ihm wüssten, und dass er andererseits sich, den in gewisser Weise offenbarten und bekannten, verberge, um nicht ganz offenkundig zu sein; denn auf der einen Seite sollte der Geist des Menschen durch Erkenntnis Nahrung empfangen, andererseits durch Verbergung herausgefordert werden."[71]

Offenbarung der Dreifaltigkeit Gottes
De mysterio Trinitatis q1 a2[72]

Frage 1, Artikel 2: Ist es eine Glaubenswahrheit, dass Gott dreifaltig ist?

Nachdem wir erwiesen haben, dass Gottes Sein eine unbezweifelbare Wahrheit *(verum indubitabile)* ist, müssen wir nun fragen, ob sein Dreifaltig-Sein eine Glaubenswahrheit *(verum credibile)* ist. Unter Glaubenswahrheit verstehe ich, was dem Glauben entspricht und verpflichtend zu ihm gehört (*congruum et debitum credi*).

Argumente dafür:

Dass diese Wahrheit verpflichtend zum Glauben gehört, lässt sich durch folgende Argumente belegen:

1. Am Ende des Matthäus-Evangeliums wird gesagt: „Geht (...) lehrt alle Völker, tauft sie im Namen des Vaters und des Sohnes und des Heiligen Geistes" (Mt 28,19). Man kann hinzufügen, was am Ende des Markus-Evangeliums steht: „Wer geglaubt hat und sich taufen hat lassen, wird gerettet werden, wer nicht geglaubt hat, wird verdammt werden" (Mk 16,16). Eine Wahrheit, die solchermaßen Glaubenszustimmung fordert, dass man ohne sie das

71 Hugo von St. Victor, *Sacr.* I, p.3, cap.2 (PL 176,217).

72 Übersetzung nach dem lat. Text aus: *Doctoris seraphici S. Bonaventurae opera omnia*, edita studio et cura PP. Collegii a S. Bonaventura, Bd. V, Quaracchi 1891, S. 51-58.

Heil nicht findet, ist in höchstem Maß ein *verum credibile*, eine Glaubenswahrheit.

2. Athanasius sagt im Symbolum: „Das ist der katholische Glaube: einen Gott in der Dreiheit und in die Dreiheit in der Einheit zu verehren". Und kurz vorher steht: „Wer diesen [Glauben] nicht unverletzt bewahrt, wird ohne Zweifel auf ewig verloren gehen". Wenn es also ohne diesen Glauben kein Heil gibt, ergibt sich die gleiche Folgerung wie gerade eben.
3. Augustinus schreibt im Ersten Buch *De Trinitate* im dritten Kapitel: „Was die Frage nach der Einheit Gottes, des Vaters, des Sohnes und des Heiligen Geistes betrifft, so gibt es nirgends gefahrvollere Irrtümer, nirgends ist die Erforschung mühsamer, aber auch nirgends ist mehr Frucht und Freude im Finden!"[73] Alle derartigen Dinge, bei denen es gefahrvoll ist, in Irrtum zu geraten, und heilvoll, wenn man richtig über sie denkt, gehören ganz besonders zum Inhalt des Glaubens.
4. Augustinus schreibt im *Hypognosticon*, erstes Buch, Kapitel drei, dass „niemand gerettet werde ohne den Glauben an den Mittler."[74] Aber vom Mittler kann man nur wissen, wenn man die verschiedenen Personen unterscheidet; daher ist es heilsnotwendig, die Verschiedenheit der Personen zu kennen – was bedeutet, die Dreifaltigkeit zu kennen.
5. Weiter: Niemand kann gerettet werden, ohne dass die Dreifaltigkeit in ihm Wohnung nimmt; denn durch die Gnade wohnt ja die ganze Dreifaltigkeit im Menschen. Das aber geschieht nur bei dem, der glaubt. Also kann niemand gerettet werden, wenn er nicht an die Dreifaltigkeit glaubt. Der Obersatz ist klar; der Untersatz wird aus Joh 14,17 bewiesen, wo gesagt wird: „Die Welt kann den Geist der Wahrheit nicht empfangen, weil sie ihn nicht

---

73 Augustinus, *Trin.* I, cap.3, n.5 (CCSL 50,32).

74 Dieses Werk gehört zu den Augustinus zugeschriebenen Werken: *Hypognosticon*, I, cap.3, n.4 (PL 45,1616.)

sieht und nicht kennt; ihr aber werdet ihn erkennen, denn er wird bei euch bleiben und in euch sein.“

6. Es ist auch unmöglich das Heil zu erlangen, ohne ein Glied Christi zu sein, was einschließt, mit ihm verbunden zu sein. Man ist aber nur durch Glauben, Hoffnung und Liebe mit ihm verbunden. Daher kann niemand das Heil erlangen ohne den Glauben an Christus. Der Glaube an ihn aber schließt den Glauben an seine Zeugung von Ewigkeit ein – und das heißt, die Unterschiedenheit der göttlichen Personen.
7. Auch ist es unmöglich gerettet zu werden ohne den Glauben daran, dass Gott der schöpferische Ursprung von allem ist. Glaubt man das nämlich nicht, so erweist man Gott auch keinesfalls die rechte Ehre und Anbetung.[75] Zeugend Ursprung zu sein ist jedoch von höherem Rang als schaffend Ursprung zu sein; denn das Gezeugte ist von höherem Adel als das Erschaffene. Also ist es heilsnotwendig zu glauben, dass Gott auch zeugend und hauchend Ursprung ist, das heißt, dass er dreifaltig ist.
8. Und schließlich ist es auch unmöglich, dass jemand das Heil erlangt, der denjenigen, der in höchster Weise zu lieben und zu ehren ist, nicht liebt und ehrt. Sohn und Heiliger Geist sind in höchstem Maß zu lieben und zu ehren, wie auch der Vater; das wird gesagt in Joh 5, 23: „Wer den Sohn nicht ehrt, ehrt auch den Vater nicht, der ihn gesandt hat“. Also wird niemand gerettet, der den Sohn und den Heiligen Geist nicht liebt und ehrt wie den Vater. Lieben und Ehren aber schließt irgendein Erkennen und Glauben ein.

Mit diesen Argumenten lässt sich also zeigen, dass es zum Heil notwendig und verpflichtend ist, die Dreifaltigkeit Gottes zu glauben. Nun soll noch gezeigt werden, dass diese Wahrheit auch wirklich dem Glauben entspricht (*congruum*).

---

75 So Hugo von St. Victor, *Sacr.* I, p.10, cap.5 (PL 176,333-335).

9. Das Strebevermögen hängt in höherem Grad der höchsten Gutheit an als sich selbst. Also stimmt auch das Erkenntnisvermögen der höchsten Wahrheit mehr zu als sich selbst. Wenn nun unser Erkennen durch den Glauben geradegerichtet werden soll, dann muss ihm eine Wahrheit vor Augen geführt werden, die sein eigenes Urteil überschreitet.[76] Als erste Glaubenswahrheit wird uns aber Gottes Einheit und Dreifaltigkeit vorgelegt. Obwohl dies den menschlichen Intellekt übersteigt, wird es doch ganz richtig und passend als zu glauben vorgelegt.
10. Wie die gottgeschenkte Liebe (*caritas*) das Liebesvermögen gefangen nimmt, so dass es Christus gehorcht, so nimmt der Glaube das Verstehen (*intellectum*) gefangen. Es wäre keine „Gefangennahme", wenn der Intellekt nicht einer Wahrheit zustimmte, die sein eigenes Urteil übersteigt. Ganz passend also übersteigt die erste zu glauben vorgelegte Wahrheit das menschliche Erkennen.
11. „Was allen augenscheinlich ist, oder sehr vielen, oder den Weisen, das wird eben aufgrund des [allgemeinen] Anscheins wahrscheinlich."[77] Was demnach von sehr vielen oder von den Weisen geglaubt wird, wird eben dadurch, dass es geglaubt wird, glaubhaft (*credibile*). Dass Gott dreifaltig sei, wurde von sehr vielen und von Weisen geglaubt, daher ist es angebracht, dies zu glauben.
12. Es ist unvernünftiger anzunehmen, dass eine riesige Zahl von Menschen etwas Unglaubbares glaubt, als anzunehmen, dass eben dieses Geglaubte auch glaubhaft sei. Es steht aber fest, dass die Dreifaltigkeit von sehr vielen Menschen geglaubt wird.
13. Was wir einsehen, verdanken wir der Vernunft, was wir glauben, der glaubwürdigen Bezeugung (*auctoritas*).[78] Nichts hat aber mehr Glaubwürdigkeit als die Heilige Schrift, und zwar nicht nur aufgrund ihres Alters und

76 Vgl. *III Sent.* d23 a1 q1 (III 471).
77 Aristoteles, *Topic* I cap.1.
78 Augustinus, *Util. cred.* n.25 (FC 9,152).

der Behauptung der Wahrheit, sondern weil sie durch Wunder und Prophezeiungen Festigkeit besitzt. Wenn also die Heiligen Schriften insgesamt (*communiter*) bezeugen, Gott sei dreifaltig-einer, dann ist das angemessen und vernünftig zu glauben.

14. Augustinus zufolge gibt es drei Arten von Glaubensgegenständen: „Manches wird geglaubt und zugleich eingesehen, manches wird zuerst geglaubt und dann eingesehen, und anderes wird geglaubt, aber niemals eingesehen – wie die Ereignisse der Geschichte."[79] Etwas, was auch eingesehen werden kann – und dazu gehört die Dreifaltigkeit -, ist in höherem Maß glaubhaft als etwas, in das es keine Einsicht gibt, wie die geschichtlichen Ereignisse, von denen die Heilige Schrift erzählt. Diese sind durchaus glaubhaft; denn warum sollte man nicht glauben, „dass Abraham Isaak zeugte". Also ist erst recht glaubhaft, dass Gott dreifaltig-einer ist.

GEGENARGUMENTE:

1. Inhalte, denen jeder Verstand widersprechen muss, sind für keinen Verstand glaubbar. Jeder Verstand sagt aber das Gegenteil zu der Behauptung, eines sei realiter drei. Also ist das kein Gegenstand des Glaubens.
2. Alles, wovon die geschaffene Wirklichkeit (*natura creata*) erkennen lässt, dass es ihr entgegengesetzt sei, ist unglaubhaft für die Vernunft. Dazu gehört aber, dass etwas, ohne dass es sich der Form nach vervielfältigt, in den Trägern vervielfältigt; denn genau das ist der Fall beim Geschaffenen: es vervielfältigt sich die Form, wenn die Träger sich vervielfachen. Wenn also unser Intellekt durch das Geschaffene zur Erkenntnis des Seins des Schöpfers geführt wird, wie es im Ersten Korintherbrief heißt: „Wir sehen nun im Spiegel und Rätsel" (1 Kor 13,12), und jedes Geschöpf das Gegenteil von dem erkennen lässt, dass Gott einer und dreifaltig sei, dann ist das unglaubhaft.

---

79 AUGUSTINUS, *Div. qq. 83*, q48 (CCSL 44A,75).

3. Alles, was geglaubt wird, wird entweder durch die Vernunft geglaubt (*per rationem*) oder an der Vernunft vorbei (*praeter rationem*). Gottes Dreifaltig-Sein wird also entweder aufgrund der Vernunft geglaubt oder außerhalb ihrer. Wenn die Dreifaltigkeit aufgrund der Vernunft geglaubt wird, dann ist dieser Glaube nicht verdienstvoll, denn „der Glaube hat kein Verdienst, wo die Vernunft einen Beweisgrund der Erfahrung vorlegen kann".[80] Wenn sie aber von jemandem, der Vernunft besitzt, an der Vernunft vorbei geglaubt wird, bzw. außerhalb ihrer, dann glaubt dieser also unvernünftigerweise *(irrationabiliter);* die Folge ist, dass es sich bei der Dreifaltigkeit um eine unglaubbare Wahrheit handelt!
4. Alles, was geglaubt wird, wird entweder aufgrund seiner selbst bzw. seiner selbst wegen (*propter se*) oder aufgrund von etwas anderem (*propter aliud*) geglaubt. Wenn nun Gottes Dreifaltigkeit eine Glaubenswahrheit ist, dann entweder von der einen oder von der anderen Art. Wenn man sie glaubt im Hinblick oder wegen etwas anderem, dann ist sie also nicht Gegenstand des rechten Glaubens an sich (*ipsae rectae fidei obiectum*). Im anderen Fall, wenn sie um ihrer selbst willen geglaubt würde, wäre einzuwenden: Ebenso, wie nur das um seiner selbst willen liebenswert ist, was aufgrund seiner selbst für das Strebevermögen zufriedenstellen kann, so ist auch nur das um seiner selbst willen glaubbar, das durch sich selbst dem Erkenntnisvermögen zugänglich ist. Dies ist aber bei der Dreifaltigkeit Gottes nicht gegeben: sie ist dem Erkennen nicht „durch sich selbst" offenbar.
5. Die Tugend steht in Harmonie mit der Natur; denn Cicero schreibt – und Augustinus bestätigt es –, dass die Tugend (*virtus*) eine Disposition des Geistes sei, nach Maßgabe der Natur, entsprechend der Vernunft.[81] Was also für die

---

80 Gregor der Grosse, *Hom in Ev.* II, hom. 26, n.1 (FC 28/II,472).
81 Cicero, *Rhet.* II 54; Augustinus, *Div. qq. 83*, q31, n.1 (CCSL 44A,41f.).

Tugendkraft (*virtus*) der Natur nicht glaubbar ist, das ist auch der Tugendkraft des Glaubens nicht glaubbar.

6. Die Gnade ist die Vollendung der Natur; und die Vollendung widersteht nicht dem, das vollendet werden soll, sondern entspricht ihm. Wenn also die Dreifaltigkeit Gottes nicht mittels der Natur *(per naturam)* glaubbar ist, dann auch nicht aufgrund der hinzukommenden Gnade.
7. „Der Schöpfer tut nichts gegen die Natur, die ja [mit ihm] mitwirkt".[82] Also tut auch der Lehrer, der das Geschöpf unterweist *(doctor)* und mit seinem Geist erleuchtet *(inspirator)*, nichts gegen das Urteil der Vernunft. Wenn nun der Glaube an die Dreifaltigkeit Gottes dem Urteil der natürlichen Vernunft widerspricht, dann ist dies auch nicht glaubbar aufgrund von Inspiration.
8. Die ersten Grundsätze, die Erkenntnisprinzipien in einer Wissenschaft müssen sehr einfach sein; man sieht das an den Prinzipien des Beweisverfahrens, die dem Intellekt durch sich selbst einsichtig sind.[83] Dementsprechend müssten auch die Prinzipien der Glaubenserkenntnis sehr einfach zu glauben sein. Doch die Dreifaltigkeit Gottes zu glauben ist nicht einfach, sondern sehr schwer – man sieht das an denjenigen, die noch nicht zum Glauben gekommen sind. Darum kann dies nicht der erste Glaubensgegenstand sein, offensichtlich aber auch nicht einer in der Mitte oder am Ende. Also bleibt nur: dass die Dreifaltigkeit keine glaubbare Wahrheit ist.

Mit diesen Gründen also lässt sich scheinbar zeigen, dass die Dreifaltigkeit Gottes kein zu glauben angemessener Inhalt ist. Dass sie auch nicht verpflichtend zu glauben sei, wird mit folgenden Argumenten dargetan:

9. Niemand ist zu etwas verpflichtet, was er nicht kann, schreibt Hieronymus:[84] „Ausgeschlossen sei, wer sagt,

82 Augustinus, *Contra Faustum* XXVI cap.3.

83 Aristoteles, *I Post.* cap.2; IV; *Met.* Text.8 (III cap.3).

84 Hieronymus, *Expositio Symboli ad Damasum* (unter den Werken des Hieronymus).

Gott gebiete etwas Unmögliches". Zu glauben, Gott sei dreifaltig, liegt aber nicht in unserer Macht; denn der Glaube ist ein Geschenk Gottes. Wenn also niemand zu etwas verpflichtet ist, was nicht in seiner Macht steht, dann ist auch niemand zum Glauben verpflichtet.

10. Sollte eine Verpflichtung bestehen, dies zu glauben, dann kann sie entweder aus dem Naturgesetz, oder aus dem geschriebenen Gesetz der Heiligen Schrift oder aus dem Gesetz der Gnade resultieren. Aus dem Naturgesetz kann sie nicht kommen, denn dies ist allen Menschen ins Herz eingeschrieben und ganz und gar bekannt (vgl. Röm 2,14 f.). Die Dreifaltigkeit aber ist eine verborgene Wahrheit, sie ist keinem eifrigen Forschen der Menschen zugänglich. Sie kann auch nicht in der Heiligen Schrift gründen; denn die Dreifaltigkeit war schon Glaubenswahrheit, bevor es die Heilige Schrift gab; und wenn sie nur aufgrund der Schrift zu glauben wäre, dann wäre das kein Glaubensgegenstand für alle Zeiten und Personen. Die Dreifaltigkeit ist auch kein Glaubensgegenstand aufgrund des Gesetztes der Gnade; denn diesen Glauben gab es, bevor das Gesetz der Gnade seinen Anfang nahm. Außerdem ist das Gesetz der Gnade keine schwere Last; und wenn die Dreifaltigkeit schwer zu glauben ist, dann sind wir aufgrund des Gesetzes der Gnade nicht dazu verpflichtet – nach dem geschriebenen Gesetz und nach dem Naturgesetz auch nicht, das wurde gezeigt. Also sind wir überhaupt nicht verpflichtet, dies zu glauben.

11. Wir sind dazu verpflichtet, etwas zu glauben, entweder weil es wahr ist, oder weil es wahr ist und unter ein Gebot fällt. Das erste ist nicht der Fall, weil wir dann aus dem gleichen Grund verpflichtet wären, alles Wahre zu glauben. Im zweiten Fall ist zu fragen: unter welche Art von Gebot? Ein sittliches oder ein sakramentales Gebot? Das zweite ist nicht der Fall, das ist klar. Und auch ein sittliches Gebot kommt nicht in Frage, weil alle derartigen Vorschriften sich auf die Zehn Gebote zurückführen

lassen, und im Dekalog ist nirgends der Glaube an die Dreifaltigkeit geboten.

12. Sollten wir verpflichtet sein, dies zu glauben, dann entweder, weil es sich um eine gesehene Wahrheit (*verum visum*), eine gehörte (*auditum*) oder eine innerlich eingehauchte (*inspiratum*) handelt. Die Schau dieser Wahrheit scheidet aus, denn kein Mensch im Pilgerstand schaut sie. Auch eine gehörte Wahrheit kann es nicht sein; denn sonst wären nur diejenigen verpflichtet, sie zu glauben, die sie gehört haben. Und wenn es eine eingehauchte Wahrheit wäre – nun, jeder, dem dies innerlich eingehaucht wird, glaubt. Demnach wäre nur derjenige zu glauben verpflichtet, der glaubt. Das ist falsch.

13. Was, bitte, bewegt denn einen Christen, diese Wahrheit zu glauben? Wenn du sagst: die Heilige Schrift bewegt mich, dann erwidere ich: Wenn die Heilige Schrift dies nicht lehren würde, dann würdest du also nicht glauben. Nimm an, die Heilige Schrift würde durch einen Brand gänzlich vernichtet – der Glaube an die Dreifaltigkeit würde dennoch nicht aus der Kirche oder der christgläubigen Seele weichen. Also liegt der tiefste Grund *(ratio principalis)* für diesen Glauben nicht in der Heiligen Schrift. – Und wenn du sagst: Wunder, dann erwidere ich: „Der Glaube hat kein Verdienst, wo die menschliche Vernunft Erfahrungsgründe beibringt". Ein Glaube, der auf Wundern gründet, ist eher ein erzwungener Glaube als ein frei gewollter. Solch ein Glaube wäre nicht verdienstvoll. – Und wenn du sagst: die Gnade, dann erwidere ich: Niemand weiß, ob er die Gnade hat, also weiß auch niemand, ob er diese Wahrheit zu glauben hat. Von den Dingen, die zu glauben wir verpflichtet sind, wissen wir jedoch mit Sicherheit, dass wir sie glauben müssen; also werden wir dazu nicht von der Gnade bewegt. – Und wenn du sagst, die Ewige Wahrheit selbst bewege dich zu glauben, erwidere ich: Die Wahrheit bewegt nur dann zum Glauben, insofern sie gesehene Wahrheit ist. Diese Wahrheit wird

von der Seele nicht gesehen. Daher bewegt offensichtlich etwas anderes den Menschen zum Glauben. – Es ist also die Frage: Wenn die Dreifaltigkeit eine Glaubenswahrheit ist, wodurch werden wir bewegt, sie zu glauben, wodurch werden wir verpflichtet, das zu glauben?

ANTWORT:

Dass Gott dreifaltig ist, ist eine Glaubenswahrheit; Der Glaube daran ist sinnvoll (*congruum*), verpflichtend (*debitum*) und würdig (*dignum*).

Diese Glaubenswahrheit ist das Fundament des gesamten christlichen Glaubens, und damit dieses Fundament unverrückt stehe, wird es durch ein dreifaches Zeugnis (*testimonium*) befestigt, durch das wir zum Glauben daran geführt, gezogen und erhoben werden. Dieses dreifache Zeugnis besteht in drei Büchern: dem Buch der Schöpfung, der Schrift und des Lebens. Das erste Buch gibt ein wirkungsvolles Zeugnis, das zweite ein wirkungsvolleres, das dritte aber das wirkungsvollste.

Das Buch der Schöpfung

Das Buch der Schöpfung, das ich deswegen das „erste" nenne, weil es sich unseren Sinnen zuerst darbietet, gibt ein zweifaches Zeugnis – denn die Aussage von zwei Zeugen gibt einem Wort Bestand. Jedes Geschöpf nämlich ist entweder Gottes Spur, wie es die körperliche Natur ist, oder Gottes Bild, wie es die geistigen Geschöpfe sind. Beide bezeugen die Dreifaltigkeit: die Spur freilich nur gewissermaßen aus der Ferne. Denn alles Geschaffene hat seine Weise, seine Gestalt und seine Ordnung, alles Geschaffene ist eines, wahr und gut, alles Geschaffene ist geordnet nach Maß, Zahl und Gewicht. Und diese Dreierstrukturen entsprechen unter bestimmter Hinsicht der Dreiheit der Personen in Gott, nämlich gemäß den ihnen appropriierten Eigenschaften.[85]

85 Lat. *appropriationes:* Eigenschaften, die dem Wesen Gottes zukommen, d.h. den drei Personen gemeinsam sind (*communia*), werden

Darum schreibt Augustinus im *Buch von den 83 verschiedenen Fragen*: „In jedem Seienden ist das, wodurch es besteht, von dem verschieden, wodurch es unterschieden wird, und wiederum von dem, wodurch es in sich eins ist. Jedes Geschöpf verweist also auf seine dreifaltige Ursache: wodurch es ist, wodurch es eben dieses ist, und wodurch es sich selbst freundschaftlich zugetan ist. Die Ursache des Geschaffenen aber, den, der es hervorbringt, nennen wir Gott. Er muss also (*oportet*) eine Dreifaltigkeit sein, im Vergleich zu der das rechte Denken nichts seinsmäßig Hervorragenderes, Intelligibleres und Seligeres entdecken kann."[86] Davon ausgehend zeigt Augustinus, dass alles Geschaffene ein Spur Gottes darstellt, ein Zeugnis, dass Gott dreifaltig ist.

Das „Bild" jedoch, die geistbegabte Kreatur, gibt ein Zeugnis aus der Nähe; denn „Bild" bedeutet ja „deutliche Ähnlichkeit". Das geistige Geschöpf besitzt Gedächtnis, Erkenntniskraft und Willen (*memoria, intelligentia, voluntas*), beziehungsweise geistiges Bewusstsein, Wissen und Liebe (*mens, notitia, amor*). Das geistige Bewusstsein entspricht dabei dem hervorbringenden Vater, das Wissen dem gezeugten Sohn, die Liebe dem Band oder der Verbindung, die von beiden ausgeht, und beide eint. Denn es ist unmöglich, dass der Geist das [innere] Wort, das er hervorbringt, nicht liebt. In dieser Dreierstruktur kann man nicht nur die Ursprungsbeziehung bzw. den Hervorgang [der drei göttlichen Personen] widergespiegelt sehen, worin ihre Unterschiedenheit gründet, sondern auch ihre Ebenbürtigkeit (*aequalitas*), Wesenseinheit (*consubstantialitas*) und Untrennbarkeit. Ein ausdrückliches Zeugnis, laut hinausgerufen, dass Gott dreifaltig ist! Da er nämlich Geist ist und Erkennen (*spiritus et intellectus*), kann er unmöglich des gezeugten Wortes und der hervorgehenden Liebe entbehren; in ihnen liegt Unter-

---

in besonderer Weise jeweils den Personen zugeschrieben: z.B. Macht – Weisheit – Güte. Gott ist Wirkursache, Exemplar- und Zielursache alles Geschaffenen, was wiederum auf Vater, Sohn (als Wort) und Heiligen Geist hinweist. Vgl. dazu *Itin.* I, 9-14.

86 Augustinus, *Div. qq. 83*, q18 (CCSL 44A,23).

schiedenheit hinsichtlich des Hervorgangs, zugleich damit aber auch Ebenbürtigkeit, Wesenseinheit und Untrennbarkeit. Augustinus – vom neunten Buch *De Trinitate* bis zum Ende – beabsichtigte eben dieses Zeugnis für die ewige Dreifaltigkeit darzulegen, das wir im geschaffenen Abbild Gottes haben.

Das Buch der Heiligen Schrift

Dieses Zeugnis des Buches der Schöpfung war einstmals, zu Beginn der Schöpfung, kraftvoll – als jenes Buch noch nicht düster geworden und das Auge des Menschen noch nicht verdunkelt war. Durch die Sünde aber legte sich Dunkelheit über das Auge des Menschen, und jener Spiegel wurde rätselhaft und undeutlich. Und das Ohr des inneren Vernehmens wurde taub. Daher gab Gott in seiner sorgenden Vorsehung das Zeugnis eines zweiten Buches: der Heiligen Schrift, gegeben durch die göttliche Offenbarung, die immer am Wirken war seit der Erschaffung der Welt und niemals nicht sein wird bis zu ihrem Ende.

Das doppelte Zeugnis der Heiligen Schrift liegt im Alten und im Neuen Testament, im Alten Testament wird ein implizites Zeugnis für die Dreifaltigkeit gegeben, im Neuen ein explizites. Das Zeugnis des Alten Testamentes besteht in Vorausbildern (*figurae*) und Worten (*verba*). Unter den Vorausbildern gibt das deutlichste Zeugnis jene Erscheinung, die „Abraham, dem Vater unseres Glaubens" (...) zuteilwurde: Wie es in Gen 18 zu lesen ist, erschienen ihm drei Männer. Er sah drei, betete aber nur Einen an. Er sprach zu den Dreien als spräche er zu Einem. Er erkannte also für sich das Mysterium der Dreifaltigkeit und wollte es auch für andere zu erkennen geben. Was die Bezeugung durch Worte betrifft, so ist offenbar am wirkkräftigsten das Wort Davids: „Durch das Wort des Herrn wurden die Himmel befestigt, durch den Geist aus seinem Mund all ihre Kraft" (Ps 32,6 Vg). Der Wortlaut legt nahe an die Dreifaltigkeit zu denken; denn zwei Personen werden explizit mit ihren Eigennamen genannt: „Wort“ und „Geist“, und eine Person implizit durch die Bezeichnung „Herr“. An vielen Stellen, fast überall im Alten Testament finden sich Zeugnisse für die Ewige Dreifaltigkeit, wenngleich implizit.

Auf gleiche Weise legt auch das Neue Testament Zeugnis ab, jedoch explizit, und zwar durch Sakramente wie durch ausdrückliche Belehrungen. Das erste Sakrament, die Taufe, wird durch die Anrufung des dreifaltigen Gottes vollzogen, wie es am Ende des Matthäusevangeliums geschrieben steht. Dort wird aufgetragen: „Lehrt alle Völker, tauft sie auf den Namen des Vaters, des Sohnes und des Heiligen Geistes“. Deswegen wird durch dieses Grund-Sakrament das Siegel des dreifaltigen Gottes eingeprägt. Dasselbe wird auch durch Worte bezeugt; und weil deren so viele sind, wird nur eines ausdrücklich wiedergegeben – der Freund des Bräutigams spricht dieses Wort: „Drei sind es, die im Himmel Zeugnis geben: der Vater, das Wort und der Heilige Geist, und diese drei sind eins“ (1 Joh 5,7). Dieses Zeugnis ist derart beweiskräftig und deutlich, dass es nicht nur die Angemessenheit dieser Glaubenswahrheit aussagt, sondern auch die Verpflichtung, dies zu glauben; denn es bindet uns, dies zu glauben.

Das Buch des Lebens

Da aber nicht alle dem Evangelium gehorchen (vgl. Röm 10,16), und die Glaubenswahrheit von der Dreifaltigkeit den menschlichen Verstand übersteigt, gab die Weisheit Gottes ein ewiges Zeugnis: im Buch des Lebens. Dieses Buch bezeugt in aller Klarheit, ganz deutlich und unwiderleglich die ewige Dreifaltigkeit – für diejenigen, welche in der Heimat Gott mit enthülltem Antlitz schauen.

Für diejenigen, die noch auf dem Weg des irdischen Lebens sind, gibt dieses Buch ein Zeugnis entsprechend dem Licht, dessen die Seele im Pilgerstand fähig ist. Wie es bei Johannes im ersten Kapitel heißt: „Das Leben war das Licht der Menschen“; denn jenes Buch des Lebens ist „das wahre

Licht, das jeden Menschen erleuchtet [...]“. Es erleuchtet aber auf zweifache Weise: durch das (von der Schöpfung her) eingesenkte Licht (*lumen inditum*), und durch das (von der Gnade) eingegossene Licht (*lumen infusum*). Aus dem Zusammenwirken dieser beiden „Lichter“ erhebt sich die Haltung des Glaubens gleichsam als Beweisgrund (*argumentum*)[87] dafür, dass Gott dreifaltig sei, und in der Folge davon der Glaube aller Wahrheiten, die zur christlichen Gottesverehrung gehören.

Zur näheren Erklärung: Durch das Licht, das jedem Menschen von Gott eingesenkt wurde, und das als Siegel des leuchtenden Angesichtes Gottes über den menschlichen Geist gesetzt ist, sagt einem jeden die eigene Vernunft, dass man vom Ersten Prinzip ganz erhaben und ganz gut denken muss (*altissime et piissime sentiendum est*). Man muss es als das Höchste, Erhabenste denken, weil über ihm kein anderer Ursprung mehr ist; man muss es als das ganz Gute (oder: Gütige) denken, weil alles andere von Ihm seinen Ursprung hat. Darin stimmen Christen, Juden, Muslime und selbst die Häretiker überein.

Dass aber Gott es vermag und will, einen ihm Gleichrangigen, Gleichwesentlichen hervorzubringen, auf dass er einen ewig Geliebten und Mitgeliebten habe, und dass genau darin die Forderung erfüllt ist, von Gott „ganz erhaben und ganz gut“ zu denken – denn wenn man dächte: er kann es nicht, dächte man nicht „erhaben“, und wenn man dächte: er kann es zwar, will aber nicht, dann dächte man nicht „gut“ oder „gütig“ von ihm –, das lehrt nicht das natürlicherweise eingesenkte Licht für sich allein genommen, sondern das eingegossene Licht. Aus seinem Zusammenwirken mit dem eingesenkten Licht ergibt sich, dass man von Gott, um von ihm ganz erhaben und ganz gütig zu denken, denken muss: Er zeugt und haucht einen ihm Gleichen und Gleichwesentlichen. Und das von Gott zu denken, heißt ihm die höchste Ehre erweisen (*maxime honorificare*), Ehrfurcht und Anbe-

87 Vgl. Hebr 11,1.

tung (*venerari, colere*). Und so ist nun offenbar geworden, wie der Glaube an die Dreifaltigkeit die Grundlage und Wurzel der Gottesverehrung und der gesamten christlichen Gottesbeziehung ist (*divini cultus et totius christianae religionis*).

Aus dieser Wurzel – dass wir glauben, Gott sei höchst erhaben und höchst gütig, und daher dreifaltig einer – ergibt sich sogleich, dass man ihn als Schöpfer aller Dinge glauben muss, der die Bösen straft, die Guten belohnt, die Elenden erhebt. Weil er erhaben ist, so entspricht es seiner Würde, große und gerechte Taten zu vollbringen. Weil er ganz gütig ist, entspricht es seiner Würde, „auf das Niedrige zu schauen" (Ps 137,6 Vg) und das Gefallene aufzurichten. Darum glauben wir, dass er aus größter Liebe Mensch geworden ist und gelitten hat, und dass er den Erdkreis richten wird entsprechend seiner erhabenen Größe und Gerechtigkeit.

So ergeben sich also aus den vorgelegten Ausführungen die Wurzel des christlichen Glaubens, die Zeugnisse dafür, was in der Folge zu glauben ist, und was der Ursprung, die erste aller Glaubenswahrheiten ist, die zur christlichen Gottesverehrung führen: der Glaube, dass Gott dreifaltig-einer ist.

Weil nun in Jesus Christus alle Gottesverehrung ihre höchste Vollendung hat, hat er zuerst den Auftrag gegeben, diese Wahrheit klar und offen der ganzen Welt zu verkündigen, und dadurch hat er alle zum Glauben daran verpflichtet. Während also vor dem Kommen Christi keine Verpflichtung zum Glauben an die Dreifaltigkeit bestand, außer dies implizit zu glauben, sind nun, nachdem der Neue Bund offen bekannt gemacht ist, alle zum expliziten Glauben daran gehalten. Es handelt sich also nicht nur um eine des Glaubens würdige oder aufgrund des Zeugnisses der Schöpfung als sinnvoll zu glaubende Wahrheit, sondern um eine aufgrund der offenen Verkündigung des Evangeliums (*divulgatio*) verpflichtende Wahrheit. Diese offene Verkündigung nahm ihren Anfang mit dem Erlöser selbst, wie der Apostel im Hebräerbrief über den christlichen Glauben schreibt: „Nachdem der Herr selbst den Anfang gemacht hatte, davon zu sprechen, wurde [der Glaube] in uns bestätigt durch die

Ohrenzeugen, und durch Zeichen und Wundertaten und verschiedene Krafterweise und Gaben des Heiligen Geistes, gemäß seinem Willen" (Heb 2,3).

Antwort auf die zusätzliche Frage

Wenn also jemand danach fragt, was denn eigentlich den Menschen zum Glauben bewegt – die Heilige Schrift, oder Wunder, oder die Gnade, oder die ewige Wahrheit selbst –, dann ist zu antworten: Das, was in erster Linie dazu bewegt, ist die Erleuchtung, die ihren Anfang hat in dem Licht, das dem Menschen von seiner Natur her mitgegeben ist, und die vollendet wird in dem durch die Gnade eingegossenen Licht. Diese Erleuchtung bewirkt, dass wir nicht nur groß von Gott denken, sondern auch voll ehrfürchtiger Liebe. Denn diese Erleuchtung geht vom ewigen Licht selbst aus, sie nimmt unseren Verstand gefangen, so dass er ihm folgt, und [...] dadurch befähigt sie ihn, alles zu glauben, was sich auf Gottes Ehre und seine Anbetung bezieht, selbst wenn es unsere Vernunft übersteigt. Das kann man aus Erfahrung wissen, wenn man nur tief in die innerste Kammer des Herzens blickt.

Es gibt freilich auch Gründe, die unterstützend oder hinführend wirken, und zwar sehr viele: die Autorität der Heiligen Schrift und ihrer Zeugnisse, das Beispiel der Heiligen und Märtyrer, die Argumente der theologischen Lehrer und die Überzeugung der gesamten Kirche, auch unwiderlegliche Wunder. Darum schreibt Richard von St. Victor, im ersten Buch von *De Trinitate*: „Nichts halten wir beständiger fest, als das, was wir durch den Glauben ergreifen. Dies wurde ja den Vätern vom Himmel her enthüllt und durch so viele gewaltige Zeichen und Wunder bekräftigt, dass es Zeichen von starker Beschränktheit des Verstandes wäre, daran auch nur ein wenig zu zweifeln. Zahllose Wunder und Dinge, die nur göttlichen Ursprungs sein können, verleihen der Botschaft Glaubwürdigkeit und lassen nicht zu, dass man daran zweifelt. Wir stützen uns zur Bekräftigung also auf Zeichen, die hier als Argumente dienen, auf Wunder an Stelle der eigenen Erfahrung. Ach würden doch die Juden und die Heiden merken, mit welcher Sicherheit des Gewissens wir hier zu Gottes Richterstuhl hintreten könnten! Können wir etwa nicht zu Gott sprechen: Herr, wenn das ein Irrtum ist, dann sind wir von dir getäuscht worden; denn diese Glaubenslehre ist unter uns mit solchen Zeichen und Wundern bekräftigt worden, die nur von dir selbst bewirkt sein können. Sie wurde uns durch Männer von höchster Heiligkeit weitergegeben (*tradita*), mit höchst glaubwürdigem Zeugnis begründet, und dabei hast du selbst ‚mitgewirkt und ihre Predigt mit darauffolgenden Zeichen bestätigt' (Mk 16,20)."[88]

Somit ist auch diese letzte Frage beantwortet: Wodurch der Gläubige zum Glauben an die Dreifaltigkeit bewegt werde.

ANTWORT AUF DIE GEGENARGUMENTE:

Ad 1: Der erste Einwand hatte gelautet: „Alles, wovon jede Vernunft das Gegenteil sagt, ist für die Vernunft nicht glaubbar. Nun sagt aber jede Vernunft das Gegenteil zu der Behauptung, dass Eines realiter Drei sei." Dazu muss man unterscheiden, in welchem Sinn man von „Vernunft" spricht; denn da gibt es drei Aspekte: insofern sie Mängel hat bzw. schwach ist (*defectiva*), oder insofern sie im rechten Zustand ist (*stans*), oder insofern sie durch die Gnade erhoben ist (*elevata*). Wenn der Satz: „Alles das, wozu jede Vernunft das Gegenteil behauptet, ist nicht glaubbar", speziell hinsichtlich der schwachen und mangelbehafteten Vernunft verstanden wird, dann ist er falsch. Denn selbstverständlich kann etwas, was einer unzureichenden Vernunft widerspricht, der rechten Vernunft oder der in der Gnade erhobenen Vernunft entsprechen. Wenn der Satz ganz allgemein von der Vernunft spricht – ohne spezifisch die drei Zustände zu berücksichtigen –, dann ist der Obersatz richtig. Der Untersatz aber ist falsch; denn wie sehr auch die mangelbehaftete Vernunft der Dreifaltigkeit widerspricht, die Vernunft im rechten Zustand kann einiges sagen, was dieser Wahrheit entspricht, und die durch die Gnade erhobene Vernunft sagt genau diese Wahrheit aus.

88 RICHARD VON ST. VICTOR, *Trin.* I, cap.2 (TPMÂ 6,88).

Ad 2: Das Geschaffene kann auf zwei Weisen „etwas zu erkennen geben", entweder in sich betrachtet, oder hinsichtlich seiner Ursache: Das Geschaffene lässt erkennen, dass es zeitlich, wandelbar und zusammengesetzt ist, lässt aber auch erkennen, dass seine Ursache ewig, unwandelbar und gänzlich einfach ist.[89] Freilich gibt es im Bereich des Geschaffenen keine Dreiheit von Trägern (*supposita*) in der Einheit einer „Form" [bzw. Substanz], weil sich hier die Träger voneinander unterscheiden aufgrund ihrer Zusammensetzung aus Materie und Form.[90] Im Schöpfer gibt es keinerlei Materie, jedoch wahre Fruchtbarkeit, daher bleibt das Wesen (*substantia*) oder „Form" (*forma*) ein einziges, die Unterschiedenheit der Personen (*supposita*) ist in ihrem jeweiligen Ursprung begründet. Das Geschaffene legt also nicht einfach schlechthin das Gegenteil zur Dreifaltigkeit Gottes nahe, recht verstanden verweist es vielmehr darauf. Und daher ist die Dreifaltigkeit eher glaubwürdig als unglaubwürdig.

Ad 3: Auch „etwas aufgrund von Vernunft zu glauben", hat einen zweifachen Sinn: entweder aufgrund der bloßen Vernunft (*ratione mera*), oder aufgrund der unterstützten Vernunft (*ratione adiuta*). Obwohl die Dreifaltigkeit für die bloße Vernunft unglaubbar ist, ist sie glaubbar für die von der Gnade und dem eingegossenen Licht unterstützte Vernunft. Was auf diese Weise geglaubt werden kann, wird nicht „unvernünftigerweise" geglaubt; denn die Gnade und das Licht von oben lenken eher die Vernunft als dass sie sie aus den Angeln heben.

Ad 4: Dass Gott dreifaltig ist, glaubt man nicht im Hinblick auf etwas anderes, sondern wegen dieser Wahrheit selbst (*propter ipsum*); denn dies ist die erste und höchste

---

89 Bonaventura kommt oft auf diese Art der Erkenntnis von Eigenschaften Gottes zu sprechen. Sie werden erkannt, indem der Erkennende begreift, dass er die Bestimmungen des kontingenten Seins als „zeitlich", „wandelbar" etc. nur vor dem unausgesprochenen Hintergrund des „ewigen", vollkommenen Seins (*esse purum*) denken kann: z.B. *Itin.* V.

90 *II Sent.* d3 p1 a2 q1-3 (II 102-110).

Wahrheit und sie bezieht sich auf die Verehrung Gottes. Auf den Einwand, solch ein Glaubensgegenstand müsse dem Glaubenden auch direkt (*per se*) offenkundig sein, ist zu antworten: Ja, das stimmt für den Glaubenden, der kein Hindernis entgegensetzt, sondern vielmehr eine Disposition besitzt, die ihn zur Zustimmung zur Ungeschaffenen Wahrheit befähigt. Ein wahrhafter Christ glaubt diese ihm vorgelegte Wahrheit ohne irgendwelche zusätzliche Überzeugungsargumente.

Ad 5.6: Zu dem Einwand, eine Tugend verhalte sich harmonisch zur Natur, ist zu sagen, dass das nur für die Tugenden des gemeinschaftlichen Lebens gilt. Wollte man es von der gnadenhaften Tugend verstehen, dann wäre der Satz nicht wahr, sofern man unter „Natur" die gefallene Natur meint; der Satz würde aber stimmen, wenn man dabei an die erneuerte, durch die Gnade erhobene Natur denkt. – Von daher ergibt sich auch die Antwort auf die Behauptung, dass die Gnade die Vollendung der Natur sei: das ist sie nämlich nicht nur als eine Befähigung der Natur, sondern auch als Erneuerung und Erhöhung der Natur. Indem die Gnade die Natur erneuert und und erhebt, zerstört sie weder die Natur an sich noch etwas, was zu dieser an sich gehört, sondern sie hebt den Mangel (*defectum naturae*) auf.

Ad 7: Der Einwand hatte gelautet: Der Schöpfer handle nicht gegen die Natur. Darauf ist zu sagen, dass „Natur" zweifach verstanden werden kann: als Lauf der Natur (*naturalis cursus*), und als natürlicher Gehorsam des Geschaffenen (*naturalis oboedientia creaturae*). In diesem letzten Sinn verstanden, handelt Gott nicht gegen die Natur, im ersten Sinn aber sehr häufig – wie bei allem, was über die Natur hinausgeht, oder gegen ihren normalen Verlauf gewirkt wird, wie die Wundertaten.[91]

Ebenso soll man denken, wenn es um die natürliche Einsicht des Verstandes *(intelligentia naturalis)* geht: sie ist zum einen darauf angelegt, aufgrund des ihr eigenen Lichtes tätig

---

91 *II Sent.* d18 a1 q2 ad5 (II 437).

zu werden, und zum anderen, sich dem ewigen Licht unterzuordnen. In letzterer Hinsicht sagt sie gar nichts gegen die Einsichtigkeit der Dreifaltigkeit. Unter der ersten Hinsicht sagt sie etwas, was zunächst dagegen zu sprechen scheint, aber später, wenn das eingegossene Licht sie überstrahlt, zeigt es sich als harmonisch passend. Denn was der Vernunft zuerst unmöglich oder schwierig zu glauben schien, das wird dann ganz leicht, so dass der wahre Gläubige zu seinem ewigen Lehrer sprechen kann: „Deine Zeugnisse sind über die Maßen glaubwürdig geworden" (Ps 92,5 Vg).

Ad 8: Auf den Einwand, dass die Erkenntnisprinzipien im Bereich der Wissenschaften sehr einfach zu verstehen seien, ist zu antworten: Die Erkenntnis die dem Glauben entspricht, ist eine Erkenntnis „entsprechend der Frömmigkeit" *(secundum pietatem)*, wie es im Titusbrief heißt (Tit 1,1). Freilich wird es dem Erkenntnisvermögen, das nur in trockener Weise darüber nachsinnt, außerordentlich schwierig vorkommen, Gottes Drei-Einigkeit zu glauben. Einem Erkenntnisvermögen, das von ehrfürchtiger Liebe *(pietas)* erfüllt ist, wird es dagegen ganz leicht fallen, so vom Höchsten Vater zu denken: dass er einen Einziggeborenen Sohn hat, den er liebt wie sich selbst, und den er sogar für das Heil der Menschen hingibt (vgl. Joh 3,16).

Ad 9: Weiter wurde gesagt, dass niemand zu etwas verpflichtet ist, was er nicht vermag. Nun ist freilich der Mensch aus sich selbst dazu nicht ausreichend befähigt, aber durch Gottes Hilfe, die ihm zur Seite steht, ist er dazu fähig, sofern er nur eben das tut, was er vermag. Und weil er das tun kann, wodurch er dann, wenn er es getan hat, fähig ist zu glauben, gilt er als „fähig" (*pro potente iudicatur*), und kann dazu verpflichtet werden – vor allem, wenn weder innere noch äußere Ermahnung fehlen, wie es in der Zeit der offenbaren Gnade der Fall ist.[92]

92 Das heißt: in der Zeit nach Christus, in der sowohl „Gnade" wie „Wahrheit", innere Erleuchtung wie äußere Klarheit der Gotteserkenntnis gegeben sind.

Ad 10: Als nächstes wurde gefragt, ob diese Verpflichtung im Naturgesetz, im geschriebenen Gesetz oder im Gesetz der Gnade begründet sei. Darauf ist zu antworten: am tiefsten im Gesetz der Gnade; dadurch sind wir gehalten und verpflichtet, diese Wahrheit ausdrücklich zu glauben. Doch auch im Naturgesetz und im geschriebenen Gesetz gibt es die Verpflichtung zu glauben, wenigstens implizit zu glauben. Denn zu jeder Zeit würde man jemanden, der die Dreifaltigkeit Gottes hartnäckig bestritte, als der Wahrheit Gottes und der wahren Gottesverehrung fremd erachten – besonders aber jetzt, zur Zeit der Gnade, in der diese Wahrheit enthüllt, verkündigt und ebenso vielfach wie ausdrücklich aufgewiesen worden ist. – Und sollte jemand einwenden, dass der Glaube keine Verpflichtung sei, da das Gesetz der Gnade „leicht" sein müsse, so ist zu antworten: Auch die Feindesliebe ist nicht für jedermann leicht, wohl aber für jemanden, der die übernatürliche Liebe hat. Ebenso ist auch der Glaube an die Dreifaltigkeit für denjenigen leicht, der den Glauben hat, mag es dem Ungläubigen auch schwierig vorkommen.

Ad 12: Auf die Frage, wodurch wir verpflichtet seien, die Dreifaltigkeit zu glauben – weil wir das geschaut, gehört oder innerlich inspiriert bekommen haben? – ist zu sagen: Wir sind dazu verpflichtet, weil diese Wahrheit mit der Gottesverehrung [d.h. dem Gottesdienst][93] zu tun hat und öffentlich verkündigt wird. Daher kann man sich nicht entschuldigen, man habe nichts gehört oder es fehle an innerem Licht; denn jemand kann das tun, was ihn dazu befähigt, das innere Licht aufzunehmen.

Ad 11: Es wurde gefragt: Sind wir verpflichtet dies zu glauben, weil es wahr ist, oder weil dieses Wahre zu glauben unter ein Gebot fällt? Die Antwort lautet: Letzteres. Und wenn weiter gefragt wird: Unter welches Gebot? Dann sage ich, unter das erste Gebot: „Höre, Israel, der Herr, dein Gott, ist

93 Bonaventura scheint sagen zu wollen, dass durch die Feier des Gottesdienstes und die Praxis christlichen Gebetes (z. B. Kreuzzeichen) die Kenntnis dieses Glaubensgeheimnisses auch den einfachsten Menschen bekannt wird.

einer. Den Herrn, deinen Gott, sollst du anbeten und ihm allein dienen" (Dtn 6,4.13). Dieses Gebot verpflichtet uns, ausdrücklich zu glauben, dass Gott einer ist, einschlussweise aber zu glauben, dass er dreifaltig ist. Das lässt sich folgendermaßen verdeutlichen: In diesem Gebot werden wir zur Gottesverehrung (*cultus*) als Anbetung Gottes (*latria*) verpflichtet, die hier als „(Sklaven-)Dienst" (*servitus*) bezeichnet wird. Der Ausdruck: jemandem „Ehre oder Pflege erweisen" (*colere*) wurde aus dem körperlichen Bereich in den geistigen übertragen; denn im materiellen Bereich bedeutet „colere" einen Acker bebauen, das herauszubringen (*manifestare*), was aus dem Ackerboden wächst. Gott gegenüber bedeutet *colere*: mit Herz, Mund und Taten zu bekennen, dass er der Ursprung schlechthin ist. Man bekennt sich nur dann in vollkommener Weise zu ihm als Ursprung, wenn man bekennt: Er ist nicht nur der Ursprung als Wirkursache, in der *Schöpfung*, sondern er ist auch Ursprung der Neuschöpfung, in der *Erlösung*, und Ursprung der Vollendung, in der *Verherrlichung*.[94] Und auch das ist noch kein vollständiges Bekenntnis, wenn man nur glaubt, er sei der Ursprung des Zeitlichen und der Zeit, sondern man muss ihn auch glauben als *Ursprung von Ewigkeit* her, und auch das ist noch nicht genug: wir müssen auch glauben, dass er so Ursprung ist, dass er von Ewigkeit her dem von ihm her Kommenden verleiht, Ursprung zu sein. Das glauben wir, wenn wir glauben, dass der Vater in ewiger Zeugung den Sohn hervorbringt und mit ihm den Heiligen Geist haucht, so dass in Gott auf ewige Weise ein Ursprung vom Ursprung (*principium de principio*: Sohn) und ein Ursprung nicht vom Ursprung (*principium non de principio*: Vater) ist.

Es gehört also zur vollkommenen Anbetung (*cultura Dei*) zu denken und zu glauben, dass Gott von Ewigkeit her Ursprung ist, Ursprung eines Ursprungs – so dass seine ewige Fruchtbarkeit offenkundig wird. Es ist ebenfalls notwendig

94 Zum Bekenntnis gehört das Wirken der Dreifaltigkeit in der Heilsgeschichte („ökonomische Trinität"), wie der Glaube an die „immanente Trinität", wie sie im folgenden Gedanken dargestellt wird.

zu glauben, dass er Ursprung der Erschaffung, Erlösung und Vergeltung ist – wodurch seine fruchtbaren Wirkungen in der Zeit offenkundig werden. Wer irgendetwas davon weglässt, der „ehrt" Gott nicht auf vollkommene Weise. Und da Gott sich zur Zeit der Gnade nicht nur irgendwie, sondern vollkommen offenbart, sind diese Inhalte ausdrücklich zu glauben, wenn wir denn zur Zahl der Diener Gottes gehören wollen. Das Gebot Gottes, das vor dem Kommen Christi nur dazu verpflichtete, einschlussweise zu glauben, verpflichtet uns nun zum ausdrücklichen Glauben; denn jetzt ist die Zeit, Gott auf vollkommene Weise zu ehren (*tempus colendi Deum perfecte*).

Von daher ergibt sich auch, warum Gott zur Zeit des Mosaischen Gesetzes Gefallen hatte an den Opfern: sie bezogen sich auf die Gottesverehrung, da sie allesamt Zeichen waren, welche den Glauben an die Erlösung des Menschengeschlechtes bezeugten und diese im Voraus versinnbildeten. Diese Erlösung geschah durch die Darbringung des makellosen Lammes, durch die Vergießung des Blutes Jesu Christi (1 Petr 1,19). Damit ist auch klar, warum unter dem Gesetz der Gnade keine sinnbildlichen Opfer mehr dargebracht werden, sondern einzig Jesus Christus in seinem Fleisch und Blut: Denn jetzt ist die Zeit, Gott wahrhaft und vollkommen anzubeten, und dies erfordert die Darbringung eines Opfers, das in einzigartiger Weise wahr und vollkommen ist: einzig und allein Jesus Christus. [...]

[Die Antwort auf Einwand 13 wurde innerhalb des Corpus articuli gegeben.]

Ewigkeit
De mysterio Trinitatis q5 a1 und 2

Einleitung und Übersetzung von Florian Kolbinger

Einleitung

„Ewigkeit liegt im Geheimnis der Dreifaltigkeit"

Der Begriff der „aeternitas" in *De mysterio Trinitatis*

Bonaventura stellt seine Erwägungen zum Begriff der Ewigkeit unter den Titel „Über das Geheimnis der Dreifaltigkeit". Diese eigentlich schlichte Beobachtung beinhaltet doch bereits zwei wichtige Weichenstellungen. Die erste liegt darin, dass hier vom „Geheimnis" die Rede ist. Damit wird die Behandlung des Stoffes in den Rahmen der negativen oder besser noch der mystischen Theologie gestellt. Weil und insofern Gott – und er allein – ewig ist, ist das Verständnis des Begriffs dem Menschen nicht auf dieselbe Weise und genauso vollkommen möglich wie bei anderen Dingen, die den Rahmen des Geschöpflichen nicht überschreiten. „Balbutimus aeternitatem",[95] so beschrieb Bonaventura diesen Sachverhalt: Wenn wir von Ewigkeit sprechen, dann bleibt unser Reden ein Stammeln oder ein Radebrechen. „Mystische Theologie" ist es im Sinne des von Pseudo-Dionysius Areopagita grundgelegten Dreischritts der *via positionis* (als Ansetzen bei den vorzüglichsten Eigenschaften, die man im geschöpflich-irdischen Bereich findet), der *via negationis* und der *via* (*super*)*eminentiae*. Mystische Theologie ist es aber auch im Sinne einer Erfahrungserkenntnis Gottes („cognitio de Deo experimentalis"), das heißt, sie will nicht allein ein intellektuelles Unternehmen sein, sondern ist auf das „Verkosten der Süße Gottes" ausgerichtet und speist sich von ihr

---

95 *Myst. Trin.* q5 a1 ad 5 (V 91a).

her – das wiederum ist (wenigstens für Bonaventura) nichts anderes als Weisheitstheologie.[96]

Die zweite Weichenstellung liegt darin „Ewigkeit“ ausdrücklich im Rahmen der Trinitätstheologie zu behandeln. Das überrascht, denn „Ewigkeit“ ist ein Attribut des Wesens Gottes. Es ist aber gerade typisch für Bonaventura, die beiden Traktate über den einen und den dreifaltigen Gott nicht zu trennen. Leitend hierfür mochte die aus der dionysisch-neuplatonischen Tradition stammende Vorstellung von Gott als dem sich selbst mitteilenden Guten sein. Im Trinitätstraktat Richards von Sankt Victor war diese Selbstmitteilung Gottes näherhin als Liebe bestimmt worden.[97] Diese Sichtweise führte bei Bonaventura dazu, das Wesen Gottes nicht als eine für sich allein zu betrachtende Größe zu sehen, sondern immer nur zusammen mit den Personen zu betrachten. Dies wird an *De mysterio Trinitatis* selbst deutlich: Nach der ersten Quästion, die im Rahmen der Frage nach der Existenz Gottes eine erkenntnistheoretische Grundlegung bietet, wird in den verbleibenden sieben Abschnitten jeweils eine Eigenschaft des Seins Gottes behandelt. So werden der Reihe nach dessen Einheit (Einzigkeit), Einfachheit, Unermesslichkeit (Unendlichkeit), Ewigkeit, Unveränderlichkeit, Notwendigkeit und „Erst-Sein“ (*primitas*) in den Blick genommen. Das Vorgehen Bonaventuras ist dabei immer dasselbe: in einem ersten Schritt fragt er nach, was die entsprechende Eigenschaft bedeutet und warum sie dem göttlichen Sein zukommt, und in einem zweiten Schritt wird die Frage gestellt, wie sich die betrachte Eigenschaft mit der Dreifaltigkeit Gottes verbindet. Im Folgenden soll diesem Zweischritt im Blick auf die Ewigkeit Gottes nachgegangen werden.

---

96 *III Sent.* d35 a1 q1 c (III 774a) – Z. HAYES, *Introduction*, in: *Bonaventura, Disputed Questions on the Mystery of Trinity*, Introd. and Transl. by Z. HAYES, St. Bonaventure, New York 2000 (Nachdruck der Ausgabe von 1979), 11–103, sprach von *Myst. Trin.* „as a convincingly articulated wisdom-theology” (S. 27).

97 Vgl. z. B. RICHARD VON ST. VICTOR, *Trin.* III, cap.2 (TPMÂ 6,136f.).

„Ewigkeit" als Bestimmung des Seins Gottes

Zu Zeiten Bonaventuras herrschte allgemeine Übereinstimmung darüber, dass Gott Ewigkeit zukommt. Das war nicht immer so, so wenig wie es gegenwärtig der Fall ist. Man braucht nur auf die aktuelle, vor allem in der Religionsphilosophie geführte Debatte zwischen Äternalisten (die Gott Ewigkeit zuschreiben) und Temporalisten (die sie ihm absprechen) blicken. Die Auseinandersetzung reicht weit zurück in der westlichen Philosophiegeschichte, hier lässt sich das temporalistische Verständnis bis Heraklit, das äternalistische bis Parmenides zurückverfolgen. Aristoteles, Platon und die neuplatonische Tradition machten vor allem die letztere Linie stark. Bei Augustinus kann man den Umschwung direkt beobachten: Sein Weg weg vom Manichäismus und hin zum katholischen Glauben war auch der Weg zur Vorstellung eines transzendenten, rein geistigen, absolut unveränderlichen und doch personalen Gottes. Trinitätstheologisch wird man vor allem an die Auseinandersetzung mit Arius um die Person Jesu Christi denken: die Frage, ob er dem Vater gleich oder ein geschaffenes Wesen ist, war implizit auch die Frage, ob er ein ewiges Sein besitzt.[98]

Aber, wie gesagt, Bonaventura und seine Zeitgenossen beantworteten die Frage nach der *aeternitas* Gottes mit einem klaren Ja. So dient der erste Artikel in der Quaestio V von *De mysterio Trinitatis* vorrangig der Begriffsbestimmung. Dazu wird die *aeternitas* von zwei anderen Formen der Zeitlichkeit abgegrenzt: dem Aevum und der Zeit. Dabei soll hier der Hinweis genügen, dass das Aevum zur Beschreibung der Zeitlichkeit geschaffener, aber unvergänglicher Substanzen, näherhin der Engel und der menschlichen Seelen, verwendet wurde. Der Blick auf das Vorhandensein von Anfang und Ende liefert dabei eine erste, aber noch ungenügende Differenzierung: Zeitlich ist, was einen Anfang und ein Ende hat, aevitern ist, was einen Anfang, aber kein Ende hat, und ewig

98 Vgl. etwa die Diskussion bei Hilarius von Poitiers, *Trin.* IV, 13 (CCSL 62,114).

ist, wem beides fehlt. Doch Ewigkeit ist mehr als nur eine ins Unendliche fortgesetzte Zeitlichkeit. Den Formen der Zeitlichkeit entspricht auch eine Stufung des Seins: An der Spitze der Pyramide findet man das reine Sein, das nichts vom Nicht-Sein hat, das durch vollkommene Selbstidentität und Selbstbesitz ausgezeichnet ist. Dieses Sein besitzt entsprechend nichts von noch zu verwirklichender Möglichkeit, sondern ist, war und bleibt stets alles, was es sein kann, es ist reine Wirklichkeit (*actus purus*). So kommen hier Qualitäten ins Spiel, die über die Frage nach Anfang und Ende hinausgehen.

Die Definition des Boethius von der Ewigkeit als „ganz gleichzeitigem und vollkommenen Besitz unbegrenzten Lebens"[99] trug diesem Anspruch Rechnung. So übernahm sie Bonaventura (wie andere auch) für sich. Dabei nutzte er den Wortlaut, um daraus seine eigene Systematik zu entfalten. Er entnahm ihm die beiden Bestimmungen, die für ihn „Ewigkeit" ausmachten, nämlich die zeitliche Unbegrenzbarkeit (*interminabilitas*) und die Gleichzeitigkeit (*simultas*). Wenigstens kurz soll erläutert werden, welchen Sinn Bonaventura den beiden Begriffen gab. Bei der *interminabilitas* wird man zunächst an das bereits Festgestellte denken: Sie besagt das Fehlen einer zeitlichen Begrenzung (*terminus*), also Anfangs- und Endlosigkeit. Doch damit ist noch nicht alles gesagt, denn Bonaventura stellte sie näherhin unter den Oberbegriff der „Unermesslichkeit" (*immensitas*) oder der „Unendlichkeit" (*infinitas*). Beide Begriffe sind gelegentlich austauschbar, haben aber je eigene Konnotationen. *Immensitas* weist ganz allgemein auf das Fehlen eines Maßes hin. Das Maß ist ein Erkenntnismittel, das insbesondere auch die Begrenztheit eines Seienden deutlich macht.[100] So wird deutlich, warum die Ewigkeit nur in einem analogen Sinn (also strenggenommen *kein*) Maß ist: Weder übt sie eine begrenzende Funktion aus, noch lässt sich Gott unter irgend-

---

99 Boethius, *Consol.* V, prosa 6, n.4 (CCSL 94,102).
100 Vgl. Bonaventura, *II Sent.* d2 p1 a1 q1 f5 (II 55).

ein von ihm selbst verschiedenes Maß stellen. Gott kann vielmehr nur so verstanden werden, dass er selbst die Ewigkeit ist. – *Infinitas* bringt zum Ausdruck, dass die *finis* („Ende", „Grenze", „Ziel", „Zweck") fehlt. Wie schon Augustinus[101] ist Bonaventura bemüht, dem, was da im Gewand einer Negation daherkommt, einen positiven Sinn beizulegen. So will er „unendliche Größe" nicht in einem materiell-räumlichen Sinn verstanden wissen (als unbegrenzte *quantitas molis*), sondern im Sinne von unbegrenzter Kraft (*quantitas virtutis*). Eine Kraft ist aber umso größer je einheitlicher sie ist. „Unendlichkeit" versteht er von daher als Ableitung aus der Verbindung von *summe simplex* und *simpliciter summum*, das bedeutet: „Das göttliche Sein hat nichts, was es einschränkt, nichts, was es begrenzt, nichts, was es bestimmt, nichts, was es unter ein Genus einschließt, und daher steht es außerhalb und überhalb von allem".[102]

Die „Gleichzeitigkeit" ist die zweite Qualität der Ewigkeit. Sie steht unter dem Oberbegriff der Einfachheit (*simplicitas*). „Gleichzeitigkeit" bedeutet hier den Ausschluss jeder Sukzession. Das soll heißen, das für die Zeit charakteristische „Fließen" des Jetzt fehlt bei der Ewigkeit gerade. Das zeitliche Sein besitzt sich nur in einem Nacheinander der Augenblicke, das ewige Sein besitzt sich als Einfaches „auf einmal". In der Ewigkeit gibt es keine Vorher-Nachher-Struktur und die Unterscheidung von Vergangenheit, Gegenwart und Zukunft ist auf sie nicht anwendbar. Aus der „Gleichzeitigkeit" folgt also schließlich, dass „Ewigkeit" als „einfache und unteilbare Gegenwärtigkeit"[103] verstanden werden muss.

„Ewigkeit" als Signatur der Dreifaltigkeit

Bereits im ersten Artikel unserer Quaestio wird der Weg für eine trinitätstheologische Perspektive gebahnt. So steht wohl

---

101 Vgl. H. Echternach, *Ewigkeit*, in: HWPh 2 (1972), 838–844, besonders S. 840.

102 *Myst. Trin.* q4 a1 c (V 81a), vgl. q5 a1 ad 10 (V 91b).

103 *Myst. Trin.* q5 a1 ad 11 (V 92a).

kaum zufällig das zweite Beispiel des ersten Artikels jenem Augustinischen Ternar von Gedächtnis, Einsicht und Willen (*memoria, intellectus, voluntas*) nahe, mit dem dieser die Einheit der drei göttlichen Personen darlegte.[104] Außerdem bemerkt man die intrinsische Polarität des Ewigkeitsbegriffs: Während etwa Thomas die „aeternitas" von einem einzigen Begriff her verstehen konnte,[105] blieb der Doctor seraphicus bei der Zweiheit der Begriffe „Gleichzeitigkeit" und „Unbegrenzbarkeit" stehen. Diese beiden Bestimmungen bilden zwar keinen kontradiktorischen Gegensatz, stellen aber ein Paar von Grenzbegriffen dar, für die im irdischen Bereich gilt: Je mehr man sich dem einen nähert, um so weiter entfernt man sich vom anderen. Es ist eine typische Figur in der Theologie Bonaventuras, dass im göttlichen Bereich Dinge zusammenzudenken sind, die bei den Geschöpfen auseinanderfallen („Gerechtigkeit" und „Barmherzigkeit" wäre ein anderes Beispiel). Man hat also eine Spannung im Ewigkeitsbegriff, die nicht nur zeigt, wie er gewissermaßen am äußersten Horizont der menschlichen Erkenntnis steht, sondern die auch eine gewisse gedankliche Nähe zu dem trinitätstheologischen Axiom „In Deo omnia sunt unum, ubi non obviat relationis oppositio" aufweist.

Worauf will Bonaventura hinaus? Nun, der zweite Artikel behandelt die Frage, wie sich „Ewigkeit" und „Dreifaltigkeit" Gottes vertragen. Aus den verschiedenen Teilantworten lässt sich schrittweise eine immer größer werdende Nähe der beiden Begriffe erkennen. So wird man in einem ersten Schritt darauf kommen, dass „Ewigkeit" und „Dreifaltigkeit" einander nicht widersprechen. Es ist vor allem die Reihe der Gegenargumente und ihrer Auflösung, wo dies geschieht. Bonaventura will hier darlegen, wie das Konzept der innertrinitarischen Hervorgänge in einem zeitfreien Rahmen gedacht werden kann und muss. Doch bloße Nicht-Widersprüchlichkeit ist ihm nicht genug. In einem zweiten Schritt gilt es

104 Vgl. AUGUSTINUS, *Trin.* X–XIV (CCSL 50,311–50A,459).

105 In der *Summa theologica* I q10 a2 c (Ed. Leonina IV, 96) war es die Unveränderlichkeit *(immutabilitas)*.

die positive Korrespondenz zwischen „Ewigkeit“ und „Dreifaltigkeit“ zu sehen. Dies geschieht vor allem im Hauptteil des Artikels, wo Bonaventura auch auf den „wunderbaren Einklang“ hinweist, der zwischen beiden Begriffen herrscht: Sie passen zusammen, denn Elemente des einen findet man auch beim anderen wieder. Am deutlichsten wird das vielleicht bei der Betrachtung der Relationen, wo herausgearbeitet wird, dass Relationalität die Gleichzeitigkeit der Relate beinhaltet.[106] Doch auch damit ist Bonaventura noch nicht zufrieden. Der dritte Schritt beinhaltet, dass „Ewigkeit“ und „Dreifaltigkeit“ notwendig zusammengehören. Denn was bedeutet „Dreieinigkeit“? Nichts anderes, als dass hier ein Sein vorliegt, das „ohne Zahl, ohne Zusammensetzung und ohne Begrenzung“[107] ist, sprich: Die drei Personen lösen die Einheit des Wesens nicht auf, sie begründen keine Zusammensetzung und begrenzen sich nicht in irgendeiner Weise gegenseitig. Damit sind aber hier genau jene beiden Eigenschaften benannt („Unbegrenztheit“ und „Einfachheit“), die den Ewigkeitsbegriff konstituieren. Anders gesagt: der Ewigkeitsbegriff trägt in sich bereits die trinitarische Perspektive und umgekehrt.

Wissen, das dem Heil dient

Bonaventuras Theologie will – wie anfangs erwähnt – „Weisheitstheologie“ sein: Wissen zu sammeln ist nicht Selbstzweck, sondern soll auf das Heil des Menschen ausgerichtet sein. Kann man das auch im vorliegenden Text fassen? Ich denke es leuchtet aus dem Schriftzitat, mit dem er schließt: „Das ist das ewige Leben, dich, den einzigen wahren Gott, und Jesus Christus, den du gesandt hast, zu erkennen“ (Joh 17, 3). Das „ewige Leben“, von dem hier die Rede ist, ist nicht identisch mit der Ewigkeit Gottes, denn einem Geschöpf kann dessen Einfachheit und Unbegrenztheit nicht

106 *Myst. Trin.* q5 a2 f1 (V 94a)
107 *Myst. Trin.* q5 a2 c (V 94b)

zukommen. Aber es kann ein Angleichungsprozess stattfinden (und „erkennen" bedeutet nichts Anderes). Worauf aber soll sich dieser ausrichten? Es ist nicht die Endlosigkeit der Ewigkeit und es ist auch nicht ihre Gleichzeitigkeit. Denn es ist zwar eine Sehnsucht des Menschen,[108] die Qualität des Augenblickes als des Moments völligen Selbstbesitzes mit der Qualität der Dauer, die ein Nicht-Enden beinhaltet, zusammen zu besitzen – aber die „Erfüllung" dieser Sehnsucht resultiert nur aus etwas anderem: der „Ruhe" oder der „vollkommen ruhigen Stille",[109] die die Ewigkeit gerade durch ihre beiden Eigenschaften der Unendlichkeit und Einfachheit verkörpert. Dahin kann der Mensch aus der Unruhe der Zeit zurückkehren, er kann in Gott ruhen und findet hier sein Heil. Dann (und erst dann) hat er verstanden, was Ewigkeit bedeutet.

Frage 5: Ob die Dreiheit der Personen zusammen mit höchster Ewigkeit bestehen kann?

Im nächsten Schritt wird gefragt, ob die Dreiheit der Personen zusammen mit höchster Ewigkeit bestehen kann. Und dazu werden zwei Fragen untersucht: Das erste ist, ob das göttliche Sein ewig ist. Das zweite ist, ob „Dreifaltigkeit" und „Ewigkeit" zusammen bestehen können.

Artikel 1: Ob das göttliche Sein ewig ist?

Hinsichtlich der ersten Frage wird so vorgegangen. Dafür, dass das göttliche Sein ewig ist, spricht:

1. Die Autorität der Heiligen Schrift bestätigt es im fünfzehnten Kapitel des Buches Exodus: „Der Herr wird herrschen in Ewigkeit und darüber hinaus",[110] und im ersten

108 Vgl. *Myst. Trin.* q5 a1 f7.8 (V 88a).
109 *Myst. Trin.* q5 a2, ad 11 (V 96b)
110 Ex 15,18.

Kapitel des Römerbriefes: „auch seine immerwährende Macht und Gottheit".[111]

2. Auch eine Glaubenswahrheit bestätigt es, denn im Athanasianischen Glaubensbekenntnis heißt es: „Ewig der Vater, ewig der Sohn, ewig der Heilige Geist."
3. Dasselbe folgert auch die Vernunft mit Notwendigkeit. Richard von St. Victor argumentiert dazu so:[112] Alles was von sich aus existiert, ist ewig. Aber das göttliche Sein ist das erste Sein, also existiert es von sich aus, folglich ... Der Obersatz liegt auf der Hand, denn, wenn es nicht ewig wäre, dann wäre es irgendwann einmal nicht gewesen, und dann hätte es weder sich selbst noch anderem das Sein gegeben, und dadurch würde es überhaupt niemals existieren. Der Untersatz aber ist durch sich selbst einsichtig.
4. Ferner ist alles das ewig, was mit seinem Sein identisch ist. Das Sein kann nämlich nicht nicht sein, also kann es weder anfangen, noch aufhören. Folglich hat es keinen Anfang und kein Ende. Wenn also Gott, der das allereinfachste Sein ist, mit seinem Sein identisch ist, ja, wenn er schlechthin Sein ist, dann ist er gänzlich ewig.
5. Ferner ist alles das ewig, was die Wahrheit selbst ist. Aber das göttliche Sein ist die Wahrheit selbst, folglich ... Der Untersatz ist klar, den Obersatz beweist Augustinus in den *Soliloquia*:[113] Dass nämlich Wahrheit nicht existiert, das kann man weder als Gedanke noch als Aussage fassen. Ja, es folgt sogar: Wenn keine Wahrheit existiert, dann existiert eine Wahrheit. Denn angenommen, es existiert keine Wahrheit, dann ist doch wahr: „Keine Wahrheit existiert oder existiert nicht".[114] Also kann man der Wahr-

---

111 Röm 1,20.

112 Vgl. RICHARD VON SANKT VICTOR, *Trin.* I, cap.6.8.11 (TPMÂ 6,91f.93f.95f.)

113 AUGUSTINUS, *Solil.* II, cap.15, n.28 (PL 32,898); vgl. auch ebd. I, cap.15, nn.17.18 (32,852); II, cap.2, n.7 (32,872f.).

114 Der Zusatz „oder existiert nicht" (*vel non esse*) irritiert etwas, denn so wie die Argumentation beginnt (und wie auch Augustinus vorging)

heit die Existenz nicht irgendwie absprechen, dann aber war sie immer, ist immer und wird immer sein.

6. Ferner ist alles das ewig, in dem man höchste Unendlichkeit findet. Denn wenn es angefangen hätte, dann wäre es von endlicher Dauer – aber das göttliche Sein ist unendlich. Also ist es notwendig, dass es ewig ist. Andernfalls, wenn es nicht ewig wäre, wäre es nicht unermesslich.[115]

7. Ferner ist alles das ewig, bei dem man höchste Unsterblichkeit[116] findet. „Was nämlich durch eine Veränderung seinen Anfang genommen hat, das trägt den Hang zur Veränderung in sich".[117] Aber im göttlichen Sein ist höchste Unsterblichkeit, denn durch sein Wesen (oder in seinem Akt) ist es ja schlechthin Leben.[118] Also ist es notwendig, dass das göttliche Sein Ewigkeit hat.

8. Ferner ist alles das ewig, in dem höchste Glückseligkeit[119] zu finden ist. Das göttliche Sein ist aber so beschaffen, denn es ist das vollkommenste Sein, folglich ... Der Obersatz wird so bewiesen: Eine Glückseligkeit ohne Anfang und Ende ist größer als eine, die von irgendwo anders her

---

wollte Bonaventura darauf hinaus, dass der Satz „Es gibt keine Wahrheit" sich selbst widerspricht und dadurch als falsch erweist. Mit dem Zusatz dagegen zielt die Argumentation eher in die Richtung, dass der Satz „X existiert oder X existiert nicht" (wobei X im Prinzip etwas völlig Beliebiges ist) ein in jedem Fall wahrer Satz ist. Das Ergebnis ist in beiden Fällen das gewünschte: Wahrheit existiert notwendig.

115 Lat. *immensus* im Sinne von „kein Maß haben" und „über jedes Maß hinausgehen".

116 Bei „Unsterblichkeit" (*immortalitas*) wird man im Deutschen zuallererst an Personen denken, im Lateinischen ist der Bedeutungsumfang etwas weiter und bezieht im Sinne von „Unvergänglichkeit" beliebige Gegenstände mit ein. Von daher lässt sich dann der zweite Satz besser verstehen.

117 Johannes Damascenus, *Fide orthod.* I, cap.3 (SC 535,142-148); II, cap.7 (535,246-264).

118 Lat. *ipsa vita per essentiam sive ipsum vivere* – vgl. Aristoteles, *Metaph.* XII (Λ), 7 (1072b 26-28). Den Unterschied zwischen *vita* („Leben" als Zustand) und *vivere* („Leben" als Tätigkeit) sieht man im Deutschen nicht schon am Wort selbst.

119 Lat. *felicitas*.

einen Anfang genommen hat. Wenn also das göttliche Sein in höchstem Maß glückselig ist, so folgt notwendig, dass es ewig ist. Außerdem gehört zur jeder Glückseligkeit, dass sie kein Ende hat,[120] die vollkommenste Glückseligkeit beinhaltet dann, dass auch jeder Anfang fehlt.

9. Ferner ist alles das ewig, worin man höchste Einfachheit findet. Das göttliche Sein ist von dieser Art, folglich ... Der Untersatz ist offensichtlich; der Obersatz wird so bewiesen: Bei allem, was höchste Einfachheit besitzt, gibt es keinen Unterschied zwischen Erstem, Mittlerem und Letztem. Ein so beschaffenes Sein hat nichts Vergangenes und nichts Zukünftiges, sondern nur bleibendes Gegenwärtig-Sein. Aber alles, was so beschaffen ist, ist ewig. Folglich ...

10. Ferner kann man das Seiende insgesamt einteilen in Ewiges, Aeviternes und Zeitliches. Das Aeviterne ist vorzüglicher[121] als das Zeitliche, das Ewige ist vorzüglicher als die beiden anderen. Aber dem vorzüglichsten Seienden ist immer diejenige Eigenschaft zuzuschreiben, die möglichst vorzüglich ist. Also muss man Gott die höchste Ewigkeit zuschreiben.

11. Ferner gilt: Alles im Fluss Befindliche geht auf irgendetwas Bleibendes zurück. Demnach geht eine im Fluss befindliche Dauer auf eine bleibende Dauer zurück, und eine Gegenwart, die in Vergangenheit übergeht, führt man zurück auf eine Gegenwart, die immer bleibt. Aber ein solches Gegenwärtig-Sein findet man in den unvollkommenen Dingen nicht,[122] also muss sie notwendig im Wesen des Schöpfers liegen. Es ist demnach notwendig, dass das göttliche Sein ewig ist.

---

120 So argumentierte AUGUSTINUS, *Beata vita* II, n.11 (CCSL 29,71f.) und *Civ. Dei* XIV, cap.25 (CCSL 48,448f.) und XI, cap.11 (CCSL 48,332).

121 Lat. *nobilius*, auch im Sinne von „edler“ oder „von größerem Adel“.

122 Das heißt, innerhalb der geschöpflichen Wirklichkeit (*res defectiva*, also eine nicht so vollkommene Wirklichkeit, wie sie bei Gott vorliegt) gelingt die Rückführung des Fließenden auf das Bleibende nicht.

12. Ferner: Eine wahre Aussage über etwas Zukünftiges, ist ohne irgendeinen Anfang immer schon wahr gewesen. Eine wahre Aussage über etwas Vergangenes ist ohne Ende wahr. Das Vergangene und das Zukünftige aber werden mit Notwendigkeit auf das Gegenwärtige zurückgeführt. Also ist es notwendig, dass es etwas Wahres gibt, das immer gegenwärtig ist, ohne Ende und ohne Anfang. Das aber ist ewig und man kann es nicht irgendwo anders als im Bereich des ersten Prinzips ansetzen. Also ist das göttliche Sein mit Notwendigkeit ewig.[123]

DAGEGEN SPRICHT:

1. Die Ewigkeit ist ein Maß.[124] Etwas Unermessliches aber hat kein Maß, denn hat es eines, so ist es nicht unermesslich, folglich ...
2. Ferner kommt das Maß dem Gemessenen gleich.[125] Dem göttlichen Sein aber kann nichts gleichkommen, also findet man bei Gott keine ewige Dauer.
3. Ferner besagt Ewigkeit das Fehlen eines Endes und eines Anfangs.[126] Aber das, was eine Sache ist, fehlt dieser nicht.[127] Wenn Gott also Anfang und Ende aller Dinge ist, dann können diese [beiden Eigenschaften] dem göttlichen Sein nicht fehlen – und also kann es nicht ewig sein.

---

123 Vgl. dazu ANSELM VON CANTERBURY, *Monol.* cap.18 (SCHMITT, 88-90).

124 Dazu ausführlich *II Sent.* d2 p1 a1 q1 (II 55-57).

125 „Messen" bedeutet nach damaligem Verständnis zunächst nichts Anderes, als dass Maß und Gemessenes in ein rationales Verhältnis zueinander gebracht werden: n Mal das Gemessene ist genauso groß wie m Mal das Maß (wobei m und n beliebige natürliche Zahlen sind). Es gibt unterschiedliche Gründe, dass diese Gleichheit nicht hergestellt werden kann: weil die Größen nicht vergleichbar sind (mit der Elle kann man eine Strecke messen, aber keine Zeit), weil die Größen „inkommensurabel" sind (die Diagonale im Quadrat steht in keinem *rationalen* Verhältnis zur Quadratseite) oder eben weil das Gemessene unendlich ist (mit keiner endlichen Strecke kann eine unendliche Gerade gemessen werden).

126 Vgl. RICHARD VON ST. VICTOR, *Trin.* II, 4 (TPMÂ 6,111).

127 Das heißt z. B. kann dem, was rot ist, das Rot-Sein nicht fehlen.

4. Ferner klingt doch das Fehlen einer Vollendung nach einem Mangel.[128] Einen Anfang und ein Ende zu haben, besagt, dass etwas vollständig ist: Also kann man nicht behaupten, dass diese bei Gott fehlen. „Ewigkeit“ jedoch besagt das Fehlen der beiden [Eigenschaften], darum darf sie vom göttlichen Sein nicht ausgesagt werden.
5. Ferner bedeutet „Ewigkeit“ das Fehlen von Vergangenheit und Zukunft. Aber es ist doch wahr, dass Gott war und ist und sein wird, also hat das göttliche Sein nicht das, was man unter „ewig“ versteht.
6. Ferner: Wenn A die vergangene Zeit bezeichne und B die zukünftige, dann ist es wahr zu sagen: „Gott war in A und er wird in B sein“, umgekehrt herum aber ist es falsch. Also ist A bei Gott wirklich vergangen und B liegt [bei ihm] wirklich in der Zukunft. Das göttliche Sein hat also Vergangenes und Zukünftiges und ist demnach nicht ewig.
7. Ferner: Wo Ewigkeit ist, dort ist zeitliche Unbegrenztheit, denn nach Boethius ist „Ewigkeit der Besitz unbegrenzten Lebens“.[129] Wo aber eine Begrenzung fehlt, da liegt Kreisförmigkeit vor.[130] Das Kreisförmige ist jedoch dem Geradlinigen nachgeordnet. Aber nur das schlechthin Erste ist dem göttlichen Sein zuzusprechen – eine ewige Dauer also nicht.
8. Ferner: Nach der Erkenntnisreihenfolge und der Naturordnung ist der Kreisumfang dem Kreismittelpunkt nachgeordnet. Aber was der Kreisumfang hinsichtlich des Mittelpunktes ist, das ist die Ewigkeit hinsichtlich der Zeit. Also spricht viel mehr dafür, Gott Zeit zuzuspre-

---

128 Man wird daran denken, dass Un-Endlichkeit (*in-finitas*) sich zunächst als Negation darstellt.

129 Boethius, *Consol.* V, prosa 6, n.4 (CCSL 94,101): „Aeternitas igitur est interminabilis vitae tota simul et perfecta possessio.“

130 Aristoteles, *Physica* VIII, 8 (261b 27-265a 12) und *De Caelo* I, 2 (268b 11-269b 17) argumentierte, dass eine unendliche Bewegung notwendig kreisförmig sein muss (wie bei den Himmelssphären).

chen, als Ewigkeit. Und wenn es unpassend ist, Gott Zeitlichkeit zuzuschreiben, dann ist es auch unpassend, ihm Ewigkeit zuzuschreiben.

9. Ferner: Wo Ewigkeit ist, da liegt ein Ganzes vor. Das ergibt sich klar aus der Lehre des Boethius: „Ewigkeit ist ein in Gänze gleichzeitiger Besitz unbegrenzten Lebens". Wo aber ein Ganzes ist, da ist auch Teilbarkeit und Zerlegbarkeit. Das aber kann bei Gott nicht sein, da bei ihm höchste Einfachheit ist, folglich ...

10. Ferner kann man nirgends eine zusammenhängende Strecke ohne Teilbarkeit finden. Und folglich gelingt es auch nicht, irgendwo eine zusammenhängende Dauer zu finden, die nicht ein Ganzes und deswegen teilbar ist. Daher kann ein unteilbares Seiendes nicht das besitzen, was wir unter Dauer verstehen, und man bezeichnet es auch nicht als ein gleichzeitiges Ganzes.[131] Folglich ...

11. Ferner: Wo Ewigkeit ist, da ist nach Definition Gleichzeitigkeit, wo aber Gleichzeitigkeit ist, dort ist auch Unterscheidung, denn Gleichzeitigkeit bezeichnet eine Relation, und eine Relation beinhaltet Unterscheidung. Das göttliche Sein aber ist ein völlig ununterschiedenes,[132] also ist es nicht ewig.

12. Ferner, wenn im Göttlichen Sein Gleichzeitigkeit in jeder Hinsicht herrscht, dann sind [dort] das Sein, das Gewesen-Sein und das Sein-Werden gleichzeitig. Bei gleichzeitigen Dingen aber ist es so: Was das eine von ihnen begleitet, das begleitet auch das andere. Wenn also das aeviterne Sein immer das göttliche Sein-Werden be-

---

131 Letzteres (*totum simul*) nimmt noch einmal auf die Definition des Boethius Bezug. Die Betonung liegt hier nicht auf der Gleichzeitigkeit, sondern darauf, dass man das Unteilbare nicht ein (immer teilbares) *Ganzes* nennen kann.

132 Lat. *indistinctum* – q3 a2 c (V 75f.) hatte allerdings zuvor schon geklärt, in welchem Sinn das zu verstehen ist: So gibt es in Gott sehr wohl die Unterscheidung (*distinctio*) der Personen, aber es gibt keine Zusammensetzung (*compositio*) des Wesens, das Sein Gottes ist schlechthin einfach (*simplicissimum*).

gleitet, dann aus dem gleichen Grund auch sein Gewesen-Sein. Und so hat es nicht nur kein Ende, sondern auch keinen Anfang. Das aber ist unmöglich. Demnach ist es unmöglich, in Gott eine vollkommen ewige Dauer anzusetzen, und man darf dem göttlichen Sein nicht Ewigkeit zuschreiben.

13. Ferner: Entweder sagt „Ewigkeit" mehr aus als ein „ewiges Jetzt",[133] oder nicht. Wenn nicht, dann ist alles, was zusammen mit dem ewigen Jetzt koexistiert, ebenso ewig. Das zeitliche Jetzt aber koexistiert mit dem ewigen Jetzt – also koexistiert es mit der ganzen Ewigkeit und also ist es ewig. Wenn anders,[134] dann ist die Ewigkeit etwas Zusammengesetztes und sie kommt deswegen Gott nicht zu.

14. Ferner: Obwohl der Anfang, die Mitte und das Ende einer Strecke ein Punkt ist, so ist es doch unmöglich, innerhalb des Punktes eine Erstreckung zu erkennen. Aus dem gleichen Grund wird man innerhalb des Jetzt keine Dauer erkennen.[135] Wenn also Ewigkeit eine Dauer besagt, dann besagt sie etwas, das außerhalb des ewigen Jetzt liegt. Das aber verträgt sich nicht mit der höchsten Einfachheit. Also ist es unmöglich, dass man sie beim höchst einfachen Sein Gottes antrifft.

15. Ferner werden das göttliche Sein und das göttliche Können, sein Wissen, sein Wollen und auch sein Vorauswissen von demselben Maß gemessen.[136] Aber das göttliche Vorauswissen wird nicht durch die Ewigkeit gemessen, weil Gott ja aufhört, irgendetwas vorauszuwissen,[137] also

---

133 Also ein Jetzt, das nicht die – in steter Bewegung befindliche – schmale Grenze zwischen Vergangenheit und Zukunft ist, sondern „ewige Gegenwart".

134 Das heißt, wenn Ewigkeit doch mehr aussagt als ein ewiges Jetzt.

135 Vgl. Aristoteles, *Physica* IV, 11; VI, 3 (218b 21-220a 32; 233b 33-234b 9).

136 Hier ist an ein (im weitesten Sinn) zeitliches Maß zu denken: Zeit, Aevum oder Ewigkeit.

137 Nämlich, sobald das Vorausgewusste eintrifft.

kann auch das göttliche Sein nicht von der Ewigkeit gemessen werden.

16. Ferner werden das göttliche Sein und das göttliche Wirken von demselben Maß gemessen; denn Substanz, Kraft und Wirkung fallen bei Gott zusammen.[138] Wenn also das göttliche Sein von der Ewigkeit gemessen wird, dann auch das göttliche Erschaffen. Mithin schafft Gott von Ewigkeit her und in Ewigkeit. Dadurch findet auch ein ewiges Erschaffen-Werden der Geschöpfe statt.[139] Das aber ist falsch, also auch jenes, aus dem es folgte.
17. Ferner: Jede wahre Aussage steht entweder unter dem Maß der Zeit oder dem des Aevum oder dem der Ewigkeit.[140] Die Aussage „Die Welt wird geschaffen werden" war in Gott schon vor der Erschaffung der Welt wahr. Und sie steht entweder unter dem Maß der Ewigkeit oder der Zeit. Nicht unter dem der Zeit, denn Zeit gab es damals noch nicht, also unter dem der Ewigkeit. Aber diese wahre Aussage hörte auf wahr zu sein, demnach zeigt sich, dass die Ewigkeit ein Ende hat. Aber das göttliche Sein ist nicht zeitlich begrenzt, also kann man beim göttlichen Sein nicht sagen, dass es ewig ist.

ANTWORT: DAS GÖTTLICHE SEIN IST EWIG, WEIL ES EINFACH UND ZUGLEICH UNENDLICH IST.

Meine Antwort ist, dass das göttliche Sein ewig ist, denn es ist einfach und unendlich.

Weil es unendlich ist, darum hat es keinen Anfang und kein Ende. Denn wenn es eines von beiden hätte, hätte es jedenfalls von der entsprechenden Seite her einen Abschluss

---

138 Zur absoluten Einfachheit Gottes, die sich darin zeigt, vgl. *I Sent.* d8 p2 q2 c (I 168f.).

139 Anders gesagt findet auf der Seite der Geschöpfe ein ewig andauernder, nie zu Ende kommender Schöpfungsprozess statt.

140 Vgl. noch einmal *II Sent.* d2 p1 a1 q1 (wie schon Anm. 124). Auf das Aevum wird im Folgenden nicht mehr eingegangen, wohl deswegen, weil es ebenfalls ein *geschaffenes* Maß ist (das heißt, es beginnt ebenfalls mit der Schöpfung) und dafür die gleiche Argumentation wie für die Zeit gilt.

und eine Begrenzung, und es wäre nicht von höchster Unermesslichkeit.[141] Weil es aber einfach ist, hat es kein Früher und Später, welche mit Notwendigkeit Verschiedenheit und irgendeine Form der Zusammensetzung bewirken. Höchste Einfachheit bedeutet also Gleichzeitigkeit in jeder Hinsicht. Die höchste Unermesslichkeit aber besagt Unbegrenztheit in jeder Hinsicht. Miteinander gleichzeitig verbunden konstituieren diese beiden Ewigkeit. Denn Ewigkeit ist nichts anderes als „unbegrenzter und gänzlich gleichzeitiger Besitz des Lebens".[142] Und weil man beides gleichzeitig – nämlich die Unermesslichkeit und die Einfachheit – in keinem anderen als in Gott allein findet, darum kann die Eigenschaft der Ewigkeit auch niemand anderem als Gott übertragen werden. – Und weiter: Weil die zwei genannten Eigenschaften über unser Vorstellungs- und Urteilsvermögen hinausgehen, darum kann eine ewige Dauer gewiss von niemandem eingesehen werden, wenn er nicht jede Vorstellung davon hintanstellt. Man muss also diese zwei miteinander verbinden, damit man einsieht, wie das göttliche Sein eine in höchstem Maß unendliche und in höchstem Maß einfache Dauer besitzt. Dadurch hat es auch eine wirkliche Beständigkeit – ohne Beginn und ohne Unterbrechung, ohne Verzögerung und ohne Teilung sowie ohne Ende, und außerdem auch gänzlich ohne jede Aufeinanderfolge. Aus der Verbindung der beiden zuvor genannten Eigenschaften schließt der Verstand Derartiges mit Notwendigkeit, obwohl sie unserem Vorstellungsvermögen als Gegensätze erscheinen.

Bei Gott kann man etwas finden, was dem ähnlich ist. So ist doch Gott, der einfach und unermesslich ist, ganz in allen verschiedenen Orten [gegenwärtig], auch wenn diese Orte voneinander einen räumlichen Abstand haben. Und obwohl er hier und auch dort ist, gibt es keinen Abstand, den er dadurch von sich selbst hätte, weil er im höchsten Maße einer und einfach ist. Genauso verhält es sich aber

141 Vgl. Anm. 115.
142 Vgl. Anm. 129.

mit dem göttlichen Sein, insofern es ewig ist: Auch wenn es aufgrund seiner Unermesslichkeit in den verschiedenen Zeiten [gegenwärtig] ist und jene Zeiten einen Abstand voneinander haben und die eine später beginnt als die andere, so hat jenes doch wegen seiner höchsten Einfachheit keinerlei zeitlichen Abstand von sich selbst. Und wie Gott, insofern er nicht räumlich fassbar ist,[143] alle Orte gegenwärtig sind, und er doch dadurch nicht räumlich ausgedehnt wird, obwohl jene eine wirkliche Ausdehnung besitzen – ebenso sind Gott, insofern er ewig ist, alle Zeiten gegenwärtig, aber tritt nicht mit ihnen zusammen in eine Aufeinanderfolge ein, obwohl jene Zeiten wirklich aufeinander folgen.

Bei den Geschöpfen findet man freilich wegen ihrer Unvollkommenheit[144] nichts völlig Vergleichbares. Mit einer gewissen Einschränkung aber findet man etwas, das uns – wenn man jene Einschränkung mit dem Verstand erfasst – doch dem Verständnis der Ewigkeit im göttlichen Sein näherbringt. Man kann das auf gewisse Weise sowohl am Bild als auch an der Spur [des Schöpfers] erkennen.[145] Die Seele ist nämlich das Bild Gottes. Und in ihr ist die Erinnerung an Vergangenes, die Einsicht von Gegenwärtigem und das Voraussehen von Zukünftigem. Und diese drei sind gleichzeitig in der Seele und zwar so, dass das, was durch die verschiedenen Zeiten hindurch aufeinanderfolgt, in der Seele, die ja eine geistige Substanz ist, in Gleichzeitigkeit miteinander verknüpft und verbunden wird. Weil die Seele aber

143 Lat. *incircumscriptibilitas*, die zunächst sagt, dass kein Raum Gott fasst, sondern umgekehrt er alle Räume umfasst, woraus dann die räumliche „Allgegenwart“ folgt (ganz parallel zur Ewigkeit).

144 Der *defectus creaturae* bezeichnet zunächst einfach den Abstand des endlichen Geschöpfes von der Vollkommenheit des Schöpfers (vgl. bereits oben Anm. 122 und *Itin.* III, 3; V 304), es gilt „omnes creaturae defectivae sunt” (*II Sent.* d14 p1 a3 q1 ad 3). Erst in zweiter Instanz wird man dann an alle durch den Sündenfall verursachten Mängel denken (vgl. *Brev.* III, 1; V 231), die freilich den genannten „Abstand“ noch einmal erheblich vergrößern.

145 Zur Unterscheidung von *imago* und *vestigium* vgl. etwa *II Sent.* d16 a1 q1 (s. oben S. 123ff.) oder *Brev.* II, 12.

selbst beschränkt ist und etwas aufnimmt von einer Wirklichkeit außerhalb ihrer selbst, darum fehlt ihr jene vollkommene Gleichzeitigkeit.[146] Gott jedoch empfängt überhaupt nichts und es gibt nichts, wodurch er auf irgendeine Weise begrenzt werden könnte, und darum müssen alle Dinge als ihm gegenwärtig verstanden werden – und das ohne Anfang und ohne Ende. Und genau so versteht man Ewigkeit.

Die Zeit jedoch ist die Spur der Ewigkeit.[147] In ihr gibt es Gegenwart, Vergangenheit und Zukunft, und zwar so, dass das, was Zukunft war, später Gegenwart und zuletzt Vergangenheit wird, denn sie gründet auf einem veränderlichen und fließenden[148] Sein oder auf der Bewegung selbst. Wenn jedoch eine Gegenwart so verstanden wird, dass sie auf einem unveränderlichen und festen Sein ohne Anfang und ohne Ende gründet, dann wird man jene als eine ewige Gegenwart begreifen. – Wenn jemand das recht betrachtet und auf diese Weise von den Geschöpfen zum Schöpfer aufsteigt (indem er beiseitelässt, was unvollkommen ist, und behält, was zur Vollendung gehört), dann wird er einigermaßen zum Verständnis der Ewigkeit des göttlichen Seins kommen können. Freilich nicht vollkommen, solange wir in diesem irdischen Leib sind, denn solange wir hier auf Erden leben, „geschieht unser Erkennen nicht ohne [räumlichen] Zusammenhang und ohne Zeit",[149] und deswegen ist es weit von der Ewigkeit entfernt, solange es nicht durch eine besondere Gnadengabe höher hinaufgehoben wird. Es ist, wie Augustinus sagt: „Wenn wir mit dem Geist etwas Ewiges erfassen, dann sind wir nicht mehr in dieser Welt."[150] – Wir haben also eingesehen, dass das göttliche Sein schlechterdings ewig

---

146 Die die Ewigkeit Gottes besitzt.

147 Bonaventura denkt hier die Zeitspekulation von Augustinus, *Conf.* XI, cap.10, n.12–cap.22, n.28 (CCSL 27,200-208), cap.28, n.38 (27,214) (vgl. besonders cap.20, n.26; 27,206f.) weiter.

148 Der Aggregatszustand „flüssig" (im Gegensatz zu „fest") ist wohl ein sehr treffendes Bild, um die instabile, durch ständige Bewegung gekennzeichnete Zeitlichkeit des irdischen Seins zu beschreiben.

149 Aristoteles, *De memoria et reminiscentia* 1 (45a 7-9).

150 Augustinus, *Trin.* IV, cap.20, n.28 (CCSL 50,199).

ist, was der notwendige Grund dafür ist und wie wir es in unserem Denken fassen können. Man muss also den Argumenten zustimmen, die für die Ewigkeit im göttlichen Sein sprechen.

Ad 1.2. Auf den Einwand, dass die Ewigkeit ein Maß ist, wird man erwidern: Auch wenn die Ewigkeit unserem Begriff nach als Maß behandelt wird,[151] so besagt sie doch in der Sache und in Wahrheit nichts anderes als das Sein der göttlichen Substanz. Und wie jenes Sein unermesslich ist, so ist auch die Ewigkeit unermesslich. Und von daher sagt man auch „sie sind gleich",[152] nicht, weil sie eine gemeinsame Begrenzung haben – das Unermessliche hat ja keine Grenze –, sondern durch die Verneinung dessen, dass das eine irgendwie über das andere hinausgeht. – Dadurch haben wir eine klare Antwort auf den ersten und zweiten Einwand, die mit Maßbegriff argumentieren: Denn jene Begründungen gehen von einem Maß aus, das von der gemessenen Sache verschieden ist, das selbst begrenzt ist und das anderes begrenzt und das deswegen nur bei einer endlichen Sache zu finden ist. Das alles trifft bei der Ewigkeit Gottes nicht zu, und doch wird sie nicht zu Unrecht nach unseren Begriffen ein Maß genannt, denn sie bezeichnet das göttliche Sein unter dem Aspekt seiner Dauer. Diese Dauer mag zwar unendlich weit über alles Geschaffene hinausgehen, doch bezieht man sie auf göttliche Sein selbst, dann ist da kein Darüber-Hinausgehen und kein Dahinter-Zurückbleiben mehr.

Ad 3. Auf den Einwand, dass die Ewigkeit keinen Anfang und kein Ende hat, wird man sagen, dass Anfang und Ende, insofern man sie beim Begriff der Ewigkeit verwendet, dasselbe sind, wie der Zeitpunkt des Anfangs und des Endes bei der Dauer einer Sache. Und diese Zeitpunkte gibt es nur bei einer Sache, die anfängt und aufhört zu sein. Wenn ich

151 Lat. *secundum rationem intelligendi dicat sub ratione mensurae*, das heißt, nach der von unserem (geschöpflichen) Erkennen vorgegebenen Ordnung fällt sie unter den Begriff des Maßes.

152 Vgl. Anm. 125 oben – Bonaventura gibt im Folgenden dem Begriff der „Gleichheit" eine andere als die gewöhnliche Bedeutung.

also sage, dass Gott Anfang und Ende ist, dann werden hier die Begriffe „Anfang" und „Ende" äquivok gebraucht. Daher hat jene Argumentation einen doppelten Fehler: Zum einen, weil Gott Anfang und Ende hinsichtlich der Dinge außerhalb seiner selbst ist und zum anderen, weil er Anfang und Ende in der Kausalordnung ist.[153] Bei der Aussage, dass Unendlichkeit bedeutet, keinen Anfang und kein Ende zu haben, versteht man dagegen „Anfang" und „Ende" als intrinsische Eigenschaften und bezogen auf eine zeitliche Dauer.

Ad 4. Zu dem Einwand, dass das Fehlen dieser beiden, nämlich des Anfangs und des Endes, nach einem Mangel klingt, da diese eine Vollendung bedeuten. Darauf antwortet man: Anfang und Ende sind Bezeichnungen für einen Zeitpunkt und letztlich – auch wenn sie scheinbar eine Vollendung besagen – doch eine mit einem Mangel verbundene Einschränkung. Und darum gilt im Gegenteil: Auch wenn deren Fehlen nach unserer Erkenntnisordnung eine Wegnahme[154] zu sein scheint, so ist es doch von der Sache her eine wirkliche positive Setzung. Denn die Dauer, die keinen Anfang und kein Ende hat, ist eine so wahre Dauer, dass sie nichts von dem hat, was nicht Dauer ist.[155]

Ad 5. Zu dem Einwand, die Ewigkeit sei das Fehlen von Vergangenheit und Zukunft, wird man sagen: Vergangenheit und Zukunft legt man einer Sache in zwei verschiedenen Bedeutungen bei: entweder im Sinne eines Umstandes der eingesehenen Sache oder im Sinne eines Umstandes des Erkennenden selbst. Das Gleiche gilt, wenn man sagt, dass etwas in der Vergangenheit gewesen ist oder in der Zukunft sein wird. Auch das kann man in doppeltem Sinn verste-

---

153 Anders gesagt: *principium* und *finis* im Sinne von „Ursache" bzw. „Zweck".

154 Lat. *privatio* – eine Negation im Sinne des Fehlens von etwas, das eigentlich da sein sollte.

155 Lat. *ita vera est, quod nihil habet de non-entitate.* Das will sagen: Der Gedanke des (An-)Dauerns beinhaltet ja gerade *nicht,* dass etwas irgendwann einmal (auch) zu Ende geht. Dies entspricht auch der Definition der Dauer als „ununterbrochenes Sein" (*esse non intercisum*) in ad 10.

hen, entweder im Sinne eines Wann und eines An-der-Sache-selbst-Seins oder im Sinne eines Gleichzeitig-Seins und eines Miteinander-Existierens.[156] Wenn man also sagt, Ewigkeit bedeute das Fehlen von Vergangenheit und Zukunft, so ist das wahr, insofern Vergangenheit und Zukunft hier den Umstand der Sache bezeichnen. „Vergangen" nennt man diese Sache dann insofern, als das Vergangen-Sein (indem es für sie Maß ist)[157] in ihr einen Zustand oder einen Umstand hinterlässt, der das Wann genannt wird. An anderer Stelle sagte jemand dementsprechend: „Das Wann ist in jeder Sache, die [einmal] angefangen hat zu sein".[158] Wenn man hingegen von Gott sagt „Er war" oder „Er wird sein", dann ist die Vergangenheit hier nicht ein Umstand des Erkenntnisgegenstandes, sondern des Erkennenden.[159] Und man sagt es nicht im Sinne einer Maßgleichheit,[160] eines Wann oder eines Inhärierens, sondern im Sinne eines Dauerns, einer gewissen Gleichzeitigkeit und eines Miteinander-Existierens. Daher haben alle solche Ausdrucksweisen etwas Unangemessenes. Solange wir im Pilgerstand sind, radebrechen wir „Ewigkeit" nur[161] und bedienen uns dabei der

---

156 Gemeint ist mit ersterem die Kategorie „Wann" («quando»), die zu den Akzidentien zählt (diese sind „an einer Sache" oder „inhärieren" ihr), während die zweiten Ausdrucksweisen Substanzen einander gegenüberstellen.

157 Lat. *illam mensurando* in dem Sinn, dass die Zeit der Vergangenheit ein wirkliches, die Sache selbst begrenzendes Maß ist – im Gegensatz zu der vorher genannten Koexistenz, die gerade kein Maßverhältnis begründet.

158 Anonymus, *Liber sex principiorum* 4, 46 (Aristoteles Latinus I, 6-7; cap. de quando)

159 Vielleicht vergleichbar dem, wie man sagen könnte „2 und 2 war 4" oder „2 und 2 wird 4 sein".

160 Lat. *commensuratio*.

161 Lat. *balbutimus aeternitatem*, das heißt, wir „stammeln die Ewigkeit" (Kindern gleich, die ein Wort buchstabenweise lesen, ohne es als Ganzes zu erfassen), vgl. Gregor der Grosse, *Mor.* V, cap.36, n.66 (CCSL 143,264-266), der allgemein über die Gotteserkenntnis sagte: „humanitatis nostrae modulo quasi infantiae imbecillitate praepediti, eum aliquatenus balbutiendo resonamus".

verschiedenen Zeitstufen, denn unsere Einsicht reicht nicht so hoch, dass sie die ewigen Dinge versteht, ohne dass sie dabei von den Zeitstufen geführt wird.

Ad 6. Auf den Einwurf, man kann nicht sagen „Gott war in einer zukünftigen Zeit" oder „Er wird in einer vergangenen Zeit sein", antwortet man: Das ist nicht so, weil irgendeine Aufeinanderfolge oder eine Veränderung im göttlichen Sein vorliegt, sondern weil die Sätze die Konnotation haben, dass hier etwas zusammen mit der vergangenen oder der zukünftigen Zeit existiert. In der Zeit selbst liegt eine Veränderung, die so beschaffen ist, dass wir das Vergangene nicht zukünftig nennen können und das Zukünftige nicht vergangen. Wenn man also nicht in der Vergangenheit sagen kann „Er wird sein" und nicht in der Zukunft „Er ist gewesen", dann nicht deswegen, weil das Gewesen-Sein und das Zukünftig-Sein beim göttlichen Sein irgendein anderes Sein oder eine andere Art und Weise zu sein bezeichnen, sondern nur deswegen, weil sie es hinsichtlich des geschaffenen Seins tun.

Ad 7.8. Auf den Einwand „Ewigkeit ist zeitliche Unbegrenztheit" antwortet man: Das erfasst nicht die ganze Bedeutung von „Ewigkeit", denn diese besagt nicht nur zeitliche Unbegrenztheit, sondern auch Gleichzeitigkeit. Und wie sie durch ihre Unbegrenztheit gewissermaßen einen geistigen Kreisumfang[162] bezeichnet, welcher ja auch keinen Anfang und kein Ende hat, so drückt sie durch ihre Gleichzeitigkeit dieselbe Einfachheit und Unteilbarkeit aus, wie sie ein Kreismittelpunkt hat. Und beides zusammen liegt beim göttlichen Sein vor, denn es ist zugleich einfach und unendlich. Von daher versteht man die „Kreisförmigkeit" bei der Ewigkeit. Sie bedeutet also kein Nachgeordnetsein weder hinsichtlich des Geraden noch hinsichtlich des Kreismittelpunktes. – Dadurch ist auch die Antwort auf jenen Einwand klar, dass die Zeit hinsichtlich der unbegrenzten Ewigkeit die Bedeutung

162 Es ist ein berühmtes Diktum des Alain von Lille, *Regulae Theologiae* 7: „Deus est sphaera intelligibilis, cuius centrum ubique, circumferentia nusquam", worauf sich die Argumentation bezieht.

eines Kreismittelpunktes hat. Wie schon das vorausgehende Argument, so kommt auch dieses von einer unzulänglichen Annahme her, denn es betrachtet die Ewigkeit nur insofern sie das Maß eines unermesslichen Seins ist, wo man doch gleichzeitig verstehen muss, dass sie ebenso das Maß eines einfachen und unteilbaren Seins ist. Beim Zeitmaß aber kann man nichts irgendwie Vergleichbares finden.

Ad 9. Auf den Einwand „Wo Ewigkeit ist, da liegt ein Ganzes vor“ antwortet man: Die Ganzheit, die bei der Ewigkeit vorliegt, ist keine Aussage hinsichtlich ihrer materiellen Größe, sondern hinsichtlich der Größe ihrer Kraft. In dieser ist der Gedanke der Größe[163] und der Unermesslichkeit gleichzeitig verbunden mit vollkommener Einfachheit. Und deshalb ist die Folgerung „Wo ein Ganzes vorliegt, da ist Teilbarkeit“ falsch. Das ist nämlich nur wahr von jenem Ganzen, das eine echtes „Wie groß?“[164] darstellt, denn hier müssen (eben weil da das Ganze eine echte Quantität besagt) mit Notwendigkeit Teile vorliegen. – Man könnte auch noch anders argumentieren: die „gänzliche Gleichzeitigkeit“ ist dort[165] eher im Sinne eines Vollkommen-Seins zu verstehen, als im Sinne der Aufteilung eines Ganzen auf Teile, die es umfasst.[166]

Ad 10. Dann zu dem Einwand, dass man nirgends eine zusammenhängende räumliche Ausdehnung ohne Teilbarkeit findet. Darauf antwortet man: Das ist nicht so. Denn, eine räumliche Ausdehnung ist etwas, bei dem je ein Teil außerhalb des anderen liegt, und darum bedeutet das auch Körperlichkeit, Quantität und Teilbarkeit.[167] Die Dauer hin-

163 „Größe“ (*magnitudo*) ist hier als nicht als materiell-quantitative Größe, sondern im Sinn von Erhabenheit, Würde oder Macht zu verstehen.

164 Im dem Sinne, dass es unter die Kategorie der Quantität fällt.

165 Gemeint ist hier die Definition des Boethius.

166 Es werden also nicht verschiedene Dinge zu einem Ganzen zusammengenommen, sondern es werden die die Verschiedenheit konstituierenden Grenzen weggenommen, um hier eine gänzliche (das heißt „vollkommene“) Gleichzeitigkeit zu denken. – Vgl. ARISTOTELES, *Met.* V (Δ), 25–27 1023b12-2014a28 – auch Anm. 167.

167 Vgl. ARISTOTELES, *Categoriae* 6 („De quanto“; 4b20-6a35).

gegen[168] bezeichnet ein ununterbrochenes Sein, welches man nicht nur bei zusammengesetzten, sondern auch bei einfachen Dingen findet.

Ad 11. Auf den Einwand „Ewigkeit besagt Gleichzeitigkeit" sagt man: Gleichzeitigkeit wird hier nicht so verstanden, als ob da verschiedene Dinge, denen Dauer zukommt, zusammen fortbestehen oder zusammen existieren, sondern eher verneint man, dass bei dem ununterbrochenen Andauern dieser Sache eine Aufeinanderfolge existiert. Gänzlich gleichzeitig wird die Ewigkeit daher genannt, weil völlig ausgeschlossen ist, dass da etwas auf etwas Anderes folgt, und nicht, weil in ihr mehreres voneinander Verschiedenes gleichzeitig existieren würde. Von daher sagt „Gleichzeitigkeit" nichts Anderes aus, als in höchstem Maße gegenwärtig zu sein, und zwar auf einfache und unteilbare Weise. Und eine solche Gegenwärtigkeit bedeutet dann auch keine irgendwie geartete Verschiedenheit im Inneren.[169]

Ad 12. Der Einwand war: Wenn bei Gott das Sein, das Sein-Werden und das Gewesen-Sein dasselbe sind, dann gilt für das Geschöpf: Wie es auf seine Weise[170] unter demselben Maß des Sein-Werdens steht wie Gott, so steht es auch unter demselben Maß des Gewesen-Seins wie Gott. Darauf antwortet man: Das ist nicht so und das eine darf nicht aus dem anderen gefolgert werden. Die Begründung dafür ist: Bei Gott ist es wohl dasselbe, keinen Anfang und kein Ende zu haben, beim Geschöpf aber ist da ein großer Unterschied, denn die Geschöpfe kommen aus dem Nichts und zu ihrem Wesen gehört es, einen Ursprung und einen Anfang zu haben. Dagegen widerspricht es einem geschaffenen Wesen nicht, kein Ende und keinen Abschluss zu

---

168 Die man als eine Art zeitlicher Ausdehnung verstehen kann.

169 Bonaventura bleibt hier nah an der Argumentation von Boethius, *Consol.* V, prosa 4, n.6 (CCSL 94,95).

170 Mit dieser „Art und Weise" bezieht sich das Argument auf die geschöpfliche *aeviternitas*, die die Ewigkeit nachahmt, indem sie ebenfalls kein Ende hat – aber eben einen durch die Schöpfung gesetzten Anfang.

haben. Dieses der ersten Aussage Entgegengesetzte gehört auch darum nicht zum Wesen eines Geschöpfes, denn sein Streben richtet sich ja dagegen.[171] Aus dem Grund ist diese Folgerung falsch: „Wenn es Gott gleichkommt hinsichtlich seines Sein-Werdens, dann ebenso hinsichtlich seines Gewesen-Seins". Es folgt ja auch nicht: Bei Gott sind Gerechtigkeit und Unermesslichkeit identisch, aber das Geschöpf kann sich Gott hinsichtlich seiner Gerechtigkeit angleichen, also auch darin, unermesslich zu sein. Der Schluss (oder die Folgerung) der zuvor genannten Argumentationsweise ist genauso falsch wie dieser.

Ad 13. Es ist entgegnet worden, dass die Ewigkeit entweder mehr aussagt als ein ewiges Jetzt, oder nicht. Man antwortet darauf: In der Ewigkeit herrscht Gleichzeitigkeit und zeitliche Unbegrenztheit oder Einfachheit und Unermesslichkeit. „Ewiges Jetzt" benennt jene Dauer, insofern sie eine einfache Gleichzeitigkeit besitzt, „Ewigkeit" hingegen benennt sie hinsichtlich ihrer zeitlich unbegrenzten Unermesslichkeit. Nicht der Sache nach fügt die zeitlich unbegrenzte Unermesslichkeit der einfachen Gleichzeitigkeit etwas hinzu, sondern nur der Weise nach, wie wir sie verstehen – in diesem letzteren Sinn sagt „Ewigkeit" mehr aus als „ewiges Jetzt". Nun folgt ja nicht: Das Geschöpf begreift Gott in seiner höchsten Einfachheit, also begreift es ihn auch in seiner Unermesslichkeit. Und genauso wenig gilt die Folgerung: Wenn etwas mit dem ewigen Jetzt zusammen existiert, dann existiert es auch mit der ganzen unbegrenzten Ewigkeit zusammen. Denn was bei Gott dasselbe ist, dem entspricht beim Geschöpf Wechselndes und Verschiedenes, genauso wie es augenscheinlich bei der Güte und Weisheit, bei der Gerechtigkeit und Barmherzigkeit der Fall ist. Weiter oben sind wir darauf schon einmal gekommen.[172]

Ad 14. Nun zu dem Einwand: „Obwohl ein Punkt der Anfang, die Mitte und das Ende einer Strecke ist, so ist es

171 Das heißt, es will ja gerade nicht ein Ende nehmen und sterben.
172 Vgl. q3 a1 c und ad6–9 (V 70f.72).

doch unmöglich, innerhalb des Punktes eine Erstreckung zu erkennen." Die Antwort lautet: Der Vergleich ist nicht zutreffend, denn auch wenn der Punkt der Anfang (im Sinne des Ursprungs) einer Strecke ist, so macht er doch nicht das ganze Wesen der Strecke aus, und auch nicht einen konstitutiven Teil von ihr. Das Jetzt hingegen[173] ist das ganze Wesen der Dauer, nicht nur bei den ewigen und aeviternen Dingen, sondern auch bei einer zeitlichen Dauer. Der Grund dafür ist: Bei einer Strecke liegen alle ihre Teile gleichzeitig vor, und weil der Punkt ein „an eine Stelle gesetztes Wesen"[174] ist, darum bezeichnet er notwendig eine bestimmte Position in der Materie; und weil er unteilbar ist, kann er nicht das Wesen eines teilbaren Ganzen ausmachen und er kann auch nicht konstitutiver Teil davon sein, denn jeder Teil von etwas Zusammenhängendem ist selbst zusammenhängend. Bei der Dauer aber ist es anders: Von ihr existiert zu keiner Zeit etwas Anderes als das gegenwärtige und unteilbare Jetzt (gerade auch bei einer Dauer mit Aufeinanderfolge ist das so).[175] Und darum braucht es nicht zu wundern, wenn im Jetzt das ganze Wesen der Dauer enthalten sein kann, und besonders noch einmal das Wesen jener Dauer, bei der Wesen und Sein nicht auseinanderfallen, wie es bei der Ewigkeit der Fall ist.

Ad 15.16. Eingewandt wurde: Das göttliche Sein, Können, Wissen und Vorauswissen werden durch dasselbe Maß gemessen. – Man antwortet: Das ist richtig hinsichtlich dessen, was hauptsächlich damit ausgesagt werden soll, nicht aber hinsichtlich des damit noch nebenbei Ausgedrückten.[176] – Und daraus ersieht man auch die Antwort auf das, was

---

173 Sprich der jetzt gegenwärtige Augenblick.

174 In prägnanter lateinischer Kürze: *substantia posita*, das heißt, eine Substanz, die eine Lage hat, vgl. ARISTOTELES, Pos. I,27 (87a 35); De an. I,4 (409a 6); Met. V (Δ), 6 (1016b 25f.).

175 Das heißt, bei der Zeit und beim Aevum und eben nicht nur bei der Ewigkeit, deren Jetzt alles zugleich vom „Anfang" bis zum „Ende" umfasst.

176 Hauptbedeutung (*principale significatum*) und damit Konnotiertes (*connotatum*) sind zu unterscheiden. Im konkreten Beispiel hat „Vorauswissen" die Konnotation eines Wissens um „Zukünftiges" (was

im Folgenden hinsichtlich der Schöpfung ausgeführt wurde, denn der intrinsische Akt ist ewig, so wie es sein Träger ist – die Wirkung jedoch ist eine zeitliche, denn das ist die Schöpfung.

Ad 17. Auf den Einwand „Vor der Erschaffung der Welt ist wahr gewesen, dass die Welt einmal sein wird" wird man erwidern: Jener Satz, obwohl er einer ist, enthält in sich eine doppelte Wahrheit. Wenn man nämlich vor der Erschaffung der Welt sagt, dass die Welt einmal sein wird, dann ist das nur dann wahr, wenn die Welt schon auf irgendeine Weise in ihrer Ursache[177] existiert. Und dahingehend ist jene Aussage eine ewige Wahrheit. Doch weiter bemerkt man: Dazu genügt nicht, dass die Welt nur in ihrem Seinsgrund existiert, sondern zur Wahrheit dieses Satzes braucht es auch noch, dass sie irgendwann einmal ein Sein außerhalb dessen hat. Doch, bevor die Welt war, war dieses Sein nicht ein geschaffenes, sondern eines, das erst noch zu schaffen ist. Und daher kommt es, dass in dieser Hinsicht die Wahrheit des Satzes nicht aufgrund einer geschaffenen, sondern aufgrund einer noch zu schaffenden Wahrheit zustande kommt. Sobald aber eine Sache anfängt, geschaffen zu sein, hört sie damit auf, eine zu schaffende zu sein. Von daher gilt: Jener Satz bezeichnete ein von Ewigkeit her wahres Urteil, aber nicht weil in der Ewigkeit [Gottes] etwas abbricht, hört er einmal auf wahr zu sein, sondern, weil in der Zeit etwas beginnt, denn der Satz gab ja mit dem Ewigen etwas Zeitliches zu verstehen.[178]

Damit aber ist die eingangs gestellte Frage klar beantwortet.

---

für Bonaventura freilich nur aus geschöpflicher Sicht gilt, in der Ewigkeit Gottes ist es einfach ein Wissen).

177 Das heißt „in Gott".

178 Im Grunde genommen ist es (in etwas anderem Gewand) die berühmte Frage, was Gott vor der Erschaffung der Welt gemacht hat. Eine ausführlichere Antwort gab schon *II Sent.* d1 p1 a3 q1 (II 30-33): Vor der Erschaffung der Welt gab es nichts (insbesondere auch keine

Artikel 2: Ob „Dreifaltigkeit“ und „Ewigkeit“ zusammen bestehen können?

Die zweite Frage lautet, ob „Dreifaltigkeit“ und „Ewigkeit“ zusammen bestehen können. Dass sie aber unvereinbar sind, scheint sich auf folgende Weise zu ergeben:

1. Wo Ewigkeit ist, da liegt in jeder Hinsicht Gleichzeitigkeit vor. Wo aber in jeder Hinsicht Gleichzeitigkeit ist, da gibt es keine Ordnung, und wo keine Ordnung ist, da ist auch kein Hervorgang, und wo kein Hervorgang ist, kann es zu keiner Mehrzahl von Personen kommen. Vom ersten ausgehend ergibt sich also: Wenn im göttlichen Sein höchste und wahre Ewigkeit ist, dann ist dort unmöglich auch eine wirkliche Dreifaltigkeit oder eine Mehrzahl von Personen.
2. Ferner: „Eine Ursache ist etwas, aus deren Sein etwas Anderes folgt“,[179] nämlich die Wirkung. Aber dieses Nachfolgen der Wirkung in Bezug auf die Ursache, so viel steht fest, kommt nicht von der Verschiedenheit[180] her (denn beides kann [trotzdem] gleichzeitig sein), sondern davon, dass das eine durch das andere hervorgebracht wird. Wo also ein Hervorbringen ist, da ist Vorausgehen und Nachfolgen. Wo man aber diese beiden findet, da ist keine wahre Ewigkeit, folglich ...

Zeit). Insofern ist etwas, das vor der Schöpfung liegt, ein rein gedankliches (auf dem in der *creatio ex nihilo* gesetzten Anfang beruhendes) Konstrukt, das man aber strikt aus der Perspektive des Geschöpflichen zu Ende denken muss und nicht so tun darf, als ob diese nur vorgestellte Zeit vor der Schöpfung mit der Ewigkeit Gottes identifiziert werden dürfte. Man kann es „vorher“ noch weniger als „nachher“, denn die Ewigkeit ist eine eigene Form der „Zeitlichkeit“, die zur geschöpflichen Zeitlichkeit zwar in Bezug steht, aber doch getrennt davon zu sehen ist.

179 Vgl. ARISTOTELES, *Physica* II, 3 (194b23f.); *Metaph.* II (A ἔλ.), 2 (994a19), AVICENNA, *Metaphysica* 4, 1 (RIET, 184-193).

180 „Verschiedenheit“ meint hier „die Verschiedenheit der Seinsstufe von Ursache und Wirkung“ (denn die Ursache nimmt eine höhere Seinsstufe ein), wie sich aus der Antwort auf den Einwand ergibt.

3. Ferner: Wenn drei Personen in der Dreifaltigkeit sind, dann sind sie entweder gleichermaßen Erste oder sie sind es nicht. Wenn sie gleichermaßen Erste sind, dann kann nicht eine aus der anderen hervorgehen.[181] Und deswegen können sie nicht in ein und derselben Natur existieren. Wenn sie aber nicht gleichermaßen Erste sind, dann sind sie nicht schlechthin und gleichermaßen gleichewig. Es folgt dasselbe wie vorher.
4. Ferner: Jedes Vergehen setzt mit Notwendigkeit einen End-Zeitpunkt. Also setzt jedes Hervorbringen oder Hervorgehen einen Anfangs-Zeitpunkt. Eine Dreifaltigkeit gibt es aber unmöglich ohne ein Hervorgehen oder ein Hervorbringen. Es gibt sie also auch nicht, ohne dass irgendeine Person angefangen hat zu sein. Das aber kann nicht zusammen mit der Ewigkeit bestehen, folglich ...
5. Ferner: Die Ewigkeit ist eine zeitlich unbegrenzte Dauer. Wenn also im Göttlichen die Dreifaltigkeit ewig ist, dann geschieht auch das Hervorbringen oder das Hervorgehen der Personen ohne zeitliche Begrenzung. Aber ein Hervorbringen oder Hervorgehen ohne Endpunkt ist niemals vollendet, denn es gibt ja dann niemals ein Hervorgebracht-Sein. Also entweder ist die Dreifaltigkeit nicht vollendet, oder sie ist nicht ewig.
6. Ferner: Sein und Dauern ist bei Gott gänzlich dasselbe. Dann ist es aber auch dasselbe, das Prinzip[182] des Seins und das des Dauerns zu haben. Aber es kann doch keine wahre Dreifaltigkeit geben, ohne dass irgendeine Person in ihr das Prinzip ihres Seins aus einer Hervorbringung hat. Doch dann kann es nicht sein, dass sie kein Prinzip ihres Dauerns hat. Aber das verträgt sich nicht mit Ewigkeit, folglich ...

---

181 Lat. *non est una ab alia* – Zum „Von-einem-anderen-her-Sein" vgl. auch opp8.

182 „Prinzip" wird hier in dem Doppelsinn von „Anfang" oder „Ursache" verwendet, vgl. entsprechend die Antwort auf den Einwand.

7. Ferner: Die Kraft und die Wirksamkeit[183] ist bei einer göttlichen Person nicht größer als bei dem göttlichen Wesen. Doch das göttliche Wesen kann nicht ein anderes ihm an Ewigkeit gleiches Wesen hervorbringen – also auch nicht eine Person eine entsprechende Person. Folglich gibt es im göttlichen Wesen entweder keine Dreiheit der Personen, oder es gibt dort keine höchste Ewigkeit.
8. Ferner: Jedes Seiende ist entweder geschaffen oder ungeschaffen. Genauso ist jedes Seiende entweder aus sich selbst oder von einem anderen her. Jedes Geschaffene ist ein Von-anderem-her-Seiendes, folglich ist jedes Ungeschaffene ein Aus-sich-selbst-Seiendes. Alles Ewige aber ist ungeschaffen, folglich aus sich selbst, und nichts ist also ewig, was von einem anderen her ist. Es kann doch aber keine Dreifaltigkeit geben, ohne dass eine Person von einer anderen hervorgeht. Wo es demnach eine Dreifaltigkeit gibt, da gibt es keine Ewigkeit.
9. Ferner: Wann immer irgendeine Kraft – endlich oder unendlich – sich in irgendeinem Akt zeigt und sie dazu ihr Vermögen zur Gänze einsetzt, ist es unmöglich, dass sie sich zusammen und gleichzeitig mit diesem noch in einem anderen Akt zeigt. Aber die Kraft des Vaters hat bei der Zeugung [des Sohnes] ihre Unermesslichkeit zur Gänze gezeigt, denn der Sohn ist ja ebenso groß wie der Vater. Folglich kann er nicht mit diesem zusammen und gleichzeitig noch eine andere Person hervorbringen. Wenn er also eine dritte hervorbringt, dann wird dies vorher oder nachher sein. Doch bei etwas, das in jeder Hinsicht ewig ist, kann [genau] das nicht sein. Entweder ist also bei Gott keine Dreifaltigkeit oder keine wirkliche Ewigkeit.

---

183 Lat. *actualitas,* das als philosophischer Terminus sowohl die „Wirklichkeit" wie auch das „Tun" oder die „Tätigkeit" bezeichnet. Der Gegensatz zur ersten Bedeutung ist die „Möglichkeit" (*potentia*), der zur zweiten das reine „Vermögen" oder die „Kraft" (*virtus*/*vis*).

10. Ferner: Wo immer ein Hervorbringen ist, da wird etwas von einem anderen empfangen, und es empfängt nicht etwas, was es selbst schon hat. Wenn der Sohn also vom Vater hervorgebracht wird, dann empfängt er das Sein vom Vater. Und folglich hatte er jenes Sein nicht schon vorher. Was aber ein vorher nicht besessenes Sein empfängt, das empfängt dadurch den Anfang seines Dauerns. Etwas solches ist aber nicht ewig. Man folgert: Ewigkeit besteht nicht zusammen mit einer Hervorbringung, also auch nicht zusammen mit der Dreifaltigkeit.
11. Ferner: Ewigkeit besagt Gegenwart. Daher ist hinsichtlich der ihr eigenen Bedeutung die Ewigkeit immer etwas Gegenwärtiges. Aber über die Hervorgänge im Göttlichen, und besonders noch einmal über die Zeugung, spricht man doch eigentlich richtiger in der Vergangenheit als in der Gegenwart, denn es ist doch besser zu sagen „Er ist von jeher gezeugt worden" oder „Er ist [aus dem Vater] geboren von jeher" als dass man sagt „Er wird gerade gezeugt" oder „Er wird gerade geboren".[184] Es scheint also, dass beides[185] nicht zusammen bestehen kann. Wenn es nun die Dreifaltigkeit nicht ohne eine wirkliche Hervorbringung geben kann, dann kann sie nicht zusammen mit der Ewigkeit bestehen.

Gegen die Unvereinbarkeit spricht die Autorität zahlloser Stellen sowohl im Alten wie im Neuen Testament, doch im Folgenden soll es mit Vernunftgründen dargelegt werden.

1. „Relate existieren von ihrem Wesen her gleichzeitig".[186] Vater und Sohn aber sind wirklich Relate, ebenso der Hauchende und der Geist.[187] Also existieren sie von ihrem Wesen her gleichzeitig. Wenn also irgendeine der göttlichen

---

184 Vgl. Gregor der Grosse, *Mor.* XXIX, cap.1, n1 (CCSL 143B,1434).

185 Das heißt Ewigkeit und Hervorbringung.

186 Aristoteles, *Categoriae* 7 („De his quae ad aliquid"; 6a 36-8b 25) – „Relat" meint dabei den Träger einer Relation.

187 Lat. *Spirator et Spiritus* – im Lateinischen wird die Bezogenheit schon in den Namen deutlich.

Personen ewig ist, dann sind notwendig alle ewig, weil die anderen ja von ihrem Wesen her gleichzeitig existieren. Und dass das folgt, liegt auch auf der Hand, denn, weil Gott höchst einfach ist, ist bei ihm die Relation unmöglich etwas Akzidentelles oder etwas, das ihm von anderswoher zukommt. Notwendigerweise eignet den göttlichen Personen also Gleichzeitigkeit in jeder Hinsicht.

2. Ferner: Der Geist des Vaters existiert und erkennt gleichzeitig, denn sein Sein ist sein Erkennen, und weder dem Wesen nach, noch um irgendeine Zeitspanne geht das eine dem anderen voraus. Beim Geist aber heißt „erkennen“, ein Wort aus sich hervorzubringen.[188] Also ist es gleichzeitig, dass der Vater war und dass er das Wort zeugte. Das Wort aber ist – es kann nicht anders sein – ein wohlgefälliges und geliebtes, also ein mit dem Liebenden verbundenes.[189] Man folgert: Wenn das göttliche Erkennen zusammen mit der Ewigkeit besteht, dann auch die Ewigkeit mit der Dreifaltigkeit.

3. Ferner: Die Vorzüglichkeit einer Kraft zeigt sich darin, wie schnell sie etwas hervorbringt. Manches Hervorbringen geschieht daher in einer nicht wahrnehmbaren Zeitspanne,[190] manches in einem einzigen Augenblick und bei manchem Hervorbringen ist beides[191] der Dauer nach gleichzeitig, obwohl der Natur nach eines dem anderen nachgeordnet ist. Das alles findet man bei den Geschöpfen. Wenn aber die göttliche Kraft die überhaupt mächtigste ist, und sie die geschaffene Kraft in allem überragt,

---

188 Lat. wörtlich: *verbum ex se sumere.*

189 Vgl. Augustinus, *Trin.* IX, cap.10, n.15 (CCSL 50,306f.); cap.11, n.16 (50,307f.); Bonaventura, *Sc. Chr.* q6 (V, 32-37).

190 Aristoteles, *Physica* IV, 13 (222a 10-222b 29) (nicht 14 wie in den *Opera omnia* angegeben) setzte „instantane“ und „in nicht-wahrnehmbarer Zeit“ stattfindende Veränderung noch gleich, zur Zeit Bonaventuras konnte das unterschieden werden (vgl. z. B. *I Sent.* d37 p2 a2 q3 ad1; I 663; *II Sent.* d5 a2 q2 ad2; II 153; *II Sent.* d7 p2 a2 q2 ad6; II 203).

191 Die Kraft und das Hervorgebrachte oder Ursache und Wirkung

dann kann sie etwas so hervorbringen (und bringt es tatsächlich hervor), dass das Hervorgebrachte seiner Natur nach gleichzeitig mit dem Hervorbringenden ist.

4. Ferner: Der Vater kann dem Sohn die Gottheit und die Allmacht mitteilen, sonst wäre dieser nicht der Sohn. Aber „Gottheit" ist identisch mit „Ewigkeit", und er[192] kann nicht Gott sein, wenn er nicht ewig ist. Also kann die erste göttliche Person den anderen die Ewigkeit mitteilen, und folglich können Dreifaltigkeit und Ewigkeit zusammen bestehen.
5. Ferner: Das Vermögen des ungeschaffenen Lichtes Glanz[193] hervorzubringen ist größer als das des geschaffenen Lichtes. Doch [schon] das geschaffene Licht ist niemals ohne Glanz, also auch nicht das ungeschaffene. Wenn nun der Glanz die hervorgebrachte Person ist, dann ist klar ...
6. Ferner: Die Unermesslichkeit besteht zusammen mit der Dreifaltigkeit und die Unermesslichkeit bedeutet notwendig auch Ewigkeit. Demnach folgt aus dem ersten Satz, dass die wahre und vollkommene Dreifaltigkeit zugleich da ist, wo wahre und vollkommene Ewigkeit ist. Es gibt also keinen Widerspruch zwischen beiden.
7. Ferner: Die Dreifaltigkeit besteht zusammen mit höchster Gleichheit.[194] Aber es ist eine Gleichheit nicht nur hinsichtlich der Kraft, sondern auch hinsichtlich der Dauer. In der Dauer kann dem Ewigen aber nichts gleichkommen, wenn es nicht gleichewig mit ihm ist. Wenn die Dreifaltigkeit also mit höchster Gleichheit zusammen besteht, dann auch mit Ewigkeit.

---

192 „Er" heißt „der Sohn".

193 Der Vergleich des Verhältnisses von Vater und Sohn mit dem von Licht und Glanz (oder „Helle", „Schein", „Leuchten", Lat. *splendor* oder *candor*) trat schon früh in der Trinitätstheologie auf. „Unigenitus habet splendorem lucis aeternae" hieß es im Anschluss an Weish 7, 16 (Vg), vgl. z. B. DH 144.

194 Vgl. dazu q2 a2 f10 (V 63).

8. Ferner: Dort, wo Vermögen und Akt zusammenfallen,[195] gilt: Wenn das Vermögen ewig sein kann, dann auch der Akt, besonders, wenn nicht nebenbei noch etwas Anderes ausgesagt wird, was außerhalb Gottes liegt oder geschaffen ist. In der Person des Vaters aber fallen Zeugen-Können und Zeugen zusammen, und für das Vermögen zu Hauchen ist das genauso wahr. Wenn also mit Notwendigkeit wahr ist, dass der Vater ewig zeugen konnte, dann gilt genauso notwendig, dass er ewig gezeugt hat.
9. Ferner: Wo das Sein und das In-Relation-Stehen[196] ganz und gar zusammenfallen, da wird notwendig beides von demselben Maß gemessen. Aber es ist völlig dasselbe, Vater zu sein und in Relation zum Sohn zu stehen, und umgekehrt, weil dort ja keinerlei Zusammensetzung ist. Wenn also das Sein ewig ist, dann ist der gegenseitige Bezug der Personen ebenso ewig.
10. Ferner: Im geschaffenen Bild[197] liegen das Wesen und das Vermögen gleichzeitig vor und jedes seiner drei Vermögen besitzt eine gleich aeviterne Dauer, wie es bei der Seele ganz deutlich wird. Die Übereinstimmung ist bei den göttlichen Personen sogar noch größer, also wird dort umso mehr eine die gleiche Ewigkeit wie die anderen besitzen. Wie sich nämlich die immerwährende Dauer[198] zum Bild Gottes verhält, so verhält sich die Ewigkeit zur schöpferischen Dreifaltigkeit. Daher gilt: „Durch die immerwährende Dauer der Dinge wird der Schöpfer als ewig erwiesen".[199] Aus der immerwährenden Dauer des Bildes folgert und zeigt man also die Ewigkeit der Dreifaltigkeit.

---

195 Nach Aristoteles, *Physica* III, 4 (203b 30) gilt bei den ewigen Dingen, dass Sein und Können zusammenfallen.

196 Lat. *referri*.

197 Zur Seele als *imago Dei* vgl. bereits oben Anm. 145.

198 Lat. *perpetuitas* als eine unendlich fortgesetzte, ununterbrochene Dauer steht hier für das Aevum.

199 Petrus Lombardus, *I Sent.* d3, 1; p1 cap.1 (Text in I 62).

Antwort: Die Dreifaltigkeit besteht notwendig zusammen mit der Ewigkeit.

Meine Antwort ist: Dreifaltigkeit und Ewigkeit bestehen notwendig zusammen. Das ergibt sich aus den Wesenseigenschaften, aus den Ursprungs-Hervorgängen wie aus den personalen Relationen.

Aus den Wesenseigenschaften, sage ich, denn die Dreifaltigkeit besteht zusammen mit der höchsten Einzigkeit, Einfachheit und Unermesslichkeit ihres Wesens, wie in den vorausgehenden Abschnitten gezeigt worden ist.[200] Daher haben die göttlichen Personen ein einziges, höchst einfaches und unermessliches Sein. „Ewigkeit" aber ist eine Aussage über das Sein, das in der Dreifaltigkeit ohne Zahl, ohne Zusammensetzung und ohne Begrenzung ist. Also bleibt nur übrig, dass bei den drei Personen Ewigkeit vorliegt: *wirkliche* Ewigkeit aufgrund der Unermesslichkeit, *höchste* Ewigkeit aufgrund der Einfachheit in jeder Hinsicht, eine *einzige* Ewigkeit aufgrund der Einheit des Wesens.[201] Die Ewigkeit schließt also die Dreifaltigkeit nicht aus, denn die Dreifaltigkeit schließt Ewigkeit notwendig ein.

Aus den Ursprungshervorgängen ergibt sich dasselbe, sowohl hinsichtlich des Hervorbringenden, wie hinsichtlich des Hervorgebrachten und hinsichtlich der Hervorbringungsweise. Der Hervorbringende aktuiert seine Kraft in jeder Hinsicht,[202] weil er höchst vollkommen ist. Der Hervorgebrachte aber ist diesem in jeder Hinsicht gleich, weil hier allerhöchste Angleichung stattfindet. Die Hervorbringung selbst aber geschieht in jeder Hinsicht mit Notwendigkeit,

200 Er zeigte „Einzigkeit" in q2, „Einfachheit" in q3 und „Unendlichkeit" in q4.

201 Das entspricht noch einmal den zuvor festgestellten Eigenschaften „ohne Begrenzung", also unendlich, „ohne Zusammensetzung", also einfach, und „ohne Zahl", also Eines (denn die Einheit ist gerade *keine* Zahl).

202 Lat. *est in omnimoda virtutis actualitate* – das heißt, wie in opp 9 und ad 9 dargestellt, geht das Vermögen zur Gänze in die Tätigkeit ein und „verwirklicht" sich auf diese Weise vollkommen.

weil das Sich-Verströmen[203] oder die Mitteilung des göttlichen Wesens in der Natur Gottes liegt. Wenn also die hervorbringende Person ewig ist, dann notwendigerweise auch der Akt des Hervorbringens, der Hervorgebrachte selbst und die Art und Weise des Hervorbringens. Also ist klar, dass Ewigkeit und Dreifaltigkeit sich nicht widersprechen, sondern dass sie auf wunderbare Weise in Einklang miteinander sind und notwendigerweise zusammen bestehen.

Aus den personalen Relationen ergibt sich wieder dasselbe: Denn die göttlichen Personen unterscheidet man durch ihre Relationen. Ich meine die Relationen, die nicht nach Außen gehen,[204] sondern die im Inneren bestehen, die nicht etwas Zufälliges, sondern etwas Bleibendes sind, die nicht ein vermindertes, sondern ein höchst vollständiges Sein haben.[205] Weil aber eine intrinsische, nicht zufällige und vollendete Relation immer zugleich mit ihrem Träger existiert und weil die Relation und ihre Ko-Relation von Natur aus gleichzeitig sind, darum implizieren solche Relationen höchste Gleichzeitigkeit bei den göttlichen Personen und haben keine zeitliche Begrenztheit zur Folge, denn sie bestehen zusammen mit der höchsten Unendlichkeit. Weil nun zur Ewigkeit nichts weiter verlangt ist als Gleichzeitigkeit mit zeitlicher Unbegrenztheit in jeder Hinsicht sowie höchste zeitliche Unbegrenztheit mit Gleichzeitigkeit in jeder Hinsicht, darum besteht die Dreifaltigkeit notwendigerweise zusammen mit der Ewigkeit und die Ewigkeit zusammen mit der Dreifaltigkeit, denn Dreifaltigkeit schließt Ewigkeit nicht aus, sondern ein. Daher sagt Augustinus im 28. Kapitel des

---

203 Hier mit Bezug zur bei Bonaventura beliebten, aus der neuplatonischen Tradition stammenden Bestimmung Gottes als *bonum diffusivum sui* (vgl. z. B. *Itin.* VI, 2f.; V 310f.).

204 Sprich die zur Schöpfung.

205 Die Unterscheidung von *esse diminutum* und *esse completum* (vgl. z. B. auch *Itin.* III, 3; V 304) – ebenso aber die anderen beiden Unterscheidungen – stellen nicht nur geschöpfliches und göttliches Sein gegenüber, sondern man wird sie auch auf dem Hintergrund der Frage nach dem Seinsstatus der Relation als dem „schwächstem“ der Akzidenzien lesen.

11. Buches von *De civitate Dei:* „Gott, dessen Bild zu sein wir geschaffen sind, ist wahre Ewigkeit, ewige Wahrheit, ewige und wahre Liebe, und er ist selbst ewige, wahre und liebende Dreifaltigkeit“.[206] Und wie die Ewigkeit der Liebe und der Wahrheit nicht widerspricht, so widerspricht sie auch nicht der Dreifaltigkeit und ebenso wenig umgekehrt. – Man muss also den Gründen, die dieses zeigen, rechtgeben.

Ad 1. Zuerst wurde als Einwand dagegen vorgebracht: „Wo Ewigkeit ist, da ist Gleichzeitigkeit in jeder Hinsicht“. Dazu ist zu sagen: Die Gleichzeitigkeit der Ewigkeit schließt jede Ordnung des Vorher und Nachher aus, aber nicht eine Ordnung nach dem Ursprung. Wenn also gesagt wird, dass „Dreifaltigkeit“ eine Ordnung bedeutet, dann versteht man das nicht hinsichtlich einer Ordnung des Vorher und Nachher, sondern hinsichtlich einer Ordnung nach dem Ursprung und nach dem wesensmäßigen Hervorgang. Das entspricht einem Wort des Augustinus, das sagt: „Es ist dort eine Ordnung, aber nicht eine, wodurch der eine früher, der andere später wäre, sondern wodurch der eine aus dem anderen ist“.[207]

Ad 2. Zu dem Einwand „Die Wirkung folgt der Ursache, nicht aufgrund der Verschiedenheit,[208] sondern aufgrund des Hervorbringens.“ Man antwortet darauf: Keines von jenen beiden ist für sich allein die ganze, hinreichende und vollkommene Ursache, sondern das eine mit dem anderen zusammen ist es. Die Wirkung folgt nämlich nur deshalb auf die Ursache, weil sie so aus ihr hervorgeht, dass sie sich im Wesen von jener unterscheidet. Und darum ist sie auch nicht so vorzüglich wie die Ursache und kommt ihr nicht in jeder Hinsicht gleich – weder in der Dauer noch in der Kraft. Bei der Hervorbringung in Göttlichen aber ist das anders: Dort haben der Hervorbringende und der, der hervorgebracht wird, ein und dasselbe Wesen, und von daher

---

206 Augustinus, *Civ. Dei* XI, cap.28 (CCSL 48,348).

207 Augustinus, *Contra Maximinum* II, 14, 8 (CCSL 87A, 581-584).

208 Es ist wieder die Verschiedenheit der Seinsstufe gemeint (vgl. Anm. 180), wie Bonaventura im Folgenden erklärt.

kommen sie einander in jeder Hinsicht gleich, sowohl was die Dauer angeht als auch, was die Kraft angeht.

Ad 3. Auf den Einwand, dass die Personen entweder gleichermaßen Erste sind oder nicht, wird man die Antwort geben: Hinsichtlich des Fehlens eines Früher oder Später sind sie gleichermaßen Erste, doch hinsichtlich der Ordnung nach dem Ursprung sind sie es nicht. Doch daraus folgt nicht, dass sie nicht gleichermaßen gleichewig sind. Denn, wie oben schon gezeigt wurde, die Vorzüglichkeit jener vollkommensten Hervorgänge hinsichtlich ihrer Einfachheit und Unermesslichkeit schließt die Gleichewigkeit der hervorbringenden und der hervorgebrachten Personen ein.

Ad 4. Dann zu dem Einwand, dass das Vergehen einen End-Zeitpunkt setzt. Die Antwort hierauf lautet: Das ist nicht so. Denn „Vergehen" besagt immer ein Schwinden sowie ein Fortschreiten weg vom Vollendeten und hin zu etwas Unvollständigem. Für das „Erzeugen" aber kann man das nicht entsprechend sagen. Denn eine Art des Erzeugens ist es, wenn etwas von Möglichkeit in Wirklichkeit überführt[209] wird, und dies impliziert aufgrund seiner Unvollkommenheit notwendigerweise einen Anfangszeitpunkt. Eine andere Art des Erzeugens ist es, wenn eine höchst aktuale[210] Mitteilung erfolgt. Sie entspricht nicht nur der in jeder Hinsicht gegebenen Vollendung beim Hervorbringenden und beim Hervorgebrachten, sondern auch der Vollendung dessen, woraus es hervorgebracht wird,[211] und schließlich der vollendeten Art und Weise, auf die es hervorgebracht wird. Und eine solche Erzeugung setzt man bei Gott an. Weil diese aber keinerlei Unvollendetheit beinhaltet, darum setzt sie auch keinen Anfangszeitpunkt.

---

209 Eigentlich heißt es „herausgeführt" (*eductio*) gemäß der Vorstellung, dass das Vermögen „in" der jeweiligen Sache liegt.

210 Lat. *actualissima* im Gegensatz zu der oben beschriebenen Erzeugung, die ein Übergang von Möglichkeit (*potentia*) in Wirklichkeit (*actus*) ist.

211 Weil nämlich der Sohn aus der Substanz des Vaters hervorgebracht wird (vgl. *I Sent.* d5 a1 q2; I 114-116).

Ad 5. Zu dem Einwand „Die Ewigkeit ist eine unbegrenzte Dauer“ ist zu sagen: Vom Endpunkt eines Hervorbringens spricht man in zwei Bedeutungen: Die eine Bedeutung ist die hauptsächliche, sie bezeichnet das Hervorgebracht-Sein. Die zweite ist eine damit wechselseitig verbundene und sie bezeichnet das Nicht-mehr-hervorgebracht-Werden. Dieser Gebrauch erstreckt sich auf das, bei dem sich das Hervorgebracht-Werden und das Hervorgebracht-Sein unterscheiden. Wenn man also fragt, ob die Zeugung in Gott eine durch einen Endpunkt begrenzte ist oder nicht, dann wird man sagen: Wenn man auf die erste Weise vom Endpunkt spricht, dann ist sie begrenzt, denn der Vater zeugt den Sohn so, dass der Sohn gezeugt ist. Wenn man es aber auf die zweite Weise versteht, dann entspricht es nicht der Wahrheit, denn der Sohn ist immer schon gezeugt und er wird immer gezeugt, denn das Gezeugt-Werden und das Gezeugt-Sein ist bei ihm dasselbe aufgrund seiner vollkommenen Einfachheit und seiner vollkommen höchsten Wirklichkeit.

Ad 6. Auf den Einwand „Bei Gott sind Sein und Dauern identisch“ antwortet man: „Prinzip des Dauerns“ nennt man etwas auf zwei verschiedene Weisen: Die eine Weise ist, wenn durch es eine Dauer hervorgebracht und mitgeteilt wird, und die andere Weise ist, wenn es den zeitlichen Beginn einer Dauer bezeichnet. Wenn man nun „Prinzip“ auf die erste Weise versteht, gilt: Wie der Vater das Prinzip des Seins des Sohnes ist, so auch das Prinzip seines Dauerns, denn wie er ihm das Sein gibt, so gibt er ihm auch das Immer-Sein. Wenn man es aber auf die zweite Weise versteht, dann ist das nicht wahr und die Vernunft gelangt nicht zu den besagten Schlüssen aufgrund des unterschiedlichen Verständnisses von „Prinzip“.

Ad 7. Eingewendet wurde, dass die Person keine größere Kraft und keine größere Wirksamkeit[212] besitzt als das Wesen. Darauf kann man sagen, dass diese Gegenüberstellung nicht zutrifft. Denn das göttliche Wesen kann kein anderes Wesen

212 Lat. *actualitas* wie oben Anm. 183.

hervorbringen – weder aus sich selbst noch aus etwas Anderem, das ihm gleichewig und gleichermaßen Erstes wäre. Also ist es notwendig, dass es etwas „aus dem Nichts" hervorbringt und dass das so hervorgebrachte Wesen das Sein nach dem Nicht-Sein hat[213] und dass es einmal angefangen hat zu sein, da es vom Nicht-Sein zum Sein übergegangen ist. Anders aber ist es beim Hervorbringen einer göttlichen Person durch eine andere Person: Die hervorbringende und die hervorgebrachte Person haben das Wesen und die Natur gemeinsam, und eben wegen des einen und ungeteilten Wesens ist es nicht notwendig, dass es dort hinsichtlich der Hervorbringung der einen Person durch die andere einen zeitlichen Anfang gibt.

Ad 8. Der Einwand war: Jedes Seiende ist entweder geschaffen oder ungeschaffen, und genauso ist jedes Seiende entweder aus sich selbst oder von einem anderen her. Die Antwort lautet: Das Von-einem-anderen-her-Sein wird in zwei Bedeutungen gesagt: entweder als „von einem anderen Wesen her" oder als „von einer anderen Person her". Beim ersteren Verständnis, wo eine Andersheit des Wesens angenommen wird, entspricht dies jener anderen Aufteilung des Seienden in Geschaffenes und Ungeschaffenes. Diese sind Gegensätze, die sich im Wesen unterscheiden. Beim zweiteren Verständnis aber liegt diese Entsprechung nicht vor. Vielmehr: Wenn man vom einen Verständnis zum anderen übergeht, dann entsteht dadurch eine [falsche] Figur der Sprechweise,[214] indem man nämlich die Aussageweise verändert: das „Was" wird ersetzt durch ein „Wer".[215] Eine sol-

---

213 Lat. *habere esse post non-esse* heißt, dass es eben nicht immer schon war, sondern erst, nachdem es einmal nicht gewesen ist, zum Sein kam.

214 Die *figura dictionis*, manchmal „Wortspiel" genannt, gehört zu den Fehlschlüssen in der Logik, schon Aristoteles, *De sophisticis elenchis* cap. 4 (165b 23-166b 27) hat sie beschrieben. Vgl. dazu auch BONAVENTURA, *Sc. Chr.* q3 ad 2 (V 14) mit der Anmerkung in der Ausgabe von Andreas Speer (Phb 446,235).

215 Bzw. das „Von was?" (das nach dem Wesen einer Sache fragt) wird ersetzt durch das „Von wem?" (das nach der Substanz/Person fragt)

che Aussageweise aber gebraucht man nicht bei dem, was in Gott ist.

Ad 9. Es wurde eingewendet: „Wann immer eine unendliche Kraft sich der Gänze ihres Vermögens nach in irgendeinem Akt zeigt, dann kann sie sich nicht damit verbunden und gleichzeitig noch in einem anderen Akt zeigen." Man antwortet: Das ist wohl wahr, wenn es sich *zur Gänze* zeigt, und zwar nicht nur hinsichtlich der Kraft, mit der es hervorbringt, sondern auch hinsichtlich der Art und Weise, auf die es hervorbringt. Aber dann ist die Annahme falsch, denn auch wenn der Vater den Sohn entsprechend seiner unendlichen Kraft hervorbringt, so zeugt er ihn doch und haucht ihn nicht. Und auf diese andere Hervorbringungsweise, nämlich durch Hauchung, bringt er deshalb gleichzeitig mit dem Sohn noch eine andere Person hervor. „Gleichzeitig", denn jene Hervorbringungen stehen nicht im Widerspruch zueinander, sondern sind ihrer Natur nach wechselseitig miteinander verbunden. Man sieht das auch beim [menschlichen] Geist, wo ein aktuales Nachdenken des *Verstandes* es nicht behindert, sondern es eher auslöst, dass sich der *Wille* auf das erkannte und erblickte Gut richtet. Ebenso wenig behindert die Zeugung des Wortes, das aus dem [göttlichen] Geist hervorgeht, die Hauchung der beide Personen umfassenden Liebe.

Ad 10. Auf den Einwand „Wo ein Hervorbringen ist da ist auch ein Empfangen von einem anderen" wird man antworten: Es gibt eine Art des Hervorbringens, bei der sich das Hervorgebracht-Werden und das Hervorgebracht-Sein unterscheiden, und es gibt eine andere Art, bei der beides vollkommen identisch ist. Genauso wird man auch das „Empfangen" in zweifachem Sinn verstehen: Bei der einen Weise unterscheiden sich Empfangen und Empfangen-Haben, bei der anderen ist beides vollkommen identisch. Die erste Bedeutung entspricht der ersten Art des Hervorbringens und

---

entsprechend den beiden Bedeutungen des Von-einem-anderen-Her-Seins.

die zweite der zweiten. Für die erste Weise gilt der Einwand, für die zweite nicht. Aber auf diese letztere Weise empfängt der Sohn vom Vater das Sein, denn er hat es immer schon empfangen und er empfängt es immer, denn der Vater zeugt ihn immerwährend und er hat ihn immer schon gezeugt. Das ergibt sich klar aus dem zuvor Gesagten.

11. Der Einwand war, dass Ewigkeit Gegenwart besagt, während man die Zeugung besser durch die Vergangenheit beschreibt. Die Antwort lautet: Jene ewige Zeugung ist immer höchst aktual und höchst vollendet. Nun wird aber die Aktualität eines Aktes besser durch die Gegenwart ausgedrückt, während die Vollendung und die Vollkommenheit eines Aktes am besten durch die Vergangenheit ausgedrückt werden. Daher kann jene ewige Zeugung durch keine Zeitstufe hinreichend dargestellt werden. Vielmehr muss man, um sie [überhaupt] auszudrücken, verschiedene Zeitstufen gebrauchen, denn sie selbst ist über aller Zeit und sie trägt alles in sich, was durch irgendeine Zeitstufe an Vollendung ausgedrückt werden kann. Daher kann man sagen: Hinsichtlich der Vollendetheit kommt ihr die Vergangenheit zu, hinsichtlich der Aktualität die Gegenwart und hinsichtlich des Weiter-Fortdauerns und Nicht-Aufhörens die Zukunft. – Das alles aber ist bei ihr eines, und aus dem Grund wird sie durch keine Bezeichnung hinreichend beschrieben. Es ist ja auch kein Wunder, wenn der Klang jener aus der Zeit genommenen Worte nicht in der Lage ist, die vollkommen ruhige Stille jener Ewigkeit und jener ewigen Zeugung zu beschreiben. Wir erfassen sie besser mit dem Verstand, als dass wir sie mit Worten ausdrücken können. In der Gegenwart glauben wir sie besser, als wir sie mit dem Verstand erfassen können. Und in der Zukunft werden wir sie dann besser schauen, als wir sie jetzt glauben können. Denn, wie unser Erlöser sagt: „Das ist das ewige Leben, dich, den einzigen wahren Gott, und Jesus Christus, den du gesandt hast, zu erkennen.“[216] Dahin aber können wir auf keine Weise ge-

---

216 Joh 17, 3.

langen, wenn nicht unser Verstand über den Wechsel der Zeiten und über seine nebulösen Vorstellungen in vollerem Maß erhoben wird zur Freiheit[217] jener überhimmlischen[218] Ruhe.

217 „Freiheit“ wird man hier im Sinne eines gewährten Privilegs (vgl. auch Röm 8, 21 „befreit zur Freiheit und Herrlichkeit der Kinder Gottes“) verstehen.

218 „Über-himmlisch“, denn das Empyreum, der Ort der Seligen, wurde gedacht als der alle himmlischen Sphären (der Planeten und der Fixsterne, des Wasser- und des Kristallhimmels) umfassende „Raum“.

Schriftauslegung

Kommentar zum Buch Kohelet, Prooemium

In Ecclesiasten, Prooemium[1]

Einleitung, Übersetzung und Anmerkungen von Fr. Florian Mair OFM

Einleitung

Vanitas vanitatum, dixit Ecclesiastes, vanitas vanitatum omnia vanitas – „Windhauch, Windhauch, sagte Kohelet, Windhauch, Windhauch, alles ist Windhauch" (Koh 1,2): Mit diesen Worten erklingt der bekannte Weckruf des Kohelet zu Beginn seines alttestamentlichen Buches und man verbindet unmittelbar damit eine pessimistische Weltsicht bzw. Weltverdrossenheit. Das Buch Kohelet, das in der zweiten Hälfte des 3. Jahrhunderts v. Chr. verfasst wurde, fällt aber unter die Weisheitsliteratur, gehört innerhalb des hebräischen Kanons zu den *Ketubim* („Schriften": dritter Teil neben der Tora und den Propheten) und sucht in Anbetracht der Vergänglichkeit der Welt und der menschlichen Existenz eine Anwendung der Tora darzulegen. So nimmt es nicht Wunder, dass die

1 Übersetzung nach dem lat. Text aus: *Doctoris seraphici S. Bonaventurae opera omnia*, edita studio et cura PP. Collegii a S. Bonaventura, Bd. VI., Quaracchi 1893, S. 3-9. Wichtige Literatur zum gesamten Kohelet-Kommentar des Bonaventura nach wie vor: W. Dettloff, *Weltverachtung und Heil.* Eine Interpretation der allgemeinen Einleitung Bonaventuras zu seinem Ecclesiasteskommentar, in: S. Bonaventura (1271-1974), Bd. IV (Theologica), Grottaferrata 1974, 21-55. Moderne Übersetzungen: *Commentary on Ecclesiastes*, ed. C. Murray – R.J. Karris, introd. R.J. Karris (Works of St. Bonaventure, Bd. 7), New York 2005. San Bonaventura, *Commento al Libro dell'Ecclesiaste*, traduzione G. Beschin, introduzione, revisione e note di O. Casto (Sancti Bonaventurae Opera VIII), Roma 2015. Bei den entsprechenden modernen Übersetzungen seien auch die Einführungen beachtet.

jüdisch-liturgische Tradition festlegte, das Buch Kohelet sei am Laubhüttenfest zu verlesen, wo an das Wohnen des Volkes Israel in einfachen Hütten während der Zeit des Exodus erinnert wird.[2] Neben dem Buch der Sprichwörter und dem Buch Hohelied gehört das Buch Kohelet zu jenen drei weisheitlichen Büchern der Hl. Schrift, deren Autorschaft bereits die jüdische sowie später die christliche Auslegungstradition[3] König Salomon zugeschrieben hat[4], der einen jungen Schüler[5] bzw. seinen Sohn[6] belehrt. Bonaventura plädiert in seinem Kommentar zum Buch Kohelet, wie viele andere christliche Exegeten, für die folgende Sequenz der drei genannten biblischen Bücher, denen jeweils eine spezifische Charakterisierung zukommt:[7] Im Buch der Sprichwörter lehrt Salomo, „in dieser Weltzeit weise zu wandeln", im Buch Kohelet „die gegenwärtigen Dinge zu verachten" und schließlich im Buch Hohelied „die himmlischen Dinge zu lieben".[8]

In seiner Zeit als *Magister* verfasste Bonaventura zwischen 1254 und 1257 die *„Postilla super Ecclesiasten"*. Diese

---

2 Vgl. den umfangreichen und informativen Kommentar zum Buch Kohelet: L. Schwienhorst-Schönberger, *Kohelet* (Herders Theologischer Kommentar zum Alten Testament), Freiburg i. Br. ²2011, 43.

3 Im Talmud sowie in der christlichen Tradition kann die entsprechende Abfolge dieser Bücher Salomos nachgewiesen werden: Sprichwörter-Kohelet-Hohelied: vgl. L. Schwienhorst-Schönberger, *Kohelet*, 44-46.

4 Darüber hinaus wird auch das deuterokanonische Buch der Weisheit mit König Salomo in Verbindung gebracht: vgl. *Sapientia Salomonis*.

5 Vgl. L. Schwienhorst-Schönberger, *Kohelet*, 44.

6 Vgl. Bonaventura, *In Eccl., Prooem.* 13 (VI 5).

7 Vgl. L. Schwienhorst-Schönberger, *Kohelet*, 44f.: „Diese Abfolge enthält eine gewisse Logik. Sie ist über die Septuaginta in der christlichen Rezeption traditionsbildend geworden. Das Koheletbuch kann als *kritische Relecture des Sprüchebuches* gelesen werden. [...] Die das Sprüchebuch prägende Unterscheidung von Gerechtem und Frevler wird im Koheletbuch problematisiert und ebenfalls kritisch reflektiert (Koh 7,15-20; 8,10-15). Das *Hohelied* kann wiederum als *Anwendung dessen, was das Koheletbuch lehrt* und wozu es aufruft, gelesen werden."

8 Vgl. Bonaventura, *In Eccl., Prooem.* 13 (VI 5); *In Eccl.*, I, 1 (VI 9f.).

Bibelauslegung erfolgt in 83 unterschiedlichen *Quaestiones*, d.h. Fragestellungen, worauf Bonaventura mit einem kurzen Kommentar antwortet.[9] Großen nachhaltigen Einfluss auf das gesamte Mittelalter übte der Kohelet-Kommentar des lateinischen Kirchenvaters Hieronymus aus.[10] Durch die Rezeption der *Glossa ordinaria*, des Kohelet-Homilien-Zyklus des Hugo von St. Victor und des Kohelet-Kommentares des Dominikaners Hugo von St. Cher strahlen die Gedanken des Hieronymus indirekt und implizit auch im Werk Bonaventuras auf.[11] Als eigentliche unmittelbare Quellen des bonaventurianischen Kohelet-Kommentars sind aber die exegetischen Werke der beiden letztgenannten Theologen zu nennen: Bougerol behauptet, Bonaventura lehne sich eng an den Kommentar des Hugo von St. Cher an.[12] Hugo von St. Victor prägte nachhaltig Bonaventuras Verständnis der dreifachen *vanitas*.[13] Die *Frati Editori von Quaracchi* sehen zu-

---

9 Vgl. Th. Prügl, *Zum Nachleben des hieronymianischen Kommentars In Ecclesiasten*. Die Auslegung des Buches Kohelet im Mittelalter, in: E. Birnbaum – L. Schwienhorst-Schönberger (Hg.), *Hieronymus als Exeget und Theologe*. Interdisziplinäre Zugänge zum Koheletkommentar des Hieronymus (Bibliotheca Ephemeridum Theologicarum Lovaniensium, 268), Leuven 2014, 245-271, hier 265f. Zur Gliederung und zum Aufbau des gesamten Werkes: vgl. Schema I-IV, in: S. Bonaventurae, *Opera Omnia*, Bd. VI, Ad Claras Aquas-Quaracchi 1893, 100-103.

10 Vgl. L. Schwienhorst-Schönberger (Hg.), *Das Buch Kohelet*. Studien zur Struktur, Geschichte, Rezeption und Theologie (Beihefte zur Zeitschrift für alttestamentliche Wissenschaft, Bd. 254), Berlin-New York 1997. Th. Prügl, *Zum Nachleben des hieronymianischen Kommentars In Ecclesiasten*, 265-271. E. Birnbaum, *Der Koheletkommentar des Hieronymus*. Einleitung, revidierter Text, Übersetzung und Kommentierung. Revision des lateinischen Textes durch M. Margoni-Kögler (Corpus Scriptorum Ecclesiasticorum Latinorum-Extra Seriem), Berlin – New York 2014.

11 Vgl. C. van der Borne, *De fontibus Commentarii S. Bonaventurae in Ecclesiasten*, in: AFH 10 (1917), 257-270.

12 Vgl. J. G. Bougerol, *Bonaventure as Exegete*, in: *A Companion to Bonaventure*, ed. by J. M. Hammond – J. A. Wayne Hellmann – J. Goff (Brill's Companion to the Christian tradition, 48), 167-187, hier 183.

13 Hugo von St. Victor verwendet die Begriffe *vanitas mutabilitatis, vanitas curiositatis* und *vanitas mortalitatis*: vgl. Hugo von St. Victor, *In Salomonis Ecclesiasten Homiliae* XIX, hom. 1 (PL 175,119A).

dem in der *Expositio mystica in Ecclesiasten* des Salonius, des Bischofs von Vienne (ca. 453), eine weitere mögliche Quelle für den Kohelet-Kommentar des Bonaventura.[14] Aristoteles beeinflusste v.a. in wissenschaftstheoretischer Hinsicht den Kohelet-Kommentar des Bonaventura, was gerade im hier präsentierten *Prooemium* deutlich wird, indem Bonaventura einerseits auf zahlreiche Werke des Stagiriten (vgl. Zweite Analytik, Topik, Physik, Nikomachische Ethik, Über die Seele) verweist, sowie andererseits die vier *causae* als leitendes Auslegungsprinzip[15] verwendet.

Das *Prooemium* des bonaventurianischen Kohelet-Kommentares, das in der nachfolgenden Übersetzung dargeboten wird, ist dreigeteilt: Bonaventura legt zunächst (a) eine allgemeine Einführung (*Introductio generalis*: vgl. die Abschnitte 1-13) dar, sodann (b) nach Art eines *Accessus ad auctores*[16] einen gewissen „akademischen Prolog" (vgl. Abschnitt 14 und *Quaestiones* I-IV), worin Einleitungsfragen gemäß den vier aristotelischen *causae* (Zweckursache, Stoffursache, Formursache und Wirkursache) behandelt werden, und schließlich (c) überliefert er den Prolog des Hieronymus zum Buch

---

14 Vgl. *Scholion* (VI 99).

15 Das erste Mal hat der Dominikaner Guerricus von St. Quentin, Magister in St. Jacques zu Paris, die exegetische Auslegungsmethode der vier *causae* gebraucht: vgl. J. G. BOUGEROL, *Bonaventure as Exegete*, 183, Anm. 60.

16 Wichtige hinführende Literatur zum *accessus ad auctores*: E. A. QUAIN, *The Medieval Accessus ad Auctores,* in: Trad. 3 (1943), 215-264; B. BISCHOFF, *Wendepunkt in der Geschichte der lateinischen Exegese im Frühmittelalter*, in: Sacris Erudiri 6 (1955), 189-281; G. GLAUCHE, *Art. Accessus ad auctores,* in: Lexikon des Mittelalters, Bd. I, München-Zürich 1980, 71-72; H. BRINKMANN, *Mittelalterliche Hermeneutik*, Tübingen 1980, 3-13; A. J. MINNIS, *Medieval Theory of Autorship.* Scholastic Literary Attitudes in the Later Middle Ages, 2nd ed. with a new preface, Aldershot – University of Pennsylvania Press, Philadelphia 1988, 40-58; D. KELLY, *Art. Accessus ad auctores,* in: Historisches Wörterbuch der Rhetorik, Bd. I, Tübingen 1992, 27-36; J. L. SOLÈRE, *Du commencement: axiomatique et rhétorique dans l'Antiquité et au Moyen Âge*, in: J. D. DUBOIS – B. ROUSSEL (Hg.), *Entre en matière.* Les prologues (Patrimoines – Centre d'Études des Religions du Livre), Cerf, Paris 1998, 307-336.

Kohelet samt seiner eigenen Kommentierung. Die beiden letztgenannten Texte wurden in die hier präsentierte Übersetzung nicht aufgenommen.

Thema des Kohelet-Kommentares Bonaventuras ist die Frage: „Wie werde ich wahrhaft glücklich?“ bzw. „Worin besteht die wahre Glückseligkeit?“ bzw. „Wer macht mich glücklich?“ Zwei verschiedene Zugänge wählt nun Bonaventura, um die Bedeutung von *vanitas* zu interpretieren: Erstens unternimmt er es, *vanitas* im Gegensatz zur *beatitudo* zu erörtern,[17] zweitens behandelt er gemäß den vier aristotelischen *causae* nicht nur Einleitungsfragen, sondern auch unter ontologischer Hinsicht das Thema des *vanum* als das Gegenteil des *verum* (besonders in der zweiten *Quaestio* des *Prooemium*).[18] Zunächst zur ersten Zugangsweise: Ausgangspunkt der theologisch-exegetischen Überlegungen in der *Introductio generalis* des *Prooemium* seines Kohelet-Kommentares ist für Bonaventura das Gute (*bonum*), das unser Strebevermögen anzieht. Dabei manifestiert sich das Gute zweifach: als ewiges Gut und als vergängliches. Aus den beiden unterschiedlichen erstrebenswerten Zielobjekten ergeben sich sodann auch zwei verschiedene Neigungen, die sich darin unterscheiden, dass sie jeweils ein anderes Gut verlangen bzw. vorziehen: zum einen die „geordnete Liebe“, die sich primär nach den ewigen, unveränderlichen Dingen ausrichtet und diese den geschaffenen Gütern vorzieht, zum anderen das „verkehrte Begehren“, das primär auf hinfällige, irdische Dinge hin geordnet ist und die bleibenden Dinge nachordnet. In vier Schritten entfaltet Bonaventura seine Darlegungen, womit er den Ausführungen auch eine entsprechende Struktur verleiht: (1) Nur *Gott* allein kommt es zu, glücklich machen zu können. Ihm allein wohnt von seinem Wesen her die Glückseligkeit (*beatitudo*) inne, da die Attribute Fülle, Unveränderlichkeit und Unsterblichkeit allein ihm zukommen. Der Mensch kann nur glücklich sein,

---

17 Vgl. BONAVENTURA, *In Eccl., Prooem.* 1-13 (VI 3-5).

18 Vgl. ebd. 14, q1-4 (VI 5-8); besonders q2 (VI 6-7).

indem er an der Glückseligkeit Gottes teilhat. (2) Wenn der Mensch hingegen in die *Welt* seine Hoffnung legt und nicht auf Gott, dann ist er gemeinsam mit den äußeren Dingen leer und hohl (*vanus*). Denn den zeitlichen Gütern fehlen jene Qualitäten (sie gewähren keine Stütze, Fülle, Ruhe sowie keinen Gewinn), welche Glück schenken können. „Welt" bezeichnet in diesem Zusammenhang die Gesamtheit der geschaffenen Güter. (3) Die nichtige Verabsolutierung der Welt bewirkt ferner im Herzen des Menschen eine *innere Leere* (innere *vanitas*), womit entsprechende Haltungen verbunden sind: Hochmut, Genusssucht, Begierde und Neugierde (*curiositas*). Bonaventura versteht unter *curiositas*[19] einmal eine geistige Habsucht, d.h. eine Unersättlichkeit hinsichtlich der menschlichen Erkenntnisfähigkeit,[20] sodann den Versuch des Menschen, durch die Quantität des Gewußten die Wahrheit zu ersetzen,[21] schließlich einen „Ehebruch" gegenüber der ewigen Wahrheit, da die vergänglichen Güter höher als diese eingeschätzt werden.[22] (4) Aufgrund dieser vierfachen *inneren Leere* verliert sich der Mensch in seinen äußeren Werken: Der Mensch bleibt unfruchtbar, er verwickelt sich in Geschäftigkeit und ist somit vielen Mühen preisgegeben, er trachtet nur nach reiner Äußerlichkeit, und Prahlerei wird zu einer seiner Grundhaltungen. Der Gang der Überlegungen Bonaventuras beginnt bei der „Welt", führt zu einer verkehrten Neigung des Menschen und daraus ergibt sich das äußere Elend. Mit einem Trikolon, das Bonaventura nicht exakt terminologisch, aber dennoch dem Konzept entsprechend an Hugo von St. Victor anlehnt, fasst er diesen Deutungszugang zur *vanitas* zusammen: Die drei Dimensionen der bisher dargestellten

19 Vgl. M. SCHLOSSER, *Cognitio et amor. Zum kognitiven und voluntativen Grund der Gotteserfahrung nach Bonaventura* (Veröffentlichungen des Grabmann-Institutes, Neue Folge 35), Paderborn – München – Wien – Zürich 1990, 93-95.

20 Vgl. BONAVENTURA, *Tripl. via* I, 1, n.5 (VIII 4).

21 Vgl. BONAVENTURA, *Comm. in II Sent., Prooem.* (II 5).

22 Vgl. BONAVENTURA, *In Eccl.*, I, 13 (VI 18).

vanitas mutabilitatis, vanitas iniquitatis und *vanitas poenalitatis*[23] legen dabei die theologische Ordnung der „Welt" als der Gesamtheit der geschaffenen Güter (vgl. Verabsolutierung von Schöpfung – Nichtigkeit der „Welt"), der verkehrten Neigung des Menschen hinsichtlich der „Welt" (vgl. Schuld – innere *vanitas*) und der Straffolge dieser verkehrten Neigung (vgl. Erfahrung von Elend: Frustration, Unfrieden – äußere *vanitas*) offen.[24] Der Weise als der *beatus*, als der wahre Glückliche, soll deshalb zuallererst die ewigen Dinge lieben (*aeterna diligere*) und die irdischen Dinge verachten (*praesentia despicere*), d.h. ihnen ihren eigentlichen und rechten Wert zuschreiben.

Sodann zur zweiten Zugangsweise der Interpretation Bonaventuras von *vanitas*: Indem Bonaventura Gedanken aus der *Introductio generalis* aufgreift und weiterführt, artikuliert er zentrale Themen im Modus des *pro* und *contra*:[25] Die erste *Quaestio* bedenkt den Zweck (*finis*) des Buches Kohelet, der im *contemptus mundi*, in der Verachtung der Welt, besteht. Mit Augustinus und Hugo von St. Victor plädiert Bonaventura für eine Rangordnung der Liebe: Die Welt gleicht einem Ring, den Gott der bräutlichen Seele geschenkt hat. Ziel dieser Gabe ist es, den Ring in Erinnerung an den Bräutigam zu lieben und nicht die Gabe anstelle des Gebers.[26] *Quaestio* 2 geht der *materia* nach, d.h. dem Gegenstand des Buches Kohelet. Darin wird das *vanum* als ontologischer Gegensatz zum *verum* erschlossen: Das „Eitle" ist einmal ein Nicht-Seiendes. Sodann wird es durch einen Mangel an Hinordnung auf ein Ziel bezeichnet und schließlich ist das *vanum* als Gegensatz des *verum* veränderlich und wandelbar. In der dritten *Quaestio* setzt sich Bonaventura mit der literarischen Darlegungsform *(modus agendi)* des Buches Kohelet auseinander: Dieses biblische Buch wird in Form einer Dis-

23 Vgl. ebd., *Prooem.* 12 (VI 5).
24 Vgl. Th. Prügl, *Zum Nachleben des hieronymianischen Kommentars In Ecclesiasten*, 258f.
25 Vgl. Ebd., 267.
26 Vgl. Ebd., 267.

putation zwischen einem weisen und törichten Menschen vorgetragen. Um aber die eigentliche Aussageabsicht des Autors erkennen zu können, muss man bis zum Ende der Aussage *(determinatio)* bzw. bis zur Schlusserklärung vordringen. „Somit kann dieses Buch nicht verstanden werden, außer man liest es als Ganzes."[27] In der vierten *Quaestio* beschäftigt sich Bonaventura mit der Autorschaft des Buches Kohelet *(causa efficiens)* und fragt sich, ob man dem König Salomo überhaupt Glauben schenken könne. Dem ist zum einen zuzustimmen, da er – wie eine Bonaventura bekannte Interpretation lautet – dieses Buch ja verfasst habe, als er Buße tat. Zum andern, so hält er fest, kann der Hl. Geist sowohl durch rechtschaffene Menschen sprechen als auch durch böse. Damit verliere jener Einwand seine Kraft, dieses Buch könne nicht inspiriert sein.

Text

Allgemeine Einführung (Introductio generalis)

1. „Selig der Mann, dessen Hoffnung der Name des Herrn ist, und der nicht auf Eitelkeiten (*vanitates*) und nichtige Torheiten achtet" (Ps 40,5).

Da das Gute (*bonum*) der erste erstrebenswerte Gegenstand ist, wie der selige Dionysius darlegt,[28] das Gute es aber zweifach gibt, nämlich als vergängliches und ewiges, gemäß einem Wort aus dem vierten Kapitel des Zweiten Briefes an die Korinther: „Die sichtbaren Dinge sind vergänglich, die unsichtbaren aber ewig" (2 Kor 4,18), so bringt das Gute eine zweifache Neigung (*amor*) oder ein zweifaches Streben (*appetitus*) in uns hervor, jenes der geistlichen Liebe (*caritas*) und jenes der Begierde (*libido*), wobei die *caritas* eine Neigung ist,

---

27 Bonaventura, *In Eccl., Prooem.* q3 (VI 8). Vgl. Th. Prügl, *Zum Nachleben des hieronymianischen Kommentars In Ecclesiasten,* 268.

28 Vgl. Dionysius Ps.-Areopagita, *Div. nom.* IV, nn.4.10.31 (CD 1,146-149.154f.176f).

welche sich auf ewige Dinge bezieht, die Begierde aber auf irdische.[29] Und so folgt auf die Übereinstimmung bzw. die Unterschiedenheit der Strebungen (*appetitus*) die Übereinstimmung bzw. die Unterschiedenheit der Sitten (*mores*); auf Übereinstimmung in den Gesetzen und Sitten beruht aber die Einheit einer Bürgerschaft: Deshalb entspringt der zweifachen Neigung auch eine zweifache Bürgerschaft, nämlich die Bürgerschaft des himmlischen Jerusalems und die Bürgerschaft Babylons.[30] Die Grundlage der ersten Bürgerschaft ist die geordnete Liebe (*caritas ordinata*), jene der zweiten das verkehrte Begehren (*libido perversa*). Da die himmlische Bürgerschaft in der *caritas,* die zu den ewigen Dingen emporhebt, grundgelegt ist, beruht sie also auf den ewigen Gütern und erwartet von dort die Glückseligkeit. Die Bürgerschaft Babylons hingegen, die durch die Begierde nach irdischen Dingen niedergedrückt wird, verbindet die Glückseligkeit mit irdischen Dingen. – Somit folgt aus den vorausgehenden Darlegungen: Wie es zwei Arten von Gütern gibt, so gibt es auch eine zweifache Neigung, eine zweifache Bürgerschaft und wiederum eine zweifache Glückseligkeit (*beatitudo*),[31] die wahre freilich beruht auf ewigen Dingen, die nichtige aber auf vergänglichen und hinfälligen. Denn im Psalter heißt es: „Selig das Volk, dem es so ergeht, usw." (Ps 144,15). – Und wie sich die Neigung der *caritas* und die der Begier-

---

29 Vgl. zur zweifachen Liebe: AUGUSTINUS, *Gen. litt.* XI, n.15 (CSEL 28/1,347f.); *Civ. Dei* XIV, cap.28 (CCSL 48,451f.). Augustinus setzt *libido* mit *cupiditas* gleich und überliefert folgende Definition: vgl. AUGUSTINUS, *Mend.* VII, 10 (CSEL 41,427-429, hier 428): „etenim libido quoque ipsa recte definitur adpetitus animi, quo aeternis bonis quaelibet temporalia praeponuntur": „Als Begierde wird zu Recht jenes innere Begehren bestimmt, in dem den ewigen Gütern jegliche Art von zeitlichen Gütern vorgezogen werden."

30 Vgl. AUGUSTINUS, *En. Ps.* 64, 1-2 (CCSL 39,822-824); *Civ. Dei* XV,1-2 (CCSL 48,453-455).

31 Vgl. die Definition von *beatitudo*: BOETHIUS, *Consol.* III, prosa 2 (CCSL 94,38): „Liquet igitur esse beatitudinem statum bonorum omnium congregatione perfectum" („Es ist also klar, dass die Glückseligkeit ein Zustand ist, der durch die Vereinigung aller Güter vollkommen ist" [Übersetzung Olof Gigon]).

de derart widersprechen, dass sie nicht zugleich bestehen können, so verhält es sich auch mit diesen beiden Glückseligkeiten; denn im sechsten Kapitel des Evangeliums nach Matthäus heißt es: „Niemand kann zwei Herren dienen" (Mt 6,24). Wenn also jemand selig sein will, so muss er die künftigen Güter lieben und die gegenwärtigen verachten. Daher umschreibt der Heilige Geist durch den Mund des Psalmisten ausgehend von diesem zweifachen Vollzug den seligen Menschen folgendermaßen: Zum einen von der Liebe zu den himmlischen Dingen her, die selig machen, da es heißt: „Selig der Mann, dessen Hoffnung der Name des Herrn ist"; und sodann von der Verachtung der irdischen Dinge her, die eitel machen, da es heißt: „und der nicht auf Eitelkeiten und nichtige Torheiten achtet. Selig ist wahrhaft der Mann, dessen Hoffnung der Name des Herrn ist" (Ps 40,5).

2. Allein der Herr aber macht glückselig, und es gibt keinen anderen Namen unter dem Himmel (Apg 4,12), der selig machen könnte. Denn allein der Herr ist von seinem Wesen her (*per essentiam*) selig; im sechsten Kapitel des Ersten Briefes an Timotheus heißt es: „Erfülle deinen Auftrag makellos und ohne Tadel, bis zur Ankunft unseres Herrn Jesus Christus, die zur entsprechenden Zeit der selige und allein mächtige König der Könige und Herr der Herrscher offenbaren wird" (1 Tim 6,14). Ihm allein wohnt wesentlich (*per essentiam*) die Seligkeit und die Macht inne, uns aber nur durch Teilhabe (*per participationem*); denn was durch Teilhabe (*per participationem*) Bestand hat, das hat seinen Ursprung aus Jenem, der wesentlich ist: Daher sind wir selig, wenn wir an der Quelle der Seligkeit teilhaben, die Gott ist. Im 19. Kapitel der Apokalypse heißt es deshalb: „Selig, die zum Hochzeitsmahl des Lammes geladen sind" (Offb 19,9). Denn Gott teilt nach der Ordnung seines Heilsplanes[32] zunächst dem Lamm die Seligkeit mit, sodann auch denen, die vom Lamm geladen sind.

32 Der lat. Text der Quaracchi-Ausgabe hat *per desponsationem;* eine andere Lesart ist: *per dispositionem*. Für die Übersetzung wurde letztere bevorzugt.

3. Er allein besitzt auch die Fülle (*affluentia*); denn nur über die Weisheit, die Gott ist, steht im dritten Kapitel des Buches der Sprichwörter geschrieben: „Sie übertrifft die Perlen an Wert, keine erstrebenswerten kostbaren Steine kommen ihr gleich. Langes Leben birgt sie in ihrer Rechten, in ihrer Linken Reichtum und Ehre“ (Spr 3,15-16). Unsere Glückseligkeit aber besteht eben darin, alle Güter beisammen zu haben. Daher besteht unsere Glückseligkeit in Dem, der die Fülle aller Güter hat. Deshalb wird sofort hinzugefügt: „Wer nach ihr greift, dem ist sie ein Lebensbaum, und wer sie festhält, der ist selig zu preisen“ (Spr 3,18). Im siebten Kapitel des Buches der Weisheit heißt es: „Zugleich mit ihr kam alles Gute zu mir, usw.“ (Weish 7,11).

4. Er allein besitzt die Ruhe der Unveränderlichkeit (*intransmutabilitatis quies*), da alle Dinge sich verändern, er selbst sich aber nicht verändert; im ersten Kapitel des Jakobusbriefes heißt es: „Bei ihm gibt es keine Veränderung und keine Verfinsterung“ (Jak 1,17). Unsere Glückseligkeit hingegen verwirklichen wir im ruhigen Besitz (*tranquilla possessio*) der gesammelten Güter, da ohne den Frieden die Glückseligkeit nicht bestehen kann. Weil aber die vollkommene Ruhe einzig und allein in Gott ist, können wir folglich weder den Frieden noch die Glückseligkeit finden außer in Gott; deshalb steht auch im 14. Kapitel des Buches der Apokalypse geschrieben: „Selig die Toten, die im Herrn sterben; von jetzt an, spricht der Geist, sollen sie von ihren Mühen ausruhen“ (Offb 14,13).

5. Er allein besitzt darüber hinaus die Unsterblichkeit der Ewigkeit (*aeternitatis immortalitas*), wie es im letzten Kapitel des Ersten Briefes an Timotheus heißt: „Er allein besitzt die Unsterblichkeit und wohnt in unzugänglichem Licht“ (1 Tim 6,16). Unsere Glückseligkeit hingegen besteht in der unbegrenzten Dauer (*interminabilis duratio*) der Güter, die wir besitzen. Denn ein Zustand, der enden kann, ist nicht selig, sondern dem Unglück unterworfen. Da nun niemand die Unbegrenztheit besitzen kann, außer er besitzt sie von der Quelle der Unsterblichkeit her, folgt daraus, dass er

darin allein glücklich werden kann. Deshalb heißt es im Psalter: „Wohl denen, die wohnen in deinem Haus, Herr, in Ewigkeit werden sie dich loben“ (Ps 83,5), da ihre Freude immerwährend sein wird. Im 35. Kapitel des Buches Jesaja steht geschrieben: „Sie kommen voll Jubel nach Zion, ewige Freude ruht auf ihren Häuptern, Wonne und Freude stellen sich ein“ (Jes 35,10) – „Selig der Mann, dessen Hoffnung der Name des Herrn ist“ (Ps 40,5).

6. Hingegen nicht selig, sondern im Gegenteil nichtig (*vanus*) ist, wer in die Welt seine Hoffnung setzt; denn er wendet sein Interesse Eitelkeiten und nichtigen Torheiten (Ps 40,5) zu: Daher schwindet er dahin (*evanescit*), gemäß einem Wort aus dem zweiten Kapitel des Buches Jeremia: „Eure Väter haben sich von mir entfernt und liefen der Nichtigkeit nach (*post vanitatem*) und wurden nichtig (*vani*)“ (Jer 2,5); „der Nichtigkeit“: das bedeutet der Welt. – Denn die Welt ist gemeinsam mit all dem Ihrigen nichtig, da sie dem, der sich auf sie verlässt, keine Stütze gewährt. Daher heißt es auch im 30. Kapitel des Buches Jesaja: „Nutzlos und nichtig wird die Hilfe Ägyptens sein“ (Jes 30,7), deshalb, weil sie dem, der sich auf sie verlässt, keine Stütze bietet. Sie ist nämlich ein Stab aus Schilfrohr: Wenn der Mensch sich auf diesen stützt, wird er sich beide Hände durchbohren (vgl. Jes 36,6). Denn die Welt und alle weltlichen Dinge machen all jene, die darauf vertrauen, kraftlos, schwach und zu jedem guten Werk unfähig. Daher spricht die Schrift davon, dass die Welt „die Hände durchbohrt“. Deshalb bittet der Prophet den Herrn, da er an der Hilfe der weltlichen Dinge verzweifelt: „Hilf uns aus der Bedrängnis, denn vergeblich ist die Hilfe, die vom Menschen kommt“ (Ps 60,13).

7. Die Welt ist auch deshalb nichtig, weil sie dem, der sie festhält, keine Erfüllung (*plenitudo*) gewährt. Daher steht im fünften Kapitel des Buches Kohelet geschrieben: „Der Geldgierige bekommt vom Geld nie genug“ (Koh 5,9). Und der Grund dafür besteht darin, dass alle weltlichen Dinge nichtig sind, und die heuchlerischen Dinge keine Befriedigung schenken. Daher heißt es im 34. Kapitel des Buches Jesus

Sirach: „Nichtige und hohle Hoffnung ist die Sache des Toren […], wie einer, der nach Schatten greift und dem Wind nachjagt, so ist einer, der sich auf nichtige Schauungen verlässt“ (Sir 34,1.2). Wie daher weder der Wind den Bauch sättigt, noch der Schatten ihn befriedigt, so können auch die zeitlichen Dinge ihn nicht erfüllen, welche Schatten der ewigen Dinge sind, auf die hin die Seele geschaffen wurde.

8. Nichtig ist die Welt ebenso, da sie dem, der sich abmüht, keine Ruhe (*quies*) schenkt, und somit jener Mensch, der sich für weltliche Dinge abmüht, sich vergeblich plagt; im zweiten Kapitel des Buches Kohelet heißt es: „Welcher Nutzen erwächst dem Menschen aus all seinen Mühen, wodurch er sich unter der Sonne plagt? Alle Tage seines Lebens sind voller Leid und Beschwerden. Selbst bei Nacht ruht nicht sein Geist. Ist das nicht etwa auch Windhauch?“ (Koh 2,22-23), da er sich vergeblich plagt, da er nie zur Ruhe kommt. Diese Welt kann keine Ruhe schenken, da sie selbst nicht fortdauert, ja vielmehr ständig in Bewegung ist: Wer also ihr anhangt, muss notwendigerweise sich im Kreis bewegen. Deshalb steht im Psalter geschrieben: „Im Kreis drehen und wenden sich die Frevler“ (Ps 12,9).

9. Die Welt ist auch deshalb nichtig, weil sie dem, der sie liebt, keinen Gewinn (*fructus*) schenkt; somit heißt es im fünften Kapitel des Buches Jesus Sirach: „Wer den Reichtum liebt, zieht keinen Gewinn daraus; auch dies ist also Eitelkeit“ (Sir 5,9). Dieser Mensch zieht keinen Gewinn daraus, vielmehr erleidet er Schaden, da er Gott verliert und sich selbst einbüßt, wenn er die Welt gewinnt; dementsprechend lautet ein Wort aus dem 16. Kapitel des Evangeliums nach Matthäus: „Was nützt es einem Menschen, wenn er die ganze Welt gewinnt, dabei aber seine Seele Schaden nimmt?“ (Mt 16,26).

10. Wenn der Mensch die Welt gewinnt, erleidet seine Seele Schaden. – Denn indem die Welt Erhabenheit (*altitudo*) vorgibt, stachelt sie den Menschen zum Hochmut (*superbia*) an, und dadurch bewirkt sie, dass der Mensch sich verliert (*evanescere*), gemäß einem Wort aus dem elften Kapitel

des Buches Hiob: „Ein eitler Mensch erhebt sich zum Hochmut, wie das Jungtier eines Wildesels glaubt er frei zu sein" (Ijob 11,12). Denn während er sich nach nichtigen Dingen ausstreckt, erhebt er sich zu eitlem Hochmut, gemäß einem Wort aus dem 30. Kapitel des Buches Hiob: „Du hast mich erhoben, und da du mich gleichsam über den Wind gesetzt hast, hast du mich zerschmettert" (Ijob 30,22). – Da die Welt zudem Annehmlichkeit (*dulcedo*) anbietet, reizt sie zur Zügellosigkeit (*luxuria*), wie auch der Wein durch seine Süße zur Schlemmerei anregt und dadurch zur Genusssucht; daher heißt es im dritten Kapitel des Buches III Esra: „Der Wein, der mehr vermag als alle, die ihn trinken, verführt den Geist. Er macht den Geist des Königs wie auch jenen des Waisen hohl" (3 Esra 3,18-19 Vg), und zwar, indem er zur Zügellosigkeit reizt, nach einem Wort aus dem fünften Kapitel des Briefes an die Epheser: „Berauscht euch nicht mit Wein, denn das macht zügellos" (Eph 5,18). Die Welt reizte Salomo zu dieser Eitelkeit; im zweiten Kapitel des Buches Kohelet steht: „Ich habe gesagt: Ich werde mich aufmachen, mich an Köstlichkeiten sättigen und gute Dinge genießen; und ich habe gesehen, dass auch dies Windhauch ist" (Koh 2,1). – Indem die Welt vorspiegelt, alles zur Zufriedenheit bieten zu können (*sufficientia*), reizt sie zur Begierde (*cupiditas*), und dadurch wird das Herz des Menschen leer, nach einem Wort aus dem 21. Kapitel des Buches der Sprichwörter: „Wer Schätze erwirbt mit verlogener Zunge, ist ohne Verstand (*vanus*) und Herz (*excors*)" (Spr 21,6). Die Habgier macht den Menschen nicht nur leer, sondern auch herzlos (*sine corde*); denn vom habgierigen Menschen heißt es im zehnten Kapitel des Buches Jesus Sirach: Er ist der, der „sein Innerstes auswirft" (Sir 10,10). Die Wahrheit selbst spricht im sechsten Kapitel des Matthäus-Evangeliums: „Wo dein Schatz ist, da ist auch dein Herz" (Mt 6,21); wenn nun der Schatz sich außerhalb deiner befindet, dann ist auch dein Herz außerhalb von dir. – Indem die Welt Weisheit (*sapientia*) vorgaukelt, lockt sie zur Neugierde (*curiositas*), und dadurch macht sie den Menschen nichtig; deshalb greift der Apostel im dritten

Kapitel des Ersten Briefes an die Korinther ein Wort aus dem Psalter auf: „Der Herr kennt die Gedanken der Weisen; er weiß, sie sind nichtig" (1 Kor 3,20: vgl. Ps 94,11); gemäß einem Wort aus dem zehnten Kapitel des Buches Jeremia gilt: „Töricht steht jeder Mensch da mit seiner Erkenntnis" (Jer 10,15). Denn dies ist die menschliche Weisheit, die nicht das erkennt, was zum Nutzen ist, sondern was veränderlich ist; und deshalb enthüllt sie der Herr als Torheit, wie es im ersten Kapitel des Ersten Briefes an die Korinther heißt: „Gott hat die Weisheit dieser Welt als Torheit entlarvt" (1 Kor 1,20). Die törichte Weisheit ist hohl, weil sie irrig[33] ist. Deshalb heißt es im 34. Kapitel des Buches Jesus Sirach: „Wahrsagung, Zeichendeuterei und Träume jener, welche Böses tun, sind nichtig" (Sir 34,5).

11. Ausgehend von dieser vierfachen inneren Eitelkeit des Herzens verliert sich der Mensch in vierfacher Weise nach außen. – Denn zunächst macht der hohle Hochmut (*vanitas superbiae*) den Menschen unfruchtbar (*infructuosus*), entsprechend einem Wort aus dem sechsten Kapitel des Buches Jesus Sirach: „Erhebe dich nicht in deinem Denken wie ein Stier, damit deine Kraft nicht vernichtet wird, und du wie ein dürres Holzstück in der Wüste zurückgelassen wirst" (Sir 6,2-3), so steril (*vanus*) hinsichtlich der Frucht eines guten Werkes. Darüber heißt es im zehnten Kapitel des Buches Jeremia: „Nichtig sind ihre Werke und des Spottes würdig, zur Zeit ihrer Heimsuchung gehen sie zugrunde" (Jer 10,15). – Die sinnlose Habsucht (*vanitas avaritiae*) macht den Menschen betriebsam (*negotiosus*) und dadurch vielen Mühen preisgegeben; im vierten Kapitel des Buches Kohelet heißt es: „Und wieder habe ich überlegt und etwas anderes unter der Sonne gefunden, das Windhauch ist: Es gibt einen Menschen und niemanden anderen hat er bei sich, und dennoch hört er nicht auf, sich abzumühen, noch sättigen sich seine Augen am Reichtum" (Koh 4,7-8). Denn die Reichtümer sind fremde Götter, über die im 16. Kapitel des Buches Jeremia geschrieben steht: „Ihr

33 Eigentlich: „umherschweifend".

möget anderen Göttern dienen, die euch keine Ruhe schenken bei Tag und bei Nacht“ (Jer 16,13). – Die hohle Sinnenlust (*vanitas luxuriae*) nimmt dem Menschen die Einfachheit (*reddit hominem compositum*), weil die Genusssüchtigen gewohnt sind, sich äußerlich herauszuputzen, wie es ihnen im zweiten Kapitel des Buches der Weisheit in den Mund gelegt wird: „Bekränzen wir uns mit Rosen, ehe sie verwelken“ (Weish 2,8); auch das ist freilich Eitelkeit, da es im letzten Kapitel des Buches der Sprichwörter heißt: „Trügerisch ist Anmut, vergänglich die Schönheit“ (Spr 31,30); deshalb vergänglich, weil „alle Herrlichkeit und die Schönheit des Fleisches gleich der Blume des Heues ist“. – Die Hohlheit der weltlichen Weisheit (*mundana sapientia*) bewirkt leere Geschwätzigkeit (*vaniloquus*). Denn während das Herz in die Irre geht, spricht der Mund Worte ohne Gehalt; im ersten Kapitel des Ersten Briefes an Timotheus heißt es: „Das Ziel der Unterweisung ist Liebe aus reinem Herzen, gutem Gewissen und ungeheucheltem Glauben. Davon sind aber manche abgekommen und haben sich leerem Geschwätz zugewandt. [...] Sie verstehen aber nichts von dem, was sie sagen und worüber sie so sicher urteilen“ (1 Tim 1,5-7). Und weil sie durch die weltliche Weisheit verführt und getäuscht wurden, wollen sie auch andere durch ihre leeren Worte (*vana verba*) irreführen; deshalb heißt es im ersten Kapitel des Briefes an Titus: „Es gibt viele Ungehorsame, Schwätzer und Schwindler, besonders unter denen, die von der Beschneidung abstammen. Diese Menschen muss man zum Schweigen bringen“ (Tit 1,10-11). – So entspringt also aus der Eitelkeit der äußeren Dinge die Eitelkeit des Herzens, und daraus geht wiederum die Eitelkeit der äußeren Werke hervor.

12. Zusammenfassend gesagt, gibt es eine dreifache Nichtigkeit: eine, die in der Wandelbarkeit gründet (*vanitas mutabilitatis*), eine zweite, die in der Ungerechtigkeit (*vanitas iniquitatis*) besteht, und die dritte, die eine Strafe ist (*vanitas poenalitatis*). Nach einem Wort des Hugo von St. Victor „ist die erste natürlich und entspricht der Natur, die zweite schuldhaft, weil sie verkehrt ist, und die dritte eine Strafe

und mit Elend verbunden";[34] und die eine geht aus der anderen hervor, wie wir schon sahen. Wer sich also von der jammervollen Nichtigkeit entfernen will, soll die schuldhafte Nichtigkeit verlassen, und wer diese aufgeben will, der soll nicht auf die Nichtigkeit der vergänglichen Dinge zurückschauen, sondern auf Gott hoffen und ihm anhangen. So wird er selig sein. „Selig der Mann, dessen Hoffnung der Name des Herrn ist" (Ps 40,5).

13. Da es die Aufgabe des Weisen ist, den Weg zur Erlangung der Glückseligkeit zu lehren, so war dies auch dem weisen Salomo der Mühe wert. Wie aus dem bereits Dargelegten hervorgeht, ist es zur Erlangung der Glückseligkeit notwendig, die ewigen Dinge zu lieben und die gegenwärtigen zu verachten, und darüber hinaus sich „inmitten einer verdorbenen Generation" (Phil 2,15) zu verhalten wissen, wie es sich gehört. Daher verfasste er [d.h. Salomo] drei Bücher, nämlich das Buch der Sprichwörter, worin er den Sohn belehrt, in dieser Weltenzeit weise zu wandeln, sodann das Buch Kohelet, womit er lehrt, die gegenwärtigen Dinge zu verachten, und schließlich das Hohelied, worin er lehrt, die himmlischen Dinge zu lieben, besonders den Bräutigam selber.

Die vier Ursachen für dieses Buch[35]

14. So wird also deutlich, worin das Ziel (*finis*) des Buches Kohelet besteht. „Das Ziel aber gibt die Mittel vor, die auf das Ziel zuführen."[36] Da nun das Ziel die Verachtung der gegen-

34 Hugo von St. Victor, *In Salomonis Ecclesiasten Homiliae* XIX, *hom.* 1 (PL 175,119A).

35 Der folgende Abschnitt des *Prooemium* zum Kohelet-Kommentar behandelt Einleitungsfragen nach Art eines *Accessus ad auctores*: Ein *Accessus* gibt Auskunft über den Titel des Werkes, den Namen des Autors, den Gegenstand des Buches, die Darstellungsform bzw. die literarische Form sowie den Zweck des Werkes. Vgl. Th. Prügl, *Zum Nachleben des hieronymianischen Kommentars In Ecclesiasten*, 267.

36 Lat. *finis imponit necessitatem his quae sunt ad finem*: vgl. Aristoteles, *Physica* II,9 (Aristoteles Latinus, Bd. VII 1, ed. F. Bossier – J. Brams, Leiden-New York 1990, 92,4-8; J. Hamesse (Hg.), *Les Auctoritates Aris-*

wärtigen Dinge ist, werden diese nicht unter der Hinsicht behandelt, dass sie anziehend sind, sondern dass sie gering zu schätzen sind. Werden sie als Güter betrachtet, so sind sie anziehend, werden sie unter dem Gesichtspunkt ihrer Nichtigkeit betrachtet, so werden sie verachtet. Folglich bildet den Gegenstand (*materia*) dieses Buches die Nichtigkeit der gegenwärtigen Dinge, oder besser gesagt: die Dinge selbst, insofern sie hohl und nichtig sind; denn der Verfasser erweist die Nichtigkeit als eine Eigenschaft der Dinge: er stellt sie vor, prüft sie und zieht die Schlussfolgerung. Er unternimmt es, die dreifache Nichtigkeit – die natürliche, die schuldhafte und die jammervolle – überzeugend und beweisend darzulegen. – Und daraus wird die Art und Weise des Darlegens deutlich oder die Form (*forma*). Denn dieses Buch besitzt innerhalb der anderen [biblischen] Bücher eine einzigartige Art und Weise des Darlegens: Es geht nämlich wie ein Prediger vor, indem es Meinungen verschiedener Personen darlegt, bald die eines Weisen, bald die eines Toren, damit aus den Meinungen mehrerer die eine Wahrheit in den Herzen der Zuhörenden aufleuchten kann. – Aus dem vorher Geäußerten geht schließlich hervor, worin die Wirkursache (*efficiens*) besteht. Denn in diesem Buch wird gelehrt, Wollust, Reichtum, Ehrungen und Neugierde gleichsam als Eitelkeiten zu verachten. Und man schenkt niemandem hinsichtlich der Verachtung solcher Dinge mehr Glauben außer einem, der darin eine Erfahrung gemacht hat, – denn niemand glaubt einem Armen, der keine Reichtümer hatte, hinsichtlich der Verachtung derselben: Wer nämlich wenig erfahren hat, der erkennt daher auch wenig (Sir 34,10). Deshalb war es nötig, dass der Verfasser jemand sei, der all diese Dinge erfahren hätte, nämlich einer, der eine mächtige, reiche, ausschweifende und wissbegierige oder weise Person gewesen wäre. Von keinem haben wir gelesen oder gehört, dass all dies in

---

totelis. Un florilège médiéval. Étude historique et édition critique (Philosophes Médiévaux, Tome XVII), Louvain – Paris 1974, 147, 2, (90): „Finis ponit necessitatem his quae sunt ad finem"; ARISTOTELES, *Physik* B,9 (200a).

solch außergewöhnlichem Grad auf ihn zuträfe wie auf Salomo. Er selbst war deshalb, mehr als andere, der passende Verfasser für dieses Buch. – Somit ist klar, worin Gegenstand (*causa materialis*), Darstellungsweise (*causa formalis*), Verfasser (*causa efficiens*) und Ziel (*causa finalis*) dieses Buches besteht. Hinsichtlich dieser vier Ursachen[37] jedoch lassen sich vier spezielle Fragen stellen.

Frage 1: Das Ziel des Buches

Zunächst also zur Zielsetzung [dieses Buches]. Denn man behauptet, dass das Ziel dieses Buches die Verachtung der Welt (*contemptus mundi*) sei. Dass dies tatsächlich seine Bestimmung ist, wird folgendermaßen bewiesen:

1. durch ein Wort aus dem vierten Kapitel des Jakobusbriefes: „Freundschaft mit dieser Welt ist Feindschaft mit Gott" (Jak 4,4); und man tut gut daran, alles Gott-Widrige zu verachten;

2. durch ein Wort aus dem zweiten Kapitel des Ersten Johannesbriefes: „Liebt nicht die Welt und was in der Welt ist" (1 Joh 2,15).

DAGEGEN allerdings kann man sagen:

1. Das Lob, das man einem Werk zollt, trifft konsequenterweise dessen Schöpfer (vgl. Sir 9,24 Vg); also trifft auch die Verachtung seines Werkes den Schöpfer: Wer demnach die Welt verachtet, der verachtet auch Gott. Entweder ist folglich diese Welt nicht von Gott geschaffen worden oder sie ist nicht verachtenswert.

2. Ferner steht im 16. Kapitel des Buches der Sprichwörter: „Alles hat der Herr um seinetwillen erschaffen" (Spr 16,4); also sind alle Dinge auf Gott hin geordnet. Was aber auf dieses Ziel hingeordnet ist, ist nicht zu verachten, sondern anzunehmen und zu lieben: Also ist diese Welt und alles, was in ihr ist, zu lieben.

---

37 Zu den vier *Causae*: vgl. ARISTOTELES, *Physik* B,3 (194b).

Als Antwort ist mit Augustinus[38] und Hugo von St. Victor[39] zu sagen, dass diese Welt einem Ring gleicht, den der Bräutigam selbst der Seele [als seiner Braut] gab. Die Braut aber kann auf zweifache Weise den Ring lieben, der ihr vom Bräutigam geschenkt wurde, nämlich in keuscher Liebe oder auf ehebrecherische Art. Die Liebe ist keusch, wenn die Braut den Ring in Erinnerung an den Bräutigam liebt und um der Liebe des Bräutigams willen. Ehebrecherisch ist die Liebe, wenn die Braut den Ring mehr als den Bräutigam liebt; dies aber kann der Bräutigam nur übelnehmen. Denn wie es eine zweifache Liebe gibt, so gibt es auch einen zweifachen Hass oder eine zweifache Verachtung, denn „so oft der eine der beiden gegensätzlichen Begriffe ausgesagt wird, so oft muss auch der andere Begriff genannt werden".[40] Die Verachtung des Ringes, als sei er eine geringe und wertlose Gabe, überträgt sich auf den Bräutigam. Die Verachtung des Ringes aber, als gelte er wie ein Nichts im Vergleich zur Liebe des Bräutigams, gereicht zur Verherrlichung des Bräutigams. Und über diese Verachtung heißt es im letzten Kapitel des Hoheliedes: „Böte einer für die Liebe den ganzen Reichtum seines Hauses, nur verachten würde man ihn" (Hld 8,7). Um diese Verachtung geht es in der folgenden Abhandlung; und damit sind die Einwände ausgeräumt.

---

38 Vgl. AUGUSTINUS, *En. Ps.* 36, sermo 1,2 (CCSL 38,338f.); AUGUSTINUS, *Sermo* 385, V,6 (PL 39,1693); AUGUSTINUS, *Sermo* 368, IV,4 (PL 39,1654); AUGUSTINUS, *Civ. Dei* XV, cap.22 (CCSL 48,487f.).

39 Vgl. HUGO VON ST. VICTOR, *Arrha animae* (PL 176,951-970): dort die Unterscheidung der verschiedenen Arten der Liebe.

40 Lat. *quoties dicitur unum oppositorum, et reliquum*: vgl. ARISTOTELES, *Ethica Nicomachea* V,1 (Aristoteles Latinus, Bd. XXVI 1-3, ed. R. A. GAUTHIER, Leiden 1973, 453-455; J. HAMESSE (Hg.), *Les Auctoritates Aristotelis*. Un florilège médiéval. Étude historique et édition critique (Philosophes Médiévaux, Tome XVII), Louvain-Paris 1974, 283, 12, (83): „Si unum oppositorum dicitur multis modis et reliquum"); ARISTOTELES, *Nikomachische Ethik* E,1 (1129a, ed. O. GIGON – R. NICKEL, 187): „Wird das eine Glied in verschiedenem Sinn verstanden, so folgt meistens, daß auch das andere Glied in verschiedenem Sinne zu verstehen ist. Ist also der Begriff des Gerechten vieldeutig, so ist es auch derjenige des Ungerechten und der Ungerechtigkeit."

Frage 2: Der Gegenstand des Buches

Sodann setzen wir uns mit dem Gegenstand (*materia*) dieses Buches auseinander. Denn man behauptet, dass dieses Buch das Thema der Nichtigkeit (*vanitas*) behandelt.

ARGUMENTE, DIE DAGEGEN SPRECHEN:

1. Jede Wissenschaft bezieht sich auf das Gute und Wahre; was aber nichtig ist, dem mangelt es an Gutheit und Wahrheit: Also gibt es keine Wissenschaft, die das Nichtige zum Gegenstand hat.
2. Außerdem scheint es in den Dingen keine Nichtigkeit zu geben, da es im ersten Kapitel des Buches Genesis heißt: „Gott sah alles an, was er gemacht hatte: Es war sehr gut" (Gen 1,31): Wenn also alles sehr gut ist, so gibt es nichts Nichtiges.
3. Zudem ist das Nichtige auch nutzlos, da es nicht auf ein Endziel hin geordnet ist. Angenommen, jemand nähme ein Bad, damit die Sonne schwächer werde, dann würde er umsonst handeln, weil das eine nicht auf das andere als Ziel hingeordnet ist. Nun sind aber alle Geschöpfe auf ihre Weise auf das zuhöchst Gute ausgerichtet, wie bereits Dionysius[41] und Boethius[42] es ausgedrückt haben, dass alle Dinge das Gute ersehnen; und sogar auch der Philosoph[43] behauptet dies. Also kann nichts Nichtiges in all den Dingen gefunden werden.
4. Außerdem: Fände man wirklich etwas Nichtiges, dann wäre auch das Wissen davon nichtig; denn dieses Wissen hätte ja etwas Nichtiges als zugrundeliegenden Gegenstand. Und was auf Nichtigem gründet, ist nichtig.

---

41 Vgl. DIONYSIUS PS.-AREOPAGITA, *Div. nom.* IV, nn.4.10.31 (CD 1,146-149.154f.176f.).

42 Vgl. BOETHIUS, *Consol.* III, prosa 2 (CCSL 94,38-40), und III, prosa 11 (94,56-59).

43 Vgl. ARISTOTELES, *Nikomachische Ethik* A,1 (1094a); ARISTOTELES, *Physik* B,6 (197b).

Zum besseren Verständnis des vorher Dargelegten könnte man zunächst so antworten: „Nichtig“ könne man auf zwei Weisen aussagen, zum einen „schlechthin“ [absolut], und so verstanden fehle ihm das Wahre und Gute, und so etwas existiert nirgends in der ganzen Welt; zum anderen nenne man etwas „nichtig“ im Hinblick auf seinen Anfangspunkt (*terminus initialis*), denn es ist aus Nichts [erschaffen]. So verstanden widerstrebe es nicht dem Guten, im Gegenteil seien das Gute und das Nichtige ein und dasselbe: Gut, da vom Guten herstammend und auf das Gute hingerichtet; nichtig, da aus dem Nichts hervorgegangen und sich selbst überlassen zum Nichts tendierend. Diese Nichtigkeit besitze eine Gutheit hinsichtlich der wissenschaftlichen Erkenntnis, und daher könne es über einen solchen Gegenstand ein Wissen und eine Lehre geben. – Und dadurch könnten alle Einwände gelöst werden, da sie auf der absoluten Verwendung des Begriffes „nichtig“ beruhen.

Aber diese Lösung ist keine Lösung, weil das Buch Kohelet nicht über die Dinge handelt unter der Hinsicht, dass sie aus dem Nichts hervorgehen, vielmehr unter der Hinsicht, dass sie von den Menschen begehrt werden; und außerdem handelt dieses Buch über die schuldhafte Nichtigkeit (*de vanitate culpae*), welche ein Mangel (*privatio*) ist: deshalb muss man auf eine andere Weise antworten.

Wie „wahr“ eine dreifache Bedeutung hat, so auch „nichtig“, als Gegensatz zu „wahr“ – entsprechend der Regel, die vorher angeführt wurde[44]. In einer ersten Bedeutung kommt „wahr“ mit „seiend“ überein, so dass man sagen kann: jedes Seiende ist wahr (*quod omne ens est verum*). In diesem Sinn verstanden ist das Nichtige, als Gegensatz zum „Wahren“, das Nicht-Seiende; auf diese Weise sprechen wir von einer Chimäre als nicht-seiend. – In einer zweiten Bedeutung besagt „wahr“, über das bloße Seiend-sein einer Sache hinaus, eine Hinordnung auf ein Wirksamwerden oder eine Zielgerichtetheit (*addit ordinem ad operationem et finem*):

44 Vgl. q1: Aristoteles, *Nikomachische Ethik* E,1 (1129a).

Wie jener Wein als „wahr" bezeichnet wird, der die wahre Wirkung des Weines besitzt, so wird auch ein Mensch „wahrer [echter] Mensch" benannt, der das wirkt, was ein Mensch wirken soll, das heißt: der entsprechend der Tugend handelt (*operatio virtutis*). „Nichtig" als Gegensatz dazu bezeichnet den Mangel an Hinordnung auf ein Ziel (*privatio ordinationis in finem*), und so sind alle Sünden und Missbräuche „nichtig". – In einem dritten Sinn wird etwas als wahr bezeichnet, insofern zu dessen Sein (esse) noch die Unvermischtheit mit Nicht-Sein (*impermixtio ad non-esse*) hinzukommt, weil es keine Möglichkeit zum Nicht-Sein enthält. Auf diese Weise nennt man „wahres Sein" dasjenige, das ein unveränderliches Sein besitzt (*esse immutabile*). Der Gegensatz dazu ist das Nichtige als Veränderliches (*mutabile*) und Wandelbares (*transmutabile*). In diesem Sinn ist jedes Geschöpf „nichtig", weil es der Nichtigkeit (*vanitati*) unterworfen ist (vgl. Röm 8,20), d.h. der Wandelbarkeit.[45]

Also wird der Begriff „nichtig" unter einer dreifachen Bedeutung gebraucht: einmal um den Mangel an Sein schlechthin anzuzeigen, sodann um den Mangel an Geordnet-Sein zu benennen, drittens um den Mangel an unwandelbarem Sein auszudrücken. Hinsichtlich der ersten Bedeutung gibt es keinerlei Wissen noch Lehre über das Nichtige – außer in dem Fall, dass etwas erst in seiner Ursache existiert[46] und dementsprechend erkannt und die Erkenntnis davon gelehrt werden kann; aber in diesem Sinn ist es gerade nicht „nichtig". Insofern es nichtig ist, gibt es kein Wissen davon, weder eine direkte Erkenntnis, an sich (*per se*), noch eine indirekte (*per accidens*)[47]. – Was die zweite Bedeutung angeht, so

---

45 Vgl. A. Speer, *Triplex Veritas*. Wahrheitsverständnis und philosophische Denkform Bonaventuras (Franziskanische Forschungen, 32. Heft), Werl/Westfalen 1987, 44f.

46 Das heißt, dass es erst in der Zukunft verwirklicht sein wird, aber erkannt werden kann aufgrund der Ursachen, die es bedingen – z.B. ein Gewitter aus den vorhergehenden Luft- und Temperatur-Verhältnissen.

47 Vgl. Aristoteles, *Zweite Analytik* A,2 (71b).

gibt es über solcher Art Nichtiges keine direkte Erkenntnis, jedoch eine indirekte. Denn wie Aristoteles es sagt, ist die Medizin die Wissenschaft über „gesund" und „krank", direkt ist sie Erkenntnis des „Gesunden", des „Kranken" aber nebenbei (*per accidens*).[48] So kann man erkennend Schuld oder Sünde sehen, aber nur aufgrund der Tugend. – Was die dritte Wortbedeutung betrifft, nämlich die Wandelbarkeit des Geschaffenen, gibt es eine direkte Erkenntnis, man sieht das aus der Bewegung der Sonne, der Sphären und der anderen Dinge. – In diesem Buch wird also die Nichtigkeit im Sinn der Wandelbarkeit bzw. der Natur behandelt, weil die Natur doch schön und wohlgeordnet ist, sowie die Nichtigkeit der Schuld; die andere Nichtigkeit, nämlich jene jeglicher Beraubung, wird nicht behandelt, weil es darüber kein Wissen, noch Lehre gibt.

Ad 1. Hinsichtlich des ersten Einwandes, dass jede Erkenntnis sich auf das Gute und Wahre bezieht, ist zu antworten, dass das an sich stimmt. Es kann jedoch ein Wissen von Nichtigen geben aufgrund seiner Beziehung zum Wahren. Jemand, der wahre Prinzipien erkennt, erkennt auch das Falsche. Ähnlich verhält es sich mit der Erkenntnis von Gesund und Krank, so auch in unserer Frage.[49]

Ad 2.3.4. Der Einwand, dass die Geschöpfe nicht nichtig sind, da sie sehr gut sind und auf ein Ziel hin geordnet sind, ist mit dem Hinweis zu lösen, dass sie nicht deswegen als nichtig bezeichnet werden, weil sie des Guten oder der Ordnung ermangeln, sondern aufgrund des Mangels am unwandelbaren Sein. Und so sind alle Geschöpfe nichtig, aber nicht in solcher Weise, dass sie keine Wahrheit und Gutheit besäßen; deshalb ist auch die Wissenschaft und Lehre, die sich darauf beziehen, wahr.

---

48 Vgl. Aristoteles, *Topik* Z,3-5 (140b).

49 Vgl. Aristoteles, *Über die Seele* A,5 (410a).

Frage 3: Die Darlegungsform des Buches

Sodann setzen wir uns mit der Darlegungsform (*modus agendi*) dieses Buches auseinander. Denn es wurde gesagt, dass dieses Buch in der Rolle von verschiedenen Personen seinen Stoff behandelt und bespricht, nämlich in der Gestalt eines Toren und eines Weisen.

Argumente, die dagegen sprechen:

1. Im 20. Kapitel des Buches Jesus Sirach heißt es: „Ein Sinnspruch aus dem Mund des Toren wird verachtet" (Sir 20,22 Vg): Deshalb braucht man auch dem Gedanken, der in der Person eines Törichten ausgesprochen wird, keine Aufmerksamkeit schenken: Wenn also dem Inhalt der Heiligen Bücher Aufmerksamkeit geschenkt werden soll, dann soll dieser nicht von einem Toren vorgetragen werden.

2. Sodann ist das, was der Autor in der Person eines törichten und fleischlich gesinnten Menschen ausspricht, tadelnswert. Aber wenn der Verfasser spricht, weiß man nicht, ob in seiner eigenen Person oder als ein anderer. Also weiß man nicht, was man in diesem Buch festzuhalten hat und was man verwerfen muss: Also ist dieses Wissen ein Weg, der zum Irrtum führt. Aber die kanonischen Bücher müssen im Gegenteil den Irrtum berichtigen: Also ist dieses Buch aus dem Kanon auszuscheiden.

Antwort: 1. Man kann sagen, dass man auf zwei Weisen in der Person eines törichten und fleischlichen Menschen sprechen kann: entweder mit Zustimmung zu dem, was er sagt, oder es zu verwerfen und als nichtig zu erweisen. Die erste Art passt nicht zur Wissenschaft von der Wahrheit, die zweite Art schon – wenn jemand etwa einen Irrtum zurückweisen möchte und er ihn zuvor erklären würde, bevor er ihn widerlegt. Und auf diese [zweite] Weise spricht der Autor, nicht nach der ersten; und deshalb ist er nicht tadelnswert, vielmehr muss man ihn empfehlen, weil er verwirft, was man verwerfen muss.

2. Was den Einwand betrifft, dass man nicht weiß, wann der Autor in seiner eigenen Person spricht, ist Folgendes zu

sagen: Man kann den Widerpart in einer Disputation nicht kennen, bis man nicht zur Position des Autors (*sententia*) und zur Entscheidung der Frage (*determinatio*) vordringt; denn erst in der Lösung der Frage erkennt man, was gewählt und was verworfen werden soll. So behaupte ich, dass Kohelet gleichsam im Stil der Disputation vorgeht, bis er am Ende seine Lehrmeinung darlegt, da er sagt: „Wir wollen alle in gleicher Weise hören, was das Ziel des Redens ist: Fürchte Gott! Und du sollst wissen, dass Gott dich für jede Verfehlung[50] vor Gericht ziehen wird" (Koh 12,13). Mit diesem Wort verurteilt der Autor alle Auffassungen und Meinungen der törichten, der fleischlich und weltlich gesinnten Menschen. Alles, was mit diesem Schlusssatz übereinstimmt, sagt er also in eigener Person, was nicht damit übereinstimmt, spricht er in der Rolle anderer. Und somit kann dieses Buch nicht verstanden werden, außer man hört es als Ganzes.

Frage 4: Die Wirkursache des Buches

Schließlich kann man noch nach dem Verfasser als der Wirkursache des Buches fragen (*causa efficiens*). Es wurde ja gesagt, dass dies Salomo gewesen sei. Er scheint jedoch für dieses Buch nicht der angemessene Verfasser zu sein:

1. Er war selbst ein Sünder und fleischlicher Mensch. Aber sobald ein fleischlicher Mensch eine geistliche Lehre (*spiritualitas*) verkündigt, erregt er eher Ärgernis, als dass er zum Aufbau anderer beiträgt: Also ist dieses Buch eher dazu geeignet, Ärgernis hervorzurufen als aufzubauen.

2. Außerdem heißt es im Psalter: „Zum Sünder aber spricht Gott: ‚Was erzählst du von meinen gerechten Urteilen?'" (Ps 50,16). Wenn also Salomo ein Sünder war, sündigte er, indem er von Gottes Gerechtigkeit erzählte.

3. Ein guter Gewährsmann (*bonus auctor*) bewirkt, dass man ihm Glauben schenkt; daher besitzt das Autoritätsar-

---

50 Eigentlich: „Irrtum".

gument[51] eine [besondere] Kraft. Also ist ein schlechter Gewährsmann nicht glaubwürdig. Die Bücher der Heiligen Schrift zielen aber darauf ab, Glauben hervorzubringen: Also usw.

Darauf ist folgendermaßen zu antworten: Wie Hieronymus[52] sagt, ist es jüdische Überlieferung, dass dieses Buch von Salomo geschrieben wurde, als er Buße tat. Und weil Gott jene, die Buße tun, nicht verwirft, sondern vielmehr annimmt, muss man davon ausgehen, dass Salomo in keinem tadelnswerten Zustand war, als er dieses Buch verfasste.

Aber man könnte auch eine andere Antwort geben:

1. Der Heilige Geist spricht nicht nur durch rechtschaffene Menschen Wahres und Gutes aus, sondern auch durch böse Menschen. Deshalb sagt der Herr selbst im Evangelium: „Tut und befolgt also alles, was sie euch sagen, aber richtet euch nicht nach dem, was sie tun" (Mt 23,3). Somit sprach der Herr auch durch Bileam überaus deutlich eine Prophetie aus, so sprach er auch durch Salomo, selbst wenn dieser ein fleischlicher Mensch war, viel Gutes.

2. Gegenüber dem Einwand, dass Salomo gesündigt habe, muss man antworten, dass ihm die Gabe der Weisheit (*donum sapientiae*) in ganz besonderer Weise unter den übrigen Menschen verliehen wurde. Und weil er verpflichtet war, das Talent des Herrn nicht zu verbergen (vgl. Mt 25,14f.; Lk 19,12ff.), musste er das Volk des Herrn in Schrift und Wort unterweisen, besonders deshalb, weil er zu dessen Leitung bestellt war. Also sündigte er nicht hinsichtlich dessen, dass er lehrte, sondern hinsichtlich dessen, dass er sich nicht in angemessener Weise dafür bereit gemacht hatte.

3. Gegenüber dem zweiten Einwand, dass dem Buch keine Glaubwürdigkeit zu schenken sei, wenn der Autor nicht des Vertrauens würdig ist, antworte ich folgendermaßen:

---

51 Im lat. Text *locus ab auctoritate*: vgl. BOETHIUS, *De differentis Topicis*, II (PL 64,1190C): „quod omnibus vel pluribus vel sapientibus hominibus videtur, ei contradici non oportere".

52 Vgl. HIERONYMUS, *In Eccl.* I, cap.12 (CCSL 72,258): „Aiunt Hebraei, hunc librum Salomonis esse, paenitentiam agentis."

Wie wir den Propheten glauben, dass sie nicht aus sich, sondern durch den Heiligen Geist gesprochen haben, so glauben wir auch von allen Büchern der Heiligen Schrift, dass sie durch Einsprechung des Heiligen Geistes (*Spiritu sancto dictante*) verfasst wurden. Daher bewirkt nicht die Gutheit einer Person die größere oder geringere Glaubwürdigkeit, unter der Voraussetzung, dass dieser Mensch durch den Heiligen Geist gesprochen hatte. Auch weil für uns feststeht, dass Salomo vom Geist der Weisheit erfüllt war, wie aus dem dritten Kapitel des Dritten Buches der Könige (vgl. 1 Kön 3,5ff.) deutlich wird, nimmt die Kirche ohne jeglichen Zweifel auch seine Bücher [als zum Kanon gehörend] an.

Kommentar zum Lukas-Evangelium, Prooemium[53]

Übersetzung von Marianne Schlosser

1. „Der Geist des Herrn ruht auf mir; denn der Herr hat mich gesalbt. Er hat mich gesandt, Botschaft zu bringen den Sanftmütigen, damit ich heile, die zerknirschten Herzens sind, und den Gefangenen die Begnadigung, den Eingesperrten die Freilassung verkündige" (Lk 4,18; Jes 61,1). Beim Nachdenken darüber, welches Wort sich als Einführung in das Lukas-Evangelium eignet, findet man wohl kein passenderes als jenes, das Christus der Herr auf sich selbst bezog, als er seine Predigttätigkeit begann – wie es der heilige Lukas im vierten Kapitel beschreibt, ein Wort, das aus dem 61. Kapitel des Propheten Jesaja genommen ist.

2. Dieses Wort kann man in einem allgemeinen Sinn auf jeden Lehrer der Heiligen Schrift beziehen, in besonderem Sinn trifft es jedoch auf den Evangelisten Lukas zu, und in einer einzigartigen Bedeutung ist es von Christus selbst gesagt, der Quelle der Wahrheit und Gnade. In allgemeinem

53 Übersetzung nach dem lat. Text aus: *Doctoris seraphici S. Bonaventurae opera omnia*, edita studio et cura PP. Collegii a S. Bonaventura, Bd. VII, Quaracchi 1895, S. 3-7.

Sinn verstanden, legt es nahe, an die beiden Aspekte oder die beiden Personen zu denken, welche notwendig beim Werk der Verkündigung beteiligt sind: der lehrt und der hört. Wenn man es im besonderen Sinn auf den Evangelisten bezogen versteht, dann soll man an die Wirkursache und die Zielursache der Verkündigung denken – das sind die „äußeren Ursachen". Wenn man das Schriftwort aber in seiner einzigartigen Bedeutung nimmt, nämlich auf Jesus Christus hin, dann gibt es einem die „inneren Ursachen", die Material- und Formal-Ursache zu verstehen. Nachdem diese sechs Aspekte geklärt sind, fällt das Verständnis des Folgenden leicht.

Lehrer und Hörer des Evangeliums

3. Zuerst nämlich gibt uns das Schriftwort zu verstehen, wer ein Lehrer des Evangeliums sein kann, und welche Eigenschaften er haben muss; ebenso aber auch, welche Eigenschaften der Hörer haben muss. Ein Lehrer des Evangeliums muss gesalbt sein durch die Gnade, sein Amt durch Gehorsam erhalten haben, und er muss glühen vor Liebe zu den Brüdern und Schwestern. Genau das wird ausgedrückt mit den Worten: Der Geist des Herrn ruht auf mir, denn er hat mich gesalbt. Als Vorausbild dieser Salbung wurden im Alten Bund die Propheten gesalbt: Der Herr befahl dem Elija, „Elischa, den Sohn Schafats, zum Propheten an seiner Statt zu salben" (1 Kön 19,16). Auch heißt es von David (1 Sam 16,13), dass nach seiner Salbung der Geist des Herrn in ihn kam und von diesem Tag an bei ihm blieb. Die Propheten wurden deswegen gesalbt, damit sie den Heiligen Geist empfingen, durch den uns die Geheimnisse Gottes erschlossen werden. Wenn nun aber die Schriften in dem gleichen Geist auszulegen sind, in dem sie verfasst sind, und „Gottes Heilige geredet haben unter Anregung des Heiligen Geistes" (2 Petr 1,21), dann ergibt sich daraus mit Notwendigkeit, dass ein Lehrer dessen, was Christus vorgelegt hat und was der Heilige Geist aufschreiben ließ, von der Gnade des Heiligen Geistes gesalbt sein muss.

4. Auch muss ein solcher Lehrer in sein Amt durch Gehorsam gekommen sein. Das wird ausgedrückt, wenn es heißt: „Botschaft zu bringen den Sanftmütigen, hat er mich gesandt.“ Das Beispiel dafür ist Mose, zu dem der Herr sprach: „Komm, ich will dich zum Pharao schicken, damit du mein Volk, die Kinder Israels, aus Ägypten führst“ (Ex 3,10). Mose antwortete darauf: „Wer bin ich, dass ich die Kinder Israels aus Ägypten führen könnte?“ Mose, der das Gesetz überbrachte und Israel aus Ägypten führte, steht für diejenigen, welche Gottes Gesetz lehren und das Volk des Herrn aus der Dunkelheit des Nichtwissens herausführen. Zu diesem Dienst darf sich niemand von sich aus erdreisten, sondern er muss gesandt sein; man soll sich nicht darum bemühen, sondern diese Aufgabe eher zurückweisen: denn niemand darf sich dafür als geeignet wähnen! Wenn er nämlich nicht mit dem Herrn gesprochen hat, dann ist er unwürdig. Wenn aber der Herr zu seinem Herzen spricht, dann empfindet er sich selbst, wie Mose, als ziemlich schwerfällig und unbeholfen im Reden (vgl. Ex 4,10). Als jemand, der die göttlichen Geheimnisse nicht auszusprechen weiß, die ihm der Herr geoffenbart hat, darf er sich die Verkündigung nicht anmaßen, außer wenn er im reinen Gehorsam dazu beauftragt wurde.

5. Und schließlich muss der Lehrer von Liebe zu den Brüdern und Schwestern entflammt sein. Das wird ausgedrückt mit den Worten: „Damit ich heile die zerknirschten Herzens sind, damit ich Begnadigung den Gefangenen verkündige und Befreiung den Eingesperrten“ (Lk 4,18). Beispiel dafür ist Paulus, der im Ersten Thessalonicherbrief schreibt: „Wir sind klein geworden mitten unter euch, wie eine Amme, die ihre Kinder hegt; wir wollten von Herzen gern euch nicht nur das Evangelium Gottes bringen, sondern euch an unserem Leben teilhaben lassen“ (1 Thess 2,7f.). Wie ein leibliches Kind nur gezeugt wird aufgrund leiblicher Liebe, so wird ein geistliches Kind nicht gezeugt ohne geistliches Wohlwollen (*benevolentia*). Darum schreibt Gregor: „Wer keine Liebe zum Nächsten hat, darf den Predigtdienst auf keinen Fall über-

nehmen."[54] Die Frohe Botschaft Gottes auszulegen und zu lehren, heißt: Gottes Wort predigen. Darum muss der Lehrer eine glühende Nächstenliebe haben.

6. Damit die Lehre des Evangeliums aber ihre Frucht entfaltet, braucht es neben dem Lehrer auch einen Schüler mit den Eigenschaften der Demut, der Sanftmut und des Glaubens (*humilem, mitem, fidelem*). „Sanft",[55] gutwillig muss er sein, so dass er bereitwillig zuhört. Daher heißt es: „damit ich den Sanftmütigen Botschaft bringe", nicht den Unwirschen (*dyscolis*). Nur die Sanftmütigen verstehen die Worte Gottes im Evangelium richtig: „Sei sanftmütig im Hören auf Gottes Wort, damit du verstehst" (Sir 5,13), „die Sanftmütigen lehrt er seine Wege" (Ps 24,9). Darum steht auch im Jakobus-Brief: „Nehmt das Wort in Sanftmut auf, das euch eingesenkt wurde, denn es kann eure Seelen retten" (Jak 1,21). Die Lehre des Evangeliums unterweist den Menschen darin, ein Schüler Christi zu sein, der von sich selbst sagt: „Lernt von mir, denn ich bin sanft und demütig von Herzen" (Mt 11,29). Streit und Wortgefechte mögen den Jüngern des Aristoteles angemessen sein, sie passen nicht zu den Jüngern Christi. So liest man im 2. Brief an Timotheus: „Für einen Knecht des Herrn gehört es sich nicht zu streiten; er soll vielmehr umgänglich mit allen, belehrbar und geduldig sein" (2 Tim 2,24). Daher schreibt auch Augustinus in *De doctrina christiana*: „Wir müssen sanft werden durch den Geist der Frömmigkeit (*pietas*), wir sollen nicht der Heiligen Schrift widersprechen, wenn wir gut begreifen, dass sie unsere üblen Gewohnheiten geißelt, noch sollen wir ihr widersprechen, wenn wir sie nicht verstehen – in der hohen Meinung von uns, wir könnten doch etwas Besseres verstehen oder erfassen. Wir sollten vielmehr denken und glauben, dass das, was geschrieben ist, besser und wahrer ist."[56]

---

54 Gregor der Grosse, *Hom. in Ev.* 17, n.1 (FC 28/I,268).

55 Lat. *mitis – mansuetus*: „sanft", geduldig und umgänglich – nicht grantig, aufbrausend, wild oder misstrauisch.

56 Augustinus, *Doctr. christ.* II, cap.7, n.9 (CCSL 32,36f.).

7. Der Hörer des Wortes muss auch demütig sein: demütig im Herzen, zerknirscht. Darum sagt der Herr: „zu heilen, die zerknirschten Herzens sind." „Kummer im Herzen macht den Menschen demütig", heißt es in den Sprichwörtern (12,25). Solch ein Mensch ist geeignet zu hören und zu lernen; wie es im Psalm steht: „Es war gut für mich, dass du mich erniedrigt hast, denn so lernte ich deine Gesetze" (118,71), und bei Matthäus: „Du hast dies vor den Weisen und Klugen verborgen, den Kleinen (*parvulis*) aber enthüllt" (Mt 11,25).

8. Und schließlich muss der Hörer Glauben haben, gläubige Zustimmung, indem er „seinen Intellekt gefangen gibt". Darum spricht das Wort der Schrift davon, dass „den Gefangenen die Begnadigung verkündigt wird", denen, die ihren Intellekt „im Gehorsam Christus gefangen geben" (2 Kor 10,5). Das geschieht durch den wahren Glauben, ohne den niemand die Lehren der Heiligen Schrift verstehen kann.[57] Darum steht bei Jesaja im siebten Kapitel – in der anderen Übersetzung[58]: „Glaubt ihr nicht, so werdet ihr nicht verstehen" (Jes 7,9). Wenn schon bei anderen Lern-Inhalten gilt, dass der Schüler dem Lehrer glauben muss, wie viel mehr dann bei dem, was Gottes Dinge betrifft? Wer sich so „gefangen gibt", wird frei – frei von der Sünde: „Er reinigte ihre Herzen durch den Glauben" (Apg 15,9), „er gab ihnen Macht, Kinder Gottes zu werden – denen, die glauben an seinen Namen" (Joh 1,12).

Menschlicher und göttlicher Urheber

9. Bezieht man das Schriftwort auf den Evangelisten Lukas im Besonderen, so zeigt es uns die Wirk- und die Ziel-Ursache der Verkündigung: Die Wirkursache mit den Worten: „Der Geist des Herrn...", die Zielursache mit den Worten: „um Botschaft zu bringen".

57 Die gleiche Lehre entfaltet Bonaventura im *Brev.*, Prol. (V 201-210).

58 Das heißt, der LXX; die Vulgata hat: „Glaubt ihr nicht, so bleibt ihr nicht (*non permanebitis*)."

10. Die Wirkursache wird in jeder Hinsicht vollkommen bestimmt: Die höchste Ursache ist der Geist des Herrn. Er ist es, von dem Joh 16 sagt: „Wenn jener Geist der Wahrheit kommt, wird er euch die ganze Wahrheit lehren“ (Joh 16,13). Dieser Geist sprach durch die Evangelisten, er sprach durch den heiligen Lukas, wie es in der Schrift steht: „Nicht ihr seid es, die sprechen werden, sondern der Geist eures Vaters, der in euch spricht“ (Mt 10,20); „ich werde euch geben einen Mund und Weisheit...“ (Lk 21,15).

11. Die unterste Wirkursache aber wird angegeben mit den Worten: „(...) ruht auf mir“, das heißt: auf dem heiligen Lukas selbst. Von ihm schrieb Hieronymus, dass er „aus dieser Welt ging, voll des Heiligen Geistes“. Darum war er auch geeignet, das Evangelium zu schreiben; sagt doch auch Paulus von ihm: „Wir haben unseren liebsten Bruder zu euch geschickt, dessen Lob in allen Kirchen erschallt, durch das Evangelium“ (2 Kor 8,18). Auf Lukas trifft das Wort aus Sirach zu: „Inmitten der Kirche öffnete er ihm den Mund“ (Sir 15,5).

12. Diejenige Wirkursache, die gewissermaßen in der Mitte steht, wird in den Worten angedeutet: „Denn er hat mich gesalbt.“ Die Salbung der Gnade macht die Seele bereit, die Lehren der Wahrheit vom Höchsten Lehrmeister zu empfangen: „Seine Salbung wird euch über alles belehren“ (1 Joh 2,27). Der Heilige Geist belehrte den Evangelisten mittels der Gnade, und dieser belehrte – auf solche Weise unterwiesen – die Kirche, indem er das Evangelium niederschrieb. Wir haben also bei diesem Werk eine dreifache Wirkursächlichkeit: als höchste Ursache die Person des Heiligen Geistes, als unterste Ursache den Evangelisten selbst, als mittlere Ursache die Gnade des Heiligen Geistes. Und alle drei lassen sich aus dem oben zitierten Wort erkennen.

Das Ziel des Evangeliums

13. Dreifach ist auch die Zielursache, wie sie in den folgenden Worten des Schriftzitates ganz klar hervortritt: Das erste

Ziel ist Kundgabe der Wahrheit (*manifestatio veritatis*), das letzte die Aufschließung der Ewigkeit; in der Mitte steht die Heilung der Schwachheit oder Krankheit. Das erste wird gewirkt von der vorbereitenden Gnade, das mittlere von der heiligmachenden Gnade, das dritte von der Gnade der Glorie, welche die Vollendung schenkt.

14. Das erste Ziel dieser Lehre des Evangeliums besteht also darin, die Wahrheit kundzutun: „Den Sanftmütigen die Kunde zu bringen, hat er mich gesandt", wie es auch im Psalm 63,10 heißt: „Sie verkündeten die Werke Gottes und hatten Einsicht in seine Taten." Daher stammt der Name „Evangelium", was „frohe Botschaft" bedeutet. Im 1. Johannesbrief lesen wir: „Was von Anfang an war, was wir gehört und mit Augen geschaut haben, was wir gesehen haben – unsere Hände haben etwas vom Wort des Lebens berührt, das Leben ist offenbar geworden. Wir haben gesehen und bezeugen und verkündigen euch das ewige Leben, das beim Vater war und uns erschienen ist" (1 Joh 1,1). Und das Wort im zweiundfünfzigsten Kapitel von Jesaja: „Wie schön über den Bergen sind die Füße dessen, der Frieden ankündigt und ausruft, der Gutes verkündigt und Heil predigt" (Jes 52,1), ist zuerst bei den heiligen Evangelisten wahr geworden.

15. Das zweite Ziel dieser Lehre des Evangeliums ist die Heilung unserer Krankheit: „Damit ich Heilung bringe denen, die zerknirschten Herzens sind." Die Predigt des Evangeliums hat nämlich heilende Frucht und Wirkung, wie es auch im Buch der Weisheit bezeugt wird: „Nicht Kräuter noch Pflaster haben sie geheilt, sondern deine Rede, Herr, die alles gesund macht" (Weish 16,12). Diese Frucht bringt sehr passend das Lukas-Evangelium hervor, über das Hieronymus sagt: „Wenn wir wissen, dass Lukas ein Arzt war, wie er im Evangelium gelobt wird, dann erkennen wir gleichzeitig, dass alle seine Worte für die matte und kranke Seele eine Medizin sind."[59] Das ist die zweite Absicht, die der heilige Lukas mit dem Evangelium verbindet: dass wir mittels der

59 Hieronymus, *Ep.* 53 (PL 30,317f.).

Erkenntnis der Wahrheit Heilung von unserer Krankheit erlangen.

16. Das letzte Ziel ist die Öffnung der Ewigkeit: „Um den Gefangenen die Begnadigung und den Eingeschlossenen die Öffnung ihres Kerkers zu verkünden." Das tritt ein, wenn wir das ewige Leben besitzen, und darin hat die Lehre des Evangeliums ihr letztes Ziel, wie es auch bei Johannes steht: „Das ist geschrieben, damit ihr glaubt, dass er der Christus ist, der Sohn Gottes; und damit ihr glaubend das Leben habt in seinem Namen" (Joh 20,37). Und im letzten Kapitel des Markusevangeliums: „Geht hinaus in die ganze Welt, verkündigt das Evangelium allen Geschöpfen. Wer glaubt und sich taufen lässt, wird gerettet sein" (Mk 16,15). Diesen Auftrag haben in erster Linie die Evangelisten erfüllt, indem sie nicht nur durch das mündliche Wort den Menschen predigten, die damals gegenwärtig waren, sondern durch das geschriebene Wort den Zeitgenossen wie denen, die erst noch kommen würden: allen Generationen, um alle zu retten. Versteht man also das Schriftwort speziell von der Person des heiligen Lukas, dann kann man eine doppelte äußere Ursache erkennen, eine Wirkursache und eine Zielursache.

Jesus Christus – Mitte der Verkündigung

17. Versteht man das Wort aber in einzigartigem Sinn nur vom Herrn Jesus, von dem es ja gesagt wird, dann enthüllt es eine doppelte innere Ursache, nämlich Material- und Formal-Ursache, und zwar folgendermaßen: Es ist gewiss, dass die Erzählung des Evangeliums sich gänzlich um Christus dreht, entweder unter dem Gesichtspunkt, dass er Mittler ist, oder Prediger, Erlöser, Sieger. Dass er Mittler ist, steht in Bezug zum Geheimnis der Menschwerdung, dass er Prediger ist, zu seiner Lehre und Unterweisung; dass er Erlöser ist, bezieht sich auf seine Passion, durch die uns Heilung zuteil wurde; und dass er Sieger ist, bezieht sich auf den Triumph der Auferstehung. Das erste betrifft Christi Wesen (*natura*), das zweite seine Lehre, das dritte sein Opfer, das

vierte seinen Triumph. Diese vier Aspekte erscheinen deutlich und wohlgeordnet in jenem Schriftwort, wenn man es auf Christus bezieht.

18. Denn Christus Jesus gibt zu verstehen, dass er der Mittler ist, wenn er sagt: „Der Geist des Herrn ruht auf mir; denn er hat mich gesalbt“. Er ist der Mittler, von dem es in der Apostelgeschichte heißt: „Gott hat ihn mit dem Heiligen Geist und mit Kraft gesalbt“ (Apg 10,38). Gesalbt, sage ich, nicht wie die anderen Heiligen, sondern mehr als alle anderen: „Es hat dich gesalbt Gott, dein Gott, mit dem Öl der Freude mehr als all deine Gefährten“ (Ps 44,8). In dieser Salbung erfüllt sich Daniels Prophezeiung: „Vision und Prophetie werden sich erfüllen, und gesalbt wird der Heilige der Heiligen“ (Dan 9,24).

19. Der Herr gibt auch zu verstehen, dass er Prediger ist: „Er hat mich gesandt, den Sanftmütigen zu verkündigen (...)“ – wie er den Kindern Israels durch Mose zugesagt hatte: „Einen Propheten werde ich ihnen erwecken, mitten aus deinen Brüdern, einen Propheten, dir ähnlich. Ich werde meine Worte in seinen Mund legen, er wird zu ihnen all das sagen, was ich ihm auftrage“ (Dtn 18,18). Das war Christus, der Herr aller Propheten, der von sich sagt: „Alles, was ich von meinem Vater gehört habe, das habe ich euch bekannt gemacht“ (Joh 15,15). Dazu ist er gesandt; weswegen er selbst sagt (Lk 4,43): „Ich muss auch anderen Städten das Reich Gottes verkünden, denn dazu bin ich gesandt.“

20. Der Herr gibt auch zu verstehen, dass er der Erlöser ist: „Damit ich heile die zerknirschten Herzens sind.“ Er ist es, von dem die Apostelgeschichte schreibt: „Er zog umher, tat Gutes und heilte alle, die vom Teufel unterdrückt waren“ (Apg 10,38), und über den im Psalm 146,3 gesagt ist: „Der die zerknirschten Herzen heilt“. Diese Heilung brachte er uns durch sein Leiden. „Wahrhaftig, er hat unsere Krankheiten auf sich genommen und unsere Schmerzen getragen; er wurde verwundet wegen unserer Vergehen, wegen unserer Verbrechen zermalmt, die Strafe lag auf ihm, damit wir Frieden hätten“ (Jes 53,4f.).

21. Er gibt schließlich auch zu verstehen, dass er Sieger ist, mit den Worten: „Um den Gefangenen die Befreiung zu verkünden, den Eingeschlossenen die Öffnung ihres Kerkers." Das vollbrachte er im Triumph seiner Auferstehung, wie es auch im Kolosserbrief über ihn gesagt wird: „Er beraubte die Mächte und Gewalten (...)" (Kol 2,15). Und dann „stieg er zur Höhe hinauf, führte die Gefangenschaft gefangen, gab den Menschen Geschenke", wie es der Psalm singt (Ps 67,19). – Unter diesen vier Aspekten ist Christus der Herr der Inhalt des Glaubens und das zentrale Thema des Evangeliums; und deswegen kann man in dem Schriftzitat die *causa materialis* bzw. den Inhalt des Evangeliums erkennen.

Die vier Evangelien, Spezifikum des Lukas-Evangeliums

22. „Die Wissenschaften sind nach Sachgebieten aufgeteilt",[60] und die „Form" entspricht der Anordnung des Materials. Da nun der Gehalt (*subiectum*) des Evangeliums ein einziger ist [– der oben dargelegte, Christus selbst –], aber unter vierfacher Hinsicht, muss ein einziges Buch jeweils einen dieser Aspekte *in erster Linie* in den Blick nehmen, die anderen *mit*-behandeln; die Evangelien insgesamt aber müssen alle vier Aspekte darlegen. Daher sind es notwendigerweise vier Evangelien, wobei jedes von ihnen selbst in vier Teile gegliedert ist.

23. Folglich hat auch dieses Buch [das Lukas-Evangelium] vier Abschnitte. Zuerst geht es um das Geheimnis der Menschwerdung, bis zum Kapitel vier. Dann werden Christi Lehr- und Predigttätigkeit vor Augen gestellt, bis Kapitel zweiundzwanzig. In den folgenden beiden Kapiteln, bis Kapitel vierundzwanzig, geht es um die Heilung, die uns durch seine Passion zuteilwurde, und im letzten Abschnitt, bis zum Schluss des Evangeliums, um die siegreiche Auferstehung. Gewiss, der Evangelist behandelt alle vier Aspekte und legt eine vollständige Geschichte vor; doch in erster Linie hat er Christi Priestertum und seine Passion, die uns Heilung

60 Aristoteles, III. *De an.* text. 38 (cap.8).

brachte, im Auge. Und das kommt daher, dass er Arzt war. – Man kann also aus dem Schrift-Zitat, angewandt auf Christus selbst, die *causa materialis,* den Gehalt des Evangeliums, ersehen, ebenso wie die *causa formalis,* d.h., die Anordnung der Teile und Kapitel und unter welchem Hauptinteresse die Darstellung erfolgt.

24. *Causa materialis* und *formalis* sind wunderbar vorausgebildet in jenem Lebewesen, das Ezechiel in seiner Vision erblickte, und das er „vier-seitig" (*quadripartitum*) nannte. Ein jedes [dieser Wesen] hatte vier Gesichter, aber eines war das Haupt-Gesicht. Das erste ähnelte einem Menschen, und darin erkennen wir Christi Wesen; das zweite ähnelte einem Löwen, worin wir Christi Sieg erkennen. Das dritte ähnelte einem Stier, worin wir sein Opfer erkennen, und das vierte einem Adler, worin wir seine Lehre erkennen. Wie alle heiligen Väter sagen, bedeuten diese Wesen die vier Evangelien, insofern sie bildlich deren Inhalt und Gestalt, Materie und Form, zum Ausdruck bringen: *Ein* Lebewesen ist *viergestaltig* – denn die vier Evangelien handeln von dem einen und einzigen Christus unter viererlei Hinsicht. Und jedes einzelne hat selbst vier Gesichter, weil es vier Teile hat. Und wiederum ist eines von ihnen, das erste, einem Menschen ähnlich – auch wenn es vier Gesichter hat –; denn das erste Evangelium, das des Matthäus, richtet sein Hauptaugenmerk auf das Geheimnis der Menschwerdung. Das zweite ähnelt einem Löwen, denn Markus, der als zweiter schrieb, hatte besonders die Auferstehung im Blick – darin besteht weitestgehend Einigkeit.[61] Das dritte ähnelt einem Stier, denn der dritte Evangelist, Lukas, richtet sein Hauptaugenmerk auf das Priestertum und das Heil durch die Passion des Herrn. Das vierte ähnelt einem Adler, der klare Augen besitzt; denn der vierte Evangelist, Johannes, hat vor allem

61 Ambrosius, *De virginitate* cap.18, n.112 f., *Expos. Luc.* Prol., n.7 (CCSL 14,5); Hieronymus, *In Ez.* I, cap.1, n.6-9 (CCSL 75,10-15; Augustinus, *In Io. Tr.* 36, n.5 (PL 35,1665f.); Gregor der Grosse, *Hom. in Ez.* I, hom. 2, nn.15.18 (CCSL 142,26-28); hom.4, n.1 (CCSL 142,47f.).

die Lehre Christi im Blick, zu der andere nicht vordringen konnten. [...]

Und so steht nun klar vor Augen, wie die Wirklichkeit (*veritas*) dem Vorausbild (*figura*) entspricht. Auch sind die Vorfragen geklärt: nach den Eigenschaften des Lehrers des Evangeliums und des Hörers, nach dem Ursprung und dem Ziel dieser Lehre, nach ihrem Inhalt und ihrer Form. Damit ist gewissermaßen ein erstes, allgemeines Verständnis dieses Buches grundgelegt.

Kommentar zum Johannes-Evangelium, Prooemium[62]

Übersetzung von Marianne Schlosser und Johannes Schneider OFM

Hier werden die Vorzüge des heiligen Johannes Evangelist dargelegt.

1. „Siehe, mein Knecht wird einsichtig sein, erhöht und hoch erhoben werden und sehr erhaben sein" (Jes 52,13). Die Empfehlung eines Autors geht auf das Werk über und die Empfehlung des Werks auf den Autor. Deshalb wurde als Thema das Wort aufgenommen, das in Jesaja zweiundfünfzig steht. Darin wird der selige Johannes für drei Dinge empfohlen, nämlich für die Heiligkeit des Lebens, wenn es heißt: „Siehe, mein Knecht"; für die Klarheit der Einsicht, wenn angefügt wird: „er wird einsichtig sein"; für die Vortrefflichkeit der Lehre, wenn hinzugefügt wird: „er wird erhöht und hoch erhoben werden und sehr erhaben (*sublimis*)[63] sein". Denn

---

62 Übersetzung nach dem lat. Text aus: *Sancti Bonaventurae Commentarius in Evangelium S. Ioannis (I – X)*, Testo latino dell'Edizione Quaracchi [Tom. VI (1893), S. 237-532], Traduzione di E. Mariani, introduzione e note di J. G. Bougerol [*Sancti Bonaventurae Opera* VII/1], Roma 1990.

63 Lat. *sublimis*: „hoch erhaben" besagt vor allem eine geistige Qualität: die Feinheit und Tiefe, mit der jemand denkt – also das Gegenteil von primitiv, gewöhnlich oder grob; die Fähigkeit, auch „erhabene" Inhalte *(sublimia)* zu erfassen und zu durchdringen, die sich nicht auf den ersten Blick erschließen.

dies ist die Ordnung: Die Heiligkeit des Lebens verdient die Gabe der Einsicht und die Gabe der Einsicht macht für die Vortrefflichkeit der Lehre bereit.

Sein heiliges Leben

2. Empfohlen wird er also hinsichtlich der Heiligkeit seines Lebens dadurch, dass der Herr ihn seinen Knecht nennt. Es verdienen nämlich nur jene „Knechte Gottes“ genannt zu werden, die ihm in Heiligkeit alle Tage dienen. Seinen Knecht aber nennt ihn der Herr aufgrund des Gehorsams, weil er ihm treu gefolgt ist. Daher kann zu Recht Numeri zwölf als von ihm gesagt verstanden werden: „Mein Knecht Mose ist der treueste in meinem ganzen Haus“ (Num 12,7). Wirklich ist der selige Johannes der treueste im ganzen Haus Christi gewesen. Als Zeugnis dieser Tatsache hat ihm der Herr jenen überaus edlen Schatz, nämlich die Jungfräulichkeit der Mutter, zur Verwahrung anvertraut (vgl. Joh 19,26-27). – Dann aufgrund des Amtes, das ihm von Gott übertragen wurde und für das er im Voraus von Ewigkeit her bestimmt worden war, gemäß jenem Wort aus Jesaja neunundvierzig: „Der Herr hat mich vom Mutterschoß an berufen, von Leib meiner Mutter her hat er meines Namens gedacht“ (Jes 49,1); siehe, die Vorherbestimmung. „Er machte meinen Mund gleich einem scharfen Schwert, im Schatten seiner Hand beschützte er mich und machte mich zu einem auserwählten Pfeil, in seinem Köcher verbarg er mich“ (Jes 49,2); siehe, die Beauftragung zum Amt der Predigt. „Und er sprach zu mir: Mein Knecht bist du, Israel, denn in dir werde ich verherrlicht werden“ (Jes 49,3); siehe, die Annahme des Knechtsdienstes, weil er jenes Amt nicht zu seiner eigenen Ehre, sondern zur Ehre Gottes übernommen hat. – Schließlich aufgrund der Wohltat, die der Herr ihm erwiesen hat, weil er von Gott erwählt und vorauserwählt, geliebt und mit einem besonderen Geschenk der Gnade reich gemacht wurde, gemäß Jesaja zweiundvierzig: „Siehe, mein Knecht, ich will ihn annehmen; mein Erwählter, an ihm hat meine

Seele Wohlgefallen, ich habe meinen Geist auf ihn gelegt" (Jes 42,1). Tatsächlich hatte die Seele des Herrn am seligen Johannes Wohlgefallen, denn dieser ist „jener Jünger, den Jesus liebte", wie es im letzten Kapitel bei Johannes heißt (Joh 21,7). – Daher also war der selige Johannes Knecht Christi wegen des Gehorsams, des Amtes und der Gnade.

Gottgeschenkte Einsicht

3. Wegen dieser Heiligkeit des Lebens aber verdiente er die Gabe der Einsicht, mit der er auf vielfältige Weise beschenkt worden ist. Er war nämlich verständig aufgrund der Salbung des Heiligen Geistes, der Offenbarung durch Engel[64] und der Unterweisung durch Christus. Durch Salbung des Heiligen Geistes verstand er das Nutzbringende, durch Offenbarung der Engel verstand er das Verborgene, durch Christi Unterweisung das Erhabene (*sublimia*). Und in diesen dreien werden all unser Hunger und unsere Sehnsucht nach Einsicht erfüllt und vollendet.

Er verstand daher durch Salbung des Heiligen Geistes das Nutzbringende, weil jener Geist der Wahrheit der Geist des Heils ist. Über diese Einsicht sagt Jesaja achtundzwanzig: „Wen will er Erkenntnis lehren? Und wen das Gehörte verstehen lassen? Den von der Milch Entwöhnten, den von der Mutterbrust Genommenen" (Jes 28,9). Nur die von der Süßigkeit gegenwärtiger Tröstung Entwöhnten und Entfernten verdienen das Nutzbringende zu verstehen, die anderen jedoch nicht. Daher heißt es im zweiten Kapitel des Ersten Korintherbriefs: „Der sinnenhafte Mensch begreift nicht, was des Geistes Gottes ist. Torheit nämlich ist es für ihn, und er kann nicht verstehen, was geistlich beurteilt werden muss" (1 Kor 2,14). Der selige Johannes aber ist entwöhnt worden, weil er Vater und Mutter und auch die Braut, die er

---

64 Anspielung auf das Buch der Offenbarung, das ebenfalls Johannes Ev. als Verfasser zugeschrieben wird.

sich genommen hatte, um der Liebe Gottes willen verlassen hat.[65]

Er verstand durch Offenbarung der Engel das Verborgene, insofern es in der Zukunft lag. Daher passt zu Recht auf ihn, was von Daniel im ersten Kapitel des nämlichen Buches Daniel gesagt wird: Der Herr gab „Daniel Verständnis für alle Visionen und Träume" (Dan 1,17). Dies jedoch geschah durch den Dienst der Offenbarung durch Engel. Daher sprach in Daniel acht ein Engel zu einem anderen: „Gabriel, lass diesen da die Vision verstehen" (Dan 8,16). Aber dieses Verstehen bewirkte der Engel nicht aufgrund seiner eigenen Vollmacht,[66] was durch die Tatsache bezeugt wird, dass dieser, als Johannes den Engel, der ihm jenes zeigte, anbeten wollte, ihn hinderte mit den Worten: „Sieh zu, dass du es nicht tust! Denn ich bin dein und deiner Brüder Mitknecht", Apokalypse neunzehn (Offb 19,10). Dadurch ist offensichtlich, dass der Engel ihm nicht wie der Herr eine Offenbarung zuteilwerden ließ, sondern als Mitknecht.

Johannes verstand schließlich durch Christi Unterweisung das Erhabene. Wenngleich Christus alle seine Jünger belehrte, so hat er doch den seligen Johannes, den er mehr als die anderen liebte, auch mehr als die anderen unterwiesen und ihn mehr einsehen lassen. Daher kann zu Recht von ihm verstanden werden, was der Herr Salomo im dritten Kapitel des Ersten Königsbuchs sagte: „Ich habe dir ein so weises und verständiges Herz gegeben, dass es niemanden vor dir gab, der dir ähnlich war, und auch nach dir niemand erstehen wird" (1 Kön 3,12). Es gab nämlich keinen vor ihm

65 Einer Legende nach handelte es sich bei Johannes um den Bräutigam der Hochzeit zu Kana.

66 Für Bonaventura offenbart nur Gott *auctoritative*; auch kann nur Gott selbst das innere Licht geben, das den Empfänger der Offenbarung ihren Sinn verstehen lässt. Engel können beim Offenbarungsvorgang mitwirken: *ministerio*, indem sie im Auftrag Gottes erscheinen, etwas verkünden, oder auch das Herz des Empfängers vorbereiten für den Empfang der Offenbarung Gottes. Näheres dazu bei J. RATZINGER, *Offenbarung*, JRGS 2, 85-92.

und auch nach ihm folgte keiner, der zu einem solchen Grad der Erkenntnis der Göttlichkeit aufgestiegen wäre.

Apostel – Prophet – Evangelist

4. So hat also der selige Johannes das Nutzbringende, Verborgene und Erhabene verstanden. Und aufgrund dieser dreifachen Einsicht ist er zu einer dreifachen Würde der Lehre erhoben worden. Deshalb heißt es: „er wird erhoben werden“, nämlich auf den apostolischen Lehrstuhl; „er wird erhöht werden“ zur prophetischen Verkündigung; „und er wird sehr erhaben sein“ durch die Lehre seines Evangeliums. Deshalb hat er dreierlei Schriften verfasst, nämlich kanonische Briefe als authentischer Prediger, die Apokalypse als herausragender Prophet und das Evangelium als überaus gebildeter Schriftgelehrter.

Zuerst also „wird er erhoben werden“ auf den apostolischen Lehrstuhl. Deshalb trifft auf ihn passend zu, was im Psalm gesagt wird: „Sie mögen ihn hoch erheben in der Versammlung des Volkes und auf dem Lehrstuhl der Ältesten ihn loben“ (Ps 106,32). Der Lehrstuhl der Ältesten ist der Lehrstuhl der Apostel, auf dem der selige Johannes nicht müßig gesessen ist, sondern vielmehr die Anwesenden mit Worten und die Abwesenden mit Briefen unterwiesen hat. So heißt es bei Sirach fünfzehn: „Er wird in ihr gestützt sein und nicht gebeugt werden. Sie wird ihn halten, und er wird nicht zuschanden werden; sie wird ihn erhöhen bei seinen Nächsten“ (Sir 15,3b-4).

Er wurde erhoben zu prophetischer Verkündigung gemäß jenem Wort in Ezechiel acht: „Es erhob mich der Geist zwischen Himmel und Erde und führte mich nach Jerusalem in einer Gottesschau“ (Ez 8,3). Durch diese Erhebung wurde der selige Johannes erhoben. Daher heißt es in Apokalypse einundzwanzig: „Er brachte mich im Geist auf einen großen und hohen Berg und zeigte mit die heilige Stadt Jerusalem, die vom Himmel herabkam“ (Offb 21,10). Und dies sah er, um es anzukündigen. Deshalb wird zu ihm in

Apokalypse eins gesagt: „Schreibe, was du gesehen hast und was ist und was danach geschehen wird“ (Offb 1,19). Denn er hatte in reichem Maß die Gnadengabe der Prophetie in ihren drei Arten.[67]

„Und er war sehr erhaben“ durch die Lehre des Evangeliums, in der er alle anderen übertraf. Deshalb darf zu Recht auf ihn bezogen werden, was in Genesis sieben gesagt wird: „Die Wasser schwollen an und erhoben die Arche von der Erde in die Höhe“ (Gen 7,17). Diese Arche ist der selige Johannes, in welchem der Same des Wortes Gottes heil aufbewahrt worden ist. Jene angeschwollenen Wasser sind die Wasser heilbringender Weisheit, die durch den seligen Johannes angewachsen sind. Denn, wie Augustinus sagt, „trank er die Ströme des Evangeliums von der Quelle der Brust des Herrn selbst“.[68] Diese Wasser der Weisheit haben ihn selbst in die Höhe gehoben, über alle Berge, weil er im Evangelium höher als alle geredet hat. Daher sagt Augustinus: „Wenn er höher angestimmt hätte, hätte die ganze Welt es nicht fassen können.“[69]

Die Lehre des Evangelisten Johannes

5. Aber weil die Erhabenheit des Lehrers sich in der Erhabenheit der Lehre kundtut, wird man seine Erhabenheit so recht erkennen, wenn man die Erhabenheit seines Evangeliums entfaltet. Man muss daher verstehen, dass eine Lehre

---

67 Seit der Patristik, besonders seit Gregor dem Grossen, *Hom. in Ez.* I, hom.1 (CCSL 142,5-16) und *Mor* IV, cap.31, n.62 (CCSL 143,206), wird der Gegenstandsbereich der Prophetie dreifach bestimmt: was in der Zukunft liegt und nicht notwendigen Ursachen unterliegt (*futura contingentia*); gegenwärtig Verborgenes (z.B. räumlich weit Entferntes oder im Inneren eines Menschen Verborgenes), und Geschehnisse der Vergangenheit, von denen man nicht wissen kann (z.B. gilt die Abfassung des Schöpfungsberichts als Prophetie).

68 Augustinus, *Cons. ev.* I, cap.4, n.7 (PL 34,1045).

69 Das Zitat stammt nach den Quaracchi-Editoren wohl nicht wörtlich von Augustinus. Vgl. aber *In Io. tr.* XVIII, n.1 (PL 35,1535f.); XX, n.5 (35,1559).

erhaben genannt wird, entweder, weil sie über Erhabenes handelt oder weil sie auf erhabene Weise vorgeht oder weil sie zu Erhabenem hinführt. – Das Evangelium des seligen Johannes ist erhaben, weil es von Erhabenem handelt, und zwar vom fleischgewordenen Wort gemäß seinen beiden Naturen, die beide sehr erhaben sind, besonders die göttliche. Dies wird gleichnishaft in Ezechiel im 17. Kapitel ausgedrückt: „So spricht der Gott, der Herr: Ich werde [etwas] vom Mark der erhabenen Zeder nehmen und es einpflanzen auf dem hohen und herausragenden Berg, auf dem erhabenen Berg Israel" (Ez 17,22-23). Das Mark der erhabenen Zeder ist die verborgene Gottheit des Wortes. Dieses hat Gott Vater auf dem erhabenen Berg Israel eingepflanzt, indem er es mit der Menschennatur in Christus vereinte, welcher jener „Stein ist, der ohne Menschenhand vom Berg losgerissen wurde" (Dan 2,34). Von diesem Mark der erhabenen Zeder spricht das Evangelium des seligen Johannes. Daher heißt es [bei Ezechiel] im selben Kapitel: „Ein großer Adler mit breiten Schwingen und langgestreckten Gliedern, bedeckt mit buntem Gefieder, kam auf den Libanon und nahm das Mark der Zeder weg. Die Wipfel ihrer Zweige riss er ab und brachte sie in das Land Kanaan" (Ez 17,3-4). Ein großer Adler [ist er] durch die Weite der Liebe; mit breiten Schwingen durch die Höhe der Beschauung; mit langgestreckten Gliedern durch die lange Dauer der Erwartung; bedeckt mit buntem Gefieder durch die Vielzahl der Tugenden; er kam zum Libanon, das heißt, zum Berg der Berge, Christus; er nahm das Mark der Zeder, das heißt, die verborgene Gottheit des Wortes; und riss die Wipfel seiner Zweige ab, indem der die Vorzüglichkeit der Werke Gottes beschrieb, nämlich die edelsten Wunder und die höchsten Lehren, welche die anderen Evangelisten unerwähnt gelassen haben. Wenn daher der Libanon ein hoher Berg in der Welt, die Zeder ein hoher Baum auf dem Libanon und der Wipfel seiner Zweige das Höchste der Zeder sind, dann folgt daraus, dass, wer den Wipfel der Zweige abriss, von erhabenen Dingen gehandelt hat.

6. Er handelt nicht nur über erhabene Dinge (*sublimia*), sondern ging auch auf erhabene Weise vor (*sublimiter*). Die Weise erhabenen Vorgehens ist die Weise der Gewissheit. Jene Wissenschaften heißen die erhabeneren, welche die gewisseren sind. Diese Weise erhabenen Vorgehens wird im ersten Kapitel Ezechiels im Bild der Tiere beschrieben, unter denen die Evangelisten zu verstehen sind: „Ich hörte", heißt es, „das Rauschen der Flügel wie das Rauschen vieler Wasser, wie das Rauschen [die Stimme] des erhabenen Gottes" (Ez 1,24). Die Stimme des erhabenen Gottes ist gewiss, nicht veränderlich, denn „Gott ist nicht wie der Mensch, dass er lügen würde" (Num 23,19). Deshalb sagt der Herr über sich bei Johannes, drei: „Was wir wissen, das reden wir, und was wir gesehen haben, das bezeugen wir" (Joh 3,11). In dieser Weise der Gewissheit redet der selige Johannes; deshalb heißt es bei Johannes: „Der es gesehen hat, hat Zeugnis davon abgelegt, und sein Zeugnis ist wahr; und jener weiß, dass er Wahres spricht" (Joh 19,35). Daher sagt er selbst in seinem ersten kanonischen Brief, am Anfang des ersten Kapitels: „Was von Anfang an war, was wir gehört, was wir mit unseren Augen gesehen, was wir geschaut und was unsere Hände betastet haben vom Wort des Lebens, das bezeugen und verkünden wir euch" (1 Joh 1,1-2).

7. Er geht nicht nur auf erhabene Weise vor, sondern führt auch zu Erhabenem hin. Die erhabeneren Dinge sind die ewigen Güter, denn die zeitlichen Güter sind die niedrigen und augenblicklichen. Daher heißt es im Zweiten Korintherbrief, vier: „Unsere gegenwärtige Trübsal, die augenblicklich und erträglich ist, bewirkt über die Maßen in der Erhabenheit ein ewiges Gewicht der Herrlichkeit in uns" (2 Kor 4,17). Zu diesem erhabenen Gewicht der Herrlichkeit führt die Lehre des Evangeliums nach Johannes hin. So heißt es bei Johannes, zwanzig: „Dies ist geschrieben, damit ihr glaubt, dass Jesus der Sohn Gottes ist, und damit ihr glaubend das Leben habt in seinem Namen" (Joh 20,31); und zwar jenes ewige und erhabene Leben, das „weder ein

Auge gesehen, noch ein Ohr gehört, noch in ein Menschenherz gedrungen ist“ (1 Kor 2,9).

So also ist die Lehre dieses Evangeliums erhaben. Deswegen wird nicht unverdienterweise auch sein Autor erhaben genannt, und nicht nur erhaben, sondern sogar in höchstem Maße erhaben. Wenn nämlich die Heilige Schrift die übrigen Schriften übertrifft und das Evangelium alle Teile der Heiligen Schrift, so auch das Evangelium des Johannes alle Evangelien. Daraus folgt, dass dieses Buch auf einzigartige Weise alle übrigen Bücher übertrifft.

8. Aus dem Gesagten ergibt sich klar die Antwort auf die Fragen, die man am Anfang eines jeden Buches zu stellen pflegt:[70] Die *Wirk*-Ursache ist der Evangelist Johannes, der heilig, verständig, erhöht und erhoben und mehr als die anderen erhaben wurde. Die *Material*-Ursache ist das fleischgewordene WORT, besonders hinsichtlich seiner Göttlichkeit. Die *Formal*-Ursache bzw. die Art und Weise vorzugehen ist die Methode der Überzeugung durch Gewissheit, auch wenn das Evangelium den Stil der Erzählung hat. Die Formal-Ursache, insofern damit die Einteilung des Buches gemeint ist, wird später deutlich werden; denn [dieses Evangelium] ist sehr klar aufgebaut. Die *Final*-Ursache aber ist unmittelbar der Glaube, letztendlich aber das ewige Leben, welches das über alles ersehnte Ziel ist.

Fragen

Zu den drei hier ausgeführten vorzüglichen Eigenschaften dieses Evangeliums und seiner Lehre, nämlich der Nützlichkeit, der Gewissheit und der Erhabenheit, ergeben sich Fragen.

---

70 Vgl. den Prolog zu Ecclesiastes (Kohelet), zum Lukas-Evangelium, aber auch das Prooemium zum Sentenzen-Kommentar: Stets wird nach Inhalt, Darstellungsform, Verfasser und Zielsetzung des jeweiligen Buches gefragt.

Frage 1

Welche Notwendigkeit bestand, dieses Evangelium zu schreiben? Anscheinend keine.

1. Denn Gregor der Große sagt anlässlich der Auslegung der Stelle: „Vier Gesichter hatte ein einziges [Lebewesen]" (Ez 1,6): „Wenn du fragst, was Johannes meinte: dasselbe, was Lukas, Markus und Matthäus meinten."[71] Demgemäß hätte Johannes also nichts anderes getan, als das von den übrigen Evangelisten Gesagte wiederholt. Hätte er nichts geschrieben, würde nichts fehlen.
2. Entweder hat Matthäus sein Evangelium so geschrieben, dass es ausreicht, oder nicht. Wenn nicht, dann ergibt sich als Folge, dass der Heilige Geist für dieses Werk nicht ausreichend Kraft hatte – denn Matthäus hat ja sein Evangelium nicht aus eigener Kraft geschrieben, sondern vom Heiligen Geist geleitet. Wenn also Matthäus die Lehre des Evangeliums auf hinreichende Weise weitergegeben hat, dann sind die anderen Evangelien, nicht nur das des Johannes, überflüssig.
3. Außerdem: Wenn die Kirche dieses Evangelium wirklich nötig gehabt hätte, warum hat er dann so lange gezögert, warum hat er die Niederschrift hinausgeschoben und das Wort zur Zeit des Heiles zurückgehalten? Das sieht nach Nachlässigkeit aus, ja nach sündhafter Verzögerung.

ANTWORT:

Darauf muss man antworten, dass die Evangelisten Zeugen des Herrn sind, und zwar nicht, weil die Leuchtkraft Gottes dies nötig hätte, sondern wegen der Schwäche der Menschen. Denn wir sind so schwach, dass wir mehreren Zeugen fester und sicherer glauben als einem einzigen. Daher hat es die Weisheit Gottes so eingerichtet, dass es mehrere Evangelisten gibt. – Wenn sie nun aber gänzlich verschiedene Dinge sagten, würden sie den Glauben nicht festigen. Denn für ein verlässliches Zeugnis müssen die

---

71 GREGOR DER GROSSE, *Hom. in Ez.* I, hom.3, n.1 (CCSL 142,33).

Zeugen übereinstimmen. Wenn sie aber ganz und gar dasselbe sagten, dann wäre alles ein und dasselbe, und überflüssig. Damit also das Zeugnis sicher sei und zugleich nichts Überflüssiges enthalte, hat es der Heilige Geist so gefügt, dass manches nur von einem Evangelisten erzählt wird, manch anderes von ihnen gemeinsam, nichts jedoch im Widerspruche untereinander.

Ad 1. Zu dem Argument: Was einer im Sinn hatte, das hatte jeder im Sinn. Das soll man nicht so verstehen, als ob sie alle dasselbe ausgesprochen hätten, sondern dass sie in den Fällen, wo sie jeweils gemeinsam etwas berichten, nicht in Widerspruch stehen – so Augustinus.[72] – Oder man soll besonderen Nachdruck legen auf das Wort „im Sinn haben" (*sentiunt*). Sie hatten dasselbe im Sinn, als Personen, die von ein und demselben Geist, in ein und demselben Glauben erleuchtet waren. Doch sie schreiben nicht in jeder Hinsicht genau dasselbe.

Ad 2. Auf die Frage, ob das Matthäus-Evangelium nicht hinreichend sei, ist zu sagen, dass man „hinreichend" in zweierlei Sinn verstehen kann. Bezieht man es auf die Würde des darzustellenden Gegenstands, dann ist es gänzlich unmöglich, über Christus „hinreichend" (*sufficienter*) zu schreiben, und zwar nicht nur für einen Menschen, sondern für die ganze Welt, selbst wenn sie sich in Zungen verwandelte. Denn um von Ihm zu erzählen, reichen alle zusammen nicht hin (*deficiunt*). Darum schließt das Johannesevangelium mit den Worten: „Wenn alles einzeln aufgeschrieben würde, was Jesus vollbrachte, so würde, meine ich, die ganze Welt die Bücher nicht fassen können, die man schreiben müsste" (Joh 21,25).

In einer anderen Bedeutung sagt man, etwas sei hinreichend behandelt, wenn die Darstellung ihr Ziel erfüllt. Und so verstanden ist in jedem Evangelium die Substanz des Glaubens hinreichend enthalten. Dennoch sind die anderen

---

72 Augustinus, *Cons. ev.* I, cap.35 n.54 (PL 34,1070).

nicht überflüssig, da sie zur Klarheit, Verdeutlichung, größerer Gewissheit und Verteidigung des Glaubens beitragen.

Auf die Frage, warum der Evangelist die Niederschrift so lange hinausgezögert hat, ist zu antworten, dass der Grund in seiner Person lag. Er war jungfräulich und noch jung, darum scheute er sich davor, sich einzumischen, bis die Bischöfe Kleinasiens ihn darum baten und die Irrlehrer seinen Einsatz herausforderten. Darum steht im Prolog [des Hieronymus]: Johannes habe sein Evangelium als letzter geschrieben, und der Grund liege in seiner Jungfräulichkeit.

Man kann auch einen Grund von Seiten der Heiligen Schrift her angeben. Während nämlich die anderen Evangelien die Menschheit Christi und das tätige Leben darstellen, widmet sich der selige Johannes der Gottheit Christi und dem kontemplativen Leben – wie die *Glossa* unter dem Namen des Augustinus erklärt. Da man vom Sichtbaren zum Unsichtbaren gelangt, und beginnend mit dem aktiven Leben zum kontemplativen kommt, mussten die anderen Evangelisten zuerst schreiben, und Johannes zuletzt.

Ein dritter Grund liegt in der Vorsehung Gottes, der dies so geordnet hat: Johannes hatte das Evangelium besser bewahrt. Hätte er nun gleich zu Beginn geschrieben, dann hätte er entweder alles niedergeschrieben und damit den anderen jeden Anlass etwas zu schreiben, genommen; oder er hätte nicht alles geschrieben – dann hätten die anderen aber auch nicht die Möglichkeit gehabt, ihn zu ergänzen. Darum ließ Johannes es auf Eingebung des Heiligen Geistes hin zu, dass die anderen zuerst schrieben, auf dass er selbst später ergänze, was die anderen ausgelassen hatten.[73]

Die Griechen aber geben noch einen weiteren Grund an: Johannes sollte die anderen korrigieren. Aber das ist nicht wahr; denn wenn die Evangelisten in ein und demselben Geist gesprochen haben, können sie unmöglich Falsches gesagt haben. Daher war zwar etwas hinzuzufügen, aber nichts zu korrigieren.

---

73 Hieronymus, *Vir. ill.* 9 (PL 23,653f.).

Frage 2

Die zweite Frage bezieht sich auf die Gewissheit [die das Evangelium vermitteln will], und es sieht so aus, als sei die dazu gewählte Methode verkehrt.

1. Der Stil der Erzählung (*modus narrationis*) ist [an sich] schwach. Jedermann kann widersprechen, und es gibt keine Möglichkeit, den Widerspruch zurückzuweisen. Johannes aber bedient sich des Erzählstils.
2. Er hätte auf eine Weise vorgehen müssen, die Gewissheit vermittelt (*certitudinaliter*); denn „nichts ist für den Menschen gewisser als sein Glaube".[74]

Daher dürfte keine andere Kenntnis oder Lehre mit einer größeren Sicherheit weitergegeben werden als diejenige, welche den Glauben hervorruft. Die Lehre des Johannes hat aber gerade die Weckung des Glaubens zum Ziel, wie es bei Johannes heißt (Joh 20,31). Also müsste diese Lehre ein Höchstmaß an Gewissheit haben, und entsprechend müsste ihre Weitergabe vollzogen werden.

Antwort:

Es gibt vier Arten von „Gewissheit": die Gewissheit aufgrund von Beweis, aufgrund von Autorität, aufgrund von Erleuchtung im Inneren, und aufgrund von überzeugenden Argumenten von außen. Der Gewissheit erster Art kann man nicht widersprechen; der Mensch ist gezwungen ihr beizustimmen, ob er will oder nicht. Wo diese Art von Gewissheit tatsächlich herrscht, da macht sie den Glauben überflüssig. Eine andere Art der Gewissheit ist diejenige, die auf Autorität gestützt ist: sie bewirkt den Glauben. Darum schreibt Augustinus: „Was wir glauben, schulden wir der Autorität."[75] Die dritte Art beruht auf innerer Erleuchtung: sie vervollkommnet, vollendet den Glauben. Die vierte Art ist die Gewissheit aufgrund von Überzeugung: wenn ein glaubender

74 Augustinus, *Trin.* XIII, cap.1, n.3 (CCSL 50A,383).
75 Augustinus, *Util. cred.* n.25 (FC 9,152).

Mensch Gründe der Angemessenheit beibringt, die bewirken, dass er das, was er glaubt, auch einsieht. Diese Art von Gewissheit folgt dem Glauben. Denn derartige Gründe sind für den Gläubigen ausgezeichnete, wirksame Gründe, für den Ungläubigen aber sind sie schwache und unnütze Argumente.[76]

Ad 1.2. Die jeweilige Zielsetzung bestimmt die Wahl der Mittel zur Erreichung des Ziels (Aristoteles). Da nun die Lehre des Evangeliums Glauben bewirken soll, darf sie nicht die Gewissheit des Beweisverfahrens verfolgen. Sie konnte aber auch nicht die Gewissheit innerer Erleuchtung geben, denn diese kommt von der Gnade. Auch durfte sie nicht nur Plausibilitätsgründe bieten. Die Lehre des Evangeliums musste die Gewissheit aufgrund von Autorität haben. Das ist der Grund, warum alle Bücher der Heiligen Schrift in der Art der Erzählung weitergegeben werden, nicht in der Art der rationalen Schlussfolgerung, denn sie wollen den Glauben wecken,[77] welcher Zustimmung erfordert. Die Bücher der theologischen Lehrer aber werden im Stil der Argumentation weitergegeben, denn ihr Ziel ist, Einsicht hervorzurufen, den Glauben zu nähren und zu fördern. Doch haben diese Gründe eben keine Kraft, außer wenn sie auf den Glauben gegründet sind.

Es ist also zu antworten, dass die auf Autorität gestützte Gewissheit in den übrigen Wissenschaften, welche eben von Menschen aufgefunden wurden und oftmals Verkehrtes sagen, von sehr geringer Kraft ist. Doch in der Heiligen Schrift, die vom Heiligen Geist gegeben ist, hat diese Art von Gewissheit große Kraft; denn der Heilige Geist kann nicht lügen bzw. Falsches sagen. Darum schreibt Augustinus im Kommentar zu Genesis: „Größer ist die Autorität dieser Schrift als allen menschlichen Geistes Scharfsinn."[78]

---

76 BONAVENTURA, *Prooem. I Sent* q2 (s. oben S. 86-92); *III Sent.* d23 a1 q4; 24 dub3.

77 Lat. *ad generandam fidem*: wörtlich „zeugen".

78 AUGUSTINUS, *Gen. litt.* II, n.5 (CSEL 28/1,39).

Frage 3

Auch hinsichtlich der Erhabenheit der Sprache und der Feinheit der Durchdringung (*de sublimitate perscrutationis et sermonis*) kann man fragen: War es denn nicht unrecht vom seligen Johannes, so hocherhabene Inhalte zu durchforschen?

1. Schließlich steht im Buch Jesus Sirach: „Suche nicht, was höher ist als du, durchforsche nicht, was stärker ist als du" (Sir 3,22). Im Buch der Sprichwörter heißt es: „Wer es unternimmt, die Majestät zu erforschen, wird vom Glanz erdrückt" (Spr 25,27). Was aber ist ein erhabeneres Thema als die Zeugung (*generatio*) des Ewigen Wortes aus dem Vater?
   Und wenn du darauf erwiderst: Er durchforscht ja nicht, sondern erzählt, dann kann man Jesaja dreiundfünfzig dagegenhalten: „Seine Abstammung (*generatio*), wer kann sie erzählen?" (Jes 53,8). Hieronymus deutet dieses Wort auf die ewige Zeugung des Sohnes.
2. An der Stelle im Ersten Korintherbrief, wo der Apostel Paulus sich selbst empfiehlt, tut er dies mit dem Hinweis, er sei nicht mit „erhabener Rede" (*in sublimitate sermonis*) nach Korinth gekommen, sondern in Demut (1 Kor 2,1). Es scheint also tadelnswert, dass der selige Johannes seine Lehre so hoch anstimmte, dass es gar nicht höher gegangen wäre.

Antwort:

Man muss hier verstehen, dass die „Erforschung der Majestät" und der hocherhabenen, geheimnisvollen Inhalte sich auf drei Weisen ereignen kann: Sie kann geschehen in einem teuflischen Geist, im menschlichen Geist und im göttlichen Geist. Die erste Erforschung wurzelt in bösem Willen – das war bei den Irrlehrern der Fall. Die zweite hat ihren Grund in der menschlichen Wissbegierde – das war die Erforschung durch die Philosophen. Die dritte Erforschung aber wurzelt in der ehrfürchtigen Liebe – wie es bei den Aposteln und Propheten der Fall war. Die erste Art ist auf jeden Fall zurückzuweisen, vor der zweiten muss man sich hüten, die dritte soll man sich zu eigen machen. Die erste und die zweite führen nämlich oft in die Irre, die dritte nicht: Denn „der Geist erforscht die Tiefen Gottes", wie es im Ersten Korintherbrief steht (1 Kor 2,10). Und weil Johannes vom Wehen des Heiligen Geistes angerührt war, darum kann er keineswegs getadelt werden, dass er die himmlischen Dinge durchforscht und beschrieben hat. Der Heilige Geist selbst erzählte von der ewigen Zeugung des Wortes, nicht ein Mensch.

Ad 2. Was nun den feinen, geheimnisvollen Stil angeht, muss man sagen, dass solche Erhabenheit der Sprache zuweilen Tadel verdient, weil sie aus schlechter Absicht hervorgeht – etwa, wenn ein Mensch von hocherhabenen Dingen spricht, um selbst als bedeutend und verehrungswürdig dazustehen. In diesem Sinn wird solches Reden im Ersten Buch Samuel untersagt: „Redet nicht so viel von erhabenen Dingen, ihr, die ihr euch selbst rühmt!" (1 Sam 2,3).

Manchmal ist ein solcher Sprachstil auch deswegen zu tadeln, weil der Inhalt dem Stil gar nicht entspricht, sondern es sich um eine unbedeutende oder ganz gewöhnliche Sache handelt, die nicht mit großen Worten überladen oder verdunkelt werden soll. Davon heißt es im Kolosserbrief im zweiten Kapitel: „Das aber sage ich, damit niemand euch mit hochgestochenen, ‚erhabenen' Worten täusche" (Kol 2,4), und etwas später: „Seht zu, dass euch nicht jemand durch Philosophie und leeren Trug täusche" (2,8).

Zuweilen findet ein solcher Stil auch deswegen Tadel, weil die Hörer ihn nicht fassen können. Darum schrieb der Apostel im Ersten Korintherbrief: „Ich bin nicht gekommen mit erhabenen Worten" (1 Kor 2,1). Der Grund dafür war, dass sie es nicht hätten verstehen können. Dass sich manche Leute ganz anders als Paulus verhalten, beschreibt Hieronymus: „Andere drehen mit zusammengezogenen Augenbrauen große Worte hin und her und philosophieren vor einfachen Frauen über die Heilige Schrift."[79]

---

79 Ep 53, n.7 (PL 22,14). Lat. *supercilium*: „Augenbraue", im übertragenen Sinn: „Hochmut, Dünkel".

Der selige Johannes aber hatte einen wirklich erhabenen Inhalt zu übermitteln, er hatte eine gute Absicht, und er hatte auch fortgeschrittene Zuhörer, denn die Kirche war bereits gewachsen. Darum hat er, so wie es recht und angebracht war, eine erhabene Sprache geführt. Doch wunderbar ist – wie Augustinus schreibt[80] –, dass in der Rede des Johannes sowohl das Kind Milch saugen kann als auch der Erwachsene feste Speise findet, die ihn erquickt. So bewahrheitet sich der Ausspruch Gregors, dass dort, wo der Elefant schwimmt, das Lamm watet.[81] Und so sollen die Kleinen, die nicht mit den Elefanten schwimmen können, mit den Lämmern waten.

80 Augustinus, *In Io. tr.* 1, n.12 (PL 35,1380).
81 Gregor der Grosse, *Mor. Ep.* 4 (CCSL 43,6).

Das Netz des Fischers: die Predigt

Aus einer Predigt zum 4. Adventssonntag[1]

Das Prothema dieser Predigt fasst in besonders schöner Weise zusammen, wie Bonaventura die Predigttätigkeit versteht; darum soll es hier die Auswahl der Predigten eröffnen.

„Meister, wir haben die ganze Nacht gearbeitet und uns abgemüht, und nichts gefangen. Aber auf dein Wort hin werfe ich das Netz aus" (Lk 5,5).

Nehmen wir an, das Netz sei die Predigt, mit der Menschen wie Fische mit dem Netz gefangen werden, und der Fischer der Prediger, der das Netz auswerfen, das heißt: Predigten verfassen muss, das Netz „waschen", das heißt: die Predigt schmücken, und „herrichten", das heißt: mit Zitaten aus Quellen versehen muss.

Wenn nicht der „Meister", Gott der Herr, befiehlt, dass auf sein Wort hin die Netze ausgeworfen werden, dann hat die Predigt viele Schatten, ist verdunkelt von Irrtümern. Das wird angedeutet mit den Worten: „die ganze Nacht". Dann ist sie belastend, denn die Arbeit ist schwer, was angedeutet wird mit den Worten: „wir haben uns abgemüht". Dann ist sie unfruchtbar, weil das Werk keinen Nutzen bringt – was ausgedrückt wird mit dem Wort: „und nichts gefangen".

Darum müssen wir, bevor wir irgendetwas beginnen, den Herrn bitten, dass er in seiner Gnade und treuen Güte das Netz, unsere Predigt, *mit seinem Wort wasche und weit mache:* mit dem strahlenden Glanz der Wahrheit, der uns befreit von aller Verdunkelung durch Irrtum; mit ruhiger, sanfter,

---

1 Übersetzung nach dem lat. Text aus: *Sancti Bonaventurae Sermones Dominicales.* Ad fidem codicum nunc denuo editi studio et cura Iacobi Guidi Bougerol, Grottaferrata 1977, *Sermo* 5, S. 163.

freudvoller Güte (*suavitas*), welche die Belastung durch die Arbeit von uns nimmt; und mit fruchtbringender Liebe, welche die Unfruchtbarkeit des Wirkens beseitigt:

Damit wir klar in der Einsicht, voll Liebe und Güte im Herzen (*suaves in affectu*), und fruchtbar in unserem Wirken etwas sagen können, was zu seinem Lob und zu seiner Ehre ist.

Predigt zum 3. Adventssonntag: der Mittler[2]

Übersetzung von P. Johannes Schneider OFM

1. „Mitten unter euch aber steht er, den ihr nicht kennt" (Joh 1,26).

Prothema

„Während Petrus diese Worte sprach, fiel der Heilige Geist auf alle, die das Wort hörten, usw." (Apg 10,44). In diesen eben vorgelegten Worten werden drei bedenkenswerte Dinge angesprochen, die für jeden Prediger passen. Das Erste davon ist die Sicherheit des Vortragenden, die angedeutet wird, wenn vorausgeschickt wird: „während Petrus sprach". Petrus wird nämlich übersetzt: „der sich besinnt". Das Zweite ist die Schnelligkeit des Eingießenden, die berührt wird, wenn folgt: „der Heilige Geist fiel herab". Das Dritte ist die Menge des hörenden Volkes, die angedeutet wird, wenn angefügt wird: „auf alle, die das Wort hörten". Aufgrund dieser drei Dinge wollen wir nun allesamt die Gnade der göttlichen Güte anflehen, dass er den Vortragenden mit der Sicherheit der Worte erfülle und den Hörenden in die Menge der Heiligen stelle. So mögen sich schließlich der Vortragende und der Hörende freuen über die Schnelligkeit des Geistes, der

2 Übersetzung nach dem lat. Text aus: *Sancti Bonaventurae Sermones Dominicales*. Ad fidem codicum nunc denuo editi studio et cura IACOBI GUIDI BOUGEROL, Grottaferrata 1977, *Sermo* 4, S. 156-162.

sich in sie eingießt. Durch diese Vermittlung möge ich in der Lage sein, etwas zu sagen und euch verstehen [lassen], was zum Lob und zur Ehre unseres Mittlers und zum Heil und zum Trost unserer Seelen gereicht. Amen.

Predigt

2. „Mitten unter euch aber steht er, den ihr nicht kennt" (Joh 1,26). Obwohl Johannes der Täufer von so großer Heiligkeit war, dass er von den meisten als der Messias gehalten wurde, antwortete er dennoch, als er von den Juden gefragt wurde, ob er nun der Messias sei, mit der Wahrheit, dass er nicht der Messias sei. Wie aber aus der Antwort an die von den Juden über den Messias vorgebrachten Frage hervorgeht, fügte er gleichsam als Bote der Treue und Herold der Wahrheit das vorgelegte Wort hinzu, indem er sprach: „mitten unter euch aber steht er". In diesem ersten Wort erklärt er die Angemessenheit des Amtes der Versöhnung,[3] im zweiten erinnert er an die Anwesenheit des fleischgewordenen Wortes, im dritten deckt er die Gleichgültigkeit des jüdischen Volkes auf. Zuerst erklärt er die Angemessenheit des Amtes der Versöhnung, wenn er sagt: „mitten unter euch aber". Zweitens erinnert er an die Anwesenheit des fleischgewordenen Wortes, wenn er hinzufügt: „steht",[4] das heißt, war unter euch gegenwärtig. Drittens deckt er die Gleichgültigkeit des jüdischen Volkes auf, wenn er schließt: „den ihr nicht kennt".

3. Er sagt nun: „mitten unter euch aber", wodurch die Angemessenheit des Amtes der Versöhnung angedeutet wird. Sicher war es angemessen, dass er, der die Mitte im Thron

---

3 Lat. *officium reconciliationis*. Zu verstehen im Kontext von 2 Kor 5,18-19, wo Paulus vom „Dienst der Versöhnung" (*ministerium reconciliationis*) und vom „Wort der Versöhnung" (*verbum reconciliationis*) spricht, was seinen Grund darin hat, dass Gott in Christus die Welt mit sich versöhnt hat (*mundum reconcilians sibi*).

4 Lat. *stetit*. Die Perfektform bezeichnet einen Vorgang in der Vergangenheit, der immer noch andauert, sodass übersetzt werden könnte: Er hat angefangen, unter euch gegenwärtig zu sein und ist es immer noch.

innezuhalten pflegt, auch die Mitte im Amt [der Versöhnung] innehalten sollte, und dass er, der die Mitte auf dem Weg der Schöpfung war, auch die Mitte auf dem Weg der Neuschöpfung sein sollte, sodass durch das Wort die Welt neugeschaffen würde, durch das sie erschaffen worden war. Christus ist aber die angemessene Mitte zuerst des wunderbaren Bundes in der Inkarnation; zweitens die Mitte der „Regel-Disziplin" im Lebenswandel;[5] drittens die Mitte des lebensspendenden Einflusses in der Passion.

4. Zuerst ist Christus die Mitte des wunderbaren Bundes in der Inkarnation, weil in ihm auf wunderbare Weise zwei Extreme verbunden werden, nämlich das Erste der Gottheit und das Letzte der Menschheit.[6] „Er selbst nämlich ist unser Friede, der aus den zweien einen gemacht hat" (Eph 2,14). Und deshalb kann Christus, „durch" den „die Gnade" der Versöhnung und „die Wahrheit" der Inkarnation „geworden ist" (vgl. Joh 1,17), viel besser als Mose dieses Wort aus Deuteronomium sagen: „Ich bin die Mitte und der Vermittler zwischen euch und Gott gewesen" (Dtn 5,5). Er ist nämlich „wie der Morgenstern inmitten von Gewölk", das heißt, der angenommenen Menschheit, nach dem Wort von Jesus Sirach (Sir 50,6). So wie nämlich der Morgenstern die Mitte zwischen der Tagzeit und der Nachtzeit ist und Einfluss hat auf die Auflösung der Finsternis, so war Christus die Mitte zwischen dem Tag der Gottheit und der Nacht der Menschheit, indem er die Finsternis der Sünden wegnahm.

5. Zweitens war Christus die angemessene Mitte der Regeldisziplin im Lebenswandel, indem er niemals von der Mitte der Wahrheit in der Rede und von der Mitte der Ehrbarkeit im Handeln abwich, weil er immer die Mitte hielt in jeder Art von Tugend und Vollkommenheit. Deshalb heißt es im Psalm über ihn: „Geheiligt hat der Höchste seine Wohnung. Gott ist in der Mitte, sie wird nicht wanken" (Ps 45).

5 Lat. *regularis disciplinae in conversatione*. vgl. Ord 45 (FQ 119): *regulae disciplina*.

6 Zu deuten von Offb 1,8: „Ego sum alpha et omega, principium et finis."

Der Grund dafür ist, weil er sich in der Tugend der Demut so festgemacht hat, dass, auch wenn „Winde“ des höchsten Hochmuts „daherbrausten“ (vgl. Mt 7,25), sie den tiefen Grund seiner Demut niemals erreichen konnten. Denn obwohl er der reichste König ist, hat er sich mit Armen und Fischern eingelassen, ja ihnen gedient; obwohl er der weiseste Lehrer ist, hat er nach Art eines einfachsten Kindes die Lehrer gehört (vgl. Lk 2,46); obwohl er der stärkste Fürst ist, hat er sich an den Kreuzesstamm führen lassen. Deshalb sagt er über sich selbst: „Ich aber bin in eurer Mitte wie der, der bedient“ (Lk 22,27). Er steht „in der Mitte“ und verurteilt die Schlupfwinkel des Ehrgeizes, mit dem jemand seine Würden zur Schau stellt; er verurteilt die Verstecke der Bevorzugung bestimmter Personen, wenn es um die Verteilung von Pfründen geht; er verurteilt die Spelunken unreiner Liebschaft und Vergnügungen, an denen man sich schadlos hält.

6. Drittens war Christus die Mitte des lebenspendenden Einflusses in der Passion, wo er „das Heil gewirkt hat inmitten der Erde“ (Ps 74,12). So wie nämlich das Herz die Mitte lebenspendender Wärme in den Sinnen ist und durch Vermittlung der geistigen Kräfte Leben in die übrigen Glieder des physischen Körpers einfließen lässt, so ist der in der Mitte von Räubern gekreuzigte Christus „der Baum des Lebens“, den Gott „in die Mitte des Paradieses“ der Kirche gepflanzt hat (Gen 2,9), der durch die Vermittlung der Sakramente Leben in die übrigen Glieder des mystischen Leibes fließen lässt. Davon spricht die Apokalypse, wo es heißt: „Er zeigte mir einen Fluss mit“ lebendigem „Wasser, klar wie Kristall, der vom Thron Gottes und des Lammes ausging, in der Mitte der Straße“ (Offb 22,1-2a). „Fluss“ bedeutet die Spendung der Sakramente; er ist „klar wie Kristall“ wegen der Klarheit und des Glanzes, den er in den Seelen hinterlässt, die in diesem Fluss gereinigt werden. Er heißt „Fluss“ lebendigen „Wassers“ wegen der Wirksamkeit der Gnade, welche die Seelen lebendig macht. Es heißt aber, dass er „vom Thron Gottes und des Lammes ausgeht“, weil die sakramentale Gnade von Gott als Urheber und Bewirker ausgeht, von

Christus aber als ihrem Mittler und Verdiener. Deshalb heißt es, dass alle Sakramente ihre Wirksamkeit von der Passion Christi her beziehen. Nach Augustinus „flossen aus der Seite Christi die Sakramente", als daraus Blut und Wasser floss (vgl. Joh 19,34) „in der Mitte ihrer Straße", nämlich der Kirche, die der mystische Leib ist, damit sie durch ihn lebendig gemacht werde.

7. Zweitens wird die Anwesenheit des fleischgewordenen Wortes angedeutet, wenn Johannes dazu sagt: „er steht", das heißt, war unter euch gegenwärtig. Es „stand" aber Christus unter den Menschen erstens als der gütigste Hohepriester, um die sich Verfehlenden vom Übel der Schuld zu reinigen, zweitens als weisester Lehrer, um die Unwissenden mit dem Wort der Lehre zu erleuchten, drittens als mächtigster König, um die Machtlosen vom Übel der Strafe zu befreien und sie in das Gut der Herrlichkeit hineinzuführen. Und so hat Christus als ausreichender Mittler und wahrer Bote des neuen Bundes drei hierarchische Akte gesetzt, nämlich zu reinigen durch Sühnung von Schuld, zu erleuchten durch Unterweisung in der Lehre und zu vollenden durch Beseitigung von Strafe und Verleihung der Herrlichkeit.[7]

8. Zuerst steht er da als gütigster Hohepriester um die sich Verfehlenden vom Übel der Schuld zu reinigen. Daher heißt es in der Apokalypse: „Ich stehe an der Tür und klopfe an. Wenn jemand meine Stimme hört und mir öffnet, werde ich zu ihm eintreten und mit ihm Mahl halten" (Offb 3,20). „Ich", nämlich Christus, „stehe an der Tür" des durch das Gefallen an der Sünde verschlossenen Herzens. „Und ich klopfe an" durch die Inspiration der inneren Berufung, durch die ich zum Herzen eines jeden spreche. „Wenn jemand meine Stimme hört" durch die Zuneigung des Hörens und die Aus-

7 Die drei hierarchischen Akte – für Bonaventura typisch, auf Dionysius Ps.-Aeropagita aufbauend – sind Reinigung (*purgatio*), Erleuchtung (*illuminatio*) und Vollendung (*perfectio*); vgl dazu Bonaventura *De triplici via* – Über den dreifachen Weg. Lateinisch-Deutsch übersetzt und kommentiert von M. Schlosser (FC 14); vgl. auch Franziskus, *Ord.* 51 (FQ 119f.).

führung des Werkes „und mir öffnet" durch das Bekenntnis der Sünde und die Abwendung von ihr, „werde ich zu ihm eintreten" durch die Einwohung der gerechtmachenden Gnade „und mit ihm Mahl halten" durch die Stärkung geistlicher und wonnesamer Speisen. Daher sagt Augustinus in seiner buchstäblichen Auslegung zu Genesis: „Ursprung des vernünftigen Geschöpfes ist die ewige Weisheit Gottes, die auf keine Weise aufhört durch verborgene Einhauchung der Rede zum Geschöpf zu sprechen, das von ihr gebildet wurde, auf dass es sich zu ihm hinkehre, weil es anders nicht vollkommen sein kann."[8]

9. Zweitens steht er da als weisester Lehrer, um die Unwissenden durch das Wort der Lehre zu erleuchten. So heißt es bei Johannes: „Am letzten Tag des Festes aber stand Jesus da und rief, indem er sagte: Wenn jemand Durst hat, komme er zu mir und trinke" (Joh 7,37). „Jesus stand da" als der wahre Lehrer, der wie eine Posaune seine Stimme erhob, „indem er sagte: Wenn jemand Durst hat" nach dem Trunk heilbringenden Wissens, „komme er" demütig bittend ohne hartnäckige Verachtung „und trinke" den süßen Trank des Lebens, den ich aus dem tiefen Meer der Weisheit zu trinken geben werde.

10. Drittens stand er da als der mächtigste König, um die Ohnmächtigen vom Übel der Strafe zu befreien. Darum steht in der Apostelgeschichte: „Ich sehe die Himmel geöffnet und Jesus stehen zur Rechten der Macht Gottes" (Apg 7,55). Der Herr Jesus Christus „steht zur Rechten Gottes", das heißt, in der Gleichheit mit dem Vater, insofern er Gott ist, in seinen mächtigeren Gütern, insofern er Mensch ist. Er hat sich nicht nur gewürdigt, dem Erstlingsmärtyrer, der die Schläge derer ertrug, die ihn um seines Namens steinigten, überfließenden Ertrag der Gnade zu bereiten. Sondern er hat sich auch herabgelassen, ihm „die Himmel zu öffnen" und sich selbst ihm zu zeigen, gleichsam als Zeichen, dass

---

8 Augustinus, *Gen.litt.* I, n.5 (CSEL 28/I,9).

er ihn in das Gut ganz ähnlicher Herrlichkeit hineinführen werde.

11. Es folgt als drittes: „den ihr nicht kennt“, wo er die Unwissenheit der Juden aufdeckt, die aus einer dreifachen Ursache hervorgeht: erstens wegen des Mangels an Erleuchtung von oben; zweitens wegen der Behinderung durch ihre spitzfindige Beweisführung; drittens wegen hasserfüllter Eifersucht gegen ihren Bruder.

12. Zuerst wird Christus nicht erkannt wegen des Mangels an Erleuchtung von oben. Darum heißt es im Psalm: „Sie erkennen nicht, noch verstehen sie, sie wandeln im Finstern“ (Ps 81,5), weil sie das Wort der Wahrheit nicht verstehen, das ihnen gegenwärtig war durch sein Wesen. Wegen der Blindheit der Bosheit war er abwesend in der Kenntnis, so wie die Sonne dem Blinden gegenwärtig ist und von ihm keineswegs wahrgenommen wird. Daher „verstehen sie“ weder das Übel der Schuld zu fliehen noch das Gut der Gerechtigkeit zu tun, denn keiner kann geradeaus gehen ohne das Licht des Glaubens. Vielmehr „wandeln sie im Finstern“, indem sie der Falschheit der Untreue nachgehen. Deshalb heißt es im Buch der Sprichwörter: „Der Weg der Frevler ist finster, sie wissen nicht, wohin sie laufen“ (Spr 4,19).

13. Zweitens wird Christus nicht erkannt wegen des Hindernisses spitzfindiger Beweisführung. So heißt es bei Baruch: „Die Söhne Hagars, welche nach Klugheit forschten, die von der Erde ist, die Kaufleute des Landes Teman, die Fabeldichter und Erforscher von Klugheit und Wissen, auch sie haben den Weg der Weisheit nicht erkannt“ (Bar 3,23). Alles Wissen ist zwar gut, weil es von Gott ist. Dennoch bereitet menschliches Wissen denen, die es verkehrt gebrauchen, Anlass zur Begierde. Deshalb heißen sie „Söhne Hagars, welche nach Klugheit forschen, die von der Erde ist“. Hagar heißt nämlich „Verkehrung“ und bezeichnet jene, die weltliches Wissen verkehrt gebrauchen, die beschlossen, ihre Augen auf die Erde niederzurichten (vgl. Ps 16,11b). Sie heißen auch „Kaufleute von Teman“ aufgrund der Lüsternheit. „Teman“ bedeutet nämlich Feige und bezeichnet die

Lüsternheit aufgrund ihrer Süßigkeit. Außerdem heißen sie „Fabeldichter des Wissens“ aufgrund ihrer leeren Aufgeblasenheit. Und deshalb heißt weltliches Wissen, weil es den Schwachen und Kranken, das heißt denen, die es verkehrt gebrauchen und deshalb mit dem Namen „Söhne Hagars“ bezeichnet werden, „irdisch“ aufgrund der niederdrückenden Begierlichkeit, „sinnenhaft“ aufgrund der vernichtenden Lüsternheit. Sie wird auch „teuflisch“ genannt aufgrund der hochmütigen Aufgeblasenheit. Und weil solche der ersten Wahrheit nicht glauben und ihr zustimmen wollen als einer guten Mutter, glauben sie verdientermaßen der bösen Stiefmutter, das heißt, der phantastischen Vernunft. Deshalb folgt dann: „Den Weg der Weisheit haben sie nicht erkannt“, indem sie nicht beachteten, dass der Mangel auf ihrer Seite war, nicht bei der göttlichen Weisheit.

Drittens wird Christus nicht erkannt wegen der hasserfüllten Eifersucht unter Brüdern. Im ersten Johannesbrief heißt es: „Wer aber seinen Bruder hasst, der wandelt in der Finsternis und weiß nicht, wohin er geht, weil die Finsternis seine Augen blind gemacht hat“ (1 Joh 2,11). Weil das jüdische Volk, als Christus zu ihm von der Wahrheit des Lebens sprach, grundlos das Gut der himmlischen Gnade bekämpft hat, deshalb heißt es, „seinen Bruder“ Christus „hassen“ und „in der Finsternis“ sein. Darüber hinaus, was noch schlimmer ist, „nannten sie das Gute schlecht und machten die Finsternis zum Licht“ (Jes 5,20), indem sie sagten, die wunderbaren Werke Christi seien nicht „durch den Finger Gottes, sondern durch Beelzebul, den Fürsten der Dämonen“ gewirkt worden (Lk 11,20.25). Daher wandeln sie im Finstern und wissen nicht, wohin sie gehen (vgl. Joh 12,35). Denn die Finsternis des Neides und der Falschheit hat ihre Augen blind gemacht, auf dass „sie sehend nicht sehen und verstehend nicht verstehen“ (Lk 8,10).

Lasset uns beten ...

Predigt zur Vigil von Weihnachten: Menschwerdung[9]

Übersetzung von P. Johannes Schneider OFM

„Wer gibt mir dich als meinen Bruder, der an den Brüsten meiner Mutter saugt, damit ich dich draußen finde und dich küsse, und niemand mich mehr verachtet?" (Hld 8,1).

Prothema

In dem vorgelegten Wort wird die Sehnsucht der frommen Seele, welche die Geburt Christi in baldiger Zukunft ersehnt, der Reihe nach beschrieben. Hergang und Ursache dieser Sehnsucht waren solcherart: Als die vernünftige Seele erschaffen wurde, ist sie mit dem Bild Gottes ausgezeichnet und allen sichtbaren Dingen vorangestellt worden. „Alles ist unter ihre Füße gelegt" worden (vgl. Ps 8,8), gemäß dem Wort aus Genesis: „Lasst uns den Menschen machen nach unserem Bild und Gleichnis; Und er soll herrschen über die Fische des Meeres" usw. Diese Vorzüglichkeit aber verlor er, als er sündigte. Es blieb aber in der Seele das *Verlangen* nach der Erhabenheit und Vorzüglichkeit zurück. Als nun die Seele, erleuchtet vom Licht des Glaubens, sah, dass ihr die frühere Vorzüglichkeit nicht mehr zurückerstattet werden könne, wenn sich nicht der Sohn Gottes in dem Maße erniedrigte, indem sich der hochmütige Mensch erhoben hatte, und weil sie glaubte, dass dies einmal geschehen werde, begann sie den Sohn Gottes heftig zu lieben. Und weil sich der Liebende danach sehnt, sich mit dem Geliebten zu vereinigen, sehnte sie sich nach dieser liebsten Vereinigung. Weil sie sich aber nicht mit dem Abwesenden und Verborgenen liebevoll vereinigen konnte, deshalb ersehnt sie seine Gegenwart und sein Erscheinen. Diese fromme Seele

9 Übersetzt nach dem lat. Text aus: *Sancti Bonaventurae Opera theologica selecta.* Editio minor, Bd. V, Quaracchi 1964, S. 249-257; *Doctoris seraphici S. Bonaventurae opera omnia*, edita studio et cura PP. Collegii a S. Bonaventura, Bd. IX, Quaracchi 1901, S. 88-92.

ersehnt nun zuerst das *offenbare Erscheinen* Christi, damit sie durch dieses in seine *vertraute Gegenwart* gelange. Nach dieser vertrauten Gegenwart sehnt sie sich wiederum, damit sie durch diese zur *liebevollen Vereinigung* gelange. Die liebevolle Vereinigung ersehnt sie wiederum, damit sie durch sie zur *verlorenen Vorzüglichkeit* auferstehe. – Zuerst also wird die Sehnsucht nach dem *offenbaren Erscheinen* angedeutet, wenn es heißt: *Wer gibt mir dich als meinen Bruder*; zweitens, die Sehnsucht nach *vertrauter Gegenwart*, wenn gesagt wird: *damit ich dich draußen finde*; drittens, nach *liebevoller Vereinigung*, wenn hinzugefügt wird: *und dich küsse*; viertens nach der verlorenen Vorzüglichkeit, wenn es schließlich heißt: *und niemand mich mehr verachtet*.

Predigt

I. *Desiderium apparentiae – Die Sehnsucht nach dem Erscheinen*

1. Es bittet nun diese fromme Seele um die *offene Erscheinung* des Sohnes Gottes, weil sie nicht nur bittet, dass er ihr im Geist gegeben werde, so wie jene fromme Seele im Buch der Weisheit sagt: „Gib mir“, Herr, „die Weisheit, die an deiner Seite thront“ usw. (Weish 9,4a). Vielmehr bat sie, dass er im Fleisch gegeben werde: „Wer gibt mir dich als meinen Bruder“. Sie bat auch nicht, dass er im Fleisch verborgen gegeben werde, so wie im Mutterschoß der Jungfrau, sondern *offen erscheinend*, so wie auf ihrem Schoß oder in der Krippe. Daher fügt sie hinzu: „der an den Brüsten meiner Mutter saugt“. Als ob sie sagen wollte: Ich bitte nicht nur, dass du mir als Gott in der Seele gegeben wirst, noch als Bruder im Mutterleibe, sondern dass du offen gegeben wirst als kleines Kind auf dem Schoß [der Mutter]. Dies aber hat sich vollendet in der Geburt, wie die Kirche singt und Jesaja vorausgesagt hat: „Ein Kind ist uns geboren, ein Sohn ist uns gegeben“ usw. (Jes 9,6). Dieses kleine Kind bittet sie nicht nur, dass es ihr geboren werde, sondern auch, dass es ihr

gegeben werde. Denn die Geburt Christi war eine gewisse Schenkung, weil er uns geboren und geschenkt wurde.

In diesem Schriftwort begegnen drei bewundernswerte Dinge: erstens die Zudringlichkeit der Bittenden; zweitens die Großzügigkeit des Gebenden; drittens die Nützlichkeit des Gegebenen.

2. Wirklich wunderbar ist es, wie die Seele es wagen konnte, von Gott ein solches Geschenk zu erbitten, dass der Sohn Gottes Mensch werde. Und überaus staunenswert ist, wie sie es wagen konnte, so zudringlich zu bitten, dass dies nicht länger aufgeschoben, sondern sogleich gegeben werde. Sie bat nämlich nicht: wer wird mir geben, sondern: wer gibt mir. Wenn man aber die Gründe betrachtet, welche diese Seele bewegen, scheint diese nicht wunderbar, sondern erfreulich. –

Sie bat zuerst zudringlich, weil die Wahrheit des Verheißenden dazu anregte. Die Seele hätte nicht zu bitten gewagt, wenn nicht Gott sich vorher gewürdigt hätte, dies zu verheißen, und nicht nur zu verheißen, sondern auch mit einem Schwur zu bekräftigen, gemäß dem, was bei Lukas gesagt wird: „Er hat mit einem Eid geschworen, was er Abraham, unserem Vater, geschworen hat, dass er uns geben werde[10]" (Lk 1,73). Er hat geschworen, uns zu geben, und zwar Christus. In Genesis heißt es: „Bei mir selbst habe ich geschworen", spricht der Herr. „Ich werde dich segnen und deine Nachkommenschaft vervielfachen usw.; und in deiner Nachkommenschaft werden alle Völker der Erde gesegnet sein" (vgl. Gen 22,16-18). Diese „Nachkommenschaft", sagt der Apostel im Brief an die Galater, ist Christus (Gal 3,16). Durch die aus diese Verheißung gewonnene Zuversicht, haben die Seelen es gewagt, seinen Gott anzusprechen und inständig zu bitten: „Zeige uns, Herr, dein Erbarmen" (Ps 84,8a). Du, Herr, hast es im Wort versprochen; aber nun zeige es in der Tat „und schenke uns dein Heil" (Ps 84,8b), das ist Christus. „Er wird sein Volk von seinen Sünden erlösen" (Mt 1,21).

10 Wörtlich aus lat. *daturum se nobis*, worauf sich Bonaventura bezieht.

Zudringlich bat sie auch, weil die Not der Bittenden stark drängte. Die Gerechten waren nämlich in größte Bedrängnis geraten, und deshalb war es nötig, „zum Herrn zu schreien vor dem Angesicht des Bedrückers“ (Jes 19,20): „Ich unglücklicher Mensch, wer wird mich aus diesem Leib des Todes befreien?“ (Röm 7,24). Und wegen der „Gnade Gottes durch Jesus Christus“ (Röm 7,25) haben sie gewagt, ihn aufzufordern und zu sagen: „Gib uns“, Herr, „Hilfe in der Bedrängnis“ (Ps 59,13). Deine Hilfe, sage ich, deinen Arm, deinen Sohn, nicht eines reinen Menschen, denn „nutzlos ist Hilfe von Menschen“ (Ps 59,13). Nutzlos, weil nur augenblicklich; doch Jesus, der Sohn Gottes, „kann auf immer die retten, die durch ihn zu Gott hintreten“ (Hebr 7,25).

Zudringlich bat sie auch, weil die lange Dauer der Zeit quälte. Der Herr hatte nämlich versprochen, „dass er sich selbst geben werde“, von uralten Tagen an, und schon waren die Seelen der Heiligen in der Erwartung müde geworden. Und deshalb drängten sie mit ihren Bitten gelegen und ungelegen, indem sie dieses Wort aus Jesus Sirach sprachen: „Gib den Lohn, Herr, denen die auf dich hoffen, damit deine Propheten als zuverlässig erfunden werden“ (Sir 36,21). Als ob er sagen wollte: Du hast versprochen, uns Christus zu geben, aber schon seit so langer Zeit warten wir, dass wir durch die Erwartung selbst ... „Gib den Lohn“, sage ich, gib ihn schnell, „damit deine Propheten als zuverlässig erfunden werden“, nämlich Jesaja, durch den du gesprochen hast: „Ich habe meine Gerechtigkeit in der Nähe gewirkt, es ist nicht mehr fern“ usw. „Ich werde in Sion Heil schenken und in Israel meine Herrlichkeit“ (Jes 46,13). Und bei Haggai: „Noch eine kleine Weile, und ich werde Himmel und Erde bewegen“ usw. Und kurz darauf: „An diesem Ort werde ich Frieden schenken“ (Hag 2,6.9), das ist Christus, der unser Friede ist und aus den zweien eins gemacht hat (Eph 2,14). Wenn du noch weiter zögerst, dann werden die Propheten nicht mehr als zuverlässig, sondern wahrhaftig als Lügner erfunden werden.

O selige Sehnsucht dieser heiligen Seele! O nachahmenswertes Beispiel der Heiligkeit! Wie elend, wie unehrerbietig ist die Seele, in der nicht diese zärtliche Liebe sich erneuert, da die Geburt des Erlösers unmittelbar bevorsteht! Die nicht fühlt, dass sie bewegt wird und sich freut, muss sich für tot halten.

3. Ich bewundere auch die Großzügigkeit des Schenkenden, welcher der bittenden Seele nicht Geld gab, sondern eine Person, nicht einen Knecht gab, sondern den Sohn, mit dem er alles gab, was er war, alles, was er hatte, alles, was er konnte. Zuerst gab er den Sohn, und zwar den wirklichen,[11] zu dem er sprach: „Aus dem Schoß habe ich dich gezeugt vor dem Morgenstern" (Ps 109,3). Und weil es eine einzige Natur des Vaters und des Sohnes ist, deshalb gab er alles, was er war, indem er ihn gab, wie es im Galaterbrief heißt: „Gott sandte seinen Sohn, geboren aus einer Frau" (Gal 4,4). Er gab also seinen Sohn zum Bruder, so gab er auch sich selbst zum Vater, wie es weiter heißt: „damit wir die Annahme als Söhne empfingen" (Gal 4,5). Daher gab er auch den Heiligen Geist zum Tröster, weshalb hinzugefügt wird: „Weil ihr aber Söhne seid, sandte Gott den Geist seines Sohnes in unsere Herzen, der ruft: Abba, Vater" (Gal 4,6). Indem er nun den wirklichen Sohn gab, gab er die ganze Dreifaltigkeit, gab also alles, was er war. So machte er uns reich gemäß dem Wort des Jakobus: „Jede gute Gabe und jedes vollkommene Geschenk ist von oben, herabsteigend vom Vater der Lichter" usw. (Jak 1,17). Er hat uns auch vergöttlicht, wie es bei Johannes heißt: „Er gab ihnen Vollmacht, Kinder Gottes zu werden" (Joh 1,12).

Ebenso gab er den ihm gleichen Sohn, entsprechend dem, was der Sohn Gottes selbst zum Vater sagt: „Alles, was mein ist, ist dein, und das Deine ist mein" (Joh 17,10). Damit gab er alles, was er hatte, wie es im Römerbrief heißt: „Der seinen eigenen Sohn nicht schonte, sondern ihn für uns alle dahingab, wie sollte er uns mit ihm nicht alles gegeben haben?" (Röm 8,32). Ja, wirklich alles, denn wer jemanden hat, der hat alles, was diesem gehört. Wenn daher der Vater den

11 Lat. *naturalem*: aus der göttlichen Natur gezeugt, also nicht adoptiert.

Sohn liebt und alles in seine Hand gegeben hat (Joh 3,35), behält er nichts für sich zurück. Wenn er uns den Sohn gibt, hat er uns in ihm alles gegeben, was er hatte. Und darin hat er uns reich gemacht, wie bei Tobit steht: „Mit allen Gütern sind wir durch ihn erfüllt worden" (Tob 12,3).[12]

Er gab auch den einzigen Sohn, gemäß dem, was er selbst über ihn bei Matthäus sagt: „Dieser ist mein geliebter Sohn, an dem ich Gefallen gefunden habe." (Mt 3,17). Dieser ist im Sinne der Unterscheidung zu verstehen. Indem er uns deshalb diesen selben gab, hat er uns alles gegeben, was er konnte, denn es war der Einziggezeugte, und einen anderen Sohn konnte er nicht zeugen. Bei Johannes heißt es: „So sehr hat Gott die Welt geliebt, dass er seinen einziggezeugten Sohn hingab" (Joh 3,16).

Wunderbares Geschenk, dass er den Einziggezeugten gibt für den Knecht! Ja, es scheint über die Maßen groß und ist es auch. Doch ist es nicht verwunderlich, wenn es Außersichsein[13] gab im Geben, da doch ein Außersichsein war im Lieben. Denn „so sehr hat er geliebt, dass er gab". Und weil er über die Maßen geliebt hat, deshalb hat er auch über die Maßen gegeben. So heißt es im Epheserbrief: „Gott, der reich ist an Erbarmen, hat aus übergroßer Liebe, mit der er uns geliebt hat, uns, die wir durch Sünden tot waren, in Christus wieder lebendig gemacht" (Eph 2,4-5).

Wunderbare Großzügigkeit des Schenkenden also, weil er alles gab, was er war, alles, was er hatte, und alles, was er konnte. Was sollen wir daher dem Herrn zurückerstatten für all das, was er uns erwiesen hat? (vgl. Ps 115,12) Welchen Dienst, da er unserer Güter nicht bedarf? (vgl. Ps 15,2)[14] Wir wollen ihm daher wenigstens das Geschenk der Liebe zurückerstatten. Denn so sagt Hugo: „Was aus Liebe geschenkt

12 Dieser Zusatz steht nur in der Vulgata.

13 Lat. *excessus*, gibt das griech. *ék-stasis* wieder (vgl. Apg 10,10: *mentis excessus*).

14 Die Anspielung ist nur in der Vulgata erkenntlich: *quoniam bonorum meorum non eges* – „weil du meiner Güter nicht bedarfst" (Ps 15,2).

ist, kann auf keine bessere Weise als liebend vergolten werden."[15]

4. Ich bewundere drittens auch die Nützlichkeit des Geschenkten. Dies ist wahrhaft die gute Gabe, und dies auch das vollkommene Geschenk, das vom Vater der Lichter herabsteigt, das all unserer Not und vielfachen Entbehrung abhilft. Um diese zu beseitigen, „ist uns ein Kind geboren, ist uns ein Sohn geschenkt." Unsere Seele ist nämlich dank der ersten Übertretung geschwächt durch den Verlust des Vermögens, wie es im Psalm heißt: „Erbarme dich meiner, Herr, denn ich bin schwach" (Ps 6,3). Sie ist blind geworden durch den Verlust der Weisheit, weshalb sie im Psalm klagt: „Verlassen hat mich meine Kraft und auch das Licht meiner Augen ist nicht mehr bei mir" (Ps 37,11). Sie ist gefangengenommen worden durch den Verlust der Gerechtigkeit, denn, in dem der Herr sie verließ, hat sie der Teufel in seinen Besitz genommen. So heißt es in den Klageliedern: „Wegen der Menge ihres Unrechts wurden ihre kleinen Kinder in Gefangenschaft geführt vor dem Antlitz ihres Bedrängers" (Klgl 1,5).

Der geschwächten Seele wurde nun unser kleines Kind als Kraft gegeben. Jesaja sagt: „Er gibt Kraft dem Müden und denen, die nicht mehr sind, vervielfacht er Stärke und Macht" (Jes 40,29). Müde ist dieses geschwächte und gelähmte Menschengeschlecht. Kraft wird ihm gegeben, wenn die Kraft und die Weisheit Gottes Fleisch annimmt. –

Aber war er denn nicht unsere Stärke, auch wenn er nicht Fleisch angenommen hätte? Er war es durchaus, aber völlig unverhältnismäßig uns gegenüber. Deshalb war es angemessen, dass die Kraft schwach und der über alles starke Gott ein kleines Kind würde. Vorher war er feste Speise der Engel. Als er aber an den Brüsten der Mutter sog, ist er zum Brot der Kleinen und zur Nahrung der Kranken geworden. So ist er uns zur Nahrung geworden, wie er bei Johannes sagt: „Mein Vater gibt euch vom Himmel her das wahre

15 Hugo von St. Victor, *Arrha animae* (PL 176,961A).

[Brot]“ (Joh 6,32). Dieses Brot stärkt wahrhaftig, weshalb es weiter heißt: „Wer von diesem Brot isst, wird in Ewigkeit leben“ (Joh 6,52). Dieses stärkende Brot müssen wir immer ersehnen, wie die Juden sagten: „Herr, gib uns immer dieses Brot“ (Joh 6,34). Am meisten müssen es aber Ordensleute und Priester ersehnen, die den ganzen Tag bitten: „Unser tägliches Brot gib uns heute“ (Mt 6,11). Und am Morgen, am Abend, in der Nacht und am Tag bitten wir, denn wir müssen uns immer danach sehnen, wie es bei Jesus Sirach heißt: „Die mich essen, hungern noch“ usw. (Sir 24,21).

Weil aber wenige hungern, deshalb genießen wenige und daher werden auch wenige gestärkt. Deshalb „gibt es unter“ Ordensleuten „viele Kranke und Schwache und viele schlafen“ (1 Kor 11,30). Ein geradezu großes Elend ist es, nach diesem Brot nicht zu verlangen, das „alle Wonne und alle Süßigkeit des Geschmackes in sich“ enthält (Weish 16,20).

Der erblindeten Seele wird er zum Licht gegeben, gemäß dem Wort bei Jesaja: „Ich habe dich gegeben als Licht für die Völker, damit du mein Heil seist bis zu den Enden der Erde“ (Jes 49,6). Er spricht deshalb von den Völkern, weil die Heidenvölker erblindet waren und Gott nicht kannten. Daher sagt er auch selbst bei Johannes: „Ich bin als Licht in die Welt gekommen“ (Joh 12,46).

Doch war er etwa nicht schon vor der Menschwerdung „das wahre Licht, das jeden Menschen erleuchtet, der in diese Welt kommt“? (Joh 1,9) Er war es durchaus, jedoch unzugänglich (vgl. 1 Tim 6,16) wegen seiner Unbegreiflichkeit. Und daher war es notwendig, sich mit Fleisch zu überschatten, damit die Menschen ihn sehen und nachahmen könnten. Daher hat der Herr selbst, damit andere ihn nachahmen könnten, über alles ein Beispiel der Demut und Niedrigkeit gegeben. So heißt es bei Matthäus: „Lernt von mir, dass ich sanftmütig und demütig von Herzen bin“ (Mt 11,29). Dieses Beispiel hinterließ er auch vor seinem Tode noch allen, als er seinen Jüngern die Füße wusch und sagte: „Ein Beispiel habe ich euch gegeben, damit auch ihr so tut, wie ich euch getan habe“ (Joh 13,15). Sicher hat er darin besonders den Ordensleuten, welche Knechte Christi und Jünger Christi sind, ein Beispiel gegeben. So wie der Herr selbst sagt: „Ihr nennt mich Meister und Herr; und ihr tut gut daran, denn ich bin es“ (Joh 13,13); so nennt ihr euch meine Knechte und Jünger. Wenn also „der Jünger nicht über dem Meister steht“ (Lk 6,40), „dann müsst ihr einander die Füße waschen“ (Joh 13,14), das heißt, euch unter die Füße [des Anderen] erniedrigen.

Doch ist zu befürchten, dass man unter Ordensleuten solche findet, die lieber gewaschen werden wollen als selbst zu waschen, bedient werden wollen als zu dienen, lieber Herren sein wollen als Knechte, lieber gebieten als gehorchen. Solche sind nicht Knechte Christi, sondern Herren. Sie sind nicht Jünger Christi, sondern Meister. Deshalb sagt Bernhard: „Sooft ich begehre, Menschen vorauszusein, sooft trachte ich danach, meinem Gott vorauszugehen.“[16]

Der gefangenen Seele aber ist er zum Heil gegeben, wenn er sie aus der Macht des Teufels befreit, indem er die Seele mit Gott versöhnt. So heißt es bei Jesaja: „Ich habe dich gegeben als Bund für das Volk, um das Land aufzurichten und das zerstreute Erbe in Besitz zu nehmen“, indem du die Seele mit Gott versöhnst und in den Besitz Gottes zurückrufst; „um denen, die gefangen sind, zu sagen: Kommt heraus!“ (Jes 49,8-9), indem du sie aus dem Kerker des Teufels befreist. –

Doch hätte uns denn der Sohn Gottes nicht mit dem Vater versöhnen können, auch ohne Fleisch anzunehmen? Ich begrenze nicht die Macht Gottes, sondern füge nur die Angemessenheit hinzu. Wer nämlich zwei miteinander versöhnen will, muss seine Hand beiden reichen, um Mittler zu sein und mit beiden zusammenzukommen. Und deshalb ist er weder nur Gott noch nur Mensch, sondern Gott und Mensch. Und auf diese Weise ist er Mittler der Notwendigkeit nach, indem er die äußersten Enden verbindet. Denn

---

16 Bernhard von Clairvaux, *Super Missus est*, hom. 1, n.8 (IV,44f.)

dadurch, dass Gott Mensch war, war es entweder notwendig, dass Gott den Menschen liebte oder dass Gott Gott hasse. Damit dieser allertreueste Mittler vollkommenen Frieden stiften konnte, hat er zuerst sich selbst als Ganzer dem Menschen in seiner Geburt gegeben, und danach hat er sich als Ganzer Gott für den Menschen in seinem Leiden gegeben. Im Titusbrief heißt es: „Er hat sich selbst für uns dahingegeben, damit er uns von aller Ungerechtigkeit erlöse“ usw. (Tit 2,14). Deshalb sagt der Apostel: Wahrhaftig „um einen großen Preis seid ihr erkauft“ und aus den Fesseln des Teufels befreit worden (vgl. 1 Kor 6,20).

Dennoch müssen wir alle uns hüten, dass wir nicht zur Herrschaft des Pharaos zurückkehren. Denn wenn wir freiwillig sündigen, nachdem wir die Erkenntnis der Wahrheit erlangt haben, dann bleibt für uns kein Opfer für die Sünden mehr übrig (Hebr 10,26). Hüten müssen sich die Ordensleute, nicht nur davor, dass sie zur Sünde zurückkehren, sondern auch, dass sie zur Welt zurückblicken, damit sie sich nicht mit der Frau des Lot in eine Salzsäule verwandeln (vgl. Gen 19,26).

II. *Appetitus praesentiae – Das Verlangen nach der Gegenwart*

Auf das Verlangen nach der Erscheinung oder der Schenkung folgt das Verlangen nach der Gegenwart oder der Auffindung Christi, wenn es weiter heißt: „Damit ich dich draußen finde.“ Bei dieser Auffindung begegnen drei überlegenswerte Dinge: erstens, was ist der *Ort* der Auffindung; zweitens, was ist die *Art* der Auffindung; drittens, was ist die *Frucht* der Auffindung.

5. Der *Ort*, an dem Christus geistlich gefunden wird, wird uns zu verstehen gegeben durch den Ort, an dem er leiblich gefunden wurde. Er wurde nämlich gefunden im Stall, im Haus und im Tempel. Durch diese drei wird der Stand des Ordenslebens bezeichnet, denn der Stall ist Ort der Verachtung, das Haus ist Ort des Ruhens und der Tempel Ort des Betens.

Er wird daher gefunden im Ort der Verachtung, nämlich im Stall, wo die Tiere zu hausen pflegen, wie es bei Lukas heißt: „Das sei euch das Zeichen: Ihr werdet ein Kind finden, in Windeln gewickelt und in eine Krippe gelegt“ usw. (Lk 2,12). –

„Ihr werdet ein Kind finden“, zufrieden mit einem schäbigen Ort, „in Windeln gewickelt“, bedeckt mit einem armen Kleid, „und in eine Krippe gelegt“, an niedrigem Ort und auf hartem Bett. Jener Stall ist zu Recht das Ordensleben wegen seiner Niedrigkeit. Denn dazu ist das Ordensleben erfunden worden, damit sich der Mensch dort ein strenges Leben in Buße einrichte. Buße geschieht nämlich „in Sack und Asche“ (Mt 11,21), das heißt, in Niedrigkeit und Rauheit. Wenn also die Niedrigkeit im Ordensleben fehlt, dann ist es kein Stall mehr, sondern ein Palast. Wenn die Rauheit fehlt, ist es keine Krippe, sondern ein Bett. Und dann wird dort Christus nicht gefunden. Im Hohelied heißt es: „Auf meine Bett des Nachts habe ich ihn gesucht, den meine Seele liebt, ich suchte ihn und fand ihn nicht“ (Hld 3,1). Ich glaube, dass dies Bett weder niedrig noch hart ist, und deshalb wird dort Christus nicht gefunden. Bei Ijob heißt es: „Man findet sie nicht im Lande derer, die gemächlich dahinleben“ (Ijob 28,13b).[17]

Es ist zu befürchten, meine Liebsten, dass viele Christus vertreiben. Jene vertreiben ihn, die in der Welt niedrig waren, im Ordensleben aber angesehen sein wollen. In der Welt waren sie Bettler, im Ordensleben wollen sie verwöhnt leben, wie Bernhard sagt.[18]

Es wird auch am Ort des Ruhens gefunden, gleichsam wie in einem Haus. „Im Frieden“ nämlich „ist sein Ort gegründet“ (Ps 75,3). Bei Matthäus heißt es: „Sie traten in das Haus und fanden das Kind mit Maria seiner Mutter“ usw. (Mt 2,11). Dort weilte er ruhig, nämlich mit seiner Mutter, nicht von einer Menge von Dienern umgeben. Dieses Haus

17 Gemeint ist die Weisheit, die Bonaventura auf Christus bezieht; „gemächlich“ (*suaviter*) ist Zusatz der Vulgata.

18 Bernhard von Clairvaux, *Super Missus est*, hom. 4, n.10 (IV,116-119).

ist das Ordensleben, wo Ruhe herrscht wegen der Eintracht seiner Bewohner. Im Psalm heißt es: „Gott, der Einsame im Hause wohnen lässt" (Ps 67,7); anders übersetzt: „Einträchtige". Denn es muss nicht nur äußerlich Gleichförmigkeit der Sitten da sein, sondern auch innerlich Eintracht der Seelen, damit, so wie die Haltung[19] mit dem Leib übereinstimmt, so auch die zärtliche Liebe mit dem Geist. Im Philipperbrief heißt es: „Macht meine Freude voll, indem ihr dasselbe denkt, dieselbe Liebe habt, einträchtig sein, dieselbe Gesinnung habt" usw. (Phil 2,2). Dann wird wahrhaft jene Freude erfüllt, denn „siehe, wie gut und wie lieblich es ist, wenn Brüder in Eintracht wohnen" (Ps 132,1). –

Ebenso wird dort der Herr gefunden, denn „hier ist" seine „Ruhe von Ewigkeit zu Ewigkeit, hier" hat er „Wohnung genommen, denn" er hat „ihn erwählt" (Ps 131,14). – Aber dennoch muss man auf der Hut sein, dass das Haus nicht zu einem Grab wird, denn dort wird er nicht gefunden. Im letzten Kapitel bei Lukas heißt es, dass die Frauen, die zum Grab gegangen waren, „den Leichnam des Herrn Jesus nicht fanden" (Lk 24,3). Das Grab ist nur Ort der Ruhe des Fleisches, während der Geist entweicht. Dann also wird das Haus des Ordenslebens in ein Grab verwandelt, wenn dort nicht die Ruhe des Gewissens, sondern die Ruhe des Fleisches gesucht wird. Und dann wird Jesus nicht gefunden, denn, so wie das Fleisch im Grab keine Ruhe hat, sondern fault, so macht auch die Ruhe des Fleisches den Menschen faulend und abscheulich vor Gott. Die Frauen nun, die in das Grab hineingehen und Christus nicht finden, sind jene weichen und zerbrechlichen Seelen, die deshalb in den Orden eintreten, damit sie dort – wie viele – Ruhe und Trost des Fleisches haben. So darf es nicht sein, sondern beständige Mühe und Schmerz des Fleisches muss ausgehalten werden, damit der Geist ruhig sei, wie es heißt: „Von den Mühen deiner Hände wirst du essen" (Ps 127,2).

19 Lat. *habitus*; kann im Zusammenhang mit dem Ordensleben auch Habit, Ordenskleid bedeuten.

„Ihn nach drei Tagen im Tempel mitten unter den Lehrern sitzend fanden“ (Lk 2,46). Jener Tempel, zu dem sich der Herr Jesus ohne Vater und Mutter und ohne Verwandte wegbegeben hat, denn „unter den Verwandten und Bekannten wurde er nicht gefunden“ (Lk 2,44), ist das Ordensleben, in das der Mensch eintritt, damit er bete und sich als unbefleckte Opfergabe Gott darbringe, nachdem er Verwandte und Freunde verlassen hat. An diesem Ort wird der Herr Jesus gefunden, weil er selbst „solche sucht, die ihn im Geist und in der Wahrheit anbeten“ (Joh 4,23).[20] Daher heißt es im Psalm: „Siehe, wir haben von ihr[21] gehört in Ephrata, wir fanden sie auf den Feldern des Waldes. Lasst uns eintreten in seine Wohnungen und anbeten am Ort, wo seine Füße stehen“ (Ps 131,6-7). –

Doch ist darauf zu achten, dass das Haus des Ordenslebens und des Gebetes nicht ein Kaufhaus wird, wie der Herr den Juden sagt: „Macht das Haus meines Vaters nicht zu einem Kaufhaus“ (Joh 2,16). Dann wird aus dem Tempel ein Marktplatz, wenn im Ordensleben das Geschäft dem Gebet vorgezogen wird und wenn Geschäftsleute den Betern vorgezogen werden, und [wenn man vorzieht,] in Ehren und Würden [zu stehen]. Dann wird dort Christus nicht gefunden, weil nicht die himmlische Weisheit gesucht wird, wie es bei Baruch heißt: „Die Söhne Hagars forschen nach Klugheit, die von der Erde ist, die Kaufleute von Midian und Teman, die Fabeldichter und Erforscher von Klugheit und Wissen“ (Bar 3,23).

Die Weise des Findens geschieht durch das Suchen, wie es bei Matthäus heißt: „Bittet, und es wird euch gegeben; sucht, und ihr werdet finden; klopft an, und es wir euch geöffnet. Denn jeder, der sucht, findet, und wer bittet, der empfängt“ (Mt 7,7-8). Doch wie viel der Mensch auch suchen mag, er wird nicht finden, wenn er nicht Weg und Weise des Suchens kennt.

---

20 Nach der zitierten Stelle ist es jedoch der Vater, der solche sucht, die ihn anbeten.

21 Gemeint ist die Lade seines Bundes.

Unser Herr Jesus ist demnach zuerst in Reinheit zu suchen, so dass Einfalt in der Absicht sei, dass jemand nicht sucht, zugleich Gott und der Welt zu gefallen. Im Buch der Weisheit heißt es: „In Einfalt des Herzens sucht ihn, denn er wird gefunden von denen, die ihn nicht versuchen" (Weish 1,1-2). [Man lese dazu] Das Beispiel vom Kaufmann, „der eine Perle sucht" (Mt 13,45).

Hingegen, wer in trügerischer Absicht sucht, wird nicht finden, wie es im Buch der Sprichwörter heißt: „Nicht findet der Betrüger" das Gute, sondern vielmehr das Schlechte (vgl. Spr 12,27). „Weil er" nämlich „trügerisch handelt vor seinen Augen, sodass sein Unrecht als Hass gefunden wird" (Ps 35,3). Daher weicht er umso mehr von Christus ab, je mehr er sucht.

Zweitens muss eifrig gesucht werden, damit Liebe in der Verfassung sei, die den Menschen glühend und wachend macht. So heißt es in den Sprichwörtern: „Die am Morgen um meinetwillen wachen, werden mich finden" (Spr 8,17). Und in der Weisheit: „Wer im Morgenlicht ihretwegen wacht, wird sich nicht mühen; er findet sie draußen auf seinen Plätzen sitzen" (Weish 6,15). Liebe und Leidenschaft sind es, die wachen lassen, wie es in den Sprichwörtern heißt: „Wenn du sie suchst wie das Geld und wie nach Schätzen nach ihr gräbst, dann wirst du die Furcht des Herrn verstehen und das Wissen Gottes finden" usw. (Spr 2,4-5). Man nehme das Beispiel vom Habsüchtigen, der nach Geld sucht.[22]

Doch unter dem Anschein der Sorge und Liebe verbirgt sich zuweilen die Unruhe der Neugier. Und eine solche findet nicht, sondern weicht mehr von Gott ab. Kohelet sagt: „Die Welt hat er ihrem Nachforschen überlassen, doch ohne dass der Mensch das Werk finde, das Gott gewirkt hat" (Koh 3,11). Diese sind „immer Lernende und kommen niemals zur Erkenntnis der Wahrheit" (2 Tim 3,7).

Drittens ist er beständig zu suchen, so dass da Beharrlichkeit herrscht im Nachforschen, dass man nicht nachlasse,

22 Welches Beispiel Bonaventura hier vor Augen hat ist nicht klar.

bis man ihn findet. Denn der Herr zieht sich manchmal auf eine Zeit zurück, um sich danach wieder umso großzügiger zu schenken. Im Hohelied sagt die Braut: „Ich will aufstehen und die Stadt durchstreifen, auf Plätzen und Straßen suchen, den meine Seele liebt" usw. Und darauf: „Kaum war ich an ihnen vorübergegangen, da fand ich ihn, den meine Seele liebt" (Hld 3,2.4). Dazu lese man das Beispiel von der Frau, die ihre Drachme sucht (Lk 15,8-10). –

Hingegen gibt es welche, die mit Spott danach suchen, die dann sogleich davon ablassen, sobald sie eine Beschwerlichkeit empfinden. Diese finden sie nicht, wie es in den Sprichwörtern heißt: „Der Spötter sucht Weisheit und findet sie nicht" (Spr 14,6).

Die Frucht solchen Findens aber ist groß, denn sie macht allem Verlangen des Suchenden ein Ende. Er selbst nämlich ist „der überaus große Lohn" (vgl. Gen 15,3). Wer sich nämlich im Nachforschen müht, sucht nichts anderes, als zu ruhen, und dies ewiglich und glücklich. Und so schenkt uns der gefundene Christus alle Ruhe: die Ruhe des Friedens, wie bei Sirach steht: „Ich habe mich nur wenig gemüht und doch viel Ruhe für mich gefunden" (Sir 51,25). Und bei Matthäus: „Nehmt mein Joch auf euch" usw., „und ihr werdet Ruhe finden für eure Seelen" (Mt 11,29). –

Die Ruhe der Ewigkeit, wie in den Sprichwörtern steht: „Wer mich findet, findet das Leben und schöpft Heil vom Herrn" (Spr 8,25). Und dies ist das Leben der Ewigkeit. „Ewigkeit ist nie endender Besitz des Lebens."[23] – Schließlich die Ruhe der Glückseligkeit, wie es in den Sprichwörtern heißt: „Wer sie festhält, ist selig" (Spr 3,18). Sie, das ist die Weisheit, die Christus, der Herr, ist, dem die Ehre und die Herrlichkeit sei von Ewigkeit zu Ewigkeit. Amen.

---

23 Boethius, *Consol.* V, prosa 6 (CSSL 94,100-105).

Predigt zum 2. Fastensonntag: Berufung[24]

Übersetzung von Marianne Schlosser

„Jesus nahm Petrus, Jakobus und dessen Bruder Johannes zu sich und führte sie auf einen hohen Berg; und seine Gestalt wurde vor ihnen verwandelt“ (Mt 17,1).

Prothema

„Güte, Zucht und Wissen lehre mich“ (Ps 118,6 Vg.). Dieses Psalmwort gibt uns zu verstehen, wie ein Prediger sein muss: Im Hinblick auf seine Mitmenschen glühend vor Liebe, was seine eigene Person betrifft, geziert mit Heiligkeit, und im Hinblick auf Gott erleuchtet von der Wahrheit.

Zum ersten also muss der Prediger vor Liebe zu seinen Mitmenschen brennen – was in den Worten „Lehre mich Güte“, zum Ausdruck kommt. Der Güte ist es nämlich eigen, sich in Liebe zu verausgaben *(diffundere)*, und genau dies gehört zum Dienst des Predigers. Daher schreibt Gregor der Große: „Wer die Nächstenliebe nicht hat, darf auf keinen Fall das Amt der Predigt übernehmen.“

Zum zweiten muss der Prediger die Zierde der Heiligkeit tragen – was in den Worten „Lehre mich Zucht (*disciplinam*)“ ausgedrückt wird. Die Zucht ist eine geistliche Zierde, ähnlich wie das Gewand eine Zierde ist für den Leib.

Drittens muss der Prediger erleuchtet sein von der Wahrheit, im Hinblick auf Gott. Darum wird angefügt: „Lehre mich Wissen (*scientiam*).“

Meine Lieben! Da ich weder von Liebe glühe, noch die Zierde eines heiligen Lebens vorweisen kann, aber auch nicht erleuchtet bin von der Wahrheit der Heiligen Schrift, wollen wir zu Beginn dieser Predigt demütig zum „Gott allen Trostes, dem Vater der Erbarmungen“ (2 Kor 1,3) flehen,

---

24 Übersetzt nach dem lat. Text aus: *Sancti Bonaventurae Sermones Dominicales.* Ad fidem codicum nunc denuo editi studio et cura J. G. Bougerol, Grottaferrata 1977, *Sermo* 16, S. 243-252.

dass er uns in der Liebe entflamme, mit der Heiligkeit des Lebens ziere und durch die Wahrheit des Heiligen Geistes erleuchte, damit wir auf diese Weise etwas vortragen können, was zu Seinem Lobe und Seiner Ehre beitragen kann.

Predigt

2. „Jesus nahm Petrus, Jakobus und dessen Bruder Johannes zu sich und führte sie auf einen hohen Berg; und seine Gestalt wurde vor ihnen verwandelt“ (Mt 17,1).

Das Geheimnis der Auferstehung des Herrn, die ja das Urbild unserer Verherrlichung darstellt, erweckt unter allen Werken der Erlösung am meisten Staunen und ist besonders schwierig zu glauben. Um daher die Apostel, und in ihnen die übrigen Christgläubigen, dahin zu bringen, dass sie leichter das Wunder der Auferstehung glaubten, wenn es dann vollendet wäre, wollte Unser Herr Jesus Christus vor drei dafür geeigneten, vom göttlichen Heilsplan ausersehenen Jüngern, „Zeugen, denen die ganze Welt glauben sollte“, verklärt werden, das heißt: er wollte ihnen die Herrlichkeit, die er in der Auferstehung haben würde, im Voraus zeigen. Da es niemandem möglich ist, seine Augen auf die Herrlichkeit der göttlichen Majestät zu richten, außer die Gnade Gottes kommt ihm zuvor und erwählt ihn dazu, und er selbst ist bereit aufgrund größter Gewissenhaftigkeit und erhoben von glühender Liebe und Sehnsucht, gibt unser Schriftwort sehr klar und geordnet die Schritte wieder: Zuerst wird auf das Wirken der Gnade hingewiesen, die geheimnisvolle „Annahme“ *(assumptio)*: „Jesus nahm Petrus, Jakobus und Johannes zu sich“. Dann wird auf die innere Vorbereitung angespielt, die Erhebung des Strebens *(affectuosae elevationis)*: „er führte sie auf einen hohen Berg“. Dazu sagt die Glossa: „Vor dem Geschehnis der Verklärung stieg er auf einen Berg, um anzudeuten, dass diejenigen, welche die Auferstehung erwarten, sich zur Höhe erheben und inständig und anhaltend beten müssen.“ Die Worte „er wurde vor ihren Augen verwandelt“, bezeichnen die für einen Moment geschenkte Enthüllung der künftigen Herrlichkeit.

I. *Assumpsit – er nahm sie zu sich*[25]

3. „Er nahm sie zu sich". Wir sprechen hier von einer geheimnisvollen Annahme *(mystica assumptio)*, weil in Jesu Annahme jener drei Jünger die Annahme der drei Stände der streitenden Kirche geheimnisvoll abgebildet ist: des Standes der Leitung, des aktiven Lebens und des kontemplativen Lebens. Der Leitungsstand wird durch Petrus bezeichnet, denn er sollte als erster das Amt der Leitung bzw. das Amt des Vorstehers *(praelatus)* erhalten. Das aktive Leben wird durch Jakobus bezeichnet; denn er sollte der erste Märtyrer unter den Aposteln sein, der erste also, der die Bitterkeit der Buße im Martyrium durchlitt. Das kontemplative Leben bezeichnet Johannes, denn er war es, der als erster das Vollmaß der Gnade aufgrund der Zunahme an Liebe *(dilectio)* erlangen sollte. Jesus „nahm" also Petrus, und in Petrus nahm er die übrigen an, auf dass sie das Amt der Leitung als Vorsteher ausüben, um die Kirche kraftvoll zu schützen. Zweitens nahm Jesus Jakobus, und in Jakobus alle übrigen, auf dass sie sich im „aktiven Stand" von weltlicher Lust fernhalten und stattdessen in ernster Buße leben.[26] Drittens nahm er

25 Lat. *assumpsit*: Er nahm sie mit sich (EÜ), er nahm sie „zu sich", oder: „an sich". Das Wort *assumere* weckt in einem Theologen wie Bonaventura sofort die Assoziation der „Annahme der Menschennatur", mehr noch aber denkt er an die Gnadenlehre: Begnadung, Rechtfertigung, kann umschrieben werden als „Angenommen-werden" von Gott. Im Folgenden spielen diese Konnotationen eine wichtige Rolle: Christus zieht diese drei Apostel auf je verschiedene Weise zu sich und lässt sie teilhaben an seiner Wirklichkeit; sie stehen dabei für die gesamte Kirche, die an der Gnade ihres Hauptes Anteil hat. Vgl. auch die lat. Bezeichnung des Festes „Mariä Himmelfahrt" als „Assumptio Mariae".

26 *Vita activa* hat also für Bonaventura hier noch die ursprüngliche Bedeutung, wie in der monastischen Literatur der Frühzeit: *Bios praktikos* meint nicht das apostolisch-karitative Leben im Unterschied zum zurückgezogenen Leben des Gebetes und der Liturgie, sondern denjenigen Abschnitt des monastischen Lebens, der vor allem dem

Johannes, und in Johannes alle aus dem kontemplativen Stand, auf dass ihnen die Tröstung des Geistes zuteil werde in der Fülle der Gnade.

4. Zuerst also Petrus ... Daher heißt es auch beim Propheten Haggai: „Ich werde dich annehmen *(assumam)*, Serubbabel, mein Knecht – spricht der Herr – und ich werde dich als ein Siegel setzen, denn ich habe dich erwählt" (Hag 2,24). Serubbabel war der führende Mann Judas, sein Name wird gedeutet als „Fürst der Heimführung" *(princeps translationis)*. Er steht für jeden, der in der Kirche das Amt des Vorgesetzten *(praelatus)* innehat, denn diese sind die Anführer, die Ersten *(principes)* der streitenden Kirche, welche der Herr selbst dem Joch der Teufelsmacht entrissen hat, unter das die Menschen aufgrund der Erbsünde und der persönlichen Sünden geraten waren, und die „er heimgeholt hat in das Reich seines geliebten Sohnes" (Kol 1,13). Hier spricht also der Herr: „Ich will dich annehmen", durch gnadenhafte Annahme an Kindes statt, „mein Knecht", zu ehrerbietigem Gehorsam gegenüber deinem Herrn, „und ich werde dich als ein Siegel setzen", ein bekräftigendes Siegel auf die Lehre, damit Glauben geweckt werde, ein Siegel, das ermutigt zum Kampf gegen den Feind, ein Siegel, das die Richtung vorgibt auf dem Weg zur himmlischen Herrlichkeit. Denn dazu „habe ich dich erwählt", den Apostolischen Stuhl einzunehmen *(ad cathedram apostolicae praelationis)*.

5. Dann nahm er Jakobus ... Daher wird im Psalm (26,10f.) gesungen: „Weil Vater und Mutter mich verlassen haben, hat der Herr mich aber angenommen. Gib mir Weisung, Herr, auf deinem Weg, und leite meine Schritte auf rechtem Pfad, wegen meiner Feinde." „Weil mich mein Vater", der Teufel, „und meine Mutter", die Begierde, „verlassen haben", wegen harter und schmerzvoller Buße, darum „hat der Herr mich angenommen", indem er mich aus

Kampf gegen die verkehrten Leidenschaften gewidmet ist. Dessen Ziel besteht darin, durch Buße *(poenitentia)* zur Herzensreinheit zu gelangen. Ebenso schwingt mit, dass der geistliche Kampf ein Martyrium ist (Origenes).

Gnade gerecht machte. Darum spricht ein wahrhaft Bußfertiger mit großer Sehnsucht: „Gib mir Weisung, Herr, auf dem Weg“ deiner Gebote; „leite mich auf dem Pfad“ der evangelischen Räte, damit ich nicht wieder in die Hand meiner Feinde falle. Darüber sagt der Prophet Ezechiel (3,14): „Der Geist des Herrn erhob mich und nahm mich *(assumpsit)* und ich ging weg mit Bitterkeit und Entrüstung über meinen Geist“. „Der Geist erhob mich“: ans Kreuz, durch schmerzliches Mitleiden, „er nahm mich (an sich)“, durch ein Übermaß glühender Liebe; und dann ging dieser Mensch, „bitter und entrüstet über sich selbst“, denn in der Betrachtung der Passion Christi dachte er daran, dass er in seiner eigenen Person den Sohn Gottes erneut ans Kreuz schlüge, wenn er wieder sündigte.

6. Als dritten nahm Jesus Johannes ... Daher heißt es im Psalm (64,5): „Selig, wen du erwählt und zu dir genommen hast, er wird in deinen Vorhöfen wohnen.“ „Selig, den du erwählt hast“: zum Stand des aktiven Lebens, dass er gute Werke vollbringe, „und angenommen hast“: zum Stand des kontemplativen Lebens, dass er zunehme an Liebe; „er wird in deinen Vorhöfen wohnen“, in unablässigem innigem Gebet. Dieses prophetische Wort gibt sehr klar die Abfolge wieder: Die ruhige Stille *(otium)* des kontemplativen Lebens ist das Ziel des aktiven Lebens und setzt die Praxis des aktiven Lebens voraus. Darum schreibt Gregor in den *Moralia*: „Wer sich nach dem Berg der Beschauung sehnt, soll sich zuerst auf dem ebenen Feld guter Taten bewähren.“[27]

II. *Duxit – er führte sie*

7. „Er führte sie auf einen hohen Berg“, um anzudeuten, dass jeder, der die Herrlichkeit Gottes zu sehen wünscht, seinen Geist zur Höhe erheben muss, nämlich zur innigen Hingabe *(devotio)*. Aufgrund von drei Eigenschaften lässt uns der „Berg“ verstehen, welche Vorbereitung Vorsteher, Personen

27 Gregor der Grosse, *Mor.* VI, cap.37, n.59 (CCSL 143,329).

des aktiven und des kontemplativen Lebens notwendig haben. Ein Berg ragt von seiner Lage her aus der Ebene heraus, er ist unbeweglich fest und er lässt freigebig Wasser fließen. Wir sehen also Höhe, Festigkeit und Mitteilsamkeit. So führte Jesus die Vorsteher auf den Berg der erhabenen Höhe, auf dass sie als erste die Strahlen der göttlichen Erleuchtung empfingen, er führte die „Aktiven" auf den Berg der Festigkeit, auf dass sie jede Anfechtung und Trübsal tapfer ertrügen, und er führte die Beschaulichen auf den Berg der Freigebigkeit, auf dass sie aus freigebiger Liebe umsonst verkündigen sollten.

8. Die Sonne bestrahlt zuerst die Berggipfel, dann erleuchtet sie die Täler. So müssen die Vorsteher gleichsam wie hoch aufragende Berge das Licht Gottes zuerst in sich selbst empfangen und dann durch das Beispiel eines heiligen Lebens an die ihnen Anvertrauten, gleichsam wie in die Täler, weitergeben. Darum wird über den guten Vorsteher im Buch Exodus (25,40) gesagt: „Schau hin und mache es so wie das Urbild, das dir auf dem Berg gezeigt worden ist"; denn die Lebensführung des Vorgesetzten prägt sich den Herzen der Untergebenen ein wie ein Model dem Wachs, weil das Beispiel der Werke die Herzen mehr bewegt als Worte. Deswegen schreibt Gregor auch in der Pastoralregel (II, 3): „Wer ein Leitungsamt hat, soll vorbildlich in seinem Handeln sein, damit er seinen Untergebenen den Weg des Lebens durch seine Lebensführung verkündigt, und somit die Herde, die des Hirten Stimme wie seinem Verhalten nachfolgt, durch sein Vorbild noch besser den Weg finde als allein durch Worte." Dazu sagt Micha (4,1): „Der Berg des Herrn steht fest gegründet als höchster der Berge; er überragt alle Hügel, und alle Völker strömen zu ihm". Jener „Berg des Herrn, der fest gegründet ist und alle Hügel überragt", ist der vollkommene Vorsteher, wenn er in der Vollkommenheit, von der das Evangelium kündet, alle übrigen übertrifft, wie vollkommen sie auch sein mögen. Andernfalls wäre das, wie Bernhard schreibt, „ungeheuerlich und grotesk, wenn der oberste Platz mit einem niedrigen Leben, der höchste

Rang mit einer unedlen Gesinnung zusammen bestünde!“[28] – „Dann strömen zu ihm alle Völker“, wegen seiner freigebigen Güte und Hilfsbereitschaft.

Doch wehe manchen Vorstehern der heutigen Zeit, wegen ihrer Habgier! Sie eignen sich die Schätze des Gekreuzigten an, als hätten sie diese von ihren leiblichen Eltern ererbt; sie mästen damit ihre Neffen und bereichern ihre Verwandten, und sie verbringen ihre Zeit mit ausgesuchten Speisen und Getränken! Ganz gewiss sind das Diebe und Räuber, Leute, die ihre eigene Kasse haben; denn sie tragen das, was zur Unterstützung der Armen geschickt wird, zu ihren Verwandten und Neffen und zu ihrer genusssüchtigen Kehle. Viele Vorsteher, mögen sie auch ihrem Stand *(status)* nach Jesus auf den Berggipfel führen, stürzen ihn durch ihr schlechtes Beispiel in den Herzen der Gläubigen herab! Für sie wäre es weit besser gewesen, wenn sie ihr ganzes Leben lang in der Ebene geblieben wären; denn „je höher der Stand, desto schwerer der Sturz“.[29]

9. Die Menschen der *Vita activa* führt der Herr auf den Berg der Standfestigkeit: Berge sind dem Wind ausgesetzt, heftigen Böen und Hagel, ohne dass sie sich vom Platz bewegen. So sind auch die Menschen im tätigen Leben Schwierigkeiten und Leiden ausgesetzt, die sie nach Christi Vorbild standhaft ertragen sollen; denn er hat seinen Leib dem Stoß der Lanze und der Nägel ausgesetzt und den Schild der Geduld getragen bis zum Ende seines irdischen Lebens. Darum steht über die guten Menschen des aktiven Lebens geschrieben: „Die auf den Herrn vertrauen, stehen fest wie der Zionsberg, in Ewigkeit wird nicht wanken, der wohnt in Jerusalem“ (Ps 124,1). Kleinmut ist die Ursache für den Zusammenbruch, Vertrauen die Ursache der Standhaftigkeit – darum heißt es: „die auf den Herrn vertrauen“, sind gefestigt „wie der Berg Zion“, in der Festigkeit der Stärke und des Friedens *(soliditas fortitudinis et pacis)*. „Wer in Jerusalem

---

28 Bernhard von Clairvaux, *De consideratione* II, cap.7, n.14 (I,684).

29 Gerbert (Silvester II.), *Sermo de inform. Episc.* (PL 139,171).

wohnt“, das heißt: in der Ruhe des Friedens und der Eintracht, ohne sich selbst innerlich in Aufruhr zu bringen und ohne andere durch Wort oder Verhalten Ärgernis zu geben, „der wird nicht ins Wanken kommen“, durch heftige Zorneswallung oder Wut.

10. Die Menschen des kontemplativen Standes führt der Herr auf den Berg freigebiger Mitteilung, so dass sie aus Liebe und ohne Entgelt verkündigen. Die Berge sind nämlich so freigebig, dass sie alles, was sie empfangen, sogleich weiterfließen lassen; sie befreien sich sozusagen von der Last, indem sie sie in die Ebene abgeben. Der Regen fließt, kaum hat er die Berge getränkt, weiter ins Tal, die Flüsse nehmen ihn auf und geben ihn an die benachbarten Täler weiter; auch Steine und Metall, alles was die Berge hervorbringen, geben sie in die Ebene ab. In dieser Weise sollen die Kontemplativen Menschen sein, die Lichtstrahlen aussenden, sie sollen den Regen ihrer Gedanken, den Tau ihrer Gnadengaben anderen weitergeben: durch das Wort der Verkündigung und das Beispiel eines tugendhaften Lebens. Dann wird sich in ihnen erfüllen, was bei Joel (3,18) geschrieben steht: „An jenem Tag träufeln die Berge Süßigkeit, die Hügel lassen Milch und Honig fließen, alle Bäche Judas werden reichlich Wasser führen.“ „Süßigkeit träufeln“ sollen die Kontemplativen, mit den Niedergedrückten und Geschlagenen voll Barmherzigkeit und Mitleid umgehen; sie sollen „Milch fließen lassen“, mit den Worten ihrer Predigt Kraftlose ernähren. Dann werden „die Bäche Judas“ – was soviel bedeutet wie „Bekenner“ – „Wasser führen“: Wasser der Bußtränen, Wasser der Gnade, damit die Werke der Gerechtigkeit und der Barmherzigkeit sich vervielfachen. So trifft auf die Kontemplativen – vor allem auf diejenigen, die sich durch Gelübde auf eine Regel verpflichtet haben – das Wort des Propheten Ezechiel zu (36,8): „Ihr Berge Israels, breitet eure Zweige aus, werde grün und blüht und tragt Früchte!“ Israel wird übersetzt als „Gott-schauend“ und steht für den kontemplativen Menschen, der Gott in seinem Gewissen schauen soll. „Breitet eure Zweige aus“ – um das herumir-

rende Volk zu sammeln; „grünt" – durch die Verkündigung des Gotteswortes; „und blüht" – indem euer Lebenszeugnis Duft verbreitet; „tragt Früchte" – indem ihr euer Heil gewinnt und das eurer Mitmenschen fördert. Dann werdet ihr „Berg Gottes, ein üppiger Berg" sein.

III. *Transfiguratus – er wurde verwandelt*

11. Unser Herr Jesus Christus wollte vor diesen drei Jüngern, welche für die Vorsteher, die Aktiven und die Kontemplativen in der Kirche stehen, verklärt werden und ihnen seine künftige Herrlichkeit zeigen. Wenden wir das nun im Einzelnen an, so wollte er in Petrus die Vorsteher mit dem Glanz der Wahrheit und der Einsicht erleuchten, in Jakobus die Aktiven in der Hoffnung auf die Herrlichkeit bestärken, in Johannes die Kontemplativen mit dem Feuer der Liebe und der Güte entflammen.

12. Er wollte also vor Petrus verklärt werden, um in Petrus die Vorsteher der Kirche mit dem Glanz der Wahrheit und des Verständnisses zu erleuchten, damit durch ihn die übrigen im Glauben erleuchtet würden. Der Herr erhielt bei seiner Verklärung ja nicht nur ein Zeugnis durch Menschen dieser Erde, sondern auch das Zeugnis des Vaters aus dem Himmel, das Zeugnis des Mose aus dem Limbus, und das Zeugnis des Elija aus dem irdischen Paradies – das gewissermaßen dazwischen liegt.[30] Christus wollte also ein Zeugnis von Gott, von den Propheten, und von den Menschen, d.h.

---

30 Elija wurde nach allgemeiner Auffassung nicht in den „Himmel", als den Ort der letzten Vollendung in Seligkeit, entrückt, sondern in das „Paradies", also einen irdischen Bereich der Seligkeit; denn er sollte ja „wiederkehren" am Ende der Zeiten als einer der beiden Zeugen, welche die Zweite Ankunft Christi vorbereiten, und erst dann des Martyriums sterben. Von Mose dagegen nimmt Bonaventura an, dass er gestorben (nicht alle Rabbinen und nicht alle Kirchenväter waren davon überzeugt, manche nahmen eine Entrückung wie bei Elija an, da von Moses Grab keine Nachrichten existieren) und in den *Limbus Patrum* versetzt worden sei, wo die Gerechten des Alten Bundes auf die Erlösung durch Christus warteten.

den Aposteln in Anspruch nehmen. Das göttliche Zeugnis ertönte in der Stimme des Vaters: „Dieser ist mein geliebter Sohn", „durch den alles geschaffen ist" (Mt 17,5 in Verbindung mit Joh 1,3). Damit wird bezeugt, dass er der herrliche Schöpfer ist und alles im Sein erhält. Durch das Zeugnis des Mose, der „das Gesetz brachte", und des Elija, der „herausragenden Gestalt unter allen Propheten" *(eximius prophetarum)*, erkennen wir, dass Christus als Erlöser in seiner Güte die Versöhnung aller wirkt, so wie ihn Gesetz und Propheten verheißen und angekündigt haben. Durch das Zeugnis der Menschen, der Apostel, die einst am Tage des Gerichtes Richter sein werden, wird uns die Kenntnis zuteil, dass Christus als Richter allen den gerechten Lohn geben wird.

So kann auf die Verklärung auch jene Stelle im Buch der Weisheit angewandt werden (Weish 16,25): „Alles Verwandelte (Verklärte) diente deiner ernährenden Gnade, zu deren Wohlgefallen, was von dir ersehnt wurde." „Alles", heißt es da, wurde „verklärt" in der Verklärung Christi; denn von jeder Art Geschöpf war etwas in Christus und wurde mit ihm verklärt. Christus hat ja als Mensch mit allen Geschöpfen etwas gemeinsam: „das Sein mit den Steinen, das Leben mit den Pflanzen, das Fühlen der Sinne mit den Tieren, das Erkennen mit den Engeln".[31] Insofern er in seiner Menschheit „etwas von allem ist", kann man sagen: in seiner Verklärung wurde alles verklärt. Diese Verklärung diente „der nährenden Gnade"; denn das Ziel war nicht, dass Christus die Gloriengabe der Herrlichkeit als Zustand empfange [d.h. in die ewige Herrlichkeit eingehe], sondern die (vorübergehende) Ausübung dieser Gloriengabe. Die göttliche Gnade hat dies so gefügt, damit die im Glauben schwachen Apostel dadurch Nahrung und Stärke empfingen, ganz besonders angesichts des bevorstehenden Todes Christi. „Zu ihrem Wohlgefallen", das heißt: zum Wohlgefallen der Apostel; denn aufgrund ihrer Liebe hatten sie Freude an der Verherrlichung Christi in der Welt. Daher sagte Petrus: „Herr, es ist gut, dass wir hier

31 Gregor der Grosse, *Hom. in ev.* 29, n.2 (FC 28/II,530f.).

sind". „Was von dir ersehnt wurde": nämlich zusammen zu wohnen in wechselseitiger Liebe. Denn die Freude des Sohnes Gottes ist es, mit den Aposteln und den Bischöfen zu sein (vgl. Spr 8,31).

13. Vor Jakobus wollte er verklärt werden, um in seiner Person die Gläubigen des aktiven Lebens in der Hoffnung auf die ewige Herrlichkeit zu bestärken. Daher sagt Beda, in der Glossa zum vorigen Vers: „Er stieg auf den Berg, um damit zu zeigen, dass diejenigen, welche auf die Auferstehung warten, ihren Geist zur Höhe erheben und anhaltend beten müssen." Auch jenes Pauluswort, 1 Kor 4,5-6, kann darauf hin ausgelegt werden: „Richtet nicht, bevor der Herr kommt, der Licht bringen wird in das im Dunklen Verborgene und die Pläne der Herzen aufdecken wird. Dann wird jeder einzelne sein Lob vom Herrn erhalten. Ich habe dies auf mich und auf Apollos bezogen,[32] euretwegen, damit ihr an uns lernt, dass keiner sich über die Schrift hinaus dem anderen gegenüber aufblasen soll." [...] Die Gläubigen des aktiven Lebens sollten also lernen, die künftige Herrlichkeit der Auferstehung zu erwarten, indem sie zum einen eine zurückhaltende, maßvolle Sprache führen: „richtet nicht ..."; indem sie zum zweiten Herz und Handeln frei von Schuld bewahren, weil der Herr kommen wird, „das Verborgene auszuleuchten und die Pläne der Herzen aufzudecken"; und indem sie zum dritten geduldig einander unterstützen: „damit sich nicht über das hinaus, was geschrieben ist, einer gegenüber dem anderen aufbläht".

14. Drittens wollte der Herr verklärt werden vor Johannes, um in seiner Person die kontemplativen Gläubigen mit herzlicher Liebe und Wohlwollen[33] zu entflammen. Davon heißt es: „sein Gesicht leuchtete wie die Sonne, seine Gewänder aber wurden weiß wie Schnee". Unser Herr Jesus Christus wollte verdeutlichen, dass niemand Gott klar in seinem Gewissen schauen kann, bevor er nicht seinen Geist

32 Lat. *transfiguravi*: ich habe es umgewandelt.

33 Lat. *amore caritatis et benevolentiae*: *benevolentia* ist mehr als „Wohlwollen", besagt auch den in der Tiefe „guten Willen" – *bona voluntas*.

durch innige Hingabe „erhoben“ hat und dann sein Herz zu Ruhe gebracht hat durch Abgeschiedenheit vom Lärm irdischer Sorgen. Darum führte er die Apostel, das heißt, die Kontemplativen, „auf einen hohen Berg“ – indem er ihren Geist über seine Grenzen hinaushebt, in der innigen Hingabe an Gott.[34] Er führte sie auf einen „erhabenen“ und abgelegenen Berg (*montem seorsum*), weg vom Trubel weltlicher Unruhe. Und dann wurde er vor ihnen verklärt, um ihnen die künftige Glorie zu zeigen.

Weil in dieser gottgeschenkten Schau der kontemplative Mensch im Feuer der Liebe und des Verlangens entbrennt und mit Süße erfüllt wird durch den Glanz der Keuschheit und Reinheit – im Übermaß der Liebe zur „Sonne der Gerechtigkeit, dem reinen Glanz des ewigen Lichtes“ (Mal 4,2; Sap 7,26) – darum heißt es: „Sein Gesicht leuchtete wie die Sonne, sein Gewand wurde weiß wie Schnee.“

Lasset uns beten ...

Predigt zum 1. Sonntag nach Pfingsten: Barmherzigkeit[35]

Eingeleitet von Paul Zahner OFM, übersetzt von Johannes Schneider OFM

Einleitung

Im Rahmen der Predigten über die Hl. Schrift, die im Mittelalter die Grundlage aller Predigten war,[36] kommt Bonaventura auch immer wieder auf das Thema der Barmherzigkeit zu

---

34 Lat. *elevando per excessum mentalis devotionis.*

35 Übersetzung nach dem lat. Text aus: *Sancti Bonaventurae Sermones Dominicales.* Ad fidem codicum nunc denuo editi studio et cura I. G. Bougerol, Grottaferrata 1977, *Sermo* 28, S. 328-333.

36 Zur Predigtweise Bonaventuras vgl. S. Clasen, *Franziskus – Engel des sechsten Siegels. Sein Leben nach den Schriften des heiligen Bonaventura* (Franziskanische Quellenschriften Bd. 7), Werl 1962, 68-90: „Das Apostolat der Predigt“.

sprechen, das die biblischen Schriften vielfältig erörtern und das ein Kernthema der Verkündigung Jesu ist. Die Predigt zum ersten Sonntag nach Pfingsten ist geradezu eine Predigt über die Barmherzigkeit schlechthin. Wie damals üblich, folgt die Predigt besonders einem Vers des Sonntagsevangeliums: *Seid barmherzig, wie auch euer Vater barmherzig ist* (Lk 6,36). Mit diesem Vers wählt Bonaventura die Barmherzigkeit als Predigtthema aus und entfaltet seine Überlegungen zu ihr.

Richtschnur seiner Sichtweise und des christlichen Lebens ist die Barmherzigkeit des Vaters im Himmel. Die herzliche Liebe wird erst aufgeweckt, wenn ich in fremder Not Hilfe zu leisten versuche und ich werde dazu ermahnt durch die göttliche Beispielhaftigkeit (Nr. 2). Gott erwartet geduldig die Sünder, die er ruft und hetzt sie nicht unmenschlich vorwärts. Gott selber ist der Vater der Barmherzigkeit (*pater misericordiae*: Nr. 3), dem zu folgen wir versuchen können. „Daher, Geliebte, wollen wir nach dem Beispiel der göttlichen Barmherzigkeit, die den Sünder geduldig erträgt und ihn langmütig erwartet, die Schwächen, schlechten Taten und Worte anderer, die uns missfallen, ertragen" (Nr. 4). Nach dem Gleichnis vom barmherzigen Vater meidet Gott seinen sündigen Sohn nicht – wie es gerecht wäre –, sondern nimmt ihn gütig auf und schenkt ihm den Kuss des Friedens und der Eintracht. Gott gibt so ein Beispiel der Barmherzigkeit (*exemplum misericordiae*) und ersehnt die Rückkehr seines verlorenen Sohnes aus ganzem Herzen (Nr. 5).

Die Barmherzigkeit befreit von den Fesseln der Sünde im Mitleid des Erbarmens (*pietas misericordiae*), vermehrt die Gnadengaben, macht reich an Verdienst und führt in ihrem Siegespreis zur Freude des Lebens hin (Nr. 6-9). In diesem Teil nennt Bonaventura ausdrücklich die sieben leiblichen Werke der Barmherzigkeit (Nr. 8). Wer nicht bereit ist, anderen Barmherzigkeit zu schenken, wird von der göttlichen Strenge bestraft werden. Diese Menschen empfangen das Gnadengeschenk nicht mehr, werden von Gott zurechtgewiesen und verfallen schließlich der ewigen Verdammnis (Nr. 10-13). Der seraphische Lehrer verwendet solch harte

Worte, damit wir als Christen neu das freie göttliche Geschenk der Barmherzigkeit erleben und immer neu versuchen, es im Alltag auch anderen zu schenken.

Text

Seid barmherzig, wie auch euer Vater barmherzig ist (Lk 6,36).[37]

1. Da unser Herr Jesus Christus sah, wie Barmherzigkeit und „Liebe erkalteten“ (Mt 24,12), Bosheit und Fleischlichkeit hingegen überhandnahmen, wollte er uns in dem hier vorgelegten Wort nach der Richtschnur der göttlichen Güte[38] zu den Werken der Barmherzigkeit und Liebe hinführen, wenn er sagt: „Seid barmherzig wie euer Vater“. Weil nun keinerlei Tun unsererseits richtig sein kann, wenn es nicht nach der Richtschnur der göttlichen Beispielhaftigkeit geleitet wird, deshalb ermahnt er uns in dem angeführten Wort erstens zu Hilfeleistung in fremder Not, um die herzliche Liebe[39] aufzuwecken. Zweitens legt er uns die Belehrung durch göttliche Beispielhaftigkeit vor, um den Verstand zu lenken. Zuerst mahnt er uns zu Hilfeleistung in fremder Not, um die herzliche Liebe aufzuwecken, wenn er sagt: „Seid barmherzig“. Dann legt er uns die Belehrung durch die göttliche Beispielhaftigkeit vor, wenn er hinzufügt: „wie euer Vater barmherzig ist“.

2. Zuerst bewegt er uns also zu Hilfeleistung in fremder Not, um die herzliche Liebe aufzuwecken, indem er sagt: „seid barmherzig“. Drei Dinge sind es, durch die unser Herr

37 Bis zur Liturgiereform des 2. Vaticanums wurde am 1. Sonntag nach Pfingsten die Perikope Lk 6,36-42 gelesen. Heute fällt der Vers, über den Bonaventura predigt, in das Evangelium vom 7. Sonntag im Jahreskreis C (Lk 6,27-38).

38 Lat. *secundum regulam divinae pietatis*: Für Bonaventura klingt bei *regula* wohl die Franziskus-Regel mit, in deren (ungefährer) Textmitte die Barmherzigkeit steht: „mit Barmherzigkeit“ (*cum misericordia*) soll den Sündern Buße auferlegt werden (BR 7,2).

39 Das lat. *affectus* bedeutet zunächst: Zustand des Herzens, des Gemüts, der Empfindung; dann Leidenschaft, zärtliche Neigung, Liebe.

Jesus Christus uns zu Werken des Mitleids und Erbarmens auffordert. Das Erste ist die wohlwollende Belehrung durch die göttliche Beispielhaftigkeit, die das Erkenntnisvermögen lenkt.[40] Das Zweite ist die große Verheißung vielfachen Nutzens, die das Begehren anzieht. Das Dritte ist die strenge Bestrafung, die das Zornesmütige einschüchtert. Wen nun das göttliche Beispiel nicht zum Erbarmen bewegt, den möge so die nutzbringende Verheißung bewegen oder wenigstens die schreckliche Bestrafung.

3. Als erstes bewegt uns zur Barmherzigkeit die wohlwollende Belehrung durch die göttliche Beispielhaftigkeit, die das Verstandesvermögen lenkt. Dies tritt gewissermaßen in drei Dingen zutage: Erstens in der Beharrlichkeit[41] umsonst geschenkter Berufung, zweitens in der Geduld ausdauernder Erwartung, drittens in der Milde wohlwollenden Aufnehmens. Denn der barmherzige Gott beruft beharrlich die Sünder, erwartet sie geduldig und nimmt sie in Milde auf. Als erstes erscheint die Barmherzigkeit Gottes in der Beharrlichkeit der gnadenhaften Berufung. So heißt es bei Matthäus: „Barmherzigkeit will ich, nicht Opfer. Denn ich bin nicht gekommen, Gerechte zu berufen, sondern Sünder" zur Buße (Mt 9,13). Wenn auch der barmherzige Gott von den Sündern schmählich verachtet wird, hat er sich dennoch nicht geweigert, seinen Sohn zu senden und durch die Beharrlichkeit der gnadenhaften Berufung von ihnen Frieden zu erbitten. Denn er verlangt begieriger nach unserem Heil als nach irgendeinem andern Opfer. Gregor sagt: „Wir müssen wenigstens wegen der Barmherzigkeit unserer Berufung erröten, wenn wir uns schon nicht vor Gottes Gerechtigkeit fürchten wollen. Denn je mehr er durch Unverschämtheit verachtet wurde, desto weniger hat sich der Ver-

40 Belehrung *(informatio)*, Verheißung *(promissio)* und Bestrafung *(punitio)* sprechen drei Seelenkräfte an: die verstandesmäßige *(rationalis)*, begehrende *(concupiscibilis)* und zornesmütige *(irascibilis)*.

41 Lat. *instantia*: Dringlichkeit, Notwendigkeit, Inständigkeit; von Gott ausgesagt am ehesten das beharrliche Rufen nach dem Sünder.

achtete verweigert."[42] Meine Lieben, übernehmen wir das Beispiel so großen Wohlwollens und solcher Barmherzigkeit und erbitten wir zuerst Frieden von denen, die uns verfolgen und angreifen, auch wenn die Schuld nicht auf unserer Seite liegt. Denn nach Gregor „ist es frommen Seelen eigen, dort Schuld anzuerkennen, wo keine Schuld ist".[43] Und dann wollen wir uns „mit herzlichem Erbarmen bekleiden" wie wahre „erwählte" (vgl. Kol 3,12) Kinder des Vaters der Barmherzigkeit. Dieser kam „durch" sein „herzliches Erbarmen aus der Höhe" (Lk 1,78) und hat zuerst um Frieden in dieser Welt gebeten, indem er zur Buße aufrief.

4. Zweitens erscheint die Barmherzigkeit Gottes in der Geduld ausdauernder Erwartung. Deshalb heißt es in den Klageliedern: „Es ist die Barmherzigkeit des Herrn, dass wir nicht vernichtet sind, denn seine Erbarmungen hören nicht auf" (Klgl 3,22). Wenn nämlich der Mensch sündigt, tut er seinem Schöpfer Gewalt an und kreuzigt wiederum „den Sohn Gottes" in sich selbst (vgl. Hebr 6,6).[44] Und deshalb ist er sogleich der vollkommenen Vernichtung schuldig, wenn da nicht die göttliche Barmherzigkeit wäre, die geduldig und langmütig auf ihn wartet, als ob sie seine Sünden übersehen würde (vgl. Weish 11,24). Denn wenn sie den Sünder sofort bestrafte, bliebe keiner, den sie verschonen könnte. Daher, Geliebte, wollen wir nach dem Beispiel der göttlichen Barmherzigkeit, die den Sünder geduldig erträgt und ihn langmütig erwartet, die Schwächen, schlechten Taten und Worte anderer, die uns missfallen, ertragen. Wir wollen nicht sofort

---

42 Gregor der Grosse, *Buch der Pastoralregel – Regula pastoralis*, übers. von Joseph Funk (Bibliothek der Kirchenväter, 2. Reihe, Bd. 4) Kempten, 1933, 229 (PL 77,105D).

43 Gregor der Grosse, *Ausgewählte Briefe*, übers. v. Th. Kranzfelder (Bibliothek der Kirchenväter, 1. Reihe, Bd. 27), Kempten 1874, 624f. (PL 77, 1195B); ähnlich Franziskus, *22. Ermahnung*: „Selig der Knecht, der (...) für ein Vergehen, an dem er keine Schuld hat, demütig Schmach und Tadel erträgt" (*Erm.* 22,3: FQ 53).

44 Vgl. Franziskus, *5. Ermahnung*: du „kreuzigst ihn auch jetzt noch, wenn du deine Freude hast an Lastern und Sünden" (*Erm.* 5,3: FQ 48).

in Zorn ausbrechen und auf Vergeltung ansetzen, sondern langmütig ihre freiwillige Besserung erwarten. Ansonsten könnte dies Gott missfallen, und es wäre zu fürchten, dass Gott ähnlich handelt.

5. Drittens erscheint die göttliche Barmherzigkeit in der Milde wohlwollender Aufnahme. Dafür haben wir das Beispiel des verlorenen Sohnes bei Lukas: „Als ihn sein Vater sah, wurde er von Mitleid bewegt, lief ihm entgegen, fiel ihm um den Hals und küsste ihn" (Lk 15,20). Siehe, wie Gott, der Vater der Barmherzigkeit, wegen der schrecklichen vergangenen Abscheulichkeiten nicht die Gemeinschaft mit dem so verlorenen Sohn meidet, sondern ihn vielmehr gütig aufnimmt und ihm den Kuss des Friedens und der Eintracht entbietet. Zum Zeichen dafür befiehlt er, ihm „den Ring an" seine „Hand" zu geben, das ist das Bündnis seines Wohlwollens, „Schuhe an die Füße", das ist die Gnade im Wirken, und ihn mit „dem ersten Gewand" zu bekleiden, das heißt, ihn in die Reinheit der ersten Unschuld zurückzuversetzen (vgl. Lk 15,22). Bemerkenswert ist dabei, dass dieser, gezwungen durch eine gewisse Not, Buße getan zu haben scheint, und dennoch wurde seine Buße von Gott angenommen. Deswegen sagt Augustinus dazu: „Welche Not auch immer den Sünder zur Umkehr zwingen mag, weder die Menge der Sünden noch ein Leben in Todsünde[45] noch die weiteste Entfernung[46] des Menschen schließen von der Vergebung aus, wenn ein vollkommener Gesinnungswandel stattgefunden hat. Vielmehr nimmt Gott im unendlich weiten Schoß der Liebe seine zurückkehrenden Kinder auf."[47] Nach diesem Beispiel der Barmherzigkeit, welche die Feinde gütig aufnimmt und die Schulden vollkommen nachlässt, mahnt der Apostel im Brief an die Epheser: „Seid gegeneinander barmherzig und gütig, indem ihr einander

---

45 Lat. *enormitas* (mittellatein): auch Frevel, Ungebühr, Todsünde: J. F. NIERMEYER, *Mediae Latinitatis Lexicon Minus*, Leiden ²2002, 492.

46 Lat. *extremitas*: äußerste Grenze; hier die weiteste Entfernung von Gott.

47 Der Bezug zu Augustinus ist unbekannt.

vergebt, wie auch Gott in Christus euch vergeben hat" (Eph 4,32). Dazu sagt Ambrosius: „Wenn einer gegen den anderen sündigt, vergebt das Begangene. Wenn aber nicht, dann wird Gott das Vergebene wieder zurücknehmen. Denn wenn er darin verachtet wird, wird er den Urteilsspruch, durch den er Barmherzigkeit gegeben hatte, durch die Gerechtigkeit widerrufen."[48]

6. Zweitens bewegt uns zur Barmherzigkeit die große Verheißung jeglichen Nutzens, die unseren begehrenden Willen anlockt. Die Barmherzigkeit bringt dem Menschen nämlich einen dreifachen Nutzen, auf den alles andere zurückgeführt werden kann. Und deswegen müsste die herzliche Zuneigung gänzlich zu den Werken der Barmherzigkeit hingezogen werden. Denn die Barmherzigkeit befreit erstens von Sünde, indem sie die Fesseln der Schuld löst. Zweitens macht sie reich an Verdienst, indem sie die Gnadengaben vermehrt. Drittens beseligt sie mit dem Siegespreis, indem sie zur Freude des Lebens hinführt.

7. Zuerst befreit die Barmherzigkeit von Sünde, indem sie die Fesseln der Schuld löst. Daher heißt es in den Sprichwörtern: „Durch Barmherzigkeit und Wahrheit wird Unrecht gesühnt, und in der Furcht Gottes wendet sich jeder ab vom Bösen" (Spr 16,6). Der Mensch, der seine Seele durch Unrecht dem Teufel verkauft hat, kann sie durch Barmherzigkeit und Wahrheit wieder zurückkaufen. Die Wahrheit der Gerechtigkeit und das Mitleid der Barmherzigkeit sind eine ausgezeichnete Verbindung. Denn durch die Wahrheit der Gerechtigkeit in der Bestrafung und in der Abwendung von den Lastern durch Buße geschieht Reinigung von Schuld. Aber durch das Mitleid des Erbarmens in der Hilfeleistung gegenüber Armen durch Almosen wird die Strafe nachgelassen. Doch muss dies „in der Gottesfurcht" geschehen als dem Ursprung alles Guten, durch die jeder sich vom Bösen abwendet. „Denn wer keine Furcht hat, kann nicht gerechtfertigt werden" (Sir 1,28). Ähnlich heißt es darüber bei Da-

48 Richtig: AMBROSIASTER, *In Eph.* 4,32 (PL 17,393C-D).

niel: „Kaufe dich los von deinen Sünden durch Almosen und von deinen Missetaten durch Barmherzigkeit gegen die Armen“ (Dan 4,24). Es ist nämlich angemessen, dass, wer Barmherzigkeit von jemandem fordert, auch dem andern Barmherzigkeit erweist und von sich aus erkennt, was der Nächste braucht.

8. Zweitens macht Barmherzigkeit reich an Verdienst, indem sie die Gaben der Gnade vermehrt. So heißt es in den Sprichwörtern: „Auf Zinsen leiht dem Herrn, wer sich des Armen erbarmt“ (Spr 19,17). So wie nämlich jemand durch Wucher schnell reich an zeitlichen Gütern wird, so durch Barmherzigkeit an geistlichen Gütern. Sie ist nämlich eine Tugend, die Zeitliches und Geistliches vervielfacht und an den erhabenen Ort der Herrlichkeit hinaufhebt. So heißt es bei Jesus Sirach: „Jede Barmherzigkeit bereitet einen Ort entsprechend ihren Werken“ (vgl. Sir 16,15).[49] Jede Barmherzigkeit ist in ihren sieben Werken enthalten, die jedem entsprechend dem Maß, in dem er sie ausübt, einen Platz voll Reichtümern Gottes in der Herrlichkeit bereitet. Diese sieben Werke der Barmherzigkeit sind in folgendem Vers zusammengefasst:

Besuchen, tränken, nähren, loskaufen, bekleiden, aufnehmen, bestatten.[50]

Der vollkommen Barmherzige muss also Kranke besuchen, Hungernden und Dürstenden zu Essen und Trinken geben, Gefangene loskaufen, Nackte bekleiden, Fremdlinge aufnehmen und Tote bestatten oder begraben. Sechs dieser Werke stammen aus dem Text des Evangeliums nach Matthäus: „Ich war hungrig, und ihr habt mir zu essen gegeben; ich war durstig, und ihr habt mir zu trinken gegeben; ich war fremd, und ihr habt mich aufgenommen; ich war nackt, und ihr habt mich bekleidet; ich war krank, und ihr habt mich be-

49 Das Zitat aus Sir 16,15a in der Vulgata heißt: „*Omnis misericordia faciet locum unicuique secundum meritum operum suorum*“ – „Jedes Werk der Barmherzigkeit wird einem jedem nach seinem Verdienst hinterlegt“.

50 Lateinisch in der Ich-Form: *visito, poto, cibo, redimo, tego, colligo, condo.*

sucht; ich war im Gefängnis, und ihr seid zu mir gekommen" (Mt 25,35). Das siebte Werk der Barmherzigkeit, nämlich Tote zu begraben, wird dem Buch Tobit entnommen (Tob 2,7).

9. Drittens beseligt die Barmherzigkeit mit dem Siegespreis, indem sie zur Freude des Lebens hinführt. So heißt es in den Sprichwörtern: „Wer zur Barmherzigkeit geneigt ist, wird gesegnet werden, denn er hat von seinen Broten dem Armen gegeben" (Spr 22,9). Weil der Mensch, der zur Barmherzigkeit geneigt ist, von seinem Brot dem hungernden Armen gegeben hat, wird er die Ehre der Herrlichkeit erlangen. Er wird gesegnet werden mit jenem Segen, von dem es bei Matthäus heißt: „Kommt, ihr Gesegneten meines Vaters, nehmt das Königreich in Empfang, das von Anbeginn der Welt bereitet ist. Denn ich war hungrig, und ihr habt mir zu essen gegeben" (Mt 25,34-35). Bei Matthäus heißt es nämlich auch: „Selig die Barmherzigen, denn sie werden Barmherzigkeit erlangen" (Mt 5,7).

10. Drittens bewegt uns zur Barmherzigkeit die harte Bestrafung durch die göttliche Strenge, die sich in dreierlei Dingen offenbart. Die nämlich keine Barmherzigkeit üben, werden zuerst der Gunst des Gnadengeschenkes beraubt. Zweitens werden sie gescholten mit dem Tadel der göttlichen Zurechtweisung. Drittens werden sie gequält durch die Strafe ewiger Verdammnis.

11. Zuerst werden jene, die keine Barmherzigkeit üben, der Gunst des Gnadengeschenkes beraubt. So heißt es bei Matthäus: „Du böser Knecht! Die ganze Schuld habe ich dir erlassen, weil du mich gebeten hast. Hättest denn nicht auch du dich deines Mitknechtes erbarmen müssen, so wie auch ich mich deiner erbarmt habe? Und erzürnt übergab ihn sein Herr den Qualen, bis er die ganze Schuld zurückbezahlt hätte" (Mt 18,32-34). Seht, wie Gott von diesem da, der mit seinem Nächsten kein Erbarmen haben wollte, seine Gunst des Gnadengeschenkes, das er durch Erbarmen gemacht hatte, durch Gerechtigkeit wieder zurückfordert.

12. Zweitens werden jene, die keine Barmherzigkeit üben, mit dem Schimpf harter Zurechtweisung gescholten. Daher

heißt es im Buch der Sprichwörter: „Wer den Armen schikaniert, schmäht seinen Schöpfer. Es ehrt ihn aber, wenn er sich des Armen erbarmt. Der Gottlose wird in seiner Bosheit hinausgeworfen" (Spr 14,31). So wie nämlich, wer sich des Armen erbarmt, Gott im Armen ehrt, so schmäht auch jener, der „das Mitleid" des Erbarmens vor dem Armen „verschließt" (vgl. 1 Joh 3,17), im Armen seinen Schöpfer und bereitet ihm Schande. Ein solcher verdient es, wie ein Gottloser in der Bosheit seiner Gottlosigkeit aus der Gemeinschaft der Heiligen ausgestoßen und mit der Schande harter Zurechtweisung gescholten zu werden, wie es bei Matthäus heißt: „Geht weg von mir, ihr Verfluchten, in das ewige Feuer! Denn ich war hungrig, und ihr habt mir nicht zu essen gegeben. Ich war durstig, und ihr habt mir nicht zu trinken gegeben. Ich war fremd, und ihr habt mich nicht aufgenommen. Ich war nackt, und ihr habt mich nicht bekleidet. Ich war krank und im Gefängnis, und ihr habt mich nicht besucht" (Mt 25,41-43).

13. Drittens werden jene, die kein Erbarmen erweisen, mit der Strafe ewiger Verdammnis gepeinigt. So heißt es bei Jakobus: „Ein Gericht ohne Erbarmen widerfährt jenem, der kein Erbarmen geübt hat" (Jak 2,13). Das ganze Gerichtsurteil und die Untersuchung durch den Richter werden sich nach den erwiesenen oder nicht erwiesenen Werken der Barmherzigkeit richten. Jene, die Barmherzigkeit geübt haben, werden ewiges Leben haben, die aber Barmherzigkeit verweigert haben, werden mit ewiger Strafe gepeinigt. Daher wurde befohlen, dass der Reiche, der dem armen Lazarus einen Bissen Brot verweigert hat, im Feuer der Hölle gequält werde (vg. Lk 16,19-22).

Lasst uns also beten ...

Aus der Predigtreihe „Gaben des Heiligen Geistes“ (1268) Collationes de donis Spiritus Sancti[51]

Übersetzung von Marianne Schlosser

Collatio IV: Die Gabe der Wissenschaft

„Gott, der sprach: aus der Finsternis soll Licht aufstrahlen, er selbst ist aufgeleuchtet in unseren Herzen, damit wir erleuchtet werden zur Erkenntnis (*scientiae*) der göttlichen Klarheit auf dem Antlitz Christi Jesu“ (2 Kor 4,6). „Sollte der nicht tadeln, der die Völker zurechtweist, der die Menschen Wissen lehrt“ (Ps 93,10)?

Der Psalmvers sagt, dass *der* Lehrer der Wissenschaften Gott ist. Ihr kennt das: Wenn jemand Wasser trinken will, dann nimmt er es lieber vom Quell, als von einem Bächlein. Wenn also Gott der Lehrer des Wissens schlechthin ist und der Geber der Gabe, über die wir nun etwas sagen wollen, dann müssen wir uns an ihn wenden, um Erleuchtung zu erlangen. So machte es der Psalmsänger, so auch Salomo, und er wurde ein großer Prediger. Erheben wir also unsere Herzen und bitten wir den Geber aller Gaben. Weil wir nicht um zeitliche Güter bitten, sondern zum Heil und Nutzen unserer Seele, gefällt diese Bitte Gott, wie bei Salomo, der um Weisheit bat (1 Kön 3,7). Bitten wir also den Herrn, dass er unsere Augen öffne, und mir das Licht des Wissens gebe, damit ich etwas über die Gabe des Wissens sagen kann, was zur Ehre Gottes ist.

Natürliche Vernunft und Gnade: Vierfaches Licht des Wissens

2. „Gott, der sprach: Licht soll aufstrahlen (...).“ Dieses Wort steht geschrieben im 2. Brief des Apostels Paulus, des großen Lehrers, an die Korinther; es lässt die Gabe des Wissens

---

51 Übersetzung nach dem lat. Text aus: *Doctoris seraphici S. Bonaventurae opera omnia*, edita studio et cura PP. Collegii a S. Bonaventura, Bd. V, Quaracchi 1891, S. 473-479.

erkennen, die er hatte. Er entfaltet nun, was dieser Gabe vorausgeht, und was ihr folgt. Vorausgehen gleichsam zwei Dinge: das uns eingeborene Licht, und das eingegossene Licht. Das eingeborene Licht ist das natürliche Urteilsvermögen, das Licht der Vernunft. Das eingegossene Licht ist das Licht des Glaubens. Auf das erste bezieht sich, wenn er schreibt: „Gott, der sprach: Licht soll aufstrahlen", das heißt: Gott prägte dem geistbegabten Geschöpf das Licht des Urteilsvermögens (*naturale iudicatorium*) ein – also nicht bloß den aufnehmenden Intellekt (*intellectus possibilis*), sondern auch den tätigen Intellekt (*intellectus agens*)![52] Auf das eingegossene Licht des Glaubens bezieht sich: „er ist aufgeleuchtet in unseren Herzen". Gott erschuf die Vernunft und gab darüber hinaus die Gnade.

Auch das, was folgt, ist zweifach: die klare Erkenntnis des Schöpfers, und die enthüllte Erkenntnis des Erlösers (*revelata notitia*). Das erste wird angedeutet mit den Worten: „zur Erkenntnis der Herrlichkeit Gottes (*claritas Dei*)", das zweite mit den Worten: „auf dem Antlitz Jesu Christi". Der Apostel gibt zu verstehen, dass die Seele eine vielfache Klarheit besitzt, und von der einen zur anderen übergeht, wie er schreibt: „Wir alle schauen die Glorie des Herrn mit enthülltem Angesicht und werden dadurch umgeformt in sein Abbild, von Klarheit zu Klarheit, vom Geist des Herrn." Die „Klarheit" der Seele ist das Wissen (*scientia*), die Finsternis der Seele dagegen ist das Unwissen (*ignorantia*).

3. Beachtet, dass es eine Klarheit aufgrund des philosophischen Wissens, des theologischen Wissens, des gnadenhaften und des in der Glorie vollendeten Wissens gibt. Die Klarheit des philosophischen Wissens gilt als groß in den Augen der weltlich gesinnten Leute, doch sie ist gering im Vergleich zu der Klarheit des christlichen Wissens. Die Klarheit des theologischen Wissens scheint in den Augen der Welt-Leute gering, in Wahrheit aber ist sie groß. Die Klarheit des gnadenhaften Wissens ist noch größer, die des Wissens

---

52 Vgl. *II Sent.* d24 p1 a2 q4 (II 567-571); *Hex* VII, n.2. (V 365).

in der Glorie am größten: dort ist das Wissen im vollendeten Zustand. Darum heißt es im Psalm: „Wunderbar ist dein Wissen (...) ich vermag mich ihm nicht zu nahen" (Ps 138,6), in diesem Leben.

4. Alle diese Arten von Wissen und ihre Klarheit sind von Gott gegeben, obwohl sie gestuft sind. Es ist wahr, dass das philosophische und das theologische Wissen eine Gabe Gottes sind, aber im eigentlichsten Sinn „Gabe" [im Sinn der Gabe des Heiligen Geistes] ist das gnadenhafte Wissen (*scientia gratuita*). Das Wissen in der Glorie ist nicht nur Gabe, sondern auch Lohn. [...]

5. Das philosophische Wissen ist nichts anderes als die mit Gewissheit verbundene Kenntnis der Wahrheit, insofern sie erforschbar ist. Das theologische Wissen ist die mit ehrfürchtiger Zuneigung verbundene Kenntnis der Glaubenswahrheit. Das gnadenhafte Wissen ist die mit Heiligkeit verbundene Kenntnis der Wahrheit, insofern sie aller Liebe würdig ist. Das Wissen der Glorie ist die mit Ewigkeit verbundene Kenntnis der Wahrheit, insofern sie das Ziel der Sehnsucht ist.[53]

Im Folgenden (nn.6-11) erläutert Bonaventura die philosophischen Disziplinen: Metaphysik, Erkenntnistheorie (Logik, Sprache), und Ethik. In n.12 warnt er vor dem „Abstürzen" aufgrund zu großen Vertrauens in diese Disziplinen: Man gelangt weder zum personalen Schöpfer, noch zu einer sicheren Antwort auf die Frage nach dem, was dem Menschen nützt. „Das philosophische Wissen ist der Weg zu weiterem Wissen. Wer dabei stehen bleiben will, fällt in Irrtum."

Der Abschnitt nn.13-18 ist dem theologischen Wissen gewidmet. Wie im Breviloquium gebraucht Bonaventura auch hier „Heilige Schrift" und das „Wissen von der Heiligen Schrift", d.i.: „Theologie" nahezu synonym.

---

53 Lat. *Scientia philosophica nihil aliud est quam veritatis ut scrutabilis notitia certa. Scientia theologica es veritatis ut credibilis notitia pia. Scientia gratuita est veritatis ut diligibilis notitia sancta. Scientia gloriosa est veritatis ut desiderabilis notitia sempiterna.*

Theologisches Wissen

13. Über das philosophische Wissen hinaus gab uns Gott das theologische Wissen: das Wissen von der Glaubenswahrheit, verbunden mit ehrfürchtiger Zuneigung; denn das ewige Licht, das Gott ist, ist unseren Augen unzugänglich (1 Tim 6,16); diese verhalten sich wie das Auge eines Käuzchens zum Tageslicht, solange wir in diesem sterblichen Leben sind. Daher schreibt Augustinus: „Die Schärfe unseres Geistes ist kraftlos, sie vermag sich an dieses überragende Licht nicht zu heften, außer sie wird durch die Gerechtigkeit des Glaubens gereinigt.“[54] Das theologische Wissen ist also auf den Glauben gegründet. Wie die philosophischen Wissenschaften auf den ersten Prinzipien gründen, so gründet das Wissen von der Heiligen Schrift (*scientia Scripturae*) auf den zwölf Artikeln des Glaubensbekenntnisses – sie lassen sich mit den zwölf Grundsteinen der Stadt vergleichen (Offb 21,14). Über dieses Wissen steht bei Jesaja: „Nichts Böses werden sie tun und nicht töten auf meinem ganzen heiligen Berg“, und: „Erfüllt ist die Erde von der Kenntnis (*scientia*) des Herrn, wie das Wasser des Meeres, das die Erde bedeckt“ (Jes 11,9). Die Heilige Schrift wird mit dem Wasser des Meeres verglichen, wegen der tiefen Geheimnisse, wegen ihres vielfältigen Sinnes, und weil sie die feste Grundlage der Kirchen ist.

14. Als erstes, sage ich, gleicht die Heilige Schrift dem Meer wegen ihrer tiefen Geheimnisse. Das Meer ist tief, kein Mensch kann es durchschreiten. Und ebenso ist die Heilige Schrift „tief“; kein Mensch, wie erleuchtet er auch sei und wieviel Mühe er sich auch gebe, kann ihre Tiefe erreichen. Darum sagt Jesaja: „Die Schau aller Dinge wird für euch sein wie die Worte eines versiegelten Buches; wenn man es einem gibt, der des Lesens kundig ist, und spricht: Lies das, wird er antworten: Ich kann nicht, es ist versiegelt. Und wenn man es jemandem gibt, der nicht lesen kann, und ihn

---

54 Augustinus, *Trin.* I, cap.2, n.4 (CCSL 50,31).

auffordert: Lies, dann wird er antworten: Ich kenne die Buchstaben nicht (*nescio litteras*)“ (Jes 29,11f.). Weder der, welcher zu lesen weiß, noch der, der nicht zu lesen weiß, wird lesen können. Wer also wird das lesen können? Ich antworte: Wer mit hochmütiger Gesinnung das Heiligtum Gottes betreten will, wird das nicht vermögen, auch wenn er gebildet ist. Und wenn ein des Lesens Unkundiger, Ungebildeter eintreten wollte, wäre er töricht. Es muss also jemand Bildung *und* den Geist haben.

15. Zum zweiten wird die Schrift dem Meer verglichen wegen ihres vielfältigen Sinnes. Im Meer gibt es verschiedene sprudelnde Quellen, so auch in der Heiligen Schrift in einem Wortlaut verschiedene Sinnrichtungen. Darum steht im Buch Daniel zu lesen: „Du aber, Daniel, verschließe die Worte und versiegle das Buch bis zu der festgesetzten Zeit. Sehr viele werden vorübergehen, und vielfältig wird das Wissen sein“ (Dan 12,4). Manche wundern sich, dass wir in ein und derselben Schrift so viele Bedeutungen haben. Anselm sagt, dass in ein und derselben Erde verschiedene Pflanzen gedeihen, dass also die Erde durch die Kraft Gottes Verschiedenes sprießen lässt. Und so gibt es durch den Heiligen Geist auch verschiedene Sinnrichtungen in ein und demselben Schriftwort. […]

16. Der dritte Grund, warum die Heilige Schrift dem Wasser des Meeres verglichen wird, liegt darin, dass sie der sichere Grund für die Kirchen ist. Im Psalm steht: „Über Meere hat er sie gegründet“ (Ps 23,2), und in einem anderen Psalm: „Du hast die Erde fest gegründet“ (Ps 103,5). Manche haben über David gelacht, weil er sagte, Gott habe die Erde auf Wasser gegründet. Da die Erde trocken ist, würde sie zu Staub werden, würde sie nicht von Feuchtigkeit durchdrungen. Auch der menschliche Körper erhält durch die Adern Feuchtigkeit. Daher ist es notwendig, dass vom Meer her süßes Wasser kommt und die Erde festhält. David sagt, Gott habe die Erde über Wassern gegründet, um ein Geheimnis anzudeuten: Die Erde, die der Geist [des Herrn] erfüllt, ist die Ordnung der Kirche (*hierarchia ecclesiastica*); Gott, der „das

ganze Gewicht der Erde mit drei Fingern hält" (Jes 40,12), hat die Heilige Kirche auf das Wort Gottes gegründet. Was Gott gesprochen (*eloquia divina*), ist das feste Fundament der Kirche. So schreibt Paulus an Timotheus: „Ich schreibe dir, Timotheus, damit du weißt, wie du dich im Haus Gottes verhalten sollst, das die Kirche des lebendigen Gottes ist, Säule und Firmament der Wahrheit" (1 Tim 3,14f.).

17. Wo es an der Heiligen Schrift [bzw. der Theologie als Kenntnis davon] fehlt (*deficit*), da wankt die Erde, das heißt: die Kirche. „Sie hatten weder Wissen noch Einsicht, sie wanderten dahin im Dunkeln; alle Grundfesten der Erde werden wanken" (Ps 81,5): Arius, der die Trinität aufheben wollte, Nestorius, der die Einheit der Person aufgeben, Eutyches, der die beiden Naturen in Christus vermischen wollte: sie haben die Grundlage der Kirche ins Wanken gebracht.

Jeder Bischof (*pontifex*) muss dieses Wissen haben; deswegen fragt man ihn: „Kennst du das Alte und das Neue Testament?" Der König von England fragte einmal einen Bischof, was die beiden Spitzen oder Hörner seiner Mitra bedeuteten. Dieser gab eine gute Antwort: Sie bedeuteten die beiden Testamente, die man als Bischof kennen müsse. Darauf fragte der König: „Und was bedeuten die beiden Bänder, die auf den Rücken herabhängen?" Darauf antwortete jener: Sie bedeuteten die Unkenntnis beider Testamente, „denn wir kennen weder das eine noch das andere, sondern haben beide hinter unseren Rücken geworfen". Und das war eine schlechte Antwort!

18. Gegen diejenigen, welche die Kenntnis der Schrift, die theologische Kenntnis, nicht haben, wird bei Hosea gesagt: „Weil du das Wissen zurückgewiesen hast, verwerfe ich dich, und du wirst mir nicht im Priestertum dienen" (Hos 4,6). Wer vom Lenken eines Schiffes oder der Leitung einer Gemeinschaft von Bürgern nichts versteht, wird nicht zum Leitungsamt zugelassen. Wenn nun die Fundamente der Kirche in der Wissenschaft von der Heiligen Schrift bestehen, dann darf jemand, der keine Ahnung davon hat, zu einem kirchlichen Dienst oder einem Amt nicht zugelassen wer-

den. Es wäre bodenlose Dummheit, wenn ein Blinder einen Blinden führen wollte. Man darf auch einen Kapitän nicht aufgrund von Losverfahren oder reiner Sympathie auswählen. – Beachte, dass „Wissen zurückgewiesen" wird, wenn jemand sich weigert, es zu lernen. So sagt Jesaja: „Darum wird mein Volk in die Gefangenschaft geführt, weil es kein Wissen hatte" (Jes 5,13), das heißt: weder am Haupt noch an den Gliedern! Wissen wird auch dann „zurückgewiesen", wenn ein Mensch zwar Wissen hat, aber nicht danach leben will, das Wissen nicht im Leben umsetzen will. Daher spricht der Herr: „Wehe Euch, ihr Schriftgelehrten und Gesetzeslehrer! Ihr habt den Schlüssel des Wissens genommen, selbst seid ihr nicht hineingegangen, und diejenigen, die eintreten wollten, habt ihr gehindert!" (Lk 11,52). Wenn ein Arzt die Speise isst, die er dem Kranken verbietet, nimmt der Kranke Ärgernis und will die Speise ebenfalls essen. – O wehe euch, ihr Schriftgelehrten und Pharisäer! Denn wenn jemand wohl weiß, was das Gute ist, es aber nicht tut, ist das Sünde, wie Jakobus sagt (Jak 4,17). Wissen vermehrt also die Schuld und die Strafe: „Ein Knecht, der den Willen des Herrn kennt, und sich dennoch nicht bereitmacht, und nicht den Willen des Herrn erfüllt, der wird viele Schläge bekommen" (Lk 12,47). Wenn ein Mensch das Böse nicht verhindert, durch sein Beispiel oder seinen Rat, weh ihm! Du machst dich zum Lehrer der Heiligen Schrift, aber du rätst zum Gegenteil des Guten und der Wahrheit.[55] Würde man jemandem, der auf dem geraden Weg gehen soll, raten, er solle den krummen Weg nehmen, dann wäre das eine tödliche Sünde (*peccatum inexpiabile*). Wenn du das Heil eines anderen durch dein Beispiel oder deinen Rat verhinderst, dann wirst du deine Seele statt seiner hergeben müssen. Wenn ich jemand zum Besseren führen könnte, und ich ziehe ihn zum Schlechteren, wäre das nicht eine schwere Sünde? Wenn ich das Gut eines

55 Offenbar eine Anspielung auf diejenigen Theologen, welche das Ordensleben generell und die Mendikantenorden speziell angegriffen hatten.

anderen hindere, dann handle ich schlechter als der Teufel; denn der handelt als Feind. –

Diese Wissenschaft also, wenn sie nicht begleitet ist von der Erfüllung im Werk, ist nicht zum Nutzen, sondern zum Schaden. Die Klarheit des philosophischen Wissens kann verdunkelt werden, aber dieses Wissen kann verdammt werden.

Wissen der Heiligen

19. Daher bedarf es einer weiteren „Klarheit“, des gnadenhaften Wissens: dies gibt den beiden anderen Wissenschaften die Form. Von diesem Wissen heißt es im Buch der Weisheit: „Der Herr führte den Gerechten auf rechten Wegen und zeigte ihm das Reich Gottes. Er brachte ihn zu Ehren in seinen Mühen und gab ihm das Wissen der Heiligen“ (Weish 10,10). Das gnadenhafte Wissen ist das Wissen der Heiligen, und zwar aus drei Gründen.

20. Erstens, weil dieses Wissen vom Heiligen Geist gegeben wird – damit will ich sagen, vom Heiligen Geist, der die Seele bewegt, mit seinem Hauch erfüllt und sie umgestaltet, so dass sie heilig wird. Der Heilige Geist haucht der Seele die Kenntnis der Heiligkeit ein, das Wohlgefallen an der Heiligkeit und ihre achtsame Bewahrung. So schreibt der Apostel an die Korinther: „Wir haben nicht den Geist dieser Welt empfangen, sondern den Geist, der aus Gott ist., damit wir wissen, was uns von Gott geschenkt ist“ (1 Kor 2,12). [...]

21. Zweitens hat dieses Wissen der Heiligen keinen Makel an sich – es hat keine Beimischung von fleischlicher Klugheit, unbeherrschter Wissbegier oder hohler Eitelkeit. Darum steht in Leviticus: „Der Herr sprach zu Aaron: Du und deine Söhne, ihr sollt keinen Wein oder berauschende Getränke zu euch nehmen, damit ihr Wissen habt, Heiliges und Profanes zu unterscheiden“ (Lev 10,8-10). Wer das Wissen der Unterscheidung zwischen heilig und profan hat, der enthält sich der Dinge, die berauschen können, das heißt, jeder überflüssigen Ergötzung am Geschaffenen – das ist nämlich berauschender Wein. Wenn jemand aus nichtiger Gefallsucht oder

aus Wissbegierde oder aus fleischlicher Gesinnung seiner Neigung zu überflüssiger Ergötzung am Geschaffenen nachgibt, hat er das Wissen der Heiligen nicht. [...]

Brüder, hört: Wer das Wissen der Heiligen hat, also die Angehörigen des Klerus, soll sich hüten, dass sich nicht etwas Lasterhaftes einschleicht; denn sonst verliert er die Kenntnis der Unterscheidung zwischen Gut und Böse.

22. Drittens ist das gnadenhafte Wissen Wissen der Heiligen, weil es mit dem Eifer für alle Heiligkeit verbunden ist. Darum steht im Buch Ecclesiastes: „... wer Wissen vermehrt, vermehrt auch den Schmerz“ (Koh 1,18). Wenn ein Mensch seine Fehler und sein Versagen erkennt, dann fühlt er schmerzliche Zerknirschung über sich selbst, schmerzvolles Mitleid mit seinen Mitmenschen, und schmerzlichen Eifer für die Ehre Gottes (vgl. Ps 4,3f.). Wer wahres Wissen besitzt und Gott kennt, und wer sieht, dass er selber nicht in vollkommener Weise den rechten Weg geht, der hat beständig Schmerz, denn er sieht, dass seine Neigungen und Gedanken zerfahren sind. „Wissen gebiert Trauer“, sagte Augustinus.[56] – Sieht man körperlichen Niedergang, so leidet man viel. Sieht man den Niedergang der Seelen, wie kann man die Tränen zurückhalten? An diesem Schmerz hat Gott großes Gefallen. Denn der Herr spricht: „Barmherzigkeit will ich, nicht Opfer, Wissen von Gott mehr als Brandopfer“ (Hos 6,6). Wenn ich weiß von den Schwächen anderer, soll ich Mitleid haben. Jes 53,2f.: „Wir sahen ihn, einen Mann voller Schmerzen, wissend von Schwäche“. Der Geist des Wissens von Gott ist nicht in jemandem, der ein Glied des gemeinsamen Hauptes leiden sieht und kein Mitleid mit ihm hat. David sah den Tod des Absalom mit Schmerz, obwohl dieser ihn verfolgt hatte.

Die dritte Art von Schmerz ist der Eifer für die Ehre Gottes. Davon liest man im Buch der Makkabäer: „Du, Herr, hast Wissen und weißt wohl, dass ich körperlich schwere Schmerzen leide, obwohl ich vom Tod hätte befreit werden

56 Augustinus, *Doctr. christ.* II, cap.7, n.10 (CCSL 32, 37).

können. Doch in meiner Seele leide ich dies gern, aus Ehrfurcht vor dir" (2 Makk 6,30). Das sprach Eleasar, als er lieber sterben wollte als das Essen von Schweinefleisch vorzutäuschen. Solches lehrt nicht die Philosophie – dass ich mich wegen einer Schlussfolgerung dem Tod ausliefere.

23. „Dein Knecht bin ich, gib mir Einsicht, damit ich deine Zeugnisse weiß" (Ps 118,125). Das gnadenhafte Wissen lehrt zu wissen und zugleich die Art und Weise des Wissens. „Wenn jemand meint, er wisse etwas, dann hat er noch nicht erkannt, wie er wissen sollte" (1 Kor 8,2) – zu diesem Wort des Apostels schreibt Bernhard: „Du siehst, der Apostel lobt nicht denjenigen, der vieles weiß, sondern ihm ist die Art des Wissens wichtig: darin liegt alle Frucht, aller Nutzen des Wissens. Was ist gemeint mit der Art des Wissens? Mit welcher Ordnung, mit welchem Eifer, mit welcher Zielsetzung jemand lernt. [...]"[57]

24. „Wissen bläht auf, Liebe baut auf" – *Scientia inflat, caritas aedificat* (1 Kor 8,1). Darum muss man das Wissen mit der Liebe verbinden, man muss beides gleichzeitig haben, um erfüllen zu können, was der Apostel schreibt: „In der Liebe fest verwurzelt und gegründet, damit ihr mit allen Heiligen erfassen könnt, die Länge, die Breite, die Erhabenheit und die Tiefe, die überragende Klarheit des Wissens Christi" (vgl. Eph 3,17-19).

25. Über das letzte Wissen, das in der Herrlichkeit des Himmels geschenkt wird, will ich nur ein Wort sagen. Über dieses Wissen steht im Buch der Weisheit geschrieben: „Dich zu erkennen ist vollendete Gerechtigkeit; und deine Gerechtigkeit zu wissen und deine Kraft ist die Wurzel der Unsterblichkeit" (Weish 15,3). Jenes Wissen beginnt in den Menschen, welchen die Gnade der Kontemplation gegeben ist, es findet seine Fortführung in denen, die im Frieden entschlafen sind, und es wird vollendet in denen, die auferstehen.

Dieses Wissen möge uns gewähren Er, der mit dem Vater und dem Heiligen Geist lebt und herrscht in Ewigkeit.

---

57 Bernhard von Clairvaux, *Cant.* sermo 36, n.3.

Geistliches Leben

Einleitung

Geistliches Leben beruht auf dem Wirken der Gnade. Im 5. Teil des *Breviloquium* schreibt Bonaventura über die „Gnade des Heiligen Geistes": Sie sei ein von Gott gegebenes Geschenk, mit dem zugleich der Heilige Geist als „ungeschaffene Gabe" gegeben werde – „Gabe" (*donum*) ist gewissermaßen einer seiner innertrinitarischen Namen, wie „Wort" einer der Namen des Sohnes ist.[1] Die Gnade als Einwohnung des Heiligen Geistes bewirkt im Menschen eine neue Beziehung zum dreifaltigen Gott: „Die Seele wird zur Braut Christi, zur Tochter des ewigen Vaters und zum Tempel des Heiligen Geistes", die so grundlegend ist, dass die Begnadung „Neuschöpfung" genannt werden kann (V 1). Die Neu-Erschaffung jedoch geschieht nicht an der personalen Mitwirkung des Menschen vorbei: „Weil Gott in der Neuschöpfung die Gesetze der Schöpfung nicht außer Kraft setzt, teilt er dem freien Willen die Gnade auf eine Weise zu, dass er ihn nicht zwingt, vielmehr die Zustimmung frei bleibt" (V 3). Gnade bewirkt Umgestaltung zu tieferer Gottähnlichkeit (*deiformitas*), indem sie den Menschen befähigt, „gott-gemäß" zu handeln (*caritas*), zu denken (*fides*) und zu wünschen (spes). Die Gnade prägt also „Habitus" im Menschen aus, wie das Licht verschiedene Farben hervorbringt, oder anders gesagt: Gott schenkt das Leben als „ersten Akt" und das Tätigsein als „zweiten Akt": Er gibt „das Gnadenleben nicht nur bezüglich des Seins, sondern auch des Wirkens. Nun eignen einem Lebewesen hinsichtlich seines grundlegenden, *einen* Lebens *viele* verschiedene Lebensvollzüge, die das vollende-

---

1 Vgl. Lk 11,13.

te Lebendigsein erweisen [...] Daher muss sich auch die lebendigmachende Gnade, wiewohl sie nur eine einzige ist, in verschiedene Habitus verzweigen, weil die verschiedenen Tätigkeiten es erfordern“ (V 4).

Die durch die Gnade unter Mitwirkung des freien Willens ausgeformten Habitus werden traditionell in „Familien“ eingeteilt: Tugenden, Gaben des Heiligen Geistes, Seligpreisungen. Für Bonaventura bauen die Gaben des Heiligen Geistes (Jes 11) auf den Tugenden, vor allem Glaube, Hoffnung und Liebe, auf (V 5). Die Seligpreisungen (Mt 5) bauen wiederum auf den Geistesgaben auf und bezeichnen die Vollendung des christusförmigen Lebens, soweit es innerweltlich möglich ist (V 6).

„Habitus“ sind ihrer Definition nach dauerhafte oder zumindest auf Dauer angelegte Eigenschaften, nicht Empfindungen. Wenn Bonaventura die Empfindung der Gnade beschreiben will, das Ergriffen-werden von Reueschmerz oder Mitleid, von Sehnsucht, Staunen, Dankbarkeit, Freude usf., dann spricht er von den „fünf geistlichen Sinnen“ (*sensus spirituales*) und den „zwölf Früchten des Geistes“ (*fructus Spiritus*). Diese Früchte (Gal 5,22 f.) bezeichnen die „überströmende geistliche Freude“, die aus dem inneren „Frieden“ (*pax*), der höchsten der Seligpreisungen, entquillt. Die sogenannten „geistlichen Sinne“ – richtiger: die geistlichen Wahrnehmungen oder das fünffache geistliche Gespür; denn es handelt sich nicht um Fähigkeiten, sondern um das *tatsächliche Sehen, Hören, Kosten* etc. – umschreiben die verschiedenen Aspekte der kontemplativen Erfahrung (V 6).[2]

2 Bonaventura hat die in der Patristik (Origenes, Ambrosius, Augustinus u.a.) grundgelegte und bei Richard von St. Victor, Bernhard von Clairvaux bzw. Wilhelm von St. Thierry weiter entwickelte Lehre vom „geistlichen Gespür“ vollendet ausgeformt; vgl. *Itin.* IV. Die „geistlichen Wahrnehmungen“ in ihrer intensivsten Gestalt sind *excessus mentis*, sie führen den menschlichen Geist „über sich hinaus“ (*alienatio, transitus*) durch Staunen, Hingabe und Jubel (*admiratio, devotio, exultatio*).

Besonderes Interesse hat Bonaventura an den „dona Spiritus sancti“: Weisheit (*sapientia*), Einsicht (*intellectus*), Rat (*consilium*), Tapferkeit (*fortitudo*), Wissen (*scientia*), „Frömmigkeit“ (*pietas*)[3] und Furcht des Herrn (*timor Domini*). Im Sentenzenkommentar widmet er ihnen eine ausführliche Erläuterung und im Jahr 1268 eine Predigtreihe, die allerdings nur als Mitschrift (*Reportatio*) überliefert ist. Jeder Gabe ist eine Tugend zugeordnet, auf der sie aufbaut, und eine Seligpreisung, welche sie vollendet; jede Gabe ist auch spezielles Heilmittel gegen eine der Grund-Anfechtungen des geistlichen Lebens,[4] und jeder entspricht eine der sieben Bitten des Vaterunsers. Darüber hinaus stellt Bonaventura die einzelnen Gaben in Zusammenhang mit der Struktur des menschlichen Geistes (V 5).

Vor allem drei der Geistesgaben spielen eine große Rolle, da sie unmittelbare Disposition für die Beziehung zu Gott und das kontemplative Leben sind: Furcht des Herrn (als „Weiterentwicklung“ der Hoffnung!), Einsicht (als entwickel-

---

3 Lat. *pietas* ist unübersetzbar. Es schwingt die Bedeutung von *„Treue“* oder Loyalität gegenüber Familienangehörigen mit (das klassische Vorbild der Antike war „pius Aeneas“, der seinen Vater aus dem brennenden Troja rettete), die *rechte Weise des Verhaltens* zu verbundenen Personen; von Kindern zu Eltern: ehrfürchtige, innige und dankbare Liebe, und von Eltern zu Kindern: beschützende, fürsorgliche Liebe. Maria wird deswegen als „pia mater“ angerufen. Dazu kommt die Dimension des *Erbarmens:* Wer „pietas“ gegenüber dem Mitmenschen hat, erkennt im Anderen jemanden „wie ich“, dem in der Situation der Schwäche Schutz und Hilfe zu leisten ist. – Gott oder Jesus ist „pius“, insofern er uns betrachtet als zu seiner Familie gehörend; der Mensch ist Gott gegenüber „pius“, wenn er von ihm als „vollkommen gut“ denkt (*sentire de Deo piissime*) und ihm mit inniger Freude Anbetung erweist.

4 Gottesfurcht gegen Hochmut, *pietas* gegen Neid, Wissen gegen Groll bzw. „Zorn, der ja eine Art Wahnsinn ist“, Stärke gegen *„acedia,* welche bewirkt, dass der Geist im Guten kraftlos wird“, „Rat“ gegen Habsucht (Bonaventura denkt an die evangelischen Räte, die eine kenotische Dimension haben: das Ablassen von jeder Art von Besitz, der den Menschen an diese Erde binden will), Einsicht gegen das Laster der Kehle bzw. des Magens (*gula*), Weisheit gegen Unzucht.

ter Glaube) und Weisheit (als ausgewachsene Liebe: *caritas crescit in sapientiam*).

Am Ende der Betrachtungen des *Lignum vitae* steht ein kurzes, sehr eindrückliches Gebet um die Gaben des Heiligen Geistes; und jede Gabe wird kurz charakterisiert. Gott Vater wird um diese Gaben gebeten, welche ja die Eigenschaften des Messias sind. Wer sie erhält, der wird mit Christus verbunden:

„So bitten wir nun den gütigsten Vater, durch dich, seinen eingeborenen Sohn, der für uns Mensch wurde, den Kreuzestod erlitt und verherrlicht wurde: Er sende aus seinen Schatzkammern auf uns den Heiligen Geist, der über dir in der Fülle ruhte:

Den Geist der Weisheit, durch die wir die Frucht des Lebensbaumes, der in Wahrheit du bist, und ihren lebensspendenden Geschmack verkosten,

den Geist der Einsicht, die Licht in unseres Geistes Augen strahlt,

den Geist des Rates, so dass wir deinen Spuren folgen, auf rechtem Pfade wandern,

den Geist der Stärke, in der wir der Gewalt andringender Feinde die Kraft zu nehmen vermögen,

den Geist des Wissens, durch die wir, erfüllt vom Glanze deiner heiligen Belehrung, Gut und Böse zu unterscheiden wissen,

den Geist der *pietas*, in der wir uns bekleiden mit herzlichem Erbarmen,

und schließlich den Geist der Furcht des Herrn, in der wir unsern Schritt von jedem bösen Weg zurückziehen, und Ruhe finden, weil das Gewicht der Ehrfurcht, die deiner ewigen Majestät gebührt, uns stillt.“[5]

---

5 Vgl. Bonaventura, *Baum des Lebens*, St. Ottilien 2012, 96.

Gaben des Heiligen Geistes: Weisheit und Einsicht
III Sent. d35 q1 und 3[6]

Frage 1: Ob sich der Akt der Weisheit auf die Erkenntnis (cognitio) des Wahren oder die Neigung (affectio) zum Guten bezieht?

ARGUMENTE DAFÜR, dass die Weisheit sich auf die ERKENNTNIS bezieht:

1. Der Weise sagt im Buch der Sprichwörter: „Durch Hören wird der Weise noch weiser" (Spr 1,5). Das Gehör ist aber für uns der Weg, einen Habitus der Erkenntnis zu erwerben. Wenn also die Weisheit durch das Hören in uns wächst [...], scheint der Akt der Weisheit ein Erkenntnisakt zu sein.
2. Das gleiche lässt sich durch eine Stelle im vierzehnten Buch *De Trinitate* zeigen: Dort bestimmt Augustinus die Weisheit als „Erkenntnis vom Göttlichen und Menschlichen" und billigt die Bedeutung, welche die Philosophen diesem Begriff gaben.[7] Wenn er also die Weisheit richtig definiert und aufgrund des ihr eigenen Vollzugs bestimmt hat, dann erkennt man anscheinend durch die Gabe der Weisheit Göttliches und Menschliches.
3. Noch ein weiteres Argument: Papst Gregor schreibt in den *Moralia*, dass die Gabe der Weisheit gegen die Torheit gegeben werde [...].[8] Wenn also die Torheit einen Mangel im Erkenntnisvollzug besagt, so gilt wohl entsprechend, dass die Weisheit sich in der Erkenntnisfähigkeit vollzieht.
4. Das lässt sich auch mit einem Vernunftargument zeigen. Die Weisheit wird ja besonders mit dem Sohn Gottes verbunden, ihm appropriiert. Da sich aber im geschaffe-

---

6 Übersetzung nach dem lat. Text aus: *Doctoris seraphici S. Bonaventurae opera omnia*, edita studio et cura PP. Collegii a S. Bonaventura, Bd. III, Quaracchi 1887, S. 772-779.

7 AUGUSTINUS, *Trin.* XIV, cap.1, n.3 (CCSL 50A,423).

8 GREGOR DER GROSSE, *Mor.* II, cap.49, n.77 (CCSL 143,106).

nen Abbild [des dreifaltigen Gottes] einige Eigenschaften auf der intellektiven und andere auf der affektiven Seite finden, und letztere mit dem Heiligen Geist verbunden werden, der ja die Liebe ist, während diejenigen der kognitiven Seite mit dem Sohn verbunden werden, folgt: Die dem Sohn appropriierte Weisheit ist kognitiver Art.

5. Außerdem: Kein Liebender wird weise genannt, auch wenn er in höchstem Maß dem Gegenstand seiner Liebe zugeneigt ist, wenn er nicht auch diesen Gegenstand erkennt.

ARGUMENTE DAFÜR, dass die Weisheit der AFFEKTIVEN SEITE der Seele entspricht:[9]

1. Aus Sir 6,23 geht hervor, dass Weisheit – *sapientia* – von Geschmack – *sapor* – den Namen habe.
2. Auch schreibt Gregor in den *Moralia*, die Weisheit sei eine Geistesgabe, welche Erquickung schenkt (*reficit*).[10]
3. Dionysius sagt im Kapitel über die Weisheit in *De Divinis Nominibus* (VII,2), dass die Weisheit töricht und ohne Verstand sei (*sapientia stulta et a-mens*).
4. Bernhard schreibt im Buch *De Amore Dei* im zweiten Kapitel: Die Liebe wächst zur Weisheit heran (*caritas crescit in sapientiam*);[11] also ist nicht das Erkennen der hauptsächliche Vollzug der Weisheit.
5. Ein weiteres Argument lautet, dass die Gabe der Weisheit niemals das Maß überschreiten kann, das soll heißen: Niemand kann hier durch Überschreiten des Maßes in Sünde fallen, wie es bei der Erkenntnis sehr wohl der Fall sein kann (*perscrutatio curiosa*).
6. Man kann auch nicht sagen, die Weisheit umfasse Erkenntnis und Liebe; denn ein einziger Habitus kann nicht zwei

9 Die folgenden Argumente 1-6 werden paraphrasierend wiedergegeben.

10 GREGOR DER GROSSE, *Mor.* I, cap.32, n.44 (CCSL 143,48f.).

11 Eigentlich bei WILHELM VON ST. THIERRY, *De natura et dignitate amoris*, s. unten Anm. 22.

Potenzen formen. Jedenfalls müsste man dann weiterfragen, welcher der beiden Potenz der Vorrang zukomme.

ANTWORT:

Das Wort „Weisheit" (*sapientia*), das sowohl bei den Philosophen wie bei den Kirchenvätern vorkommt, kann man in vier verschiedenen Bedeutungen anwenden: in einem umfassenden Sinn, in einem weniger umfassenden, in seiner eigentlichen Bedeutung und in einer ganz speziellen Bedeutung (*propriissime*).

Ganz allgemein bedeutet „Weisheit" eine umfassende Kenntnis der Wirklichkeit, entsprechend der Definition bei Augustinus und Aristoteles: „Weisheit ist die Erkenntnis der göttlichen und der menschlichen Dinge."[12] Auch sagt Aristoteles in der Metaphysik: „Weise ist derjenige, der alles in der rechten, entsprechenden Weise weiß."[13]

In einem weniger allgemeinen Sinn besagt Weisheit nicht jede beliebige Erkenntnis, sondern eine erhabene Erkenntnis, nämlich die Erkenntnis der ewigen Dinge. In diesem Sinn verwendet Paulus das Wort im 1. Korintherbrief: „Dem einen wird durch den Geist das Wort der Weisheit, dem anderen das der Wissenschaft (*scientia*) gegeben" (1 Kor 12,8). Augustinus legt dieses Pauluswort so aus, dass „die Weisheit Erkenntnis der ewigen Dinge, Wissenschaft aber der geschaffenen Dinge" sei.[14] Und auch Aristoteles kennt diese Bedeutung, wenn er Weisheit als „die Erkenntnis der höchsten Ursachen" bestimmt.[15]

In einer dritten Bedeutung wird Weisheit im eigentlichen Sinn gebraucht; sie bezeichnet dann eine Erkenntnis Gottes, die mit Frömmigkeit (*pietas*) verbunden ist. Diese Art von Erkenntnis bezieht sich auf die Anbetung und Verehrung, die wir Gott durch Glaube, Hoffnung und Liebe erweisen. Und

---

12 AUGUSTINUS, *Trin.* XIV, cap.1, n.3 (CCSL 50A,423); er greift dabei eine alte stoische Definition auf (vgl. die Angaben in CCSL 50A zur Stelle).

13 ARISTOTELES, *Met.* I, 2 (BEKKER, 982a); vgl. Aristoteles latinus 25,1-1[a], 8.

14 AUGUSTINUS, *Trin.* XIV, cap.1, n.3 (CCSL 50A,424f.).

15 Z. B. ARISTOTELES, *Met.* I, 1 (BEKKER, 981b).

so versteht Augustinus sie, wenn er im vierzehnten Buch *De Trinitate* jene Stelle im Buch Ijob auslegt: „Siehe, die Frömmigkeit ist selbst Weisheit" (Ijob 28, 28 Vg).[16] Er sagt in diesem Zusammenhang, dass „pietas" und „sapientia" das gleiche seien wie im Griechischen *theosebeia,* was dasselbe bedeute wie „Gottesverehrung". Und diese bestehe in den drei genannten Tugenden. Eben dies schreibt Augustinus auch zu Beginn des *Handbüchleins.*[17]

Auf die vierte Weise schließlich wird „Weisheit" in einem ganz speziellen Sinn verwendet: sie bezeichnet dann die erfahrungsmäßige Erkenntnis Gottes (*cognitio Dei experimentalis*). In dieser Bedeutung ist Weisheit eine der sieben Gaben des Heiligen Geistes; ihr Akt besteht im Verkosten der Süße (*suavitas*) Gottes. Zu diesem inneren Kosten, in dem die Wonne besteht, ist notwendigerweise ein Akt der Liebe und des Anhangens (*affectio*) erfordert, damit eine Verbindung (*coniunctio*) zustande kommt, und ein Akt der Erkenntnis (*cognitio*) zum Erfassen – wie Aristoteles sagt:[18] Wonne besteht in der Verbindung von Zweien, die einander entsprechen, wobei diese Verbindung empfunden wird (*delectatio est convenientis cum convenienti coniunctio cum sensu eiusdem*). Darum besteht der Vollzug der Weisheit (*actus sapientiae*) zum einen in einem Akt der Erkenntnis und zum andern Teil in einem Akt des Willens bzw. der Liebe, und zwar so, dass er mit der Erkenntnis beginnt und in der Liebe sich vollendet – wie das Kosten oder Schmecken eine Erfahrungserkenntnis des Guten und Süßen ist. Daher ist der vorherrschende Akt der Weisheit eine Tätigkeit von Seiten des Willens bzw. der Liebe (*affectiva pars animae*), weswegen es im Buch Sirach heißt: „Die Weisheit (*sapientia*) ist wie ihr Name" (Sir 6,23).[19] Gregor der Große schreibt, sie erquicke

---

16 Vgl. AUGUSTINUS, *Trin.* XIV, cap.1, n.1 (CCSL 50A,421ff.).

17 AUGUSTINUS, *Ench.* I, cap.2 (CCSL 46,49).

18 Bonaventura zitiert diesen Satz öfters, v.a. in Predigten: *Sermo theol.* II, 15 (V 543); *II Sent.* d20 q3 ad2 (II 481). Zur Herkunft vgl. BOUGEROL, *Sermones dominicales,* S. 102.

19 D. h. sie besteht im „Verkosten" – *sapere.*

(*reficit*),[20] und Dionysius sagt, es sei jener „Weisheit“ eigen, „ohne Vernunft zu sein“ (*amentem esse*),[21] weil wir stärker zu Gott gezogen werden, wenn die vorhergehende Erkenntnis auf dem Weg der Verneinung gewonnen wird als auf dem Weg der Zuschreibung. Aus dem gleichen Grund sagt Bernhard, die Liebe wachse sich zur Weisheit aus.[22] Eben deswegen kann auch diese „Weisheit“ nie das rechte Maß überschreiten, weil ein Übermaß im Verkosten der göttlichen Süße eher lobenswert als zu tadeln ist. Das sieht man ja an heiligen kontemplativen Menschen, die im Übermaß der Süßigkeit bis zur Entrückung (*ecstasis*), ja bis zum Raptus erhoben werden, auch wenn das nur bei ganz wenigen geschieht.

Ad 1. In dem Einwand, dass die Weisheit durch Hören zunehme, wird „Weisheit“ in allgemeinem Sinn verwendet, nämlich für „umfassende Kenntnis von Göttlichem und Menschlichem“. Sie nimmt durch Studium und Hören zu. Aber um diese Weisheit geht es hier nicht.

Ad 2. Ähnlich ist auf den zweiten Einwand zu antworten.

Ad 3. Was das Argument aus Gregor betrifft, dass die Weisheit der Gegensatz zur Torheit sei, kann man antworten, dies sei nicht bezüglich des letzten Aktes der Weisheit gesagt, der in der Hinneigung besteht, sondern bezüglich des vorhergehenden Erkenntnisaktes. Die Gabe der Weisheit umfasst ja beide.

Ad 4. Unter dem Gesichtspunkt, dass die Weisheit ein Licht für die Erkenntnis besagt, wird sie tatsächlich dem Sohn Gottes appropriiert, nicht aber insofern sie ein Verkosten im Bereich der Neigung meint. Weil die Weisheit beides in sich schließt, kann sie beiden göttlichen Personen appropriiert werden. [...]

---

20 Gregor der Grosse, *Mor.* I, cap.32, n.44 (CCSL 143,48).

21 Dionysius Ps.-Areopagita, *Myst. theol.* V (CD 2,149).

22 Nicht bei Bernhard von Clairvaux, sondern bei Wilhelm von St. Thierry, *De natura et dignitate amoris* 4 (Davy,74; CMe 12,131) findet sich der Satz: „crescit [...] caritas in sapientiam.“

Ad 5. Dem Einwand, dass niemand allein dadurch, dass er liebt, auch schon weise ist, sondern nur, wenn er darüber hinaus auch Erkenntnis hat, ist rechtzugeben. Doch ist in der Gottesliebe gerade mit dem Verkosten die Erkenntnis verbunden. Die vorzüglichste Erkenntnis Gottes besteht nämlich in der Erfahrung seiner Süße (*dulcedo*). Diese Art des Erkennens überragt die Erkenntnis des argumentativen Forschens, sie ist edler und weit freudvoller. Es folgt also aus dem Einwand nicht, dass das Erkennen der beherrschende Akt der „Weisheit" sei, sondern dass das Erkennen den hauptsächlichen Akt begleitet. Wahr ist, dass die Weisheit beide Akte in sich schließt und daher Erkenntnis und Liebe bzw. Willen einbezieht; das haben wir ja schon dargetan.

Auf den letzten Einwand, dass ein einziger Habitus nicht auf zwei Vollzüge bezogen sein könne, da sich ja die Potenzen in ihren jeweiligen Vollzügen unterscheiden, lautet die Antwort: Es ist wahr, dass diese Akte [Erkennen und liebend Verkosten] nicht von ein und demselben Habitus getragen werden können, falls die beiden Akte in gleicher Weise dominant sein sollten. Doch nichts steht dagegen, zwei Akte anzunehmen, von denen einer der [zeitlich] erste, der andere der hauptsächliche ist, der eine gleichsam disponiert, der andere vollendet. Das haben wir weiter oben schon vom Habitus des Glaubens gezeigt.[23] So kann sich also jemand aufgrund der Argumente, die wir hinsichtlich des Glaubens dargelegt haben, auch mit der Gabe der Weisheit noch weiter beschäftigen. Es ist ja nicht sinnvoll, dies hier zu wiederholen.

23 Der Glaube umfasst ebenfalls einen kognitiven und einen voluntativen Akt, wie es in der Definition Augustins zum Ausdruck gebracht wird: *cogitare cum assensione*. Daher kann er auch in beiden Dimensionen wachsen. Vgl. *III Sent* d23 a1 q2 (III 512-514); d27 a1 q2 ad6 (III 593bf.).

Frage 3: Besteht die Gabe der Einsicht in der Betrachtung (contemplatio)[24] des Schöpfers und des Geschaffenen?

ARGUMENTE DAFÜR:

1. Im Text des Petrus Lombardus steht: „Einsicht (*intelligentia*) bezieht sich nicht nur auf Ewiges, sondern auch auf Unsichtbares und auf Geistiges, das in der Zeit entstanden ist."
2. Das gleiche ergibt sich offenbar aus dem Brief des Dionysius an Titus, wo er schreibt: „Es ist unmöglich, dass uns der Strahl des göttlichen Lichts unverhüllt aufleuchte, solange wir auf dem Weg der Pilgerschaft sind."[25] Wenn nun mit der Verhüllung das Geschaffene gemeint ist, dann kann unser Intellekt Gott anscheinend nur im Geschaffenen erkennen. Notwendigerweise muss sich die Erkenntnis des Schöpfers also zugleich auf die Erkenntnis des Geschaffenen erstrecken.

---

24 *Contemplatio* bedeutet für Bonaventura nicht nur ein Tun des Menschen, nicht einmal in erster Linie, sondern vor allem ein Gnaden-Wirken Gottes am Menschen. In *II Sent.* d23 a2 q3 c; ad6, erläutert er, dass es vier Arten gebe, Gott gnadenhaft (*supernaturaliter*) zu erkennen: durch den Glauben (*fides*), durch Beschauung (*contemplatio*), mittels Erscheinungen (*apparitio*) und in der seligen Schau (*aperta visio*). Letztere ist im Pilgerstand noch nicht möglich. „Apparitio" bezieht sich auf besondere Kundgabe Gottes, vor allem solche, die mit einem prophetischen Auftrag verbunden ist. Unter „contemplatio", verstanden als Oberbegriff, können also alle Arten der auf dem Glauben aufbauenden Gotteserkenntnis und -Erfahrung gefasst sein: betrachtende Schriftlesung, theologisches Nachsinnen über *rationes fidei*, Verspüren der Liebe Christi, bis zur Entrückung (*ecstasis*). – In den mystischen Werken differenziert B. die einzelnen Weisen der „contemplatio", im Rückgriff auf ihm bekannte Begriffe und „Stufen" (Ägidius von Assisi z.B.), so dass sich dort *contemplatio* in spezifischem Sinn etwa von „ecstasis" oder „unctio" (Salbung) unterscheiden lässt. Alle Nuancierungen der „contemplatio" haben einen gemeinsamen Kern: gemeint ist ein geistiges Hin-schauen, das umgekehrt vom Angeschauten her etwas empfängt, von diesem berührt und letztlich verwandelt wird.

25 DIONYSIUS PS.-AREOPAGITA, *Ep.* 9 (CD 2,193-207): hier findet sich jedoch das angegebene Zitat nur dem Sinn nach; wörtlich in *Coel. hier.* I, n.2 (CD 2,8).

3. Die Tugend der Liebe ist erst dann vollkommen, wenn Gott in sich geliebt wird und in seinem Abbild.[26] Ähnlich wird auch die Gabe der Einsicht nicht vollendet sein, wenn nicht Gott durch sie erkannt wird, und zwar sowohl in dem, was ihm eigen ist, wie auch hinsichtlich der Geschöpfe, die ihm ähnlich sind. Daher hat es den Anschein, dass die Geistesgabe der Einsicht gegeben ist zur geistigen Schau des Ewigen und des Zeitlichen.
4. Die Geistesgabe der Einsicht hat die gleichen Dinge zum Inhalt wie der Glaube, wenn man bedenkt, was Gregor dazu schreibt: „Gott gibt die Einsicht, indem er den menschlichen Geist über das Gehörte erleuchtet."[27] Der Glaube aber bezieht sich nicht nur auf Gottes Wesen in sich, sondern auch im Blick auf das Geschaffene. Also ist die Geistesgabe der Einsicht offenbar auf die geistige Schau von beidem hingeordnet.

Gegenargumente:

1. Durch die Geistesgabe der Weisheit wird das Ewige erkannt, durch die Gabe der Wissenschaft das Zeitliche, so die Auffassung des Augustinus, die auch im Text des Magisters zitiert wird. Damit wäre entweder die Geistesgabe der Einsicht überflüssig, wenn man die beiden anderen besitzt, oder ihr hauptsächlicher Akt bezieht sich auf einen anderen Gegenstand als die beiden anderen Gaben.
2. Weisheit und Wissenschaft unterscheiden sich, sie sind zwei verschiedene Geistesgaben, gerade weil sich die eine auf das Ewige, die andere auf das Zeitliche erstreckt. Wenn die Geistesgabe der Einsicht wirklich eine einzige ist, dann kann sie sich nicht auf zwei so unterschiedliche Inhalte beziehen.
3. Ein weiteres Argument: Entweder besteht der Vollzug der Einsicht im Erkennen allein, oder im Erkennen und Be-

26 Das heißt: Gottes- und Nächstenliebe sind untrennbar: *III Sent.* d28 q1 (III 621-624).

27 Vgl. Gregor der Grosse, *Mor.* I, cap.32, n.44 (CCSL 143,48f).

rührtwerden (*cognoscendo et afficiendo*). Ist das erste der Fall, so ist nicht einzusehen, warum dies überhaupt eine Gnadengabe sein soll, denn ein bloßer Akt des Erkennens ist nicht verdienstvoll. Wenn das zweite der Fall ist, dann ist die Einsicht dadurch gekennzeichnet, dass sie Ewiges erkennt und davon in Liebe angezogen wird. Aber dieser Vollzug gehört zur Weisheitsgabe. Folglich bezieht sich die Einsicht entweder nicht auf das Ewige, oder sie fällt mit der Weisheit zusammen.

4. Man kann Gott sowohl in seinem Abbild wie in seinen Spuren erkennen und geistig schauen (*contemplari*). Demnach müsste sich die Gabe der Einsicht ebenso auf die Erkenntnis der körperlichen Schöpfung beziehen wie auf die der geistigen Geschöpfe. [...]
5. Die Geistesgaben, welche einander jeweils entsprechen[28] und miteinander verbunden sind, beziehen sich auch auf die gleichen Dinge. Wenn Einsicht und Weisheit einander verbunden sind, die Weisheit sich aber auf das Ewige bezieht, dann müsste das auch für die Einsicht gelten.
6. Schließlich: Wenn die Einsicht sich auf Gott und das Geschaffene bezieht, dann handelt es sich offenbar um Erkenntnis „durch einen Spiegel" (*per speculum*). Worin also unterscheidet diese sich von der Erkenntnis, die der Glaube schenkt?

ANTWORT:

Die Erkenntnis Gottes, unter der Hinsicht, dass er die Wahrheit ist (*sub ratione veri*), ist auf drei Weisen möglich: Erstens kann man Gott erkennen aufgrund einfacher Zustimmung (*assensio*), zweitens, durch die Hilfe der Vernunft (*ratio*), drittens, indem man ihn „mitschaut" (*contuitus*). Die erste Weise gehört zur Tugend des Glaubens, dessen Akt eine Zustimmung ist; die zweite Weise gehört zur Geistesgabe der Einsicht, deren Eigenart darin besteht, das Geglaubte durch die Vernunft einzusehen; das dritte aber entwächst aus der

28 Lat. *pietas – scientia; fortitudo – consilium; intellectus – sapientia.*

Seligpreisung der Herzensreinheit, deren Akt es ist, Gott zu schauen.

Die Gründe (*rationes*) nun, die uns dabei helfen, den Glaubensgegenstand auch einzusehen, sind nicht nur von den Eigenschaften des Schöpfers her entnommen, sondern auch von den Eigenschaften des geistbegabten Geschöpfes, das unter allem Geschaffenen die tiefste Ähnlichkeit zum Schöpfer hat. Weil die Geistesgabe der Einsicht zur Betrachtung der höchsten Wahrheit erhebt durch ein Licht, das nicht nur zur Zustimmung befähigt, sondern zur Einsicht in das bereits Geglaubte aufgrund von angemessenen Gründen (*congruae rationes*), erstreckt sich diese Gabe nicht nur auf das Wesen des Schöpfers selbst, sondern auch auf das Wesen der geistbegabten Geschöpfe.

Daraus wird deutlich, welches der Akt und der eigentümliche Gegenstand des *donum intellectus* sind: Gegenstand ist die ewige Wahrheit selbst, insofern sie etwas Einsehbares ist; und sie ist Gegenstand nicht nur gemäß ihrer eigenen Eigenschaften, sondern auch gemäß der Eigenschaften derjenigen Geschöpfe, die zu ihr eine besondere Ähnlichkeit haben. So steht es auch im Text des Petrus Lombardus. Der Akt des *donum intellectus* besteht darin, die geglaubte Wahrheit geistig (an-)zuschauen (*contemplari*), damit sie mit noch mehr Hingabe geglaubt und noch glühender geliebt werde. Das *donum intellectus* besteht also in der „Betrachtung mit den Mitteln der Vernunft" (*contemplatio rationalis*) und bezieht sich sowohl auf den Schöpfer wie das Geschöpf.

Ad 1. Der Einwand hatte argumentiert, die Geistesgabe der Weisheit beziehe sich auf die Erkenntnis vom Schöpfer, die Geistesgabe der Wissenschaft auf die vom Geschaffenen. Aber darauf ist zu antworten, dass diese beiden auf jeweils andere Art Erkenntnis verleihen als die Geistesgabe der Einsicht. Die Weisheit bezieht sich auf die Erkenntnis des Ewigen mit Hilfe ewiger Gründe (*rationes aeternae*), und zwar unter der Hinsicht, dass diese ewigen Gründe der *Weg zum Verkosten* (*ad gustum*) und zur Erfahrungserkenntnis von der Süße (*suavitas*) Gottes sind. Hier begleitet also die Erkenntnis das Verkosten. Die Gabe der Einsicht dagegen beschäftigt sich mit dem Ewigen, mit Hilfe ewiger Gründe, welche der Weg zur *Erkenntnis der Wahrheit* sind. Darum ordnet Bernhard die Gabe der Einsicht dem Glauben zu, weil dieser „der Ersten Wahrheit um ihrer selbst willen zustimmt“, die Gabe der Weisheit aber der gottgeschenkten Liebe, welche den Menschen bereitmacht, Gottes Güte kosten zu können.[29] – Auf diesem Weg kann man auch den Unterschied zwischen der Gabe der Wissenschaft und der Einsicht aufdecken. Die Wissenschaft kümmert sich um das Geschaffene, und zwar mit Hilfe geschaffener Gründe. Sie hat sich nicht nur mit geistigen Geschöpfen zu befassen, welche das Abbild Gottes sind, sondern auch mit der körperlichen, den Sinnen zugänglichen Schöpfung, den Spuren Gottes. Die Gabe der Einsicht aber beschäftigt sich zwar auch mit Geschaffenem, aber ausschließlich im Hinblick auf das Ewige – und darum gehören zum Gegenstand des *donum intellectus* nur die geistigen Geschöpfe. Somit ist diese Gabe nicht überflüssig.

Ad 2. Die Weisheit beschäftigt sich mit dem Ewigen und entsprechend den ewigen Gründen. Die Wissenschaft beschäftigt sich mit dem Geschaffenen und entsprechend den geschaffenen Gründen. Hier ist also sowohl der Gegenstand ein anderer, wie auch die Art und Weise der Beschäftigung: wovon sich das Erkenntnisvermögen bewegen und leiten lässt. Daher sind es verschiedene Geistesgaben. Die Gabe der Einsicht aber, ob sie sich nun mit der Schöpfung oder dem Schöpfer befasst, hat immer die *rationes aeternae* zum Ziel, zu denen sie sich auch mittels des Blickes auf die Geschöpfe erhebt. Darum ist diese Gabe eine einzige, und nicht zwei, genauso wie die beiden anderen.

Ad 3. Auf den Einwand, das *donum intellectus* gewähre entweder eine schlechthin theoretische, spekulative Erkenntnis, oder aber eine Erkenntnis, welche Schauen und Lieben (*speculatio, affectio*) verbinde, ist zu antworten: Es gibt eine Erfah-

---

29 Z.B. Bernhard von Clairvaux, *Cant.* 8, cap.2, n.5f. (V,124f); *Div.*, sermo 14, n.5 (IX,296); *Dil. Deo* cap.10, n.33 (I,128f.).

rungserkenntnis von Gott, deren Akt im Verkosten (*gustare*) besteht, und diese Erfahrungserkenntnis ist der Gabe der Weisheit zugeordnet. Es gibt aber auch eine Erkenntnis der „sich ausdehnenden schauenden Erkenntnis“ (*speculatio extensa*), die gewissermaßen der Weg zum Verkosten ist – so wie die Erkenntnis, die der Glaube schenkt, Weg zur Freude der *caritas* ist –, und diese Erkenntnis entspricht der Geistesgabe der Einsicht. Sie bereitet dem Akt der *sapientia* den Weg; sie ist gnadenhafte Erkenntnis, weil sie in der Glaubenszustimmung ihre Wurzeln hat und auf die Geistesgabe der Weisheit hinzielt. Sicher ist im *donum intellectus* bereits eine gewisse Wonne (*delectatio*), aber sie ist viel geringer als beim *donum sapientiae*. Denn man erfreut sich gewiss an der Erkenntnis der Wahrheit, aber doch nicht in gleichem Maß wie am Verkosten der höchsten Süße (*suavitas*).

Ad 4. Es ist nicht das gleiche, Gott in seinen Spuren oder in seinem Abbild zu erkennen. Im Abbild wird er klarer erkannt, weil es ihm nähersteht. Die Spur dagegen hat einen großen Abstand, und was man mittels ihrer erkennt, ist dunkler und rätselhafter. Zu Geistesgabe der Einsicht gehört aber nun eine geistige Schau (*contemplatio*), die klarer ist als die des Glaubens und hervorragender. Darum ist die Eigenart des *donum intellectus* nicht, Gott in allen Geschöpfen zu erkennen, sondern in demjenigen, das sein Bild und ausdrückliche Ähnlichkeit ist.

Ad 5. Zu dem Einwand, dass die Einsicht und die Weisheit einander zugeordnete Gaben sind: Die Gabe der Weisheit besteht im Kosten (*gustus*), die der Einsicht im Licht der Vernunft (*lumen rationis*). Die Liebe steigt weiter auf als die Vernunft, die Vereinigung gelangt weiter als die Erkenntnis – so sagt Dionysius. Das ist der Grund, warum die Weisheit in ihrem Vollzug nicht in gleicher Weise die Unterstützung des Geschaffenen nötig hat wie die Gabe der Einsicht. Darum befasst sich die Weisheit einzig und allein mit dem Ewigen, die Einsicht aber mit dem Ewigen und dem Geschaffenen. Es ist richtig, dass die einander zugeordneten Geistesgaben den gleichen Gegenstand haben müssen – den gleichen

Haupt-Gegenstand (*obiectum principale*); das gilt aber nicht von dem Gegenstand, der zur Unterstützung dient.

Ad 6. Der letzte Einwand besagt, dass die Einsicht ebenso eine Erkenntnis „per speculum" sei wie der Glaube. Darauf ist zu antworten, dass es viele Grade der „Erkenntnis im Spiegel" gibt – je nach dem Grad der Reinheit des Spiegels, der Reinheit von der Verdunkelung des „Rätsels". Auf verschiedene Weise kann man hier Erleuchtung empfangen. Der Glaube befähigt dazu, dass wir Gott zustimmen hinsichtlich der Glaubensartikel. Selbst wenn wir deren Gehalt nicht schauen wie er in sich ist, so schauen wir ihn doch im Geschaffenen, indem wir erkennen, was da überhaupt ausgesagt wird.[30] Es erkennt doch ein Glaubender nur dann, was die Dreifaltigkeit sei, wenn er sieht, was die Drei-Zahl im Bereich des Geschaffenen ist.

Die Gabe der Einsicht jedoch gibt eine Erleuchtung darüber hinaus – nicht nur zum Erfassen der Wortbedeutung, sondern dazu, den inneren Grund und Sinn (*ratio*) zu sehen, warum Gott dreifaltig sein muss (*debeat*). Das geschieht, indem der menschliche Geist „sieht", wie im Abbild Gottes das innere Wort aus dem Bewusstsein (*mens*) gleichsam wie durch Zeugung hervorgebracht wird, und wie die Liebe als Verbindung von beiden ausgeht.

Die Tugend des Glaubens wie die Geistesgabe der Einsicht gewähren eine Erkenntnis „per speculum", doch die Art ihres Schauens ist verschieden, und darum sind es auch zwei verschiedene Habitus.

30 D.h. das Verständnis der Worte und Begriffe, in denen der Glaubensinhalt formuliert ist.

Über die Vollkommenheit, an die Schwestern
De perfectione vitae, ad sorores

Einführung

Bonaventura verfasste diese Schrift auf Bitten von Isabell de Longchamp, einer Schwester Ludwigs d. Hl., die in den franziskanischen Orden ebenfalls als Selige verehrt wird (Gedenktag 1. September). In Longchamp bei Paris hatte sie ein Kloster „Von der Demut Mariens“ gegründet, für das sie keine der für „Arme Frauen“ bereits bestehenden Ordensregeln übernahm,[31] sondern eine eigene verfasste, die 1259 zum ersten Mal, 1263 ein weiteres Mal bestätigt wurde.[32] Die ausdrücklich franziskanische Ausrichtung Isabells wird deutlich an ihrem Wunsch, die Schwestern sollten „Sorores minores“ genannt werden, in Entsprechung zu den „Fratres minores“; auch legte sie ihre Regel fünf Professoren aus dem Minoritenorden zur Begutachtung vor, darunter Bonaventura und Wilhelm von Melitona.

Isabell, die hochgebildet war und gut Latein konnte, hatte sich von Bonaventura ein Buch zu geistlichen „Auferbauung“ erbeten. Er kam dieser Bitte trotz zahlreicher anderer Aufgaben nach und schrieb eine kurze Darlegung zu den wichtigsten Tugenden im gottgeweihten Leben, unter besonderer Berücksichtigung der Frauen. Das Werk, das vor allem wegen seiner Berührungspunkte mit dem *Itinerarium*, der *Triplex Via*, dem *Soliloquium* und einigen Predigten ohne Zweifel

---

31 Das heißt: weder die „Konstitutionen Hugolins“, denen in den ersten Jahren Klara von Assisi folgte, noch die Regel Innozenz’ IV für die Klarissen, noch die Regel Klaras selbst; vgl. dazu L. Oliger, *De origine regularum Ordinis S. Clarae*, AFH 5 (1912), 181-209, 413-447, hier 436-439.

32 Der Text findet sich bei I. Omaechevarria (Hg.), *Escritos de Santa Clara y documentos completarios*, Madrid ²1982, 293-324. Vgl. auch M. Schlosser, *Bonaventura: De perfectione vitae*, WiWei 57 (1994), 25-28.

als authentisch anzusehen ist,[33] wurde unter verschiedenen Titeln überliefert;[34] es ist eines der frühen Zeugnisse für die *cura monialium*, eine „Kurzfassung des Ordensideals“[35] mit durchaus franziskanischen Schwerpunkten. Ausdrücklich nennt Bonaventura Klara als „Mutter“ der Armen Schwestern, wie auch Franziskus als ihren „Vater“.

Dass zwischen Bonaventuras Spiritualität und derjenigen Klaras erstaunliche Verwandtschaft zu erkennen ist, ja dass „Klara unter bestimmter Hinsicht zu Bonaventura und der von ihm entwickelten geistlichen Reflexion in größerer Nähe steht als zu Franziskus“,[36] wurde mehrfach bemerkt. Unter anderem dürfte dies auf die gemeinsame Wertschätzung zisterziensischer Quellen zurückzuführen sein, vor allem aber auf die Verbindung von Kreuzes- und Brautmystik, die Bonaventura wie Klara prägt. Zwar wird Bonaventura Klara wohl nicht zu Lebzeiten begegnet sein, aber es ist mit Sicherheit anzunehmen, dass er als Generalminister die für die Klara-Schwestern rechtlich relevanten Texte gekannt hat: die Regel, das Testament Klaras und gewiss die Heiligsprechungsbulle. Er hatte Kontakt zu verschiedenen Konventen, wenngleich er als Ordensoberer in der damals brennenden Frage der *cura monialium* zunächst eine eher zurückhaltende Position einnahm. Dies erklärt sich aus dem historischen Kontext und war keineswegs ungewöhnlich. Seit dem Jahr 1220 versuchten die männlichen Orden insgesamt, Dominikaner, Franziskaner, ebenso wie die Zisterzienser und Prämonstratenser, die schon auf längere Erfahrung zurückblicken konnten, die *cura monialium* möglichst einzugrenzen, wegen des großen Zustroms von Frauen, die eine *vita reli-*

---

33 Vgl. I. Brady, *The Authenticity of Two Sermons of Saint Bonaventure*, Franciscan Studies 28 (1968), 4-26.

34 B. Distelbrink, *Bonaventurae scripta* n. 14, S. 20: *De forma perfectionis religiosorum; De profectu vitae religiosae; De sui ipsius cognitione; Tractatus ad sorores de humilitate* u.a.

35 J. G. Bougerol, *Introduction* (1988), 252.

36 T. Matura, *Introduction*, 59. In: M.-F. Becker – J.-F. Godet – T. Matura (Hg.), Claire d'Assise: Écrits (SC 325).

giosa führen wollten. Es ging nicht nur um die Seelsorge im engeren Sinn, sondern auch um die materielle Sorge für die Konvente, besonders wenn diese „in vollkommener Armut", ohne Absicherung durch Grundbesitz oder feste Einkünfte leben wollten. Franziskus selbst war bezüglich der *cura monialium* erstaunlich distanziert,[37] mit sicherer Ausnahme betreffend San Damiano.[38] Die Probleme traten offen zu Tage, als sich nach dem Vorbild des ursprünglichen Klara-Klosters eine ganze Anzahl weiterer organisierten, auch über Italien hinaus, und die gewissermaßen ambivalente Haltung des Ordensvaters ließ verschiedene Auslegungen zu. Die Bullierte Regel legt fest, dass die Brüder Frauenkonvente nicht betreten dürfen, es sei denn mit Vollmacht vom Apostolischen Stuhl.[39] Diese Bestimmung war später für die Generalminister maßgebend und diente zugleich als Schutz gegenüber den Ansprüchen ständig wachsender Gemeinschaften. Der Apostolische Stuhl jedoch, insbesondere unter dem Pontifikat Innozenz IV., war durchaus willens, die Frauenseelsorge zu unterstützen, ja ausdrücklich anzuordnen. Ab den 60er Jahren begann sich die *cura monialium* einzuspielen, man übernahm sie mit Gewissenhaftigkeit und apostolischem Eifer. Der Umschwung ereignete sich unter dem Generalat Bonaventuras: Aufgrund der dringenden Bitte des Generalprotektors für beide Orden, Johannes Gaetano Orsini (des späteren Papstes Nikolaus III.), legte Bonaventura fest, dass die Provinziäle für Visitation und Betreuung der Frauenklöster geeignete Brüder beauftragen sollten – „ex caritate, non

37 Dafür lassen sich verschiedene Gründe anführen: Der Orden war in der frühen Phase noch nicht genügend institutionell gefestigt, es war zudem kein Seelsorge- oder Priester-Orden. Auch sollte man nicht übersehen, dass der Umgang mit „religiös lebenden" Frauen aufgrund der bekannten Praxis der Katharer die Gefahr des Häresieverdachtes mit sich bringen konnte. Noch in der Mitte des 13. Jahrhunderts bedienten sich die Gegner der Mendikanten dieses Arguments.

38 KlTest n.10 (KQ 77).

39 BR 11 (FQ 101).

ex debito": aus Liebe, nicht weil es eine einklagbare Pflicht der Brüder sei.[40]

Noch vor diesen Jahren entstanden Bonaventuras Brief an die Schwestern der hl. Klara in Assisi (1259)[41] und *De perfectione vitae ad sorores.*

Das kleine Werk ist in der Art eines Briefes verfasst, es wird gewissermaßen das Gespräch mit der Adressatin gesucht, was der Darlegung besondere Lebendigkeit verleiht, vergleichbar dem *Soliloquium*. Bonaventura greift bei der Ausführung auf bekannte geistliche Werke zurück, die auch im *Soliloquium, Itinerarium* oder *Triplex Via* begegnen: Richard von St. Victor (ohne ihn hier namentlich zu nennen), Hugo von St. Victor, Bernhard von Clairvaux (Wilhelm von St. Thierry), Gregor der Große, Augustinus und ps.-epigraphische Schriften, Hieronymus, Isidor, Johannes Chrysostomus, Prosper von Aquitanien (Iulianus Pomerius) Erzählungen aus den Viten der frühen Mönche.

Anders als man vielleicht erwartet, werden nicht primär die evangelischen Räte als Ausgangspunkt genommen, auch nicht besondere klösterliche Praxis wie die Klausur und das asketische Leben in Fasten und Nachtwachen, sondern sieben, bzw. acht, Haltungen und Vollzüge im geistlichen Leben: Selbsterkenntnis (Gewissenserforschung), Demut, Armut, Schweigsamkeit, Gebet, Betrachtung des Leidens Christi, Liebe, und Beharrlichkeit – mit unverkennbar „franziskanischen" Akzenten.

Man könnte das Werk auch überschreiben: Anleitung zur „devotio". Dieses Wort, das auch bei Franziskus eine große Rolle spielt, ist nahezu unübersetzbar. Es bezeichnet eine Haltung der ehrfürchtigen, innigen Liebe zu Gott, einer Hingabe in vertrauensvollem Gehorsam (*Deo devotus*). Dieser Haltung entspricht auch ein Verhalten, das sich be-

40 *Brief an den Provinzial von Aragon* vom 27. Sept. 1263, Estudis Franciscans 37 (1926), 112 ff.; *Brief an den Provinzial von Pisa* vom 16. Mai 1272 (VIII 471ab); *Constitutiones Narbonenses* Rubrica VI (VIII 456a); Additamentum (467b), vermutlich um 1274.

41 1 BonK (KQ 768-770).

sonders im Gebet kundtut, und in allen Vollzügen, durch die der Mensch die Verbindung mit Gott sucht. Die *gratia devotionis* zu erhalten, ihre „Salbung", bedeutet in etwa: die innere Freude an dem, was Gottes ist, zu verspüren.

Die folgende Übersetzung ist leicht gekürzt.[42]

Text

Prolog

Wahre Weisheit ist Gottes Gabe

1. „Selig der Mann, den du erziehst, o Herr, den du über dein Gesetz belehrst" (Ps 93,12). Ich sage offen, dass ich niemanden für weise halte außer den, welchen die Salbung des Hl. Geistes belehrt hat (vgl. 1 Joh 2,20). Wie der Prophet David bezeugt, ist allein derjenige wahrhaft selig und wahrhaft weise, dessen Geist der Herr erzogen, dessen Sinn er mit seinem Gesetz belehrt hat. Allein „das Gesetz des Herrn ist makellos" und untadelig, es „lenkt die Seelen" zum Heil (Ps 18,8). Dieses Gesetzes Lehre oder Erziehung ist nicht nur außen im Buchstaben zu suchen, sondern mehr noch in der Liebe eines Geistes, der sich Gott hingibt. Sie ist zu suchen „im Geist und in der Tugend (Kraft)[43]" (1 Thess 1,5), damit nämlich Jener im Innern belehrt, der allein die äußere Härte des Gesetzes in innere Süße zu wandeln weiß. Es lehrt ja das Gesetz des Herrn, was zu tun, was zu meiden, was zu glauben, was zu erbitten, was zu ersehnen, was zu fürchten ist; es lehrt, ohne Makel und Tadel zu sein; es lehrt, die Verheißungen festzuhalten, Vergehen zu beweinen; es lehrt, zu verachten, was der Welt, zu verschmähen, was des Fleisches ist; es lehrt schließlich, das ganze Herz, die ganze Seele, den

42 Vollständiger deutscher Text mit kurzem Kommentar in: WiWei 57 (1994) 29-71; lat. Text: *Doctoris seraphici S. Bonaventurae opera omnia*, edita studio et cura PP. Collegii a S. Bonaventura, Bd. VIII, Quaracchi 1989, S. 107-127.

43 Die zweifache Bedeutung des Wortes *virtus* lässt sich nicht mit einem einzigen deutschen Wort wiedergeben.

ganzen Geist allein auf Jesus Christus zu wenden (Mt 22,37). Verglichen mit dieser Lehre ist jede Weisheit der Welt dumm und töricht. Bernhard sagt: „Es mag einer reden, was er will, ich nenne ihn nicht weise, wenn er nicht Gott fürchtet und liebt."[44] Wer diese Lehre nicht nur anhört und sie wieder vergisst, sondern sie eifrig befolgt, der ist wahrhaft weise, der ist wahrhaft selig. „Selig also der Mann, den du erziehst, o Herr, und den du über dein Gesetz unterrichtest" (Ps 93,12).

2. Nun hast du, Gott-liebende, mir teure und ehrwürdige Mutter, mich gebeten, ich möge aus meinem armseligen Innern etwas diktieren und schreiben lassen, wodurch du dein Herz von Zeit zu Zeit in der Gnade der innigen Gottesliebe (*devotio*) aufbauen könntest. Ich sage ganz offen, wegen meiner Unzulänglichkeit bedürfte eher ich solcher Belehrung, zumal weder mein äußeres Leben Leuchtkraft hat, noch in meinem Innern die Hingabe brennt, noch schließlich die Wissenschaft mir hilft; doch deine Sehnsucht nach Gottinnigkeit (*devotio*) hat mich bewegt, so wollte ich deiner in Demut vorgebrachten Bitte ebenso mit Demut nachkommen. Doch bitte ich dich, heilige Mutter, du mögest mehr auf die Absicht im Willen als auf das fertige Werk, mehr auf die Wahrheit der Worte als auf den Schmuck der Rede Wert legen;[45] und wo ich deiner Sehnsucht[46] nicht genügen konn-

---

44 Bernhard von Clairvaux, *Div.*, sermo 73 (IX,642f.); Bernhard schreibt wörtlich: „Es mag einer *lernen*, soviel er will …".

45 Vgl. *Itin.* Prol. 5 (V 296b): „Ich bitte darum: Man achte mehr auf die Absicht des Schreibenden als auf das fertige Werk, mehr auf den Sinn der Worte als auf die schmucklose Sprache, mehr auf die Wahrheit als auf die Anmut, mehr auf die Kräftigung der Liebe als auf die Belehrung der Vernunft."

46 Lat. *desiderium:* Grundeinstellung des gottsuchenden Menschen, Beginn des geistlichen Aufstiegs, vgl. *Itin.* Prol. 3 (296a); VII, 4 (312b); *Tripl. via* I § 3, 17 (VIII 7ab). „Sehnsucht" ist wiederum eine Form von Liebe, Ausdruck der Bedürftigkeit des Geschöpfes, zu dessen Glück es gehört, seine Erfüllung zu *empfangen,* und zwar vom absoluten Gut. Im jetzigen heilsgeschichtlichen Zustand („in der Fremde" – *miseria*) ist die Sehnsucht mit dem Schmerz des „Noch-Nicht" unabdingbar verbunden; in der Erfüllung der Glorie wird die „Sehnsucht" insofern weiterbestehen, dass es niemals ein Sattwerden an Gott gibt.

te, weil meine Zeit knapp ist und ich viel beschäftigt bin, da gewähre mir gütig Nachsicht. – Damit du leichter findest, was du suchst, stelle ich hier die Überschriften der einzelnen Kapitel voran:

Erstens geht es um die wahre Selbsterkenntnis.
Zweitens um die wahre Demut.
Drittens um die vollkommene Armut.
Viertens um Schweigen und Schweigsamkeit.
Fünftens um den Gebetseifer.
Sechstens um das Gedächtnis des Leidens Christi.
Siebtens um die vollkommene Gottesliebe.
Achtens um die Beständigkeit bis ans Ende.

Cap. I: Über die wahre Selbsterkenntnis

1. Für die Braut Christi, die zum Gipfel des vollkommenen Lebens aufsteigen will, ist es zuerst nötig, dass sie bei sich selbst anfange, so dass sie zunächst alles Äußere vergesse und eintrete in den geheimen Bereich ihres Gewissens; dort soll sie alle ihre Mängel, ihre Gewohnheiten, alle Strebungen und Handlungen, alle vergangenen und gegenwärtigen Sünden in sorgfältiger Betrachtung durchgehen, prüfen und in Augenschein nehmen; und wenn sie etwas Unrechtes in sich vorfinden sollte, beweine sie es bitterlich von Herzen. Damit du, liebe Mutter, leichter zu dieser Erkenntnis gelangst, musst du wissen, dass wir alle unsere Sünden und Übel entweder aufgrund von Nachlässigkeit (*negligentia*) oder aufgrund von Begierde (*concupiscentia*) oder aufgrund von Bosheit (*malitia*) auf uns laden.[47] Diese drei sollst du bedenken, wenn du deine Übel durchgehst; sonst wirst du niemals zur vollkommenen Selbsterkenntnis gelangen.

Es folgt ein Gewissensspiegel, gegliedert nach diesen drei Wurzeln: Ob man das Herz gut gehütet, die Zeit nicht vergeudet hat; Ob man getan hat, was man sollte, und wie man es ausführen sollte. Ob man an Annehmlichkeiten hängt, leiblich (gula, lu-

47 Parallele: *Tripl. via* I, nn.4-6 (VIII 4-5a).

xuria) oder geistig (curiositas). Ob böse Gesinnung in der Gestalt von Zorn, Neid oder der Abneigung gegen das Gute (acedia) Raum im eigenen Inneren hat.

6. Wenn du dich also zum zweiten und dritten Himmel erheben willst, musst du den ersten durchschreiten, und das ist dein Herz; und wie du das tun kannst und tun sollst, sieh, das habe ich dir oben zur Genüge erklärt; doch belehrt dich auch der heilige Bernhard aufs Beste, wenn er sagt: „Du, der du sorgfältig deine Seelenreinheit erforschest, unterziehe dein Leben beständig der Prüfung und bedenke gewissenhaft, wieviel du fortgeschritten, wieviel du zurückgeblieben bist, was für ein Mensch du den Sitten und den Neigungen nach bist, wie ähnlich du Gott bist oder wie unähnlich, wie nahe oder wie fern."[48] – Was ist es doch für eine höchst gefährliche Angelegenheit für einen Menschen im Ordensstand, viel wissen zu wollen und sich selbst doch nicht zu kennen![49] Wie nahe ist doch so jemand dem Verderben und dem Untergang, der wissbegierig ist, alle möglichen Dinge zu erkennen, besorgt, das Gewissen anderer zu beurteilen, während er über sich selber in völliger Unkenntnis ist! O mein Gott, woher kommt eine solche Blindheit bei einem Ordenschristen? Schau, der Grund liegt auf der Hand, hör zu[50]: Weil der Geist des Menschen von Sorgen zerstreut wird, kann er nicht in sich selber eintreten durch das Gedächtnis (*memoria*[51]); weil er durch äu-

48 Vgl. die Bernhard von Clairvaux zugeschriebenen *Meditationes piissimae de cognitione humanae conditionis*, V, 14 (PL 184,494D).

49 Vgl. *Meditationes piissimae* I, 1 (PL 184,485).

50 Das Folgende ist eine Zusammenfassung der Gedanken im *Itin.* IV (V 306-308a).

51 Lat. *memoria* bezeichnet im augustinisch-bonaventurianischen Sinn sehr viel mehr als nur das „Gedächtnis" in unserem heutigen Verständnis. *Memoria* ist der Ort, wo der Mensch seiner selbst bewusst ist, und gleichsam Selbststand hat, das Zentrum der Geistseele, von dem die erkennende (*intelligentia*) und strebende Potenz (*voluntas*) getragen werden, und zugleich die Fähigkeit, wodurch er „Gottes fähig" (*capax Dei*) ist (s. auch oben S. 117 Anm. 34).

ßere Bilder[52] verdunkelt wird, tritt er nicht in sich ein durch die Erkenntnis (*intelligentia*); weil er durch unerlaubte Begierden verlockt wird, kann er unmöglich zu sich selbst zurückkehren durch die Sehnsucht nach innerer Wonne und geistlicher Freude (vgl. *voluntas*); und so liegt er ganz darnieder, verhaftet im Bereich der Sinne, und kann nicht in sich selbst, als das Bild Gottes, das er ist, eintreten; er ist dann ganz elend (*miser*[53]), sich selbst fremd und unbekannt. Lass also alles hinter dir, sei deiner selbst bewusst und eingedenk und gewinne Kenntnis von dir. Darum betete Bernhard mit den Worten: „Gott gebe mir kein anderes Wissen, als nur die Erkenntnis meiner selbst."[54]

Cap. II: Über die wahre Demut

1. Weil aber jemand, der seine eigenen Mängel im Herzen betrachtet, sich beugen muss unter die mächtige Hand Gottes, deswegen mahne ich dich, Dienerin Christi, sowie du sichere Kenntnis hast von deinem Versagen, demütige deinen Geist und sei in deinen eigenen Augen gering. „Die Demut nämlich ist die Tugend, durch die der Mensch in tiefster Erkenntnis seiner selbst sich selbst gering wird", wie der hl. Bernhard sagt.[55] Durch diese Demut wurde unser heiliger Vater Franziskus in seinen eigenen Augen gering; sie liebte und suchte er von Beginn seines Ordenslebens bis zum Ende; für sie verließ er die Welt, hieß die Leute, ihn nackt durch die Stadt zu führen, diente er den Aussätzigen, machte er seine Sünden in der Predigt öffentlich bekannt, forderte er die Leute auf, ihn zu schmähen. Mutter, die du Gott an-

52 Lat. *phantasmata*: von sinnlichen Wahrnehmungen herstammende Bilder, die den Geist in Beschlag nehmen, so dass er sich zum Immateriellen nicht zu erheben vermag.

53 Lat. *miser*: beklagenswert, im Elend, in der Fremde; *in miseria* bezeichnet auch den Zustand des gefallenen Menschen.

54 Bernhard von Clairvaux, *Div.*, sermo 2, 1 (IX,180), mit Anspielung auf Augustinus, *Solil.* II, cap.1, n.1 (PL 32,885).

55 Bernhard von Clairvaux, *Hum.* cap.1, n.2 (II,46).

hangen willst: diese Tugend sollst du vor allem vom Sohn Gottes lernen, denn er sagt selbst: „Lernt von mir, denn ich bin sanft und demütig von Herzen" (Mt 11,29). „Wer nämlich Tugenden ohne Demut sammelt, der trägt Asche im Wind", sagt der hl. Gregor.[56] Denn wie der Ursprung jeder Sünde der Hochmut ist, so ist die Grundlage aller Tugend die Demut. Lerne also wahrhaft demütig zu sein ohne Verstellung wie jene, die sich in Falschheit demütigen, und nicht wie die Heuchler, von denen es im Buch Sirach (19,23) heißt: „Da ist einer, der sich trügerisch erniedrigt, sein Inneres aber ist voll List." „Ein wahrhaft Demütiger", sagt Bernhard „will stets geringgeachtet, nicht als demütig gepriesen werden."[57]

2. Wenn du also, geliebte Mutter, zur vollendeten Demut gelangen willst, solltest du einen dreifachen Pfad einschlagen. Der erste Pfad ist die *Betrachtung Gottes*. Du sollst Gott betrachten als Urheber alles Guten. Weil er das ist, deswegen sollen wir zu ihm sagen: „Alle unsere Werke hast du in uns gewirkt, o Herr" (Jes 26,12). Und weil er so ist, deswegen sollst du ihm alles Gute zuschreiben und nichts dir, und bedenken, dass „nicht deine Tapferkeit oder deiner Hände Kraft" (Dtn 8,17) das Gute gewirkt haben, das du hast; denn „der Herr hat uns erschaffen, und nicht wir selbst" (Ps 99,3).[58] Solch eine Betrachtung zerstört den ganzen Hochmut derer, die da sagen: „Unsere Hand ist erhoben, und nicht der Herr hat das alles gemacht" (Dtn 32,27). Dieser Hochmut schloss Lucifer von der Herrlichkeit des Himmels aus. Lucifer bedachte nicht, dass er aus Nichts geschaffen sei, er sah vielmehr auf seine Auszeichnung, seine Schönheit, dass jeder kostbare Stein ihn zierte (Ez 28,13), und der Hochmut seines Herzens riss ihn fort; und weil dem Stolzen die Erniedrigung folgt, deswegen wurde er sogleich von seinem erhabenen Sitz hinabgestürzt an den verächtlichsten

56 Gregor der Grosse, *Hom. in Ev.* 7, n.4 (FC 28/I,138).
57 Bernhard von Clairvaux, *Cant.* Sermo 16, cap.6, n.10 (V,238).
58 Ein wichtiger Gedanke bei Franziskus: z.B. *RegNB* 17, 17 und auch bei Ägidius, *Goldene Worte*, IV. VI.

Ort, und er, der vorher der vornehmste der Engel gewesen, wurde der elendste unter den Dämonen.[59]

3. O wie viele Jünger Lucifers gibt es heute, Nachahmer und Nachahmerinnen Lucifers, Söhne und Töchter des Hochmuts, die der Herr geduldig erträgt, obwohl doch „Hochmut bei einem Reichen leichter zu ertragen ist als bei einem Armen", wie Bernhard in einer Auslegung zum Hohelied sagt.[60] Eine Magd Christi muss immer ganz demütig erfunden werden, da sie doch an den Platz des verworfenen Engels treten soll.[61] Die Demut nämlich ist Gott wohlgefällig beim Menschen wie beim Engel. Glaube nicht, dass die Jungfräulichkeit Gott gefalle ohne die Demut; sicher wäre auch Maria nicht die Gottesmutter geworden, wenn sie in sich Hochmut gehabt hätte. Deswegen sagt der hl. Bernhard: „Ohne Demut, so wage ich zu sagen, hätte auch die Jungfräulichkeit Mariens Gott nicht gefallen";[62] und deswegen handelt es sich hier um eine große Tugend, ohne deren Besitz es nicht bloß keine andere wahre Tugend gibt, sondern diese sich zum Hochmut auswächst.

4. Der zweite Pfad ist die *Erinnerung an Christus*. Du sollst dich erinnern, dass Christus sich für uns erniedrigt hat bis zum schmachvollsten Tod (vgl. Phil 2,8), und dass er so erniedrigt war, dass man ihn wie einen Aussätzigen betrachtete – worauf Jesaja anspielt mit den Worten: „Wir hielten ihn für aussätzig und von Gott gebeugt" (Jes 53,4) – ja er war so sehr erniedrigt, dass zu seiner Zeit nichts mit mehr Verachtung angesehen wurde als er. Weswegen wiederum Jesaja sagt: „In der Erniedrigung wurde sein Urteil aufgehoben" (Jes 53,8 LXX, vgl. Apg 8,33); als wollte er sagen: so tief war

59 Lat. *daemones*: oft für „gefallene Engel" gebraucht, während *diabolus* meist im Sg. vorkommt und speziell die Assoziation der Verführung des Menschen trägt: „der böse Feind".

60 BERNHARD VON CLAIRVAUX, *Cant.* sermo 54, cap.4, n.8 (VI,228).

61 Dies bezieht sich auf die Vorstellung u.a. auch in *Leg. Mai.* VI, 6: Menschen ersetzen die gefallenen Engel. Vgl. ANSELM VON CANTERBURY, *Cur Deus homo* I, cap.16-18 (SCHMITT,50-67). Lit.: G. TAVARD, *Die Engel*, HDG II, 2b., 69.

62 BERNHARD VON CLAIRVAUX, *Super missus est* I, n.5 (IV,42).

seine Erniedrigung, so sehr hatte er sich gebeugt, dass niemand über ihn ein rechtes Urteil abgab, niemand von ihm glaubte, dass er Gott sei. Wenn also unser Herr und Meister selber sagt: „Der Knecht ist nicht größer als sein Herr“ (vgl. Joh 13,16), und „der Jünger steht nicht über seinem Meister“, dann musst du, wenn du eine Magd Christi, eine Jüngerin Christi bist, gering, verachtet und demütig sein. – Wie verabscheuungswürdig ist jener Ordenschrist in Gottes Augen, der das Kleid der Demut trägt und doch ein hochmütiges Herz hat! Wie nichtsnutzig ist ein Christ, der seinen Herrn demütig und verachtet sieht und selbst ein „stolzes Herz hat und mit Dingen umgeht, die ihm zu hoch und zu wunderbar sind!“ (Ps 130,1). [...]

5. Der dritte Pfad, den du beschreiten sollst, willst du zur vollkommenen Demut gelangen, ist die schlichte *Betrachtung deiner eigenen Person.* Das bedeutet, liebe Mutter, dass du dir in Erinnerung rufst, woher du kommst und wohin du gehst. – Bedenke also, woher du gekommen bist, und wisse, dass du aus der großen Schar des Verderbens stammst, aus Staub und Lehm der Erde gebildet bist, in Sünden dahingelebt hast und verbannt bist aus der Seligkeit des Paradieses. Diese Betrachtung vertreibt den Geist des Stolzes und zwar so gründlich, dass du schon mit den drei Jünglingen im Buch Daniel rufst: „Wir sind heute erniedrigt in aller Welt wegen unserer Sünden“ (Dan 3,37). – Bedenke, wohin es mit dir kommen wird: auflösen wirst du dich und zu Asche werden, denn Staub bist du und zum Staub wirst du zurückkehren. Was bist du also so eingebildet, Erde und Asche? Magst du heute noch sein, morgen nicht mehr; bist du heute gesund, so morgen vielleicht krank, heute weise, morgen vielleicht eine elende Bettlerin. Wer ist also jener armselige Christ, der es wagt, sich zu brüsten, da er sich doch von allen Seiten durch so viel Elend und Gefahren umgeben sieht?

6. [...] „Je größer du bist, desto mehr verdemütige dich in allem“ – so heißt es bei Sirach – „und du wirst Gnade finden bei Gott“ (Sir 3,20). So fand Maria Gnade vor dem Herrn, wie sie selbst bezeugt mit den Worten: „Er hat auf die Nied-

rigkeit seiner Magd geschaut“ (Lk 1,48). Kein Wunder, denn die Demut bereitet der Liebe den Platz und reinigt den Geist von Eitelkeit. Deswegen sagt Augustinus: „Je weniger aufgeblasener Stolz in uns ist, desto erfüllter sind wir von Liebe.“[63] Wie das Wasser in die Täler strömt, so fließt die Gnade des Hl. Geistes auf die Demütigen; und wie das Wasser umso stärker fließt, je mehr Gefälle es hat, so kommt der, welcher von Herzen demütig seinen Weg geht, näher zu Gott, um Gnade zu erlangen. Deswegen sagt Sirach: „Das Gebet dessen, der sich verdemütigt, dringt durch die Wolken und lässt sich nicht anders beruhigen als bis es zum Allerhöchsten gelangt“ (Sir 35,21), „denn der Herr tut denen, die ihn fürchten, ihren Willen und erhört ihr Flehen“ (Ps 144,19).

7. Seid also demütig, ihr Dienerinnen Gottes und Mägde Christi, lasst niemals den Hochmut in euren Herzen herrschen, denn ihr habt einen demütigen Meister, unsern Herrn Jesus Christus nämlich, und eine demütige Meisterin, die Jungfrau Maria, die Königin aller. Seid demütig, denn ihr habt einen demütigen Vater, den heiligen Franziskus, und eine demütige Mutter, die heilige Klara, ein Vorbild der Demut. – Seid jedoch in solcher Weise demütig, dass die Geduld Zeugnis gibt für eure Demut. Die Tugend der Demut vollendet sich durch Geduld, es gibt keine wahre Demut, der nicht die Geduld verbunden ist. Und dies bezeugt der hl. Augustinus klar: „Leicht ist es, sich zu verschleiern, billige und schäbige Kleider zu tragen, gesenkten Hauptes einherzugehen; ob einer aber wirklich demütig ist, erweist die Geduld“;[64] demgemäß heißt es bei Sirach: „In deiner Erniedrigung habe Geduld“ (Sir 2,4). – Aber ach, ich sage dies mit Schmerz: Unser sind viele, die im Kloster recht hochmütig sind, während wir in der Welt nur zu niedrig waren. Deswegen klagt der hl. Bernhard: „Ich sehe mit großem Schmerz, dass manche, nachdem sie schon dem weltlichen

63 Augustinus, *Trin.* VIII, cap.11, n.12 (CCSL 50,286).

64 Eigentlich: Pelagius, *Ad Demetriadem* (als 17. Brief unter den Werken Augustins und als 1. Brief unter den Werken des Hieronymus) (hier: PL 30,34D-35A).

Prunk entsagt haben, in der Schule der Demut eher noch an Hochmut dazulernen und unter den Fittichen eines sanften und demütigen Meisters im Kloster unverschämter und ungeduldiger werden als sie vorher in der Welt gewesen waren; und was noch verkehrter ist, viele wollen sich im Hause Gottes nicht geringachten lassen, obwohl sie bei sich zu Hause nur gering geachtete Menschen sein konnten."[65]

8. Ich rate dir also, geliebte Mutter, rate deinen Töchtern, rate den Gott geweihten Jungfrauen, dass sie die Jungfräulichkeit in Demut und die Demut in der Jungfräulichkeit wahren. Die Jungfräulichkeit verbunden mit der Demut gleicht nämlich einem in Gold gefassten Edelstein. So sagt der hl. Bernhard: „Schön ist die Verbindung von Jungfräulichkeit und Demut. Nicht wenig Gefallen hat Gott an einer Seele, in der die Demut die Jungfräulichkeit empfiehlt und Jungfräulichkeit die Demut schmückt."[66] [...]

Cap. III: Über die vollkommene Armut

1. Auch die Armut ist eine Tugend, die zur Vollgestalt christlicher Vollkommenheit notwendig ist, und zwar so sehr, dass überhaupt niemand ohne sie vollkommen sein kann, wie unser Herr selbst bezeugt, da er im Evangelium sagt: „Wenn du vollkommen sein willst, so geh hin, verkaufe alles, was du hast, und gib es den Armen" (Mt 19, 21). Da nämlich der Höhepunkt evangelischer Vollkommenheit in hervorragender Armut besteht, soll keiner glauben, er habe den Gipfel der Vollkommenheit erreicht, solange er nicht die evangelische Armut vollkommen nachahmt. Es sagt nämlich Hugo von St. Victor: „Welche Elemente der Vollkommenheit man in Ordensleuten auch immer findet, die Vollgestalt der Vollkommenheit soll man erst annehmen, wenn auch die Armut geliebt wird."[67]

---

65 Bernhard von Clairvaux, *Super missus est* IV, n.10 (IV,116).
66 Ebd. I, 5 (IV,40).
67 Die Herausgeber konnten das Zitat nicht verifizieren.

2. Zwei Gründe sind es, die jeden Christen im Ordensstand, ja sogar jeden Menschen, dazu bewegen können, die Armut zu lieben. Erstens das göttliche Beispiel, das über allen Tadel erhaben ist, zweitens die göttliche Verheißung, die unschätzbar ist. Erstens soll dich, Magd Christi, die Liebe und *das Beispiel unseres Herrn Jesus Christus* dazu bewegen, die Armut zu lieben. Er selbst war nämlich arm in seiner Geburt, seinem Leben und seinem Sterben.

3. Schau, welches Vorbild an Armut er dir hinterließ, damit du nach seinem Beispiel eine Freundin der Armut würdest. So arm war unser Herr bei seiner Geburt, dass er weder Wohnstatt, noch Kleidung, noch Nahrung hatte, als Wohnstatt hatte er vielmehr einen Stall, als Kleidung eine armselige Windel, als Nahrung die Milch der Jungfrau. Daher seufzt der Apostel Paulus laut auf bei der Betrachtung solcher Armut, an der Stelle im Zweiten Korintherbrief: „Ihr kennt die Gnade unseres Herrn Jesus Christus, der, obwohl er reich war, für uns arm wurde, damit wir durch seine Armut reich würden“ (2 Kor 8,9). Und der heilige Bernhard sagt: „Aller Güter ewiger Reichtum stand ihm in den Himmeln zu Gebot, doch die Armut fand er dorten nicht. Fern auf Erden gab es sie in allem Überfluss, und der Mensch verkannte ihren Wert. Sie begehrte daher Gottes Sohn und stieg herab, um für sich sie zu erwählen, um sie kostbar uns zu machen, weil er sie selber wertgeschätzt.“[68]

4. Als Vorbild in der Armut zeigte sich unser Herr Jesus Christus auch durch seinen Wandel auf Erden. Höre, glücklich zu preisende Jungfrau, hört alle, die ihr die Armut gelobt habt, wie arm der Sohn Gottes, der König der Engel, war, als er in der Welt lebte. Er war so arm, dass er zuweilen keine Unterkunft hatte, sondern mit seinen Aposteln oftmals außerhalb von Stadt und Dorf nächtigen musste. Deswegen sagt der Evangelist Markus: Nachdem man „sich überall umgesehen hatte“ und der Abend schon hereingebrochen war, ging er mit den Zwölfen hinaus nach Bethanien (Mk 11,11).

68 Bernhard von Clairvaux, *Vig. Nat.*, sermo 1, 5 (VII,138).

Zu diesem Wort steht in der Glosse: „Überall umgesehen, das heißt, ob ihn jemand gastfreundlich aufnehmen wollte; denn weil er so arm war, war es für niemanden eine Ehre [ihn aufzunehmen], so dass er in einer so großen Stadt keine Herberge fand."[69] Und Matthäus sagt: „Die Füchse haben ihre Höhlen und die Vögel des Himmels ihre Nester, der Menschensohn aber hat nichts, wohin er sein Haupt legen könnte" (Mt 8,20).

5. Der Herr der Engel war nicht nur arm in seiner Geburt, nicht nur in seinem Leben, sondern er war, um in uns die Liebe zur Armut zu entzünden, der Allerärmste im Sterben. O ihr alle, die ihr Armut gelobtet, merkt auf und schaut, wie arm der König des Himmels für uns wurde zur Zeit seines Sterbens! Er wurde aller Dinge entblößt und beraubt, die er hatte; er wurde seiner Kleider beraubt, als sie seine Kleider teilten und über sein Gewand das Los warfen. Er wurde des Leibes und der Seele beraubt, als durch das bittere Todesleiden die Seele dem Leibe entrissen wurde. Er wurde der göttlichen Ehrung beraubt, da man ihn nicht als Gott ehrte (vgl. Röm 1,21), sondern wie einen Missetäter behandelte, wie auch Ijob mit ihm klagt: „Sie haben mich meiner Ehre beraubt" (Ijob 19,9). Beispiele solcher Armut nennt auch der hl. Bernhard: „Seht den armen Christus, geboren ohne Herberge, in der Krippe zwischen Ochs und Esel liegend, gewickelt in eine armselige Windel, auf der Flucht nach Ägypten, auf einem Esel reitend, nackt am Marterholze hängend."[70]

6. Wer ist also der schlechte Christ, der nichtswürdige und verstockte Christ im Ordensstand, der den Reichtum immer noch liebt und die Armut flieht, obwohl er sieht und hört, dass der Gott aller Götter, der Herr der Welt, der König des Himmels, der eingeborene Sohn Gottes solche Armut und Mangel ertrug? „Groß ist die Missachtung", sagt der hl. Bernhard, „zu groß ist sie, wenn der armselige Wurm reich zu sein begehrt, um dessentwillen der Gott der Herrlichkeit

---

69 Glosse aus Beda.

70 Bernhard von Clairvaux, *Pasc.* sermo 3, cap.1, n..2 (VIII,278) (kein wörtliches Zitat). Vgl. auch Augustinus *Sermo* 14. 7, 9 (PL 38,115f).

und Herr der Heerscharen arm werden wollte."[71] „Reichtum sucht der Heide, der ohne Gott lebt; Reichtum sucht der Jude, der irdische Verheißungen empfing"[72], aber du, Jungfrau Christi, Magd des Herrn, was denkst du dir, wenn du Reichtum suchst, da du doch Armut gelobt hast, da du unter den Armen Christi lebst, des armen Vaters Franziskus Tochter sein willst und versprochen hast, die arme Mutter Klara nachzuahmen? In höherem Maße wird deine und meine Habgier zu unserer Schande, da wir, obwohl wir die Armut gelobten, sie mit Habgier vermengen, indem wir begehren, was uns nicht erlaubt ist und was die Regel verbietet – obwohl doch der Sohn Gottes für uns arm wurde (2 Kor 8,9).

7. Ich weiß, dass es wirklich so ist: Je glühender ihr die gelobte Armut liebt, je vollkommener ihr die evangelische Armut nachahmt, desto mehr werdet ihr an allen Gütern, zeitlichen wie geistlichen, Überfluss haben. Wenn ihr euch aber zum Gegenteil wendet, die gelobte Armut verachtet, dann werdet ihr Mangel leiden an allen zeitlichen und geistlichen Gütern. Einst sprach Maria, die arme Mutter des armen Jesus (Lk 1,53): „Die Hungrigen erfüllt er mit Gütern und lässt die Reichen leer ausgehen." Das bezeugt auch jener heilige Prophet mit den Worten: „Die Reichen leiden Mangel und dürsten, wer aber den Herrn sucht, braucht kein Gut zu entbehren" (Ps 33,11). Habt ihr niemals gelesen, niemals gehört, dass der Herr Jesus zu seinen Aposteln im Matthäusevangelium spricht: „Sorgt euch nicht und fragt nicht: Was sollen wir essen, was sollen wir trinken? Euer Vater weiß nämlich, dass ihr das braucht" (Mt 6,31). Höre auch, was er im Lukasevangelium sagt: „Als ich euch ohne Tasche, Mantel und Schuhe aussandte, hat euch da etwas gefehlt? Sie aber antworteten: Nichts" (Lk 22,35). Wenn der Herr also mitten unter hartherzigen und ungläubigen Juden für seine Jünger sorgen konnte, so dass sie sich keine Sorgen machen brauchten, ist es da so verwunderlich, dass er die Minderbrüder, wel-

71 BERNHARD VON CLAIRVAUX, a.a.O., n.1.

72 BERNHARD VON CLAIRVAUX, *Omnium Sanctorum sermo* 1, n.7 (VIII,734).

che dieselbe Vollkommenheit gelobt haben, und die Armen Schwestern, welche die Armut des Evangeliums nachahmen, mitten im christgläubigen Volk versorgen wird?[73] „Werft also all eure Sorge auf ihn, denn er kümmert sich um euch" (1 Petr 5,7).

8. Wenn also Gott der Vater solche Besorgnis um uns hegt und sich solchermaßen kümmert, ist es doch sonderbar, dass wir uns von der Sorge um solche vergängliche, eitle und hinfällige Dinge derart in Beschlag nehmen lassen. Es gibt, wie ich finde, mit Sicherheit keine andere Ursache dafür als die Mutter aller Verwirrung und Schuld: die Habgier. Ich finde keine andere Ursache, als dass die Regungen unseres Herzens sich weit von Gott, unserem Heil, entfernt haben; es gibt keinen anderen Grund, als dass die Glut der Gottesliebe in uns erkaltet und gefroren ist. Sicherlich würden wir, wenn wir in voller Glut stünden, dem nackten Christus nackt folgen.[74] Denn Menschen, die große Hitze in sich haben, pflegen ihre Kleider abzulegen. Es ist ein Zeichen großer Kälte in uns, dass wir die zeitlichen Güter so sehr an uns ziehen. O mein Gott! Wie können wir so hart sein gegen Christus, der aus seinem Vaterland, dem Himmel, wegging, von seiner Verwandtschaft, den Engeln, und aus seinem Vaterhaus, das heißt: aus dem Schoß des Vaters, und für uns arm, ausgestoßen und verachtet wurde?[75] Und wir wollen für ihn nicht diese elende und hässliche Welt verlassen? Dem Leibe nach verlassen wir sie wohl, aber ach: das ganze Herz, der ganze Geist, unsere ganze Sehnsucht hängt an ihr und wird von ihr in Beschlag genommen.

---

73 Thomas argumentiert umgekehrt: Bei den Juden sei es üblich gewesen, Wanderprediger zu versorgen; als aber die Jünger zur Heidenmission ausgesandt wurden, durften sie etwas mitnehmen. Das Gebot Jesu, nichts mitzunehmen, habe also nur für die erste Phase der Predigt Gültigkeit gehabt.

74 Lat. *nudum Christum nudus sequere*: HIERONYMUS, *Ep.* 125 (4), 20.

75 Anspielung auf Gen 12,1: „Zieh weg aus deinem Land, von deiner Verwandtschaft, aus deinem Vaterhaus (...)."

9. Glückliche Dienerin Gottes, beherzige die Armut unseres armen Herrn Jesus Christus, präge deinem Herzen die Armut deines armen Vaters Franziskus ein, gedenke der Armut deiner Mutter Klara und hänge mit deinem ganzen Eifer und allem Bemühen der Armut an, umarme die Herrin Armut und wünsche nichts unter dem Himmel um des Herrn willen zu lieben als nur die Armut, nicht Ehre, nicht andere zeitliche Dinge, nicht Reichtum, sondern sei bestrebt, die heilige Armut, die du gelobt hast, ohne Wanken zu beachten. Reichtum zu besitzen und ihn zu lieben ist unfruchtbar, ihn zu lieben und nicht zu besitzen gefährlich, ihn zu besitzen und nicht zu lieben ist beschwerlich. Ihn also weder zu haben noch zu lieben bringt Nutzen, Sicherheit und Freude – und ist ein Akt vollkommener Tugend; so muss der Rat des Herrn bezüglich der Armut wie auch sein Vorbild jeden Christen bewegen und in ihm die Liebe zur Armut entzünden. O selige Armut, wie liebenswert in Gottes Augen, wie sicher inmitten der Welt machst du den, der dich liebt! „Wer nämlich“, wie Gregor sagt, „nichts in der Welt hat, was er liebt, hat auch keinen Grund zur Furcht.“[76] Deswegen kann man in den *Vitae Patrum* von einem armen Bruder lesen, der nur eine Decke besaß;[77] mit der einen Hälfte deckte er sich des nachts zu, die andere Hälfte breitete er unter sich aus. Als einmal grimmige Kälte herrschte, hörte ihn der Abt des Klosters auf seinem nächtlichen Gang rufen: „Ich danke dir, Herr, denn es gibt so viele Reiche, die in Haft sitzen, in Eisen geschlossen und gefesselt, oder ihre Füße im Block haben. Ich aber bin wie der Kaiser, kann meine Füße ausstrecken und gehen, wohin ich will.“ – Hier hast du ein erstes Beispiel für die Armut.

10. Das zweite, was in dir die Liebe zur Armut bewirken soll, ist die *Verheißung Gottes*, die unschätzbar ist. Guter Herr Jesus, der du reich bist an allem, wer kann jene himmlische Herrlichkeit mit Worten würdig ausdrücken, im Herzen er-

76 Gregor der Grosse, *Mor.* X, cap.21, n.39 (CCSL 143,565).

77 Vgl. *Vita S. Ioannis Elemosynarii, Vitarum patrum* 1. 1, cap. 20 (PL 73,355BC).

fassen oder mit seiner Hand niederschreiben, die du deinen Armen zu geben verheißen hast? Sie verdienen aufgrund ihrer frei gewählten Armut, beim Throne des Schöpfers zu stehen, in die Machtfülle des Herrn einzugehen, in jene ewigen Zelte und lichterfüllten Wohnungen. Sie verdienen Bürger jener Stadt zu sein, deren Erbauer und Gründer Gott selbst ist. Du nämlich hast ihnen mit deinem gebenedeiten Mund versprochen: „Selig die Armen im Geiste, denn ihrer ist das Himmelreich" (Mt 5,3). Das Himmelreich, o Herr Jesus Christus, ist ja nichts anderes als du selbst, der du „der König der Könige und Herr der Herren" (1 Tim 6,15) bist. Dich selbst wirst du ihnen zum Siegespreis, zum Lohn und zur Freude geben. Sie werden dich genießen,[78] sich in dir freuen, in dir Erfüllung finden. „Die Armen werden essen und sich sättigen, und es werden den Herrn preisen, die ihn suchen, und ihre Herzen werden leben von Ewigkeit zu Ewigkeit" (Ps 21,27). Amen.

Cap. IV: Über Schweigen und Schweigsamkeit

1. Nicht wenig vermag die Tugend des Schweigens zur Vollkommenheit des Menschen im Ordensstand beizutragen; denn wie „bei vielem Reden die Sünde nicht ausbleibt" (Spr 10,19), so vermag sich jemand vor der Sünde dadurch zu hüten, dass er wenig Worte macht und selten spricht. Das viele Reden führt oft dazu, sich an Gott oder dem Nächsten zu versündigen, umgekehrt nährt sich die Gerechtigkeit aus Schweigen, und von ihr erntet man wie von einem Baum die Frucht des Friedens. Da den Leuten im Kloster der Friede höchst notwendig ist, so ist ihnen auch das Schweigen

78 Lat. *frui:* Verbindung von offener Schau Gottes, Liebe und untrennbarer Vereinigung bzw. „Besitz" *(visio, dilectio, tentio)*. In diesen „Gaben der Glorie" *(dotes gloriae)* besteht die Seligkeit *(beatitudo)*. Ihnen entsprechen im Pilgerstand Glauben, Hoffnung und Liebe. *Fruitio* ist dem Wesen nach ein „Besitzen in Erkenntnis und Liebe", wobei das Besitzen zugleich liebende Hingabe ist, die in sich ihre „Frucht" enthält.

dringend nötig, wodurch sie sich den äußeren und den inneren Frieden bewahren. Deswegen sagt der Prophet Jesaja über die Tugend des Schweigens: „Das Werk der Gerechtigkeit wird Frieden sein und die Pflege der Gerechtigkeit das Schweigen" (Jes 32,17);[79] als wolle er sagen: die Tugend des Schweigens hat große Kraft, so dass es im Menschen Gottes Gerechtigkeit bewahrt und unter den Mitmenschen den Frieden nährt und schützt. Wenn nämlich der Mensch über seine Lippen nicht sorgsam wacht (vgl. Ps 38,3; 140,3; Sir 22,33), dann wird er die Gnadengaben, die er hat, schnell verschleudern und in viel Böses fallen. Die Zunge nämlich ist nach dem Jakobusbrief nur „ein kleines Glied und rühmt sich doch großer Dinge"; und es folgt: „Unsere Zunge ist ein Feuerbrand, eine ganze Welt voll Ungerechtigkeit" (Jak 3,5f.). Dazu sagt die Glosse, dass durch sie fast alle Untaten angerichtet oder vollbracht werden. Willst du hören, Magd Gottes, willst du wissen, welch böse Dinge von der Zunge ausgehen, wenn sie nicht wohl gehütet wird? Höre, dann will ich es dir sagen. Von der Zunge kommt die Lästerung, das Murren, die Verteidigung der Sünde, der Meineid, die Lüge, Schmähung, Schmeichelei, das Fluchen, das Schelten, der Streit, Spott über das Gute, der üble Rat, das Gerücht, die Prahlerei, der Verrat eines Geheimnisses, die unbesonnene[80] Drohung, das unbesonnene Versprechen, die Schwatzhaftigkeit und zweideutiges Gerede. Wahrlich, eine große Schande bringt dies gerade für das weibliche Geschlecht, und für die gottgeweihten Jungfrauen ist es schon gleich gar keine Zier, die Lippen nicht zu hüten und die Zunge nicht im Zaum zu halten, wenn solche Übel durch eine unruhige Zunge entstehen. Ja ich wage zu sagen: Vergebens rühmt sich ein Mitglied des Ordensstandes (*religiosus*) des Besitzes der Tugend im Herzen, wenn man die Zucht des Schweigens durch ruheloses Schwatzen auflöst. Dafür ist die Schrift Zeuge: „Wenn

---

79 Vgl. auch Gregor der Grosse, *Mor.* VII, cap.37, n.58 (CCSL 143,378f); Bernhard von Clairvaux, *Ep.* 89, n.2 (II,712).

80 Lat. *indiscretus*: Gegenteil der Tugend der *discretio:* Unterscheidungsgabe, Umsicht, fehlt. Man tut etwas, was nicht angemessen ist.

einer meint, er sei gotthingegeben (*religiosus*!), seine Zunge aber nicht im Zaum hält, sondern sein Herz vom rechten Weg abzieht, dessen Gottesverehrung (*religio*) ist unecht" (Jak 1,26).

2. O liebenswerte Bräute Christi, schaut auf eure und meine Herrin, schaut auf den Spiegel der Tugenden, Maria, und lernt von ihr die Zucht des Schweigens. Wie schweigsam die selige Jungfrau war, ist ganz offenbar. Wenn wir das Evangelium durchgehen, finden wir, dass sie nur sehr wenig und nur mit wenigen Leuten gesprochen hat. Mit vier Leuten, so lesen wir, führt sie ein Gespräch, und nicht mehr als siebenmal kommt sie zu Wort. Zweimal spricht sie mit dem Engel, zweimal mit ihrem Sohn, zweimal mit Elisabeth, einmal mit den Bediensteten auf der Hochzeit. Da wird unsere Schwatzhaftigkeit zuschanden, durch die wir dazu neigen, viele Worte zu machen, obwohl das Schweigen so großen Nutzen bringt.

3. Ein Nutzen besteht darin, dass es der Zerknirschung den Weg bereitet. Wenn der Mensch schweigt, überdenkt er seine Wege (Ps 118,59) und hat Gelegenheit, daran zu denken, wie vielfach er versagt und wie geringe Fortschritte er gemacht hat; und eben daraus entspringt die Zerknirschung. Daher sagt der Prophet David: „Ich verstummte und war erniedrigt und schwieg vor den Guten, und mein Schmerz ward aufgerührt" (Ps 38,3). – Ein weiterer Nutzen des Schweigens liegt darin, zu zeigen, dass der Mensch seine Heimat im Himmel hat. Wenn ein Mensch, der in deutschen Landen lebt, nicht deutsch spricht, dann ist das gewissermaßen ein untrügliches Anzeichen, dass er kein Deutscher ist. Genauso zeigt einer, der in der Welt lebt, aber Weltliches nicht spricht, ganz offenkundig, dass er nicht von der Welt ist. Wer nämlich von der Erde ist, der redet auch, was irdisch ist, heißt es im Johannesevangelium (3,31).[81] – Um das Schweigen zu wahren, nützt einem Menschen im Ordensstand nichts so sehr wie

81 Vgl. Bernhard von Clairvaux, *Ep.* 78, 4 (II,646): „Fortwährendes Schweigen und Ruhe von allem weltlichen Lärm veranlassen dazu, Himmlisches zu betrachten."

die Flucht vor der Gesellschaft der Menschen und das einsame Leben. Jener Mensch nämlich, der sich schon „erhoben hat" über den menschlichen Zustand, sollte keinen andern Tröster und Gesprächspartner haben als Gott allein. Deswegen soll er wie ein Einsiedler leben und schweigen. Hat er somit Gott zum Gefährten, braucht er sich um menschliche Gesellschaft nicht mehr zu sorgen. Daher heißt es in den Klageliedern: „Einsam wird sie sitzen und schweigen, denn sie hat sich über sich hinaus erhoben" (Klgl 3,28).[82] „Einsam wird sie sitzen", sage ich, indem sie die Gesellschaft der Menschen flieht; „schweigen wird sie", indem sie über Himmlisches nachsinnt; „über sich hat sie sich erhoben", indem sie die himmlische Wonne verkostet.

4. Wenngleich für alle Ordensleute das Schweigen zur Vollendung der Tugenden notwendig ist, so ist es doch für die gottgeweihten Jungfrauen und Mägde Christi besonders nötig, die Zucht des Schweigens zu wahren. So kostbar und selten soll ihr Wort sein,[83] so zurückhaltend sollen sie mit den Lippen sein, dass sie nur dann reden, wenn es dringend notwendig ist. Deshalb sagt Hieronymus: „Die Rede einer Jungfrau sei bescheiden und selten, kostbar nicht im Hinblick auf rednerisches Geschick, sondern wegen ihrer Zurückhaltung."[84] Auch ein Philosoph gibt diesen Rat: Im Hinblick auf höchste Vollkommenheit möchte ich, dass du mit wenigen Worten, selten und mit leiser Stimme sprichst.[85] – Solltest du gern plaudern, viel und laut sprechen, dann solltest du tun, was der Altvater Agathon tat; von ihm kann man in den *Vitae Patrum* lesen, „dass er drei Jahre lang einen Stein in seinen Mund legte, bis er Schweigsamkeit gelernt hatte".[86]

---

82 Bonaventura deutet hier die „Erhebung über sich selbst" positiv, nämlich als kontemplative Erhebung.

83 Lat. *pretiosus:* kostbar und selten. Evt. Anspielung auf 1 Sam 3,1: „Ein Wort des Herrn war selten."

84 *Ep.* 1 (Appendix), cap. 19; eigentlich: PELAGIUS, *Ad Demetriadem* (PL 30,34B).

85 Vgl. SENECA, *Ep.* 40, gegen Ende (nicht wörtlich).

86 *Vitarum Patrum* V, libellus 4, 7 (PL 73,865).

Leg auch du dir einen Stein auf die Zunge oder lege die Zunge an den Gaumen, oder leg den Finger auf den Mund (Ri 18,19), um die Schweigsamkeit erlernen zu können: denn es ist gar keine Zier für eine Braut Christi, mit jemand anderem als mit ihrem Bräutigam Jesus Christus Gespräche zu wünschen. [...]

Cap. V: Eifer im Gebet

1. Die Braut Christi, die es danach verlangt, über das gewöhnliche Maß hinaus Fortschritte zu machen, muss besonders eines tun: anhaltend, eifrig und innig beten. In der Tat nämlich ist ein Ordenschrist, dem die Hingabe und Glut fehlt und der sich nicht beharrlich immer wieder dem Gebet widmet, nicht nur armselig und unnütz, sondern in den Augen Gottes trägt er geradezu eine abgestorbene Seele in einem lebenden Leib. Der Geist des Gebetes (*virtus devotionis*) ist von solcher Wirkkraft, dass er allein die Versuchungen und Listen des bösen Feindes besiegt, der ja einzig die Magd Gottes daran hindern kann, nicht zum Himmel aufzusteigen. Daher ist es kein Wunder, dass jemand, der nicht beharrlich und häufig betet, auch häufig den Versuchungen elendiglich unterliegt. Deswegen sagt der hl. Isidor: „Das ist das Heilmittel gegen das Fieber der bösen Versuchungen: Jedes Mal, wenn man von irgendeinem Laster berührt wird, soll man sich zum Gebet niederwerfen; denn häufiges Gebet löscht den Ansturm der Laster aus.“[87] Das meint der Herr auch mit den Worten des Evangeliums: „Wachet und betet, damit ihr nicht in Versuchung fallet“ (Mt 26,41 Parr.). – Hingebungsvolles Gebet hat aber eine solche Kraft, dass es zu allem nützt und der Mensch durch es zu aller Zeit Schätze sammeln kann: im Winter und im Sommer, bei heiterem und regnerischem Wetter, bei Tag und Nacht, an Festtagen und Werktagen, in Gesundheit und Krankheit, Jugend und Alter, stehend, sitzend, gehend, im Chor und außerhalb des

87 Isidor von Sevilla, *Sent.* III, c.7, n.1 (CCSL 111,220).

Chores. Ja zuweilen kann man in einer einzigen Stunde des Betens mehr gewinnen als die ganze Welt gilt; denn durch ein wenig hingebungsvolles Beten gewinnt der Mensch das Himmelreich. Im Wissen, wie und auf welche Weise du beten sollst, will ich dich belehren, in dem Maß wie Gott mir dies schenkt, wenngleich ich in dieser Angelegenheit mehr der Belehrung bedarf als du.

2. Wisse also, von Gott erwählte Magd, dass zum vollkommenen Gebet drei Dinge notwendig sind.[88] Zuerst sollst du, wenn du dich zum Gebet eingefunden hast,[89] mit aufgerichtetem Körper und aufgerichtetem Herzen, alle Sinne geschlossen, ohne Lärm und Unruhe, aus einem betrübten und zerknirschten Herzen deines ganzen Elends gedenken: des gegenwärtigen, des vergangenen und des zukünftigen. – Als erstes sollst du gewissenhaft bedenken, wie viele und große Sünden du alle Tage deines Lebens begangen hast, wie viele und große Güter du in der Welt und im Orden außer Acht gelassen hast, wie viel und große Gnade deines Schöpfers du so oft verloren hast. – Du sollst auch bedenken, wie fern von Gott du durch die Sünde bist – und warst doch einst ihm nahe; wie unähnlich du ihm geworden bist – und warst ihm doch einst sehr ähnlich; wie schön du einst der Seele nach warst – und bist jetzt würdelos und hässlich. – Bedenke, wohin der Weg der Sünde dich führt: zu den Pforten der Unterwelt; was auf dich zukommt: der furchterregende Tag des Gerichtes; was dir für all das gegeben wird: das Feuer des ewigen Todes. – Deswegen schlage unverzüglich mit dem Zöllner an deine Brust (Lk 18,13), seufze mit dem Propheten David aus tiefstem Herzen (Ps 37,9) und benetze mit Maria Magdalena die Füße des Herrn Jesus mit Tränen (Lk 7,38). Du brauchst nicht Maß zu halten mit Tränen; denn ohne Maß hast du deinen geliebten Jesus beleidigt. Das steht auch beim hl. Isidor: „Wenn wir im Gebet vor Gott stehen, sollten

88 Die folgenden Abschnitte haben deutliche, zuweilen wörtliche Parallelen in *Trip. via* II.

89 Lat. *constituta fueris in oratione*: sich geistig in die Gebetssituation einfinden, eintreten, sich in den Raum des Gebetes stellen.

wir seufzen und weinen in der Erinnerung an die schweren Sünden, die wir begangen haben, und an die harten Strafen der Hölle, die wir fürchten."[90] Solche Betrachtungen, die Tränen mit sich bringen, sollen der Anfang deines Gebetes sein.

3. Das zweite, was der Braut Christi beim Gebet nötig ist, ist Dankbarkeit: Sie soll ihrem Schöpfer in aller Demut Dank sagen für die Wohltaten, die sie von ihm empfangen hat und immer noch empfängt. Der Apostel Paulus rät dies im 4. Kapitel des Briefes an die Kolosser: „Betet ohne Unterlass, wacht beim Gebet in Dankbarkeit" (Kol 4,2). Es gibt nichts, was den Menschen der göttlichen Gaben so sehr würdig macht, wie der fortwährende Dank für die bereits empfangenen Geschenke. Daher schreibt auch der hl. Augustinus an Aurelius: „Gibt es etwas Besseres im Herzen zu tragen, mit dem Munde zu verkünden, mit dem Griffel auszudrücken als ‚Dank sei Gott'? Man kann nichts Kürzeres sagen, nichts Angenehmeres vernehmen, nichts Großartigeres verstehen, nichts Fruchtbringenderes tun."[91] Zur Zeit des Gebetes sollst du also mit Dank darüber nachsinnen, dass Gott dich als Mensch erschaffen, zur Christin gemacht, dir unzählige Sünden nachgelassen hat; auch sollst du daran denken, dass du in viele Sünden gefallen wärest, hätte der Herr dich nicht beschützt; denk daran, dass er nicht wollte, dass du in der Welt zugrunde gingest, da er dich zum höchsten und vollkommensten Ordensstand erwählte und dich weidete und noch weidet, ohne dass du dich mühen musst. Denk daran, dass er Mensch wurde, sich beschneiden und taufen ließ, dass er für dich arm und bloß, niedrig und verachtet wurde, dass er für dich fastete, Hunger und Durst litt, arbeitete und müde wurde, dass er deinetwegen weinte, Blut schwitzte, dir seinen heiligsten Leib zur Speise, sein kostbarstes Blut zum Trank gab, dass er für dich ins Angesicht geschlagen, bespuckt, verlacht und gegeißelt wurde, dass er für dich ge-

---

90 Isidor von Sevilla, *Sent.* III, c.7, n.5 (CCSL 111,221).
91 Augustinus, *Ep.* 41, n.1 (CCSL 31,166).

kreuzigt wurde, ihm Wunden geschlagen wurden, ihm der schmachvollste und bitterste Tod bereitet wurde – und dass er dich auf diese Weise erlöst hat. Denke auch daran, dass er begraben wurde, auferstand und in den Himmel auffuhr, dass er den Heiligen Geist gab, und dir und allen seinen Erwählten das Himmelreich zu geben versprach. – Auf solche Weise Dank zu sagen ist außerordentlich förderlich beim Gebet, und ohne solche Danksagung hat das Gebet keine Kraft. Denn „die Undankbarkeit ist ein sengender Wind, der die Quelle der Güte (*pietas*), den Tau der Barmherzigkeit und die Ströme der Gnade versiegen lässt", wie Bernhard sagt.[92]

4. Drittens ist zur Vollendung des Gebets notwendig, dass dein Geist während des Gebets an nichts anderes denkt, als an das, worum du bittest. Es ist ja ganz unwürdig, dass jemand mit dem Munde zwar mit Gott spricht, im Herzen aber ganz andere Gedanken hat. So würde die Hälfte des Herzens zum Himmel gewandt, die andere Hälfte auf Erden zurückgehalten. Ein solches Gebet findet niemals Erhörung bei Gott. Deswegen sagt die Glosse über jenes Psalmwort: „Aus ganzem Herzen rufe ich, erhöre mich, Herr!" (Ps 118,145): „Ein geteiltes Herz erreicht die Erfüllung seiner Bitte nicht." Die Dienerin Gottes muss also zur Zeit des Gebetes ihr Herz von allen äußeren Sorgen, von allen weltlichen Wünschen, von jeder Neigung, die nicht geistlich bestimmt ist, zurückrufen in den inneren Bereich, sie muss sich mit ganzem Herzen und Geist dem allein zuwenden, an den sie ihr Gebet richtet. Diesen Rat gibt dir auch dein Bräutigam Jesus, wenn er im Evangelium sagt: „Du aber, wenn du betest, geh in deine Kammer, schließ die Tür, und dann bete zu deinem Vater" (Mt 6,6).[93] Dann nämlich bist du „in deine Kammer eingetreten", wenn du alle Gedanken, Sehnsüchte und Neigungen in das Innerste deines Herzens zurückgerufen hast; dann hast du „die Tür geschlossen", wenn du so sorgsam auf dein Herz achtest, dass du durch keinerlei

92 Bernhard von Clairvaux, *Cant.* sermo 51, c.3, n.6 (VI,188).

93 Vgl. die Auslegung Augustins, *De sermone Domini* 2,3, 11 (CCL35,101f): Die „Kammer" ist das Herz.

Gedankenvorstellungen an der Hingabe im Gebet gehindert werden kannst. „Das Gebet nämlich“, sagt Augustinus, „ist die Hinwendung des Geistes zu Gott, eine Hinneigung voll Vertrauen und Demut.“[94]

5. Höre, glückliche Mutter, höre, Dienerin Jesu Christi, „und neige dein Ohr zu den Worten meines Mundes“ (Ps 44,11; 77,1). Lass dich nicht betrügen, nicht täuschen, damit du nicht die reiche Frucht des Gebetes verlierst, die Wonne des Gebetes zunichtemachst, die Freude hinderst, die du doch aus dem Gebet schöpfen sollst. Das Gebet nämlich ist ein Schöpfgefäß, wodurch die Gnade des Hl. Geistes aus dem Quell der überfließenden Wonne der allerseligsten Dreifaltigkeit geschöpft wird. Das hatte jener ganz Gott hingegebene Prophet David erfahren, der spricht: „Ich öffnete meinen Mund und sog den Geist ein“ (Ps 118,131). „Ich öffnete meinen Mund“ – dazu sagt die Glosse: „durch Bitten, Fragen, Anklopfen“ (*orando, quaerendo, pulsando*); „ich sog den Geist ein“ – „Das heißt: Ich trank.“

Habe ich dir etwa immer noch nicht gesagt, was das Gebet sei? Also noch einmal: „Das Gebet ist eine Hinwendung des Geistes zu Gott.“ Du willst wissen, wie du deinen Geist zu Gott wenden sollst? Gib acht. Wenn du beim Gebet bist, sollst du dich gänzlich sammeln und mit deinem Geliebten in die Kammer deines Herzens eintreten; dort sollst du allein mit ihm alleine bleiben, alles Äußere vergessen und dich mit ganzem Herzen, ganzem Geist, ganzer Liebe, ganzer Sehnsucht, ganzer Hingabe über dich selbst hinaus erheben.[95] Dein Geist soll vom Gebet nicht ablassen, sondern so lange in glühender Hingabe aufwärts steigen,[96] bis du eintrittst „zu dem Ort, wo sein Zelt steht und der Tempel Gottes“ (Ps

---

94 Augustinus, *Spir. et an.* 50 (PL 40,816) – unter den Werken Augustins.

95 Vgl. wieder Klgl 3,28.

96 Das Feuer ist „sursumactiv“, ein Element, das von seiner Natur her nach oben drängt; daher ist es Sinnbild für die Liebe zu Gott, mit der das Geschöpf zu Gott gezogen wird: Augustinus, *Conf.* XIII, cap.9, n.10 (CCSL 27,246).

41,5). Und wenn du dort gewissermaßen mit dem Auge des Herzens deinen Geliebten gesehen und gewissermaßen gekostet hast, „wie liebreich der Herr ist" (Ps 33,9) und „wie groß seine Huld" (Ps 30,20), dann wirf dich in seine Arme, drücke ihm mit den Lippen innigster Liebe Küsse auf, so dass du ganz außer dir, ganz zum Himmel emporgerissen, ganz in Christus umgeformt, deinen Geist nicht mehr zurückhalten kannst, sondern mit dem Propheten David rufen musst: „Meine Seele ließ sich nicht trösten; da dachte ich an Gott und empfing Freude" (Ps 76,3).

6. Liebe Mutter, damit dein Herz in der Hingabe des Gebetes noch höher erhoben wird und noch glühender zu Gott hin auflodert, beachte sorgsam, dass wir aus drei Gründen zur Entrückung des Geistes geführt werden: manchmal wegen des Ausmaßes der *Hingabe*, manchmal wegen des Ausmaßes des *Staunens*, manchmal wegen des Ausmaßes des *Jubels*.

7. Ich sage: Manchmal geschieht es wegen des Übermaßes der Hingabe, „dass der Geist sich selbst nicht mehr fasst und über sich hinaus erhoben in die Entrückung eingeht",[97] „wenn wir nämlich derart in Sehnsucht nach dem Himmlischen entbrennen, dass uns alles Äußerliche nur Bitterkeit und Ekel bereitet, und die Flamme innigster Liebe über das menschliche Maß hinauswächst, so dass sie die Seele flüssig werden und dahinschwinden lässt wie Wachs und sie zum Himmel erhebt, wie Wohlgeruch aufsteigt, und sich bis zur Höhe verströmt." Dann können wir nicht anders als mit dem Propheten ausrufen: „Mein Leib und mein Herz schwinden dahin, Gott meines Herzens, mein Anteil ist Gott in Ewigkeit" (Ps 72,26).

8. Ebenso geschieht es manchmal durch das Übermaß des Staunens, „dass der Geist vom göttlichen Licht überstrahlt und zu Bewunderung der höchsten Schönheit erhoben vom Staunen überwältigt wird, so dass er aus seinem gewöhnlichen Zustand ganz und gar herausgerissen wird.

97 Richard von St. Victor, *Benj. mai.* V, 5 (PL 196,174); vgl. *Itin.* IV.

Er wird gleichsam wie ein leuchtender Blitz (Ez 1,14) zur Höhe gehoben: je tiefer er sich niederwirft in Verachtung seiner selbst angesichts der nie geschauten Schönheit, desto höher und rascher wird er in glühender Sehnsucht nach dem Höchsten wieder emporgehoben und über sich hinausgerissen."[98] Dann kann er nicht anders als mit der heiligen Esther rufen: „Ich habe dich gesehen, mein Herr, wie einen Engel Gottes, mein Herz ist verwirrt aus Furcht vor deiner Herrlichkeit. Ja, staunenswert bist du, Herr, und dein Angesicht voll Gnade" (Est 15,16).

9. Manchmal geschieht es wegen der Größe des Jubels, „wenn die Seele im tiefsten Innern jenen Überfluss innerer Wonne getrunken hat, ja davon ganz berauscht ist, dass sie ganz vergisst, was sie ist, was sie war; dass sie umgeformt wird (*transformatur*), indem sie hingerissen wird zu einer Liebe, die nicht von der Welt ist, wobei sie in einem Zustand wunderbarer Seligkeit ist." Dann kann sie nicht anders als mit den Worten des Propheten auszurufen: „Wie lieb sind mir deine Zelte, Herr der Heerscharen! Voll Sehnsucht nach den Vorhöfen des Herrn schwindet meine Seele dahin. Mein Herz und mein Leib jauchzen dem lebendigen Gott zu" (Ps 83,2f.).

10. So also soll sich die Dienerin Gottes eifrig und voll Hingabe dem Gebet widmen; sie soll lernen, durch den häufigen Vollzug des Betens, durch ein ganz gereinigtes inneres Auge, durch unermüdliche Hingabe der Beschauung der Geheimnisse Gottes fähig zu werden und seine Liebe und Wonne zu kosten. Für eine Seele, die mit dem Bild Gottes besiegelt ist, die damit geziert ist, ihm durch die Gnade ähnlich zu sein, die erlöst ist durch das göttliche Blut, die fähig ist der ewigen Seligkeit, für eine solche Seele ziemt es sich doch nicht, sich mit den zeitlichen Dingen hier abzugeben; vielmehr soll sie aufsteigen über die Cherubim und dahinfliegen über den Flügeln des Windes (Ps 17,11), das heißt: die Chöre der Engel, um die Dreifaltigkeit selbst und

98 Ebd.

die Menschheit Christi zu beschauen[99] und nachzusinnen über die Herrlichkeit und Freude der Himmelsbürger, nämlich der Engel und Heiligen. – Wo sind heute diejenigen, die sich Zeit nehmen für solche Gedanken, die den Freuden des Himmels nachspüren wollen, deren Wandel, dem Herzen und dem Geiste nach, im Himmel ist (Phil 3,20)? Sie sind selten. Nur zu gut kann man auf gewisse Ordensleute jenes Wort des heiligen Bernhard anwenden: „Leute, deren Streben es sein sollte, in ihrer Hingabe an Gott die Himmel zu durchdringen, die Apostel zu grüßen, die Chöre der Propheten und die Triumphzüge der Märtyrer zu bestaunen, die setzen das alles hintan und geben sich in die schändliche Sklaverei ihres Körpers, um dem Fleisch dienstbar zu sein, um ihre Kehle und ihren Bauch zufriedenzustellen.“[100]

Cap. VI: Das Gedenken an das Leiden Christi

1. Weil die Glut der Gottesliebe (*fervor devotionis*) im Menschen durch häufiges Gedenken an das Leiden Christi genährt und bewahrt wird, muss derjenige, der den Geist der Hingabe unauslöschlich in sich erhalten will, häufig, ja immerzu Christus vor den Augen seines Herzens haben, den am Kreuz sterbenden Christus. Deswegen sagt der Herr im Buch Levitikus: „Feuer soll allezeit auf meinem Altare brennen; und der Priester soll es nähren, indem er täglich Holz nachlegt“ (Lev 6,12). Höre, Mutter, die du den Herrn so innig liebst: Der Altar Gottes ist dein Herz.[101] Auf diesem Altar soll immer die Glut der liebevollen Hingabe brennen, die du täglich nähren sollst durch das Holz des Kreuzes Christi und das Gedenken an sein Leiden. Das ist auch mit dem Wort des Propheten Jesaja gemeint: „Ihr werdet Wasser schöpfen voll Freude aus den Quellen des Erlösers“ (Jes 12,3); als wollte er sagen: wer immer von Gott die Wasser der Gnade, die

---

99 Dreifaltigkeit und hypostatische Union sind die höchsten Betrachtungsgegenstände im *Itin.* VI (V 310b-312a).

100 Bernhard von Clairvaux, *Cant.* sermo 35, c.1, n.3 (V,548).

101 Vgl. Gregor der Grosse, *Mor.* XXV, c.7, n.15 (CCSL 143B,1240).

Wasser der innigen Liebe, die Wasser der Tränen ersehnt, der trinke aus den Quellen des Erlösers, das heißt, aus den fünf Wunden Jesu Christi.

2. Komm also herbei, Magd des Herrn, auf den Füßen der Liebe,[102] zu Jesus, dem Verwundeten, zu Jesus, dem mit Dornen Gekrönten, zu Jesus, dem am Holz Angenagelten – und mit dem Apostel Thomas betrachte nicht nur die Male der Nägel an den Händen, lege nicht nur deinen Finger an die Stellen der Nagelwunden, lege nicht nur deine Hand in seine Seite, sondern tritt ganz und gar durch das Tor seiner Seite ein, bis zum Herzen Jesu selbst;[103] dort durch die glühende Liebe Christi des Gekreuzigten ganz in ihn umgeformt,[104] mit den Nägeln der Gottesfurcht angeheftet, durch die Lanze der Liebe im Herzen durchdrungen,[105] durch das Schwert tiefen Mitleidens durchbohrt, sollst du nichts anderes mehr suchen, nichts anderes mehr ersehnen, in nichts anderem Trost finden, als darin, dass du doch mit Christus am Kreuz sterben könntest. Mögest du dann rufen mit dem Apostel Paulus: „Mit Christus bin ich gekreuzigt; ich lebe, doch nicht ich, sondern Christus lebt in mir" (Gal 2,19f).

3. Auf folgende Weise sollst du das Leiden Christi im Gedächtnis tragen: Denk daran, dass sein Leiden so überaus

---

102 Lat. *affectiones*: eig. „Herzensregungen", bringt die Vielfalt der auch gefühlsmäßigen Liebe zum Ausdruck.

103 Vgl. Wilhelm v. St. Thierry, *Cont. Deo* 3, 17-28 (SC 61,64): „(...) sicut Thomas ille vir desideriorum totum eum desidero videre et tangere, et non solum, sed accedere ad sacrosanctum lateris eius vulnus, ostium archae quod factum est in latere, ut non tantum mittam digitum vel totam manum, sed totus intrem usque ad ipsum cor Ihesu, in sanctum sanctorum (...)."

104 Lat. *transformatio per amorem Crucifixi*: die Schwebung, ob es sich um einen Genitivus subjectivus (Liebe des Gekreuzigten) oder objectivus (Liebe zum Gekreuzigten) handelt, ist offenbar beabsichtigt, vgl. *Itin.* IV, 8 (V 308a). Dadurch wird zum Ausdruck gebracht, dass die Liebe, die umgestaltet, von Gott ausgeht und den Menschen zu einer antwortenden Liebe erst befähigt.

105 Lat. *Praecordialis dilectionis transfixa*: die Liebe ist tief im Herzen und durchbohrt auch das Herz – der Doppelbezug ist schwer wiederzugeben.

schmachvoll, schmerzvoll, umfassend und langewährend war. – Zuerst erwäge, des Herrn würdige Magd, wie überaus schmachvoll der Tod deines Bräutigams Jesus Christus war. Er wurde gekreuzigt wie ein Dieb und Räuber. Im Alten Testament wurden nur die übelsten Verbrecher, Diebe und Räuber mit einem solchen Tode bestraft.[106] Hab Acht auf die noch größere Schmach Christi. Er wurde an einem verworfenen, verachteten Ort gekreuzigt, nämlich auf dem Berg Calvaria,[107] wo viele Gebeine und die Leichen der Toten lagen. Jener Ort war für die Hinrichtung der Verurteilten bestimmt, dort wurden nur die übelsten Menschen enthauptet oder aufgehängt. – Sieh die noch größere Schmach Christi, da er zwischen Räubern wie ein Räuber erhöht wurde, in der Mitte von Räubern, als sei er ein Erzverbrecher. Daher sagt Jesaja: „Er wurde zu den Verbrechern gezählt" (Jes 53,12). – Sieh weiter die noch größere Schmach deines Bräutigams, da er der Luft überantwortet und zwischen Himmel und Erde hängen sollte, als sei er nicht wert, auf der Erde zu leben oder zu sterben. O kostbare Schmach und Ungerechtigkeit! Dem Herrn des Erdkreises wurde der ganze Erdkreis verweigert, nichts in der Welt war verachteter als der Herr der Welt. So war also der Tod des Sohnes Gottes der schmachvollste Tod: wegen der Todesart, da er am Schandholz erhöht wurde; wegen der zusammen mit ihm Hingerichteten, da er zu den Verbrechern gerechnet und mit ihnen verurteilt wurde; wegen der Hinrichtungsstätte, da er auf dem verrufenen Calvaria gekreuzigt wurde.

4. O guter Jesus, liebreicher Erlöser, der du nicht nur einmal, sondern viele Male Schmach erlittest! Je öfter jemand Schmach erleidet, desto verächtlicher wird er der Welt. Siehe, du mein Herr Jesus, wirst im Garten gefesselt, im Haus des Hannas ins Gesicht geschlagen, im Hof des Kajafas bespuckt, in der Residenz des Herodes verspottet, auf dem Weg schleppst du dein Kreuz, auf Golgota wirst du

---

106 Vgl. Num 25,4; Dtn 21,22f. (Gal 3,13); 2 Sam 21,1-9; Est 7,10; 9,13f.

107 Mt 27, 33; Mk 15, 22; Lk 23, 33; Job 19, 17. Vgl. *In Ioann.* 19, 17 n.29 (VI 495b); *In Luc.* 23, 33, n.39 (VII 575bf.).

gekreuzigt. Weh mir, weh mir, denn siehe: die Freiheit der Gefangenen wird gefangengenommen, die Herrlichkeit der Engel verspottet, das Leben der Menschen umgebracht! O ihr beklagenswerten Juden, gut habt ihr erfüllt, was ihr versprochen! Ihr habt ja gesagt: „Zu einem ehrlosen Tod wollen wir ihn verurteilen“ (Weish 2, 20). Deswegen sagt der hl. Bernhard: „Er hat sich selbst erniedrigt und nahm die Gestalt des Knechtes an; Sohn war er und wurde Knecht, und er nahm nicht einfach die Gestalt des Knechtes an, sondern die des schlechten Knechtes, um gezüchtigt zu werden, um die Strafe zu zahlen, obwohl er keine Schuld hatte.“[108] Er war nicht nur der Knecht der Knechte Gottes, wie der Papst, sondern wurde der Knecht der Knechte des Teufels, da er den Sündern den Dienst leistete, auch ihre schlimmsten Sünden zu tilgen. Und auch das genügte ihm nicht, er wählte den allerschmählichsten Tod, damit du dich nicht fürchtest, Ähnliches zu erdulden. Er erniedrigte sich selbst und wurde gehorsam bis zum Tod, bis zum Tod am Kreuze (Phil 2,8), „der eben noch schmachvoller ist“, wie die Glosse sagt.

5. Erwäge sodann und führe dir vor Augen, Jungfrau, die du Gott liebst, dass das Leiden Christi überaus schmerzvoll war. Das Kreuz gestattete jenen heiligen Gliedern, die an ihm ausgespannt waren, nicht, sich im Todesschmerz zusammenzuziehen, was doch eine gewisse Erleichterung bringen kann und Trost für das bedrängte Herz; auch hatte jenes verehrungswürdige göttliche Haupt keinen Ort, um sich anzulehnen, als die Seele schied. – Hab noch genauer acht, wie schmerzvoll das Sterben Christi war. Je feinfühliger[109] jemand ist, desto ärger empfindet er Schmerz. Es gab niemals einen Leib, der so empfindsam gegenüber Schmerzen gewesen wäre wie der des Erlösers. Der Leib einer Frau ist schon empfindsamer als der eines Mannes; der Leib Christi aber war ganz und gar jungfräulich; denn er war vom Heiligen Geist empfangen und von der Jungfrau geboren: Das Leiden

---

108 Bernhard von Clairvaux, *Predigt zum Mittwoch der Karwoche*, n.10 (VIII,197).

109 Lat. *tener:* zart, fein, empfindsam, feinfühlig.

Christi war also schmerzvoller als alle Leiden, da er empfindsamer war als alle Jungfrauen.[110] Wenn nämlich allein durch die Vorstellung des Todes „seine Seele“ wegen der Empfindsamkeit des Leibes so „betrübt war“, dass sein körperlicher Schweiß „wie Blut zur Erde fiel“ (Mt 26,38; Lk 22,44), welcher Schmerz, welche Pein kam erst noch dazu, als er das bitterste Leiden wirklich erfuhr! Daher sagt der hl. Bernhard: „Sicherstes Zeichen deiner Herzensangst, mein Herr Jesus Christus, war jener Blutschweiß, der zu der Zeit deines Betens von deinem heiligsten Leib zur Erde fiel.“[111] „Was hast du getan, du liebstes Menschenkind, dass du so behandelt wirst? Was hast du begangen, liebreichster Jüngling, dass der Urteilsspruch so lautet? Siehe, ich bin die Ursache deines Schmerzes, ich deine tödliche Wunde.“[112] – Sieh noch aufmerksamer, wie bitter das Sterben Christi war. Je unschuldiger jemand ist, desto schwerer ist die Strafe zu ertragen. Wenn Christus wegen seiner Sünden jenen Schmerz auf sich genommen hätte, wäre er ein wenig erträglicher gewesen. Aber „er hat keine Sünde begangen und in seinem Mund war keine Falschheit“ (1 Petr 2,22). Das bezeugt auch Pilatus, wenn er spricht: „Ich finde nichts an ihm, was den Tod verdient“ (Joh 18,38). Er selbst ist ja „der Glanz des ewigen Lichtes, der Spiegel der göttlichen Herrlichkeit ohne Makel, das Abbild jener Gutheit“, nach den Worten der Weisheit (Weish 7,26).[113]

6. Versuche, zu einem noch volleren Verständnis zu gelangen, wie peinigend[114] der Tod deines geliebten Bräuti-

---

110 Aufgrund der *complexio corporis:* In Christus war das leibliche Empfinden in vollkommenster Weise verwirklicht. Vgl. III *Sent.* d16 a1 q2 (III 538-560).

111 Aus einem Bernhard von Clairvaux zugeschriebenen *Sermo De vita et passione Domini,* n. 6 (PL 184,958B).

112 Aus dem *Liber meditationum* (unter den Werken Augustins), cap.7 (PL 40,906).

113 Die hl. Klara gebraucht dieses Wort in ihrer Anleitung zur Kontemplation (*3LAg* 12f.) und verweist auf den „Spiegel Christus“ auch im Zusammenhang der Kreuzesbetrachtung (*4LAg* 14ff.).

114 Lat. *poena*: „Pein“ und „Strafe“. Im Unterschied zu *dolor* ist *poena* Schmerz, insofern er von außen zugefügt wird.

gams Jesus Christus war. Je umfassender, desto bitterer ist die Pein. Christus, dein Bräutigam, litt mit jedem Teil seines Leibes, keine Faser war ohne eine besondere Pein, keine noch so kleine Stelle, die nicht schmerzte. „Von der Fußsohle bis zum Scheitel war an ihm nichts gesund“ (Jes 4,6). In unerträglich heftigem Schmerz rief er mit den Worten: „O ihr alle, die ihr des Weges kommt, schaut doch her, ob ein Schmerz ist wie der meine“ (Klgl 1,12). Ja, mein Herr Jesus Christus, es ist wahr, niemals war ein Schmerz gleich dem deinen. Du hast so viel Blut vergossen, dass dein ganzer Leib davon übergossen war. – Guter Jesus, liebster Herr! Da nicht ein Tropfen bloß, vielmehr ein Strom von Blut fünffach aus deinem Leibe floss, aus Händen und Füßen bei der Kreuzigung, vom Haupt bei der Dornenkrönung, aus dem ganzen Körper bei der Geißelung, aus dem Herzen selbst bei der Öffnung der Seite, da scheint es fast ein Wunder, wenn noch Blut in deinem Leibe zurückblieb. Sag mir, ich bitte dich, mein lieber Herr, sag mir: Wenn doch ein einziger Tropfen deines heiligsten Blutes genügt hätte, die ganze Welt loszukaufen, warum hast du zugelassen, dass so viel Blut aus deinem Leib vergossen wurde? Ich weiß, mein Herr, ich weiß es wahrlich: Du hast es aus keinem anderen Grund getan, als um mir zu beweisen, mit welcher Zuneigung du mich liebst.

7. Wie also soll ich dem Herrn vergelten, was er für mich getan hat (Ps 115,12)? „Ja, mein Herr, solange ich lebe, will ich eingedenk sein deiner Mühen, die du beim Predigen auf dich genommen hast, der Müdigkeit beim Umherwandern, der im Gebet durchwachten Nächte, der Tränen des Mitleids, deiner Schmerzen, der Schmähungen, Bespeiung, der Schläge, der Verhöhnung, der Nägel und Wunden; andernfalls würde von mir das Blut des Gerechten gefordert, das über die Erde ausgegossen wurde“ (vgl. Ez 3,18.20; 33,8; Mt 23,35).[115] Wer wird meinem Haupt Wasser und meinen Augen eine Quelle der Tränen geben (Jer 9,1), dass ich Tag

115 Bernhard von Clairvaux, *Predigt zum Mittwoch der Karwoche,* n.11 (VIII,198); vgl. *Div.,* sermo 22, n.5 (IX,366f.) und *Cant.* sermo 43, cap.2, n.3 (VI,42f.).

und Nacht weinen könnte über den Tod meines Herrn Jesus Christus, den er nicht seiner, sondern meiner Sünden wegen erlitt? Er wurde verwundet wegen unserer Ungerechtigkeit, wegen unserer Missetaten geschlagen, wie der Prophet Jesaja sagt (53,5).

8. Zuletzt nun erwäge und führe dir vor Augen, wie furchtbar lange das Sterben und das Leiden Christi sich hinzog. Vom Tag seiner Geburt bis zum Tage seines Todes hatte er stets Leiden und Schmerzen zu tragen, wie es durch die Worte des Propheten bezeugt wird: „Arm und geplagt bin ich von Jugend an" (Ps 87,16); und ein anderes Wort sagt: „Den ganzen Tag wurde ich gezüchtigt" (Ps 72,14), das heißt: meine ganze Lebenszeit hindurch. – Denke weiter daran, wie lange sich die Passion selbst hinzog. Er wurde ja deswegen ans Kreuz gehängt, damit die Pein länger dauere, der Schmerz nicht schnell ein Ende habe, der Tod hinausgezögert werde, und er somit länger gemartert und gequält werde.

9. Aus all dem, was ich bis jetzt gesagt habe, kannst du schließen, Jungfrau Christi, Magd Gottes, wie schmachvoll, schmerzensreich, umfassend und langewährend das Leiden und Sterben deines geliebten Bräutigams Jesus Christus war. Und das alles hat er ertragen, um in dir die Liebe zu ihm zu entzünden, damit du ihn für all dies mit ganzem Herzen, ganzer Seele, mit deiner ganzen Geisteskraft liebst (vgl. Mt 22,37). Dass jemand einem anderen wohlwill, wo zeigt sich das besser, als wenn der Herr um des Heils des Knechtes willen Knechtsgestalt annimmt (Phil 2,7)? Was ist lehrreicher für den Menschen im Hinblick auf sein Heil, als das Beispiel, auch den Tod auf sich zu nehmen um der Gerechtigkeit willen und des Gehorsams gegen Gott?[116] Was erweckt stärker die Liebe zu Gott im Menschen, als diese große Güte, in der der Sohn des Allerhöchsten sein Leben für uns gab

116 Lat. *oboedientia divina*: doppeldeutig: „Gehorsam Gott gegenüber", d.h. der von Gott geforderte Gehorsam, oder auch „göttlicher Gehorsam". Beides leistete Christus als der menschgewordene Gottessohn dem Vater gegenüber.

(Joh 10,15), ohne dass wir es irgendwie verdient hätten, ja ganz im Gegenteil! Das zeugt von so großer Güte, dass sich nichts Liebreicheres, Gütigeres, Zugeneigteres denken lässt. Diese Güte offenbart sich als umso größer, je Schwereres und Schmachvolleres er für uns auf sich nahm und ertragen wollte. „Gott nämlich, der seinen eigenen Sohn nicht schonte, sondern ihn für uns alle dahingab, wie sollte er uns mit ihm nicht alles schenken" (Röm 8,32)? Dadurch werden wir eingeladen, ihn zu lieben und in Liebe nachzuahmen.

10. Weh denen, die gegenüber den Wohltaten solcher Güte undankbar bleiben, in deren Seele Christi Tod keine Wirkung hat! „Siehe", spricht Bernhard, „das Haupt Christi ist geneigt, dich zu küssen, die Arme ausgebreitet, dich zu empfangen, die Hände durchstoßen, um dich zu beschenken, die Seite geöffnet, um dich zu lieben, der ganze Leib ausgespannt, um sich ganz hinzuschenken."[117] Noch einmal: Wehe denen, die durch ihre Sünden Christus in sich ein zweites Mal kreuzigen (Hebr 6,6) und den Schmerz seiner Wunden noch vermehren (vgl. Ps 68,27)! Zum dritten Mal Wehe denen, deren Herz sich zur Klage nicht erweichen, zu dankbarer Liebe nicht bewegen lässt, die ein solcher Strom solchen Blutes, der unermesslich hohe Preis, nicht zu guten Werken zu erwärmen vermag! Jene sind gewiss Feinde des Kreuzes Christi (vgl. Phil 3,18), die Christus heute, da er als Sohn Gottes zur Rechten des Vaters im Himmel thront, mehr schmähen als damals die Juden, da er am Holz des Kreuzes hing. Zu diesen spricht der Herr und klagt über sie, mit den Worten des hl. Bernhard: „O Mensch, sieh doch, was ich für dich leide; ob ein Schmerz ist wie der, unter dem ich gekreuzigt werde; ich rufe dir zu, ich, der ich für dich sterbe; sieh doch die Pein, die mir zugefügt wird; sieh die Nägel, die mich durchbohren. Und obwohl der äußere Schmerz schon

117 Den Herausgebern von Quaracchi zufolge wohl nicht Bernhard; THOMAS v. HIBERNIA, *Manipulus florum*, Stichwort „passio", schreibt das Wort AUGUSTINUS, *De virginitate,* zu; was aber ebenfalls nicht zu verifizieren sei.

so groß ist, so ist doch das innere Weh noch bitterer, da ich dich so undankbar erfahre.“[118]

11. So gib denn acht, Mutter, gib acht, dass du einem solchen Liebeserweis gegenüber nicht undankbar seist, nicht gleichgültig angesichts eines so teuren für dich bezahlten Preises. Vielmehr setze Jesus Christus den Gekreuzigten „wie ein Siegel auf dein Herz“ (Hld 8,6): wie ein Siegel in das weiche Wachs präge Jesus, deinen Bräutigam, deinem Herzen ein und sprich mit dem Propheten: „Mein Herz ist flüssig geworden wie Wachs“ (Ps 21,15). Setze ihn auch „wie ein Siegel auf deinen Arm“ (Hld 8,6): das heißt, höre niemals auf, das Gute zu tun, werde nicht müde, für den Namen des Herrn Jesus dich abzumühen. Vielmehr wenn du alles getan hast, beginne von neuem, als hättest du nichts getan. Wenn dir zuweilen etwas Trauriges begegnet, etwas schwer zu Ertragendes, etwas, was dir lästig ist oder Bitterkeit bereitet, und vor allem, wenn dir einmal etwas Gutes gar nicht anziehend erscheint,[119] nimm sofort deine Zuflucht zu Jesus, wie er am Kreuze hängt. Schau auf die Dornenkrone, die eisernen Nägel, die Lanze der Seite; betrachte die Wunden der Füße und der Hände, die Wunden des Hauptes, die Wunde der Seite, die Wunden des ganzen Leibes, und erinnere dich, wie sehr er, der so für dich gelitten hat, so Schweres für dich auf sich genommen hat, wie sehr er dich liebt. Glaube mir, unter diesem Blick wird dir sofort alles Betrübliche freudig, alles Schwere leicht, alles Widerstrebende willkommen, das Harte süß und angenehm sein. So sollst auch du schon mit dem hl. Ijob rufen können: „Vor dessen Berührung meine Seele früher zurückschreckte, das ist nun wegen der Bedrängnis“ (vgl. Ijob 6,7), d.h. des Leidens Christi, „meine Speise“. Du könntest auch so sprechen: Die Güter, die meiner Seele früher zuwider waren, sind mir nun im Blick auf die Passion Christi lieb und willkommen. –

118 Den Herausgebern zufolge geht dieses Zitat auf einen Bernhard von Clairvaux zugeschriebenen Hymnus zurück.

119 Schilderung der Acedia.

Daher kann man von einem Mann lesen,[120] der, nachdem er sich dem Ordensleben zugewandt hatte, großen Widerwillen fühlte wegen der Härte der Speisegewohnheiten und der anderen Regelungen des Ordens. Und als er vor allzu großer Unduldsamkeit in Bedrängnis kam, fiel er vor dem Bild des Gekreuzigten nieder und begann ihm unter vielen Tränen die unerträglichen Bedrängnisse und Mühseligkeiten des Ordenslebens auseinanderzusetzen, und wie schlecht die Speisen, Brot und Trank, schmeckten; da begann sofort aus der Seite des Bildes Blut zu fließen, und als jener unter heftigem Weinen seine Bedrängnisse offenbarte, antwortete ihm das Bild Christi: Wann immer er Speise und Trank als wenig angenehm empfinde, solle er sie in die Würze des Blutes Christi tauchen.

Cap. VII. Die vollkommene Liebe zu Gott

1. Bisher habe ich dich, Magd Gottes, soweit mir der Herr es eingab, gelehrt, welcher geistlichen Übungen du dich bedienen sollst, um Schritt für Schritt aufzusteigen und von Tugend zu Tugend fortzuschreiten (vgl. Ps 83,8). An siebter Stelle bleibt mir noch, über die Form aller Tugenden zu sprechen, nämlich über die Liebe, welche allein den Menschen zur Vollkommenheit führt. Um Laster abzutöten, in der Gnade Fortschritte zu machen, die höchste Vollkommenheit in allen Tugenden zu erlangen, kann man keinen besseren Weg nennen, keinen nutzbringenderen ersinnen als die Liebe. Deswegen sagt Prosper im Buch über das beschauliche Leben: „Die Liebe ist das Leben der Tugenden, der Tod der Laster“;[121] und wie Wachs im Angesicht des Feuers zerfließt (Ps 67,3), so zerfließen die Laster im Angesicht der Liebe. Die Liebe hat eine solche Kraft, dass sie allein die Hölle verschließt, sie allein den Himmel öffnet, sie allein Hoffnung

120 *Chronica der 24 Generalminister,* berichtet unter dem Generalat des Johannes von Parma (AF III, 306f).

121 Wiederum Iulianus Pomerius, *De Vita contemplativa* III, 13 (PL 59,493B).

auf Heil spendet, sie allein in den Augen Gottes liebenswert macht. Eine solche Kraft (*virtus*) hat die Liebe, dass sie allein unter allen Tugenden (*virtutes*) „Tugend" (*virtus*) genannt wird. Wer sie besitzt, ist reich, begütert und glücklich; wer sie nicht besitzt, ist arm, ja bettelarm, und unglücklich.[122] Daher schreibt auch die Glosse über die Stelle im 1. Korintherbrief: „(...) und hätte die Liebe nicht" (1 Kor 13,2): „Merk auf, welche Größe der Liebe zukommt: Wenn sie fehlt, hat man alles andere vergeblich; wenn sie da ist, hat man alles andere auch. Wer auch nur anfängt, sie zu haben, wird den Heiligen Geist haben." Und der hl. Augustinus sagt: „Wenn Tugend uns zum glückseligen Leben führt, dann behaupte ich, dass nichts ganz und gar Tugend ist außer der höchsten Liebe zu Gott."[123] Wenn daher die Liebe eine solche Tugend ist, dann muss man sich vor allen anderen Tugenden um sie bemühen – und zwar nicht um irgendeine Liebe, sondern um die allein, in der Gott über alles und der Mitmensch im Hinblick auf Gott geliebt wird.

2. Wie du deinen Schöpfer lieben sollst, das lehrt dich dein Bräutigam im Evangelium: „Du sollst den Herrn, deinen Gott, lieben aus ganzem Herzen, ganzer Seele und ganzer Kraft deines Geistes" (Mt 22, 37 Parr.).[124] Merk genau auf, liebe Magd Christi, was für eine Liebe dein geliebter Jesus von dir verlangt. Dein liebreichster Freund will in aller Klarheit, dass du seiner Liebe dein ganzes Herz, deine ganze Seele und deine ganze Geisteskraft schenkst, so dass in deinem Herzen, deiner ganzen Seele, deinem ganzen Geist kein anderer zusammen mit ihm einen Teil besitzt.[125] Was

---

122 Vgl. AUGUSTINUS, *Sermo 350*, 3 (PL 39,1534): vgl. *Sermo 304*, 5, 4; RICHARD VON ST. VICTOR, *Adnotationes in Ps* 44 (PL 196,321-324).

123 AUGUSTINUS, *Mor. eccl.* 15, 25 (PL 32,1322).

124 Lat. *mens*: Zentrum der Seele; oder auch: die Seele selbst unter der Hinsicht, dass sie sich auf Gott hinwenden kann.

125 „Einen Teil besitzen" hieße, dass Gott und etwas Geschaffenes nach *einem* Maßstab gemessen werden. Das entspricht aber dem objektiven Maß nicht; denn zwischen dem geschaffenen Gut und dem ungeschaffenen Gut gibt es kein univok anwendbares Maß, sie sind gewissermaßen „unvergleichbar" (*incomparabilis*). Die Liebe zu den

also sollst du tun, um den Herrn, Deinen Gott aus ganzem Herzen (*corde*) zu lieben? Wie liebt man aus ganzem Herzen? Lass dich durch den hl. Johannes Chrysostomus belehren: „Gott aus ganzem Herzen lieben, bedeutet, dass dein Herz keiner anderen Liebe mehr zuneigt als der Liebe zu Gott; du sollst dich nicht mehr an der Schönheit der Welt freuen als an Gott, auch nicht an Ehrungen, noch an deinen Eltern. Wenn die Liebe deines Herzens von irgendeinem dieser Dinge eingenommen ist, dann liebst du noch nicht aus ganzem Herzen.“[126] Ich bitte dich, Magd Christi, lass dich nicht täuschen, was die Liebe angeht. Es ist gewiss, wenn du etwas liebst, was du nicht in Gott oder im Hinblick auf Gott liebst, dann liebst du noch nicht aus ganzem Herzen. Daher sagt auch Augustinus: „(...) Herr, es liebt dich weniger, wer neben dir noch etwas anderes liebt.“[127] Wenn dich die Liebe zu irgendetwas in der Gottesliebe nicht fördert, liebst du noch nicht aus ganzem Herzen; und wenn du aus Liebe zu irgendetwas das vernachlässigst, was du Christus schuldest, dann liebst du noch nicht aus ganzem Herzen.[128] Liebe also den Herrn, Deinen Gott aus ganzem Herzen.

3. Nicht nur aus ganzem Herzen, auch aus ganzer Seele (*anima*) muss der Herr Jesus Christus geliebt werden. Wie liebt man aus ganzer Seele? Lass dich durch den hl. Augus-

---

geschaffenen Gütern muss deren Stellung in der Seinsordnung entsprechen: so wie sie von Gott her und auf ihn hin *sind*, so müssen sie auch im Hinblick auf Gott *geliebt* werden. Der Ordnung des Seins muss die Ordnung der Liebe entsprechen.

126 Johannes Chrysostomus, *Hom. in Mt* 22, 37 (*opus imperfectum*), hom. 42 (PG 56,873).

127 Augustinus, *Conf.* X, cap.29, n.40 (CCSL 27,176). Man könnte auch übersetzen: „Zu wenig liebt dich, wer (...)“.

128 Beachtenswert, wie Bonaventura die Akzentsetzung auf die Liebe als Gefühl korrigiert. Es geht nicht nur um die Selbstbeobachtung, ob die Gottesliebe als Gefühl intensiver sei als andere Neigungen. Kriterium für die Unterscheidung ist vielmehr: Fördert eine bestimmte Neigung auch die Liebe zu Gott oder führt sie zur Vernachlässigung der erstrangigen Ausrichtung auf ihn? Sicher denkt Bonaventura hier auch an ganz konkrete Phänomene, wie das Aufgeben regelmäßigen Gebetes etc.

tinus belehren: „Gott aus ganzer Seele lieben, heißt, ihn aus ganzem Willen lieben, ohne Zwiespältigkeit.“[129] Du liebst aus ganzer Seele, wenn du nicht das tust, was du willst, was die Welt dir rät, was das Fleisch dir nahelegt, sondern ohne Widerspruch mit Freude das tust, wovon du weißt, dass Gott es will. Dann liebst du Gott aus ganzer Seele, wenn du um der Liebe Jesu willen[130] auch dein Leben (*anima*), wenn es notwendig ist, mit Freude in den Tod gibst. Wenn du freilich in irgendeinem dieser Punkte gleichgültig bist, dann liebst du noch nicht aus ganzer Seele. Liebe also Gott, den Herrn, aus deiner ganzen Seele, das heißt, bringe deinen Willen in allen Dingen mit dem Willen Gottes zum Gleichklang.

4. Liebe schließlich deinen Bräutigam, den Herrn Jesus, nicht nur aus ganzem Herzen und ganzer Seele, sondern auch mit deiner ganzen Geisteskraft (*mente*). Wie liebt man aus ganzer Geisteskraft? Lass dich noch einmal vom hl. Augustinus belehren: „Aus ganzer Geisteskraft Gott lieben, heißt: ihn mit dem Gedächtnis, dem ganzen Bewusstsein lieben, ohne jemals auf ihn zu vergessen.“[131]

Cap. VIII: Ausharren bis ans Ende

1. Auch wenn jemand den Ursprung aller Tugenden erlangt hat, so hat er in den Augen Gottes doch noch nicht Ruhm erlangt, wenn nicht noch das Ausharren hinzukommt, das die Tugenden vollendet; denn keinen Sterblichen soll man in diesem Leben loben, sei er noch so vollkommen, bevor er das Gute, das er begonnen hat, auch mit einem guten und glücklichen Ende beschließt. Die Beharrlichkeit ist Ende und „Vollenderin der Tugenden, Amme des Verdienstes, Vermittlerin des Lohnes.“[132] Daher sagt der hl. Bernhard: „Nimm das Ausharren weg, dann bringt der Gehorsam keinen Lohn,

---

129 AUGUSTINUS, *Spir. et an.*, 35 (PL 40,806); vgl. *Sermo 108* (in appendice).
130 Zugleich: um der Liebe zu Jesus willen, Genitivus subjectivus und objectivus.
131 AUGUSTINUS, *Sermo 108* (53 de tempore); *Spir. et an.* 35 (PL 40,805f.)
132 BERNHARD VON CLAIRVAUX, *Ep.* 129, n.2 (II,886).

die gute Tat keine Gnade, die Tapferkeit keinen Ruhm."[133] Es wäre zu wenig, wenn ein Mensch als Ordenschrist gelebt hätte, geduldig und demütig, fromm und enthaltsam gewesen wäre, Gott geliebt und die übrigen Tugenden besessen hätte, wenn nicht die Beharrlichkeit dazukäme. Wenn auch alle Tugenden im Wettkampf laufen, den Siegespreis erlangt nur die Beharrlichkeit (vgl. 1 Kor 9,24); denn nicht der, welcher angefangen hat, sondern „wer ausharrt, wird gerettet" (Mt 10,22). Daher fragt Johannes Chrysostomus: „Was haben Samen, die blühen und dann verwelken, für einen Nutzen?",[134] womit er sagen will: überhaupt keinen.

2. Wenn du also, liebe Braut Christi, irgendwelche Tugenden besitzt oder gute Werke getan hast, ja, weil du solche Tugenden hast: fahre fort damit, mach Fortschritte darin, kämpfe darin bis zum Tode beherzt den Kampf Christi, damit dir, wenn der letzte Tag, das Ende deines Lebens, gekommen ist, als Preis und Lohn deiner Mühen die Krone der Ehre und Herrlichkeit gegeben wird. Daher spricht Jesus Christus, dein einzig Geliebter, im Buch der Apokalypse zu dir: „Sei getreu bis in den Tod, dann will ich dir die Krone des Lebens geben" (Offb 2,10). Diese Krone ist nichts anderes als der Lohn des ewigen Lebens. Nach ihr muss die ganze Christenheit vor Sehnsucht glühen. Dieser Lohn ist so groß, dass überhaupt niemand ihn einzuschätzen vermag, wie der hl. Gregor sagt,[135] so vielfältig, dass niemand ihn zählen kann, und schließlich von so langer Dauer, dass er weder Ende noch Grenze kennt. – Zu diesem Lohn, zu dieser Krone lädt dich dein geliebter Bräutigam Jesus Christus ein, mit den Worten des Hoheliedes: „Komm vom Libanon, meine Braut, meine Freundin, komm vom Libanon, komm, du sollst gekrönt werden" (Hld 4,8). Steh auf, Freundin Gottes, Braut Jesu Christi, Taube des ewigen Königs, komm, eile zur Hochzeit des Sohnes Gottes (vgl. Offb 19,9), denn der ganze

133 Ebd., ergänzt nach dem Original.
134 Johannes Chrysostomus, *Hom. in Mt.* 33 (oder 34), 5 (PG 57,394).
135 Vgl. Gregor der Grosse, *Hom. in Ev.* 37, n.1 (FC 28/II,740f.).

himmlische Hofstaat erwartet dich, und alles ist bereitet (Mt 22,4).

3. Bereit steht erlesene, edle Dienerschaft, dir aufzuwarten, kostbare und wohlschmeckende Speise, dich zu erquicken, die liebenswerte Gesellschaft von Freunden, sich mit dir zu freuen. – Steh also auf und eile im Laufschritt zur Hochzeit, denn dort steht erlesene Dienerschaft zu deinem Dienst bereit: Jene Dienerschaft ist nichts anderes als die Gemeinschaft der Engel, ja sogar der Sohn des ewigen Gottes in eigener Person, wie er über sich im Evangelium bezeugt: „Amen ich sage euch, er wird sich gürten, sie zu Tisch liegen lassen, umhergehen und sie bedienen“ (Lk 12,37). Welch eine große Ehre für die Armen und Verachteten, wenn sie als Diener den Sohn Gottes, des höchsten Königs, haben, und die ganze Heerschar des himmlischen Reiches!

4. Bereit steht erlesene und wohlschmeckende Speise, dich zu erquicken. Der Sohn Gottes bereitet mit eigenen Händen den Tisch, wie er selbst von sich bezeugt: „Ich übergebe euch das Reich, wie mein Vater es mir übergeben hat, ihr sollt in meinem Reich an meinem Tisch essen und trinken“ (Lk 22,29f). Wie süß und wohlschmeckend ist diese Speise, die Gott in seiner Güte dem Armen bereitet hat (Ps 67,11)! Wie selig ist jener, der im Himmelreich jenes Brot essen wird, das im Schoß der Jungfrau durch das Feuer des Hl. Geistes bereitet wurde.[136] „Wenn jemand von diesem Brot isst, wird er in Ewigkeit leben“ (Joh 6,52). Mit dieser Speise, diesem Brot, nährt und erquickt jener himmlische König seine Erwählten an seinem Tisch, wie es im Buch der Weisheit heißt: „Mit der Speise der Engel hast du dein Volk genährt und ihm Brot vom Himmel gegeben, ohne dass sie sich mühen mussten, das alle Erquickung in sich birgt und allen Wohlgeschmack und jedem Geschmack entgegenkommt“ (Weish 16,20). Siehe, das ist die Erquickung des Tisches Gottes.

---

136 Sehr plastisch: das Brot wurde gebacken bzw. gekocht, in einer „Backpfanne“ *(clibano)*.

5. Nichtsdestoweniger ist für dich auch noch eine liebenswerte Gesellschaft von Freunden bereitet, sich mit dir zu freuen. Dort wird Jesus sein, mit dem Vater und dem Hl. Geist, Maria mit der blumenbekränzten Schar der Jungfrauen, die Apostel, Märtyrer, Bekenner und die ganze himmlische Schar der Erwählten. Bejammernswert über die Maßen, wer dieser Gemeinschaft nicht zugesellt ist; erstorben ist die Sehnsucht eines Menschen, wenn er sich nicht sehnt, ihr zuzugehören.

6. Du aber, edle Magd Christi, du sehnst dich nach Christus, ich weiß es; ich weiß, du mühst dich mit all deinen Kräften, die Gemeinschaft mit dem ewigen König und seine Umarmung zu erlangen. „Nun erwecke dein Herz und deine Seele, streng deine Erkenntnis und Denkkraft an, so sehr du es vermagst. Wenn einzelne Güter schon Freude schenken, bedenke aufmerksam, welche Freude das Gut gewährt, das in sich die Süßigkeit aller Güter enthält. Wenn das geschaffene Leben schon gut ist, wie gut muss dann das erschaffende Leben sein? Wenn schon das geschaffene Wohlergehen[137] so angenehm ist, wie angenehm muss dann dasjenige sein, das alles Wohl wirkt?“[138] „Wer dieses Gut genießt, was wird er haben, was wird er nicht haben? Gewiss wird er alles haben, was er will, alles, was er nicht will, aber nicht. Dort werden Güter für Leib und Seele sein, wie sie kein Auge geschaut, kein Ohr gehört hat, wie es in keines Menschen Herz gedrungen ist (1 Kor 2,9). Magd Gottes, warum durchwanderst du auf der Suche nach Gütern für Leib und Seele viele Güter? Liebe das eine Gut, in dem alle Güter enthalten sind, und es genügt; ersehne das einfache Gut, das alles Gute umschließt, und es ist genug.“[139]

7. „Dort ist, was du liebst, meine Mutter, dort ist, was du ersehnst, glückliche Jungfrau. [...] Wenn dich Schönheit erfreut: ‚die Gerechten werden leuchten wie die Sonne‘ (Mt

137 Lat. *salus*: Heil, Gesundheit, Wohlergehen.
138 ANSELM VON CANTERBURY, *Prosl.* c.24 (SCHMITT,124).
139 ANSELM VON CANTERBURY, *Prosl.* c. 25 (SCHMITT,126), auch: *Spir. et an.* 54 (PL 40,828).

13,43). Wenn dich ein langes Leben in Gesundheit erfreut: dort ist ewiges, heiles Leben; denn ‚die Gerechten werden leben für immer‘ (Weish 5,16), und ‚das Heil der Gerechten ist ewig‘ (Ps 36,39). Wenn dich Sättigung erfreut: ‚Sie werden gesättigt werden, wenn die Herrlichkeit des Herrn erscheint!‘ (Ps 16,15); wenn Berauschung: ‚sie werden sich berauschen am Reichtum des Hauses Gottes‘ (Ps 35,9). Wenn dich süßer Gesang erfreut: dort singen die Chöre der Engel und loben Gott ohne Ende. Wenn dich Freundschaft erfreut: dort lieben die Heiligen Gott mehr als sich selbst, sie lieben einander wie sich selbst, und Gott liebt sie mehr als sie sich selbst. Wenn dich Eintracht erfreut: dort werden alle nur einen Willen haben, denn sie werden nur den Willen Gottes kennen. Wenn dich Ehre und Reichtum erfreut: Gott wird ‚seine guten und treuen Knechte und Mägde über vieles setzen‘ (Mt 25,21.23), ja, ‚sie werden Söhne und Töchter Gottes genannt werden (vgl. Mt 5,9) und sein. Wo Gott ist, da werden auch sie sein (Joh 12,26), die ‚Erben Gottes und Miterben Christi‘ (Röm 8,17).“[140]

8. „Wie wird die Freude sein, wie groß wird sie sein, wo ein solches, wo ein so großes Gut ist? Gewiss, Herr Jesus, kein Auge hat in diesem Leben gesehen, kein Ohr gehört, in keines Menschen Herz ist es gedrungen, wie sehr deine Heiligen dich lieben und wie groß ihre Freude über dich ist in jenem glückseligen Leben“[141]. In dem Maß, wie jemand Gott hier auf Erden liebt, in dem Maß wird er sich dort an ihm freuen. Habe also hier viel Liebe zu Gott, damit du dort auch viel Freude habest. Möge hier in dir die Liebe zu Gott wachsen, damit du dort die volle Freude an Gott besitzest. Dein Geist sinne darüber nach, deine Zunge spreche davon, dein Herz sei von Liebe dazu erfüllt, dein Mund rede davon, deine Seele hungere, dein Leib dürste danach, verlange danach mit allem, was du bist, bis du eintrittst in die Freude deines Herrn (Mt 25,21)“[142], bis du zur Umarmung deines

140 Ebd. (Schmitt,128).
141 Ebd., 26 (Schmitt,132).
142 Ebd. (Schmitt,134).

Geliebten gelangst, bis du hineingeführt wirst ins Brautgemach deines geliebten Bräutigams, der mit dem Vater und dem Heiligen Geist lebt und herrscht, ein Gott von Ewigkeit zu Ewigkeit. Amen.

Erster Brief an alle Provinzialminister und Custoden des Minderbrüderordens (23. April 1257)

Epistola officialis I ad ad omnes Ministros provinciales et Custodes Ordinis Fratrum Minorum[143]

Allen Ministern und Custoden, mir in Christus lieb,
wünsche ich, Frater Bonaventura, des gesamten Ordens der Minderen Brüder Minister und Knecht,
das Heil und den Frieden, der alles Sinnen und Denken übersteigt [vgl. Eph 1,1f.].

Ich erkenne ganz klar meine Unzulänglichkeit, die mir auferlegte Last zu tragen; denn ich bin körperlich schwach, geistig nicht vollkommen, habe keine Erfahrung in [solchen] Tätigkeiten und mein Wille widerstrebt. Doch weil es schwer ist, gegen den Stachel auszuschlagen (vgl. Apg 26,14) den Sporn, den mir eine solch bedeutende Versammlung [d.i.: das Generalkapitel] und der Papst gegeben haben – denn das hieße auch, sich dem Willen des Allerhöchsten hartnäckig zu widersetzen –, habe ich meine schwachen Schultern unter die schwere, so gut wie untragbare Last gebeugt. Ich setze dabei meine Hoffnung auf die Hilfe des Allmächtigen und vertraue auf Eure gewissenhafte Unterstützung. Auch wenn es unmöglich ist für einen Menschen, und sei er noch so stark, eifrig und erfahren, eine solche Last auf seinen Schultern zu tragen, so lässt sie sich doch entschlossen nehmen, wenn sie auf mehrere Schultern aufgeteilt wird; und niemand, auch wenn er einen noch so schwachen Kopf hätte,

143 Übersetzung nach dem lat. Text aus: *Doctoris seraphici S. Bonaventurae opera omnia*, edita studio et cura PP. Collegii a S. Bonaventura, Bd. VIII, Quaracchi 1898, S. 468-469.

braucht vor Schrecken angesichts einer so ungewohnten Sache zu verzweifeln.

Ich setze also Euren Einsatz, Eure Sorgfalt und Euren lebhaften Eifer voraus; ich rechne damit, dass ihr bereit seid, das Übel auszutilgen, das Gute zu fördern, das Schwache zu hegen, und das Starke noch mehr zu kräftigen [vgl. Ez 34,16]. Da ich mich als „Wächter für das Haus Israel aufgestellt" sehe und nicht will, dass „von meinen Händen Rechenschaft für das Blut der Schafe gefordert wird" [Ez 33,6], dachte ich daran, Euch etwas in Kürze zu schreiben, was ich lieber mündlich entfaltet hätte, wäre ich auf dem Generalkapitel anwesend gewesen.

Drängend sind die Gefahren unserer Zeit, die Wunden im Gewissen der Einzelnen, und ganz besonders das Ärgernis, welches Weltleute nehmen: Der Orden, der doch ein Spiegel aller Heiligkeit sein sollte, wird zum Abscheu und zur Verachtung in allen Teilen der Welt. Was mir aufgrund der Beratung durch die Ratsbrüder dringend der Besserung zu bedürfen scheint, das will ich weder gänzlich verschweigen, noch in allen Einzelheiten ausmalen; ich will weder neue Vorschriften erlassen noch neue Verpflichtungen einführen, noch will ich neue Lasten schnüren und anderen auflegen,[144] sondern als jemand, der die Wahrheit ausspricht, will ich es kurz sagen; denn ich sehe, dass ich das auf keinen Fall verschweigen darf.

2. Als ich mich fragte, aus welchen Gründen die Strahlkraft unseres Ordens gewissermaßen verdunkelt ist, der Orden in der Außenwahrnehmung von Mängeln behaftet erscheint, im Inneren der reine Glanz des guten Gewissens hässlich geworden ist, da kamen mir folgende Dinge in den Sinn:

Zuerst die Vielfältigkeit der Geschäfte, wodurch man Geld – das der Armut unseres Ordens vor allem feind ist! – gierig verlangt, ohne Bedenken annimmt und noch bedenkenloser damit umgeht.

---

144 Vgl. Mt 23,4.

Dann steht mir der Müßiggang vor Augen, die Brutstätte aller Laster!, dem manche Brüder frönen; viele sind wie im Halbschlaf, wählen sich ein Leben, das einem Zwitter-Zustand gleicht, weder kontemplativ noch aktiv, sie nähren sich, zwar nicht in fleischlichem Sinn, aber doch grausam vom Blut der Seelen.

Da gibt es viele, die ständig irgendwo draußen herumlaufen (*evagatio*); um die ein oder andere Annehmlichkeit für ihren Körper zu erlangen, fallen sie denen zu Last, bei denen sie vorbeikommen. Sie lassen kein Beispiel eines guten Lebens zurück, sondern eher ein Ärgernis für die Seelen.

Da gibt es die unverschämte Bettelei. Ihretwegen haben Leute unterwegs einen Abscheu davor, Brüdern zu begegnen, sie fürchten sich vor ihnen wie vor Wegelagerern.

Da gibt es teure, auffallende Bauvorhaben, die den Frieden der Brüder stören, ihren Freunden finanzielle Lasten bereiten und die Gefahr heraufbeschwören, dass die Leute sich in vielerlei Weise den Mund darüber zerreißen.

Da gibt es die Vervielfachung der freundschaftlichen Beziehungen (*familiaritates*), die unsere Regel verbietet; daraus entstehen Verdächtigungen, übler Leumund und vielerlei Ärgernis.

Dann gibt es die unüberlegte Übertragung von Ämtern an Brüder, die in keiner Weise erprobt sind, weder im Fleisch abgetötet noch im Geist gefestigt sind, man gibt ihnen Aufgaben, die sie kaum tragen können.

Dann ein gewisses gieriges Sich-einmischen (*avida invasio*) in Begräbnisse und Nachlässe – was große Aufregung im Klerus und ganz besonders bei den Pfarrgeistlichen hervorruft.

Dann der häufige und aufwändige Ortswechsel von Brüdern, begleitet von Rücksichtslosigkeit (*violentia*) und Durcheinander in den jeweiligen Gegenden; solches Verhalten ist ein Zeichen von Unbeständigkeit und eine Schmähung der Armut.

Schließlich: hoher finanzieller Aufwand. Da die Brüder nicht mit Wenigem zufrieden sein wollen, und „die Liebe unter den Menschen erkaltet ist“ [Mt 24,12], sind wir allen zur Last geworden, und das wird in der Zukunft noch schlimmer werden, wenn wir nicht rasch Abhilfe schaffen.

3. Obwohl es sehr viele gibt, die in keinem dieser Punkte Schuld trifft, so trifft doch alle diese üble Nachrede, wenn nicht diejenigen, die solches nicht tun, denen Widerstand entgegensetzen, die es tun. Es ist sonnenklar, dass alles, was ich oben genannt habe, zu einem riesigen und unübersehbaren Schaden für den Orden ausschlägt – mögen auch laue, kaltschnäuzige (*indevoti*) Leute, und solche, die „weise sind im Sinn des Fleisches“ [1 Kor 1,26], die denken, es sei eben Brauch, oder die mit der großen Zahl solcher Brüder argumentieren, das alles für Kleinigkeiten, für entschuldbar oder für unabänderlich halten.

Es sollen also in unserem Herzen die innige Liebe zu Gott (*devotio*) und der Feuereifer erwachen, die Geschäftemacher sollen aus dem Haus des himmlischen Vaters hinausgeworfen werden [vgl. Joh 2,16]! Entflammt alle Brüder zum Gebet und zum Eifer in der Hingabe (*devotio*), beschränkt die wahllose Aufnahme von Brüdern;[145] ich will auf jeden Fall, dass die festgesetzten Bestimmungen zur Aufnahme genau eingehalten werden.[146] Die oben angeführten üblen Gewohnheiten schneidet entschlossen ab! Selbst wenn es die Brüder hart ankommt – die Vollkommenheit unseres Gelübdes erfordert es, die Angriffe von außen ebenfalls, die Welt fordert es ein! Laut ruft uns dazu der selige Franziskus, laut ruft das vergossene Blut Christi, laut ruft der Herr in der Höhe.

4. Die Trägen haltet zur Arbeit an. Schränkt das ständige Unterwegs-sein ein, bringt diese Leute zur Ruhe.[147] Denen, die unverschämte Forderungen stellen, erlegt Schweigen auf. Die beabsichtigen, hohe Bauten zu errichten, sollen Demut lernen. Wer vertraute Beziehungen sucht, den verpflichtet zum Allein-Sein (*solitudo*). Den Predigt-Dienst und das Amt eines Beichtvaters übertragt nur nach gewissenhaf-

---

145 Lat. *restringatis receptionem multitudinis,*

146 Constitutiones Narbonenses, Opusc. XVIII Rubr. 1 (VIII 450-451).

147 Lat. *compescatis ad quietem* – nicht nachzuahmen im Deutschen.

ter Prüfung. Wirkt darauf hin, dass die frühere Anordnung über die testamentarischen Verfügungen und die neuere Anordnung über die Begräbnisse genauer eingehalten werden. Den Ortswechsel gestattet niemandem vor dem Generalkapitel. Auf den Rat der Ratsbrüder hin, um Ärgernisse zu vermeiden, und gemäß dem Auftrag meines Vorgängers behalte ich mir dies ausdrücklich vor und befehle es unter der Verpflichtung des Gehorsams: Von jetzt an darf niemand seinen Ort wechseln ohne meine besondere Erlaubnis.

Die Brüder sollen lernen, mit Wenigem zufrieden zu sein; denn sie werden von vernünftigen Leuten mit gutem Grund gefürchtet. Deswegen ist es notwendig, dass sie mit bescheidenen, maßvollen Gütern zufrieden seien, ob sie wollen oder nicht.

5. Wenn Ihr diesem meinem brieflichen Wort gehorsam seid – und das werde ich durch die Visitatoren erfahren, denen ich die wachsame Beobachtung der Besserungsmaßnahmen an Haupt und Gliedern auftrage –, dann will ich dem Schöpfer und Euch danken. Andernfalls – was hoffentlich nicht geschieht! – sollt Ihr ohne allen Zweifel sicher wissen, dass mein Gewissen es nicht zulassen wird, solches mit Schweigen zu übergehen. Auch wenn es keineswegs in meiner Absicht liegt, Euch neue Verpflichtungen aufzuerlegen, so zwingt mich mein Gewissen, mich mit allen Kräften für die Beseitigung der genannten Übel einzusetzen. Das Ziel besteht darin, ohne Ärgernis zu geben, entsprechend unserer Verpflichtung, die Wahrheit der Regel, die wir gelobt haben und ohne deren gehorsame Erfüllung wir nicht das Heil erlangen können, klar zu erkennen, unsere Gelübde zu erfüllen und mit all unseren Kräften die Lauterkeit zu bewahren, die ganz offenkundig von den genannten Missständen bedroht wird.

Paris, im Jahr des Herrn 1257, am Fest des hl. Märtyrers Georg.

Veranlasst, dass dieser Brief in jedem Konvent Eurer Provinz gelesen wird.

Gebet und Meditation

Aus dem Passionsoffizium

Hymnus „Zum Leiden des Herrn“
Hymnus „In Passione Domini“[1]

Übertragung von P. Johannes Schneider OFM

1. In passione Domini,
Qua datur salus homini,
Sit nostrum refrigerium
Et cordis desiderium.

1. Im Leiden unsres lieben Herrn,
durch das dem Menschen Heil geschenkt,
all unsre Kraft und Stärke sei,
das Herz sei darauf hingelenkt.

2. Portemus in memoria
Dolores et opprobria,
Christi coronam spineam,
Crucem, clavos et lanceam,

2. So tragen im Gedächtnis wir
die Schmerzen und die Schmähungen,
die Schmach von Christi Dornenkron,
das Kreuz, die Nägel und den Speer.

3. Et plagas sacratissimas,
Omni laude dignissimas,
Acetum, fel, arundinem
Et mortis amaritudinem.

3. Die heiligsten Verwundungen,
die allen Lobes würdig sind,
den Essig, Galle und das Rohr,
das ganzen Todes Bitterkeit.

4. Haec omnia nos satient
Et dulciter inebrient,
Nos repleant virtutibus
Et gloriosis fructibus.

4. Dies alles nähre unsern Geist
und mache trunken unser Herz:
die Tugenden erfüllen uns
und Früchte seiner Herrlichkeit.

5. Te crucifixum colimus
Et toto corde poscimus,
Ut nos sanctorum coetibus
Coniungas in coelestibus.

5. Gekreuzigter, dich ehren wir,
aus ganzem Herzen flehen wir,
vereine uns im Himmel bald
im Kreise deiner Heiligen.

---

1 Übertragung aus dem lat. Text aus: S. Bonaventurae, *Decem Opuscula ad theologiam mysticam spectantia*, Quaracchi 1926, 390.

6. Laus, honor Christo vendito
Et sine causa prodito,
Mortem passo pro populo
In aspero patibulo. Amen.

6. Lob, Ehre dem verkauften Herrn,
dem grundlos Ausgelieferten,
der für sein Volk den Tod erlitt,
am rauen Stamm, dem Kreuzesholz.
Amen.

Lob des hl. Kreuzes[2]
Laudismus de sancta Cruce

Übertragung von P. Johannes Schneider OFM

1. Recordare sanctae Crucis,
qui perfectam vitam ducis
delectare iugiter.
Sanctae Crucis recordare,
et in ipsa meditare
insatiabiliter.

1. An das heilig Kreuz zu denken,
willst du recht das Leben lenken,
freu dich immerzu daran.
An das heilig Kreuz zu denken
und in es sich zu versenken,
fang von neuem damit an.

2 (=13). Quum quiescis aut laboras,
Quando rides, quando ploras
Doles sive gaudeas,
Quando vadis, quando venis,
In solatiis, in poenis
Crucem corde teneas.

2. Hast du Ruhe oder Plagen,
Ob du lachen kannst, ob klagen,
Hast du Freude oder Pein,
Ob du kommst, ob du musst scheiden,
Ob in Tröstung oder Leiden:
Trag das Kreuz im Herzen dein.

3 (=14). Crux in omnibus pressuris,
Et in gravibus et duris
Est totum remedium.
Crux in poenis et tormentis
Est dulcedo piae mentis
Et verum refugium.

3. Jesu Kreuz, wenn mich bedrücken
Schwere Lasten zum Ersticken,
Ist Arznei, die alles heilt.
Jesu Kreuz in Qualen, Schmerzen
Ist mir Süßigkeit im Herzen,
Gibt an sichrer Zuflucht teil.

2 Übersetzung nach dem lat. Text aus: *Doctoris seraphici S. Bonaventurae opera omnia*, edita studio et cura PP. Collegii a S. Bonaventura, Bd. VIII, Quaracchi 1893, S. 667-669 (Auswahl).

4 (=15). Crux est porta Paradisi, In qua Sancti sunt confisi, Qui vicerunt omnia. Crux est mundi medicina, Per quam bonitas divina facit mirabilia.	4. Jesu Kreuz dich uns erschließe Wie ein Tor zum Paradiese, Dass hindurch wir siegreich gehn. Jesu Kreuz ist Heil der Erde, Dass durch Gottes Güte werde Wunderbares noch geschehn.
5 (=16). Crux est salus animarum, Verum lumen et praeclarum, Et dulcedo cordium. Crux est vita beatorum Et thesaurus perfectorum, Et decor et gaudium.	5. Jesu Kreuz ist Heil der Seelen, Klares Licht wird uns nicht fehlen, Noch der Herzen Süßigkeit. Jesu Kreuz ist Lohn und Leben Aller die zum Himmel streben, Ihre Freud und Seligkeit.
6 (=19). Crux est arbor decorata, Christi sanguine sacrata, Cunctis plena fructibus. Quibus animae ferentur, Cum supernis nutriuntur Cibis in coelestibus.	6. Jesu Kreuz, du schöner Baumstamm, Auf den Christi Blut herabkam, Der uns Frucht in Fülle bringt, Dass das Herz sich daran labe, An des Himmels bester Gabe, Die am Baum des Lebens hing.
7 (= 37). Crucifixe, fac me fortem, Ut libenter tuam mortem Plangam donec vixero. Tecum volo vulnerari, Te libenter amplexari In cruce desidero. Amen.	7. O Gekreuzigter, mich stärke, Dass ich weine mit dem Werke Deines Leidens immerdar. Mit Dir lass auch mich verwunden, Fest an Deine Lieb gebunden, Die am Kreuz so offenbar. Amen.

Marienlob

Corona beatae Mariae Virginis[3]

Übersetzung von Johannes Schneider OFM

Die „Corona“ ist ein geistiger „Kranz“ – ähnlich wie es auch der Rosenkranz ist –, hier eine Kette von Gebeten, die Maria zu Ehren gesprochen oder gesungen werden. In diesem Fall handelt sich um ein verhältnismäßig kurzes „Klein-Officium“, das zusätzlich zum Stundengebet gebetet wurde. Es wird besonders der Empfängnis und Geburt Christi, der Passion und des Osterfestes, der Himmelfahrt Christi und der Aufnahme Mariens selbst gedacht. Jede Einheit lässt den gleichen Aufbau erkennen: Ein kurzer Hymnus eröffnet die Gebetszeit, es folgt ein Psalm oder biblisches Canticum, gerahmt von einer der marianischen Antiphonen; daran schließt sich eine kurze Betrachtung an, die in das „Ave Maria“ mündet. In der Schluss-Oration bittet der Beter, auf die Fürsprache Mariens, Christus um eine bestimmte Gnade.

Corona beatae Mariae Virginis	Krone der seligen Jungfrau Maria
Cum iucunditate memoriam nominis Mariae celebremus, ut ipsa pro nobis intercedat ad Dominum nostrum Iesum Christum. Amen.	Mit Fröhlichkeit wollen wir das Gedächtnis des Namens Mariae feiern, damit sie für uns eintrete bei unserem Herrn Jesus Christus. Amen.
I. Gaude virgo mater Christi,	I. Freu dich, Jungfrau Maria, Mutter Christi,
Quae per aurem concepisti, Gabriele nuntio.	die du empfangen hast durch das Ohr durch die Botschaft Gabriels.

3 Übersetzung nach dem lat. Text aus: *Doctoris seraphici S. Bonaventurae opera omnia*, edita studio et cura PP. Collegii a S. Bonaventura, Bd. VIII, Quaracchi 1893, S. 677-678.

Iesus fructus ventris tui, Per te detur nobis frui In perenni gaudio.	Jesus, deines Leibes Frucht, werde uns durch dich geschenkt, ewig soll die Freude währen!

Antiph. Ave Maria. *Psalm.* Magnificat.

Mediatrix Dei et hominum,	Mittlerin zwischen Gott und Menschen,
Tu digne magnificas Dominum,	würdig preist du die Größe des Herrn.
Quae sola concepisti filium,	Du allein hast empfangen den Sohn,
Qui est vera salus humilium:	der das wahre Heil der Demütigen ist.
Hinc omnium Deum quaerentium Generatio te beatam dicere[4] Et devote salutare debet, dicens: Ave Maria, gratia plena, Dominus tecum,	Daher muss das Geschlecht aller, die Gott suchen, dich seligpreisen und dich voll Hingabe grüßen, in dem es spricht: Gegrüßet seist du, Maria, voll der Gnade, der Herr ist mit dir,
benedicta tu in mulieribus, et benedictus fructus ventris tui.	du bist gebenedeit unter den Frauen und gebenedeit ist die Frucht deines Leibes.
R. Et beatus venter, qui te portavit, Domine Iesu Christe, et beata ubera, quae suxisti.	R. Und selig der Leib, der dich getragen, Herr Jesus Christus, auch selig die Brust, an der du gesogen.

ORATIO. O igitur, mediatrix nostra Maria, mater gratiae, mater misericordiae, pro nobis, quaesumus, intercede, ut verae compunctionis et devotionis gratiam nobis inspirare dignetur dilectissimus Filius tuus, Dominus noster Iesus Christus, cum Patre etc.	ORATION. O Maria, unsere Mittlerin, Mutter der Gnade, Mutter der Barmherzigkeit, wir bitten dich, tritt für uns ein, damit dein geliebter Sohn, unser Herr Jesus Christus, uns die Gnade wahrer Zerknirschung und Frömmigkeit einhauche, er, der mit dem

4 Man würde eher erwarten: di*centium*.

	Vater und dem Heiligen Geist lebt und herrscht von Ewigkeit zu Ewigkeit.
II. Gaude, quia, Deo plena, Peperisti sine poena, Cum pudoris lilio. Iesus fructus ventris tui, Per te detur nobis frui In perenni gaudio.	II. Freue dich, von Gott Erfüllte, hast geboren ohne Pein in der Reinheit liliengleich. Jesus, deines Leibes Frucht, werde uns durch dich geschenkt, ewig soll die Freude währen.

Antiph. Alma [redemptoris mater etc.].
Psalm. Ad Dominum, cum tribularer.

Alma Redemptoris Mater eximia, Qui tua egressus claustra virginea, Cum his pacificus factus est incola, A quibus dura perpessus est verbera; Unde digna es, o Virgo puerpera, Ut omnis creatura te veneretur et benedicat, dicens: Ave Maria.... R. Et beatus venter, qui te portavit.	Erhabene Mutter des Erlösers, aus deiner jungfräulichen Klause trat hervor, der Frieden stiftend wohnen wollte mit denen, von denen er harte Schläge erduldete.[5] Daher bist du würdig, o jungfräulich Gebärende, dass alle Schöpfung dich preise und spreche: Gegrüßet seist du, Maria.... R. Und selig der Leib, der dich getragen.
ORATIO. O igitur alma Virgo Maria, Mater Dei dignissima, pro nobis, quaesumus, intercedere digneris, ut sanctum propositum, quod Deo inspirante concepimus, ad effectum salubriter perducere valeamus, praestante eodem Domino nostro Iesu Christo, benedicto Filio tuo, qui cum Patre et Spiritu sancto etc.	ORATION. O gütige Jungfrau Maria, überaus würdige Gottesmutter, wir bitten dich, du mögest gnädig für uns eintreten, damit wir den heiligen Vorsatz, den wir durch Eingebung des göttlichen Geistes empfangen haben, auch im Werk zu erfüllen vermögen, zu unserem Heil. Das gewähre uns der Herr Jesus

5 Anspielung auf Ps 120,5-6 (Vulg.): ... multum incola fuit anima mea. Cum his, qui oderunt pacem, eram pacificus – „Zu lange ist meine Seele ein Fremdling. Bei denen, *die den Frieden hassen, bin ich friedlich* ...“ *(Übers. Augustin Arndt).*

Christus, dein gebenedeiter Sohn, der mit dem Vater und dem Heiligen Geist lebt und herrscht in Ewigkeit.

III. Gaude, quia tui Nati,
Quem dolebas mortem pati,
Fulget resurrectio.
Iesus fructus ventris tui,
Per te detur nobis frui
In perenni gaudio.

III. Freu dich, die du Schmerzen littest,
als dein Sohn am Kreuze starb:
Auferstanden strahlt er auf!
Jesus, deines Leibes Frucht,
werde uns durch dich geschenkt,
ewig soll die Freude währen!

Antiph. Regina caeli. *Psalm.* Retribue servo tuo.

Regina caeli, laetare cum iubilo;
Nam qui pendebat in crucis patibulo
Surrexit vere summo diluculo,
Omni ablato contemptus opprobrio.
Unde digne omnis homo cum gaudio
Tibi congratulari
et benedicere debet, dicens:
Ave Maria.

Himmelskönigin, frohlocke mit Jubel,
denn er, der hing am Kreuzesbalken,
ist früh am Morgen auferstanden,
all Schimpf und Schande sind hinweg!
Würdig ist's daher, dass jeder Mensch
Sich freue mit dir und mit jubelndem Herzen dich preise
und spreche:
Gegrüßet seist du, Maria....

R. Et beatus venter, qui te portavit.

R. Und selig der Leib, der dich getragen.

Oratio.
O igitur Regina caeli dignissima!
ora pro nobis Deum et Dominum nostrum Iesum Christum,
ut nos resurrectionis suae participes efficiat in praesenti per gratiam
et in futuro per gloriam,
qui cum Patre etc.

Oration.
Wohlan denn, würdigste Königin des Himmels! Bitte für uns unseren Gott und Herrn
Jesus Christus,
er möge uns an seiner Auferstehung Anteil schenken, in diesem Leben durch die Gnade und im zukünftigen durch die Glorie,
Er, der mit dem Vater und dem Heiligen Geist ...

IV. Gaude, Christo ascendente, Qui in caelum, te vidente, Motu fertur proprio. Iesus fructus ventris tui, Per te detur nobis frui In perenni gaudio.	IV. Freue dich, da Christus auffährt, und du siehst mit eignen Augen, wie er selbst zum Himmel steigt Jesus, deines Leibes Frucht, werde uns durch dich geschenkt, ewig soll die Freude währen!

Antiph. Imperatrix.[6] *Psalm.* In convertendo.

Imperatrix et mundi Domina, Tuus Natus cum quanta gloria, Nostrae carnis sumta materia, Capta praeda, conscendit aethera;	Herrscherin und Herrin der Welt, mit welcher Herrlichkeit steigt dein Sohn, der unseres Fleisches Stoff annahm, zum höchsten Himmel empor, mit sich führend, was er erbeutet!
Hinc os cordis plenum laetitia, Et lingua nostra exsultatione te collaudet et benedicat dicens:	Daher lobe dich unseres Herzens Mund voller Freude, es juble unsere Zunge und spreche lobpreisend:
Ave Maria. R. Et beatus venter, qui te portavit.	Gegrüßet seist du, Maria. R. Und selig der Leib, der dich getragen.
ORATIO. O igitur imperatrix et Domina nostra benignissima, iure matris impera tuo dilectissimo Filio, Domino nostro Iesu Christo, ut mentes nostras ab amore terrestrium ad caelestia desideria	ORATION. O du unsere mildeste Herrscherin und Herrin, mit dem Recht einer Mutter gebiete deinem über alles geliebten Sohn, unserem Herrn Jesus Christus, er möge gnädig unsere Herzen von der Liebe

6 Die hier mit dem Anfangswort genannte „Antiphon" könnte evtl. ein Verweis sein auf die Sequenz: „Imperatrix gloriosa,/ potens et imperiosa, / Iesu Christi generosa / mater es et filia", oder, wahrscheinlicher, auf die Sequenz „Imperatrix angelorum, consolatrix afflictorum"; vgl. Marienlexikon III, 295.

erigere dignetur qui vivit et regnat etc.	zum Irdischen ablösen und zum sehnsüchtigen Verlangen nach den himmlischen Freuden hinanziehen. Er, der lebt und herrscht usw.
V. Gaude, quae post Christum scandis, Et est honos tibi grandis In caeli palatio. Iesus fructus ventris tui, Per te detur nobis frui In perenni gaudio.	V. Freue dich, die du nach Christus aufsteigst, und große Ehre wird dir sein im Palast des Himmels. Jesus, deines Leibes Frucht, werde uns durch dich geschenkt, ewig soll die Freude währen!

Antiph. Advocata. *Psalm.* Ad te levavi oculos meos.

Advocata miserorum Ad te sunt oculi servorum, Te assumit Rex caelorum Super choros Angelorum, Ubi coetus Beatorum Te digne veneratur et benedicit in aeternum, dicens: Ave Maria.	Fürsprecherin der Elenden, auf dich richten sich die Augen der Knechte. Dich nahm der König der Himmel auf über die Chöre der Engel, wo die Versammlung der Seligen dich würdig ehrt und lobpreist in Ewigkeit mit den Worten: Gegrüßet seist du, Maria.
R. Et beatus venter, qui te portavit.	R. Und selig der Leib, der dich getragen.
ORATIO. O igitur gloriosissima Domina, excelsa super sidera, piissima advocata nostra! suscipe laudum pia precamina, quae ad honorem quinque vulnerum Filii tui et ad laudem sancti nominis tui decantavimus, et pro nobis, quaesumus, intercedere festina, quatenus dulcissimus Filius tuus, Dominus noster Iesus Christus per suam magnam misericordiam a vinculis pecca-	ORATION. O glorreiche Herrin, erhaben über die Gestirne, unsere ohnegleichen erbarmungsvolle Fürsprecherin! Nimm an die vertrauensvollen Bitten, die Lobgesänge, die wir zu Ehren der fünf Wunden deines Sohnes und zum Lob deines heiligen Namens gesungen haben. Wir bitten dich, beeile dich, für uns einzutreten, damit dein liebreichster Sohn, unser Herr

torum nostrorum nos eripiat et in suo sancto servitio nos conservet, confortet ac finaliter perseverare faciat; nam te nihil negans honorat qui cum Deo Patre etc.

Jesus Christus, durch seine große Barmherzigkeit uns den Fesseln unserer Sünden entreiße und uns in seinem heiligen Dienst bewahre, stärke und bis ans Ende ausharren lasse; denn Er ehrt dich, indem Er dir nichts verweigert, der mit Gott, dem Vater in der Einheit des Heiligen Geistes lebt und herrscht in Ewigkeit.

EXPLICIT CORONA BEATAE MARIAE VIRGINIS.

HIER ENDET DIE „KRONE DER SELIGEN JUNGFRAU MARIA“.

Christus ins Herz aufnehmen
De quinque festivitatibus pueri Iesu[4]

Einleitung

In einem kleinen Werk meditiert Bonaventura über fünf Feste der adventlichen bzw. weihnachtlichen Zeit (*De quinque festivitatibus pueri Jesu*): Empfängnis und Geburt Christi, die Namensgebung, die Anbetung der Magier aus dem Osten sowie die Darstellung des Herrn im Tempel. Diese in der Liturgie der Weihnachtszeit gefeierten Ereignisse soll der einzelne Gläubige betend nachvollziehen, wie im Prolog erläutert wird. Darüber hinaus aber werden in den fünf Festen verschiedene Etappen des geistlichen Lebens sichtbar, von der Umkehr bis zur Vollendung im Tod. Bonaventura wollte diese Betrachtungen „mit schlichten Worten“ (*verbis humilibus*) und „ohne Anführung von Belegstellen“ (*concordantias auctoritatum praetermissis*) vorlegen. Ähnlich wie im *Itinerarium mentis in Deum* gibt er zu Beginn einen kurzen Einblick

4 Übersetzung nach dem lat. Text aus: *Doctoris seraphici S. Bonaventurae opera omnia*, edita studio et cura PP. Collegii a S. Bonaventura, Bd. VIII, Quaracchi 1893, S. 88-95 (Auswahl).

in die Belastungen seines Amtes, und seine Sehnsucht nach Gebet und innerer Einkehr.

Das Werk wurde – ähnlich wie das *Soliloquium* und *Lignum vitae* – bald weit verbreitet, verschiedentlich erweitert und früh in Volkssprachen übersetzt. Die hier vorgelegte Auswahl-Übertragung beruht auf dem in den Opera Omnia edierten Text.

Text

Prolog

Ich hatte mich von dem Lärm der auf mich einstürzenden Gedanken ein wenig zurückgezogen und wollte still in meinem Innern überlegen, wie man über die Menschwerdung Gottes in dieser Zeit des Kirchenjahres nachsinnen sollte, um ein wenig geistliche Tröstung zu empfangen. Ich wünschte mir sehr, die göttliche Süße in diesem Tal der Tränen durch den Spiegel der Betrachtung zu verkosten, um dadurch die Tröstungen der Welt, die ja ein Gaukelspiel sind, um so vollkommener von mir zu weisen. Da kam mir auf feine und geheime Weise der Gedanke in den Sinn, dass eine Seele, die Gott mit innigem Vertrauen liebt, das gebenedeite Wort des Vaters, seinen Eingeborenen Sohn, mittels der Gnade des Heiligen Geistes *geistlich empfangen* könne, nämlich ‚durch die Kraft des Allerhöchsten'; dass sie den Sohn Gottes geistlich gebären, ihm den Namen geben, ihn mit den heiligen Magiern *suchen und anbeten,* und schließlich voller Seligkeit dem Vater *im Tempel darstellen* könne, wie es das Gesetz des Mose sagt.

Christus geistlich empfangen

Wenn eine Seele, in der Hoffnung auf den himmlischen Lohn oder in der Furcht vor ewiger Strafe, oder des Bleibens in diesem Tal der Tränen müde geworden, von neuem durch das Wehen des Heiligen Geistes heimgesucht, von heiliger Liebe durchglüht und von Gedanken an den Himmel gedrängt wird, sie schließlich ihre früheren Mängel von sich wirft und ihre bislang gehegten Wünsche aufgibt, in dem Vorsatz, als neuer Mensch zu leben, „vom Vater der Lichter, von dem jede gute Gabe und jedes vollkommene Geschenk stammt" (Jak 1,17), durch die Gnade geistliche Fruchtbarkeit empfängt: Was geschieht da anderes, als dass die Seele „durch die Kraft des Allerhöchsten", die über sie herabkommt und sie mit himmlischer Erquickung überschattet (Lk 1,35), geistlich den Samen des Wortes empfängt und schwanger wird? Diese Überschattung dämpft alle Begierden des Fleisches und stärkt die Augen des Geistes, so dass sie sehen können.

Durch diese Empfängnis wird das Gesicht der Seele blass – durch wahre Demut im Verhalten; dazu kommt ein Widerwillen gegen Speise und Trank – denn es missfällt der auf geistliche Weise schwangeren Seele all das, woran die Welt sich vergnügt; es verändern sich die Wünsche und das Verlangen – die Seele ersehnt nun andere Güter. [...]

Selige Empfängnis – der solch eine Verachtung des Weltlichen folgt und ein solches Verlangen nach Taten, die dem Himmel entsprechen, nach der Beschäftigung mit dem, was Gottes ist! Denn selbst wenn man nur ein bisschen „vom Geist gekostet hat, hört das Fleisch auf, einem zu schmecken."[5]

Die Seele beginnt mit Maria „ins Bergland" aufzusteigen, sie sehnt sich nach vertrauter Gemeinschaft mit denen, die den Himmel suchen. Sie beginnt Elisabeth zu dienen, das heißt: denen, welche Gottes Weisheit erleuchtet und Gottes Gnade noch darüber hinaus mit Liebe entflammt. Das ist wichtig, und für viele notwendig: Je mehr sie von der Welt Abstand nehmen, desto vertrautere Freundschaft und Verbindung pflegen sie mit guten Menschen. Denn die Gesellschaft schlechter Leute wird dann für sie noch weniger Anziehungskraft haben, wenn ihre Kraft zu lieben und ihr Empfinden durch den Umgang mit guten und geistlichen

5 Bernhard von Clairvaux, *Ep.* 111, n.3 (II,810).

Menschen beglückt sind. „Suche also die Gesellschaft guter Menschen; denn wenn du mit ihnen Umgang hast, dann werden ihre Tugenden auf dich abfärben", sagt Isidor.[6]

3. Mach es also auch du so, wenn du merkst, dass du vom Heiligen Geist eine neue Sehnsucht nach dem himmlischen Leben empfangen hast. Fliehe aus der Gesellschaft übler Menschen, steig mit Maria auf, suche den Rat geistlicher Personen, versuche ihren Spuren zu folgen, führe dir die Worte, die Werke und das Beispiel guter Menschen vor Augen. Fliehe die giftigen Ratschläge derer, die stets das Gute verdrehen oder es verhindern wollen, die nicht aufhören, die durch den Heiligen Geist gegebene Sehnsucht zu zerstören, und oftmals unter dem Anschein der Frömmigkeit das Virus der Trägheit einzupflanzen, indem sie sagen: Es ist zu groß, was du da anfangen willst, zu steil, was du dir vornimmst, du wirst das nicht ertragen, deine Kräfte sind zu schwach, sie werden versagen; du wirst wirr werden im Kopf, deine Augen gehen kaputt, du wirst verschiedene Krankheiten bekommen. [...] Schau dir das an: Leute, die weder ihre eigenen Sitten in Ordnung bringen noch die Krankheiten ihrer Seele heilen können, sind zu Meistern in zuchtvoller Lebensführung und zu Ärzten für den Leib aufgestiegen! Diese Reden sind ein Gifttrank, der bei vielen die geistliche Empfängnis verhindert, und in sehr vielen, die bereits die Frucht des Geistes empfangen haben, und in denen sie Gestalt angenommen hat durch ihren Vorsatz oder Gelübde, diese Frucht tötet und auslöscht.

Es gibt auch andere, anscheinend oder vielleicht wirklich gute Ordensleute, aber – ohne ihnen zu nahe treten zu wollen – vielleicht allzu ängstliche Leute, die nicht bedenken, dass „Gottes Arm nicht zu kurz geworden ist, um zu retten" (Jes 59,1). Sie haben „Eifer für Gott, aber nicht wie es dem Wissen entspricht" (Röm 10,2). Sie haben Mitleid mit den Beschwernissen körperlicher Art, oder vielleicht Furcht vor natürlicher Schwäche. Wenn sie sehen, wie andere mutig

6 Isidor von Sevilla, *Synon.* II, n.44 (CCSL 111B,98).

ausführen, was sie selbst lange Zeit für heilig und gut erachteten, aber selbst nicht wagten zu beginnen, versuchen sie, die anderen von den Werken der Vollkommenheit abzuhalten. Sie raten ihnen ab, Dinge zu unternehmen, die das Gewöhnliche überschreiten, und zerstören damit die vom Heiligen Geist eingegebenen Anregungen. [...] Sie sagen dann zuweilen – recht schlau, wie der Alte Feind: Wenn du dies oder jenes tust, wird man dich für einen heiligen, frommen Menschen, einen guten Ordensmann halten; wenn aber in dir noch gar nicht Wirklichkeit ist, wofür du gehalten wirst, dann wirst du vor dem Höchsten Richter, der alle deine schrecklichen, schweren Sünden kennt, als Heuchler dastehen und überhaupt kein Verdienst haben; solche große Vorhaben und Übungen sind für Menschen, die nie etwas Böses getan haben, die heilig und ohne Schuld gelebt haben, die alles um Gottes willen verlassen haben und die alle Tage ihres Lebens Gott vollkommen anhingen. [...] – Meide auch diese Leute, meine liebe, Gott liebende Seele! Steig auf den Berg mit Maria.

Paulus war nicht ohne Sünden, er hatte noch nicht lange Gott gedient, als er in den dritten Himmel entrückt wurde. Maria Magdalena, ganz hochmütig, ganz ehrgeizig, so vielen Eitelkeiten der Welt verfallen, so vielen Begierden hingegeben – nicht lange danach saß sie zu den Füßen Jesu, zwischen den Aposteln, und hörte aufmerksam die Lehre der Vollkommenheit. Sie durfte als erste, kurze Zeit nach seiner Auferstehung schon, den Herrn sehen, und sie übermittelte mit Standhaftigkeit den anderen das Wort der Wahrheit. Gott sieht nicht auf die Person (Apg 10,34), er achtet weder auf adlige Herkunft, noch auf die Länge der Zeit, noch auf die Vielzahl der Werke, sondern auf den Grad der inneren Glut und Liebe. Er denkt nicht daran, was für ein Mensch du einst warst, sondern was für ein Mensch du jetzt begonnen hast zu sein. Wenn du also nicht aufgrund von Unschuld gerettet werden kannst, dann bemühe dich, durch Buße gerettet zu werden. Wenn du nicht Catharina oder Cäcilia sein kannst, dann verschmähe es nicht, Maria Magdalena oder

Maria von Ägypten zu sein. Und wenn du merkst, dass du die süße Frucht, den Sohn Gottes, empfangen hast, dann fliehe vor allem Gift, und sehne dich wie eine Schwangere nach einer glücklichen Geburt.

Christus geistlich gebären

Der Sohn Gottes wird geistlich geboren, wenn die Seele beginnt, ins Werk zu setzen, was sie lange im Inneren erwogen, aber aus Furcht zu versagen nicht auszuführen gewagt hatte. Bei dieser seligen Geburt jubeln die Engel, sie preisen Gott und künden den Frieden; denn der Friede des inneren Menschen wird wiederhergestellt, wenn das im Inneren Empfangene durch das Werk ans Licht der Welt tritt. Denn im Reich der Seele herrscht kein rechter Friede, solange „das Fleisch dem Geist, der Geist dem Fleisch[7] widersteht" (Gal 5,17); wenn der Geist nach Einsamkeit, das Fleisch nach der Gesellschaft der Vielen verlangt, der Geist sich danach sehnt, in der Beschauung bei Gott zu weilen, das irdische Verlangen aber danach strebt, in dieser Welt eine hervorragende Position einzunehmen. Sobald aber das Fleisch sich dem Geist unterwirft – wenn nämlich das gute Werk ausgeführt wird, das vorher durch das entgegengesetzte Streben des Fleisches ständig behindert worden ist – dann ziehen wieder Freude und Frieden in die Seele ein. [...] Und wir dürfen bereits erfahren, dass jenes Wort des Evangeliums wahr ist: „Nehmt mein Joch auf euch ... und ihr werdet Ruhe finden für eure Seelen. Denn mein Joch ist süß, und meine Last ist leicht" (Mt 11,29).

Achte darauf, gottliebende Seele, dass du für eine solche Geburt zuerst einmal eine *Maria* sein musst. Der Name „Maria" hat drei Bedeutungen: „bitteres Meer", „Lichtspenderin" und „Herrin" (Hieronymus). „Bitter" also sollst du sein, indem du in Tränen der Reue deine Sünden beweinst, über das Gute, das du unterlassen hast, aus tiefstem Herzen seufzest

7 Fleisch (*caro*) könnte man auch wiedergeben als „erdgebundenes Streben".

und die vergeudete Zeit unablässig bereust. „Lichtspenderin“ sollst du sein, indem dein Umgang mit anderen von edlem Anstand geprägt ist, dein Handeln von den Tugenden, deine Unterweisung anderer Menschen vom Eifer, sie im Guten zu formen. „Herrin“ sollst du sein über deine Sinne, über deine irdischen Begierden, über all deine Werke. [...]

Das ist also die selige „Maria“, die wegen der begangenen Sünden weint und seufzt, die in Tugenden glänzt und erstrahlt, die herrscht über das irdische Verlangen. Von dieser Maria lässt sich Christus zur Welt bringen – eine geistliche Geburt mit Freude, ohne Schmerzen, ohne Mühsal. Nach dieser Geburt erkennt sie, „wie süß der Herr“ Jesus ist (vgl. Ps 33,9). Wahrhaftig, „süß“ ist er, wenn er in heiligen Betrachtungen genährt, mit heißen, innigen Tränen gebadet, keusch in das Leinen der Sehnsucht gehüllt, in den Armen heiliger Liebe getragen, immer wieder geküsst wird in inniger Zuneigung, gehegt und gewärmt an der Brust der Seele.

Geistliche Namensgebung

Ich meine, es kann keinen passenderen Namen für dieses Kind geben als „Jesus“. Denn es steht geschrieben: „Er wurde mit dem Namen Jesus gerufen“ (Lk 2,21). Das ist der hochheilige Name, von den Propheten vorhergesagt, vom Engel verkündigt, von den Aposteln gepredigt, von allen Heiligen ersehnt. O Name voll Kraft, voll Gnade, voll Freude – köstlicher, herrlicher Name! Voll Kraft, denn er besiegt die Feinde (vgl. Apg 3,6), gibt neue Kräfte, erneuert den Geist! O Name voll Gnade, denn in ihm haben wir die Grundlage des Glaubens, die Festigung der Hoffnung, die Mehrung der Liebe, die Vollendung der Gerechtigkeit. O Name voll Freude, denn er ist „Jubel im Herzen, Wohlklang im Ohr, Honig im Mund“,[8] leuchtender Glanz im Geist. Köstlicher Name, denn „der Gedanke an ihn ernährt die Seele; wird er ge-

8 Bernhard von Clairvaux, *Cant.* Sermo 15, c.3, n.6 (V, 220).

nannt, so bringt er sanfte Ruhe, wird er angerufen, so strömt er Salbung in die Seele"; niedergeschrieben erquickt er, gelesen belehrt er. O Name, wahrhaft herrlich: Den Blinden gabst du das Augenlicht, die Lahmen machtest du gehen, den Tauben gabst du das Gehör, den Stummen die Sprache, den Toten das Leben. O gesegneter, gepriesener Name, der solche kraftvolle Gnadenwirkung zeigt! Meine Seele – was immer du tust, ob du schreibst, oder liest, oder lehrst: nichts soll dir schmecken, nichts dir gefallen außer Jesus.

Nenne das in dir geistlich geborene Kind „Jesus", das heißt: Retter, Erlöser, in dieses Lebens Elend. Er erlöst dich von den Vorgaukelungen der Welt, die dich angreifen, von den Lügen der bösen Geister, die dich anfeinden, von deiner eigenen irdischen Gebrechlichkeit, die dich quält.

Rufe laut: O Jesus, Erlöser der Welt, erlöse uns, der du uns durch dein Kreuz und Blut losgekauft hast! Hilf uns, Herr, unser Gott! Bring uns Heil, Heiland Jesus, gib Kraft den Schwachen, tröste die Weinenden, stütze die Gebrechlichen, festige die Schwankenden!

Wie tief hat doch oftmals die Jungfrau Maria – seine leibliche Mutter, die auch wahrhaft geistlich seine Mutter war! – jene Süße des Namens verspürt, als sie erfuhr, wie durch diesen Namen Dämonen ausgetrieben und zahlreiche Wunder vollbracht wurden, Blinde sehend, Kranke gesund und Tote lebendig wurden! So sollst also auch du, Seele, die du geistlich seine Mutter bist, ganz zu Recht jubeln und dich freuen: Denn dein gebenedeiter Sohn Jesus treibt Dämonen aus – in der Vergebung der Sünden; er gibt Blinden das Augenlicht – indem er ihnen wahre Erkenntnis eingießt; er erweckt Tote zum Leben – indem er die heiligmachende Gnade schenkt. Er heilt Kranke, macht Lahme gesund, richtet Verkrüppelte auf – indem er ihnen geistliche Stärke gibt. Durch die Gnade werden stark und mutig, die vorher durch die Sünde schwach und krank waren. Was für ein Name, der Glück und Seligkeit besagt, da er solch eine Wirkkraft entfalten kann!

Christus geistlich suchen und anbeten

Die drei Kräfte der Seele [Vernunft, begehrender Wille und kämpferischer Wille] kann man gut „drei Könige“ nennen; denn sie herrschen bereits über das rein irdische Verlangen und über die Sinne, und sind mit Hingabe und Eifer nur mit den göttlichen Dingen beschäftigt. Diese Könige meinen, das Kind, das ihnen schon mittels vielfältiger Zeichen offenbart worden ist, zunächst in der Königsstadt Jerusalem suchen zu müssen – das bedeutet: in der Welt, in der die Werke Gottes als seine Wirkungen leuchten. Sie gehen auf die Suche – in Betrachtungen; sie fragen nach ihm – mit dem Aufschwung der liebenden Seele; sie halten Ausschau – mit innigen Gedanken. „Wo ist der Neugeborene? Wir haben seinen Stern im Osten gesehen“ (Mt 2,2). [...]

Die Antwort heißt: „In Bethlehem, im Land Juda“. Bethlehem wird übersetzt als „Haus des Brotes“, Juda als „Bekenntnis“. Dort lässt sich Christus finden: Wo nach dem Bekenntnis der Sünden das Brot des himmlischen Lebens empfangen wird, das heißt, wo die Lehre des Evangeliums aufgenommen, im Inneren gleichsam wiedergekaut und in Ehrfurcht festgehalten wird, so dass die Lehre in die Tat umgesetzt und dies auch anderen angeraten wird. [...]

Betet ihn an – mit Ehrfurcht, denn er ist der Schöpfer, der uns das irdische Leben gegeben hat, der Erlöser, der uns das Leben der Gnade neu geschenkt hat, und er ist der, welcher uns das ewige Leben geben wird. Betet ihn also an, ihr königlichen Kräfte der Seele, mit Ehrfurcht, weil er der allermächtigste König ist, betet ihn an, wie es sich gebührt, denn er ist der allerweiseste Lehrmeister, betet ihn an mit Freude, denn er ist der über alles großzügige Fürst. Zur Anbetung aber gehört auch eine Opfergabe. Bringt dar das Gold glutvoller Liebe, bringt dar den Weihrauch hingebungsvoller Betrachtung, bringt dar die Myrrhe aufrichtiger Reue [...].

Geistliche Darstellung im Tempel

Nachdem also jene selige Maria, die geistliche Mutter Jesu, in der Empfängnis durch Umkehr gereinigt, in der Geburt durch Gnade gestärkt, durch die Namensgebung im Innersten getröstet und durch die Anbetung gleich den Drei Königen im Inneren himmlisch umgestaltet worden ist, bleibt nur noch der Weg zum himmlischen Jerusalem.

Steige also auf, geistliche Maria, nicht nur ins Bergland, sondern in die Wohnungen des himmlischen Jerusalem, zu den Palästen der Gottesstadt. Beuge die Knie deines Geistes vor dem Thron der Ewigen Dreifaltigkeit und unteilbaren Einheit. Stelle Gott dem Vater deinen Sohn vor mit Lobpreis und Verherrlichung von Vater, Sohn und Heiligem Geist. Lobe mit Freude Gott Vater, der dir den guten Vorsatz eingab; verherrliche den Sohn, durch dessen Unterweisung du den empfangenen Vorsatz im Werk verwirklichen konntest; preise den Heiligen Geist, der durch die Kraft seiner Tröstungen bewirkt hat, dass du bis jetzt standhaft geblieben bist. [...]

Sprich aufrichtig und ehrfürchtig: „Alle meine Werke hast du getan, o Herr“ (Jes 26,12), vor deinem Angesicht bin ich nichts, vermag ich nichts. Es ist dein Geschenk, dass ich bin, und ohne dich kann ich nichts vollbringen. Dir also, „Vater der Erbarmungen“ (2 Kor 1,3), bringe ich dar, was dein ist: dir empfehle ich mich, dir vertraue ich mich an, auch wenn ich unwürdig bin; ich erkenne, dass ich für all die Gaben, die du mir schenktest, undankbar war.

Dir sei Lob, Herrlichkeit und Dank, heiligster Vater, ewige Majestät, dass du mich in deiner unendlichen Macht aus dem Nichts erschaffen hast!

Dich lobe ich, dich verherrliche ich, dir sage ich Dank, heiligster Sohn, strahlender Glanz vom Vater, der du mich in deiner ewigen Weisheit vom Tode erlöst hast!

Dich preise ich, dich erhebe ich, dich bete ich an, Heiliger Geist, Erhabener, der du mich in deinem Erbarmen und deiner Güte aus der Sünde zur Gnade gerufen hast!

Responsorium zum hl. Bonaventura[1]

Übersetzung von Johannes Schneider OFM

Die Ehrfurcht, die der hl. Franziskus gegenüber allen Theologen verlangt, weil sie uns durch den Dienst am Wort Gottes „Geist und Leben mitteilen" (Test 13), gebührt auch dem hl. Bonaventura. Die Verehrung des 1482 heiliggesprochenen und 1588 zum Kirchenlehrer erhobenen „Doctor seraphicus" findet in der Ordenstradition unter anderem Ausdruck im Responsorium „O Doctor, vir seráphice". Diesem ist folgendes Reimgebet mit neuen Elementen nachempfunden.

V Du Lehrer voller Geistesglut,
der Kirche Christi guter Hirt,
du Vater deiner Brüderschar,
die du mit weiser Hand geführt:

A Zu Jesus, deiner Weisheit Quell,
Bonaventura, führ uns hin,
dass wir im menschgewordnen Wort
Versöhnung finden, Trost und Sinn.

V In unsern Herzen brenne hell
des Seraphs Liebe, Licht und Glühn.
Mit deiner Lehre leuchte uns,
den Weg der Wahrheit treu zu gehn.

A Zu Jesus, deiner Weisheit Quell ...

V Ehre sei dem Vater und dem Sohn
und dem Heiligen Geist.

---

1 Q: Vgl. RS 98ff.; VF 238f.; OL 220f.; Orationen aus FM.

Oder (wenn das Responsorium gesungen wird): 3

V Ehre dem Vater, Ursprungsquell,
Ehre dem Sohne, Bild und Wort,
Ehre dem Geist, der Liebe Band,
Lob dem Dreieinen immerfort.

A Zu Jesus, deiner Weisheit Quell ...

V Bitte für uns, heiliger Bonaventura.
A Dass wir würdig werden der Verheißungen Christi.

V Lasset uns beten. – Herr Jesus Christus, du hast im Herzen des heiligen Bischofs und Kirchenlehrers Bonaventura tiefe Weisheit mit großer Demut und Liebe wunderbar vereint. Gewähre uns durch seine Verdienste und Fürsprache, dass wir dir in Worten und Werken gefallen und stets die Glut seiner Liebe nachahmen. Der du lebst und herrschest in alle Ewigkeit. – A Amen.

Oder:

Gott, du bist der Schöpfer der Welt, und alles was ist, weist auf dich hin, den Ursprung aller Dinge. So hat der heilige Bonaventura diese Welt gesehen. Auf seine Fürsprache schenke uns, dass wir deine Spuren erkennen in dem, was du geschaffen hast, und deine Größe und deine Liebe preisen durch Jesus Christus, unseren Herrn.

Oder:

Gott der Liebe, in der Nachfolge deines Sohnes hat der heilige Kirchenlehrer Bonaventura gelernt und uns gelehrt, dass allem Selbstverzicht die Liebe folgt. Gib uns den Mut, nicht auf uns und dem Unsrigen zu bestehen, damit wir offen und weit werden für die Liebe zu dir und den Menschen. Darum bitten wir durch Jesus Christus.

Quellen und Literatur

Abkürzungen

Bonaventuras Werke

In Klammern sind jeweils Band und Seitenzahl der Quaracchi-Ausgabe (s. unten) angegeben.

Apol.	Apologia pauperum contra calumniatorem (VIII 233-330)
Brev.	Breviloquium (V 201-291)
Const. Narb.	Constitutiones Narbonenses (VIII 449-467)
Chr. mag.	Sermo theologicus IV: Unus omnium magister (V 567-574)
De don.	Collationes de donis Spiritus Sancti (V 457-503)
Hex.	Collationes in Hexaëmeron (V 329-454)
In Eccl.	Commentarius in Ecclesiasten (VI 1-103)
In Ioann.	Commentarius in Evangelium sancti Ioannis (VI 239-532)
In Lc.	Commentarius in Evangelium sancti Lucae (VII 1-604)
Itin.	Itinerarium mentis in Deum (V, 295-316)
Leg. mai.	Legenda (maior) sancti Francisci (VIII 504-549; Fontes Franciscani, 755-961)

Myst. Trin.	Quaestiones disputatae de mysterio Trinitatis (V 45-115)
Perf. Ev.	Quaestiones disputatae de perfectione evangelica (V 117-198)
Perf. vitae	De perfectione vitae ad sorores (VIII 107-127)
Sc. Chr.	Quaestiones disputatae de scientia Christi (V 3-43)
Sent.	Commentarii in IV libros Sententiarum (vol. I-IV)
Solil.	Soliloquium de quattuor mentalibus exercitiis (VIII 28-67)
Tripl. via	De triplici via (VIII 3-27)

Abkürzungen innerhalb der Werke

a	articulus
c	corpus articuli
cap.	capitulum
d	distinction
dub	dubium
f	fundamentum (Argument “pro”)
opp	oppositio (Argument “contra”)
p	pars
q	quaestio

Quellenausgaben

Bonaventuras Werke

Doctoris seraphici S. Bonaventurae opera omnia, edita studio et cura PP. Collegii a S. Bonaventura, 10 Bde., Quaracchi 1882-1902.

Sancti Bonaventurae Decem Opuscula ad theologiam mysticam spectantia, Quaracchi 1960.

Sancti Bonaventurae Opera theologica selecta, Quaracchi 1964 [Brev., Itin., Red.art., theologische Predigten].

Sancti Bonaventurae sermones dominicales, ad fidem codicum nunc denuo editi studio et cura Iacobi Guidi Bougerol. Grottaferrata 1977.

–, Collationes in Hexaemeron et Bonaventuriana quaedam selecta, Quaracchi 1934.

Siehe auch unter: Glorieux, QD de caritate; und Tavard, QD de theologia.

Übersetzungen ins Deutsche

Bonaventura, Breviloquium, übertr., eingel. und mit einem Glossar versehen von Marianne Schlosser, Einsiedeln ^{3}2017 (CMe 52).

–, De triplici via. Über den dreifachen Weg, übers. und eingel. von Marianne Schlosser, Freiburg 1993 (FC 14).

–, Quaestiones disputatae de scientia Christi. Vom Wissen Christi, übers. von Andreas Speer, Hamburg 1992 (PhB 446).

–, Über den Grund der Gewißheit. Ausgewählte Texte, übers. und mit Erläuterungen versehen von Marianne Schlosser, Weinheim 1991.

[Legenda maior u.a.:] Franziskus – Engel des sechsten Siegels. Sein Leben nach den Schriften des heiligen Bonaventura, Einf., Übers. und Anm. von Sophronius Clasen, Werl 1962

Zeugnisse des 13. und 14. Jahrhunderts zur Franziskanischen Bewegung. 1: Franziskus Quellen. Die Schriften des heiligen Franziskus, Lebensbeschreibungen, Chroniken und Zeugnisse über ihn und seinen Orden, hrsg. von Dieter Berg und Leonhard Lehmann, Kevelaer 2009 [FQ] [enthält: Leg.mai., Leg.min., Predigten].

Zeugnisse des 13. und 14. Jahrhunderts zur Franziskanischen Bewegung. 2: Klara Quellen. Die Schriften der heiligen Klara, Zeugnisse zur ihrem Leben und ihrer Wirkungsgeschichte, hrsg. von Johannes Schneider und Paul Zahner, Kevelaer 2013 [KQ] [enthält: Brief Bonaventuras an die Schwestern von San Damiano; Predigt über die hl. Klara].

–, Itinerarium mentis in Deum. Pilgerbuch der Seele zu Gott, übers. von Julian Kaup, München 1961, 25-214.

–, Itinerarium mentis in Deum. Itinerarium – Der Weg zu Gott, und: Anonymus, De reductione artium ad theologiam. Der Aufbau der Wissenschaften, übersetzt, erläutert und mit einem Nachwort versehen versehen von Dieter Hattrup, Paderborn 2003.

–, Der Pilgerweg des Menschen zu Gott, übersetzt und erläutert von Marianne Schlosser, St. Ottilien 2010.

–, Der Lebensbaum [Lignum vitae], übersetzt und kommentiert von Marianne Schlosser, St. Ottilien 2012.

–, Collationes in Hexaemeron – Das Sechstagewerk, übers. und eingel. Von Wilhelm Nyssen, München 1964.

–, Soliloquium de quattuor mentalibus exercitiis – Alleingespräch über die vier geistlichen Übungen, übers. von Josef Hosse, München 1958.

Übersetzungen in andere Sprachen

Englisch

Works of Saint Bonaventure, 15 Vol., ed. By F. Edward Coughlin O.F.M, Franciscan Institute St. Bonaventure, New York 1996-2010.

Saint Bonaventure's Itinerarium mentis in deum, with an Introd., Transl. and Comm. by Philotheus Boehner, St. Bonaventure 1956 (Works of Saint Bonaventure 2).

Bonaventura, Disputed Questions on the Mystery of Trinity, Introd. and Transl. by Z. Hayes, in: St. Bonaventure, New York 2000 (Nachdruck der Ausgabe von 1979)

The Works of Bonaventure, transl. by José de Vinck, St. Anthony Guild Press 1960-1966 [Bände I-IV]

Französisch

–, Itinéraire de l'esprit vers Dieu, introd., trad. et notes par Henry Duméry, Paris 1990.

–, La triple voie de Saint Bonaventure, trad. V.-M. Breton, Paris 1942 (Bibliothèque bonaventurienne 1)

Spanisch

Obras de San Buenaventura. Edición Bilingüe, 5 Vol., Edición dirigida, anotada y con introducciones por los Padres Fr. Leon Amorós O.F.M., Fr. Bernardo Apperibay O.F.M. Fr. Miguel Oromí O.F.M., Madrid 1945ff.

Vol.1: Brev., Itin., Red. art., Chr.mag., De excellentia magisterii Christi

Vol. 2: Sc. Chr., Lignum vitae u.a.

Vol. 3: Hex., De regno Dei; de plantation paradise.

Vol. 4: Tripl.via; Soliloquium, De regimine animae; Predigten über das geistl. Leben; de perf. Vitae ad sorores; de sex alis seraphim; XXV memorabilia; marianische Predigten.

Vol. 5: Myst. Trin., De don., De decem praeceptis.

Portugiesisch

–, Itinerário da mente para Deus, Introduçâo, trad. e notas por A. Soares Pinheiro, Braga 1973.

Italienisch

Opere di San Bonaventura, edizione latino-italiana (testo latino dell'Edizione Quaracchi), Conferenza Italiana Ministri Provinciali O.F.M. (Hg.) a cura di Jacques Guy Bougerol et. al. Rom, Città Nuova Ed., 1990ff.

Itinerario dell'anima a Dio, introd., trad., note e apparati di Letterio Mauro, Milano 2002.

Itinerario della mente a Dio. Riconduzione delle arti alla teologia. I sette doni dello Spirito santo (collaz. IV). Hexaemeron (collaz. I-III), trad. e introd. di Pietro Maranesi, Casale Monferrato 1998.

Itinerario della mente in Dio. Riconduzione delle arti alla Teologia, Roma 1995 (Biblioteca grandi autori 2).

Itinerario della mente in Dio, trad., introd. e note di Giovanni Zuanazzi, Brescia 1995.

Itinerario della mente a Dio. De scienze ricondotte alla teologia, introd., trad., commenti di Eliodoro Mariani, Vicenza 1984.

Weitere Quellen und Übersetzungen

Quellen- und Reihenabkürzungen

AHDL	Archives d'histoire doctrinale et littéraire du moyen âge
AF	Analecta Franciscana
AFH	Archivum Franciscanum Historicum
AFP	Archivum Fratrum Praedicatorum
AHDLMA	Archives d'histoire doctrinale et littéraire du moyen âge
AISP	Archivio italiano per la storia della pietà
Anton.	Antonianum
BF	Bullarium Franciscanum
BGrL	Bibliothek der Griechischen Literatur

BGPhThMA	Beiträge zur Geschichte der Philosophie und Theologie im Mittelalter
BKV	Bibliothek der Kirchenväter
BPhM	Bulletin de Philosophie Médiévale
CCSL	Corpus Christianorum Series Latina
CD	Corpus Dionysiacum
CFr	Collectanea Franciscana
CMe	Christliche Meister
CSEL	Corpus Scriptorum Ecclesiasticorum Latinorum
CSLP	Corpus Scriptorum Latinorum Paravianum
DH	Denzinger-Hünermann
Doct Ser	Doctor Seraphicus (Bollettino, Bagnoregio)
DSp	Dictionnaire de Spiritualité Ascétique et Mystique
DThC	Dictionnaire de Théologie Catholique
EtFr.SA	Études Franciscaines, Supplément annuelle
FC	Fontes Christiani
FS	Franziskanische Studien
HBPhMA	Herders Bibliothek der Philosophie im Mittelalter
HDG	Handbuch der Dogmengeschichte
JRGS	Joseph Ratzinger Gesammelte Schriften
PG	Patrologia Graeca, cursus completus
PL	Patrologia Latina, cursus completus
PTS	Patristische Texte und Studien
RThAM	Recherches de Théologie Ancienne et Médiévale
RTL	Revue théologique de Louvain
Spec	Speculum
ThGl	Theologie und Glaube

TPMÂ	Textes philosophiques du Moyen Âge
Trad.	Traditio
WiWei	Wissenschaft und Weisheit
ZAM	Zeitschrift für Aszese und Mystik

Quellenausgaben

AEGIDIUS VON ASSISI

–, Dicta beati Aegidii Assisiensis, ed. a PP. collegii S. Bonaventurae, Quaracchi 1905 (BFAMA 3).

– <dt.>, Leben und „Goldene Worte" des Bruders Ägidius, übers. von Paul A. Schlüter, eingel. und erl. von Lothar Hardick, Werl 1953 (FQS 3).

ALANUS VON LILLE

–, Theologicae regulae (PL 210, 617-684).

–, Regulae theologiae, lat.-dt., übers. u. eingel. von Andreas Niederberger, Freiburg 2009 (HBPhMA 20).

AMBROSIASTER

Ambrosiastri qui dicitur Commentarius in Epistolas Paulinas, rec. H.J. Vogels, Wien 1968 (CSEL 81/1-3).

AMBROSIUS

–, De virginitate liber unus, ed. Egnatius Cazzaniga, Turin 1953 (CSLP 24).

–, Expositio Evangelii secundum Lucam, cura et studio M. Adriaen, Turnout 1957, S.1-400. (CCSL 14) [Expos. in Luc.]

–, De fide ad Gratianum – Über den Glauben an Gratian, übersetzt und eingeleitet von Christoph Markschies, 3 Bde., Turnholt 2005 (FC 47). [De fide]

ANSELM VON CANTERBURY

–, Proslogion, lateinisch/deutsch, hrsg. und übers. von Franciscus Salesius Schmitt, Stuttgart 1961. [Prosl.]

–, Monologion, lateinisch/deutsch, hrsg. und übers. von Franciscus Salesius Schmitt, Stuttgart 1964. [Monol.]
–, Cur Deus homo – Warum Gott Mensch geworden, lateinisch/deutsch, besorgt und übersetzt von Franciscus S. Schmitt O.S.B., Darmstadt [5]1993.
–, De veritate – Über die Wahrheit, lateinisch/deutsch, übers. und hrsg. von Markus Enders, Hamburg 2001 (PhB 535). [Ver.]

ARISTOTELES

Opera, ed. Academia Regia Borussica, ex rec. Imm. Bekkeri, Bd. 1.2, Berlin 1831 (ND Darmstadt 1960).
– <lat.>, Metaphysica, ed. Gudrun Vuillemin-Diem, 4 Bde., Leiden 1970-1995 (Aristoteles latinus 25,1-3). [Met.]
– <lat.>, Topica, ed. Laurentius Minio-Paluello, Bruxelles 1969 (Aristoteles latinus 5,1-3).
– <lat.>, Analytica posteriora, ed. Laurentius Minio-Paluello et Bernardus G. Dod, Bruges 1968 (Aristoteles latinus 4,1-4) [Post.].
– <lat.>, Physica, ed. Fernand Bossier / Jozef Brams / Augustinus Mansion, Leiden – New York 1990 (Aristoteles latinus 7,1).
– <dt.>, Philosophische Schriften in sechs Bänden, Darmstadt 1995 [1: Kategorien, Lehre vom Satz/Peri hermeneias, Lehre vom Schluss und vom Beweis/Erste und Zweite Analytik; 2: Topik, Sophistische Widerlegungen; 3: Nikomachische Ethik; 4: Politik; 5: Metaphysik; 6: Physik, Über die Seele].
– <dt.>, Aristoteles' Physik, übers., mit einer Einf. u. mit Anm. hrsg. von Hans Günter Zekl, 2 Bde., Hamburg 1987.1988 (PhB 380.381).
–, Nikomachische Ethik, gr.-dt., übers. von Olof Gigon, hrsg. Von R. Nickel, Düsseldorf 2001.
– [De partibus animalium:] Über die Teile der Lebewesen, übers. und erl. von W. Kullmann, Berlin 2007 (Aristoteles' Werke in dt. Übersetzung, hg. von H. Flashar, 17).

–, <gr.-e.> Parts of the Animals, ed. A.L. Peck, London 1961.

AUGUSTINUS

Opera – Werke, zweisprachige Ausgabe, begründet von Wilhelm Geerlings, hrsg. von Johannes Brachtendorf, Paderborn – Wien et al. 2006ff. (laufend) [= Opera].

–, De civitate Dei, ed. Bernhard Dombart / Alfons Kalb, 2 Bde., Turnholt 1955 (CCSL 47.48). [Civ. Dei].

– <dt.>, Vom Gottesstaat, aus dem Lat. übertr. von Wilhelm Thimme, eingel. und komm. von Carl Andresen, 2 Bde., München [4]1997.

–, Contra academicos. De beata vita. De ordine. De magistro. De libero arbitrio, ed. William M. Green / Klaus-Detlef Daur, Turnholt 1970 (CCSL 29). [Lib. arb.; Mag.].

– <dt.>, Opera 9, De libero arbitrio – Der freie Wille, eingeleitet, übers. und hrsg. von Johannes Brachtendorf, Paderborn – Wien et al. 2006.

– <dt.>, Opera 11, De magistro – Der Lehrer, hrsg., übersetzt und kommentiert von Therese Fuhrer. Mit einer Einleitung von Peter Schulhess und Rudolf Rohrbach, Paderborn – Wien et al. 2011.

–, Confessionum libri XIII, ed. Lucas Verheijen O.S.A., Turnholt 1981 (CCSL 27). [Conf.].

– <dt.>, Confessiones – Bekenntnisse; lateinisch/deutsch, Eingeleitet, übers. u. erl. von Joseph Bernhart. Mit einem Vorw. von Ernst Ludwig Grasmück, Frankfurt a. M. 1987.

–, Epistulae I – LV, cura et studio Kl. D. Daur, Turnholt 2004 (CCS) 31] [Ep.]

–, De doctrina christiana. De vera religione, ed. Klaus-Detlef Daur, Turnholt 1962 (CCSL 32). [Doctr. christ.; Vera rel.].

– <dt.>, Vier Bücher über die christliche Lehre. Des heiligen Kirchenvaters Aurelius Augusitsnus ausgewählte praktische Schriften homiletischen und katechetischen Inhalts.

– <dt.>, Opera 68, De vera religione – Die wahre Religion, eingeleitet, übers. und hrsg. von Josef Lössl, Paderborn – Wien et al. 2007.

– <dt.>, Die wahre Religion, übertr. von Carl Johann Perl, Paderborn 1952.
–, De Trinitate libri XV, cura et studio William John Mountain, 2 Bde., Turnholt 1968 (CCSL 50.50A). [Trin.].
– <dt.>, Des heiligen Kirchenvaters Aurelius Augustinus fünfzehn Bücher über die Dreieinigkeit, 2 Bde., übers. von Michael Schmaus, München 1935.1936 (BKV 2 13.14).
– <dt.>, Über den dreieinigen Gott, ausgew. u. übertr. von Michael Schmaus, München [2]1951.
–, De diversis quaestionibus octoginta tribus. De octo Dulcitii quaestionibus, ed. Almut Mutzenbecher, Turnholt 1975 (CCSL 44A). [Div. qq.].
– <dt.>, Dreiundachtzig verschiedene Fragen, übers. Von C.J. Perl, Paderborn 1972 (Aurelius Augustinus' Werke in deutscher Sprache).
–, De genesi ad litteram libri XII, recens. Iosephus Zycha, Prag – Wien – Leipzig 1894 (CSEL 28/1). [Gen. ad litt.].
– <dt.>, Über den Wortlaut der Genesis. Der große Genesiskommentar in zwölf Büchern, 2 Bde., übers. von Carl Johann Perl, Paderborn 1964.
–, De utilitate credendi – Über den Nutzen des Glaubens, lateinisch/deutsch, Übers. u. eingel. von Andreas Hoffmann, Freiburg – Wien – Freiburg i. Br. 1992 (FC 9). [Util. cred.].
–, Retractationum libri II, edidit Almut Mutzenbecher, Turnholt 1984 (CCSL 57) [Retr.].
–, Enarrationes in Psalmos I-CL, 3 Bd., Turnholt 1956 (CCSL 38-40) [En. Ps.].
–, Soliloquiorum libri II (PL 32,869-905). [Solil.].
– <dt.>, Soliloquia – Selbstgespräche, lateinisch/deutsch, Einf., Übertr., Erl. u. Anm. von Hanspeter Müller, Düsseldorf [3]2002.
–, De moribus ecclesiae Catholicae et de moribus Manichaeorum libri II (PL 32,1309-1377).
– <dt.>, Opera 25, De moribus ecclesiae Catholicae et de moribus Manichaeorum – Die Lebensführung der Katholischen Kirche und die Lebensführung der Manichä-

er, lateinisch/deutsch, eing., komm. Und hrsg. von Elke Rutzenhöfer, Paderborn – Wien et al. 2003.
–, De consensu Evangelistarum libri IV (PL 34,1041-1229). [Cons. ev.].
–, In Ioannem Evangelium tractatus CXXIV (PL 35,1379-1977). [In Io. tr.].
–, De mendacio liber unus, editum consilio et impensis Academiae Litterarum Caesareae Vindobensis ex recensione Iosephi Zycha (CSEL 41), S. 411-466 [Mend.].
–, Enchiridion ad Laurentium de fide et spe et caritate, Turnholt 1969 (CCSL 66), S. 21-114. [Enchir.].
–, De sancta virginitate, Œuvres De Saint Augustin 3, Introduction, Traduction et notes de J. Saint-Martin, [2]1949.
–, De musica libri VI (PL 32,1081-1194). [Mus.].
– <dt.>, Musik, übers. von Carl Johann PERL, Paderborn [3]1962.
– (Ps.), Liber de spiritu et anima (PL 40,779-832) [Spir. et an.].

AVERROES

– <lat.>, Commentarium magnum in Aristotelis De anima libros, recens. F. Stuart Crawford. Cambridge, Mass. 1953 (Corpus Commentariorum Averrois in Aristotelem. Versiones latinae 6,1).

AVICENNA

– <lat.>, Liber de philosophia prima sive de scientia divina, 2 Bde., ed. Simone van Riet, Louvain-Leiden 1977.1980 (Avicenna Latinus 3.4).

BERNHARD VON CLAIRVAUX

Sämtliche Werke lateinisch/deutsch, 10 Bde., hrsg. von Gerhard B. Winkler, Innsbruck 1990-1999.
–, De consideratione ad Eugenium papam. Über die Besinnung an Papst Eugen, Sämtliche Werke Bd. I, hrsg. von Gerhard B. Winkler, Innsbruck 1990, 626-827 [De consideratione].

–, De diligendo Deo – Über die Gottesliebe, Sämtliche Werke Bd. I, hrsg. von Gerhard B. Winkler, Innsbruck 1990, S. 74-145. [Dil. Deo].
–, De gradibus humilitatis et superbiae – Über die Stufen der Demut und des Stolzes, Sämtliche Werke Bd. II, hrsg. von Gerhard B. Winkler, Innsbruck 1992, S. 38-131. [Hum.].
–, Epistolae 1-180, Sämtliche Werke Bd. II, hrsg. von Gerhard B. Winkler, Innsbruck 1992, S. 242-1045. [Ep.].
–, In laudibus Virginis Matris – Zum Lob der jungfräulichen Mutter, Sämtliche Werke Bd. IV, hrsg. von Gerhard B. Winkler, Innsbruck 1993. [Super missus est].
–, Sermones super Cantica Canticorum – Predigten über das Hohe Lied, Sämtliche Werke Bde. V-VI, hrsg. von Gerhard B. Winkler, Innsbruck 1994. [Cant.].
–, Sermo in Nativitate Domini – Weihnachtspredigten, Sämtliche Werke Bd. VII, hrsg. von Gerhard B. Winkler, Innsbruck 1996, S. 244-277. [Nat.].
–, Predigt zum Mittwoch der Karwoche, in: Sämtliche Werke Bd. V, hrsg. von Gerhard B. Winkler, Innsbruck 1994.

BOETHIUS, ANICIUS MANLIUS SEVERINUS
–, Philosophiae consolatio, iteratis curis ed. Ludovicus Bieler, Turnholt 21984 (CCSL 94). [Consol.].
– <dt.>, Trost der Philosophie, übers. und hrsg. von Karl Büchner, Stuttgart 1971.
–, Consolatio philosophiae, lat.-dt. hrsg. u. übers. von E. Gegenschatz – O. Gigon, Düsseldorf 2004.
–, De consolatione philosophiae. Opuscula theologica, ed. Claudio Moreschini, München – Leipzig 2000.

DIONYSIUS PS.-AREOPAGITA
–, De divinis nominibus, hrsg. von Beate Regina Suchla, Berlin – New York 1990 (PTS 33; Corpus Dionysiacum [=CD] 1). [Div. nom.].

– <dt.>, Die Namen Gottes, eing., übers. und mit Anm. versehen von Beate Regina Suchla, Stuttgart 1988 (BGrL 26).
– <dt.>, Von den Namen zum Unnennbaren, übers. von Endre von Ivánka, Einsiedeln [2]1981 (Auswahl).
–, De coelesti hierarchia. De ecclesiastica hierarchia. De mystica theologia. Epistulae, hrsg. von Günter Heil und Adolf Martin Ritter, Berlin – New York 1991 (PTS 36; Corpus Dionysiacum 2). [Coel. hier.; Eccl. Hier.; Ep.].
– <dt.>, Über die himmlische Hierarchie. Über die kirchliche Hierarchie, eingel. und übers. von Günter Heil, Stuttgart 1986 (BGrL 22).
– <dt.>, Über die Mystische Theologie und Briefe, eingel., übers. und mit Anm. versehen von Adolf Martin Ritter, Stuttgart 1994 (BGrL 40).

Franziskus von Assisi und Klara von Assisi

Zeugnisse des 13. und 14. Jahrhunderts zur Franziskanischen Bewegung. 1: Franziskus Quellen. Die Schriften des heiligen Franziskus, Lebensbeschreibungen, Chroniken und Zeugnisse über ihn und seinen Orden, hrsg. von Dieter Berg und Leonhard Lehmann, Kevelaer 2009 [FQ].
Zeugnisse des 13. und 14. Jahrhunderts zur Franziskanischen Bewegung. 2: Klara Quellen. Die Schriften der heiligen Klara, Zeugnisse zur ihrem Leben und ihrer Wirkungsgeschichte, hrsg. von Johannes Schneider und Paul Zahner, Kevelaer 2013 [KQ].
Fontes Franciscani, a cura di Enrico Menestò e Stefano Brufani, Assisi 1995 (Medioevo francescano 2. Testi).
Das Erbe eines Armen. Franziskus-Schriften, hrsg. von Leonhard Lehmann, Kevelaer 2003.
Franziskus, Engel des sechsten Siegels. Sein Leben nach den Schriften des hl. Bonaventura, Einf., Übers., Anm. von Sophronius Clasen, Werl 1962. [enthält: Legenda maior, Legenda minor, Franziskus-Predigten].

GERHARD VON ABBEVILLE

A. Teetaert (ed.), Quatres questions inédites de Gérard de Abbeville pur la défense de la supériorité deu clergé séculier, in: AISP 1 (1951), 85-178.

–, S. Clasen (ed.), Tractatus Gerardi de Abbatisvilla „Contra adversarium perfectionis christianae“, in: AFH 31 (1938), 276-329; 32 (1939), 89-200.

–, S. Clasen (ed.), Die „duplex quaestio“ des Gerhard von Abbeville über den Ordenseintritt Jugendlicher, in: Anton. 22 (1947), 177-200.

–, L. Bataillon, Fragments de sermons de Gérard d'Abbeville, Etudes de Rosny, et Thomas d'Aquin, in: AHDL 51 (1984), 257-268.

–, Ph. Grand (ed.), Le Quodlibet XIV de Gérard d'Abbeville, in: AHDLMA 39 (1946), 207-269.

s. auch unter: BIERBAUM, Bettelorden und Weltgeistlichkeit.

GREGOR DER GROSSE

–, Moralia in Iob libri XXXV, cura et studio Marcus Adriaen, 3 Bde., Turnholt 1979-1985 (CCSL 143.A.B). [Mor.].

–, Homiliae in Evangelia – Evangelienhomilien, 2 Teilbände, übers. und eingeleitet von Michael Fiedrowicz, Freiburg – Basel – Wien et al. 1997/98 (FC 28) (= cura et studio Raymond Étaix, Turnholt 1999 (CCSL 141). [Hom. in Ev.]

–, Homiliae in Hiezechihelem Prophetam, cura et studio Marcus Adriaen, Turnholt 1971, (CCSL 142). [Hom. in Ez.].

– <dt.>, Homilien zu Ezechiel, übertr. und eingel. von Georg Bürke, Einsiedeln 1983 (CMe 21).

–, Buch der Pastoralregel – Regula pastoralis, übers. von Joseph Funk (Bibliothek der Kirchenväter, 2. Reihe, Bd. 4) Kempten, 1933.

–, Ausgewählte Briefe, übers. v. Th. Kranzfelder (Bibliothek der Kirchenväter, 1. Reihe, Bd. 27), Kempten 1874.

Hieronymus

–, Commentarius In Ecclesiasten, cura et studio Marci Adriaen, Turnholt 1959, S. 247-361 (CCSL 72) [In Eccl.].
–, Commentariorum in Hiezechielem libri XIV, cura et studio Francisci Glorie, Turnholt 1964 (CCSL 75) [In Ez.]
–, Liber de viris illustribus. (PL 23,631-768). [Vir. ill.].

Hilarius von Poitiers

–, *De Trinitate,* cura et studio P. Smulders, Turnholt 1979 (CCSL 62). [Trin.].

Hugo von St. Victor

–, Didascalicon de studio legendi – Studienbuch, übers. und eingel. von Thilo Offergeld, Freiburg 1997 (FC 27). [Didasc.].
–, In Salomonis Ecclesiasten homiliae XIX (PL 175,113-256).
–, De sacramentis fidei Christianae (PL 176,183-618). [Sacr.]
–, Soliloqium super arrham animae (PL 176,951-970). [Arrha animae].

Isidor von Sevilla

–, Sententiae, cura et studio Pierre Cazier, Turnholt 1998 (CCSL 111) [Sent.].
–, Synonyma, cura et studio Jacques Elfassi, Turnholt 2009 (CCSL 111B) [Synon.].

Isaac von Stella

–, De anima (PL 194,1875-1889).

Jean Gerson

–, Œuvres complètes, ed. P. Glorieux, Vol. IX, Paris 1973.

Iulianus Pomerius

–, De Vita contemplativa libri tres (PL 59,415-520).

JOHANNES DAMASCENUS

La foi orthodoxe, Introduction, Traduction et Notes par P. Ledrux, 2 Bde., Paris 2010/11 (SC 535.540). [Fide orthod.].

LEO VON ASSISI

– <dt.>, Die Dreigefährtenlegende des Heiligen Franziskus von Assisi, Einf., Übers. und Anm. von Engelbert Grau. Werl 1993.

LIBER DE CAUSIS, lateinisch – deutsch, übers. von Andreas Schönfeld, Hamburg 2003 (PhB 553).

PETRUS LOMBARDUS

–, Quattuor libri sententiarum, enthalten im Fließtext in: St. Bonaventurae Opera Omnia I-IV.

RICHARD VON ST. VICTOR

–, De gratia contemplationis libri quinque, dictum Benjamin maior. (PL 196,63-20). [Benj. mai.].
– <dt.>, Die Viktoriner. Mystische Schriften, übers. in Auswahl von Paul Wolff, Wien 1936.
–, De Trinitate, publ. par Jean Ribaillier, Paris 1958 (TPMÂ 6). [Trin.].
– <dt.>, Die Dreieinigkeit, Übertr. und Anm. von Hans Urs von Balthasar, Einsiedeln 1980 (CMe 4).
–, Adnotationes in Psalmum 44 (PL 196, 321-324).

WILHELM VON SAINT-THIERRY

Deux traités de l'amour de Dieu, Textes, notes crit., trad. par Marie-Madeleine Davy, Paris 1953.
– <dt.>, Der Spiegel des Glaubens, mit den Traktaten Über die Gottesschau und Über die Natur und Würde der Liebe, hrsg. von Hans Urs von Balthasar, Einsiedeln 1981 (CMe 12).

–, De contemplando Deo – La contemplation de Dieu, Introduction, Texte latin et traduction de Jacques Hourlier, Paris 1959 (SC 61). [Cont. Deo].

Wilhelm von Saint Amour

–, A. G. Traver (ed.), William of Saint Amour's Two Disputed Questions De quantitate eleemosynae and De valido mendicante, in: AHDLMA 62 (1995) 295-342.
–, The Opuscula of William of Saint Amour. The Minor Works of 1255-56 (BGPhMA NF 23), Münster 2003.
–, S. Clasen (ed.), Die Kampfpredigten des Wilhelm von St. Amour gegen die Mendikantenorden, in: Kirchengeschichtliche Studien. Festschrift M. Bihl, Kolmar 1941, 80-95.

Bibliographien und Hilfsmittel

Eine ausführliche Bibliographie der älteren Literatur liegt vor im fünften Band der Festschrift: *San Bonaventura 1274-1974. Volumen commemorativum anni septies centenarii a morte S. Bonaventurae doctoris seraphici,* cura et studio Commissionis Internationalis Bonaventurianae, Grottaferrata-Roma 1975.

Für die folgende Zeit bietet die *Bibliographia Franciscana,* Rom (Istituto Storico dei Cappuccini) zuverlässige Informationen.

Dizionario Bonaventuriano. Filosofia – teologia – spiritualità, a cura di Ernesto Caroli, Padova 2008.
J.G. Bougerol, *Introduction à Saint Bonaventure,* Paris 1988.
B. Distelbrink, *Bonaventurae Scripta authentica, dubia vel spuria, critice recensita,* Roma 1975.

Sekundärliteratur

Sammelbände

A Companion to Bonaventure, ed. by J.M. Hammond – J.A. Wayne Hellmann – J. Goff, Leiden-Boston 2014.

Giovanni da Parma e la grande speranza, Atti del III Convegno sorico di Greccio, 3-4 dicembre 2004, a cura di A. Cacciotti – M. Melli, Milano 2008.

S. Bonaventura 1274–1974. Volumen Commemorativum, cura et studio Commissionis Internationalis Bonaventurianae, Vol. I-V, Grottaferrata 1974.

Thomas and Bonaventure. A Septicentenary Commemoration, Proceedings of the American Catholic Philosophical Association, vol. 48, ed. By G. F. McLean, Washington 1974.

San Bonaventura Maestro di vita francesana e di sapienza cristiana. Atti del Congresso internazionale per il VII centenario di San Bonaventura da Bagnoregio, Roma 19-26 settembre 1974, a cura di A. Pompei, vol. I-III, Roma 1976.

Contributi di spiritualità bonaventuriana. Atti del simposio internazionale, Padua 15-18 sett. 1974, ed. by G. Zopetti – D. N. Montagna, vol.1-3, Padua 1974-1976.

Monographien und Artikel

L.-J. Bataillon, *Fragments de sermons de Gérard d'Abbeville*, Etudes de Rosny, et Thomas d'Aquin, in: AHDL 51 (1984), 257-268.

H. Berresheim, *Christus als Haupt der Kirche nach dem hl. Bonaventura*, Bonn 1939.

C. Bérubé, *De la théologie de l'image à la philosophie de l'objet de l'intelligence chez saint Bonaventure*, in: San Bonaventura 3 (1973) S. 161-200.

M. Bierbaum, *Bettelorden und Weltgeistlichkeit an der Universität Paris. Texte und Untersuchungen zum literarischen Armuts- und Exemtionsstreit des 13. Jahrhunderts (1255-1272)*, Münster 1920.

E. Birnbaum, *Der Koheletkommentar des Hieronymus. Einleitung, revidierter Text, Übersetzung und Kommentierung.* Revision des lateinischen Textes durch M. MARGONI-KÖGLER (Corpus Scriptorum Ecclesiasticorum Latinorum-Extra Seriem), Berlin – New York 2014.

B. BISCHOFF, *Wendepunkt in der Geschichte der lateinischen Exegese im Frühmittelalter,* in: Sacris Erudiri 6 (1955), 189-281.

C. VAN DER BORNE, *De fontibus Commentarii S. Bonaventurae in Ecclesiasten,* in: AFH 10 (1917), 257-270.

J. G. BOUGEROL, *Saint Bonaventure et le Pseudo-Denys l'Aréopagite,* in: EtFr Suppl. 1968, 33-123.

–, *Saint Bonaventure et saint Bernard,* in: Anton. 46 (1971), 3-79.

–, *Saint Bonaventure et Guillaume de Saint-Thierry,* in: Anton. 46 (1971), 298-321.

–, *Saint Bonaventure et saint Anselme,* Anton. 47 (1972), 333-361.

–, *Le rôle de l'influentia dans la théologie de la grâce chez saint Bonaventure,* in: RevThéolLouv 5 (1974), S. 273-300.

–, *L'aspect original de l'Itinerarium mentis in Deum et son influence sur la spiritualité de son temps,* in: Anton. 52 (1977), 309-325.

–, *Introduction à Saint Bonaventure,* Paris 1988.

–, *Bonaventure as Exegete,* in: *A Companion to Bonaventure,* ed. by J. M. HAMMOND – J. A. WAYNE HELLMANN – J. GOFF (Brill's Companion to the Christian tradition, 48) Leiden-Boston 2014, 167-187

I. BRADY, *The Authenticity of Two Sermons of St. Bonaventure,* in: Franciscan Studies 28 (1968) 4-26.

–, *The Opera Omnia of St. Bonaventure Revisited,* in: *Proceedings of the American Catholic Philosophical Association,* vol. 48: Thomas and Bonaventure, Washington 1974, 295-304

–, *The Writings of St. Bonaventure Regarding the Franciscan Order,* in: San Bonaventura Maestro, vol. I, (1976) 89-112.

–, *The Edition of the „Opera Omnia" of St. Bonaventure,* in: AFH 70 (1977), 352-376.

K. BRAUN, *Die Philosophie des Valerian Magnis OFMCap (1586-1661) und die Bonaventura-Tradition des Kapuzinerordens im 17. Jahrhundert,* Rheinisch-Westfälische Kapuzinerprovinz: Familiennachrichten 52 Jahrgang, Beilage zu 2/1970.

H. Brinkmann, *Mittelalterliche Hermeneutik,* Tübingen 1980.
St. da Campagnola, *Fonti e cronache francesane nei processi di canonizzazione di San Bonaventura,* in: San Bonaventura Maestro I (1976), 291-304.
M.-D. Chenu, *Das Werk des hl. Thomas von Aquin,* Graz ²1982.
S. Clasen (ed.), *Tractatus Gerardi de Abbatisvilla „Contra adversarium perfectionis christianae",* in: AFH 31 (1938), 276-329; 32 (1939), 89-200.
–, *Der hl. Bonaventura und das Mendikantentum,* Werl 1940.
–, *Die Kampfpredigten des Wilhelm von St. Amour gegen die Mendikantenorden,* in: Kirchengeschichtliche Studien. Festschrift M. Bihl, Kolmar 1941, 80-95.
–, *Die „duplex quaestio" des Gerhard von Abbeville über den Ordenseintritt Jugendlicher,* in: Ant. 22 (1947), 177-200.
–, *Franziskus – Engel des sechsten Siegels. Sein Leben nach den Schriften des hl. Bonaventura,* Werl 1962.
–, *Bonaventuras Expositio super Regulam fratrum minorum,* in: San Bonaventura Maestro, Vol. II, (1976) 531-570.
Y. Congar, *Aspects ecclésiologiques de la querelle entre mendiants et séculiers dans la seconde moitié du XIIIe siècle et le début du XIVe siècle,* in: AHDL 28 (1961), 35-151.
E. R. Daniel, *A Re-Examination of the Origins of Franciscan Joachitism,* in: Spec 43 (1968), 671-676.
–, *The Desire for Martyrdom: A Leitmotiv of St. Bonaventure,* in: Franciscan Studies 32 (1972), 74-87
–, *The double procession of the Holy Spirit in Joachim of Fiore's Understanding of History,* in: Spec 22 (1980), 469-483.
I. Delio, *From Prophecy to Mysticism: Bonaventure's Eschatology in Light of Joachim of Fiore,* in: Trad. 52 (1997), 153-175.
B. Distelbrink, *De ordine chronologico IV Librorum Commentarii in Sententias' S. Bonaventurae,* in: CFr 41 (1971) 288-314.
–, *Bonaventurae Scripta authentica, dubia vel spuria, critice recensita,* Roma 1975.
H.-F. Dondaine, *De l'attribution à S. Bonaventure des questions du MS. d'Arras 873,* in: AFP 19 (1949) 313-378; RThAM 19 (1952), 244-270.

M.-M. DUFEIL, *Guillaume de Saint-Amour et la polèmique universitaire parisienne 1250-1259*, Paris 1972.
H. ECHTERNACH, *Art. Ewigkeit*, in: HWPh 2 (1972), 838–844.
F. KARD. EHRLE, *Zur Enzyklika „Aeterni Patris" – Text und Kommentar*, zum 75-jährigen Jubliäum der Enzyklika neu hrsg. von F. Pelster S.J., Rom 1954.
E. FARAL, *Les ‚Responsiones' de Guillaume des Saint-Amour*, in: AHDLMA 18 (1950) 337-394.
L. DI FONZO, *Il processo di canonizzazione di San Bonaventura da Bagnoregio (1474-1482)*, in: San Bonaventura Maestro I (1976) 227-289.
J. GERSON, *Oeuvres complètes, ed. P. GLORIEUX*, Vol. IX, Paris 1973.
G. GLAUCHE, *Art. Accessus ad auctores*, in: Lexikon des Mittelalters, Bd. I, München-Zürich 1980, 71-72.
P. GLORIEUX, *La date des „collationes" de S. Bonaventure*, in: AFH 22 (1929), 257-272.
–, *Sancti Bonaventurae Quaestiones disputatae de caritate, de novissimis*, Paris 1950.
M. GRABMANN, *Die Geschichte der Theologie seit Ausgang der Väterzeit*, Freiburg 1933 (repr. Darmstadt 1980).
–, *Mittelalterliches Geistesleben II*, Hildesheim u.a. 1936.
Ph. GRAND (ed.), *Le Quodlibet XIV de Gérard d'Abbeville*, in: AHDLMA 39 (1946), 207-269.
St. GRÜNEWALD, *Zur Mystik des hl. Bonaventura*, in: ZAM 9 (1934), 124-142; 219-232.
R. GUARDINI, *Die Lehre des hl. Bonaventura von der Erlösung*, Düsseldorf 1921.
–, *Systembildende Elemente in der Theologie Bonaventuras*, hg. von W. Dettloff, Leiden 1964
J. HAMESSE, *La deuxième reportation des „Collationes de septem donis Spiritus sancti" de saint Bonaventure*, in: BPhM 19 (1977), 59-64.
–, *„Collatio" et „reportatio": deux vocables specifiques de la vie intellectuelle au moyen âge*, in: O. WEIJERS (ed.), *Actes du Colloque Terminologie de la vie intellectuelle au moyen âge, Leyde-La Haye 20-21 septembre 1985*, Turnholt 1988, 78-87.

C. HARKINS, *The Authorship of a Commentary on the Franciscan Rule Published among the Works of St. Bonaventure,* in: Franciscan Studies 29 (1969) 157-248.

D. HATTRUP, *Bonaventura zwischen Mystik und Mystifikation. Wer ist der Autor von De reductione?* In: ThGl 87 (1997) 541-562.

F.-X. HEIBL – M. SCHLOSSER, *Gegenwart der Offenbarung,* Regensburg 2011 (RaSt 2).

U. HORST, *Evangelische Armut und Kirche. Thomas von Aquin und die Armutskontroversen des 13. und beginnenden 14. Jahrhunderts,* Berlin 1992.

–, *Bischöfe und Ordensleute,* Berlin 1999.

F. IOZZELLI, *Le edizioni scientifiche del collegio San Bonaventura di Quaracchi-Grottaferrata,* in: *Editori di Quaracchi 100 anni dopo. Bilancio e prospettive. Atti del Colloquio Internazionale, Roma 29-30 Maggio 1995,* a cura di A. CACCIOTTI e B. FAES DE MOTTONI, Roma 1997.

I. V. JANEIRO, *Influsso bonaventuriano nella bibliografia spirituale spagnola,* in: *Contributi di spiritualitá bonaventuriana, Padua 15-18 sept. 1974,* vol. II, 219-242.

–, *San Bonaventura nella storia della spiritualitá spagnola,* in: San Bonaventura maestro, vol. III, (1976) 439-459.

–, *Libros e lectores de S. Buenaventura en España y Portugal durante la Edad Media y el Renacimiento, in: Bonaventuriana. Miscellanea in onore di Jacques Guy Bougerol ofm,* a cura di Francesco de Asís CHAVERO BLANCO, Vol. I, Roma 1988, 135-175.

D. KELLY, *Art. Accessus ad auctores,* in: Historisches Wörterbuch der Rhetorik, Bd. I, Tübingen 1992, 27-36.

F. KOLBINGER, *Zeit und Ewigkeit. Philosophisch-theologische Beiträge Bonaventuras zum Diskurs des 13. Jahrhunderts um tempus und aevum,* Berlin 2014 (Veröffentlichungen des Grabmann-Institutes NF 55).

A. KRASS, *Art.: Stabat Mater,* in: Marienlexikon Bd. 6, hrsg. von R. BÄUMER und L. SCHEFFCZYK, St. Ottilien 1994, S. 263-264.

L. LEHMANN, *Die Echtheit des Testaments der hl. Klara. Ein Vergleich mit ihren Briefen,* in: B. SCHMIES (Hg.), *Zwischen*

Bettelarmut und Beziehungsreichtum. Beiträge zur neueren Klara-Forschung, Münster 2011.

A. LITTLE (ed.), *Definitiones capitulorum generalium ordinis fratrum minorum 1260-1282*, in: AFH 7 (1914) 676-682.

E. LONGPRÉ, *La théologie mystique de Saint Bonaventure*, in: AFH 14 (1921), 36-108.

W. MALECZEK, *Klara von Assisi. Das ‚Privilegium paupertatis' und das Testament*, Rom 1995.

P. MARANESI, *Verbum inspiratum. Chiave ermeneutica dell'Hexaemeron di San Bonaventura*, Rom 1996.

–, *Bonaventura da Bagnoregio: Edizione critica della III Collatio dell' Hexaemeron*, in: Editori di Quaracchi 100 anni dopo, Rom 1997.

–, *L'edizione critica Bonaventuriana di Quaracchi*, in: Doct Ser 49 (2002), 13-67.

T. MATURA, *Introduction*, in: M.-F. BECKER – J.-F. GODET – T. MATURA (Hg.), CLAIRE D'ASSISE, Écrits (SC 325).

B. MCGINN, *Joachim of Fiore's Tertius Status: Some Theological Appraisals*, in: *L'età dello Spirito e la fine dei tempi in Gioacchino da Fiore e nel Gioacchimismo medievale*, Atti del II Congresso internazionale di Studi Gioacchimiti 6-9 settembre 1984, a cura di A. CROCCO, San Giovanni in Fiore 1986, 219-236.

–, *The Flowering of Mysticism (= The Presence of God vol. III)*, New York 1998.

A. J. MINNIS, *Medieval Theory of Autorship. Scholastic Literary Attitudes in the Later Middle Ages*, 2nd ed. with a new preface, Aldershot – University of Pensylvania Press, Philadelphia 1988.

D. V. MONTI, *A Reconsideration of the Authorship of the Commentary of the Book of Wisdom attributed to St. Bonaventure*, in: AFH 79 (1986), 359-391.

R. W. MULLIGAN, *Portio Superior and Portio Inferior Rationis in the Writings of St. Bonaventure*, in: Franciscan Studies 15 (1955), S. 332-349.

L. OBERTELLO, *„Apprehensio" e „comprehensio"*, in: San Bonaventura, Doctor Seraphicus 34 (1987), S. 5–18.

E. Pasztor, *Ideale del monachesimo ed età dello Spirito come realtà spirituale e forma d'utopia*, in: *L'età dello Spirito e la fine dei tempi in Gioacchino da Fiore e nel Gioacchimismo medievale*, Atti del II Congresso internazionale di Studi Gioacchimiti 6-9 settembre 1984, a cura di A. Crocco, San Giovanni in Fiore 1986, 57-122.

J. Pieper, *Von den Tugenden des menschlichen Herzens*, Kevelaer 2017.

Th. Prügl, *Zum Nachleben des hieronymianischen Kommentars In Ecclesiasten. Die Auslegung des Buches Kohelet im Mittelalter*, in: E. Birnbaum – L. Schwienhorst-Schönberger (Hg.), *Hieronymus als Exeget und Theologe. Interdisziplinäre Zugänge zum Koheletkommentar des Hieronymus* (Bibliotheca Ephemeridum Theologicarum Lovaniensium, 268), Leuven 2014, 245-271.

E. A. Quain, *The Medieval Accessus ad Auctores*, in: Traditio 3 (1943), 215-264.

J. F. Quinn, *Chronology of St. Bonaventure 1217-1257*, in: Franciscan Studies 32 (1972) 168-186.

–, *The Historical Constitution of St. Bonaventure's Philosophy*, Toronto 1973.

–, *Chronology of St. Bonaventure's Sermons*, in: AFH 67 (1974) 145-184.

K. Rahner, *Der Begriff der ecstasis bei Bonaventura*, in: ZAM 9 (1934), 1-19 (SzTh XII).

–, *Die Lehre von den geistlichen Sinnen im Mittelalter*, in: Theologie aus der Erfahrung des Geistes, Zürich 1975, S. 137-172 (SzTh XII).

J. Ratzinger, *Die Geschichtstheologie des hl. Bonaventura*, München 1959. Jetzt in: *Offenbarungsverständnis und Geschichtstheologie Bonaventuras: Habilitationsschrift und Bonaventura-Studien*, JRGS 2, Freiburg – Basel – Wien 2009, S. 419-646.

–, *Der Einfluss des Bettelordensstreites auf die Entwicklung der Lehre vom päpstlichen Universalprimat, unter besonderer Berücksichtigung des heiligen Bonaventura*, JRGS 2, 663-692.

–, *Offenbarung – Schrift – Überlieferung*, in: *Offenbarungsverständnis und Geschichtstheologie Bonaventuras: Habilitationsschrift und Bonaventura-Studien*, JRGS 2, Freiburg – Basel – Wien 2009, S. 693-711.

M. Reeves, *The Influence of Prophecy in the Later Middle Ages. A Study in Joachimism*, Notre Dame 1993.

B. Roberg, *Das Zweite Konzil von Lyon*, Paderborn 1990.

B. Rosenmöller, *Religiöse Erkenntnis nach Bonaventura*, Münster 1925 (BGPhThMA XXV 3.4).

K. Ruh, *Bonaventura*, in: Verfasserlexikon, I 937-947.

R. Russo, *La metologia del sapere nel sermone di S. Bonaventura „Unus est magister vester, Christus“*, Grottaferrata 1982.

A. van de Sande, *Une „quaestio disputata“ attribuée à Bonaventure, et commentaire*, in: Bonaventuriana II, 507-533.

M. Schlosser, *Cognitio et amor. Zum kognitiven und voluntativen Grund der Gotteserfahrung bei Bonaventura*, Paderborn 1990.

–, *Lucerna in caliginoso loco. Aspekte des Prophetie-Begriffes in der scholastischen Theologie*, Paderborn 2000.

–, *Bonaventura begegnen*, Augsburg 2000.

–, *Princeps noster Elias*, in: Edith-Stein-Jahrbuch Vol. 8, Würzburg 2002, 48-64.

–, *Bonaventura: Breviloquium*, in: O. Wischmeyer – Th. Prügl et. al., *Handbuch der Bibelhermeneutik*, Berlin – Boston 2016, S. 177-189.

J. B. Schneyer, *Geschichte der katholischen Predigt*, Freiburg 1969.

R. Schönberger (Hg.), *Bonaventura, Thomas von Aquin, Boethius von Dacien: Über die Ewigkeit der Welt*, Frankfurt a. M. 2000.

L. Schwienhorst-Schönberger (Hg.), *Das Buch Kohelet. Studien zur Struktur, Geschichte, Rezeption und Theologie* (Beihefte zur Zeitschrift für alttestamentliche Wissenschaft, Bd. 254), Berlin-New York 1997.

–, *Kohelet* (Herders Theologischer Kommentar zum Alten Testament), Freiburg i. Br. [2]2011.

R. Silić, *Christus und die Kirche. Ihr Verhältnis nach dem hl. Bonaventura*, Breslau 1938.

E. SMEETS, *Bonaventure (saint)*, DThC II/1, 982-986

J. L. SOLÈRE, *Du commencement: axiomatique et rhétorique dans l'Antiquité et au Moyen Âge*, in: J. D. DUBOIS – B. ROUSSEL (Hg.), *Entre en matière. Les prologues* (Patrimoines – centre d'Études des Religions du Livre), Cerf, Paris 1998, 307-336.

F. VAN STEENBERGHEN, *Die Philosophie im 13. Jahrhundert*, München – Wien u.a. 1977, 212-231 (frz. Original: *La philosophie au XIIIe siècle*, Louvain 1966).

G. STEER, *Die Rezeption des theologischen Bonaventura-Schrifttums im deutschen Spätmittelalter*, in: I. VANDERHEYDEN (Hg.), *Bonaventura. Studien zu seiner Wirkungsgeschichte*, Werl 1976, 146-156.

St. SWIEŻANSKI, *Influence de Saint Bonaventure sur la pensée du XVe siècle*, in: San Bonaventura 1274-1974, 707-723.

G. TAVARD, *St. Bonaventure's Disputed Questions „De theologia"*, in: RThAM 17 (1950), 187-236.

–, *Die Engel*, in: M. SCHMAUS (Hrsg.), HDG II/2b, Freiburg im Br. – Wien et al., 1968.

I. VANDERHEYDEN (Hg.), *Bonaventura. Studien zu seiner Wirkungsgeschichte*, Werl 1976.

J. WEISHEIPL, *Thomas von Aquin. Sein Leben und seine Theologie*, Graz 1980.

P. ZAHNER, *Die Fülle des Heils in der Endlichkeit der Geschichte. Bonaventuras Theologie als Antwort auf die franziskanischen Joachiten*, Werl 1999.

S.-L. ZIMDARS-SWARTZ, *The Third Status in De vita Sancti Benedicti and Other Minor Writings Attributed to Joachim of Fiore*, in: *L'età dello Spirito e la fine dei tempi in Gioacchino da Fiore e nel Gioacchimismo medievale*, Atti del II Congresso internazionale di Studi Gioacchimiti 6-9 settembre 1984, a cura di A. CROCCO, San Giovanni in Fiore 1986, 347-355.

Lateinisches Glossar